Les microrégions du guide :

(voir la carte à l'intérieur de la couverture ci-contre)

Limousin Berry

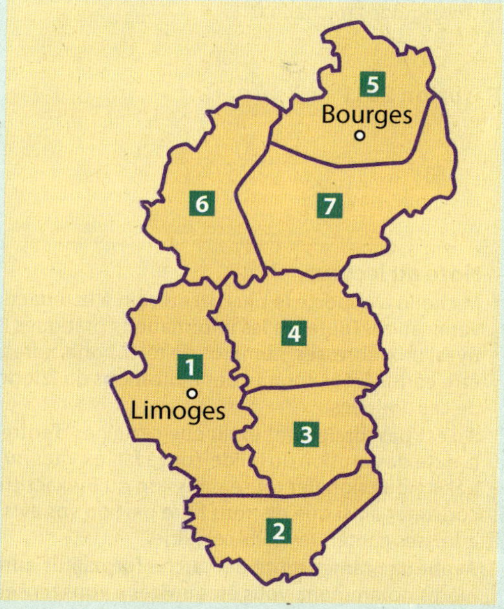

Collection Le Guide Vert sous la responsabilité d'Anne Teffo

Édition
Luc Decoudin, Laurence Michel

Rédaction
Laurence Michel, Stéphanie Vinet, Françoise Klingen, Juliette Dablanc

Cartographie
Michèle Cana, Stéphane Anton, Évelyne Girard, Mirela Spita, Cristina Ferecatu

Relecture
Isabelle Karcenti

Remerciements
Didier Broussard, Marie Simonet

Conception graphique
Christelle Le Déan

Régie publicitaire et partenariats
michelin-cartesetguides-btob@fr.michelin.com
Le contenu des pages de publicité insérées dans ce guide n'engage que la responsabilité des annonceurs.

Contacts
Michelin Cartes et Guides
Le Guide Vert
46 avenue de Breteuil - 75324 Paris - Cedex 07
✆ 01 45 66 12 34 - Fax 01 45 66 13 75
cartesetguides.michelin.fr

Parution 2011

Note au lecteur
Michelin a apporté le plus grand soin à la rédaction de ce guide et à sa vérification. Toutefois les informations pratiques (formalités administratives, prix, adresses, numéros de téléphone, adresses Internet...) doivent être considérées comme des indications du fait de l'évolution constante de ces données.
Il n'est pas totalement exclu que certaines d'entre elles ne soient plus, à la date de parution du guide, tout à fait exactes ou exhaustives. N'hésitez pas à nous signaler toute omission ou inexactitude que vous pourriez constater ainsi que de nous faire part de vos avis et suggestions sur les adresses contenues dans ce guide.
Avant d'entamer toute démarche formalités administratives ou douanières notamment, vous êtes invités à vous renseigner auprès des organismes officiels. Ces informations ne sauraient, de ce fait, engager notre responsabilité.

Le Guide Vert, mode d'emploi

Le Guide Vert, un guide en 3 parties

- **Organiser son voyage** : les informations pratiques pour préparer et profiter de son séjour sur place
- **Comprendre la destination** : les thématiques pour enrichir son voyage
- **Découvrir** la destination : un découpage en **microrégions**

(voir carte générale dans le 1er rabat de couverture et sommaire p. 1)

En ouverture de chaque **microrégion,** retrouvez un **sommaire** et une **carte** qui indiquent :
- les villes et sites traités dans le chapitre
- les circuits conseillés

Pour chaque chapitre, consultez « **Nos adresses…** » :
- des informations pratiques
- des établissements classés par catégories de prix
- des lieux où boire un verre
- des activités à faire en journée ou en soirée
- un agenda des grands événements de l'année

En fin de guide

- un **index général** des lieux et thèmes traités
- un **index** des cartes et plans du guide
- la légende des symboles du guide
- la liste de nos publications

Et en complément de notre guide

- Créez votre voyage sur **Voyage.ViaMichelin.fr**

Votre avis nous intéresse

- Rendez-vous sur **votreaviscartesetguides.michelin.fr**

Sommaire

1/ ORGANISER SON VOYAGE

VENIR DANS LA RÉGION

AVANT DE PARTIR

SUR PLACE DE A À Z

EN FAMILLE

MÉMO

2/ COMPRENDRE LE LIMOUSIN BERRY

NATURE

LE LIMOUSIN ET LE BERRY AUJOURD'HUI

TRADITIONS ET FOLKLORE

HISTOIRE

ARTS ET CULTURE

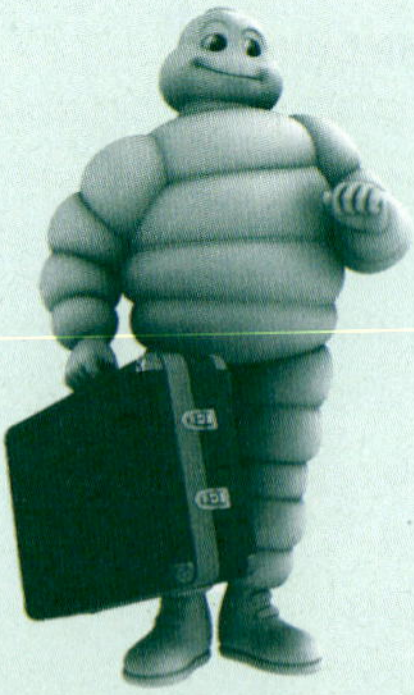

3/ DÉCOUVRIR LE LIMOUSIN BERRY

1 LIMOGES ET LE HAUT-LIMOUSIN

2 LE BAS-LIMOUSIN

3 PARC NATUREL RÉGIONAL DU PLATEAU DE MILLEVACHES EN LIMOUSIN

4 GUÉRET, HAUTE ET BASSE MARCHES

5 LE SANCERROIS ET LA SOLOGNE BERRICHONNE

6 LE PAYS DE VALENÇAY ET LA BRENNE

7 LA CHAMPAGNE BERRICHONNE

1/ ORGANISER SON VOYAGE

M. Barraud/Ojo Images/Photononstop

Venir dans la région

Par la route

LES GRANDS AXES

La traversée nord-sud de la région se fait par l'**A 20** (axe Vierzon-Toulouse *via* Châteauroux, Limoges et Brive). Le tronçon Vierzon-Brive est gratuit. L'**A 71** (Vierzon-Clermont) permet de rejoindre Bourges, pour ceux qui viennent du sud-est. L'axe est-ouest est moins aisé. Le doublement de la chaussée de la **N 145** (ou E 6) reliant Bellac à Montluçon est effectif depuis l'A 20 (à l'ouest de La Souterraine) jusqu'à Gouzon (à 27 km à l'est de Guéret). Les tronçons de l'**A 89** entre Clermont et Bordeaux traversent la Corrèze, en passant par Brive et Ussel.

Information autoroutière – ✆ 0 892 681 077 - www.autoroutes.fr. Sur ce site Internet, vous aurez des renseignements sur la météo, le péage, les aires de service.

LES CARTES MICHELIN

Cartes Départements 323 (Cher, Indre), **325** (Creuse, Haute-Vienne) et **329** (Corrèze, Dordogne).
Cartes Régions 518 (Centre) et **522** (Auvergne, Limousin).
Carte de France 721
En ligne : calcul d'itinéraires sur **www.ViaMichelin.fr**.

DISTANCES EN KM	Bourges	Brive	Châteauroux	Guéret	Limoges
Bourges	–	285	69	173	196
Bordeaux	419	209	347	313	228
Brive	285	–	211	179	94
Châteauroux	69	211	–	122	124
Clermont-Ferrand	191	187	209	158	237
Dijon	254	460	325	349	436
Guéret	173	179	120	–	90
Lille	466	700	489	609	610
Limoges	196	94	124	90	–
Lyon	307	372	367	336	422
Marseille	650	603	667	636	693
Nantes	360	442	383	381	353
Paris	249	483	272	393	394
Strasbourg	622	759	724	649	735
Toulouse	479	201	408	375	290

En train

LES GRANDES LIGNES

Limoges est à moins de 3h de Paris, Châteauroux à 2h. De Paris, vous pourrez rejoindre Vierzon, Châteauroux, Limoges, Brive, Montauban et Toulouse. Et au départ de ces villes, vous pourrez vous rendre à Issoudun, Argenton-sur-Creuse, St-Sébastien, La Souterraine, St-Sulpice-Laurière, Uzerche et Allassac.

Le **Téoz**, à réservation obligatoire, circule aussi entre Paris, Châteauroux, Limoges et Brive. Certains Téoz s'arrêtent à Vierzon, La Souterraine, Uzerche et Allassac.

Réservations – ✆ 36 35 *(0,34 €/mn)* - www.voyages-sncf.com.

LES TRAINS EXPRESS RÉGIONAUX

Ils assurent les liaisons interrégionales depuis Bourges, Châteauroux, Limoges, Brives, Ussel, Felletin.

Informations / réservations – ✆ 36 35 *(0,34 €/mn)* - www.ter-sncf.com.

En avion

LES COMPAGNIES AÉRIENNES

Airlinair – ✆ 0 810 478 478 (0,04 €/mn) - www.airlinair.com. Liaison quotidienne Paris-Brive au départ de l'aéroport d'Orly Sud.

Brit'Air – ✆ 36 54 - www.britair.com. Liaison quotidienne Lyon-Limoges et Paris-Limoges.

Bon à savoir – Les deux compagnies ci-dessus opèrent des vols pour **Air France**. Renseignements et réservations : ✆ 36 54 - www.airfrance.fr.

LES AÉROPORTS DE LA RÉGION

Limoges-Bellegarde – 8 km à l'ouest de Limoges - ✆ 05 55 43 30 30 - www.aeroportlimoges.com. Liaisons quotidiennes avec Paris (Orly et Roissy) et Lyon, Londres, Liverpool et Southampton en Angleterre.

Bourges – Au sud-ouest de Bourges - ✆ 02 48 20 55 64.

Brive-Laroche – 3 km à l'ouest de Brive - 19 100 Brive - ✆ 05 55 86 88 36.

Avant de partir

Météo

Services téléphoniques de Météo France – ✆ **3250** suivi de :
1 – météo d'une commune, d'un département ou de l'outre-mer ;
2 – météo du prochain week.-end ;
3 – météo activités de bord de mer et navigation ;
4 – météo montagne ;
5 – météo des routes.
Accès aux prévisions du département – ✆ **0892 680 2** suivi du numéro du département (0,34 €/mn).
En ligne : **www.meteo.fr.**

Été

Pour profiter de la chaleur, de nombreux plans d'eau (Bellebouche, St-Pardoux, Vassivière) offrent des plages pour la baignade et de multiples activités nautiques. Pourtant, des pluies peuvent venir rafraîchir l'atmosphère. C'est l'occasion de découvrir les superbes châteaux du Berry ou les surprenantes expositions d'art contemporain (Meymac, Rochechouart) au cœur du Limousin. En Berry, on rencontre de nombreuses nuances locales : aux chaleurs et sécheresses de la Champagne berrichonne s'opposent l'humidité plus marquée du Boischaut, la fraîcheur des étangs de la Brenne et des hauteurs forestières de la motte d'Humbligny.

Les pentes des Monédières encore couvertes de landes de bruyère forment un immense tapis rose. Mais, peu à peu, les myrtilles supplantent la bruyère, et chaque fin d'été voit revenir les vendanges.

Automne

C'est à cette saison que le Limousin révèle toute sa beauté, quand ses forêts rivalisent de couleurs chatoyantes. Les monts d'Ambazac sont un festival de couleurs. De belles journées accompagnent les vendanges du vignoble berrichon. C'est aussi l'occasion de partir en balade dans les bois limousins à la recherche de châtaignes ou de champignons odorants ; mais gare aux chasseurs, car le gibier abonde dans la région.

Hiver

Si ce n'est pas la saison idéale pour découvrir une région très tournée vers le tourisme « nature », les amateurs de ski de fond trouveront sur les hautes terres voisines de l'Auvergne (Monédières, Millevaches) un manteau neigeux propice à la pratique de ce sport, mais aussi un climat rude et des températures basses aggravées par un vent violent et glacial. Le reste du Limousin est plus favorisé : les hivers y sont moins rigoureux (attention tout de même aux gelées nocturnes) et les pluies moins abondantes.

Printemps

C'est la saison qui convient le mieux au Berry pour sa nature alors en plein éveil, lorsqu'elle est parée d'un vert tendre chargé de sève et de chlorophylle. La pêche est ouverte au pays des Mille Étangs (la Brenne), les barrages régulent l'eau des vallées (Corrèze, Dordogne, Vézère), le vin est tiré quand les premières feuilles bourgeonnent sur les pieds de vigne (Châteaumeillant, Reuilly, Menetou-Salon, Quincy, Sancerre).

LE GUIDE VERT
toujours plus de destinations
à travers le monde...
MICHELIN
CHINE
Hong Kong
LE GUIDE VERT
MICHELIN
NOUVELLE
ANGLETERRE
LE GUIDE VERT
MICHELIN
SARDAIGNE
LE GUIDE VERT
MICHELIN
MEXIQUE
LE GUIDE VERT
MICHELIN
SUD-OUEST
AMÉRICAIN
LE GUIDE VERT
MICHELIN
THAÏLANDE
LE GUIDE VERT
MICHELIN
Une meilleure façon d'avancer

Adresses utiles

LES INSTITUTIONS

Comités régionaux de tourisme

Centre-Val de Loire – 37 av. de Paris - 45000 Orléans - ✆ 02 38 79 95 00 ou 02 38 79 95 28 - www.visaloire.com.

Limousin – 27 bd de la Corderie - 87031 Limoges Cedex - ✆ 05 55 45 18 80 ou 0 810 410 420 (appel local) - www.tourismelimousin.com.

Comités départementaux de tourisme

Cher – Maison départementale du tourisme - 5 r. de Séraucourt - 18000 Bourges - ✆ 02 48 48 00 10 - www.berrylecher.com et www.berry.fr.

Corrèze – 45 quai Aristide-Briand - 19000 Tulle - ✆ 05 55 29 98 78 - www.vacances-en-correze.net.

Creuse – 43 pl. Bonnyaud - BP 243 - 23005 Guéret Cedex - ✆ 05 55 51 93 23 - www.tourisme-creuse.com.

Indre – Centre Colbert - Bâtiment I - 1 pl. Eugène-Rolland - 36000 Châteauroux - ✆ 02 54 07 36 36 - www.berrylindre.com.

Haute-Vienne – Maison du tourisme - 4 pl. Denis-Dussoubs - 87000 Limoges - ✆ 05 55 79 04 04 - www.tourisme-hautevienne.com.

Maison de province

Maison du Limousin – 30 r. Caumartin - 75009 Paris - ✆ 01 40 07 04 67 - www.maisondulimousin.com. Documentation touristique sur les départements du Limousin (Corrèze, Creuse, Haute-Vienne). Librairie régionale, boutique, informations sur les gîtes ruraux, expositions.

Offices de tourisme

Les adresses des offices de tourisme se trouvent dans la rubrique « S'informer » de chaque ville ou site dans la partie « Découvrir le Limousin Berry ».

En ligne : une mine d'informations pour faire du tourisme en France sur **www.franceguide.com**.

INTERNET

www.region-limousin.fr – Site du conseil régional du Limousin.

www.enviesdecreuse.com – Blog sur le tourisme en Creuse, pour partager expériences et bonnes adresses.

www.info-limousin.com – Agenda des manifestations dans la région du Limousin.

www.regioncentre.fr – Site du conseil régional du Centre.

www.berry-passion.com – Forum de discussion sur le Berry et son patrimoine culturel régional.

www.leberry.fr – Site du *Berry républicain*, avec toute l'actualité du Cher et de l'Indre.

TOURISME DES PERSONNES HANDICAPÉES

Le symbole ♿ signale les sites accessibles aux personnes à **mobilité réduite**.

Accessibilité des infrastructures touristiques

Consultez les sites labellisés **Tourisme et Handicap** sur le site www.franceguide.com, rubrique « Voyageurs », puis « Tourisme et Handicap ».

Association Tourisme et Handicaps – 43 r. Max-Dormoy - 75018 Paris - ✆ 01 44 11 10 41 - www.tourisme-handicaps.org.

Bon à savoir – Dans *La Creuse Le Guide*, vous découvrirez des idées de séjours avec des hébergements adaptés - ✆ 05 55 51 93 23 - www.tourisme-creuse.com.

Accessibilité des transports

Train – Un guide gratuit *Mobilité réduite* est disponible dans les gares et boutiques SNCF.

SNCF Accès Plus – ✆ 0 890 640 650 (0,11 €/mn, 7h-22h). Service gratuit facilitant le voyage des personnes à mobilité réduite, disponible sur

réservation 48h avant le départ dans 350 gares de France.
En ligne : **www.accessibilite.sncf.fr**

Se loger

Retrouvez notre sélection d'hébergements dans « Nos adresses à… » situées en fin de description des principaux sites de la partie « Découvrir la région ».

Bon à savoir – Les comités départementaux de tourisme et certains offices de tourisme proposent un service de réservation en ligne, mais aussi parfois des formules thématiques de courts séjours et des offres promotionnelles.

Ville Pass'ion

Ville Pass'ion propose en France des courts séjours à prix doux, offrant parfois une nuit sur deux pour un week-end. Dans la région, Bourges est concernée (www.villepassion.fr).

SERVICES DE RÉSERVATION

Fédération nationale des comités départementaux du tourisme – 74-76 r. de Bercy - 75012 Paris - ✆ 01 44 11 10 20 - www.destination-france.net.
Hôtels et chambres d'hôte, hébergements locatifs labellisés (Gîtes de France, Clévacances…) et courts séjours thématiques.
Fédération nationale Clévacances – 54 bd de l'Embouchure – 31022 Toulouse Cedex 2 - ✆ 05 61 13 55 66 - www.clevacances.com. Locations de vacances ou chambres d'hôte.

HÉBERGEMENT RURAL

Maison des Gîtes de France et du Tourisme vert – 56 r. St-Lazare - 75439 Paris Cedex 09 - ✆ 01 49 70 75 75 - www.gites-de-france.com.
Fédération des Stations Vertes de Vacances – BP 71698 - 21016 Dijon Cedex - ✆ 03 80 54 10 50 - www.stationverte.com.
Les Roulottes du Berry – Une cinquantaine de roulottes à proximité de Lignières - ✆ 02 48 60 28 12 - www.roulottesduberry.com.

Pour les randonneurs

En ligne : **www.gites-refuges.com.**

AUBERGES DE JEUNESSE

Fédération unie des auberges de jeunesse (FUAJ) – 27 r. Pajol - 75018 Paris - ✆ 01 44 89 87 27 - www.fuaj.org.

POUR DÉPANNER

Centrales de réservation des principales chaînes hôtelières :
B & B – ✆ 0 892 78 29 29 (0,34 €/mn) - www.hotel-bb.com ;
Etap Hôtel – ✆ 0 892 681 118 (0,34 €/mn) - www.etaphotel.com ;
Campanile – www.campanile.fr ;
Kyriad – ✆ 0 825 003 003 (0,15 €/mn) - www.kyriad.fr ;
Ibis – ✆ 0 825 880 000 - www.ibishotel.com.

NOS CATÉGORIES DE PRIX				
	Hébergement		Restauration	
	Province	Grandes villes	Province	Grandes villes
Premier prix	jusqu'à 45 €	jusqu'à 65 €	jusqu'à 14 €	jusqu'à 16 €
Budget moyen	plus de 45 € à 65 €	plus de 65 € à 100 €	plus de 14 € à 25 €	plus de 16 € à 30 €
Pour se faire plaisir	plus de 65 € à 100 €	plus de 100 € à 160 €	plus de 25 € à 40 €	plus de 30 € à 50 €
Une folie	plus de 100 €	plus de 160 €	plus de 40 €	plus de 50 €

Se restaurer

Retrouvez notre sélection de restaurants dans « Nos adresses à… » situées en fin de description des principaux sites de la partie « Découvrir la région ». Comme pour « Se Loger », ils sont listés par catégories de prix, sur la base mini/maxi en haute saison.

NOTRE SÉLECTION

Pour répondre à toutes vos envies, nous proposons des **restaurants** régionaux, mais aussi classiques, gastronomiques et des adresses où faire une petite pause.
À consulter aussi : **Le Guide Michelin France**.
En ligne : les fermes-auberges sur **www.bienvenue-a-la-ferme.com.**

LABELS

Sites remarquables du goût

Quelques sites de la région, dont la richesse gastronomique s'appuie sur des produits de qualité liés à un environnement culturel intéressant et à une réelle volonté d'accueil touristique, ont été dotés du **label** « Site remarquable du goût ».
Ces sites accueillent les visiteurs et leur présentent le processus de fabrication du produit pour lequel ils sont reconnus ; la visite s'accompagne souvent d'une dégustation.
Il s'agit, pour ce guide, du territoire de **Sancerre** (dans le Cher), réputé pour ses vins et ses crottins de Chavignol ; d'**Objat** (en Corrèze), pour son marché aux veaux de lait sous la mère ; et du **pôle de Lanaud** (en Haute-Vienne), groupement d'éleveurs de vaches limousines associés dans un programme d'amélioration génétique de la race.
Pour en savoir plus : www.sitesremarquablesdugout.com.

Bistrots de Pays

L'association **Pays Sage** du plateau des Millevaches a voulu redonner vie aux veillées d'autrefois. Elle a donc eu l'idée de créer **Les Bistrots d'hiver**. Il s'agit de soirées musicales ou théâtrales qui se déroulent les dimanches de décembre à mars dans différentes auberges du plateau. Le plaisir de la gastronomie se mêle à celui de la culture, le tout dans une ambiance très conviviale. Menu entre 15 et 20 € - *05 55 67 88 58* - www.pays-sage.net.
Dans les **Bistrots de Pays** établis le long de la vallée de la Dordogne, on peut se désaltérer et grignoter un casse-croûte tout en écoutant un concert. Ces bistrots aux décors parfois surprenants, à l'ambiance chaleureuse, sont quelquefois retranchés dans des lieux insolites.

Villes de terroir

Les offices de tourisme des villes membres mettent l'accent sur les circuits originaux et des parcours de découverte hors des sentiers battus. Brive fait partie du club.
En ligne : **www.villes-de-terroir.com.**

Sur place de A à Z

ARTISANAT

Créé pour mettre en valeur les divers et multiples savoir-faire artisanaux, le label « **Ville et métiers d'art** » célèbre l'excellence et l'authenticité d'une soixantaine de communes françaises, au nombre desquelles on trouve : **Mehun-sur-Yèvre** pour son patrimoine porcelainier ; **La Châtre** pour son Centre de musiques et danses traditionnelles en Berry et ses fameuses Rencontres internationales de luthiers et maîtres sonneurs (en juillet), ses ateliers de restauration de meubles et de sculptures sur bois et d'autres métiers d'art d'autrefois (poterie, dentelle, coiffe, peinture sur soie) ; **St-Amand-Montrond**, dont l'activité artisanale est étroitement liée à la bijouterie en or et à l'imprimerie.

Idées de stages

Tapisserie – Différents stages existent autour d'**Aubusson**. Consultez *La Creuse Le guide*, édité par le comité départemental du tourisme de la Creuse.

Dentelle de Tulle – Vous pouvez vous adresser à l'Atelier du Point de Tulle qui propose des stages d'initiation et de perfectionnement pendant l'été. ✆ 05 55 26 77 29. Sinon, reportez-vous à Nos adresses à Tulle *(voir p. 184)*.

Peinture sur porcelaine – Françoise Villegoureix organise des week-ends dans son atelier de **Limoges** ou des stages d'une semaine au cœur des monts d'Ambazac. Renseignements : Service Loisirs-Accueil de la Haute-Vienne, au comité départemental de tourisme.

Émail – Des artisans proposent des stages d'initiation et de perfectionnement à Limoges. APPEL - 12 av. Garibaldi - 87000 Limoges - ✆ 05 55 34 37 68.

CYCLOTOURISME

Dans l'Indre

Au sud-est de Châteauroux, trois itinéraires homologués permettent la découverte des vallées de l'Indre, de la Bouzanne et de la forêt domaniale de Châteauroux. Pour la pratique du VTT, le **Centre VTT/FFC**, à la base de plein air du Blanc *(voir p. 399)*, vous propose 191 km de chemins balisés. Les fiches topo-guides sont en vente à la Maison du Parc et dans les offices du tourisme et syndicats d'initiative du Parc naturel régional de la Brenne.

Comité départemental de cyclotourisme de l'Indre – Maison départementale des sports - 89 allée des Platanes - 36000 Châteauroux - ✆ 02 54 35 55 55.

Dans la Creuse

Le relief de la Creuse en fait un terrain idéal pour la pratique familiale et sportive du vélo. Le département compte 1 244 km de sentiers balisés.

Comité départemental de cyclotourisme de la Creuse – 2 r. Hubert-Gaudriot - 23000 Guéret - ✆ 05 55 52 12 82 - www.tourisme-creuse.com.

Le comité départemental du tourisme de la Creuse dispose d'un dépliant : La *Creuse VTT et VTC*, qui présente sept sites particulièrement favorables aux VTT/VTC et suggère pour chaque site plusieurs circuits balisés de difficulté, distance et durée variables.

En Corrèze

Ce département allie itinéraires touristiques à faire en famille (boucles ponctuées de panneaux) et parcours sportifs pour les plus endurants. Le comité départemental du tourisme de Corrèze édite deux topoguides : *15 circuits familiaux* et *17 circuits cyclo-sportifs*.

Comité départemental de cyclotourisme de Corrèze – 45 quai Aristide-Briand - 19000 Tulle - ✆ 05 55 20 71 46.

En Haute-Vienne

Comité départemental de cyclotourisme de la Haute-Vienne – 5 r. Dupuytren - 87270 Couzeix - ✆ 05 55 39 37 88.

Vous pouvez aussi emprunter les itinéraires balisés de la **route du Haut-Limousin** et de la **route Richard-Cœur-de-Lion**. Demandez la documentation au comité départemental du tourisme de Haute-Vienne. Cet organisme dispose également d'une documentation *La Haute-Vienne à vélo* comprenant dix fiches décrivant des itinéraires cyclotouristiques.

Dans le Cher

La Loire à vélo, projet né en 1995, concerne les Pays de la Loire et la région Centre. Ce parcours de 800 km, censé traverser le Cher, se déroule le long du fleuve et du canal latéral. Dans le Cher, le parcours relie Belleville-sur-Loire à Guerche en passant par Apremont-sur-Allier (107 km).

Comité départemental de cyclotourisme du Cher – M. Noël Gilet - 17 r. du Dr-Armand-Besson - 18000 Bourges - ✆ 02 48 70 65 25 (après 11h).

FORFAITS TOURISTIQUES

Visa 36 – Pour découvrir les multiples facettes de la richesse patrimoniale du département de l'Indre (châteaux, abbayes, églises, sites archéologiques ou naturels, musées, etc.). Cette carte vous sera remise lors de votre visite (à l'exception des journées du Patrimoine) d'un des nombreux sites partenaires de l'opération, et vous permettra de visiter les autres sites Visa 36 à tarif préférentiel. Elle peut être utilisée par une ou deux personnes adultes individuelles, chacune bénéficiant des réductions indiquées. Renseignements auprès du comité départemental du tourisme de l'Indre *(voir coordonnées p. 12)*.

Creuse Passeport Inter-Sites – Ce passeport permet de bénéficier de réductions sur le prix d'entrée des sites touristiques et monuments participant à l'opération. Il est diffusé par les prestataires d'hébergement, les offices de tourisme, les syndicats d'initiative et les sites eux-mêmes. Renseignements auprès du comité départemental du tourisme de la Creuse *(voir coordonnées p. 12)*.

MÉDIAS

La Nouvelle République du Centre Ouest, *L'Écho* et *Le Journal du Centre* sont des quotidiens.

Pour les revues locales qui traitent de sujets variés (art et patrimoine, actualités, contes et récits, tradition, art culinaire) voir *La Bouinotte* et *Le Berry Magazine* (trimestriel), *Pays du Limousin* (bimestriel) et *La Vie corrézienne* (hebdomadaire).

PÊCHE

Rivières, **ruisseaux** et **retenues de barrage** sont classés en deux catégories. La première regroupe les eaux à salmonidés (truite, omble commun), la seconde, celles à cyprinidés (ablette, barbeau, brème, carpe, gardon, tanche).

La pêche aux écrevisses est sévèrement réglementée.

Étangs et **lacs** *(voir le tableau ci-dessous)* sont pour la plupart très poissonneux ; la pêche y est statique pour taquiner le gardon, la perche, la tanche, mais peut devenir sportive quand on s'attaque au brochet, à la carpe, voire à la truite. Les amateurs de grenouilles se dirigeront plutôt vers la Brenne, qui s'en fait une spécialité.

Où s'informer ?

Le comité départemental du tourisme de la **Creuse** dispose d'un dépliant : *La Creuse Tourisme Pêche,* qui présente neuf sites intéressants. Il donne des informations sur les cartes de pêche, la réglementation, les classements des cours d'eau, les périodes d'ouverture… Il en est de même pour la **Corrèze** avec *Pêche en Corrèze.*

PLANS D'EAU	Département	Superficie en ha	Baignade	Base nautique	Pêche
Argentat (lac de Feyt)	19	80	🏊	-	🐟
Bessais (étang de Goule)	18	120	🏊	⛵	🐟
Bourges (lac du Val d'Auron)	18	82	-	⛵	2e cat.
Sidiailles (lac de)	18	90	🏊	⛵	🐟
Éguzon (lac de Chambon)	36	312	🏊	⛵	🐟
Mézières (étang de Bellebouche)	36	100	🏊	⛵	🐟
Aubazine (plan d'eau du Coiroux)	19	25	🏊	-	1re cat.
Bort-les-Orgues (lac de Val)	19	1 400	🏊	⛵	2e cat.
Bujaleuf (plan d'eau)	87	66	🏊	⛵	🐟
Gimel (lac de Ruffaud)	19	24	🏊	-	🐟
Marcillac (barrage de la Valette)	19	230	🏊	⛵	2e cat.
Meymac (lac de Sechemailles)	19	42	🏊	⛵	2e cat.
Neuvic (lac de Triouzoune)	19	410	🏊	⛵	🐟
Seilhac (lac de Bournazel)	19	37	🏊	-	🐟
Treignac (lac de Bariousses)	19	100	🏊	-	2e cat.
Viam (lac de)	19	171	🏊	-	2e cat.
Vigeois (lac de Pontcharal)	19	15	🏊	-	1re cat.
Guéret (étang de Courtille)	23	50	🏊	⛵	🐟
Vassivière (lac de)	23	1 000	🏊	⛵	2e cat.
Compreignac (lac de St-Pardoux)	87	330	🏊	⛵	2e cat.
Videix (plan d'eau de Lavaud)	87	40	🏊	⛵	2e cat.

Fédérations départementales de pêche et de protection du milieu aquatique :
Cher – 103 r. de Mazières - 18000 Bourges - ✆ 02 48 66 68 90 - www.unpf.fr/18 ;
Corrèze – 33 bis pl. Abbé-Tournet - 19000 Tulle - ✆ 05 55 26 11 55 - www.peche-correze.com ;
Creuse – 60 av. Louis-Laroche - 23000 Guéret - ✆ 05 55 52 24 70 ;
Indre – 17-19 r. des États-Unis - 36000 Châteauroux - ✆ 02 54 34 59 69 - www.peche-indre.fr ;
Haute-Vienne – 31 r. Jules-Noël - 87000 Limoges - ✆ 05 55 06 34 77 - www.federation-peche87.com.

RANDONNÉE ÉQUESTRE

Dans le Limousin

La région propose des circuits équestres modulables, avec arrêts dans des relais d'étapes labellisés - www.chevalencreuse.com. La brochure *Le Limousin à cheval* présente les randonnées, attelages, idées de séjours. Renseignements : ✆ 0 810 410 420.

Comité départemental de tourisme équestre de la Creuse – 52 av. de la Gare - 23700 Auzances - ✆ 05 55 83 92 22 ou 06 78 67 74 70.

Comité départemental de tourisme équestre de la Corrèze – Secrétariat CDTE Corrèze - ✆ 05 55 28 50 09 ou 05 55 73 60 99.

Comité départemental de tourisme équestre de la Haute-Vienne – La Maurie - 87150 Oradour-sur-Vayres - ✆ 05 55 78 77 52.

Dans le Berry

Comité départemental de tourisme équestre de l'Indre – Écurie de Laleuf - 36250 St-Maur - ✆ 02 54 27 19 69 - www.laleuf.com.

Comité départemental de tourisme équestre du Cher – 61 av. des Prés-le-Roi - 18230 St-Doulchard - ✆ 02 48 24 04 38.

RANDONNÉE PÉDESTRE

Fédération française de la randonnée pédestre – 14 r. Riquet - 75019 Paris - ✆ 01 44 89 93 93 - www.ffrandonnee.fr.

Dans le Berry

Dans l'**Indre**, vous trouverez 2 GR. Le **GR 46**, reliant Tours à Boussac, traverse le département le long de la vallée de l'Indre (190 km). Le **GR 654** (de Vézelay à Roncevaux) passe dans le sud de l'Indre, entre Berry et Limousin (110 km).
Le département compte aussi **5 GR de Pays** : le GRP de Valençay, ponctué de châteaux entre les vallées du Cher et de l'Indre (250 km) ; le GRP des Maîtres sonneurs, entre Berry et Bourbonnais, reprend l'itinéraire décrit dans le roman de George Sand (175 km) ; le GRP des Mille Étangs (190 km) sillonne le cœur du Parc naturel régional de la Brenne ; le GRP des Vallées de la Creuse et de l'Anglin (210 km) ; le GRP du Val de Creuse et des lacs (100 km).
Par ailleurs, plus de 160 communes du département ont aménagé des **PR** (450 boucles balisées), chacune faisant l'objet d'une rando-fiche (en vente dans les mairies et les offices de tourisme).

Dans le Limousin

Vous trouverez dans la **Creuse** près de 2 000 km de sentiers de randonnée balisés.

En **Haute-Vienne**, plus de 2 500 km de sentiers sont balisés. Le **GR 4** traverse le département d'est en ouest (environ 150 km). Il existe 2 GR de Pays : le tour des monts d'Ambazac (50 km) et le tour des monts de Blond (150 km).

De belles balades à pied attendent le randonneur averti en **Corrèze**, qui compte 238 km de GR : le **GR 46** (traversée nord-sud de la Corrèze par la vallée de la Vézère), le **GR 440** (« Le Grand Tour de la montagne limousine ») et le **GR 480** (76 km en Corrèze) ; 420 km de GR de Pays : causse corrézien (48 km), gorges de la Vézère (50 km), les Monédières (45 km), la Xaintrie nord (58 km), la Xaintrie du sud (56 km), Millevaches (51 km), Les Gabarriers (70 km), Dordogne-Ventadour (100 km). Autres grands itinéraires : le sentier du Transcorrézien (114 km) et la grande boucle du Pays de Brive (180 km). Pour des promenades plus paisibles, 400 circuits de **petite randonnée** sillonnent le pays.

Chemin de St-Jacques-de-Compostelle

Des **quatre itinéraires** principaux menant à St-Jacques-de-Compostelle, seul le **chemin de Vézelay**, dit *Via Lemovicensis*, permet de découvrir plusieurs sites décrits dans ce guide. Pour plus de détails, consultez le site **www.chemins-compostelle.com** (infos culturelles, pratiques et logistiques) ou adressez-vous à Compostelle 2000 – 26 r. de Sévigné - 75004 Paris - ✆ 01 43 20 71 66 - **www.compostelle2000.com**.

Notez qu'un topoguide *Sentiers vers St-Jacques-de-Compostelle via Vézelay (GR 654 et GR 65)* est édité par la Fédération française de la randonnée pédestre.

Randonnée avec un âne

Fédération nationale ânes et randonnées (FNAR) – 13 montée St-Lazare - 04000 Digne-les-Bains - ✆ 04 92 34 23 11 - www.ane-et-rando.com. La FNAR fournit la liste de ses prestataires, dans toutes les régions de France, proposant des randonnées à pied en compagnie d'ânes bâtés.

ROUTE HISTORIQUE

Fédération nationale des routes historiques : www.routes-historiques.com.

Voici la route historique qui traverse la région : **route historique Jacques-Cœur**. Plus berrichonne que ligérienne, cette route comprend dix châteaux privés, une abbaye, six villes ou monuments publics. Elle descend du château de La Bussière au château de Culan par les villes de Gien et de Bourges. Renseignements : association Route Jacques-Cœur - ✆ 02 48 65 31 55 - www.route-jacques-coeur.org.

ROUTES DU TERROIR

Des plaquettes sur les différentes routes thématiques possibles sont disponibles auprès des comités départementaux de tourisme des régions concernées *(voir coordonnées p. 12)*.

Dans le Berry

Route des Vignobles du cœur de France – Elle se déroule essentiellement dans le Cher le long des coteaux du Sancerrois jusqu'au bocage du Boischaut, sur près de 170 km. Plusieurs centaines de caves, domaines et exploitations familiales vous accueillent sur la route des vignobles de Quincy (AOC), Reuilly (AOC), Menetou-Salon (AOC), Sancerre (AOC), Coteaux du Giennois (AOC) et Châteaumeillant (AOC). Un guide des adresses est disponible auprès du Bureau interprofessionnel des vins du Centre - 9 rte de Chavignol - 18300 Sancerre - ✆ 02 48 78 51 07 - www.vins-centre-loire.com.

Dans le Limousin

Circuit du Châtaignier – La culture du châtaignier se limite aujourd'hui au sud-ouest de la Haute-Vienne et à la Corrèze. Une journée au pays des feuillardiers est organisée par l'Association du marron et du châtaignier limousins - ✆ 05 55 78 49 92.

Route de la Pomme – La pomme du Limousin (AOC) est cultivée sur les plateaux du Haut-Limousin. Une route permet de visiter une coopérative, des exploitants (juin-août), et de participer à des dégustations. Renseignements et réservation : office du tourisme d'Objat - ✆ 05 55 25 96 73.

Route de la Noix – Traditionnellement destinée à faire de l'huile, elle est devenue une noix de table transformée aussi en liqueur. Cet itinéraire original vous fait découvrir l'histoire de ce fruit et ses différentes variétés cultivées autour de villages de caractère. Vous visiterez des distilleries, des ateliers de potiers qui fabriquent des buires pour l'huile, et vous dégusterez les spécialités du Limousin. Renseignements : ✆ 05 65 32 22 22.

ROUTES TOURISTIQUES

Dans le Berry

Routes François-Ier – 250 bd Raspail - 75014 Paris - ✆ 01 43 29 48 44 - www.routesfrancois1.com. Ces parcours rappellent les séjours que firent François Ier et sa cour dans le Val de Loire.

Route des Plantagenêts – 60 r. des Francs-Bourgeois - 75141 Paris Cedex 03 - ✆ 01 44 78 99 28 (répondeur). Elle se propose de favoriser une meilleure connaissance de la civilisation européenne du 12e s. par une approche originale, comprenant la découverte de sites et de monuments témoins de la dynastie anglo-angevine des rois Plantagenêts.

Route George-Sand – Offices du tourisme de Gargilesse-Dampierre *(voir p. 425)* et de La Châtre *(voir p. 457)*. Cet itinéraire permet de suivre la « Dame de Nohant » à partir de sa demeure familiale, en passant par St-Chartier, Sarzay, La Châtre, Ste-Sévère, Gargilesse…

Route de la Porcelaine et des Arts de la table – Office du tourisme de Bourges *(voir p. 328)*. De Vierzon à St-Amand-Montrond, l'itinéraire proposé (80 km) sillonne le Cher à la découverte de l'« or blanc » et de la tradition porcelainière du Berry, mais aussi d'autres corps de métiers (verrier, potier…).

Route des Jardins secrets en Berry – Association Parcs et Jardins - 14 bd Rocheplatte - 45048 Orléans Cedex 1 - ✆ 02 38 77 10 64 - www.jardins-de-france.com. En suivant cet itinéraire, vous pourrez vous arrêter dans le jardin-conservatoire du prieuré de Manzay, le parc et les jardins du château de Bouges, Nohant, le jardin de George Sand, les jardins du château de Villiers, ceux du prieuré Notre-Dame d'Orsan, du château d'Ainay-le-Vieil et les jardins artistiques de Drulon.

Dans le Limousin

Route Richard-Cœur-de-Lion – Comité départemental du tourisme de la Haute-Vienne *(voir p. 12)*. Cet itinéraire fléché regroupe, sur 180 km, châteaux, forteresses, abbayes, églises, ces derniers formant une barrière défensive entre le vicomté de Limoges français et le duché d'Aquitaine anglais au temps de Richard Cœur de Lion.

Route des Marches du Quercy – Comité départemental du tourisme de la Corrèze *(voir p. 12)*. De Capdenac jusqu'à Brive en passant par Souillac et St-Céré, cette route parcourt trois régions riches en châteaux et en édifices religieux depuis le haut Moyen Âge,

LE GUIDE VERT
RIEN NE REMPLACE LE GUIDE VERT, SAUF LE NOUVEAU !
MICHELIN
CÔTE D'AZUR
MEXIQUE
PARIS
THAÏLANDE
+ Clair
+ Complet
+ Pratique
+ Facile à utiliser

autrefois aux confins du duché d'Aquitaine et des possessions du comte de Toulouse.

SOUVENIRS

Pour en savoir plus sur les spécialités régionales, reportez-vous au chapitre « Le Limousin et le Berry aujourd'hui » *(voir p. 49)* et consultez la rubrique « Achats » de nos adresses pour chaque ville et sites.

Pour la maison

Il y a, bien sûr, l'incontournable **porcelaine** de Limoges ou du Berry (Mehun-sur-Yèvre), avec notamment ses services de table. Mais on peut également acquérir tout un éventail d'objets décoratifs comme la **dentelle** de Brive, les **émaux** de Limoges, le **mobilier** en lamelles souples de châtaignier (pays des feuillardiers), les **poteries** de La Borne, les **tapisseries** d'Aubusson ou de Felletin.

Les **magasins d'usine** *(voir Limoges p. 104 et Mehun-sur-Yèvre p. 370)* proposent la marchandise à des prix avantageux.

Pour se vêtir

C'est principalement le **cuir** qui est travaillé en Limousin. Sont réputés les vêtements et la **ganterie** de St-Junien (Haute-Vienne), ainsi que les artisans **bottiers** de Limoges.

Et pour les flonflons...

Un **accordéon**, bien sûr ! Rendez-vous dans la dernière fabrique de Corrèze, située à Tulle.

Apéritifs et digestifs

Pour préparer un « Berrichon », prévoyez une bouteille de vin de Châteaumeillant et de la crème de mûres sauvages. Après le repas, goûtez l'eau de noix (jus de noix vertes vieilli cinq ans en fûts de chêne) de chez Denoix à Brive, ou la liqueur de châtaigne limougeaude *(voir Limoges p. 104)*.

Vins (blanc, rosé, rouge)

C'est le **Berry** qui remporte la palme des vins : Châteaumeillant *(p. 466)*, Menetou-Salon *(voir Levroux p. 391)*, Quincy et Reuilly *(voir Mehun-sur-Yèvre p. 370)*, Sancerre *(voir p. 350)*, Valençay *(voir p. 386)*.

Le **Limousin** propose quant à lui le Vin de pays de la Corrèze. En basse Corrèze, on produit du vin paillé *(voir Beaulieu-sur-Dordogne p. 224)*.

Douceurs

Dans le Limousin, où le **châtaignier** est roi, ne manquez sous aucun prétexte la délicieuse confiture de châtaigne, sans oublier les produits de la ruche (miel de châtaignier). Mais vous pourrez également vous régaler de confitures de myrtilles sauvages ou de fruits rouges *(voir St-Amand-Montrond p. 474)*.

Pour les gourmands, les tentations ne manquent pas. Laissez-vous séduire par les **croquets de Chârost** (près d'Issoudun), les **forestines** de Bourges *(voir p. 328)*, les **massepains** d'Issoudun *(voir p. 449)*, les **sablés** de Nançay *(voir p. 367)*, les **croquants** de Bort-les-Orgues, le **creusois** de Guéret, les **macarons** du Dorat, les **madeleines** de St-Yrieix, etc.

Épicerie fine

Les fins gourmets trouveront de quoi ravir leurs papilles dans ces deux régions, que ce soit avec la **moutarde** violette au moût de raisin, les **foies gras**, confits et autres spécialités du Sud-Ouest à Brive *(voir p. 199)*, ou avec les terrines de la Sologne berrichonne.

Fromage de chèvre

C'est la spécialité du Berry : le fromage de chèvre AOC **valençay** (rond, crottin, bûche, pyramide) pour l'Indre, et le **crottin de Chavignol** *(voir Mehun-sur-Yèvre p. 370 et Sancerre p. 350)* pour le Cher.

Toutefois, vous trouverez d'excellents fromages de chèvre dans le Limousin, notamment dans la Creuse.

SKI DE FOND

Sur le plateau de Millevaches, dans le secteur de Meymac (alt. 976 m), 4 pistes de 2 à 12 km partent du **mont Bessou**.
À **St-Setiers** (alt. 850-950 m), vous découvrirez 5 pistes de 3 à 20 km au départ du chalet de « la Croix de la Mission ».
Un deuxième site de ski de fond se situe en Haute-Corrèze, à l'ouest de Meymac, au sommet de la commune de **Bonnefond** (alt. 920 m). Il compte 3 pistes de 3 à 11 km au départ du foyer de « Chadebec ».
Plus au nord, dans la montagne limousine, le domaine skiable de **Gentioux-Pigerolles**, **Féniers**, **Peyrelevade** (alt. 900 m - point culminant : le Puy de la Mijoie, 949 m), offre 90 km de pistes.

TRAINS TOURISTIQUES

Train touristique à vapeur en Limousin – De juin à septembre, l'association **Vienne Vézère Vapeur** vous propose de découvrir le Limousin en train à vapeur sur la ligne Limoges-Ussel. Une locomotive de 1932 vous transporte, à 40 km/h, de la vallée de la Vienne au plateau de Millevaches. Le périple dure une demi-journée ou une journée pleine. Des visites et animations vous sont proposées dans les villes étapes (Bugeat, Meymac, Ussel). Renseignements et réservation (obligatoire) dans les offices de tourisme de la ligne ou auprès de Vienne Vézère Vapeur - ✆ 05 55 69 57 62 - de 8 à 35 € (enf. 5 à 18 €).
Chemin de fer du Blanc-Argent – La ligne dessert, sur voie métrique, 15 gares et haltes entre Salbris (Loir-et-Cher) et Luçay-le-Mâle (Indre). Renseignements : compagnie Le Blanc-Argent - gare de Romorantin-Lanthenay - ✆ 02 54 76 06 51.
Train touristique Gentiane-Express – En 4h30, vous découvrirez le pays de Bort-Artense à bord de cet auto-rail - juil.-août, dim. et j. fériés d'avr. à sept. - ✆ 05 55 96 02 49.

URGENCES

Police Secours – ✆ 17.
Pompiers – ✆ 18 ou 112.
Samu – ✆ 15.
SOS Médecins – ✆ 36 24 (0,12 €/mn).
Centre antipoison – ✆ 04 91 75 25 25 (Marseille).
Chéquier et carte de crédit
En cas de perte ou de vol, déposez immédiatement plainte auprès de la police et faites opposition :
Chéquiers volés – ✆ 0 892 68 32 08 (0,34 €/mn).
Carte Visa – ✆ 0 892 705 705 (0,34 €/mn).
American Express – ✆ 01 47 77 72 00.
Mastercard – ✆ 0 800 90 13 87.
Téléphone portable :
Orange – ✆ 0 800 100 740.
Bouygues Télécom – ✆ 0 800 29 10 00.
SFR – ✆ 06 10 00 19 00.

VILLES ET PAYS D'ART ET D'HISTOIRE

Ce réseau propose des visites générales ou bien plus insolites (1h30 ou plus), conduites par des guides-conférenciers et des animateurs du patrimoine agréés par le ministère de la Culture. Visites-découverte et ateliers du patrimoine pour les enfants (merc., sam. et vac. scol.).
➲ Bourges, le pays Vézère - Ardoise (il compte 15 communes) et le pays Monts et Barrages.
En ligne : **www.vpah.culture.fr**.

En famille

Le tableau récapitulatif ci-contre présente les sites que nous avons sélectionnés pour vous et vos enfants. Repérez-les dans la partie « Découvrir le Limousin Berry » grâce au pictogramme 👪.

Quelques initiatives

Dans le Berry – En juillet-août, la **route Jacques-Cœur** organise des « Journées Enfants » pour faire découvrir au jeune public les sites de façon ludique. ✆ 02 48 65 31 55.

Dans le Limousin – **La Creuse en famille** propose plus de 45 activités, visites et balades adaptées aux enfants. Une brochure recense l'ensemble des sites partenaires. ✆ 05 55 51 93 23.

CHAPITRE DU GUIDE	NATURE	MUSÉES, MONUMENTS	LOISIRS
Ainay-le-Vieil		École du Grand-Meaulnes (Épineuil-le-Fleuriel)	
Apremont-sur-Allier	Parc floral	Musée des Calèches - Halle de Grossouvre	
Argentat		Fermes du Moyen Âge en Xaintrie (St-Julien) Citadelle - Ferme archéologique (Tours de Merle)	Lac de Feyt Promenade en gabarre sur la Dordogne
Argenton-sur-Creuse		Musée de la Vallée de la Creuse	Lac de Chambon
Arnac-Pompadour	Haras national -Jumenterie nationale de la Rivière		
Aubigny-sur-Nère	Étang du Puits	Musée de la Sorcellerie (La Jonchère)	Fêtes franco-écossaises d'Aubigny
Beaulieu-sur-Dordogne		Musée de l'Homme de Neandertal (Chapelle-aux-Saints)	
Bellac		Village de Montrol-Sénard	
Bort-les-Orgues	Insectes du monde (Ydes)		Promenade en gabarre sur la Dordogne
Bourganeuf	Espace Pêche et Nature (Pontarion)		
Bourges		Muséum d'histoire naturelle	Printemps de Bourges
La Brenne	Parc zoologique de la Haute-Touche		
Brive-la-Gaillarde	Gouffre de la Fage		Lac du Causse
Châlus	Jardin des Sens (Nexon)	Tuilerie de Puycheny - Petit Monde des automates (château de Brie)	
Châteaumeillant		La Maison de Jour de fête (St-Sévère) - Château de Culan	Lac de Sidiailles
Collonges-la-Rouge		La Grange aux oies	

EN FAMILLE

CHAPITRE DU GUIDE	NATURE	MUSÉES, MONUMENTS	LOISIRS
Eymoutiers	Cité des insectes (Chaud)	Maison des moulins (Peyrat-le-Château)	Lac de Vassivière
Guéret	Les Loups de Chabrières (monts de Guéret)	Observatoire-planétarium (monts de Guéret)	Labyrinthe géant
Issoudun		Moulin de Nouan	
Limoges	Aquarium du Limousin - Parc zoologique et paysager du Reynou	Maison de l'émail	
Mehun-sur-Yèvre		Musée vivant de la Porcelaine (Foëcy)	
Meymac	Tourbière du Longeyroux		Lac de Sechemailles
Nançay	Pôle des étoiles en Sologne		
Rochechouart		Espace météorite	
St-Amand-Montrond	Jardins artistiques de Drulon - Jardins d'Orsan	Cité de l'or - Musée de la poterie des Archers	
St-Junien		Féeriland	
St-Léonard-de-Noblat		HistoRail - Moulin du Got	
St-Marcel		Musée et site archéologique	
La Souterraine		Tuilerie de Pouligny - Scénovision de Bénévent-L'Abbaye - Cirque Valdi	Étang du Cheix
Treignac	Maison de l'arbre (Chamberet)		
Valençay		Château et parc - musée de l'Automobile	Grand labyrinthe de Napoléon
Vierzon	Maison de l'eau (Neuvy-sur-Barangeon)	Musée Laumônier de la Locomotive à vapeur - Hameau des automates (Neuvy-sur-Barangeon) - Musée du Cirque de Vatan	

Mémo

Agenda

Cette sélection n'est pas exhaustive. N'hésitez pas à contacter les offices de tourisme des localités concernées.

Retrouvez ces manifestations dans la rubrique « Nos Adresses… » dans la partie Découvrir les sites.

JANVIER

Brive-la-Gaillarde – Foire des rois (déb. janv.) - ✆ 05 55 24 08 80.
Châteaumeillant – Fête de la St-Vincent - ✆ 02 48 61 39 89.

JANVIER – FÉVRIER

Brive-la-Gaillarde – Fête internationale de la truffe (2-3 fév.).
Limoges – Danse Émoi (années paires, janv.-fév.) : danse contemporaine au Centre culturel Jean-Gagnant - ✆ 05 55 45 94 00.

RAMEAUX – NOËL

Aubazine – Musique sacrée en Aubazine - ✆ 05 55 84 24 74 - www.lauradesarts.org.

PÂQUES

Châteaumeillant – Foire aux vins. Particularité : à l'occasion de cette foire, la **confrérie locale des Nectevins de Mediolanum**, inspirée des racines gallo-romaines de Châteaumeillant, intronise les postulants en leur présentant le vin… dans des amphores dont le sous-sol castelmeillantais regorge !
Neuvy-St-Sépulchre – Pèlerinage du précieux sang (lun. de Pâques) - ✆ 05 54 30 86 28.
Reuilly – Foire aux vins : dégustation, animations et défilé (w.-end et lun. de Pâques) - ✆ 02 54 03 49 00 (mairie).

AVRIL

Aubazine – Foire aux chèvres (dim. fête de la St-Georges) - ✆ 05 55 25 79 93.
Bourges – Printemps de Bourges – Créée en 1977, cette manifestation musicale (rock et chanson française) a lieu pendant les vacances scolaires de printemps autour de la place Séraucourt - ✆ 02 48 27 40 40 - www.printemps-bourges.com.
Brive-la-Gaillarde – Rencontres du moyen métrage (11-16 avr.).
Pontarion – Concours national de coqs de pêche : une centaine de coqs présentés par des éleveurs (mi-avr.) - ✆ 05 55 81 33 04 ou 06 18 91 09 50 (M. Labarre).

MAI

Beaulieu-sur-Dordogne – Fête de la fraise (2e dim. de mai), avec en même temps rassemblement de montgolfières.
Bugeat – Randonnée VTT « la Trans-corrézienne ».
Cluis – Fête du Luma : cavalcade, foire, fête foraine (1er Mai) - ✆ 02 54 31 21 06 - www.cluis.fr.
Le Blanc – Festival du livre nature et environnement en Brenne (w.-end de l'Ascension) : lectures, expositions, ateliers, salon d'art animalier, marché bio et fermier.
Limousin – Coquelicontes : festival itinérant du conte en Limousin dans plus de 60 communes (musées, jardins, fermes, cafés…) - ✆ 05 55 45 18 80.
Issoudun – Fêtes de la Tour blanche : théâtre de rues (w.-end de l'Ascension).
Neuvic – Concours national des coqs de pêche (1er Mai) - ✆ 05 55 95 82 26.

Sancerre – Foire aux vins, dans le cadre des caves de la Mignonne (w.-end mi-mai) - ✆ 02 48 54 11 35 - www.maison-des-sancerre.com.

MAI – SEPTEMBRE

La Borne – Rencontre internationale de la céramique - ✆ 02 48 26 96 21.

PENTECÔTE

Fontmorigny (abbaye) – Festival de musique classique (piano, musique de chambre) - ✆ 02 48 76 12 33.
Lignières – Foire aux ânes et aux mules le lun. de Pentecôte - ✆ 02 48 60 22 14 - www.thiaulins.com.
Magnac-Laval – Procession de « neuf lieues » en l'honneur de St-Maximin (lun. de Pentecôte) - ✆ 05 55 68 52 54 (mairie).
Menetou-Couture – Des festivals de musique classique ont lieu dans l'abbaye de Fontmorigny, notamment des concerts de piano et musique de chambre le w.-end de Pentecôte - ✆ 02 48 76 12 33.
Rochechouart – Tous les sept ans (la dernière fois en 2009), Rochechouart connaît un grand moment lors du week-end de Pentecôte. À l'occasion des ostensions, la cité décorée honore son patron saint Julien de Brioude, et de nombreuses animations sont organisées.

JUIN

Bourges – Synthèse : musiques électroacoustiques - ✆ 02 48 20 41 87 - www.imeb.net.
Chénérailles – Foire aux laines (3e lun. de juin) - ✆ 05 55 62 37 22.
Limoges – Urbaka (fin du mois) : festival des arts de la rue - ✆ 05 55 32 08 42.
Nohant-Vic – Fêtes romantiques (3 premiers w.-ends de juin) - ✆ 02 54 48 46 40 - www.festival-george-sand.com. Notez aussi les Rendez-vous au Jardin dans le parc du château (juin-oct.).
Reuilly – Festival de chorales (2e vend. et sam. de juin) - ✆ 02 54 49 24 94 - www.ot-reuilly.fr.
Solignac – Rencontres photographiques - ✆ 05 55 32 30 78 ou 05 55 00 42 31.
Tulle – Depuis le 14e s., les habitants de Tulle célèbrent la nativité de saint Jean-Baptiste par la grande procession de la Lunade, le 23 juin.

JUIN – SEPTEMBRE

Bourges – Un été à Bourges : concerts de musique classique, jazz, variétés, dans divers monuments de la ville (juin-sept.) - ✆ 02 48 24 93 32.
Châteauroux – Biennale de la céramique contemporaine (années impaires, juin-sept.) - ✆ 02 54 61 12 30 - www.ville-chateauroux.fr.

JUILLET

Argentat – Festival « Les pieds dans l'eau » (mi-juil.) : musiques actuelles - ✆ 05 55 28 16 05.
Aubigny-sur-Nère – Fêtes franco-écossaises : reconstitution et spectacle historiques et son et lumière (w.-end du 14 juil.) - ✆ 02 48 81 50 07 - www.aubigny-sur-nere.fr.
Aubusson – Foire aux fromages et aux produits régionaux (mi-juil.) - ✆ 05 55 66 85 25.
Bellac – Chaque année de fin juin à déb. juil. se déroule à Bellac, en souvenir de Giraudoux, un festival de théâtre et de jazz - ✆ 05 55 60 87 61 - www.theatre-du-cloitre.fr.
Châteauroux – Les Nocthalies : festival de théâtre (déb. du mois) - ✆ 02 54 07 22 84 - www.pucktheatre.lautre.net.
La Châtre – Rencontres internationales Fréderic-Chopin (2e quinz. de juil.) - ✆ 02 54 48 46 40 - www.festivals-chopin.com.

Chaumeil – Fête de la myrtille et foire artisanale (dernier w.-end) - ✆ 05 55 21 34 11.
Concèze – Fête de la framboise et foire artisanale - ✆ 05 55 25 61 51.
Crocq – Procession à Notre-Dame-de-Crocq, bienfaitrice de Crocq (déb. juil.).
Égletons – Les Trad'Estivales : musiques et danses traditionnelles (fin du mois) - ✆ 05 55 93 00 36.
Felletin – Foire aux agnelles (25 juil.) - ✆ 05 55 66 90 00.
Gimel-les-Cascades – Son et lumière dans l'enceinte du château (fin du mois) - ✆ 05 55 21 44 34.
Le Noyer – Festival de Boucard : concerts de musique classique (de mi-juil. à déb. août) - ✆ 02 48 58 72 81 - www.festival-boucard.com.
Noirlac – Festival de Noirlac, rencontres internationales d'art vocal - ✆ 02 48 62 01 01 - www.abbayedenoirlac.com.
St-Chartier – Rassemblement international de luthiers et passionnés de musiques traditionnelles ; le festival de St-Chartier vous invite à découvrir son salon de lutherie et ses concerts électriques.
Voutezac – Fête des pêches (21-23 juil.) - ✆ 05 55 25 06 47.

MI-JUILLET – MI-AOÛT

Aubusson, Guéret – Festival Voix d'été en Creuse (de mi-juil. à mi-août) - ✆ 05 44 30 23 47 ou 05 44 30 24 55.
Collonges-la-Rouge – Théâtrales, tout public (le mar.) - ✆ 05 55 25 41 19.
Neuvic et Haute-Corrèze – Festival Millesources et Dordogne : musiques de chambre et baroque - ✆ 05 55 27 50 96 ou 05 55 95 88 08 (pendant le festival).
St-Robert – Concerts de musique classique, théâtre et musiques du monde - ✆ 05 55 25 21 01 - www.festival1001notes.com.

JUILLET – AOÛT

Aubusson – Musique au cœur de la tapisserie : orgue et musique de chambre (de mi-juil. à mi-août) - ✆ 05 55 66 32 12.
Bourges – Très riches heures de l'orgue de la cathédrale (juil.-août) - ✆ 02 48 20 57 66 - www.grandorguebourges.org.
Brive-la-Gaillarde et environs – Festival de la Vézère : manifestations diverses dans des lieux du patrimoine (églises de village, cathédrale, château du Saillan, etc.) - ✆ 05 55 23 25 09 - www.festival-vezere.com.
Clergoux – Festival de musique au château de Sédières : musiques actuelles, opéra, spectacle équestre - ✆ 05 55 27 76 40 - www.sedieres.fr.
Pays de Guéret – Les Sortilèges de la pleine lune : festival de contes.
St-Léonard-de-Noblat – Été musical de St-Léonard : concerts de musique classique et tradionnelle - ✆ 05 55 56 25 06 ou 05 55 56 01 93.
St-Yrieix-la-Perche – Festival de musique classique - ✆ 05 55 05 12 65.

AOÛT

Aigurande – Fête de l'écrevisse (av.-dernier w.-end d'août) - ✆ 02 54 06 30 56.
Argentat – Foire internationale de la céramique en Limousin (1er w.-end d'août) - ✆ 06 76 84 59 28 (M. Zévalos Melgar) ou 05 55 28 16 05 (office de tourisme).
Arnac-Pompadour – Grande Journée du cheval : messe à l'hippodrome d'Arnac-Pompadour, présentation d'étalons et d'attelages, courses de plat et d'obstacles, concours hippique en nocturne (15 août) - ✆ 05 55 98 56 10 - www.pompadour-equestre.com.
Aubusson – Raid de la vallée de la Creuse : nage et course dans l'eau,

course à pied, kayak, tir, VTT (14 et 15 août) - ✆ 05 55 66 32 12 - www.raid23.org.

Bannegon – Fête du Moyen Âge (14-15 août) - ✆ 02 4861 85 20.

Beaulieu-sur-Dordogne – Fête de Monturu (15 août).

Bridiers – Fresque médiévale (3-5 août) : spectacle en plein air - ✆ 05 55 63 10 06 - www.bridiers.fr.

Brive-la-Gaillarde – Orchestrades universelles (mi-août) : rassemblement d'orchestres de jeunes - ✆ 05 55 18 17 40 ou 04 78 35 87 14 - www.orchestrades.com.

Bué en Sancerre – Foire aux sorciers : kermesse folklorique (1er dim. d'août) - t 02 48 54 14 98.

Chambon-sur-Voueize – National de pétanque (1er w.-end d'août) - ✆ 05 55 82 29 04.

Châteauroux – DARC stage-festival : stage de danse (10-22 août) - ✆ 02 54 27 49 16 - www.danses-darc.com.

Collonges-la-Rouge – Marché d'antan (1er dim.) - ✆ 05 55 84 08 03.

Coussac-Bonneval – Moments musicaux - ✆ 05 55 75 28 46.

Crevant – Fête de la pomme de terre et du Dahlias (15 août) - ✆ 02 54 30 26 51.

Donzenac – Fête médiévale (4-5 août). ✆ 05 55 85 65 35 - www.donzenac-medievale.com.

Felletin – Festival de danses, musiques et voix du monde (déb. août) - ✆ 05 55 66 43 00 - www.portesdumonde.net.

Féniers – Foire aux agnelles (fin du mois) - ✆ 05 55 66 91 51.

Fontmorigny (abbaye) – Festival de musique classique (musique sacrée et baroque) - ✆ 02 48 76 12 33.

Gargilesse-Dampierre – Festival musical de harpe dans l'église romane (2e quinz.) - ✆ 02 54 47 83 11.

Guéret – Les Sortilèges de la Pleine Lune (6-24 août) : balade contée les mardis soir et mercredis soir dans des sites des monts de Guéret - ✆ 05 55 52 14 29 - www.ot-gueret.fr.

La Châtre – Académie internationale de musique romantique au château d'Ars (2e quinz.) : cours, concerts, ateliers de facture instrumentale, prise de son, etc. - ✆ 02 54 06 04 95.

Lapleau, St-Pantaléon et environs – Festival de la Luzège : théâtre (1re quinz. d'août) - ✆ 05 55 27 54 27 - http://laluzege.chez.tiscali.fr.

Le Dorat – Festival des nuits de l'histoire (1re quinz. d'août) - fresque médiévale et différents spectacles avec plus de 100 figurants, animations de rue dans les vieux quartiers ou sur la place de la Collégiale - rens. à l'office de tourisme - ✆ 05 55 60 76 81.

Étang de la mer Rouge – Pèlerinage à N.-D.-de-la-Mer-Rouge, dans la Brenne (dim. précédant le 15 août).

Meymac – Journées artisanales d'art avec concours de la race ovine limousine (3e w.-end) - ✆ 05 55 95 18 43.

Moutier-d'Ahun – Procession de St-Roch (16 août).

Nexon – La Route du cirque (en août) - ✆ 05 55 58 34 71 - www.cirquenexon.com.

Pellevoisin – Pèlerinage à N.-D.-de-Miséricorde (dernier w.-end d'août) - ✆ 02 54 39 06 49.

Château du Plaix – Fête des « Thiaulins » (w.-end suivant le 15 août) - ✆ 02 48 60 22 14.

St-Amand-Montrond – Rencontres folkloriques des affouages (1er w.-end d'août) - ✆ 02 48 60 77 41.

St-Yrieix-la-Perche – Moments musicaux (1er sam. d'août) – ✆ 05 55 75 28 46.

Sarran – Festival de folklore du monde (déb. du mois) - ✆ 05 55 21 43 17.

Treignac – Festival de jazz Kind of Belou (fin du mois) - ✆ 05 55 98 15 04 - www.kindofbelou.com.

Lac de Vassivière et plateau de Millevaches – Paroles de conteurs : festival de conte (dernière sem. d'août) - ✆ 05 55 64 57 37 - www.paroles-conteurs.org.

SEPTEMBRE

Aixe-sur-Vienne – Pèlerinage à N.-D.-d'Arliquet (3e dim. de sept.) - ✆ 05 55 70 20 74 - www.arliquet.com.
Argentat – Rallye de canoë-kayak Argentat-Beaulieu - ✆ 05 55 28 86 45 - www.adndordogne.org.
Argenton-sur-Creuse – Procession de la Bonne-Dame et pèlerinage des malades (2e dim. de sept.).
Arnac-Pompadour – Grande semaine de Pompadour : animations autour du cheval (fin sept.) - ✆ 05 55 97 11 03 - www.semaine-pompadour.com.
Beaulieu-sur-Dordogne – Fête des corps saints (1er w.-end de sept.).
Le Blanc – Fête des bons saints : concert, exposition d'art, fête foraine (1er w.-end) - ✆ 02 54 37 05 13.
Bourges – Fête des Marais, avec illuminations - ✆ 02 48 65 25 57 - www.marais-patrimoine-bourges.fr.
Guéret – Oxygène Cup (w.-end fin du mois) et Forêt Follies : étape de la Coupe de France de marathon combinant *bike and run* et randonnée dans les monts de Guéret - ✆ 05 55 61 97 90.
Issoudun – Foire du tout et de la curiosité : brocantes, exposants divers, animations, dégustations (1er dim. de sept.) - ✆ 02 54 21 13 53.
Objat – Randonnée de la pomme du Limousin, à pied et à vélo (déb. du mois) - ✆ 05 55 25 85 48.
Tulle – Festival des nuits de nacre (3e jeu.-dim. de sept.) - ✆ 05 55 20 28 28/54 - www.accordeon.org.

FIN SEPTEMBRE – DÉBUT OCTOBRE

Limoges – Les Francophonies en Limousin : festival de théâtre, musique, danse, écritures contemporaines (23 sept.-5 oct.) - www.lesfrancophonies.com.
St-Just-le-Martel – Salon international du dessin de presse et d'humour - ✆ 05 55 09 26 70 - www.st-just.com.

OCTOBRE

Collonges-la-Rouge – Les journées du Fantastique (1er w.-end) : café littéraire, contes - ✆ 05 55 25 32 25.
Dournazac – Fête de la châtaigne, avec plus de 150 exposants : artisanat, gastronomie, concours du plus gros marron, musiques diverses, exposition (dernier dim. d'oct.).
Felletin – Les journées de la Laine (dernier w.-end d'oct.). Exposition-vente, animations, rencontres, conférences-débats, présentations d'animaux, ateliers, marché traditionnel (produits régionaux).
Limoges – Frairie des Petits Ventres (3e vend. d'oct.) - ✆ 05 55 34 46 87.
Neuvy-St-Sépulchre – Journées de la Pomme et des Fruits de pays (dernier w.-end).

TOUSSAINT

Châteauroux – Festival Lisztomania (conférences, concerts et spectacles dans différents endroits de la ville) - ✆ 02 54 34 10 74 - www.lisztomanias.com.
Éguzon – Fêtes de la châtaigne : dégustation, concours de créativité avec le bois de châtaignier (artisanat), randonnées…
Tulle – Festival Ô les Chœurs (musiques actuelles, cinéma, spectacle de rue) - ✆ 06 73 39 33 07.

NOVEMBRE

Aubazine – Musique sacrée en Aubazine (des Rameaux à Noël) - ✆ 05 55 84 24 74 - www.lauradesarts.org.
Bellegarde-en-Marche – Fête de la confrérie des mangeurs de chèvres :

procession dans les rues du village et intronisation des nouveaux membres (dernier sam. de nov. en soirée) - ✆ 05 55 67 65 35.

Brive-la-Gaillarde – Les amateurs de belles plumes se retrouveront à la Foire du livre qui a lieu de fin oct. à déb. nov. sous la halle Georges-Brassens, et ce depuis 1982.

St-Léonard-de-Noblat – Tournoi de la quintaine - ✆ 05 55 56 25 06 (office de tourisme) ou 05 55 56 05 64 (M. Braem) - 2e dim. après le 6 nov., reprenant une tradition médiévale, des cavaliers armés de massues de bois cassent au galop de leurs chevaux la reproduction en bois d'une prison.

DÉCEMBRE

St-Setiers – Démonstration de chiens de traîneau sur le plateau de Millevaches de fin nov. à déb. déc. - ✆ 05 55 95 61 75.

Bibliographie

OUVRAGES GÉNÉRAUX ET DE TOURISME

Berry

Le Berry : cœur de France, R. Gast, Ph. Renault, éd. Ouest-France, 2006.
Trésors du Berry, S. Drouet, A. Jean-Baptiste, éd. SEPP, 2006.
Le Berry insolite, J.M. Couderc, R. Miannay, A. Ruter, éd. CLD, 2006.
Berry, villes et villages, J.B. Alain, éd. Sepp, 2004.
George Sand ou l'Amour du Berry, A. Novarino, éd. Presses de la Cité, 2004.
Au pays de George Sand : sur les sentiers des Maîtres sonneurs, entre Berry et Bourbonnais, éd. Fédération française de la Randonnée pédestre, 2006.
Découvrir les plus beaux jardins : Berry et Gâtinais, M. Hucliez, éd. Maison Rustique, 1996.
Paysans du Berry, M. Leca, éd. J. C. Godefroy, 1998.

Limousin

Un printemps sur Millevaches en Limousin, G. Chatain, P. Fabre, coll. « Regards », Culture et patrimoine en Limousin, 2005.
Limousin, collectif, encyclopédie Bonneton, 2000.
Aimer les hauts lieux du Limousin, M. Peyramaure, coll. Tourisme-Aimer, éd. Ouest France, 2005.
Les Corréziens, P. Dauzier, D. Tillinac, éd. Robert Laffont, 1991.
Sur les chemins du Grand Meaulnes avec Alain-Fournier, M. Baranger, coll. « Voyage immobile », éd. C. Pirot, 2004.

HISTOIRE ET ART

Berry

L'Hôtel de Jacques Cœur à Bourges, J. Favière, éd. Picard, 2003.
Les Riches Heures du duc de Berry, Dufournet, éd. Art Stock, 2000.
Bourges, la cathédrale, L. Brugger, Y. Christie, éd. Zodiaque, 2000.
Berry roman, J. Favière, J. de Bascher, éd. Zodiaque, Paris, 1991.
Châteaux du Berry, éd. CLD, 2005.
Célestine, histoire d'une femme du Berry, G. Tindall, éd. du Rocher, 2000.
Métiers d'art en Berry, B. Auboiron, éd. Sepp, 2004.
L'Indre au cinéma, G. Coulon, éd. Alan Sutton, 2006.
Célèbres en Berry, C. Méry-Baranabé, éd. Alan Sutton, 2006.

Limousin

Histoire du Limousin, G. Cerbelaud Salagnac, éd. France Empire, 1999.
Histoire du Limousin contemporain, éd. Lucien Souny, 2003.
Limousin, C. Bélingrad, R. Rosenthal, P. Moulin, éd. S. O., 2006.
La Corrèze vue du ciel, éd. Lucien Souny, 2007.
Doisneau en Limousin, R. Doisneau, Sanfourche, éd. Culture et Patrimoine en Limousin, 1999.
Limoges, petite histoire d'une grande ville, M. Desforges, éd. Lucien Souny, 2002.

Richard Cœur de Lion et le Limousin, M. Ippolito, éd. L'Harmattan, 1999.
Églises de la Haute-Vienne, A. Mingaud, éd. Lucien Souny, 2005.
Limousin gothique, C. Andrault, éd. Picard, 2000.
Limoges, deux siècles de porcelaine, C. Meslin-Perrier, M. Segonds, éd. L'Amateur, 2002.
L'Art de l'émail à Limoges, V. Notin, éd. Culture et patrimoine en Limousin, 2005.
La Tapisserie d'Aubusson et de Felletin, R. Guinot, éd. Les Trois Épis, 1996.
Ardoises et ardoisières, pays de Corrèze, P. Fabre, G. Chatain, Culture et patrimoine en Limousin, 2005.
George Sand et la Creuse, B. Rastoueix-Guinot, éd. Lucien Souny, 2004.
L'École de Crozant, les peintres de la Creuse et de Gargilesse 1850-1950, C. Rameix, éd. Lucien Souny, 2002.
Bernard de Ventadour : troubadour limousin du 12e s., prince de l'amour et de la poésie romane, M. M. Ippolito, éd. L'Harmattan, 2000.

LÉGENDES ET TRADITIONS

Berry

Berry : mémoires d'un terroir, D. Bernard, éd. De Borée, 2006.
Mystères et légendes du Berry, éd. Cabedita, 2006.
Le Berry des traditions et superstitions, C. Seignolle, éd. Hesse, 2002.
Les Saints du Berry, D. Bonnin, éd. Aaz, 2006.
Récits et contes populaires du Berry, vol. 1, éd. Gallimard, 1980.

Limousin

Contes, récits et légendes des pays de France, tome IV, C. Seignolle, éd. Omnibus, 1998.
Magie, sorcellerie et « guérissage » en Limousin, M. Robert, éd. Lucien Souny, 2003.
Traditions populaires du Limousin, Desproges, Deforges, éd. Lucien Souny, 2000.
La Légende dorée du Limousin : les saints de la Haute-Vienne, éd. Culture et Patrimoine, 1993.

NATURE

Apprenez à observer la faune dans la région Centre, M. Duchêne, D. Chavigny, éd. Tetras, 2005.
L'Animal dans le Berry traditionnel, D. Bernard, éd. Alan Sutton, 2006.
Guide de la flore de Brenne, éd. Parc naturel régional de la Brenne, 2007.
Mammifères, reptiles, amphibiens du Limousin, éd. Mammalia, 2000.
Cheval limousin, chevaux en Limousin, N. de Blomac, B. Barrière, éd. PUL, 2006.

GASTRONOMIE

Berry

Les Recettes gourmandes du Berry, B. Tardif, A. Nonnet, éd. Ch. Pirot, 2006.
Mes recettes berrichonnes, Fr. Joulin, éd. Christine Bonneton, 2005.
Scènes gourmandes : repas et recettes du Berry, G. Sand, B. Didier, 1999.
Vignerons et crus du Berry, D. Hervier, D. Bomer, éd. Michel Berger, 2006.

Limousin

Dictionnaire de la cuisine du Limousin, Ch. Reynal, 2005.
Limousin : recettes traditionnelles, N. Graveline, éd. Debaisieux, 2004.
Quatre saisons en Limousin (propos de tables et recettes), C. et B. Michelet, coll. Pocket, 2004.
Cuisine et fêtes traditionnelles en Limousin, Y. Beaubatie, Édisud, 2000.
Bréjaude et clafoutis, éd. Maïade, 2007.

JEUNESSE - BD

Dix-neuf contes du Limousin, J. Dau Melhau, coll. Castor Poche Junior, Flammarion, 1998.
Contes traditionnels du Berry, M. Laboudigue, B. Solet, éd. Milan, 1997.

BIBLIOGRAPHIE

Le Dernier Visiteur de George Sand, R. et M. Renier, éd. du Patrimoine, 2006.

LITTÉRATURE

La Mare au diable, François le Champi et autres romans de George Sand, coll. Le Livre de Poche.
Le Grand Meaulnes, Alain-Fournier, coll. Le Livre de Poche.
Marie-Claire, M. Audoux, Grasset.
Siegfried et le Limousin, J. Giraudoux, coll. Le Livre de Poche.
La Jeunesse de Théophile et *Prudence Hautechaume*, M. Jouhandeau, coll. « L'Imaginaire », Gallimard.
Jacquou le Croquant, E. Le Roy, coll. Pocket.
Les Cayol, T. 1 à 4, R. Leclerc, coll. Pocket.
Des grives aux loups, C. Michelet, coll. Pocket.
La Rivière Espérance, Antonin paysan du Causse, Les Cailloux bleus, Les Menthes sauvages, C. Signol, coll. Pocket.
L'Orange de Noël, M. Peyramaure, coll. Pocket.
Spleen en Corrèze, D. Tillinac, coll. « La petite vermillon », éd. Table ronde, 1997.
Derrière les murs, M. Delpastre, coll. « Récit de vie », Payot.
Les Fruits de la ville, Les Moissons délaissées, Le Bouquet de St-Jean, J.-G. Soumy, coll. Pocket.
Le Pain noir, G.-E. Clancier, coll. J'ai Lu.
Le Porteur de destins, *La neige fond toujours à Noël*, G. Bordes, coll. Pocket.

2/ COMPRENDRE LE LIMOUSIN ET LE BERRY

Vue sur les toits de Turenne
B.Van Vanten/Photononstop

Nature

Vous rêvez de vallons paisibles et de vertes prairies, de rivières tumultueuses et de baignades dans un lac, d'oiseaux rares prenant leur envol au-dessus des étangs, d'une campagne humide et généreuse ? Vous souhaitez croiser dans les pâturages le regard placide des vaches et comparer les charmes de la limousine à ceux de la charolaise ? Eh bien, vous y êtes ! C'est ici, dans le Berry et dans le Limousin, que vous devez vous ressourcer : vous vivrez au rythme des saisons, baigné dans une nature enchanteresse aux multiples visages.

Un pays verdoyant

En les plaçant en retrait des grands axes routiers, la situation géographique du Berry et du Limousin a contribué à la préservation d'un cadre naturel d'exception. Ces deux régions offrent au promeneur un superbe kaléidoscope de paysages variant avec l'altitude et le climat : ici, les champs alternent avec la lande, et le bocage avec le marais ou la forêt…

CARTE D'IDENTITÉ

Le Berry

Le Berry, qui appartient à la région Centre, comprend les départements de l'**Indre** (36) à l'ouest et du **Cher** (18) à l'est. Il s'étend sur 14 053 km^2 et forme un espace de transition entre le Bassin parisien et le Massif central.

Divers paysages aux nuances particulières le caractérisent. La partie centrale de l'Indre est occupée par la **Champagne berrichonne**, dont le sous-sol calcaire en fait un bas plateau pierreux sec. Le nord se partage entre la **Sologne** à l'ouest et le **Pays Fort sancerrois**, au caractère marqué, suivi du **Val de Loire** à l'est. Au sud-est, la **Vallée de Germigny**, et au sud-ouest, le **Boischaut** et la **Marche**. Le Cher se partage quant à lui en quatre entités : le Boischaut au nord et au sud, la Champagne berrichonne à l'est et la **Brenne** à l'ouest.

Le Limousin

Le Limousin, qui regroupe les départements de la **Haute-Vienne** (87) au nord-ouest, de la **Creuse** (23) au nord-est et de la **Corrèze** (19) au sud, s'étend sur 17 058 km^2. Le centre et l'est sont occupés par un **ensemble montagneux** qui culmine à 984 m avec le mont Bessou en Corrèze. Des **plateaux**, situés entre 300 et 700 m d'altitude, entourent ces montagnes au nord, à l'ouest et au sud-est. Enfin, le **bassin de Brive**, excédant rarement 350 m, occupe le sud-ouest du Limousin.

AU FIL DE L'EAU

Au premier regard, la campagne paisible vous joue déjà un tour, car son immobilité n'est qu'illusoire. Ici sourd une animation secrète : ruisseaux, torrents et rivières, étangs et lacs s'emparent du paysage pour le

Paysage agricole vers Ayen (ouest de Brive-la-Gaillarde), dans le Limousin
C. Guy / Hemis.fr

susciter pleinement. La région est mouvement, et un oxygène en perpétuel renouvellement l'anime.

Un très dense réseau hydrographique

Que vous parcouriez la campagne berrichonne ou traversiez le Limousin, l'eau est partout présente. Cependant, son rythme et son débit diffèrent selon les paysages : si dans le Berry, les rivières coulent sagement, en Limousin, elles sont plus turbulentes et dévalent en grondant des vallées encaissées. Les plateaux de la « montagne » limousine constituent un véritable château d'eau d'où partent de nombreuses **rivières** qui se déploient en demi-cercle. La Creuse, la Gartempe et la Vienne rejoignent le bassin de la Loire, tandis que la Corrèze, la Vézère et la Dordogne s'écoulent vers le bassin de la Garonne. Le Cher, depuis la montagne limousine, traverse la campagne berrichonne pour finir dans la Loire, arrosant parfois excessivement les terres alentour saturées d'eau.

Une multitude d'**étangs** et de grands **lacs**, naturels ou artificiels, enrichissent encore le visage de ce réseau hydrographique : lac de St-Pardoux (330 ha), lac de Vassivière (1 100 ha), lac de Val (1 400 ha), lac de la Triouzoune (410 ha), lac d'Éguzon (300 ha), étangs de la Brenne.

L'eau, ici, n'est pas que naturelle : elle s'est laissé façonner par la main de l'homme qui a construit de puissants **barrages** sur la Dordogne, la Maulde et le Taurion, et a aménagé en haut des prés, sur les plateaux corréziens de faible altitude (moins de 500 m), des étangs d'irrigation. Ces réserves d'eau sont desservies par les **levades** (rigoles), et les pêcheries asséchées tous les deux ou trois ans. À vous (et à nous) d'en faire l'inventaire, d'en relever le contour, et d'y tremper la canne ou les pieds.

Des eaux très peuplées

Vous n'êtes pas les seuls à apprécier la qualité de ces eaux turbulentes ou dormantes. Dans le Limousin, les eaux des rivières sont très fréquentées : la fario, truite

LA SOLOGNE
Localisée dans les départements du Loiret et du Loir-et-Cher, la Sologne occupe cependant une petite partie du **Cher**. Ce pays de marais et d'étangs est un véritable paradis pour la faune et la flore, mais aussi pour les nombreux randonneurs amoureux de la nature. Riche de quelque 500 000 ha et de 2 000 étangs, la Sologne fait le bonheur du chasseur : cette réserve boisée est naturellement giboyeuse. Les garennes, les lièvres et les faisans côtoient les cerfs et les sangliers. Mais la chasse y est désormais très réglementée pour préserver l'équilibre naturel et éviter la raréfaction du gibier.
Voir à Aubigny-sur-Nère les circuits en Sologne berrichonne *(p. 360).*

capricieuse de la Creuse, les carpes, hôtes de la Gartempe, s'y régalent et déjouent avec talent asticots et hameçons… Toutefois, chaque eau accueille des espèces différentes : les rivières rapides, claires et bien oxygénées ont une préférence pour les truites, les ombles (qui, curieusement, apprécient la lumière…) et autres salmonidés. Les eaux plus calmes et les lacs de retenue offrent plus volontiers leurs fonds aux carpes, tanches, gardons, goujons, et ablettes, quand elles ne comptent pas, au milieu des bancs serrés de brèmes et de gardons, les « monstres » de ces contrées aquatiques : sandres, brochets, perches. Bref, il y en a pour tous les goûts…

Les étangs de la Brenne

Pour les amoureux de la Brenne, l'eau présente encore un autre attrait. Ses quelque 400 étangs (certains en comptent davantage !) forment une niche écologique très riche : la diversité de ses habitats et la quantité importante de nourriture disponible en font un lieu privilégié pour la reproduction des oiseaux, mais aussi une halte de migration et d'hivernage. Comme en Sologne, les étangs de la Brenne se sont créés lorsque le défrichement a entraîné la remontée de la nappe aquifère et l'apparition de zones humides. La lumière s'y joue avec délice de l'eau et des herbes. Les autorités régionales et les amateurs de nature ne s'y sont pas trompés : ils l'ont fait classer Parc naturel régional. Le Fonds mondial pour la nature (WWF) en fait l'un de ses investissements.

Les étangs de la Brenne servent à la **pisciculture**. Ils sont donc vidés une fois par an et rempoissonnés. Les poissons sont dirigés vers un espace restreint où ils sont ensuite pêchés au filet selon une méthode ancestrale. Cette activité se fait généralement en privé. L'étang de Gabrière est l'un des rares points d'eau qui soit ouvert au public ces jours-là.

Pour une petite histoire de l'eau dans la Brenne, *voir aussi Découvrir le Limousin et le Berry p. 99.*

FORÊTS ET TOURBIÈRES

L'exploitation forestière

La reconversion, au 19e s., des forêts appartenant à l'État en taillis sous futaie, puis en futaie, a placé l'Indre au premier rang de la production de bois de chêne de qualité placage. Profitant de cet exemple, les propriétaires privés mettent de plus en plus en valeur leur patrimoine forestier. Les forêts domaniales de **Châteauroux** (5 204 ha) et de **Bommiers** (4 470 ha) constituent des ensembles remarquables : sur leurs sols bruns faiblement acides, les futaies de chênes pédonculés s'associent aux taillis de charmes et de frênes avec leurs sous-bois de

fougères. Sangliers, cerfs, martres, putois, écureuils et chats sauvages sont les habitants communs de ces réserves, ainsi que des oiseaux comme l'autour des palombes ou le pic noir.
Plus au nord, la terre acide et lessivée du **Boischaut** convient aux taillis de bouleaux de la forêt de Gâtine ; la chênaie-hêtraie préfère les confins marchois, tandis que les chênes pubescents poussent sur les plateaux calcaires du sud-ouest de l'Indre.
À l'opposé, les hauts plateaux du Limousin (altitude supérieure à 600 m) offrent le spectacle d'une croissance désordonnée des résineux. 150 000 ha sur 500 000 ont été conquis depuis 1946 afin de réguler le régime des eaux : épicéas, mélèzes, sapins se sont implantés au détriment des bruyères et des terres à céréales.

La lande, lot des pays déshérités

Pays de médiocres pâturages, la Brenne est aussi un pays déserté puisque, en Brenne centrale, on compte moins de dix habitants au km². Les terres cultivées laissent une large place aux friches, landes et bois. La **brande**, par laquelle on désigne habituellement ces contrées, est le nom commun de la bruyère à balais, arbrisseau de 2 à 3 m de haut à la floraison blanc verdâtre, qui domine la lande des sols humides. Dans les secteurs plus secs, l'ajonc européen, le genêt à balais, la fougère aigle, se mêlent à quelques arbres isolés.
De nombreux rapaces chassent sur ces terres et dans la forêt toute proche de Lancosme : circaètes Jean-le-Blanc, busards cendrés et saint-martin, buses variables.

Les tourbières

Les tourbières du Limousin se concentrent dans les zones d'altitude. La tourbe résulte de la décomposition lente, au fond d'une eau froide et acide, de matières organiques, essentiellement des mousses subaquatiques appelées **sphaignes**. Au Longeyroux, où l'épaisseur moyenne de la tourbe est de 2 m, l'analyse des pollens fossilisés montre que la tourbière s'y est installée il y a 8 000 ans ! La faune des tourbières est pauvre, mais très spécialisée : le **lézard vivipare**, le **pipit farlouse**, reconnaissable à son chant nuptial, la **vipère péliade** qui prend ses bains de soleil sur les « touradons » (mottes formées par l'enchevêtrement des molinies, herbes violacées pouvant atteindre 1,50 m), la **loutre farouche** qui, en dehors de ses épreintes, ne laisse de traces que dans la neige. Quant aux **rapaces**, dont le circaète jean-le-blanc, ils profitent de ces landes découvertes pour chasser.

Les champignons

L'humidité bien répartie, la nature souvent acide du sol, favorisent la naissance de nombreuses variétés comestibles : cèpe de Bordeaux, bolet bronzé ou tête-de-nègre, bolet rude, girolle, mousseron, morille, coulemelle-oronge, amanite des Césars…

DE LA BRUYÈRE AUX MYRTILLES

Vers la fin de l'été, les pentes couvertes de landes de bruyère du **massif des Monédières**, au sud du plateau de Millevaches, forment un immense tapis rose. Mais peu à peu, au-dessus de 700 m, les myrtilles, nouvelle source de revenus, supplantent la bruyère. Revient alors la période des « vendanges ». Les baies, cueillies d'un geste sec, sont expédiées vers les laboratoires pharmaceutiques et les conserveries pour se transformer en délicieuses confitures.

Pour éviter tout risque d'intoxication, il est préférable de se renseigner auprès d'un mycologue compétent!

CHAMPS ET BOCAGES

La Champagne berrichonne

Vaste plateau ondulé, peu boisé, se développant à perte de vue dans la partie centrale du Cher et de l'Indre, la Champagne berrichonne est le domaine de la grande culture : céréales et oléagineux (colza, tournesol). Sa flore est assez pauvre, mais les rares landes à genévriers renferment encore des espèces intéressantes : les coteaux du Cher mêlent buis et chênes pubescents à d'autres végétaux adaptés à la sécheresse des terrains calcaires. Les carrières jadis exploitées dans cet espace fournirent le calcaire nécessaire à la construction de monuments religieux du Berry comme la cathédrale de Bourges.

Le bocage berrichon

Caractéristique du **Boischaut**, qui se compose de petites vallées fertiles aux verts pâturages sillonnés de cours d'eau, le bocage berrichon s'oppose aux étendues découvertes de la Champagne. Ses prairies sont bordées de haies et de chemins qui serpentent. Les sous-sols en calcaire, avec des affleurements d'argile et de grés du Boischaut au nord, font place à des sols sableux et siliceux au sud, avec un relief plus marqué. Le bocage berrichon est également présent dans le Pays Fort sancerrois, au nord-est du Berry, où ne subsiste des anciennes zones boisées que la forêt d'Allogny qui domine les vergers de St-Martin-d'Auxigny. C'est en ces lieux que paissent les chèvres rousses dont le lait sert à fabriquer les fameux crottins de Chavignol.

L'intrication des haies, des prés, des taillis impose la présence de l'arbre sans offrir de vastes massifs forestiers. La **haie**, ou « bouchure », sert de barrière pour protéger les cultures et assurer la garde du bétail. Environnement naturel où le paysan prélevait une bonne part de ses ressources, la haie est aujourd'hui modérément exploitée : les arbres fournissent le bois de chauffage, mais ne sont plus guère émondés ni taillés en têtard pour faciliter le développement des repousses supérieures. Lentement, le bocage se transforme : la strate buissonnante recule au profit des arbres de haut jet ; les châtaigneraies (ou « gorces ») ont disparu ; cormiers et noyers sont devenus résiduels. Sans altération majeure, les parcelles s'agrandissent au profit d'une agriculture plus rationnelle ; les chemins creux (les « traînes », bordées par deux haies dressées sur talus), très efficaces contre l'érosion des terres, mais inadaptés au passage des tracteurs, sont recouverts par la végétation.

La faune du bocage est diversifiée. La haie sert d'abri pour le **petit gibier** et attire les prédateurs : le troglodyte en est totalement tributaire ; faisans et belettes s'y reproduisent. Le geai, la buse et le pigeon ramier nichent dans les arbres creux ; perdrix rouges, grives, rouges-gorges et lapins de garenne fréquentent les buissons.

Du Sancerrois à la vallée de Germigny

Sur les coteaux relativement escarpés du Pays Fort sancerrois poussent des vignes à perte de vue qui donnent des vins réputés : les sancerre blanc, rouge ou rosé. Plus loin vers l'est, aux confins du Berry, le Val de Loire est une longue bande de terre de 300 km de long sur 10 km maximum, inscrite au Patrimoine mondial de l'humanité, qui bénéficie d'un climat particulièrement clément.

Le canal latéral qui suit la Loire permet de découvrir tranquillement ces régions. En continuant vers le sud-est, vous atteindrez la vallée de Germigny. Dans ses gras pâturages paissent les vaches charolaises et l'âne Grand Noir qui font la renommée de la région.

La cuvette de la Brenne

À l'ouest de la Champagne berrichonne, la Brenne forme une vaste cuvette nappée de sable et d'argile, dont la formation remonte à l'époque tertiaire : il y a 65 millions d'années environ et par deux fois, la mer et les lacs ont occupé le Bassin parisien, y déposant des sédiments argileux, des grès et des sables qui sont à l'origine des paysages très particuliers (forêts et étangs) de la Sologne et de la Brenne. Les innombrables marais et lacs entourés de landes et de petites collines ou « buttons » font de la Brenne une exceptionnelle réserve écologique, classée au titre de la convention internationale de Ramsar pour la préservation des zones humides. Bruyères et terres

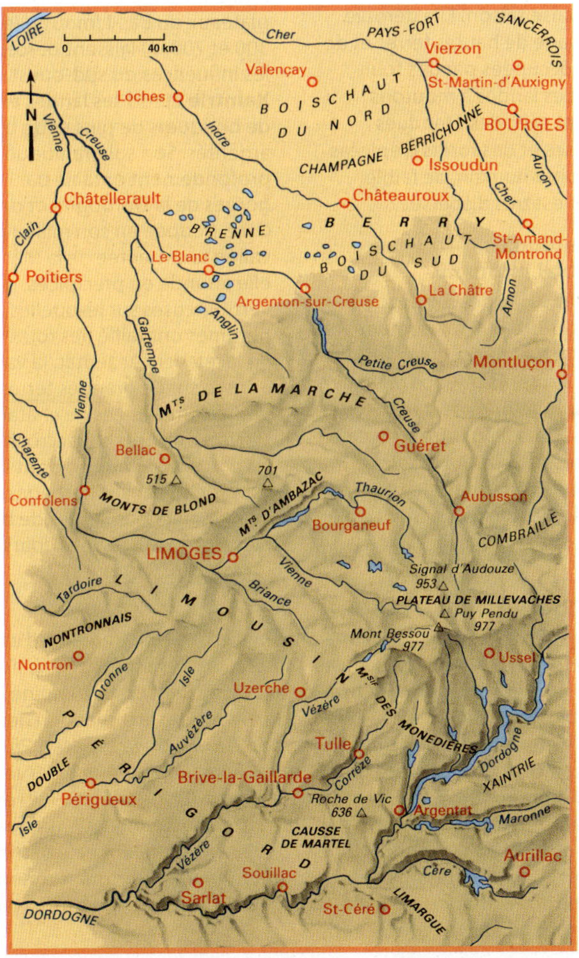

brunes hérissées de tertres rouges couverts de pins et de genêts complètent ce paysage enchanteur.

MONTAGNES ET PLATEAUX

La montagne limousine

Le nom de « montagne » donné aux plateaux de Millevaches, des Gentioux et des Monédières tient plus à la rigueur du climat (fort enneigement hivernal) qu'au relief : le plus haut point culmine en effet à 984 m. La terre y est pauvre, soumise à des vents violents et à d'abondantes précipitations durant la mauvaise saison. Elle déroule un paysage de hautes terres et de vallées occupées par des tourbières. Les landes à moutons alternent avec des étendues pierreuses et des forêts d'épicéas où l'habitat humain, de faible densité, est très dispersé.

Les plateaux du Haut-Limousin

Des collines modestement élevées (300 à 600 m) forment une sorte de talus régulier (monts de Blond, monts d'Ambazac) que l'atmosphère humide a transformé en paysage bocager très morcelé ; les arbres poussent avec vigueur (chênes et hêtres dans les parties élevées, châtaigniers à plus faible altitude) et les herbages, bien entretenus, sont la ressource essentielle de ces contrées vertes. Plus au nord, la **Marche**, relativement sèche et moins boisée, constitue un palier ou « marche » entre le Massif central et le Val de Loire. Le paysage vallonné présente une alternance de bois, d'herbages agrémentés parfois de cultures. Autour de Bellac, où la Basse-Marche fait la jonction avec le Berry, les labours prennent de l'importance.

Les plateaux du Bas-Limousin

Entre la Vézère et la Dordogne, les plateaux du Bas-Limousin (entre 300 et 700 m) laissent percer les influences du sud-ouest. La **Xaintrie** étend ses landes émaillées de bouquets de pins et de bouleaux argentés. Son sol granitique est profondément entaillé par les gorges de la Dordogne et de la Cère. Coupée en son milieu par la vallée tourmentée de la Maronne, elle abonde en précipices, pentes vertigineuses sur lesquelles les hommes ont taillé des routes en lacet. Vers Argentat, la vallée s'ouvre sur de grandes terrasses aux pentes ombragées de châtaigniers. Le **Nontronnais** se raccroche en partie au Limousin dont il est proche par ses herbages, ses châtaigniers, ses landes de bruyères et d'ajoncs, ses fermes éparses.

UN TERRAIN À PROTÉGER

Cent espèces d'oiseaux dont quarante nicheuses, une trentaine d'espèces d'orchidées et autant de libellules (soit un tiers des espèces françaises) : la faune et la flore des **étangs brennous** constituent un patrimoine irremplaçable. Le dégagement systématique des rives et la disparition des roselières sont responsables de la régression de certaines espèces. Plusieurs solutions ont été trouvées, notamment la création d'une réserve naturelle (Chérine, 1985), d'une réserve de chasse (La Gabrière, 1987) et d'un Parc naturel régional (la Brenne, 1989), qui couvre presque un quart du Berry et affiche sa volonté de préserver l'environnement et le patrimoine naturel et culturel brennous en imprimant une dynamique économique à ce territoire : chasse, pêche d'étang, pisciculture, agriculture extensive, continuent de faire vivre la Brenne.

À vol d'oiseau

Les milieux humides sont généralement un lieu idéal pour étudier le comportement des oiseaux, leur alimentation et leurs cycles de migration. La Réserve naturelle de la Brenne constitue donc une étape exceptionnelle où vous pourrez vous familiariser avec quelques-unes des nombreuses espèces spectaculaires qui peuplent les étangs.
N'oubliez pas de vous munir d'une bonne paire de jumelles, d'un guide illustré pour identifier les oiseaux… et surtout, d'une bonne dose de patience…

LES CANARDS

Au milieu des **colverts**, que vous identifierez facilement (ce sont les mêmes que ceux que l'on trouve dans les parcs de nos villes), apprenez à reconnaître les autres espèces de canards qui sillonnent les étangs : souchets ou chipeaux, siffleurs ou pilets, vous avez de quoi faire ! Sans oublier la sarcelle et le fuligule…
La **sarcelle d'hiver** est un petit canard de surface qui niche dans les roseaux : le mâle se distingue par sa tête rousse et son masque vert bouteille qui recouvre ses yeux. C'est une espèce semi-sédentaire, à l'inverse de la **sarcelle d'été**, marquée par un sourcil blanc se prolongeant jusqu'à la nuque, qui hiverne en Afrique. Plus grand que la sarcelle, le **fuligule milouin** aime les vastes zones de végétation et d'eau libre et jouit, comme le **fuligule morillon**, d'une grande capacité d'adaptation. Plus loin évoluent les **grèbes**, connus pour avaler quantité de plumes afin de protéger leur estomac des arêtes de poissons : le plus gros d'entre eux, le **grèbe huppé**, se reconnaît à son cou mince, à ses deux huppes noires qu'il porte sur la tête et aux favoris brun-roux qui forment son plumage nuptial, tandis que le **grèbe à cou noir** se distingue par son profil marqué par un bec retroussé et un front vertical. Les grèbes ont une parade nuptiale caractérisée par une danse scandée des sifflements et des trilles. Quant aux **guifettes noires** et **moustacs**, qui sillonnent gracieusement la surface de l'eau, elles chassent les insectes qu'elles attrapent en vol, comme les hirondelles, ou en faisant du surplace au-dessus de l'eau.

LES ÉCHASSIERS

Les vasières, riches en mollusques, constituent des parcelles de choix pour les petits échassiers, tels que la **barge à queue noire**, le **vanneau huppé** ou la **bécassine des marais** qui s'alimente par saccades en enfonçant son bec verticalement dans la vase. Dans la famille des grands échassiers, le **courlis** cendré se reconnaît à son long bec arqué et à son chant composé de glouglous qui s'accélèrent et vont crescendo. Quant au **héron cendré**, il niche dans les roselières et se nourrit de petits poissons et d'insectes qu'il attend sans bouger. Comme ses congénères, le **héron pourpré** et le **héron bihoreau** qui se nourrit la nuit, il migre en Afrique pour hiverner. Si vous avez la chance de rencontrer un **butor étoilé**, vous apprécierez son génie du camouflage : cou tendu, bec pointant vers le ciel, il oscille en suivant le mouvement des roseaux. Polygame, il émet, au printemps, des mugissements qui s'entendent à plus de 2 km à la ronde. Dans les anciennes parcelles de maïs, vous pourrez aussi observer en hiver des centaines de **grues cendrées** qui hivernent tranquillement avant de repartir en Scandinavie.

LES PASSEREAUX

Parmi les nombreux passereaux qui nichent dans le massif, la **phragmite** des joncs, avec son sourcil crème souligné d'un trait sombre et son croupion roux, est l'un des plus caractéristiques : d'avril à septembre, elle se gave de pucerons de roseaux pour accumuler les réserves énergétiques qui lui permettront d'aller, comme la **rousserolle**, hiverner en Afrique. Espèce plus sédentaire, le **bruant des roseaux** est facile à identifier dès le printemps grâce à sa livrée nuptiale : tête et bavette noires, soulignées d'un collier et de moustaches blancs.

LES RAPACES

Le **balbuzard pêcheur** est un grand rapace à ailes étroites qui se nourrit de poissons pesant parfois plus d'un kilo : il laisse sécher son plumage et attend que sa proie meure avant de la manger. Le **busard des roseaux** est reconnaissable à son vol léger, avec les ailes ouvertes en large V, et à sa longue queue : sédentaire dans la région, il se nourrit de petits mammifères, d'oisillons et de grenouilles. Le **busard cendré** est aussi un rapace élégant qui plane au-dessus des étangs et des cultures. Plus petit et plus massif, le **busard saint-martin** chasse d'un vol bas, lent et chaloupé.

Préserver l'environnement

Le Berry et le Limousin bénéficient d'un environnement naturel privilégié, riche d'une faune et d'une flore particulièrement variées. Ces deux régions se sont donc depuis longtemps attachées à conserver la qualité de ce cadre de vie, comme le montrent les mesures prises par l'État et les collectivités locales pour faciliter le développement régional, tout en préservant l'environnement.

LES SITES CLASSÉS

De nombreux sites sont classés comme patrimoine naturel : le Bec de l'Allier pour la confluence de l'Allier et de la Loire, le Marais

TRAVERSÉE DE LA CORRÈZE PAR LA VÉZÈRE

Longue de 211 km, la Vézère est volontiers associée aux nombreux sites préhistoriques et grottes du Périgord noir qui ont valu à sa vallée de figurer sur la prestigieuse liste du Patrimoine mondial de l'Unesco.

On en oublierait presque que ce cours d'eau parfois impétueux prend sa source en Corrèze, dans la **tourbière de Longeyroux**, sur le plateau de Millevaches *(voir p. 255)*, et se jette dans la **Dordogne** à la hauteur de Limeuil. La Vézère coule vers le sud-ouest en creusant une vallée entrecoupée de petits barrages. Elle passe par des villes comme Bugeat *(voir p. 257)*, Treignac *(voir p. 259)*, Uzerche *(voir p. 174)*, Vigeois *(voir p. 178)* ou encore Brive-la-Gaillarde *(voir p. 199)*. C'est d'ailleurs dans le bassin de Brive qu'elle reçoit son principal affluent, la **Corrèze**.

La majeure partie de la vallée de la Vézère fait aujourd'hui partie du **réseau Natura 2000**. Pour le département de la Corrèze, trois sections de la rivière ont été reconnues d'importance écologique. Il s'agit de la vallée de la Vézère d'Uzerche jusqu'à la limite départementale de la Dordogne ; des landes et zones humides de la haute Vézère ; et des gorges de la Vézère autour de Treignac.

Découvrez les particularités des habitats naturels et les espèces végétales et animales propres à ces trois zones en consultant le portail **www.natura200.fr**.

Une échappée à vélo dans une forêt du Limousin
J. Bastide / Fotolia.com

de Bourges, les orgues basaltiques de Bort-les-Orgues, les cascades de Gimel, les vallées de la Creuse et de la Sédelle à Crozant, etc.
De même, certaines rivières sont classées pour protéger les poissons migrateurs, et la Brenne figure dans la Convention de Ramsar au titre de zone humide.
Pour en savoir plus, visitez le site du ministère de l'Écologie et du Développement durable : www.ecologie.gouv.fr.

LES RÉSERVES NATURELLES

En 2010, la France possédait 355 réserves naturelles, dont sept en Limousin et trois dans le Berry. Il s'agit de territoires destinés à protéger un patrimoine naturel remarquable, menacé pour diverses raisons. Les réserves sont donc des lieux de sensibilisation à la biodiversité de l'environnement, des sites dont la gestion est le résultat de la concertation des acteurs locaux, régionaux et nationaux. Ils se doivent d'assurer un programme de développement durable et une protection à long terme des espèces animales et végétales, des formations géologiques, des espaces témoins des premières activités humaines.

Le Berry possède deux **réserves naturelles nationales** : celle du Val de Loire dans le Cher et de Chérine dans l'Indre. Le Limousin en a trois : la tourbière des Dauges et l'Astroblème de Rochechouart-Chassenon en Haute-Vienne, les étangs des Landes dans la Creuse.

Les **réserves naturelles régionales** sont plus nombreuses. Une dans le Berry : le Bois des Roches dans l'Indre. Quatre dans le Limousin : la vallée de la Vienne et l'étang de la Monnerie en Haute-Vienne ; Gioux, Fretigne et Vallette en Corrèze.

LES PARCS NATURELS RÉGIONAUX

Les parcs naturels régionaux visent un espace nettement plus grand que celui des réserves. Ils définissent un très large périmètre englobant à la fois un site naturel à préserver, mais aussi la population qui occupe en partie ce territoire.

Ils veillent donc à la valorisation et à la protection de l'environnement naturel et du patrimoine culturel, à son aménagement touristique, et à son développement économique et social. Tous les dix ans, une **charte** fixe des objectifs définis par les gestionnaires du Parc qui se doivent de protéger la nature tout en développant des activités économiques durables et un tourisme vert organisé.

Parc naturel régional de la Brenne (Berry)

Créé en 1989 à la frontière du Berry, du Poitou, du Limousin et de la Touraine, le « pays aux Mille Étangs » (en réalité plus de deux mille) couvre près de 166 000 ha occupés par 47 communes.
Sa faune et sa flore sont d'un intérêt majeur. Des centaines d'oiseaux évoluent au milieu des étangs, pour le plus grand bonheur des ornithologues amateurs ou professionnels. De savants parcours ont été aménagés pour faciliter l'observation de la vie des oiseaux, et différents thèmes de visites guidées sont proposés selon les saisons. De nombreux sentiers de randonnée balisent le parc, bordé par ailleurs de quelques beaux châteaux.

Parc naturel régional Limousin-Périgord

Réparti entre l'Aquitaine et le Limousin, ce parc né en 1998 couvre une surface de 180 000 ha, dont 76 036 ha en Haute-Vienne.
Il comprend 78 communes (28 en Haute-Vienne) et englobe les monts de Chalus, le bocage limousin et les plateaux du Jumilhacois.
La faune y est variée, de même que la flore. Les châteaux côtoient des fontaines magiques et les chercheurs d'or, des artisans travaillant le bois de châtaignier.
Vous pourrez sillonner les nombreux chemins de randonnée du parc ou, avec le vélo-rail de Bussière-Galant, pédaler en toute sécurité sur des voies ferrées désaffectées en empruntant des draisines aménagées à des fins touristiques.

DES INITIATIVES EN FAVEUR DE L'ENVIRONNEMENT

Dans des régions comme le Berry et le Limousin, où la nature est omniprésente, la survie du tourisme et d'un cadre de vie privilégié est intimement liée à la problématique de l'environnement.
Richesse naturelle majeure, l'**eau** fait l'objet de toutes les attentions. Sa pollution est moindre par rapport au reste du territoire français, et divers organismes de recherche, comme le Laboratoire de l'eau et de l'environnement ou le CRIDEAU, s'attachent à préserver sa bonne qualité. Mais les initiatives sont nombreuses et variées.
Notons à titre indicatif les parcours cyclistes mis en place pour limiter la **pollution de l'air** ; ainsi, le projet « **La Loire à vélo** », né en 1995, est un parcours interrégional de 800 km qui traverse deux régions et six départements dont le Cher (sur 40 km). Citons aussi l'ancienne voie ferrée d'Argenton-sur-Creuse, réaménagée sur plus de 70 km en voie verte. On mentionnera également le conseil général de l'Indre et EDF qui, pour la seconde fois, mettent à la disposition des familles des voitures électriques pour visiter certains sites de la région. Et, sur un tout autre registre, une initiative intéressante : la restauration du viaduc du Blanc dans le respect de l'environnement, son revêtement étant composé de liant végétal.

Le Limousin et le Berry aujourd'hui

Le Berry et le Limousin sont des régions avant tout rurales, vivant encore largement de l'agriculture (le secteur de l'élevage y est performant). Elles maintiennent également des activités et un artisanat basés sur des savoir-faire locaux ancestraux (porcelaine ou bois) et développent une économie de tourisme « vert » grâce à une nature sauvage et préservée. Riches de leurs traditions et de leurs folklores, elles perpétuent une cuisine de qualité, à base de bons produits de terroir, contribuant à l'authenticité ambiante qui assure le charme et la renommée de ces régions.

La population

ÉVOLUTION DÉMOGRAPHIQUE

Dans le Limousin, la population s'élève en 2010 à 741 000 personnes. Elle était de 978 000 en 1901. Néanmoins, on constate depuis 1999 une hausse certaine (710 939). Le Berry marque aussi un net déficit par rapport au début du siècle : il compte désormais quelque 549 000 habitants en 2010 contre 636 000 en 1901 et 545 968 en 1999. Le Cher et l'Indre appartiennent à la région Centre qui comprend quatre autres départements davantage tournés vers le Bassin parisien ; ainsi, on a pu constater que seuls le Cher et l'Indre avaient du mal à regagner de la population au fil des ans.

Dans le Limousin, le dépeuplement s'explique par un environnement naturel difficile (hivers rudes, sols acides, montagnes, tourbières et landes), un enclavement de la région au niveau des moyens de communication (les plateaux

RÉPARTITION DE LA POPULATION

Elle a tendance à vieillir, soit par manque de naissance, soit par l'arrivée de nombreux retraités et le départ des actifs. La population étrangère n'est pas très élevée : une moyenne de 3 à 4 %. Les villes comme Limoges et Brive accueillent à elles seules 25 % de la population du Limousin, tandis que Bourges et Châteauroux accueillent 36 % des Berrichons.

La Haute-Vienne est, bien sûr, nettement plus peuplée que la Creuse ou la Corrèze, cette dernière étant la plus touchée par le dépeuplement. Le plateau des Millevaches en particulier ne compte plus que 18 habitants au km^2! Le vieillissement des milieux ruraux est donc inquiétant, et des espaces (surtout en périphérie des régions) sont menacés de désertification, faute d'activité économique. Ce qui engendre des territoires plus ou moins délaissés, dont l'entretien est négligé.

coupés de vallées ne sont pas faciles d'accès), l'émigration de la population active à la recherche d'emploi et les nombreuses pertes humaines dues aux guerres mondiales. Il en est de même pour le Berry.
Le Limousin a une densité de 43 habitants au km^2, le Berry une cinquantaine, ce qui est nettement inférieur à la moyenne nationale qui est de 113 habitants au km^2.
Depuis le début du 21e s., on remarque, contre toute attente, que la population du Limousin est à la hausse. Certes, ce n'est guère spectaculaire, mais c'est encourageant. Cette légère hausse n'est pas due à la natalité, mais à l'immigration. Mais qui sont-ils, ces nouveaux Limousins ? Des retraités attirés par la nature, des Britanniques et des Néerlandais heureux d'acquérir des maisons bien typiques dans un environnement sauvegardé, des amoureux de la nature qui se destinent au tourisme vert, des étudiants de retour chez eux.
Dans le Berry, c'est l'inverse. C'est la natalité qui a tendance à faire évoluer le nombre d'habitants plus que l'immigration, trop faible. Le Limousin et le Berry amorcent donc un renouveau qui reste encore fragile.

URBANISME ET HABITAT

Le Limousin et le Berry se caractérisent par un nombre restreint de villes de grande taille. Bourges et Limoges sont les deux seules villes à dépasser les 100 000 habitants. Elles attirent à elles seules l'économie et les nouveautés au détriment des autres villes régionales qui ont bien du mal à décoller.
Châteauroux et Brive oscillent entre 70 000 et 90 000 habitants. Quant aux autres – Tulle, Guéret, Ussel, St-Junien –, elles tournent autour des 10 000 habitants. Guéret et Tulle sont parmi les plus petites préfectures de France.
Le Berry appartenant à la région Centre, ses villes sont nettement en retrait par rapport à Orléans et Tours qui focalisent toutes les attentions. L'exode rural a peu profité aux villes régionales, à l'exception de Limoges et Bourges. Certes, l'installation du chemin de fer au 19e s. a provoqué un accroissement de la population des villes desservies, mais les hommes et leurs familles en quête de travail n'ont pas hésité à partir beaucoup plus loin, hors du Limousin-Berry.
Le réseau urbain se définit donc par ses quelques villes de taille moyenne et un habitat semi-dispersé qui comprend plusieurs villages réunis au sein d'une même commune.

Les activités régionales

ACTIVITÉS ÉCONOMIQUES

Que ce soit dans le Berry ou dans le Limousin, l'agriculture (élevage, culture) est particulièrement présente. Plus de 9 % de la population active travaille dans le domaine agricole, et plus de la moitié des Limousins et Berrichons sont ruraux. Le poids de l'agriculture dans l'économie régionale est deux fois plus élevé que dans le reste de la France.

L'élevage

Berry – Ici, comme dans le Limousin, c'est l'élevage **bovin** qui triomphe. Les prairies naturelles destinées à l'élevage extensif sont nombreuses dans la Brenne et dans le Boischaut Sud.
Aujourd'hui, l'élevage bovin s'oriente vers la production de viande au détriment des vaches laitières. Ainsi, la plus grande partie du lait sert à nourrir les veaux de

race charolaise ou limousine, élevés en plein air dans les pâturages du Boischaut Sud, de la région de La Châtre et du Val de Germigny.
Vaches frisonnes et normandes sont majoritaires dans le Boischaut Nord où subsistent cependant d'importants élevages laitiers. Le Boischaut Nord, autrefois réservé essentiellement à la production laitière traditionnelle, se tourne désormais vers la production céréalière.
Sancoins, dans le Cher, possède le premier marché aux bestiaux de France.
Le **mouton** complète l'élevage bovin en permettant l'utilisation des parcelles peu intéressantes. Cette activité traditionnelle a décliné sous l'effet de la modernisation agricole, mais les ovins restent très présents dans le sud-ouest de l'Indre, particulièrement autour de Bélâbre, Lignac, St-Benoît-du-Sault et dans la région de Tranzault.
De même, l'élevage **caprin**, en plein essor, joue un rôle essentiel dans le maintien de la polyculture. La commercialisation du lait de chèvre constitue la base économique de nombreuses exploitations. Les fromages de chèvre du Berry sont renommés : crottin de Chavignol, pyramides de Valençay...

Limousin – L'élevage se répartit entre les races bovines (57 %) et ovines (26 %), concentrées en Haute-Vienne, et fait preuve d'une diversité peu commune puisqu'on y élève aussi, outre le porc et le cheval, du bison...
Jadis élevé pour sa laine, le mouton est destiné à la boucherie sous les appellations « Baronet » et « Agneau du Limousin ».
L'élevage de **chevaux** est dirigé vers la puissance et l'esthétique de l'animal, (race anglo-arabe), au haras national et à la jumenterie d'Arnac-Pompadour *(voir p. 170)*.
La région s'efforce également de préserver certaines races rustiques, depuis l'**âne Grand Noir** dans la vallée de Germigny, le **cochon cul-noir** de St-Yrieix, très gras, à la robe pie noir et blanc, jusqu'au **coq de pêche** de Neuvic dont les plumes sont très recherchées par les pêcheurs à la mouche.
Dans le **pays de Brive**, l'élevage se porte aussi sur les oies et canards.

Les cultures

Berry – Autrefois vouée à une polyculture pauvre, la **Champagne berrichonne**, vaste plaine aux horizons sans limite, a entrepris une révolution agricole basée sur la mécanisation et le développement des cultures céréalières et oléagineuses (blé et colza) dans

LE BŒUF LIMOUSIN

Animal à courte encolure, il se caractérise par son pelage roux sans tache dit « froment vif ». Destinée à la boucherie, sa viande est appréciée pour sa qualité, distinguée par des labels et identifiée par la marque Blason Prestige : veau fermier du Limousin, Limousin junior et bœuf du Limousin.
Possédant un *herd-book* (livre généalogique) de 1866, cette race bovine a pu s'acclimater en Europe (Angleterre, Espagne, Italie, Hongrie) et à travers le monde (Amérique du Nord et du Sud, Nouvelle-Zélande, Russie). Dans le Limousin, cet élevage s'est orienté vers la production de veaux de lait élevés sous la mère. Certains veaux sevrés à 8 mois sont exportés en Italie où ils subissent un engraissement intensif. Les taurillons de 8 à 15 mois sont destinés aux foires ; les génisses de 2 à 3 ans sont expédiées aux abattoirs bordelais.

des exploitations toujours plus grandes (50 à 100 ha). Plus de 60 % de la superficie du Berry est occupée par l'agriculture, un cinquième des parcelles étant affecté aux **oléagineux**, le reste aux **céréales**. Pays de grandes exploitations, le Berry – avec sa production annuelle de céréales – se place au deuxième rang après la Beauce. Mais le faible nombre d'industries agro-alimentaires, comparé au volume de la production, constitue un handicap. Sans être un gros producteur de fruits, le Berry possède, sur les coteaux argilo-calcaires dominant la plaine de Bourges, les importants **vergers** de poiriers et de pommiers de La Chapelle-d'Angillon et de St-Martin-d'Auxigny.

La **Société pomologique** du Berry établie à la Maison de la pomme, à Neuvy-St-Sépulchre, accomplit un travail pour la sauvegarde des « fruits de pays » dans ses vergers et vignes conservatoires.

Notons aussi que le Val de Loire, qui bénéficie d'un climat clément, favorise les petites exploitations (entre 1 et 10 ha) pour les cultures délicates qui se font très souvent en **serre**.

Des **établissements apicoles** se rencontrent en Champagne berrichonne, à proximité des champs de colza, tandis que la **vigne** occupe plusieurs terroirs : coteaux ensoleillés de l'Arnon, du Cher, de Châteaumeillant et du Val de Loire, du Sancerrois. 3 000 ha de vignes dans le Berry offrent une gamme de vins renommés : reuilly, sancerre, quincy, châteaumeillant, valençay, etc.

Limousin – L'agriculture n'est plus une activité importante de la région, hormis l'élevage destiné à la boucherie. La petite exploitation recule au profit de la moyenne et surtout de la grande exploitation moderne gérée rationnellement. Les terres de labour se situent dans la partie nord de la région où l'on produit surtout des **céréales**. Le sud est le domaine de l'**arboriculture** où se développe avec succès la « perle du Limousin », produite par des pommeraies de

LA FILIÈRE BOIS

La forêt, qui couvre 33 % de la région Limousin, est une ressource naturelle non négligeable. Dans la Creuse, elle occupe 154 000 ha, soit 27 % du département. En Corrèze, elle couvre 45 % du territoire ; c'est d'ailleurs l'un des départements les plus boisés de France. Il s'agit essentiellement d'une forêt nouvelle, dans la **montagne limousine**, où les landes à bruyère ont été systématiquement remplacées par des plantations de conifères, surtout des **sapins Douglas** destinés à fournir du bois d'œuvre pour la transformation traditionnelle (sciage, menuiserie, charpente…). Les feuillus, les châtaigniers et les pins servent également à la fabrication de meubles d'intérieur et de jardin, de parquet, de tonneaux… Les « petits bois » servent quant à eux de bois d'industrie, transformé en pâte à papier, agglomérés, palettes…

Malgré la destruction, par la tempête de 1999, d'une grande partie de la forêt (on estime qu'il faudra une dizaine d'années pour évacuer tout le bois et remettre la forêt en état), cette filière ancienne, réactivée par l'intervention de grands groupes et investisseurs français et étrangers, apparaît comme un secteur prometteur pour la région. L'usine de Saillat-sur-Vienne est aujourd'hui, par exemple, la première d'Europe pour le papier de reprographie.

Une vache limousine
Hensor / Fotolia.com

qualité. Cette pomme craquante et juteuse est cultivée en particulier dans les vergers de la Vézère. Elle bénéficie d'une AOC tout comme la noix du Périgord, récoltée en vallée de Dordogne et dans le pays de Brive.

D'autres productions végétales issues du terroir, notamment autour de Brive, occupent une place importante : fruits rouges (fraises de Beaulieu-sur-Dordogne, myrtilles des Monédières), prunes, truffes, châtaignes, tabac et même des vins de pays.

L'industrie

L'activité industrielle du Limousin et du Berry est modeste. Ces régions étaient autrefois réputées pour leurs mégisseries (travail des peaux), tanneries et maroquineries, pour le travail de la laine, de la chemiserie et de la porcelaine. De nos jours, l'industrie est surtout gérée par des entreprises de taille moyenne qui produisent essentiellement des biens intermédiaires. Quelques grands groupes complètent ce tableau.

Berry – L'industrie est au cœur de la relance économique de la région. Elle a radicalement changé de visage. Le secteur de la confection est devenu secondaire. Les industries dominantes sont désormais l'**armement**, la **mécanique** et l'**aéronautique** : fabrication de pièces métalliques, travail de l'aluminium, mécanique de précision, construction de véhicules… De grands groupes comme Sicma Aéro Seat, Auxitrol, Mécachrome travaillent pour l'aéronautique, Giat et MBDA pour l'armement, Oxford Automotive France et Michelin pour l'industrie automobile. De nombreuses PME se déploient sur l'ensemble du territoire.

Autre activité importante pour la région : l'**or**. Le Berry est le troisième pôle français pour le travail de l'or. Une douzaine d'entreprises façonnent près de 4 t. d'or par an ! La Cité de l'or à St-Amand-Montrond s'étend sur plus de 15 ha.

L'industrie **agroalimentaire** tend également à bien se développer

MAIN-D'ŒUVRE EN EXIL

Qui n'a pas entendu parler des fameux maçons de la Creuse ? Dès le Moyen Âge, trop nombreux sur des terres trop pauvres, les paysans creusois devaient trouver un revenu d'appoint pour survivre. Des groupes prirent l'habitude de partir à la recherche de chantiers de construction pour se faire embaucher comme tailleurs de pierre, maçons, charpentiers, couvreurs, etc. C'est ainsi qu'ils devinrent bâtisseurs de cathédrales ; en 1624, ils construisirent la digue de La Rochelle. Précédés par leur bonne réputation, ils partirent sur tous les grands chantiers français à Chartres, Bourges, Lyon, Bordeaux, Versailles. Au 19e s., on estime que près de 45 000 Creusois participèrent aux grands travaux du Paris haussmannien.

Initialement temporaire (de mars à novembre), l'émigration devint définitive : le département perdit la moitié de sa population de 1850 à 1950. Parmi les « hirondelles blanches », comme on les surnommait, certains firent fortune, mais beaucoup d'autres vécurent dans une grande pauvreté. **Martin Nadaud**, l'un des leurs, se mit à leur tête pour les défendre et devint préfet de la Creuse. Il raconte leur vie de façon admirable dans ses *Mémoires de Léonard*.

depuis quelques années.

Une centaine d'établissements développent la boulangerie-pâtisserie, la laiterie-fromagerie et le travail du grain. Epis Centre, Harry's, Auga et le groupe Rians se sont installés dans la région. Des groupes leaders de la volaille comme Père Dodu disposent d'abattoirs dans la région.

Le Berry est également leader français de la **céramique**. De nos jours, il produit près de 55 % de la production nationale. L'industrie évolue en permanence grâce aux innovations technologiques, et une vingtaine d'entreprises emploient près de 1 500 personnes dans ce secteur.

Limousin – Les secteurs les plus importants en Limousin sont l'**électricité-électronique** avec Legrand, leader mondial de l'appareillage électrique basse tension, et l'**agroalimentaire**. En effet, longtemps première région d'élevage de porcs fermiers en France, le Limousin a vu se développer un savoir-faire de renom dans les métiers de transformation du cochon et une petite et moyenne industrie prospère de la charcuterie et de la salaison, avec Madrange, numéro un européen de la charcuterie cuite haut de gamme. Dans le même secteur, Danone fabrique à Brive un million de pots pour bébé par jour. Les branches de la boulangerie-pâtisserie et celle de la conserverie (champignons, châtaigne, oie et canard…) et des liquoreux, qui a acquis une notoriété en France et en Europe, sont dynamiques même si, au niveau national, elles n'occupent qu'une place modeste.

La fabrication de la **porcelaine**, qui a dû s'adapter aux nouvelles technologies pour faire face à la concurrence asiatique, reste une activité exportatrice de grande notoriété. Un nouveau technopôle à Limoges a pour vocation d'accueillir des industries de haute technologie, notamment celles des céramiques.

Que ce soit dans le Limousin ou dans le Berry, les échanges avec l'étranger sont limités. Mais depuis peu, les exportations en Europe sont en augmentation. Notons également que le Limousin se démarque depuis quelque temps pour avoir l'un des meilleurs taux en France de créations d'entreprises.

À ces activités, on ajoutera l'imprimerie-presse-édition (Limoges et St-Amand-Montrond), le matériel agricole (Vierzon), les tapis et moquettes (Châteauroux), les armes (Tulle) et les biens d'équipement mécaniques (camions à Limoges).

Les transports

Ils sont indispensables au développement économique d'une région. Cependant, les réseaux routiers, ferroviaires et aériens du Limousin et du Berry restent insuffisants, bien qu'en pleine expansion. L'enclavement, en particulier du Limousin, tient au relief trop accentué. Le train dessert ces régions, mais aucune ligne TGV n'est encore en circulation. Les autoroutes les traversent du nord au sud, mais les liaisons avec l'est et l'ouest sont encore rudimentaires. Les aéroports de Limoges et Brive assurent quelques liaisons nationales, mais de façon générale, le Limousin et le Berry devront poursuivre leur désenclavement afin de faciliter l'évolution de leur économie.

Enseignement et recherche

Le Berry est le troisième pôle universitaire de la région Centre. Il propose une large palette d'enseignements et de formations. De même, l'université de Limoges, qui a des antennes dans le reste de la région, offre un enseignement diversifié de grande qualité.
La recherche tend à se développer dans ces régions : elle concerne l'eau, la protection de l'environnement, les procédés appliqués aux matériaux, les sciences de la vie et de la santé, la robotique, le signal, les oléagineux, le matériel militaire, la pharmaceutique, les semences agricoles, l'œnologie, etc.

Tourisme vert et culturel

Et si le dynamisme économique des régions Berry et Limousin venait de la richesse de leur patrimoine naturel ? Ces régions cherchent en effet à tirer de nouvelles ressources d'un tourisme « vert », loin du tourisme de masse, faisant valoir une **nature préservée**. La création de parcs naturels régionaux s'inscrit bien dans cette logique de valorisation de l'environnement *(voir la partie « Nature » p. 38)* : des paysages d'eau, de forêt, de monts et de bocages, paisibles et non pollués (le Limousin est la région de France qui bénéficie de la meilleure qualité d'air, et ses eaux de rivière sont très pures)… La forte empreinte rurale séduit assurément de plus en plus de touristes français et étrangers, jusqu'aux régions les plus enclavées de la Creuse. On vient y séjourner à la ferme ou en chambres d'hôte (leur nombre est en constante augmentation sans que la qualité de la prestation ne baisse).
Ce tourisme peut se limiter à la seule découverte de la nature, comme en Brenne, région qui présente de formidables richesses écologiques, une grande diversité floristique et faunistique. Cependant, il est aussi synonyme de **loisirs de plein air**. Avec leurs nombreux plans d'eau propices à la pratique des sports nautiques et de la pêche, leur dense réseau de sentiers pédestres, équestres et cyclotouristiques, bien cartographié et commenté dans les topoguides *(voir le chapitre « Sur place de A à Z » dans la partie « Organiser son voyage »)*, les régions Berry et Limousin sont des paradis pour les amateurs de sport et d'oxygène.
Dans cet environnement de qualité, le Berry et le Limousin travaillent à un autre type de découvertes, axé cette fois sur la richesse de la

SERVICES À LA PERSONNE EN LIMOUSIN
Depuis de nombreuses années, les personnes à mobilité réduite trouvent dans le Limousin une terre d'accueil. Les maisons spécialisées et les centres d'aide par le travail illustrent bien cette volonté de solidarité. Le Limousin est aussi une région pionnière qui cherche à promouvoir le maintien des personnes malades ou handicapées chez elles en favorisant les services de soins à domicile.

culture régionale. Ce tourisme passe par le développement et la promotion de festivals et d'initiatives visant à faire revivre le passé rural (à travers des écomusées, des reconstitutions d'habitat ancien, les vieux villages, le folklore, des scénovisions, etc.). C'est aussi le riche passé historique et littéraire qui est mis en avant avec l'élaboration d'itinéraires thématiques *(voir notamment les rubriques « Route historique » et « Routes touristiques » dans le chapitre « Sur place de A à Z », p. 19 et 20).*
La capitale du Berry a réussi à se donner une image culturelle dès 1963, avec l'ouverture par André Malraux de la Maison de la culture, suivie, en 1977, par la création du Printemps de Bourges.
Le Limousin a valorisé, quant à lui, ses nombreux vestiges architecturaux datant de l'âge roman, sa belle palette d'arts décoratifs et ses centres d'art contemporain.
La culture gastronomique de ces régions est également mise en avant : route de la pomme, route de la noix, route des vignobles incitent le touriste amateur de bonnes choses à découvrir la région sous un autre angle.
Le tourisme dans l'économie régionale prend de l'ampleur. Il ne cesse de se développer depuis quelques années, entraînant ainsi la création de nouvelles petites entreprises artisanales, la restauration de monuments et de demeures anciennes, l'organisation de fêtes locales, etc.

ACTIVITÉS TRADITIONNELLES

Le maintien des savoir-faire

Les activités traditionnelles autres que l'agriculture, même si elles ont traversé une période de crise, perdurent grâce à la transmission des savoir-faire, gages d'une haute qualité de production, et à une adaptation aux nouvelles exigences économiques.
La **porcelaine** et la **céramique** font partie de ces productions ancestrales qui occupent quelque 2 000 personnes (une ville comme St-Léonard-de-Noblat en vit encore, avec ses deux ateliers).
La porcelaine de tradition s'est associée à de grandes griffes de la mode pour mieux s'implanter sur les marchés internationaux.
Felletin et Aubusson sont restés des centres actifs de la **tapisserie**, tout en élargissant leur gamme : certaines manufactures se sont spécialisées dans la fabrication de tapis mécaniques et moquettes de luxe. La ville d'Aubusson est déclarée « Capitale mondiale de la tapisserie ». Elle possède encore toute la chaîne des métiers de la tapisserie ainsi qu'une école d'art, un centre de documentation spécialisé et une très riche collection d'anciennes tapisseries. Célèbre dans le monde depuis le 15e s., elle a évolué sous la férule de grands maîtres comme Jean Lurçat (1892-1966) et Dom Robert (1907-1997) dont l'œuvre tissée représente une centaine de tapisseries. Aujourd'hui, des ateliers créent des œuvres contemporaines dignes des précédentes.

LE LIMOUSIN ET LE BERRY AUJOURD'HUI

Après avoir atteint son apogée au siècle dernier avec une cinquantaine de tanneries, l'industrie du **cuir** se limite maintenant, dans le Limousin, à la production de chaussures (il subsiste une entreprise spécialisée dans la chaussure de luxe) et de gants. L'industrie du cuir est encore plus limitée dans le Berry. La ganterie de St-Junien est réduite à de maigres effectifs (quelque 300 personnes), mais elle reste néanmoins la capitale du gant avec environ 55 % de la production nationale. L'industrie du gant trouve aujourd'hui un nouveau débouché dans les commandes de la haute couture grâce à l'excellente qualité de fini. Certaines maisons du Limousin développent une gamme destinée à l'armée, d'autres comme Chaptal dans la Creuse se sont associées avec Jaguar pour l'habillage des voitures. Les industries de la chaussure s'orientent aussi vers des produits de luxe. Il suffit de mentionner Weston, fondé à Limoges en 1891, qui développe l'élégance contemporaine. Enfin, l'activité liée à la **confection** à Argenton-sur-Creuse s'oriente aujourd'hui vers la chemiserie masculine haut de gamme.

L'**artisanat** du Berry reste vivace, et l'exemple des artisans de Gargilesse, des **potiers** du village de La Borne, ou encore celui des **maîtres verriers** spécialisés dans la rénovation des vitraux (Allouis, Lignières) montre qu'il sait s'adapter au monde moderne. St-Amand-Montrond, qui produit une **orfèvrerie** de qualité, se place au troisième rang des productions françaises de bijoux en or.

Certaines activités, autrefois industrielles, renaissent sous la bannière de l'artisanat : En 2007, l'artisanat limousin représentait 13 % de l'emploi salarié régional soit environ 32 000 personnes. Mais depuis 2008, l'artisanat est en net recul, et la crise que traverse la France n'arrange rien.

DYNAMISER L'AVENIR

Développer leurs chances, valoriser leurs richesses, tels sont donc les objectifs du Limousin et du Berry. Les conseils régionaux, conscients de l'enclavement de ces régions qui demeurent encore trop isolées, cherchent à favoriser leur ouverture sur l'extérieur en développant le réseau de communication,

UN ARTISANAT PROMETTEUR : LE CHÂTAIGNIER

La **Haute-Vienne** est couverte de châtaigniers. Véritable élément identitaire, cet arbre est l'emblème du Limousin, sa feuille dentelée, le symbole officiel de la région. Rapporté d'Asie Mineure par les croisés, le châtaignier a nourri par son fruit les paysans de la région. La farine de châtaigne servait ainsi à faire « le pain du pauvre ». Le travail et l'exploitation de cette essence, autrefois accomplis par les « feuillardiers », sont un exemple intéressant d'artisanat en voie de renaissance.

Bois souple aux multiples vertus, résistant aux insectes, aux intempéries, pourvu d'un intérêt écologique indéniable, le châtaignier fait en effet l'objet de projets de développement initiés par le Parc naturel régional Périgord-Limousin et menés conjointement avec les futurs designers d'un lycée de la Creuse, ainsi qu'une dizaine d'artisans du châtaignier du pays des Feuillardiers. Objets, meubles et prototypes naissent de ce partenariat, remettant au goût du jour un savoir-faire ancien. Certains créateurs de renom, tels Garouste ou Bonetti, laissent travailler leur imagination en prenant cet arbre comme support. Le châtaignier est un arbre magique qui séduit à nouveau.

l'enseignement et la recherche, les structures urbaines, etc. À titre indicatif, le haut débit s'étend à la quasi-totalité du Limousin, et le réseau ferroviaire entame la rénovation de ses trains TER.

Les deux régions valorisent l'économie et l'emploi durable en soutenant la création de nouvelles entreprises, en utilisant les ressources locales, en favorisant la formation professionnelle et l'installation des nouveaux arrivants.

Elles s'attachent à maintenir la qualité de leur cadre de vie en assurant la protection de l'environnement, indispensable au développement du tourisme vert. Elles font la promotion des énergies renouvelables en développant le parc forestier, en employant des matériaux non polluants dans les nouvelles constructions et dans la restauration des monuments. Elles s'intéressent tout particulièrement à préserver la qualité de l'eau, reflet de la qualité de l'environnement. Conférences et visites guidées du patrimoine naturel visent à éduquer la population locale et les touristes sur la nécessité de prendre soin de la nature. D'un point de vue culturel, les régions favorisent les manifestations artistiques, l'accueil des tournages audiovisuels, la sauvegarde et la restauration du patrimoine architectural.

Dans le Limousin, des antennes départementales se sont ouvertes à Guéret et à Tulle afin que les instances régionales soient plus proches de leurs administrés. Un conseil régional des jeunes donne la parole aux plus jeunes pour les impliquer davantage dans les différents projets assurant un développement durable du Berry et du Limousin.

Traditions et folklore

Le Limousin-Berry est une terre riche en tradition et en folklore. Les sorcières y côtoient les lanternes des morts, la bourrée et le pélélé se dansent au son de la vielle, les reliques des saints sont exposées lors des ostensions... Les orfèvres limousins excellent dans le travail de l'émail; la porcelaine de Limoges est réputée dans le monde entier tout comme la dentelle de Tulle et les tapisseries d'Aubusson et de Felletin. Et pour couronner le tout, la région produit des vins de qualité fortement appréciés et une cuisine savoureuse concoctée à partir de produits du terroir qui ajoutent, au plaisir du tourisme, le plaisir de la table.

Les arts décoratifs

La présence dans le sous-sol limousin d'oxydes métalliques a favorisé dès le Moyen Âge l'apparition de l'émaillerie à Limoges, mais il faudra attendre le 18e s., avec la découverte du kaolin à St-Yrieix, pour que la porcelaine s'y implante. Quant à la tapisserie, introduite à Aubusson au 14e s., elle connaît son apogée aux 16e et 17e s.

L'ÉMAILLERIE

Les abbayes de St-Martial et de Solignac puis, plus tard, l'abbaye de Grandmont furent les principaux foyers des arts mineurs, parmi lesquels l'émaillerie et l'orfèvrerie, qui prirent un essor spécifique en Limousin. Saint Éloi, conseiller du roi Dagobert (7e s.), était un orfèvre réputé pour la beauté de ses croix ouvragées et la qualité de ses monnaies, lorsqu'il vivait à Limoges. Dès le 10e s., les moines fabriquaient des objets d'or ou d'argent, tels que châsses, bagues épiscopales, statues de saints, souvent ornés de camées et de pierres précieuses et destinés à l'usage liturgique.

L'habileté des **orfèvres limousins** et leur technique éprouvée ont sans doute ouvert la voie, un peu plus tard, à l'émaillerie.

D'importantes collections d'émaux enrichissent les musées de la région et peuvent être notamment admirées au **musée des Beaux-Arts** de Limoges et au **musée de la Sénatorerie** à Guéret. Vous pourrez voir aussi le trésor de l'église à **Ambazac**, l'église de St-Viance à **Donzenac**, le trésor de l'église **St-Pardoux** à Gimel-les-Cascades et l'église de **Bellac**.

L'émail cloisonné et l'émail champlevé

En utilisant des procédés pratiqués dès le 6e s. par les émailleurs byzantins, qui cloisonnaient des plaques d'or mince de rubans d'or fin et, dans les espaces ainsi ménagés, cuisaient des poudres de verre colorées, les ateliers limousins pratiquent d'abord l'émaillerie dite « cloisonnée ».

Mais ce procédé, propre à l'or, s'accommode mal du cuivre. C'est pourquoi les émailleurs limousins s'orientent, au 12e s., vers la fabrication exclusive d'émaux champlevés : une épaisse plaque de cuivre est évidée par endroits, les cavités étant destinées à recevoir l'émail.

Vers la fin de l'époque romane, les tons unis tendent à se nuancer, deux à quatre couleurs se juxtaposent dans chaque alvéole. Le creux des plis est volontairement accusé d'un trait clair (blanc, ciel, jaune) cernant des surfaces plus sombres (bleu foncé, vert émeraude). La plupart des œuvres sont inspirées des enluminures, des manuscrits, des ivoires, des tissus d'origine byzantine et orientale.

Dès le début du 12e s., la technique, déjà très affirmée, se manifeste par l'emploi de figures émaillées sur fond de cuivre doré uni.

À partir de 1170, le métal est ciselé de motifs végétaux rappelant les arabesques musulmanes. Ce fond « vermiculé » suggère la représentation des feuillages du paradis.

Une faune variée (poissons, serpents, boucs, oiseaux) se mêle à des symboles religieux : agneau mystique, figures apocalyptiques des évangélistes (bœuf de saint Luc, lion de saint Marc, homme ailé de saint Matthieu, aigle de saint Jean). Parfois, l'imagination de l'artiste transforme ces attributs, l'aigle devenant griffon.

De ces compositions souvent naïves se dégage un sens artistique très poussé. Ainsi sont exécutés des plaques d'autel, des colombes eucharistiques, des coffrets, des custodes. Les pièces les plus remarquables sont les châsses reliquaires d'Ambazac, de Gimel-les-Cascades et de Bellac.

L'émail peint

L'émaillerie limousine, après une période d'essoufflement, se transforme au 15e s. en découvrant la technique des émaux peints, sous l'impulsion de maîtres renommés : **Monvaerni** se caractérise par la rudesse de son style, son réalisme et l'emploi de couleurs crues, **Nardon Pénicaud** par la simplicité de son dessin et l'utilisation de teintes vives et très chaudes, rehaussées d'or et de cabochons.

À l'origine de l'émail peint, la technique de la **grisaille** est un procédé typique de l'émaillerie limousine : la plaque support, recouverte d'émail noir, ne reçoit que des couches successives d'un émail de consistance pâteuse appelé « blanc de Limoges » ; après plusieurs cuissons, on obtient une œuvre en camaïeu gris.

À la Renaissance, l'émaillerie connaît une nouvelle faveur incarnée par les dynasties des Pénicaud, des Nouailher, des Laudin, des **Limosin** dont le fondateur, Léonard, parvient, par la sûreté de sa technique, à des sommets encore jamais atteints.

Conséquence des guerres de Religion, les émailleurs délaissent peu à peu, au 17e s., les sujets païens pour aborder l'**iconographie religieuse**, avec la réalisation d'images de piété. Progressivement apparaît, au 18e s., la **miniature peinte** qui est destinée à l'orfèvrerie et met en valeur les coffrets à bijoux et les tabatières.

Le renouveau

Il faudra attendre le Second Empire pour que l'émail trouve un nouvel élan, suscité par l'intérêt du couple impérial pour cet art.

Les artistes du 19e s. vont ainsi apprendre à redécouvrir les techniques ancestrales, pour les appliquer à des copies d'œuvres anciennes (très en vogue à l'époque), puis à des créations pour de grandes maisons d'orfèvrerie (**Christofle**) et de bijouterie (**Boucheron**).

Stage à la Maison de l'émail, à Limoges
Agence Point Carré / CRT Limousin

Enfin, il convient de ne pas oublier la **production industrielle** : les objets religieux, les lustres, les vases, les plaques de rues, etc. Au début du 20e s., l'émaillerie de Limoges fait un retour remarqué sur l'avant-scène de la création, sous l'impulsion d'artistes comme **Jouhaud**, **Marty** ou **Sarlandie**. Aujourd'hui, de nombreuses vitrines limougeaudes exposent des bijoux, des vases, des coupes et des sculptures dont certains sont des créations très originales dues à une nouvelle génération d'émailleurs : **Duban**, **Gilbert**, **Lavoute**, **Sham's**.

LA PORCELAINE

Longtemps, l'Occident ne connaît que les porcelaines importées d'Extrême-Orient, puis les porcelaines tendres à la fin du 17e s. En 1752, à Maupertuis, près d'Alençon, on découvre un premier gisement de kaolin, mais c'est à St-Yrieix en 1768 que l'on découvre un kaolin d'une admirable pureté. Après des essais encourageants effectués à la Manufacture royale de Sèvres, **Turgot** crée, en 1771, une fabrique de porcelaine dure, sous le patronage du comte d'Artois : une ère de prospérité commence pour la céramique limousine. Après le Premier Empire, l'industrie porcelainière se concentre autour de **Limoges** qui, par la Vienne, reçoit les trains de bois indispensables à l'alimentation des fours.

La porcelaine de Limoges jouit d'une renommée mondiale ; elle représente plus de la moitié de la production française. Tous les articles produits, de qualité, sont le résultat d'une tradition maintenue avec le plus grand soin.

La porcelaine tendre

Avant la découverte du kaolin, on produisait plusieurs sortes de poteries translucides dont la technique différait de celle de l'Extrême-Orient. La matière était constituée par deux éléments principaux : une **fritte** (mélange de sable et de soude, additionné d'alun, de gypse et de sel marin) et une **composition** (craie et marne calcaire).

On obtenait ainsi une pâte que l'on faisait cuire à 900 °C. Le résultat était une matière blanche et translucide que l'on recouvrait le plus souvent d'une glaçure plombeuse.

La porcelaine dure

La pâte de porcelaine est un mélange de kaolin, feldspath et quartz. Le **kaolin** est une argile blanche, fine et pure, dont le nom vient de la colline chinoise de Kaoling où elle fut découverte. Le **feldspath** est un « fondant » qui permet à la pâte de se vitrifier dans le four. Le kaolin donne la blancheur et le feldspath la translucidité. D'autres minerais sont nécessaires, comme le quartz (pour corriger le « retrait » à la cuisson), la pegmatite, le carbonate de chaux… D'énormes cylindres tournants contiennent ces divers composants mêlés à des silex qui les broient. Un courant d'eau entraîne la poudre dans des cuves où elle est malaxée en permanence. Le mélange d'eau et de poudre forme une pâte très liquide appelée **barbotine**.
Celle-ci peut soit être réduite en poudre, soit transformée en pâte qui sera conditionnée en « galettes », puis après passage dans un désaéreur pour en chasser les bulles d'air, en « boudins » et « camemberts » que l'on moulera et calibrera (en bosse ou en creux). Pour les formes complexes, on procède à un coulage de la barbotine dans un moule conçu en plusieurs morceaux. Ensuite, on démoule et on laisse sécher.
À l'issue des opérations de **calibrage** ou de **coulage**, les pièces présentent un bord épais qu'il faut amincir. Elles subissent ensuite une première cuisson à 980-1 000 °C en atmosphère oxydante. Cette cuisson, qui dure de dix à douze heures, s'appelle le **dégourdi** : elle sert à déshydrater et à décarburer la pâte. Blanche, plus résistante, légèrement sonnante, cette dernière est devenue du **biscuit**. Sa porosité va lui permettre de fixer l'émail. À ce stade, les pièces reçoivent le cachet de la fabrique et sont plongées dans un bain d'émail. Pour affronter le **grand feu**, les biscuits émaillés sont enfermés dans des gazettes, boîtiers réfractaires qui les isoleront les uns des autres et les protégeront des fumées. Le four (au gaz) est chauffé à 1 400 °C; lorsque les pièces en sortent, elles ont subi un retrait moyen de 14 %.

Au four la pâte se souvient… Ce vieil adage signifie que les moindres défauts, passés inaperçus lors des opérations précédentes, réapparaissent après la cuisson. Les pièces qui en sont atteintes sont alors rejetées.

La décoration

Elle utilise plusieurs procédés. Le décor à la main requiert le talent d'habiles artistes, les **peintres-fleurs**, qui peuvent exécuter un motif original, reproduire des toiles célèbres ou bien dessiner, avec une précision et une régularité surprenantes, des initiales sur tout un service.
Il est possible d'obtenir de beaux objets d'un bleu profond par la technique dite du **bleu de four** : on passe plusieurs couches de bleu de cobalt sur la pièce en effectuant à chaque fois une cuisson. L'incrustation d'or ou d'argent consiste à déposer le métal précieux (22 carats pour l'or) dans un décor en creux.
Le décor par **tampon** et le recours à la **décalcomanie** sont les deux autres procédés moins nobles. Quel qu'il soit, le décor doit être cuit dans un four à moufle à environ 800 °C.

LA TAPISSERIE

Bref historique

Il semble que ce soit **Marie de Hainaut**, devenue comtesse de la Marche, qui introduisit l'art de la tapisserie des Flandres à Felletin, puis à Aubusson au 14e s. La tapisserie atteint son apogée aux 16e-17e s. tant pour les « verdures » que pour les sujets mythologiques, historiques ou religieux.

Dans la seconde moitié du 17e s., les ateliers des deux villes obtiennent le titre de **Manufacture royale**. Mais le départ à l'étranger de nombreux ouvriers touchés par la révocation de l'édit de Nantes ruine cette activité. Elle finit toutefois par se relever au 18e s. et travaille d'après les peintres du temps : Watteau, Lancret, Boucher…

La Révolution puis l'engouement pour les **papiers peints** plonge la tapisserie vers son déclin. Au début du 20e s., l'inspiration s'essouffle quelque peu : la tapisserie, avec une technique demeurée impeccable, se perd dans des nuances infinies et se contente de copier la peinture.

Ce n'est que dans les années 1930 que la tapisserie amorce une véritable renaissance. Une collectionneuse, Mme Cuttoli, fait appel aux plus grands peintres de son époque. À partir de 1937, avec la collaboration de **Gromaire**, **Jean Lurçat** (1892-1966) joue un rôle décisif dans le renouveau de la tapisserie. Autour d'eux, une nouvelle génération de peintres cartonniers s'affirme avec **Prassinos**, **Tourlière**, **Saint-Saëns**, **Picart le Doux**, **Dom Robert**, **Wogensky**, et tant d'autres. Sans négliger les sujets traditionnels, les deux villes retrouvent l'autonomie de leur création et acquièrent une nouvelle notoriété internationale. Aujourd'hui, une centaine de lissiers, pour une quinzaine d'ateliers, répondent aux commandes privées, d'État, d'écoles, de musées, de cathédrales…

Une technique complexe

La réalisation d'une tapisserie se déroule en deux temps. On confectionne tout d'abord un modèle peint sur **carton**, œuvre d'un peintre cartonnier, adaptée aux exigences spécifiques de la tapisserie. Ensuite, un relevé graphique, le calque, en est tiré. Pour une lecture plus rapide de ce dernier, les couleurs sont numérotées : chaque nuance du carton porte un numéro qui renvoie à une gamme de couleurs précises, propre à chaque peintre. Le tissage peut commencer, c'est le deuxième temps. La tapisserie résulte de l'entrecroisement manuel de la **chaîne**, qui est une nappe de fils de coton ou de laine tendue, et de la trame, qui se compose de fils de laine enroulés sur de petites navettes appelées **flûtes**. Des bouclettes de coton, les **lisses**, entourent chaque fil de chaîne et permettent de séparer les fils pairs et impairs, puis de passer les flûtes. Le lissier (ouvrier tapissier) dispose de deux sortes de métiers : le métier de **haute lisse** se distingue du métier de **basse lisse** par la position de la chaîne : verticale dans le premier cas, horizontale dans le second. Ce dernier est le plus

ART ET INDUSTRIE

Les interactions entre l'industrie et les formes nobles de l'art sont particulièrement évidentes dans le domaine de la tapisserie.

Au 18e s., on demanda aux lissiers une reproduction aussi fidèle que possible des cartons peints qui leur étaient fournis; le nombre des teintes, qui ne dépassait pas quatre-vingts à l'époque de Louis XIV, passa alors à plusieurs centaines. Beaucoup de tons intermédiaires, obtenus au moyen de colorants fragiles, ont passé, et, selon la manière dont elles ont été conservées, certaines pièces se trouvent aujourd'hui désaccordées.

couramment utilisé à Aubusson et à Felletin : avec ses pieds, le lissier actionne un système de pédales pour commander les lisses et ouvrir la chaîne ; avec ses mains, il conduit la flûte à travers les fils en effectuant des passées. Un grattoir métallique permet de mettre en place le tissu obtenu qui est fortement serré par un peigne en bois.

Le tissage est réalisé à l'envers, dans le sens opposé à la vision : un miroir placé sous la chaîne aide à vérifier le bon déroulement du travail. Il faut compter environ un mois par mètre carré.

Le tapis au point noué, appelé **savonnerie**, est réalisé sur un métier de haute lisse.

Folklore berrichon et limousin

Au Berry comme en Limousin des traditions de l'ancienne civilisation rurale se sont perpétuées : vieilles coutumes, vieux métiers, mais aussi un folklore riche et vivace. Les profondeurs de l'âme régionale restent marquées par d'antiques superstitions entourées d'un halo de légendes, où maléfices et sorciers côtoient une religion vouée au culte des saints.

FOLKLORE ET COUTUMES

Les fêtes traditionnelles

Depuis quelques années, les fêtes champêtres à la manière d'autrefois se multiplient dans le **Berry**, animées par des groupes réputés comme les « Gâs du Berry » ou les « Thiaulins de Lignières ».

La **St-Jean** est l'un de ces grands moments où l'on donne la « jouée » : on danse la **ronde** et la **farandole** autour d'un immense feu que tous les participants se doivent de traverser. La **vielle**, encore fabriquée dans l'Indre, est constituée d'une caisse en bois de noyer ou d'érable, avec six cordes que frotte une roue de bois reliée à une manivelle, les notes étant formées par de petits taquets mobiles actionnés par le joueur.

La **cornemuse**, instrument encore plus typique, est à trois chalumeaux d'ébène ou de buis.

Les costumes berrichons sont variés. Les femmes portent généralement une coiffe de dentelle carrée à oreillons ornée d'une **floque** (nœud de ruban), une **robe à corps** d'un seul tenant se composant d'une ample jupe et d'un corsage moulant lacé et boutonné, le tout recouvert d'une cape de drap de couleur sombre. Les hommes sont revêtus d'une chemise de lin ou de chanvre et de pantalons de gros drap de laine brute, et couverts d'une veste et d'une cape de droguet uni ou rayé. Ils portent un chapeau à larges bords et autour du cou un mouchoir de couleur. La **biaude**, grosse blouse de travail, est maintenue par une large ceinture d'étoffe, et s'accompagne de guêtres de toile blanche.

LE PATOIS

Parmi les coutumes tombées en désuétude, il faut mentionner l'usage du patois. Le Limousin se rattache au pays d'Oc, la frontière longeant théoriquement la Vienne à l'ouest et traversant la Marche au nord. Les parlers locaux survivent dans les campagnes où, si l'on ne parle plus patois couramment, on le comprend encore. Les Berrichons conservent de leur côté un fort accent du terroir, qui consiste à rouler les « r » et à s'exprimer dans un vieux français à la syntaxe approximative : *« Un parler rocailleux et syncopé sous lequel percent la prudence et la ruse, la gaucherie et la roublardise, le calcul et la spontanéité »* (Michel Dominik).

Le **folklore limousin** a connu une renaissance grâce à des hommes comme **Jean Ségurel**, qui lui ont redonné son lustre passé et l'ont enrichi d'un répertoire nouveau. La **bourrée** et le **pélélé** se dansent au son de la vielle (à roue), de la cabrette, du violon, de l'**accordéon** et de quelques cuivres. Les chants expriment souvent le déracinement, la nostalgie, et célèbrent la beauté des montagnes. Les costumes sont harmonieux. Pour les femmes, robes longues multicolores, tabliers brodés serrés à la taille, châles de couleur sur corsage assorti, imposantes coiffes comme le « barbichet » à longues barbes ou simple bonnet de toile orné de la « paihole » à rubans noirs. Pour les hommes, vestes et pantalons noirs, gilets de couleur, chemises claires, foulards, chapeaux de feutre noir à larges bords, et pour certains, blouses bleu sombre.

Les coutumes

Les âges de la vie, de la naissance à la mort, ont longtemps fait l'objet de rites particuliers. En **Limousin**, le nouveau-né devait être baptisé le plus vite possible et ne pouvait être transporté du domicile à l'église que par une femme. À partir de 7 ou 8 ans, les enfants commençaient à se rendre utiles et, vers la douzième année, l'entrée dans l'adolescence signifiait l'apprentissage du dur labeur de la terre. La **vie des champs** rythmait l'existence de chacun : de mai à septembre la besogne pressait, et on ne se reposait que le dimanche et lors de fêtes religieuses ; l'hiver, on se réunissait autour du « cantou » (grande cheminée) pour la veillée : là, on croquait quelques châtaignes tout en se racontant des histoires gaies, les « niorles ». Sur les hauts plateaux, le Jour de l'an, on ne manquait jamais de jeter des étrennes dans les puits, un geste destiné à garantir la prospérité pour l'année nouvelle.

En **Berry**, à Noël, on préparait une bûche de bois très sec n'ayant jamais été fendu, et on la brûlait pendant plusieurs jours ; on fabriquait aussi toutes sortes de petites pâtisseries, et on nourrissait grassement les animaux.

SUPERSTITIONS ET CROYANCES

Les sorciers du Berry

Les sorciers sont partout. Ils ont le terrible pouvoir de jeter des sorts sur les hommes et sur les bêtes. Leur redoutable besogne, fondée sur la connaissance des secrets de la nature et inspirée par le diable, met très souvent en scène des animaux maudits tels que les crapauds, les chouettes et les loups.

Ainsi, pour faire périr le bétail, le sorcier place dans un pot un gros crapaud salé qu'il enterre pendant sept heures, puis le cloue à un arbre du pacage : attiré par le goût du sel, le bétail lèche et s'empoisonne. On connaît aussi l'histoire d'une servante qui, pour prendre la place de la maîtresse de maison, lui fit absorber un bouillon mortel de crapaud.

Plusieurs dictons sont attachés à des lieux réputés maléfiques : Paulnay, Saulnay, Rosnay, Villiers dans la Brenne, Verdigny, Menetou-Râtel, Sens-Beaujeu et Bué dans le Sancerrois.

Une **birette** est un homme ou femme qui s'est vendu au diable et porte un signe distinctif : une peau de loup ou de sanglier. De là vient sans doute la légende des loups-garous qui terrorisaient les campagnes. Le **meneu de loups** est un personnage différent : il conduit des troupeaux de loups au son de la cornemuse et les fait danser au clair de lune ; à condition de ne pas s'attaquer à lui, il n'est pas dangereux. Au sorcier s'oppose le **contre-sorcier** qui est le prêtre ; sa connaissance des livres saints lui permet de chasser les maléfices. De même l'eau bénite possède de grands pouvoirs et, jadis, on en faisait une grande consommation. La ville elle-même n'est pas épargnée par la magie. Bourges est la capitale des **alchimistes**, comme en témoignent les symboles figurant sur les édifices construits pour Jacques Lallemant et Jacques Cœur. Ce dernier n'aurait-il pas été en possession de la « pierre au blanc » qui lui aurait permis de transformer le métal en argent ?

Les mystères limousins

En Limousin et dans la Marche, les histoires de sorcellerie sont aussi répandues qu'en Berry : la nuit creusoise est remplie de lavandières infernales, de loups-garous dont il faut se défendre à l'aide d'une épingle bénite, de fées qui font rouler d'énormes blocs de pierre dans les prés, de diablotins qui lâchent les bêtes, sans oublier le « bœuf maudit » de la nuit de Noël et le cavalier noir, qu'il ne fait pas bon trouver sur son chemin !

Quantité de superstitions, dont certaines ont la vie dure, rythmaient les faits et gestes des paysans : lancer du bouillon gras en l'air dans l'étable protégeait les animaux des maladies et du « mauvais œil », danser dans le « palissou » (corbeille où l'on faisait lever la pâte) favorisait une bonne récolte, etc.

S'il existe des sorciers maléfiques, il s'en trouve aussi des bénéfiques qui ont le pouvoir de guérir les malades : ce sont les **panseux** et les **rebouteux**, toujours très visités et continuant une longue tradition de médecine populaire.

La lanterne des morts

Un passage du *De Miraculis* de **Pierre le Vénérable**, abbé de Cluny de 1122 à 1156, fournit la première référence littéraire concernant les lanternes des morts : un jeune novice de l'abbaye de Charlieu (Loire) voit apparaître son oncle Achard, ancien prieur du monastère décédé quelques années plus tôt. Celui-ci le conduit au cimetière, où, nimbée d'une clarté extraordinaire, une assemblée de religieux est assise en larges cercles concentriques : *« Au centre du cimetière se dresse une construction en pierre portant à son sommet une sorte de logette pouvant contenir une lampe qui, toutes les nuits, en l'honneur des fidèles qui reposent ici, éclaire de sa lueur ce lieu sacré. Des marches permettent d'accéder à une plate forme sur laquelle deux ou trois personnes peuvent se tenir debout ou assises… »*

L'édifice ainsi décrit rejoint la définition qu'en donne l'**abbé Lecler**, érudit limougeaud de la fin du 19e s., dans son *Étude sur les lanternes des morts* (1882).

Ces monuments se rencontrent majoritairement sur l'ancien territoire du diocèse de Limoges. Les campagnes de destruction dont elles ont fait l'objet depuis le Moyen Âge ont altéré leur apparence, changé leur site et masqué leur signification. Implantées au cœur des cimetières du 11e au 13e s., à côté de l'église romane, elles furent érigées sur les plans de moines-architectes par des tailleurs de pierre et des maçons itinérants. L'ornementation est discrète : toit conique de Ciron, arêtes amorties par des colonnettes à La Souterraine et à St-Agnant-de-Versillat. La hauteur, égale à six à huit fois le diamètre, obéit à des canons hérités de l'Antiquité romaine. Le caractère essentiel est la verticalité : élément de prestige, c'est aussi un témoignage de sécurité, la désignation du monument ne renvoyant jamais à la douleur ou au deuil (les expressions actuelles de lanterne des morts ou de fanal funéraire remontent au 19e s.).

Les spécialistes se partagent sur l'emploi de la pierre tabulaire : simple support destiné à recevoir un autel portatif ou « pierre des morts » indiquant la direction de l'Orient, de la Jérusalem céleste, et présidant du même coup à l'ordonnance des tombes ?

La croix hosannière

La croix hosannière se distingue de la lanterne des morts par l'absence de système d'éclairage. Son nom vient de l'acclamation hébraïque « hosanna » qui servit au 14e s. à désigner le dimanche des Rameaux *(Dominica osanna)*. Le buis (ozanne) était déposé à cette occasion au pied de la croix, pratique encore courante en Limousin avant 1914, ou constituait lui-même une croix tressée (Poitou), dite croix hosannière.

Les ostensions limousines

Le Limousin est le pays des saints : saints guérisseurs, saints protecteurs et saints patrons. Pas une bourgade, pas un quartier, pas une corporation qui ne les honore. Tous les **sept ans**, la Haute-Vienne et la Creuse vénèrent leurs saints : saint Martial, l'apôtre du Limousin, et sainte Valérie, le « bon saint Éloi », fondateur de l'abbaye de Solignac, saint Étienne de Muret… Les ermites et les fondateurs de monastères sont également à l'honneur : saint Junien, saint Victurnien, saint Léonard ; la Vierge y est parfois associée sous de pittoresques vocables, telle Notre-Dame-d'Arliquet (ou des Reliques) à Aixe-sur-Vienne.

Les « ostensions » ou expositions solennelles des reliques remontent au 10e s. L'une des premières eut lieu à Limoges lors d'une terrible épidémie, le « mal des ardents », contre laquelle on « sortit » saint Martial. Un fléau ou la visite d'un hôte illustre deviennent l'occasion de ces cérémonies, qui se renouvellent ensuite, périodiquement, avec un cérémonial traditionnel. La bénédiction du drapeau qui est hissé au faîte du clocher marque l'« annonce » de l'ostension. À partir de l'« ouverture » qui a lieu le dimanche de Quasimodo (premier dimanche après le dimanche de Pâques), les reliques sont présentées à la vénération des fidèles dans leurs châsses. Dans les rues des villages et dans les chemins de campagne, des processions se déroulent, accompagnées de fanfares et de tambours, de bannières et d'insignes de confréries et de corps de métiers, de groupes aux costumes somptueux. À ces manifestations de foi populaire s'unissent les paroisses voisines, parfois très nombreuses : ainsi, le Dorat en accueille une cinquantaine le jour de la « clôture ».

UN VIEUX FOND PAÏEN

Les nuits de carnaval (Mardi gras) et celle du 30 avril au 1er mai étaient réputées de **sabbats**. À ces moments-là, il fallait s'entourer de multiples précautions, car le pouvoir des esprits malfaisants était décuplé. Au petit matin, on jetait du sel dans la maison, dans les puits d'eau, dans les champs afin de chasser les sortilèges… Certaines régions restent imprégnées de mystères venus du fond des âges. Ainsi les monts de Blond *(voir les environs de Bellac p. 135)*, jonchés d'énigmatiques rochers « sacrificiels », où, les nuits de pleine lune, se tiendraient encore des sabbats. **Mme de Montespan** n'aurait-elle pas participé à des messes noires à Mortemart ? L'Église n'a jamais pu extirper ce vieux fond païen du pays, malgré les croix de pierre et les chapelles isolées.

Gastronomie

Des rives du Cher à celles de la Dordogne, les papilles sont à la fête, et la gastronomie est toujours à l'honneur. Des plats simples et goûteux, qui fleurent bon le terroir, mettent en valeur le tempérament de chaque province et contribuent à en maintenir la réputation.

EN BERRY

Les spécialités

Saine, simple et charpentée, la cuisine berrichonne utilise des produits de la ferme. Si la **mique**, soupe aux légumes et au petit salé, ou la soupe au pain, mijotée pendant une heure dans une marmite en terre et arrosée de crème, sont les plats régionaux par excellence, la spécialité berrichonne est le **coq ou poulet en barbouille**. C'est un poulet flambé et coupé en morceaux auquel, après une heure de cuisson, on ajoute le sang cuit à feu doux avec de la crème, un jaune d'œuf et le foie pilé; on obtient une belle sauce noire, parfumée et bien liée.
Les plats sont souvent accompagnés soit d'une **sauce au vin**, soit d'une sauce très onctueuse **à la crème**. Lapin farci, œufs au vin, langue de bœuf au gratin, rognons, foie de veau piqué, petit salé garni de lentilles vertes du Berry, constituent de solides plats de résistance, sans oublier le gibier et les **poissons** (comme le filet de carpe de Brenne, entre autres poissons de cette région qui en produit 1 000 t par an), que l'on accompagne volontiers de lentilles ou de champignons tels que cèpe de Bordeaux, girolle, mousseron, morille. Goûtez aussi les **condiments confits** de Sarzay…
Il ne faut pas quitter le Berry sans avoir testé la soupe à l'ortruge (l'ortie berrichonne), le pâté de citrouillat ou pâté berrichon, les solides pâtés de Pâques garnis d'œufs et de farce, le truffiat ou « bourre-chrétien » (pommes de terre enrobées de pâte), la galette « aux grillons » (pâte feuilletée fourrée de lardons frais et grillés).
En dessert, vous aurez le choix entre une exquise tarte aux pruneaux, des sanciaux (beignets au miel) ou le millat (bouillie aux cerises noires). Pour la gourmandise, vous croquerez encore une Forestine, célèbre bonbon berruyer, les massepains d'Issoudun, les spécialités pâtissières de Nançay, un délicieux petit sablé, et de Chârost, les croquets, ou simplement une pomme des vergers de St-Martin-d'Auxigny.

Les produits du terroir

Le Berry produit 70 % des **lentilles** françaises, en particulier une variété verte, l'anicia, et des lentilles roses bénéficiant d'un label Rouge, qui reconnaît leur qualité hors pair.
Le Berry est aussi et surtout un terroir de vins et de fromages : le fameux **crottin de Chavignol**, qui tire son nom d'un hameau proche de Sancerre, est un fromage de chèvre fin qui accompagne à merveille les vins de Sancerre. Le **valençay**, en forme de pyramide tronquée, et le **pouligny-st-pierre**, plus pointu, sont des fromages de chèvre très anciens à la pâte fine et ferme. Tous trois d'appellation contrôlée, ils sont des fleurons de la gastronomie berrichonne.

EN LIMOUSIN

Les spécialités

Là encore, les plats simples côtoient les mets les plus raffinés. La gastronomie du Limousin tient son histoire, son origine, son authenticité et sa saveur du monde rural. Ses bases reposent sur l'utilisation maximale des ressources locales : produits de la ferme (gâteaux de pommes

Les lentilles, une spécialité berrichonne.
nfrPictures / Fotolia.com

de terre, viandes aux recettes multiples, galettes de blé noir, clafoutis, charcuterie…), produits de la forêt (châtaignes, cèpes, truffes, chevreuils, lièvres…), ou encore produits de la rivière (truites, carpes, sandres). En Corrèze, les produits fermiers sont les mêmes qu'en Haute-Vienne avec les oies et canards en plus, qui se déclinent en foie, confits et rillettes. La Creuse apporte en plus le pâté de pommes de terre à la crème, spécialité croustillante, et le tout aussi traditionnel **fondu creusois**, à base d'un fromage de vache régional cuit.

La soupe typique limousine est la **bréjaude**, soupe au lard (brejou = couenne du lard), au chou et au pain de seigle. Les **pâtés** truffés ou en croûte ont une réputation méritée. Le **lièvre en chabessal** est un lièvre farci de veau, de porc frais, de jambon, le tout assaisonné de sel, de poivre, d'épices et de condiments.

La Xaintrie possède une spécialité culinaire, la « poulcèze », qui est une variété typique très particulière des **farcidures** de Tulle : il s'agit, dans sa version courante, dite « à la galopade », de boulettes à base de farine que l'on jette dans le bouillon ou que l'on fait rôtir au four après avoir mélangé à la pâte des pommes de terre râpées. Quant au **menassous** ou « picard », c'est également un pâté de pommes de terre râpées, que l'on sert généralement accompagné d'une viande.

Les desserts

En Creuse, l'incontournable **gâteau creusois**, léger et moelleux *(recette dans l'encadré ci-dessous)*, est fait à base de noisettes. À base d'amandes, le **massepain** est une délicieuse spécialité de St-Léonard-de-Noblat. Parmi les desserts limousins classiques, le célèbre **clafoutis** est une tarte obtenue en mélangeant de la pâte légère et moelleuse à des cerises noires.

Les viandes

Les viandes limousines sont fameuses, du mouton baronet au bœuf limousin en passant par le cochon cul-noir.

LE CREUSOIS
Écrasez deux verres de noisettes fraîches avec quatre verres de sucre. Mélangez l'ensemble avec un verre de blancs d'œufs montés en neige et une poignée de farine. Ajoutez 100 g de beurre fondu et remuer bien. Mettez au four 30mn à température moyenne.

Variante : élaborée avec des châtaignes et des noix, cette recette donne la **galette corrézienne**.

La race bovine limousine a su conserver sa rusticité d'élevage, ce qui lui permet d'allaiter son veau en plein air. C'est la viande rouge par excellence. Âgé de plus de 3 ans, le **bœuf limousin** conserve sa plénitude jusqu'à 9 ans. Nourri essentiellement à l'herbe des pâturages, la finesse du grain, le fondant, la tendreté et le persillé en font une viande de prestige et de goût, le nec plus ultra de la viande bovine, très appréciée en France et dans le monde.

Le **veau fermier**, nourri tout au long de sa vie au pis de sa mère, donne une viande blanche légèrement rosée. C'est dans cet élevage maternel et artisanal que réside le secret de la saveur et de la tendreté de cette viande de veau, parfois au goût de noisette.

Le **cochon** fait aussi partie de la tradition, à l'origine de nombreuses spécialités limousines : boudins aux châtaignes, confit de porc, petit salé, andouille, salaisons et jambon. Les « culs-noirs » de St-Yrieix-la-Perche sont une race de cochons dont l'origine remonte à l'époque gauloise et qui doit sa renommée à l'épaisseur de son gras (jusqu'à 20 cm).

Enfin, l'**agneau** du Limousin, encore très présent dans les campagnes, bénéficie aussi d'un élevage traditionnel. Les bouchers-tripiers de Limoges continuent de proposer des produits traditionnels comme les langues de moutons fumées lors de la Frairie des Petits Ventres, le troisième vendredi d'octobre.

Les poissons
La Corrèze, avec ses 5 000 km de ruisseaux et rivières et ses eaux très pures, est le pays de la **truite** et de bien d'autres poissons : brochets, sandres, carpes. L'**omble chevalier**, au cœur des lacs, fait le bonheur des gastronomes. Beaucoup de recettes sont en rapport avec les produits de la pêche : parmi les plus fameuses, le soufflé de truites ou les queues d'écrevisses à la crème et aux girolles vous laisseront un souvenir impérissable…

Les champignons
Ils constituent la véritable richesse des forêts limousines. Différents champignons, qui entrent dans la composition de nombreuses recettes, se ramassent au fil des saisons : truffe, morille, mousseron, girolle, cèpe, coulemelle et chanterelle.

La **confrérie myco-gastronomique de Brive** se retrouve chaque année, début octobre, lors de la Foire internationale du champignon.

La pomme d'altitude
La rudesse du climat et les fraîches nuits d'automne donnent à cette **golden du Limousin**, croquante et juteuse, produite entre 300 et 500 m d'altitude, sa couleur rosée et son goût typique. Elle est aussi bonne crue que cuite. Cette expression d'un tel lien au terroir lui a valu d'être la première **pomme AOC** en France. Sa production (20 000 t par an) représente 5 % du marché national.

Les fruits rouges

Du pays de Brive au plateau de Millevaches, on trouve en Corrèze (deuxième département producteur) une grande diversité de climats et de sols propices à toutes sortes de variétés de fruits rouges : **fraises** de Beaulieu-sur-Dordogne (une centaine de producteurs) ; **framboises**, **groseilles** et **cassis** sur les coteaux du Bas-Limousin ; plus en altitude, dans le massif des Monédières et sur le plateau de Millevaches, on trouve des **myrtilles** à l'état sauvage mais également cultivées, consommées fraîches et en conserve.

Les noix

Hier issue d'arbres isolés de plein champ, aujourd'hui de vergers, la noix est largement utilisée dans la cuisine limousine : en accompagnement de plats, sur les fromages, en dessert, comme huile ou enfin comme liqueur très renommée. Elle bénéficie désormais d'une appellation contrôlée : **Noix du Périgord**.

La châtaigne

Dans un pays couvert de châtaigniers, beaucoup de Limousins tiraient de ses fruits une bonne part de leur nourriture hivernale (la châtaigne est restée longtemps le pain des paysans).
De nos jours, la châtaigne, blanchie puis bouillie ou grillée, accompagne, en terrine ou en purée, la dinde et l'oie, le ragoût de veau et de porc, la carpe et les pièces de venaison. Elle entre également dans la composition du boudin, des gâteaux et, bien sûr, de liqueurs et gourmandises.
Sous forme de farine, elle sert à l'élaboration de nombreuses pâtisseries : crêpes, flans, beignets et fameuse galette corrézienne.
Les plantations de châtaigniers se concentrent aujourd'hui dans le sud de la Haute-Vienne et en Corrèze, au pays des Feuillardiers. L'Association du marron et du châtaignier, basée à Dournazac, assure la promotion de ce fruit et son renouveau dans la cuisine.

LE FARCI LIMOUSIN

Pour 4 personnes

Prévoyez une quantité suffisante de salé, trois carottes de belle taille, deux poireaux, un navet et un chou.

Après avoir mis à dessaler la poitrine de veau (la veille), plongez la viande dans de l'eau bouillante et surveillez la cuisson à partir de 30mn. Les feuilles de chou sont ébouillantées quelques secondes, égouttées et laissées à refroidir.

La farce se prépare en mélangeant 250 g de pain rassis et 100 g de lard (coupés en petits morceaux) imbibés d'eau bouillante, trois œufs, de l'ail, du persil, du sel et du poivre. Sur deux ficelles croisées, faites chevaucher les feuilles de chou pour y placer la farce en boule, avant de replier les feuilles et de ficeler le tout. Ajoutez le chou farci avec le salé et les légumes, puis laissez cuire une heure sans interrompre l'ébullition.

VINS ET LIQUEURS

Les vins du Berry

Le Berry est une terre de tradition viticole, récompensée par le classement en AOC des vins de Sancerre, de Quincy, de Menetou-Salon et de Chateaumeillant. Le sauvignon, cépage de prédilection de la plupart des blancs de la région, a notamment fait la réputation des vins de Sancerre. Des rouges et des rosés sont également produits dans les différentes appellations. Ces vins sont en général assez légers et de moyenne garde.

Les vins de Corrèze

Depuis 1988, le vignoble de Branceilles (au sud-est de Collonges-la-Rouge) renaît, après être tombé dans l'oubli, victime du phylloxera. Le vin « des mille et une pierres », nommé ainsi en souvenir de l'ingratitude du sol, est commercialisé par la cave viticole de **Branceilles**. Il bénéficie de l'appellation « Vin de pays de la Corrèze », comme le vin de la Mégénie, produit en plus petite quantité à Voutezac.

Le **vin paillé**, issu d'une tradition corrézienne ancienne, est obtenu à partir de cépages cabernet sauvignon et cabernet franc. Après séchage sur un lit de paille de seigle, les raisins sont pressés à l'approche de Noël. Élevé pendant 2 ans minimum avant d'être mis en bouteille, ce vin a une concentration en sucre qui amène son titre en alcool à environ 14°. Produit dans la région de Queyssac-les-Vignes, vous en trouverez à Beaulieu-sur-Dordogne *(voir p. 224)* et sur le marché de Meyssac *(voir Brive-la-Gaillarde p. 199)*, les vendredis et samedis matin.

Les liqueurs

Les plus répandues étaient autrefois les liqueurs de ménage, que chaque famille préparait à sa façon en faisant macérer des fruits dans l'eau-de-vie fabriquée par le bouilleur de cru local.

Aujourd'hui, de petites fabriques artisanales produisent d'excellentes liqueurs : noix, myrtille, prunelle sauvage, noisette, etc. Les fruits récoltés macèrent plusieurs mois dans l'alcool, puis sont pressés et distillés ; le produit du filtrage s'appelle le **ratafia**.

On trouve en Corrèze une liqueur de noix ou brou de noix qui s'obtient à partir de noix vertes coupées en deux, qu'on laisse infuser pendant six à huit semaines dans un bocal et que l'on filtre ensuite à plusieurs reprises.

Le réputé kirsch du Blanc ; la liqueur Monin, inventée à Bourges, caractérisée par la distillation d'écorces de citrons verts et de plantes tropicales ; le Fruitier, la liqueur de châtaigne du Feuillardier et la Sève La Centrale, autour de Limoges ; les liqueurs concoctées à base de plantes aromatiques du pays, comme l'apéritif Salers (près d'Égletons) ou la Tulloise, sont d'autres digestifs locaux, pour certains séculaires.

Histoire

Comté indépendant sous les Carolingiens, le Berry retourne à la Couronne au 13e s., puis constitue le noyau de la reconquête du royaume par Charles VII, grâce au soutien de Jeanne d'Arc et de Jacques Cœur, avant que son histoire ne se fonde dans celle du pays. Le Limousin, longtemps fief anglo-angevin, défendu par de nombreux châteaux forts, est quant à lui rattaché au domaine royal en 1607. Il ne renouera qu'à la fin du 19e s. avec sa tradition d'indépendance et de radicalisme, qui sera vivace au 20e s., comme en attestent les intenses activités de Résistance en 1941-1944.

Chronologie

PRÉHISTOIRE ET ANTIQUITÉ

- **1 000 000 ans** – Campement préhistorique de Lavaud, près d'Éguzon.
- **45 000 ans** – L'homme néandertalien de La Chapelle-aux-Saints *(voir Beaulieu-sur-Dordogne p. 224)* offre le plus ancien exemple de rite funéraire en France.
- **7 500-2 500 ans** – Peuplement régional du Néolithique : les nombreuses stations éparpillées entre la Loire et la Vienne montrent que l'homme a commencé à s'enraciner et à défricher. Les populations néolithiques élèvent les premiers « monuments », mégalithes et *tumuli*.
- **6e-5e s. av. J.-C.** – Installation dans le Berry des **Bituriges Cubi**. Ceux-ci étendent leur domination sur le Centre et se proclament « rois du monde » ou « rois éternels ».
- **Fin du 2e s. av. J.-C.** – Les **Gaulois** campent sur des hauteurs fortifiées, les *oppida* : Levroux, Dun-sur-Auron, Toulx-Ste-Croix, Roche-de-Vic sont parmi les mieux défendus. Hormis **Avaricum** (Bourges), entouré de fortes murailles, il n'existe pas encore de villes.
- **52 av. J.-C.** – César soumet la Gaule. *Avaricum*, assiégé, est pris et détruit, et sa population massacrée. À Alésia, l'armée de secours, dont fait partie un important contingent **lémovice**, est écrasée.
- **27 av. J.-C.** – Berry et Limousin appartiennent à la province d'**Aquitaine**. *Avaricum*, « l'une des plus belles villes de la Gaule » selon César, en est la capitale. **Argentomagus** (St-Marcel) se développe considérablement. L'empereur Auguste crée un certain nombre de villes qui portent son nom, parmi elles, **Augustoritum** (Limoges). Début d'une longue période de prospérité et de sécurité.
- **Vers 250 apr. J.-C.** – Saint Martial évangélise les Lémovices.
- **276** – **Invasions** des Alamans et des Francs. De nombreux sites sont détruits, notamment celui d'*Argentomagus*. Les villes s'enferment dans des remparts.
- **Fin du 3e s.** – L'empereur Dioclétien partage le territoire des Gaules en deux diocèses. Berry et Limousin sont incorporés dans l'Aquitaine dont Bourges est la capitale. Ils appartiennent ainsi au diocèse de Viennoise qui

deviendra ensuite le diocèse des sept provinces. Saint Ursin, premier évêque de Bourges.

- **Vers 380** – Devant le paganisme berrichon, l'évêque **Martin de Tours** (saint Martin) décide d'intervenir et met à terre le temple et les idoles de Levroux.
- **409** – L'Aquitaine subit les invasions des barbares venus du nord-est.
- **418** – Les Romains autorisent les Wisigoths à s'installer sur quelques terres d'Aquitaine.
- **470** – La **bataille de Déols** livre l'Aquitaine à Euric, roi des Wisigoths.

DE CLOVIS À LOUIS XI : INCERTITUDES POLITIQUES

- **507** – **Bataille de Vouillé** : l'Aquitaine tombe aux mains des Francs. En battant Alaric, roi des Wisigoths, Clovis, roi des Francs Saliens, devient le maître de la Gaule.
- **511** – À la mort de Clovis, le royaume est partagé entre ses quatre fils. Clodomir hérite de Bourges et du royaume d'Orléans.
- **555** – Après bien des luttes, les fils du roi Clotaire partagent à nouveau le royaume des Francs. Bourges est rattaché à la Bourgogne de Gontran et Limoges demeure dans l'Aquitaine de Caribert.
- **631** – Orfèvre réputé de Limoges, connu pour ses talents de monnayeur, **saint Éloi**, conseiller du roi Dagobert, fonde l'abbaye de Solignac.
- **732** – Défaite des Arabes à **Poitiers**. Une légende leur attribue l'introduction de la tapisserie et d'une nouvelle race chevaline en Limousin.
- **739** – Défaite des Arabes à **Uzerche** après 7 ans de siège.
- **760-768** – Lutte entre Pépin le Bref et le duc Waifre qui se termine par la mort de ce dernier et la fin du duché d'Aquitaine.
- **9e s.** – **Invasions normandes**. Situation anarchique dont les comtes de Poitiers tirent profit en étendant leur autorité entre Loire et Garonne.
- **10e s.** – La **Marche** est érigée en comté indépendant et forme une contrée militaire en Poitou-Limousin et Berry. Émiettement féodal.
- **917** – Fondation de l'abbaye de Déols.
- **937** – Raid des Hongrois dans le Berry.
- **11e s.** – Le Limousin est partagé entre plusieurs grands fiefs : vicomtés de Limoges, Rochechouart, Turenne, Comborn et Ventadour, Aubusson et comté de la Marche.
- **1004** – Le Limousin souffre d'une terrible sécheresse suivie d'inondations spectaculaires.
- **1021-1031** – Proclamation de l'apostolicité de **saint Martial**. Apogée de l'abbaye qui porte son nom à Limoges.
- **1023** – Une éclipse effraie la population de Limoges qui craint la fin du monde.
- **1031** – Bourges est la première étape du pèlerinage du roi Robert le Pieux qui visite les grands sanctuaires du royaume.
- **1048-1124** – Vie de saint Étienne de Muret, fondateur de l'ordre de Grandmont.
- **1095** – Périple d'Urbain II en Auvergne et en Aquitaine.
- **1101** – Répondant à l'appel du pape Urbain II, le vicomte de Bourges vend sa ville au roi de France Philippe Ier pour la somme de 60 000 sous d'or. Il espère ainsi financer son départ en croisade. Bourges devient alors ville royale.
- **1130** – Fondation de l'abbaye de **Noirlac** par les cisterciens.
- **1135** – Les moines de St-Martial de Limoges créent un nouveau chant pour la messe, « l'organum ». Il comprend deux voix, une grave et une aiguë.

SCANDALE AU CHÂTEAU DE VENTADOUR

1170 – Le **troubadour** Bernard, d'origine obscure, ravit la cour du château de ses poèmes et de ses chants. La dame des lieux en est toute retournée au point que son mari s'en offusque. Ne voulant se battre contre ce personnage au rang nettement inférieur, le châtelain se contente de le chasser avec dédain. L'illustre poète se rend alors à la cour d'Aliénor d'Aquitaine et deviendra célèbre sous le nom de **Bernard de Ventadour**.

- **1137** – **Louis VII** sacré roi de France à Bourges.
- **1152** – Par son remariage avec Henri Plantagenêt, **Aliénor d'Aquitaine** apporte en dot au futur roi d'Angleterre le Sud-Ouest de la France, dont le Limousin.
- **1195** – Début des travaux de la cathédrale de Bourges.
- **1199** – Mort de **Richard Cœur de Lion** tué par une flèche. En guerre contre le vicomte de Limoges, il menait le siège du château de Châlus dont il voulait s'approprier le trésor.
- **1200** – **Traité du Goulet** : Jean sans Terre, alors en opposition contre le roi de France, cède à Philippe Auguste ses droits sur le Berry en signe de réconciliation.
- **13e s.** – Les **émaux limousins** se répandent à travers l'Europe.
- **1234** – Louis IX achète les droits du comte de Champagne sur le Berry.
- **1273** – Début des travaux de la cathédrale de Limoges.
- **1324** – Consécration de la cathédrale de Bourges.
- **1337** – Début de la guerre de Cent Ans.
- **1342-1352** – Un moine bénédictin, Pierre Roger, devient Clément VI, premier des papes « limousins » à Avignon.
- **1356-1370** – Édouard prince de Galles, dit le **Prince Noir**, sème la terreur dans le Berry et le Limousin.
- **1360** – **Jean de Berry**, troisième fils du roi Jean le Bon, obtient de son père l'Auvergne et le Berry en apanage pour compenser la perte du Poitou passé à l'Angleterre.
- **1370** – Limoges est incendié par les troupes du Prince Noir.
- **1416** – Mort du duc Jean de Berry.
- **1422** – **Charles VII** prend le titre de roi de France à Mehun-sur-Yèvre et choisit Bourges comme capitale.
- **1423** – Charles VII donne Aubigny à un Écossais, **Jean Stuart,** son allié contre les Anglais. Naissance à Bourges de Louis XI.
- **1429** – L'amiral de Culan reçoit **Jeanne d'Arc** à Culan.
- **1438** – Proclamation à Bourges de la **Pragmatique Sanction** qui prévoit que les bénéfices de l'Église seront désormais attribués par élection sous le contrôle du roi. Naissance de l'Église gallicane.
- **1451** – Procès de **Jacques Cœur**, accusé d'empoisonnement et de fraude. Disgracié, il est jeté en prison.
- **1453** – Fin de la guerre de Cent Ans. Le Limousin est dévasté.
- **Milieu 15e s.** – Premières tapisseries à Felletin, puis à Aubusson.
- **1456** – Évasion de Jacques Cœur qui se réfugie à Rome auprès de Calixte III. Il meurt quelque temps après au cours d'une expédition vers Chio.
- **1461** – Mort de Charles VII à Mehun-sur-Yèvre.
- **1463** – Fondation de l'université de Bourges par le duc Charles de Berry.
- **1464** – Le maréchal de Brosse fait rebâtir sept tours sur l'ancien château-forteresse de Brosse. Il décore les murs des salles avec les fameuses tapisseries de la **Dame à la licorne**.

- **1483** – Résidence forcée du prince Zizim au château de Bourganeuf.
- **1487** – Grand incendie de Bourges.

LES TEMPS MODERNES

- **1505** – Voyage mouvementé de Louis XII à Meillant.
- **1516** – Épidémie de peste à Bourges.
- **1524** – Des soldats déserteurs, « les 6 000 diables », pillent Bourges.
- **1531** – Réunion de la Marche au domaine royal.
- **1562-1598** – **Guerres de Religion** : les protestants sont peu nombreux, mais la région subit d'importantes dévastations par les soldats des deux camps. Les paysans du Limousin s'arment pour se défendre.
- **1593-1594** – **Révolte des Croquants en Limousin**. Refusant de payer la taille, la dîme et les droits féodaux, des paysans armés, surnommés les « Croquants », s'insurgent contre ceux qui oppressent le peuple des campagnes. Mais l'armée du gouverneur du Limousin, M. de Chambaret, finit par les vaincre et les massacre près de St-Priest-Ligoure.
- **1605-1608** – Fondation de la ville d'Henrichemont par Sully.
- **1607** – Réunion de la vicomté de Limoges à la couronne de France. Elle appartenait jusqu'à présent à Jeanne d'Albret, mère d'Henri IV.
- **1612** – Henri II de Condé, gouverneur du Berry.
- **1665** – Création de la Manufacture royale de tapisserie à Aubusson, puis à Felletin 20 ans après.
- **1690** – À Tulle, l'activité métallurgique a pris un essor spectaculaire. La puissante manufacture d'arme, célèbre pour ses « fusils boucaniers », est connue dans toute l'Europe.
- **1693** – Incendie de la Ste-Chapelle de Bourges.
- **1699** – Pour tenter d'enrayer la pauvreté dans le Limousin, des ateliers publics emploient des gens démunis pour l'entretien des routes.
- **1718** – Mort d'Étienne Baluze, historien du Bas-Limousin.
- **1736** – Louis XV achète le duché de Châteauroux.
- **1761-1774** – Nommé intendant du Limousin, **Turgot** découvre une province délaissée. On attend de lui qu'il règle les problèmes économiques et rénove l'agriculture.
- **1768** – Découverte du kaolin à St-Yrieix-la-Perche.
- **1771** – Première manufacture de porcelaine à Limoges.
- **1781** – Fondation des forges de Vierzon par le comte d'Artois.
- **1790** – L'ancienne province de Berri est divisée en deux départements, l'Indre et le Cher, qui forment le Berry actuel. Châteauroux, chef-lieu de l'Indre, est capitale du Berry, tandis que Bourges devient la capitale du Haut-Berry. Le Limousin est partagé en trois départements : la Corrèze, la Creuse et la Haute-Vienne.
- **1808** – **Gay-Lussac** formule la loi sur les combinaisons gazeuses.
- **1810** – Le Limousin est marqué par une grande disette.
- **1819-1843** – Percement du **canal du Berry** : désenclavement de la région.
- **1842** – Rénovation de la manufacture de porcelaine de Limoges et ouverture du marché avec l'arrivée de l'Américain David Haviland.
- **1849** – À Bourges, procès retentissant contre les chefs de la gauche qui ont participé aux insurrections de mai 1848.
- **1852-1870** – Second Empire. Période de transformations économiques profondes. Arrivée des chemins de fer.

Oradour-sur-Glane, village martyr
P.-A. Dutheil / Fotolia.com

- **1851-1860** – Les lignes de train pour Bourges, Limoges et Brive sont achevées.
- **1854** – Le choléra sévit à Limoges.
- **1861** – La première machine à faucher arrive dans le Limousin.
- **1864** – Un terrible incendie détruit des quartiers de Limoges qui subit également une grève des porcelainiers.
- **1871-1940** – IIIe République. Le Limousin s'affirme très tôt comme un bastion des idées avancées. Il élit les premiers députés ouvriers (Nadaud, Desfarges) et fournit de nombreux cadres aux partis de gauche.
- **1876** – Mort de **George Sand**.
- **1889** – Bourganeuf est l'une des premières villes électrifiées de France.
- **1895** – Création de la CGT à Limoges.
- **1905** – Grandes grèves de Limoges.
- **1935** – Construction du barrage de Marèges sur la Dordogne. Affrontements dans les rues de Limoges entre l'extrême droite et la gauche.
- **1940** – La **ligne de démarcation** traverse le Cher. Augmentation importante de la population du Limousin due à l'afflux de réfugiés.
- **1941-1944** – Intenses activités des maquis dans le Berry et le Limousin. **Georges Bégué**, premier agent du SOE (Special Operations Executive) est parachuté le 5 mai 1941 près de Valençay.
- **1942** – Le maréchal Pétain prône un retour à la terre dans un discours à Tulle.
- **1944** – Massacres de Tulle et d'Oradour-sur-Glane.
- **1948** – Découverte du premier gisement d'**uranium** français en Haute-Vienne.
- **1951** – Création d'une base américaine à Châteauroux.
- **1960** – Création de la région Centre.
- **1964** – Création de la région Limousin.
- **1968-1971** – Construction de l'aéroport de Limoges-Bellegarde.
- **1977** – Lancement du Printemps de Bourges.
- **1984** – Création du Festival international des francophonies en Limousin.

- **1989** – Création du Parc naturel régional de la Brenne. Achèvement de l'autoroute Paris-Clermont-Ferrand (A 71) *via* Bourges.
- **1992** – La cathédrale de Bourges est inscrite au Patrimoine mondial de l'Unesco.
- **1994** – La région Centre se dote d'un nouveau nom : **Centre-Val de Loire**.
- **1995** – Élection de **Jacques Chirac,** député de Corrèze, à la présidence de la République.
- **1999** – Achèvement de l'autoroute Paris-Brive (A 20) *via* Châteauroux et Limoges.
- **2000** – Création du Centre de la mémoire à Oradour-sur-Glane.
- **2004** – Inauguration du Parc naturel régional de Millevaches.
- **2009** – Création de la Maison Jour de Fête à Ste-Sévère en hommage au cinéaste **Jacques Tati**.

Les riches heures du Berry et du Limousin

LA PAPAUTÉ À L'HEURE LIMOUSINE

Au 14e s., alors que le Limousin connaît l'une des périodes difficiles de son histoire, il a l'honneur de donner plusieurs papes à la chrétienté. En 1342, Pierre de Rosiers, né au château de Maumont près d'Égletons, accède au trône de saint Pierre sous le nom de **Clément VI** (1342-1352). Cet ancien moine bénédictin, archevêque de Sens, puis de Rouen, aurait déclaré, sitôt son élection, en jouant sur son nom de Rosiers : « Je planterai dans l'Église de Dieu un tel rosier de Limousin qu'après cent ans il aura encore des racines et des boutons. » En effet, il comble d'honneurs ses proches, leur accordant évêchés, archevêchés et légations. Habile diplomate, il joue un rôle politique actif dans le conflit opposant les rois de France et d'Angleterre et s'installe à Avignon qu'il achète à Jeanne de Naples en 1348.
Son successeur, Étienne Aubert, né à Bessac-en-Corrèze près de Pompadour, devient pape sous le nom d'**Innocent VI** (1352-1362).
En 1370, le neveu de Clément VI, Pierre Roger de Beaufort, né aussi au château de Maumont, ceint la tiare sous le nom de **Grégoire XI**.
En 1377, il quitte Avignon pour Rome où il décède peu de temps après ; s'ouvre alors le Grand Schisme d'Occident. En trente ans, le Limousin fournit ainsi à l'Église une dizaine de patriarches, une quarantaine de cardinaux et plus de trois cents évêques.

LE DUC JEAN DE BERRY

Au 14e s., le Berry compte environ 350 000 habitants plongés dans la **guerre de Cent Ans**. Région frontière, base possible de départ pour une reconquête du Poitou et de l'Aquitaine, le Berry est érigé en duché-pairie au profit de **Jean de France**, troisième fils du roi Jean le Bon, en 1360. Après une captivité en Angleterre, le jeune duc prend possession de son apanage qui comprend également l'Auvergne. Il augmente les charges fiscales pour financer la guerre, les fondations pieuses et, surtout, les dépenses outrancières qui marqueront son règne. Après une entrée triomphale à Limoges en 1370, les bourgeois et l'évêque décident de se ranger dans le camp de la dynastie française des Valois, ce qui entraîne de terribles représailles anglaises sur la cité. Jean de Berry poursuit ses offensives en concertation avec Du Guesclin et le duc d'Anjou, et les victoires de la campagne de 1372 lui valent d'ajouter à son apanage le Poitou (1373). La mort en 1380 de son frère Charles V, successeur de Jean le Bon, aboutit à une répartition des profits et des honneurs entre les oncles du jeune roi Charles VI : Jean obtient le gouvernement du Languedoc. Mais ses excès entraînent sa destitution en 1388, tandis que le roi sombre dans la folie (1392). Louvoyant au mieux de ses intérêts entre armagnacs et bourguignons, le duc Jean va même jusqu'à traiter avec les Anglais auxquels il promet de livrer la Guyenne (1412) ; cette attitude provoque le **siège de Bourges** par les troupes royales. Jean capitule et meurt quatre ans plus tard, à 76 ans. Homme de goût, il avait entrepris un programme de constructions prestigieuses : palais dans chacune de ses capitales (Bourges, Poitiers et Riom), résidences et demeures princières. Amateur d'art et de musique, de chasses et de soupers, il avait la manie (coûteuse) des collections. Attirant les meilleurs artistes, il fit exécuter des chefs-d'œuvre dont *Les Très Riches Heures du duc de Berry* par les frères Limbourg. Les thèmes déclinés sont traditionnels, mais la façon de les traiter est novatrice : les artistes utilisent des séries d'arrière-plans successifs.

LE « ROYAUME DE BOURGES »

La succession du duc Jean passe au dauphin Charles en 1417 : le Berry est le noyau autour duquel il reconquiert son royaume. Déshérité par le traité de Troyes, **Charles VII** est proclamé roi par ses fidèles en octobre 1422, au château de Mehun-sur-Yèvre. La moitié du royaume de France est aux mains des Anglais auxquels s'est allié le duc de Bourgogne. Ses ennemis appellent Charles VII le « roi de Bourges ». La ville abrite alors l'administration monarchique et le roi est assisté par des hommes de valeur : Martin Gouges, Juvénal des Ursins, Alain Chartier, le maréchal de Brosse, l'amiral de Culant, Jean de Naillac… Mais la personnalité de Charles VII n'est guère attirante. Faible, méfiant, souffreteux, le souverain fait preuve d'apathie et d'indécision ; sa cour est un foyer d'intrigues où s'affrontent des clans. Sa rencontre avec **Jeanne d'Arc**, à Chinon, le 25 février 1429, l'aide à reprendre confiance en lui. À la force morale retrouvée s'ajoute bientôt la puissance financière de **Jacques Cœur**, qui soutient l'initiative de la Pucelle. La position royale se renforce progressivement. Lors de la **paix d'Arras** en 1435, Charles VII se réconcilie avec Philippe le Bon et, en 1436, Paris est repris. Le royaume se redresse avec la réforme des finances et des monnaies inspirée par Jacques Cœur, et la création des compagnies d'ordonnance, puis de la milice des francs archers. Le prestige diplomatique du roi sort renforcé du règlement (1449) de la question du schisme pontifical.

JACQUES CŒUR, L'ARGENTIER DU ROI

Né en 1395 à Bourges, ce fils de marchand se révèle très vite un homme d'affaires particulièrement doué. Il n'hésite pas à multiplier ses activités, pratiquant le commerce des épices et des draps, mais aussi des métaux précieux. Il ouvre des comptoirs dans toutes les grandes villes du royaume, à Avignon, Lyon, Rouen, Limoges et Paris ainsi qu'à Bruges. Il commerce avec l'Espagne et l'Italie et s'intéresse très tôt aux pays du Levant. Sa tolérance vis-à-vis des Infidèles auxquels il vend des armes lui sera reprochée au moment de son procès. Il investit dans l'immobilier, achète des mines, pratique le change. Il devient maître des monnaies à Paris en 1436, argentier du roi en 1439, puis son conseiller en 1442. Particulièrement efficace, il assainit les finances. Immensément riche, il acquiert les châteaux d'Ainay-le-Vieil et de Menetou et se fait bâtir un magnifique palais à Bourges.

LE PROCÈS DE JACQUES CŒUR

La position du **grand argentier** à la Cour et son immense fortune font de lui un personnage jalousé que ses ennemis cherchent à abattre. La mort d'**Agnès Sorel**, la jolie maîtresse du roi, leur en fournit l'occasion : ils accusent Jacques Cœur de l'avoir empoisonnée. Celui-ci est arrêté le 31 juillet 1451, et son procès commence un an plus tard.
Le déroulement du procès revêt un caractère exceptionnel : l'homme, mis au secret, ignore les déclarations des témoins, la question lui est appliquée, les juges ne présentent aucune garantie d'impartialité et les droits de la défense sont réduits au minimum. Le 29 mai 1453, Jacques Cœur est reconnu coupable de toutes les accusations, sauf celle d'empoisonnement, et il est condamné à mort, peine finalement commuée en bannissement et confiscation de tous ses biens en raison des services rendus au pays.

Il tombe en disgrâce à la mort d'Agnès Sorel et finit en prison d'où il s'échappe au bout de trois ans. Il s'enfuit auprès du pape Calixte III à Rome et meurt à Chio quelques mois plus tard, alors qu'il portait secours aux chrétiens d'Orient.

TURGOT EN LIMOUSIN

Le Limousin reçoit en 1761 un intendant promis à un illustre avenir en la personne de **Anne Robert Turgot** (1727-1781), esprit brillant et partisan de réformes libérales. Économiste réputé, Turgot se passionne pour la philosophie et la politique. Il découvre en arrivant dans le Limousin une province délaissée, marquée par une pauvreté très présente. En treize ans, Turgot s'efforce de sortir le Limousin de son isolement. Il fait construire des routes, s'intéresse de près à l'agriculture (il introduit le mouton mérinos et la pomme de terre), et prend des mesures pour soulager la misère populaire. En 1774, il est nommé contrôleur général des Finances.

Les personnalités de la région

De nombreux enfants du pays se sont illustrés en politique, en littérature, dans les sciences et les arts… D'autres, qui n'en étaient pas originaires, ont appris à aimer la région durant des séjours plus ou moins longs. Et c'est cet amour que l'on retrouve dans leurs œuvres diverses. Tous appartiennent désormais à la mémoire culturelle du Berry et du Limousin.

DANS LE BERRY

Le Cher et la ville de Bourges entretiennent la mémoire de l'époque qui les a largement façonnés, le 15e s., et des personnages qui les ont marqués, tels le roi **Charles VII**, le duc **Jean de Berry** et le grand argentier **Jacques Cœur** *(voir aux pages précédentes)*.
L'Indre a connu son heure de gloire avec les peintres paysagistes de l'école de Crozant comme **Armand Guillaumin**, **Claude Monet** et **Théodore Rousseau**. Mais la personnalité la plus marquante de l'Indre est sans conteste l'écrivain **George Sand** qui, dans son domaine de Nohant, accueillit de grands musiciens comme Liszt et Chopin.
Le Berry compte bien d'autres gens de plume célèbres : il faut par exemple associer **Balzac** et Issoudun, **Jean Giraudoux** et Châteauroux, **Georges Bernanos** et Pellevoisin, **Henry de Monfreid** et Ingrandes, **Maurice Rollinat** et la vallée de la Creuse.

Deux écrivains construiront leur œuvre tout imprégnée de leur région d'origine : **Alain-Fournier**, auteur du *Grand Meaulnes*, et **Marguerite Audoux**, Prix Femina 1910 avec *Marie-Claire*.

Pour plus de détails sur les personnalités de la région dans les domaines artistiques, consultez les rubriques « Littérature et terroir » et « Peinture et cinéma » de la partie « Art et culture ».

DANS LE LIMOUSIN

De grandes figures religieuses…

L'Église compte dans ses rangs les papes **Clément VI**, **Innocent VI** ou **Grégoire XI** et une floraison de gens d'Église. De nombreux saints marquèrent le Limousin. Le plus connu demeure sans doute **saint Éloi**. Né vers 588, cet orfèvre de talent devint maître des monnaies de Clothaire II, trésorier et grand ministre de Dagobert, et fonda l'abbaye de Solignac. Notons aussi, au 3e s., **saint Martial**, premier évêque de Limoges qui, selon le chroniqueur Grégoire de Tours, aurait été envoyé en Gaule avec six autres compagnons pour l'évangéliser.

… et politiques

Outre les illustres familles **Ventadour**, **Noailles**, **Ségur**, **Pompadour**, **des Cars** et **Turenne**, dont les membres se sont distingués à toutes les époques de l'histoire, le Limousin a donné naissance à bon nombre d'hommes et de femmes célèbres du monde de la politique. **Edmond Michelet**, à l'origine de la Résistance à Brive, déporté à Dachau puis ministre de De Gaulle ; deux présidents de la République, **Sadi Carnot**, né à Limoges en 1837, élu en 1887, et **Jacques Chirac**, ancien député de la Corrèze ; **Martin Nadaud**, le « député en blouse », figure des maçons creusois ; le député **Marc Sangnier**, fondateur des auberges de jeunesse. N'oublions pas **Henri Queuille**, médecin et homme politique élu maire de sa ville natale de Neuvic-d'Ussel en 1912, qui fut nommé treize fois ministre, en particulier de l'Agriculture, et qui, proche de la paysannerie, fonda le Crédit Agricole.

Des figures insolites

La région eut aussi son lot de personnages aux destinées peu communes, comme au 15e s., le prince islamique **Zizim**, emmené en captivité à Bourganeuf, bien loin de son royaume, sur ordre de son frère, le sultan Bajazet Ier. Quant au général d'artillerie **Claude Alexandre de Bonneval**, né au château de Bonneval en 1675, il se convertit à l'islam et fit carrière à Constantinople sous le nom de Ahmed Pacha…

Sciences et sports à l'honneur

Citons, dans le domaine des sciences, le chimiste et physicien **Louis Joseph Gay-Lussac**, né à St-Léonard-de-Noblat en Haute-Vienne en 1778, à l'origine de la loi de la dilatation des gaz.

Dans le domaine des sports, deux célèbres coureurs cyclistes : **Raymond Poulidor**, natif de la Creuse, et son confrère, le Limogeaud **Luc Leblanc**. On notera aussi **Maryse Bastie**, autre native de Limoges, qui obtint le record féminin de temps de vol en 1930, le record féminin international de distance en 1931, puis celui de la traversée féminine de l'Atlantique Sud en 1936.

Art et culture

L'Antiquité et le haut Moyen Âge ont laissé peu de traces architecturales : quelques structures gallo-romaines, des cryptes, des vestiges épars souvent utilisés en remploi dans les églises... L'art roman en Limousin, caractérisé par une grande diversité de styles régionaux, insuffla un nouvel élan architectural. Aux châteaux forts du Moyen Âge succèdent les châteaux d'agrément des époques suivantes. Quant à la culture en Berry et en Limousin, elle rayonne grâce à la littérature, notamment à travers le roman régionaliste, initié par George Sand, mais aussi à travers la peinture et le cinéma.

Art et architecture

ART ANTIQUE

Situés loin des grands axes de circulation, le Limousin et le Berry ne se sont développés que partiellement durant l'Antiquité. Même si les constructions grandioses font défaut, il reste cependant quelques monuments pour témoigner de la qualité de l'art gallo-romain.

Les grandes cités d'**Avaricum** (Bourges), **Augustoritum** (Limoges) ou encore **Argentomagus** (St-Marcel) comprenaient tous les édifices typiques des cités romaines : forum, oppidum, théâtre, amphithéâtre, thermes, nécropoles. Détruits ou enfouis sous les villes actuelles, leurs vestiges ne sont malheureusement plus visibles à l'exception de quelques-uns représentatifs de l'art gallo-romain : la fontaine monumentale et la villa de Quintus Sergius Macrinus à Argentomagus, l'oppidum de Toulx-Ste-Croix, jadis entouré d'une triple muraille, la villa à vocation agricole de Cujassei (vers Auzances), etc.

ART ROMAN

Le renouveau de la construction se manifeste après l'an 1000. L'âge roman, qui dure environ deux siècles, se caractérise par une grande diversité de styles régionaux qui s'influencent mutuellement.

Dans le Berry

Bien qu'on y retrouve la marque des écoles poitevine et bourguignonne, la plupart des **églises romanes** du Berry observent un plan précis, défini par certaines particularités : chœur à deux travées flanqué quelquefois de bas-côtés avec lesquels il communique par des arcades supportées par des colonnes ornées de chapiteaux, abside en hémicycle, transept dont la croisée est surmontée d'une coupole sur trompes et dont les bras sont voûtés en berceau, simple nef rectangulaire (à l'origine couverte en charpente) plus large que le carré du transept et communiquant avec les croisillons par d'étroites ouvertures appelées **passages berrichons**. Quelques églises étaient flanquées de collatéraux. La basilique de Neuvy-St-Sépulchre se singularise par son plan en forme de rotonde inspirée du St-Sépulcre de Jérusalem. Quant aux abbatiales, elles adoptent le plan bénédictin, l'ordre de saint Benoît ayant essaimé dans le Berry : à Fontgombault, à Chezal-Benoît et à Châteaumeillant où l'église St-Genès se distingue avec ses six chapelles parallèles à l'abside. Noirlac est une création cistercienne, Plaimpied et Puy-Ferrand sont dues aux chanoines de St-Augustin.

La **décoration** ne manque pas d'intérêt. Si les tympans sont nus, les modillons sculptés, les chapiteaux ornés de feuillages ou historiés témoignent de la vitalité de la sculpture berrichonne, notable dans les églises de La Celle, de Châteaumeillant, de Plaimpied.

Plus remarquables sont les **fresques** conservées dans plusieurs édifices. Vraisemblablement l'œuvre de peintres itinérants, elles se caractérisent par des tonalités douces sur fond clair. À Vic, les personnages sont dessinés d'un trait ferme, en brun ou ocre rouge. À Brinay, les tons assourdis sont plus nuancés ; la fresque se déroule comme une tapisserie sur des bandes horizontales vertes, jaunes, marron pâle, blanches. À Palluau, les couleurs somptueuses dominent, avec des rouges profonds, des verts et des jaunes destinés à souligner la gloire divine.

En Limousin

Les caractères d'écoles voisines se sont mêlés : **école auvergnate**, dont la caractéristique essentielle est la voûte de la nef, contrebutée à l'aide des voûtes en demi-berceau des bas-côtés ou des tribunes (à Beaulieu-sur-Dordogne) ; **école poitevine**, dont on retrouve certaines influences dans la collégiale St-Pierre du Dorat (nef aveugle voûtée en berceau brisé, collatéraux voûtés d'arêtes) ; **école périgourdine** (coupoles de l'église de Solignac). Mais certains éléments peuvent être considérés comme typiquement limousins.

Tout d'abord l'emploi du **granit** que l'on trouve partout dans les terrains primaires et dont la teinte grise tire parfois sur le blond.

Ensuite la forme particulière de certains **clochers** : la flèche octogonale qui les termine est reliée aux étages carrés servant d'assise par un ou deux étages sur plan octogonal ; les gâbles placés à hauteur du dernier étage sur un plan carré jouent non seulement un rôle ornemental, mais aussi un rôle dans la construction puisqu'ils équilibrent la répartition des poussées exercées par les étages supérieurs ; les clochers de St-Léonard-de-Noblat et d'Uzerche en sont les plus beaux exemples.

Les façades, enfin, présentent un type assez uniforme : elles sont constituées par un massif clocher-porche flanqué de deux clochetons, comme au Dorat et à St-Junien, le portail étant souvent encadré d'archivoltes festonnées inspirées de l'art musulman.

Le **plan cruciforme** comporte généralement une nef à collatéraux étroits et une abside en hémicycle ou polygonale avec déambulatoire (parfois) et chapelles rayonnantes.

Le **plan rectangulaire** se termine, lui, par un chevet plat. Les petites églises de campagne, trapues, ont souvent un clocher-mur.

La sculpture est rare, le granit n'étant pas un matériau facile à travailler ; peu de chapiteaux ouvragés donc, ni de tympans décorés, hormis celui, d'une exceptionnelle beauté, de Beaulieu-sur-Dordogne.

Typiquement limousins sont les « boudins » qui ornent les fenêtres et les portails et qui entrent dans la composition de la **mouluration limousine**.

ART GOTHIQUE

Née dans la première moitié du 12e s., en Île-de-France, l'architecture gothique a peu à peu remplacé l'architecture romane.

Art religieux

Cathédrales et églises – Dans le Berry, l'art gothique se manifeste très tôt (fin du 12e s.) à **Noirlac** dont l'église aux murs romans se voit dotée d'une voûte d'ogives. Mais le monument essentiel est la cathédrale de **Bourges**, pur chef-d'œuvre du 13e s. : sa haute nef couverte de voûtes sexpartites, ses doubles bas-côtés se prolongeant autour du chœur et l'absence de transept en font un édifice d'une grande originalité.
Le Limousin a subi les influences de l'école languedocienne et des écoles du nord de la France.
À **Limoges**, les chantiers de la cathédrale St-Étienne, des églises St-Pierre-du-Queyroix et St-Michel-des-Lions ; à **St-Yrieix**, la collégiale du Moustier ; à **Tulle**, le clocher-porche de la cathédrale Notre-Dame et le cloître témoignent de l'ardeur à construire aux 13e et 14e s.
Sculpture, peinture et vitrail – Érigé en duché vers le milieu du 14e s., le Berry devient, sur l'initiative du duc Jean, un centre intellectuel et artistique de premier ordre. Le duc fait appel à d'excellents artistes, mais la plupart des chefs-d'œuvre réalisés par les **ateliers de Bourges** ont malheureusement disparu : du mausolée du duc Jean ne restent que le gisant abîmé qui se trouve dans la crypte de la cathédrale et quelques fragments exposés au musée du Berry. De cette époque date cependant la majeure partie de la statuaire de la cathédrale. Issoudun conserve, dans l'ancien hospice St-Roch, un bel arbre de Jessé sculpté.
À Limoges, la cathédrale St-Étienne abrite dans le pourtour du chœur deux tombeaux exécutés dans le plus pur style du 14e s. Le village de Reygade, en Corrèze, possède une Mise au tombeau du 15e s.
Les **peintures murales** continuent à orner les murs de plusieurs églises. Mentionnons pour le 13e s. la crypte de l'église de Gargilesse, les voûtes de la collégiale St-Junien aux fresques bien conservées ; pour le 14e s., les fresques de l'église de Roussines ; pour le 15e s., le plafond de la chapelle du palais Jacques-Cœur à Bourges.
Quant à l'art du **vitrail**, il s'épanouit à Bourges avec la réalisation, pour la cathédrale, d'un ensemble de verrières (13e-15e s.), l'un des plus beaux d'Europe.

Architecture militaire et civile

Châteaux forts – Les forteresses féodales édifiées aux 10e et 11e s. n'ont guère résisté aux guerres et aux destructions. Les **donjons**, derniers réduits de la défense, étaient généralement carrés en Limousin au 12e s. Ils ont été percés, au 13e s., de petites ouvertures en plein cintre. Leurs différents étages étaient reliés entre eux par des escaliers pratiqués dans l'épaisseur des murs et coupés de chicanes. On n'y pénétrait que par une petite porte ouverte au premier étage à laquelle conduisait un escalier léger ou une échelle escamotable : Châlus (Haute-Vienne) en est un remarquable exemple. La plupart de ces forteresses deviendront châteaux de plaisance, tout en gardant leur aspect défensif qui contraste avec les raffinements apportés par la suite.
En **Limousin**, au 13e s., se dressaient de puissantes forteresses qui se renforcèrent aux 14e et 15e s. : Merle, Ventadour, Curemonte, Chalusset, Montbrun et, dominant la vallée de la Creuse, Crozant, la puissante citadelle des comtes de la Marche.
Des **bourgs fortifiés**, il reste çà et là des portes, des beffrois et, plus

Intérieur de la cathédrale de Bourges
B. Barbier / Photononstop

rarement, des vestiges d'enceintes comme au Dorat (Haute-Vienne).
Dans le **Berry**, les châteaux forts ne furent pas moins nombreux ; beaucoup souffrirent du conflit entre Capétiens et Plantagenêts à la fin du 12e s. Culan, repris par Philippe Auguste en 1188, reconstruit au 13e s., garde sa nudité austère que relèvent ses trois tours arrondies surmontées de hourds en bois. Ainay-le-Vieil est protégé par son enceinte à neuf tours et Meillant dresse encore ses sept tours féodales altières.
Au 15e s. apparaissent des châteaux d'un type nouveau, mi-défensif mi-résidentiel, comme Villemonteix et le Théret en Creuse, qui font transition avec l'architecture civile.
Monastères et églises fortifiées – L'insécurité qui régnait dans le sud-ouest de la France, particulièrement pendant la guerre de Cent Ans, fut à l'origine des fortifications religieuses. Églises et abbayes constituaient alors pour les villageois le refuge le plus sûr contre les violences des bandes qui écumaient le pays.
Véritables châteaux forts, elles se hérissaient de tours crénelées, de chemins de ronde et étaient parfois entourées de palissades et de fossés. Les plus remarquables, encore visibles, sont celles de Compreignac (Haute-Vienne), de St-Angel (Corrèze) et de Glénic (Creuse).
Architecture civile – L'architecture civile a parfois survécu au temps : quelques maisons ou hôtels particuliers (corps de logis de l'hôtel des Échevins) subsistent à Bourges, Mehun-sur-Yèvre, Limoges, St-Léonard-de-Noblat, Rochechouart et Ségur-le-Château. Un édifice retient l'attention par son ampleur et sa somptuosité : le **palais Jacques-Cœur**, à Bourges, construit en style gothique finissant. L'hôtel des Moneyroux à Guéret lui est contemporain.

LA RENAISSANCE

Au début du 16e s., l'influence de l'Italie amène un renouveau : l'architecture civile prend le pas sur l'architecture religieuse et militaire.

Architecture

Le siècle qui suit la fin de la guerre de Cent Ans est une période d'intense reconstruction : la moitié au moins des châteaux du Berry sont reconstruits entre 1430 et 1550, et beaucoup de villes se transforment.

Le mouvement architectural nouveau privilégie le **style flamboyant** tout en se laissant pénétrer lentement par le goût italien, que l'on interprète plus qu'on ne copie.

À **Bourges**, ravagée en 1487 par un gigantesque incendie, le style Renaissance s'affirme dans les hôtels Cujas et Lallemant.

À **Limoges**, la cathédrale s'enrichit du portail St-Jean et la ville du bel ensemble de la cour du Temple.

À **Tulle**, la maison de Loyac date aussi du 16e s., tout comme la maison des Archiprêtres à **Lubersac**.

Les **châteaux** abandonnent peu à peu leur vocation défensive pour devenir d'aimables et confortables résidences ; beaucoup se dotent d'une galerie « à l'italienne ».

En Limousin, Rochechouart, Coussac-Bonneval, Pompadour, Sédières sont des édifices de transition.

Dans le Berry, Meillant et sa luxueuse façade ornementée, Ainay-le-Vieil et son pavillon d'habitation, la Verrerie et sa loge italianisante annoncent les élégantes constructions de la Renaissance, représentée dans sa pureté par le château de Villegongis (Indre) dont l'architecture s'apparente à celle de Chambord.

Sculpture et arts décoratifs

La **sculpture** se manifeste à Limoges avec le magnifique jubé édifié en 1533 et le tombeau de Jean de Langeac.

Dans la Marche, l'art de la **tapisserie** prend son envol : le 16e s. accorde une place importante à la décoration intérieure, à l'ameublement que tapisseries et tentures réchauffent et mettent en valeur. La production d'Aubusson et de Felletin se complaît alors dans la représentation de **verdures** où plantes et animaux fantastiques apparaissent sur un fond de feuillage.

À Bourges, l'art du **vitrail** se renouvelle avec les verrières de Lescuyer.

DU 17e S. À AUJOURD'HUI

Imité de Paris et de Versailles, l'art perd au 17e s. tout caractère régional.

Dans le Berry, le gracieux château de Jussy-Champagne clôt la période Renaissance et ouvre l'ère du **classicisme**, avec ses frontons soutenus par des pilastres et ses corps de logis se reflétant dans les plans d'eau au-delà desquels s'étalent des jardins à la française. François Le Vau construit le château de Lignières (Cher) dans le style du Grand Siècle.

De son côté, le style **baroque** entre dans les églises par l'intermédiaire du mobilier : la chaire de Lignières, le retable monumental de Naves, les superbes boiseries de Moutier-d'Ahun témoignent d'une grande maîtrise de la sculpture sur bois au 17e s.

Sous les intendants du 18e s., le **paysage urbain** se transforme : les anciens remparts disparaissent au profit de grands boulevards et on aménage des jardins et des places à l'ordonnance sévère. D'imposants bâtiments s'élèvent : le palais archiépiscopal de Bourges, le palais épiscopal de Limoges, etc.

Le **château de Bouges**, dans l'Indre, fut élevé au 18e s. : la pureté de ses lignes, l'harmonie de ses proportions, le classent parmi les édifices les plus intéressants de cette époque.

L'HABITAT TRADITIONNEL

Aujourd'hui, en Limousin comme en Berry, les lieux de résidence s'éloignent de plus en plus du centre-ville. Comme dans beaucoup de régions de France, des lotissements pavillonnaires fleurissent un peu partout, tandis que des amoureux du passé réhabilitent des habitats anciens traditionnels dont voici quelques caractéristiques :

En Berry – Les châteaux et les belles demeures sont bâtis en **grès rose**, en **calcaire** et en **granit**. Diverses carrières, exploitées aux limites de la Champagne berrichonne ou dans l'Indre près de Crevant, ont fourni la pierre. La maison traditionnelle berrichonne emploie surtout la **brique rouge**, le **torchis** et le **pisé**. La **tuile bleue** couvre nombre de toits. Autrefois, les maisons d'une même famille étaient souvent accolées les unes aux autres, formant ainsi une sorte de long bâtiment.

En Limousin – Les matériaux employés varient d'une région à l'autre. À l'ouest, les maisons sont en petit appareil de **gneiss** ou de **micaschiste**, avec toiture en **tuile canal**. Dans la Creuse et en Corrèze, on a des constructions en gros blocs de **granit gris ou rose** et des toits en **lauze** ou en **ardoise**. Dans le sud, certains habitats sont en **grès rouge**, avec des toits en **tuile**, lauze ou ardoise. Dans le Pays de Brive, les maisons en moellons de **calcaire** ont des toits en ardoise. Les fermes sont soit de style limousin, avec les dépendances dans le prolongement de la maison basse, soit de style auvergnat avec une levée de terre qui conduit au porche de la grange surmonté d'un clocheton, les étables étant au niveau inférieur.

Le 19e s. n'apporte guère de nouveautés architecturales ; on s'emploie surtout à reconstituer d'anciens monuments.

La peinture et la tapisserie prennent en revanche un caractère original. **Claude Monet** se passionne par exemple pour le site de Crozant qui lui inspire, en 1889, une vingtaine de toiles. Après un long sommeil, la **tapisserie** connaît quant à elle, depuis la Seconde Guerre mondiale, un renouveau grâce à des conceptions et des techniques modernes, dont Lurçat, Dufy, Gromaire ont été les promoteurs.

De nos jours, on remarque, en matière d'architecture, d'intéressantes initiatives au niveau régional, utilisant des matériaux locaux et intégrant avec succès le bâti dans un cadre naturel préservé. Œuvre du célèbre architecte Jean Nouvel, le **pôle de Lanaud** (1994), consacré à la promotion et à la valorisation des produits de la race bovine limousine, marie pin Douglas et verre.

Semi-enterré au creux d'un vallon, le centre de la mémoire d'**Oradour-sur-Glane** (A. Carrilero et J.-L. Marty, 1999), tout en matériaux bruts, semble disparaître au profit du paysage des bords de Glane.

Le Centre international d'art et du paysage de **Vassivière** (A. Rossi et X. Fabre, 1991) fait référence au lac et au milieu aquatique environnants, avec sa charpente en bois, sa galerie qui évoque une carène de bateau et son phare en briques rouges…

Sur un tout autre registre, notons également la Bibliothèque francophone multimédia de **Limoges** (1998). Imaginée par l'architecte Pierre Riboulet, elle est sans doute l'une des réalisations les plus originales du Limousin. L'édifice, qui s'étend sur près de 15 000 m^2, marie harmonieusement le granit et le verre dans ses différentes salles agencées autour d'un atrium pavé d'une mosaïque gallo-romaine.

ABC d'architecture

Les dessins présentés dans les planches qui suivent offrent un aperçu visuel de l'histoire de l'architecture dans la région et ses particularités. Les définitions des termes d'art permettent de se familiariser avec un vocabulaire spécifique et de profiter au mieux des visites des monuments religieux, militaires ou civils.

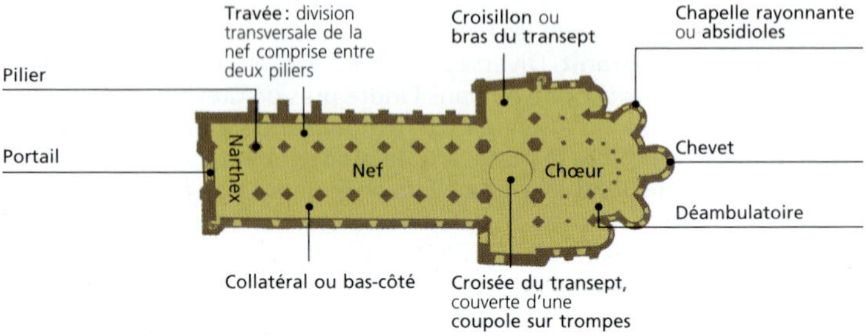

CHÂTEAUMEILLANT – Coupe transversale de l'église St-Genès (première moitié du 12e s.)

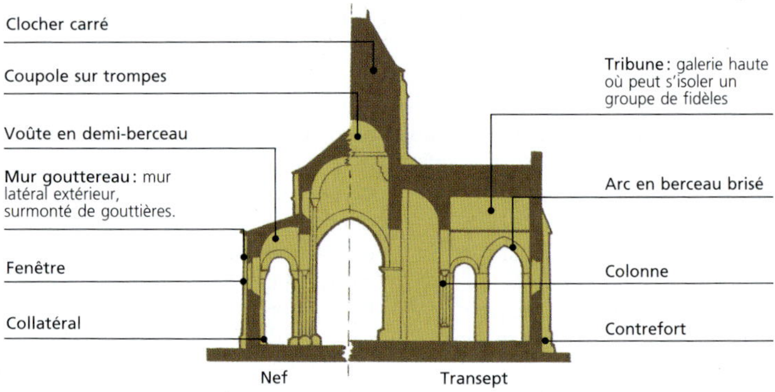

LE DORAT – Portail Ouest de la collégiale St-Pierre (première moitié du 12e s.)

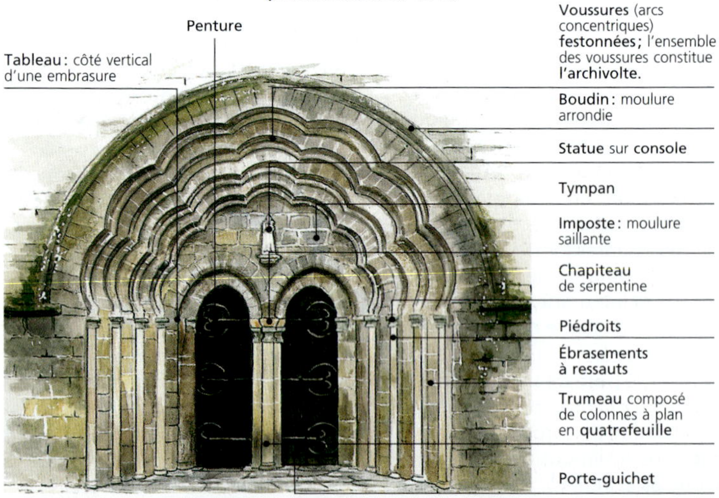

R. Corbel/MICHELIN

ART ET CULTURE

ST-LÉONARD-DE-NOBLAT – Clocher de l'église (12e s.)

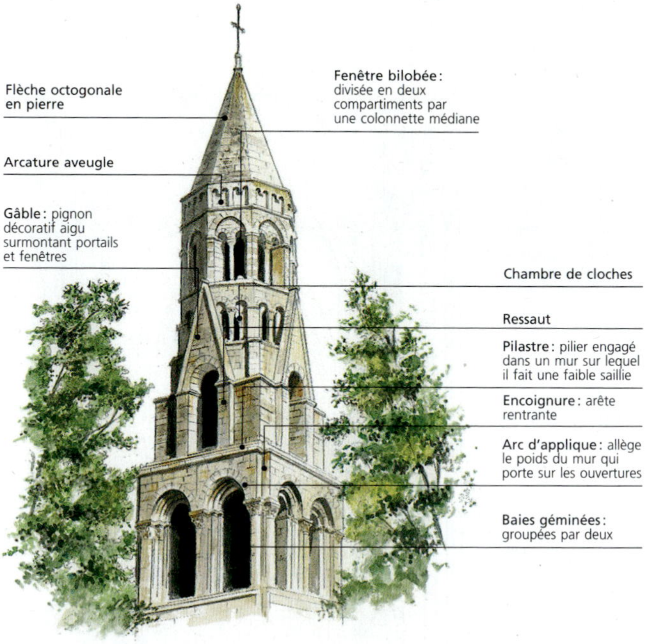

BEAULIEU-SUR-DORDOGNE – Chevet de l'église St-Pierre (début du 12e s.)

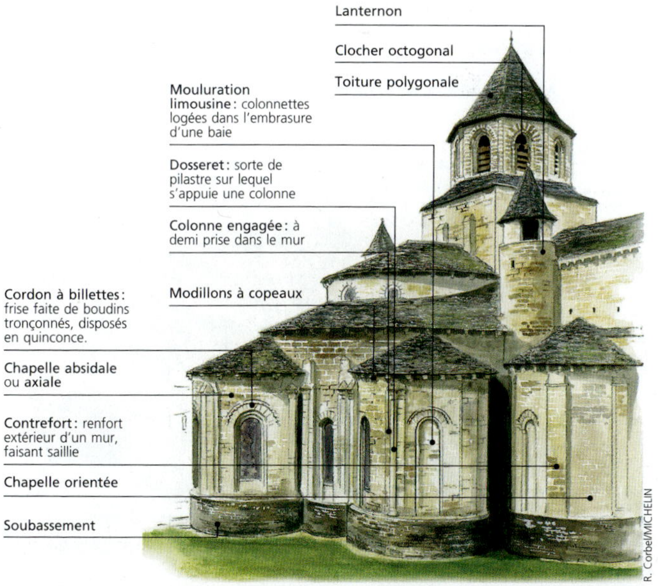

BOURGES – Nef de la cathédrale St-Étienne (fin 12e-début du 13e s.)

L'**élévation** de la nef sur quatre étages (arcades, tribune, triforium, fenêtres hautes) est caractéristique de l'art gothique primitif (seconde moitié du 12e s.).

Abbaye de NOIRLAC (Cher) – Aile du cloître (seconde moitié du 13e s.)

Le **cloître** est une allée couverte de quatre côtés délimitant une cour centrale et permettant aux moines de passer des bâtiments conventuels à l'église.

R. Corbel/MICHELIN

LEVROUX – Orgues de la collégiale St-Sylvain (fin du 15e s.)

MOUTIER-D'AHUN – Boiseries et stalles Sud de l'église (1673-1681)

Architecture civile

Château de MONTBRUN (12e et 15e s.)

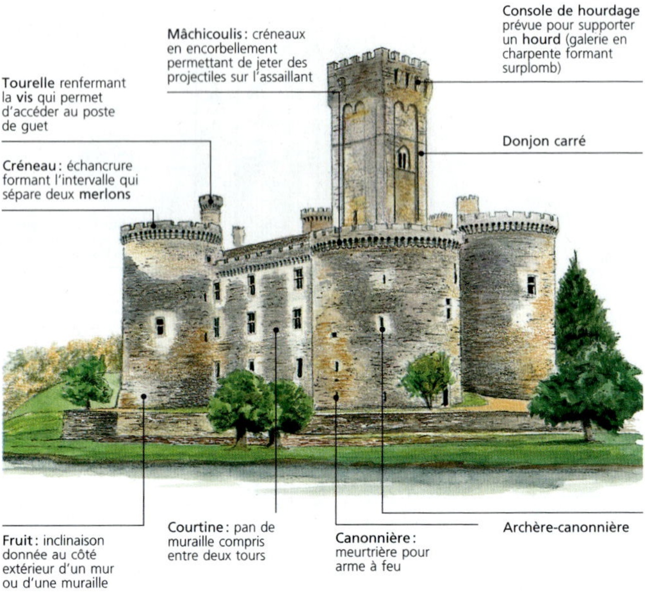

Château de MEILLANT – Façade orientale (début du 14e s.)

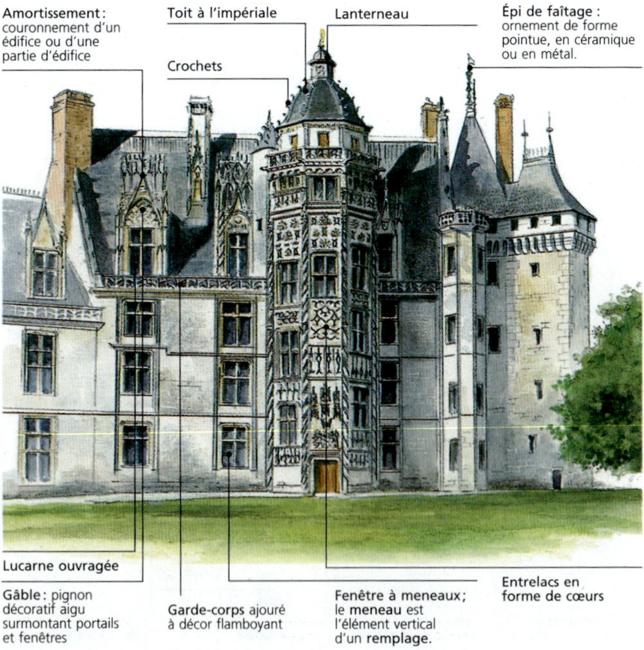

Château de BOUGES – Façade Nord (fin du 18e s.)

LIMOGES – Gare des Bénédictins (1923-1926)

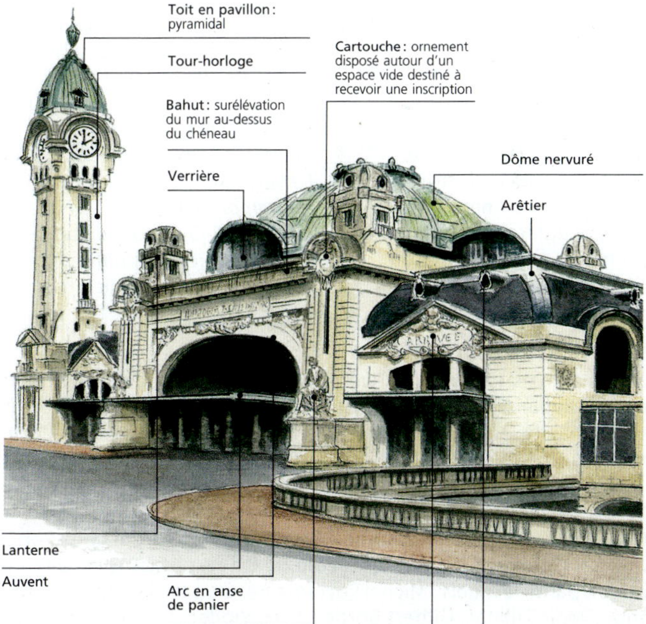

Littérature et terroir

Berry et Limousin, deux provinces qui fleurent bon la terre… C'est l'image que nous a transmise la littérature berrichonne et limousine, qui a gardé quelque chose d'authentique et d'attachant, où folklore et monde rural ont largement leur place. Ces régions sont le berceau de quelques-uns de nos auteurs les plus lus, de ceux qui ont inventé le « roman régionaliste » et nous ont donné envie de se promener dans leur pays…

Une tradition orale

Nous survolons délibérément le Moyen Âge et les productions poétiques, historiques ou hagiographiques des **moines** de l'abbaye St-Martial à Limoges, ainsi que les troublants **troubadours** Gaucelm Faidit, Gui d'Ussel et Bernard de Ventadour, dont les ballades chantaient l'amour chevaleresque, pour nous intéresser de plus près au petit peuple du Limousin et du Berry, à ceux qui portent en eux le germe de la longue tradition des récits de terroir qui se poursuit encore de nos jours.

Car ici, c'est par la langue que tout s'est transmis, les histoires de tous les jours, comme les légendes peuplées de diables et de fadettes. À cette époque, on parle le berrichon ou le limousin, langues occitanes qui connaissent un regain d'intérêt aujourd'hui. Les Berrichons, par exemple, sont les premiers littérateurs régionalistes : ils aiment improviser des « rimouères » sur des airs de danse ; les **maîtres sonneurs** sont doués dans ce genre d'exercice. Autrement dit, le fond est là, dans la mémoire collective.

Quelques grandes figures littéraires

Henri de Latouche (1785-1851)

Né à La Châtre, plus connu comme directeur du *Figaro* qui favorisa la carrière de Chénier ou de George Sand, que pour ses écrits.

George Sand (1804-1878)

Aurore Dupin, née à Paris, passe son enfance à Nohant, dans le Berry. Issue de la grande bourgeoisie, elle se marie avec le baron Dudevant (1822-1831) dont elle se sépare rapidement. Dès lors, elle mène une vie très indépendante, devient la maîtresse de Jules Sandeau qui lui inspire son pseudonyme, puis de Musset et finalement de Chopin. Dès 1839, elle revient régulièrement à Nohant et finit par y couler une douce vieillesse. C'est elle qui invente le roman régionaliste avec *La Mare au diable* (1846), *François le Champi* (1847-1848), *La Petite Fadette* (1849) et son véritable chef-d'œuvre, *Les Maîtres sonneurs* (1853). Amours juvéniles, travaux

BRIVE, PLEINE DE TALENTS

Dans les années 1970 naît à Brive l'idée d'une manifestation autour du livre. La première **Foire du livre** de Brive voit donc le jour en 1973 et se tient au marché aux légumes (actuelle halle Georges-Brassens). Ce lieu confère à la manifestation un esprit particulier : loin du sacro-saint Salon du livre de Paris, cette rencontre se veut un lieu d'échange convivial où le livre redevient vecteur de communication.

Dans l'élan de cette foire, **Jacques Peuchmaurd**, éditeur chez Robert Laffont, rassemble, pour former l'**école de Brive**, plusieurs écrivains de la région parmi lesquels : Michel Peyramaure, Claude Michelet, Christian Signol, Denis Tillinac, Gilbert Bordes, Yves Viollet, Jean-Guy Soumy et Colette Laussac.

des champs et mœurs berrichonnes sont les thèmes récurrents de ces romans champêtres qui évoquent bien la vision romantique de la province au milieu du 19e s.

Jules Sandeau (1811-1883)

Ce natif d'Aubusson écrit avec George Sand, dont il est l'amant, le roman *Rose et Blanche* (1831).

Maurice Rollinat (1846-1903)

Né à Châteauroux, ce poète, filleul de George Sand, passe son adolescence dans le Berry. Il célèbre les paysages berrichons dans ses recueils de poésies *Dans les brandes* (1877) ou *La Nature* (1882). Plus tard, à Paris au cabaret du Chat Noir, il interprète ses propres chansons qui s'inspirent du Berry.

Marguerite Audoux (1863-1937)

Personnage étonnant que cette orpheline née à Sancoins, dans le Cher, d'abord placée au couvent, puis envoyée en Sologne pour y garder les moutons et travailler comme servante. Plus tard, Marguerite Audoux « monte » à Paris et devient couturière. Une maladie la pousse à écrire. Son autobiographie romancée sera auréolée de succès : *Marie-Claire* reçoit le Prix Femina en 1910 et est traduit en huit langues…

Jean Giraudoux (1882-1944)

Bien qu'ayant fait carrière à Paris, il n'oublie pas son Limousin natal (il est né à Bellac) qu'il évoque dans *Siegfried et le Limousin* (1922) et dans l'*Apollon de Bellac*.

Alain-Fournier (1886-1914)

De son vrai nom **Henri Alban Fournier**, cet écrivain né à La Chapelle-d'Angillon fait figure d'exception dans le Berry. Un seul livre le porte au pinacle de la gloire, bien au-delà de nos frontières puisque *Le Grand Meaulnes*, publié en 1913, est choisi un peu partout dans le monde pour représenter le roman et la langue française. Ce récit a pour cadre la Sologne berrichonne qui a bercé l'enfance d'Henri Alban Fournier avant qu'il ne parte à Paris pour ses études. Le St-Agathe de son roman désigne Épineuil-le-Fleuriel.

Marcel Jouhandeau (1888-1979)

Il évoque la vie provinciale dans sa ville natale de Guéret et dénonce les travers des habitants dans *Les Pincengrain* (1924) ou *Prudence Hautechaume* (1927).

Raymonde Vincent (1908-1985)

Née à Argy (Indre), Raymonde Vincent est élevée dans une ferme où elle s'occupe des animaux, mais elle change de destinée en épousant l'universitaire suisse Albert Béguin. Toujours est-il que le milieu dans lequel elle évolue depuis son mariage l'aide sans doute pour écrire son roman d'inspiration rustique, *Campagne*, Prix Femina en 1937.

Françoise Chandernagor

Née en 1945 d'une famille de maçons creusois qui se sont jadis unis aux descendants d'un esclave indien, Françoise Chandernagor fait carrière au Conseil d'État. Elle abandonne finalement le droit et la magistrature pour se consacrer définitivement à l'écriture. À ce jour, elle a publié une pièce de théâtre et huit romans, dont le plus célèbre, *l'Allée du Roi*, l'a consacrée dans le milieu littéraire.

Best-sellers corréziens

Le roman régionaliste n'est pas mort; bien avant le renouveau apporté par l'école de Brive, **Georges Emmanuel Clancier** remporte un vif succès avec *Le Pain noir* (1956). Preuve est faite que le public de ce début de 21e s. a soif de récits révélant les joies liées à la vie campagnarde. Michel Peyramaure, Claude Michelet et Christian Signol

ont puisé leur inspiration dans la vie quotidienne d'hier et d'aujourd'hui en Corrèze pour offrir aux lecteurs des romans qui sont vite devenus des best-sellers : *L'Orange de Noël* (1994) de **Michel Peyramaure**, *Des grives aux loups* (1979), *Les palombes ne passeront pas* (1980) et *L'Appel des engoulevents* (1990), trilogie brossée par **Claude Michelet**, *Antonin, paysan du Causse* (1981), *Les Cailloux bleus* (1984) et *Les Menthes sauvages* (1985), trois romans phares de l'œuvre de **Christian Signol**.

Pensez à consulter la rubrique « Bibliographie » du chapitre « Organiser son voyage ».

Peinture et cinéma

L'école de Crozant...

Les magnifiques paysages de la vallée de la Creuse et les ruines romantiques du château de Crozant ont attiré de nombreux artistes. Au 19e s., le peintre paysagiste **Armand Guillaumin** (1841-1927) crée l'école de Crozant qui connaît ses heures de gloire de 1890 à 1920. L'Indre lui inspire ses plus belles toiles comme *Neige fondante dans la Creuse* ou *Le Ravin de la folie*. Claude Monet, Francis Picabia, Théodore Rousseau, Léon Detroy, Fernand Maillaud et bien d'autres en font partie. **Claude Monet** séjourne trois mois dans la vallée et peint vingt-trois toiles dont *Ravins de la Creuse*. **Théodore Rousseau** vient dans le Berry en 1842 et s'attache à retranscrire les vibrations de l'atmosphère au fil des heures et des saisons. D'autres artistes comme **Osterlind** et **Henri Jamet** séjournent quelque temps dans le village de Gargilesse-Dampierre.

... et d'autres encore

Auguste Rodin est né à Limoges. Il offre en 1905 un bas-relief au village de Fresselines en souvenir du poète Maurice Rollinat.

Ernest Nivet, né à Levroux, élève de Rodin, est le sculpteur de Châteauroux. Il puise son inspiration dans l'Indre. Son *Berger couché* montre sa sensibilité du monde paysan. **Hélier-Cosson**, né en 1897 à Châteauroux, fait carrière à Paris comme peintre portraitiste mondain : ses modèles sont des personnalités de la politique et du monde des arts. Bien qu'ils vivent à Paris, il ne faut pas oublier le célèbre peintre **Auguste Renoir**, né à Limoges en 1841, et la peintre **Suzanne Valadon**, née en 1865 à Bessines-sur-Gartempe, mère de Maurice Utrillo.

Et le cinéma !

Le dessinateur **Benjamin Rabier** (1869-1939) était à la fois illustrateur et publiciste. Il se passionna pour le film d'animation et créa *Gédéon le canard* et la *Vache qui rit*. Il avait ses racines à Faverolles, près de Valançay.

C'est en 1947 que le cinéaste **Jacques Tati** tourne *Jour de fête* à Ste-Sévère. Avec humour et poésie, il retrace scrupuleusement la réalité quotidienne de la vie paysanne berrichonne. Son film connaît un vif succès.

Depuis, d'autres cinéastes comme **Éric Rohmer** ou **Claude Chabrol** sont venus tourner ici. Chabrol, creusois d'adoption, séjourne à Sardent pendant la guerre et tourne *Le Beau Serge*. Autres films : *Les Destinées sentimentales* de O. Assayas avec E. Béart, *C'est pas ma faute* de J. Monnet avec Th. Lhermitte, *Tous les matins du monde* d'Alain Corneau avec **Gérard Depardieu** (né à Châteauroux), *L'Enfant des lumières* avec N. Baye. Plus récemment, des scènes de la série télévisée *Un village français* et du film *Pauline et François* avec Laura Smet ont été tournées dans la Creuse. Réalisé en 2008, *Le Secret* de Claude Miller se déroule en partie dans la Creuse.

La Commission régionale du film, créée en 1998, apporte une aide logistique sur les tournages. L'authenticité des paysages, la beauté des villages, sont des éléments que la région tente de valoriser aux yeux des professionnels de l'audiovisuel. Des téléfilms destinés au petit écran reprennent des succès littéraires qui évoquent la vie locale comme la grande saga *Des grives aux loups* de Claude Michelet. Plus récemment, c'est *L'Oncle de Russie* qui réunit M.-J. Nat et C. Brasseur.

Depuis 2006, la ville de Brive a instauré le **Festival du moyen métrage**.

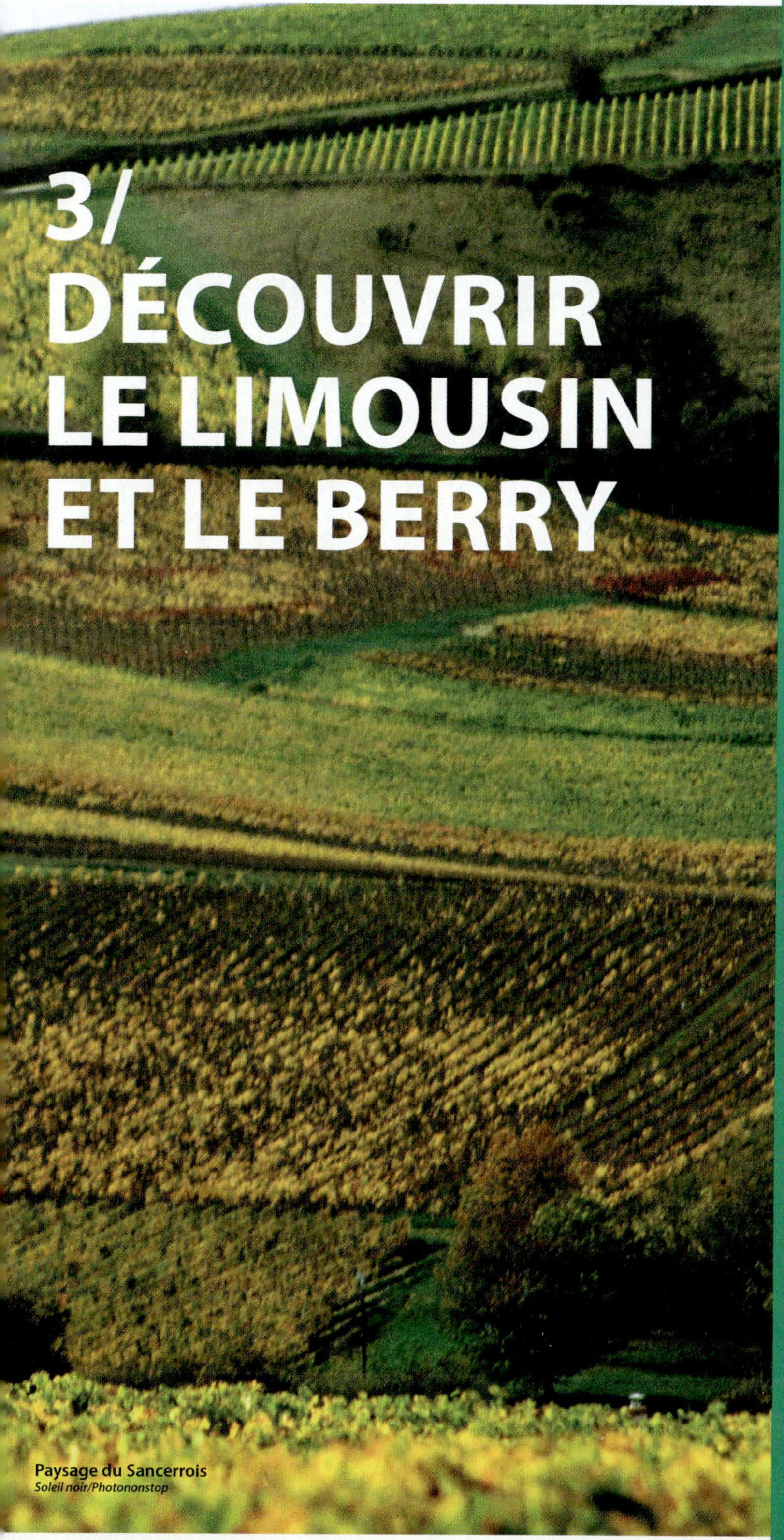

Paysage du Sancerrois
Soleil noir/Photononstop

Limoges et le Haut-Limousin 1

Carte Michelin Départements 325 – Creuse (23) et Haute-Vienne (87)

Petite route du Limousin

C. Guy / Hemis.fr

LIMOGES ET LE HAUT-LIMOUSIN

PARC NATUREL RÉGIONAL
HAUTE-VIENNE
DORDOGNE
CORRÈZE
MILLEVACHES
LIMOUSIN
PÉRIGORD
Parc du Reynou
Pont-Rompu
Solignac
Château de Châlucet
Brie
Le Puyconnieux
496
Châlus
Château des Cars
Nexon
Montbrun
Dournazac
Château de Lastours
St-Hilaire-les-Places
Tuilerie
Ladignac-le-Long
Le Chalard
St-Yrieix-la-Perche
Château-Chervix
Tour
Puy-de-Bare
Forêt de Fayat
Magnac-Bourg
La Flotte
St-Germain-les-Belles
Plan d'eau de Montréal
Meuzac
Masseret
Coussac-Bonneval
Ségur-le-Château
Lubersac
Arnac
Arnac-Pompadour
Jumenterie nationale de la Rivière
Chartreuse du Glandier
Cascade de Bialet
Vigeois
Lac de Pontcharal
Uzerche
Belvédère
Chamboulive
Vienne
Isle
Auvézère
Vézère
D 32
D 115
D 39
D 979
D 940
D 675
D 21
D 901
N 21
D 704
D 42
D 6e
D 15
D 214
D 11
D 19
A 20
D 12
D 16
D 85
D 70
D 707
D 6
D 75
D 7
D 149
D 126
D 148
D 3
D 142
D 1120
D 44
A
B
C
3
4
BRIVE-LA-GAILLARDE
Solignac ★★ Mérite un détour
Limoges ★ Intéressant
Châlus À voir
Circuit conseillé avec ville de départ
Limite et zone décrites

Limoges

★

138 882 Limougeauds – Haute-Vienne (87)

NOS ADRESSES PAGE 121

S'INFORMER

Office de tourisme – *12 bd de Fleurus -87000 Limoges - ✆ 05 55 34 46 87 - www.tourismelimoges.com -14 juin-19 sept. : 9h-19h, dim. et j. fériés 10h-17h30 ; 3 mai-13 juin, 20 sept.-3 oct. : tlj sf dim. et j. fériés 9h-19h ; reste de l'année : tlj sf dim. et j. fériés 9h30-18h*

Visite guidée – *Dim. et vac. scol.* Visite de la ville (2h).

SE REPÉRER

Carte de microrégion B2 (p. 102) – *carte Michelin Départements 325 E5-6.*

La construction de l'A 20 dans le paysage limougeaud a désenclavé Limoges, qui se trouve à mi-distance entre Paris, *via* Châteauroux (120 km), et Toulouse *via* Brive (95 km). Côté est-ouest, la ville est traversée par la D 941/N 141 qui relie Clermont-Ferrand (180 km) à Bordeaux (220 km).

À NE PAS MANQUER

L'exquise collection de faïences et porcelaines européennes (Limoges en tête) du musée Adrien-Dubouché ; les superbes émaux champlevés et les émaux peints du musée des Beaux-Arts ; les ateliers de la manufacture Bernardaud et le four des Casseaux ; la cathédrale St-Étienne ; le jardin botanique ; une promenade dans le quartier du château, où vous admirerez de belles maisons à pans de bois ou à colombages.

ORGANISER SON TEMPS

Consacrez un ou deux jours à la ville, et une journée supplémentaire aux vallées de la Vienne et de la Briance.

AVEC LES ENFANTS

Le parc zoologique du Reynou et ses 120 espèces animales.

Les Halles à Limoges
P. Pecher / CRT Limousin

Capitale de la porcelaine, Limoges est une ville à ne pas manquer. Elle possède deux visages : celui de la « Cité épiscopale », groupée autour de sa cathédrale, et celui du « Château », ville active et commerçante construite sur le versant voisin, autour de l'abbaye St-Martial. La porcelaine, dont les usines sont à la pointe du progrès, les émaux et les fabriques de chaussures ont largement contribué à son essor industriel. Enfin les musées, rénovés, possèdent de remarquables collections qui dévoilent sans conteste la richesse du passé artistique de Limoges.

Se promener Plan de ville

LA CITÉ

Se reporter au plan de la ville (p. 109) – Comptez 1/2 journée.
Située sur le puy St-Étienne qui domine la Vienne, la « Cité » est le quartier le plus ancien de Limoges. Vous en aurez une belle **vue** en traversant le **pont St-Étienne** (1210), composé de huit arches en arc brisé formant dos d'âne.

★ Cathédrale St-Étienne C2

Elle succède à un édifice roman dont ne subsistent qu'une partie de la crypte et les étages inférieurs du clocher.

Construction – Étalée sur six siècles, elle se déroule en trois campagnes principales. **1273-1327** : le chœur est achevé et raccordé à l'ancienne nef romane. **1344-fin 14e s.** : l'évêque Guy de Comborn fait reprendre les travaux par le transept méridional ; après les événements de 1370, s'élèvent, à partir de 1378, le transept nord et la chapelle St-Martial, le clocher est renforcé. **1458-1499** : malgré la volonté d'en finir, on ne parvient qu'à édifier les deux premières travées de la nef. Le premier tiers du 16e s. voit la réalisation du portail nord (portail St-Jean) du transept, mais le chantier s'arrête à la mort de l'évêque Jean de Langeac en 1541 ; il reprendra au 19e s., entre 1876 et 1888, époque à laquelle la nef est enfin terminée et reliée au clocher.

Portail St-Jean★ – Réalisé en un granit très fin, il a été édifié entre 1516 et 1530, alors que triomphait le style flamboyant. Deux galeries ajourées divisent la façade en trois étages. Tout le tympan est garni d'un remplage à arcatures dans lesquelles sont sertis des verres aux riches coloris. Un gâble très effilé enserre l'archivolte et s'élève jusqu'à la grande rose. Les deux vantaux de bois, œuvre de la Renaissance, représentent les épisodes de la vie de saint Martial et de saint Étienne.

L'or blanc du Limousin

UN LABORATOIRE POUR TURGOT

Le 24 août 1761, un jeune magistrat de 34 ans, **Turgot**, est nommé intendant de la généralité de Limoges, l'une des plus misérables du royaume. Belle occasion pour cet admirateur des encyclopédistes de mettre en pratique ses théories en matière d'économie.

Au cours de ses treize années de mandat, l'intendant fit feu de tout bois : le Limousin se dota d'un réseau routier moderne, vit naître une industrie (mines, porcelaine grâce à la découverte du kaolin), se développer l'agriculture (Turgot tenta d'y implanter la culture de la pomme de terre).

L'urbanisme ne fut pas en reste puisque l'intendant fit abattre les remparts de Limoges qui cédèrent la place à des boulevards et construire un collège et un hôpital. Rien d'étonnant si le jeune roi, Louis XVI, pensa à lui en 1774 pour diriger son gouvernement.

Lorsque Turgot fut appelé par le roi, il lui tint ce propos : « *N'oubliez jamais, Sire, que c'est la faiblesse qui a mis la tête de Charles Ier sur le billot.* » Deux ans plus tard, effrayés par les réformes, les privilégiés demandaient à Marie-Antoinette d'intervenir. Le roi céda et Turgot fut renvoyé.

UNE DÉCOUVERTE FRUCTUEUSE

En 1661, la manufacture de Sèvres acheta à grand prix le secret de la porcelaine dure. On apprit ainsi qu'il fallait 50 % de **kaolin**, une argile blanche aussi pure que rare.

Or, en 1766, l'intendant du Limousin entendit parler de la découverte, en diverses paroisses de la généralité, d'une argile qui, analyses faites, se révéla être le précieux kaolin *(voir Coussac-Bonneval p.165 et St-Yrieix-la-Perche p. 163)*.

Turgot intervint alors pour faire apporter des capitaux à une faïencerie de Limoges, se procura les plans des fours utilisés en Saxe et, dès 1772, les premières pièces sorties de la manufacture furent présentées à Versailles, parrainées par le comte d'Artois et exemptées des droits de douane. Une industrie était née.

LE RENOUVEAU DE LA PORCELAINE

À partir du milieu du 19e s., la porcelaine de Limoges est mondialement reconnue. Elle remporte de nombreux prix et sa renommée n'est plus à faire. Malheureusement, les conflits du 20e s. et l'épuisement des carrières limousines de kaolin marquent son déclin. La concurrence est alors très rude. Cependant, les entreprises de Limoges ne baissent pas les bras.

Elles améliorent les techniques de production et n'hésitent pas à investir. De nos jours, la porcelaine de Limoges a retrouvé sa notoriété.

De jeunes créateurs ont apporté une touche de modernité aux nouveaux modèles. Formes et décors surprennent par leur design audacieux. Des artistes du monde entier viennent travailler à l'**École nationale supérieure d'art de Limoges** pour créer de nouvelles œuvres dignes de la réputation de la ville, et des commandes prestigieuses confirment le renouveau de la porcelaine de Limoges.

Clocher – Bâti sur plan carré, il s'élève à 62 m. Les trois étages inférieurs (romans) contrastent avec les quatre étages supérieurs (gothiques) ; les trois plus élevés présentent un plan octogonal que l'on retrouve dans de nombreux édifices du Limousin. Jusqu'au siècle dernier, le clocher fut séparé de la nef ; c'est pour le raccorder à celle-ci que furent construits le narthex et trois travées.

À l'intérieur, une impression d'unité se dégage de la nef. La hardiesse et l'élégance des voûtes sont remarquables ; le triforium supporte les fenêtres hautes.

Le jubé★ – Placé sous le buffet d'orgue, il fut construit en 1533 et séparait autrefois le chœur du transept. Ce monument de pierre calcaire et de granit, dont la paroi du fond est percée d'une large baie, est surmonté d'une galerie aux clés pendantes ornées des statues des six Vertus. Les niches creusées de part et d'autre de la porte sont encadrées de colonnes et de pilastres, parés comme tout l'ensemble d'une riche décoration à l'italienne. Les bas-reliefs du soubassement représentent des scènes mythologiques, parmi lesquelles les travaux d'Hercule.

Les trois tombeaux★ – Placés autour du chœur, trois tombeaux d'évêques offrent un grand intérêt décoratif : celui de Raynaud de La Porte (14e s.), celui de Bernard Brun (14e s.), orné de quatre bas-reliefs et, le plus remarquable, le **tombeau de Jean de Langeac**, mausolée du plus gracieux style de la Renaissance (1544). Ses 14 panneaux sculptés retracent les épisodes de l'Apocalypse de saint Jean ; il s'agit d'une adaptation de la *Petite Passion* de Dürer, mais traduite dans la pierre par un mouvement et une fougue exceptionnels.

1

★ Musée des Beaux-Arts de Limoges – Musée de l'Émail C2

Pl. de la Cathédrale - ✆ 05 55 45 98 10 - www.museedesbeaux-artsdelimoges.fr - tlj sf mar. 10h-12h, 14h-17h - gratuit.

Installé dans l'ancien palais épiscopal du 18e s., ce musée entièrement réaménagé, qui a bénéficié d'une extension non négligeable, fait désormais

AUGUSTORITUM, VILLE GALLO-ROMAINE

Limoges semble une création de la dernière décennie du 1er s. av. J.-C. La présence de la voie militaire d'Agrippa, l'existence d'un gué au bord de la Vienne et l'exposition dominante sud-est du coteau urbanisable ont conditionné le choix du site d'*Augustoritum*. Cette cité nouvelle s'ordonnait selon un quadrillage régulier à partir de deux artères centrales perpendiculaires. Très vite, la ville fut dotée d'une imposante panoplie de monuments publics : un pont de pierre franchissant la Vienne (qui deviendra plus tard le pont St-Martial), un forum, des thermes, des aqueducs, un amphithéâtre, un théâtre, des temples, etc. Le forum s'étendait dans le secteur de l'actuelle mairie, entre la rue des Récollets et la rue Timbaud. En contrebas, il était jouxté par des thermes (place des Jacobins, fouillés de 1967 à 1978). L'amphithéâtre (actuel jardin d'Orsay), édifié hors de la ville sur une hauteur, avait une dimension de 137 m x 116 m qui en faisait un des plus vastes de la Gaule. Malgré l'existence de nombreux monuments, *Augustoritum* ne fut sans doute jamais très peuplé : guère plus de 6000 habitants. Les vides constatés dans le semis urbain antique laissent imaginer une ville incomplètement bâtie.

À la fin du 4e s., les invasions barbares entraînèrent une contraction de la ville, qui se réfugia sur le puy St-Étienne et s'enferma dans des remparts, formant ainsi le noyau de la « Cité ».

partie des plus beaux musées des Beaux-Arts de province. Ses collections remarquables, qui ne cessent de grandir, se déploient désormais suivant une muséographie contemporaine qui met parfaitement en valeur les œuvres exposées, améliorant ainsi leur lisibilité. Le réaménagement s'est concentré sur un meilleur accueil du public qui bénéficie dorénavant d'une circulation plus fluide et plus didactique.

Section Beaux-Arts (rez-de-chaussée) – Peintures, dessins et estampes regroupent des artistes de renom tels Delacroix, Berthe Morisot, Odilon, Redon, Chagall, Matisse, Léger, etc. ainsi que les Limousins Suzanne Valadon, Armand Guillaumin et Pierre-Auguste Renoir.

Les émaux (1er étage) – Les collections, riches de plus de 500 **émaux★**, constituent sans aucun doute le fleuron du musée. Créations limousines du 12e s. à aujourd'hui ou œuvres anciennes et contemporaines d'artistes français ou étrangers, en particulier d'Extrême-Orient, ces pièces exceptionnelles valent à elles seules la visite. Le Moyen Âge vit s'épanouir l'art de l'émaillerie sous la main d'orfèvres de talent, qui produisirent de superbes **émaux champlevés** comme cette châsse de Thomas Becket (vers 1200). Dans la série d'**émaux peints** de la période Renaissance, dont le musée possède l'une des plus impor-

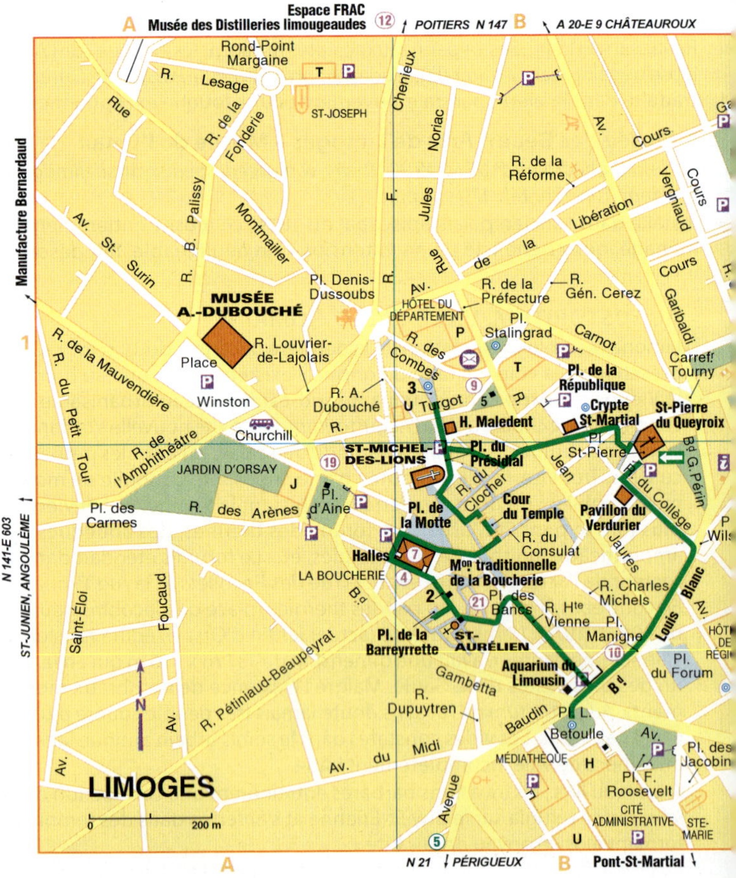

tantes collections au monde, on retiendra les œuvres de **Léonard Limosin** (v. 1505-v. 1577), portraitiste de la Cour, celles de Pierre Reymond, célèbre pour ses services de vaisselle émaillés, ou de Pierre Courteys (*Laocoon* monumental). Plusieurs pièces réalisées par la dynastie des Laudin, dont un magnifique *Martyre de sainte Agnès,* illustrent les 17e et 18e s. Grâce à sa Biennale internationale de l'art de l'émail, Limoges est devenue un centre important d'**émaux contemporains**, et sa collection comprend de très belles pièces, notamment une curieuse couverture en émail des *Fleurs du mal* de Baudelaire, réalisée en 1919 par Léon Jouhaud. Situées au même niveau que les salles ouvertes au public, les réserves des émaux sont également accessibles sur demande. Le musée abrite en outre un centre d'étude et de recherche sur l'émail et une riche photothèque.

Limoges et son histoire (sous-sol) – Installés dans les belles caves voûtées du sous-sol, divers documents archéologiques témoignent de ce que fut Limoges de l'Antiquité à la guerre de 1914. Des maquettes et un parcours audio expliquent son évolution depuis l'époque gallo-romaine jusqu'au Moyen Âge. Des fresques et des mosaïques donnent une idée de la beauté des décors intérieurs de la demeure d'un notable de la région. La **collection lapidaire**,

SE LOGER

Chambre d'hôte M. et Mme Brulat .... (1)
Nos Rev .... (3)
Richelieu .... (5)

SE RESTAURER

Chez Alphonse .... (4)
Chez François .... (7)
La Bibliothèque .... (9)
Le Bistrot du Boucher .... (10)
Le Bœuf à la Mode .... (12)
Le Pont St-Étienne .... (14)
Le Versailles .... (19)
Les Petits Ventres .... (21)

INDEX DES RUES

LES TECHNIQUES DE L'ÉMAIL

Elles ont varié au fil du temps. À l'origine, on trouve des **émaux cloisonnés** (soudure sur une plaque de minces lames en métal) et des **émaux champlevés** (technique opposée aux cloisonnés, qui consiste à creuser une plaque de cuivre à l'aide d'un burin, puis à incruster de la poudre d'émail dans les parties ainsi évidées). À la fin du Moyen Âge apparaissent les **émaux peints** (dessin tracé au pinceau sur l'émail recouvrant la feuille de cuivre).

particulièrement riche, regroupe du mobilier funéraire du premier âge du fer provenant de Glandon (Haute-Vienne), des lions de pierre, des coffres funéraires, des cippes et des statues caractéristiques de l'art gallo-romain local. Le Moyen Âge est représenté par des sarcophages, bas-reliefs et fragments divers, et surtout, par une très belle série de 18 **chapiteaux** de St-Martial de Limoges (seconde moitié du 11e s.).

Galerie égyptienne (sous-sol) – Cette collection, riche de près de 2 000 objets, a été réunie par J. -A. Perichon qui vécut en Égypte au début du 20e s. Elle illustre la vie quotidienne en Égypte durant l'époque pharaonique ainsi que les coutumes funéraires, en particulier à travers de rares modèles en bois.

Le musée comprend par ailleurs un cabinet de dessin, un espace destiné à des expositions temporaires, un auditorium et une boutique.

★ Jardin botanique de l'Évêché C2

Étagé en terrasses au-dessus de la Vienne, ce jardin offre une jolie **vue** sur la cathédrale et le palais épiscopal. Trois zones ponctuent la promenade. La première, en parfaite harmonie avec le cadre de l'évêché, correspond à un **jardin systématique** ; celui-ci, conçu dans l'esprit des jardins médiévaux et Renaissance, se compose de quelque 1 200 plantes classées par familles. Le **jardin à thème** offre quant à lui une agréable succession de plantes médicinales, aromatiques, mellifères ou tout simplement alimentaires. Beaucoup plus sauvage, la troisième zone recrée cinq **milieux naturels régionaux,** typiques du Limousin : la chênaie-charmaie, riche en arbustes et plantes herbacées ; la hêtraie à houx, avec ses myrtilles et ses fougères ; la lande à bruyères ; la prairie humide, en bordure des étangs et des ruisseaux ; et enfin, la tourbière à sphaignes, que l'on rencontre dans les hauts plateaux de la montagne limousine. Au cours de votre promenade, vous remarquerez au passage les vestiges de l'**abbaye de la Règle**.

Cité des métiers et des arts C2

5 r. de la Règle - ✆ 05 55 33 86 86 - www.cma-limoges.com - ♿ - juil.-août : 10h30-13h, 14h30-19h ; Pâques-mai : merc., w.-end et j. fériés 14h-18h ; juin, sept.-oct. : 14h-18h - fermé 1er nov.-Pâques, 1er janv., 1er et 11 nov. et 25 déc. - 5 € (-25 ans 2,50 €).

Situé au cœur des jardins de l'Évêché, dans l'ancien réfectoire du séminaire, ce lieu présente des œuvres des **compagnons du Tour de France** ainsi que celles des meilleurs ouvriers de France du bâtiment. En mezzanine sont retracées les différentes étapes d'un jeune compagnon. On découvre ainsi ce milieu spécifique avec ses rites, ses couleurs…

Musée de la Résistance C2

R. de la Règle (transfert prévu r. Neuve-St-Étienne pour le 2e semestre 2011) - ✆ 05 55 45 98 23 - horaires se rens. - gratuit.

Lors de la dernière guerre, le Limousin fut durement touché par des déportations en nombre et des massacres *(voir Oradour-sur-Glane p. 145 et Tulle p. 184)*.

Des salles en enfilade présentent un ensemble de témoignages (affiches, cartes, photos, etc.) retraçant cette période noire où des hommes de la Haute-Vienne, avec à leur tête **Georges Guingouin** *(voir Bellac p. 135)*, s'organisèrent très tôt pour vaincre la barbarie.

QUARTIER DU CHÂTEAU

Circuit tracé en vert sur le plan de la ville (p. 108) – Comptez 1/2 journée.
Le quartier du « Château », né jadis autour de l'abbaye St-Martial, puis du château des Vicomtes, constitue le centre-ville aux vieilles rues commerçantes très animées. Une ceinture de boulevards circulaires a pris la place des anciens remparts qui isolaient la ville de la périphérie.
Le circuit débute place St-Pierre.

Église St-Pierre-du-Queyroix B1/2

La façade, de style ogival flamboyant, remonte à 1534. Le clocher du 13e s. est de proportions très harmonieuses ; il a servi de modèle, à Limoges même, à ceux de St-Michel et de St-Étienne. Formant un vaste rectangle irrégulier, l'intérieur frappe par sa largeur ; en partie du 12e s., il a conservé de cette époque ses énormes piliers cylindriques, aux chapiteaux écrasés, ornés de palmettes. À droite du chœur, un beau vitrail aux tons vifs, exécuté en 1510 par Jean Pénicaud et très restauré, représente la Mort et le Couronnement de la Vierge. Remarquez, au fond du second bas-côté, un retable en bois doré du 17e s., orné de peintures. Placé au mur derrière le maître-autel, un Christ en bois de la fin du 14e s., très expressif. Collection de reliquaires.
Rejoignez, au nord, la rue St-Martial.

1

Place de la République B1

Centre animé de la ville, la place de la République occupe l'emplacement de l'ancienne abbaye St-Martial. Sur la place, un plan reconstitué au sol permet d'évaluer l'ampleur de l'église abbatiale.

Crypte St-Martial B1

Pl. de la République - ✆ 05 55 34 46 87 - juil.-sept. : 10h-12h30, 14h-19h - fermé oct.-juin - gratuit.
L'escalier actuel fut aménagé au 13e s., avec la chapelle de l'Ange, pour faciliter la circulation des pèlerins. Martial et ses deux compagnons (Alpinien et Austriclinien) reposaient dans les deux grands sarcophages de plus de 2,80 m

L'ABBAYE ST-MARTIAL

Situé extra-muros, le quartier de la **place de la République** était une nécropole qui accueillit, au 4e s., les premières inhumations chrétiennes, en particulier le corps de saint Martial, l'apôtre du Limousin. Le tombeau du saint fut très tôt l'objet d'une grande vénération, et une chapelle funéraire s'éleva au-dessus (6e s.). Les clercs qui en avaient la garde adoptèrent, en 848, la règle bénédictine : l'abbaye se développa et s'affilia à Cluny en 1063.
Durant tout le Moyen Âge, elle fut un intense foyer de piété, d'art et de culture : entre le 9e et le 12e s., son *scriptorium* exécuta de purs chefs-d'œuvre comme le *Manuscrit de la Seconde Bible* (Bibliothèque nationale). Mais elle ne cessa de décliner par la suite et ses bâtiments furent démolis à la Révolution. Dans les alentours du tombeau de saint Martial, trois églises s'élevèrent : la basilique du Sauveur, St-Pierre et St-Benoît.

de long que l'on peut voir. Au 9e s., on exhuma les restes de Martial pour les placer dans un reliquaire d'or sur l'autel majeur de la nouvelle basilique. De cette époque date la mosaïque aux oiseaux, sans doute exécutée à l'occasion d'un réaménagement du tombeau. On ne voit aujourd'hui que sa copie. Dans l'angle opposé s'ouvre la loge dallée dans laquelle était placé le tombeau de sainte Valérie. La seconde salle ou « sanctuaire » contient l'énorme sarcophage de granit dit de Tève-le-Duc, datant du 4e s. Pénétrez dans la grande salle constituée par les soubassements des églises St-Pierre et St-Benoît, établis sur des ruines gallo-romaines et à l'emplacement d'un cimetière paléochrétien, comme en témoignent les nombreuses sépultures.
Traversez la rue Jean-Jaurès. Empruntez la rue du Clocher, puis tournez à droite dans la rue Gaignolle.

Place du Présidial B2

Remarquez, au coin de la rue Haute-de-la-Comédie, l'ancien **hôtel Maledent** B1, daté de 1639. Le portail nord de l'**église St-Michel-des-Lions★** s'ouvre sur cette place qui a conservé son ordonnancement d'il y a plusieurs siècles, avec ses bâtiments de l'administration monarchique des 17e et 18e s.
Allez voir en contrebas la **place Fontaine-des-Barres** B1 3, du 16e s. Son nom vient des barres posées sur l'ancien puits public central, pour éviter tout accident. Au 17e s., ce puits fut remplacé par une fontaine.

★ Église St-Michel-des-Lions B2

Deux édifices, l'un roman et l'autre gothique du 13e s., ont précédé l'église actuelle dont la construction, entreprise en 1364, se poursuivit au 15e s. (portail nord) et au 16e s. (nef prolongée d'une travée). Le plan rectangulaire consacre son caractère d'église-halle. Près de la porte du clocher, côté sud, sont placés deux lions de granit qui ont donné leur nom à l'église et servaient, dit-on, à indiquer au Moyen Âge la limite des juridictions des abbés de St-Martial et des vicomtes de Limoges. La tour présente des étages supérieurs octogonaux renforcés de tourelles : une haute flèche, surmontée d'une boule en cuivre ajourée, s'élève à 68 m. Le portail nord, finement décoré, est orné d'une Vierge à l'Enfant (15e s.) portant une grappe de raisin.
L'intérieur compte trois vaisseaux d'égale hauteur reposant sur des colonnes étonnantes de légèreté. De part et d'autre du chœur, à l'extrémité des nefs latérales, des vitraux du 15e s. évoquent la Vierge et saint Jean-Baptiste. L'autel de pierre sculptée, un peu en avant du chevet plat, à l'extrémité de la nef centrale, recèle, à son revers, une châsse en chêne recouvert de cuivre doré au

UNE CORPORATION MILLÉNAIRE

Depuis l'an 930, **Messieurs les bouchers de Limoges** administrent une corporation regroupée dans la rue Torte (rue de la Boucherie). Après la découverte en 1315 des reliques de saint Aurélien (évêque qui succéda à saint Martial), les bouchers obtiennent le droit de l'adopter comme saint patron ; la corporation crée alors une confrérie qui, en 1475, bâtit à ses frais la chapelle St-Aurélien afin d'y abriter la châsse contenant ses reliques. Au 16e s., six familles de la corporation prennent le contrôle du conseil de la confrérie (les membres sont encore aujourd'hui élus par bulletin secret pour sept ans).
Depuis Henri IV, la **confrérie de St-Aurélien** détient le privilège d'offrir les clés de la ville aux princes ou aux chefs d'État en visite à Limoges. De nos jours, les descendants des Cibot et autres Parot font perdurer la tradition.

Détail d'une façade à colombages à Limoges
Jimjag / Fotolia.com

19e s. abritant les reliques de saint Martial – et notamment la tête de l'apôtre du Limousin. À droite de la première travée, un enfeu contient un trésor : remarquez, au centre, un reliquaire en argent doré et cristal taillé du 13e s.
Poursuivez dans la rue Ferrerie, puis la rue du Temple.

★ Cour du Temple B2

La rue du Consulat, bordée d'immeubles du 18e s., est reliée à la rue du Temple par un couloir (au n° 22) qui s'ouvre sur un ancien hôtel particulier à colombages avec des galeries à arcades du 16e s., appelé cour du Temple.
Prenez la rue du Consulat, puis la rue des Halles.

Halles B2

Construites en 1869, elles bordent la **place de la Motte** B2 dont le nom évoque sans doute la motte féodale sur laquelle se dressait le château des Vicomtes.
Le bâtiment est orné d'une frise en porcelaine illustrant les produits du marché.

★ Rue de la Boucherie B2 2

Voir encadré ci-contre. Cette singulière rue étroite abrite de typiques maisons à pans de bois dont certaines conservent quelques-uns des 52 étals de bouchers, dénombrés au 13e s. Aujourd'hui désertée par la corporation, cette rue retrouve son animation d'antan lors de la Frairie des Petits Ventres. Cette fête gastronomique se déroule le troisième vendredi d'octobre, depuis 1973. Producteurs de Limoges et de Haute-Vienne s'installent dans la rue de la Boucherie pour vendre leurs produits régionaux : tripes et galettes de blé côtoient gâteaux aux châtaignes et clafoutis tandis que Notre-Dame-des-Petits-Ventres est portée en procession dans les rues de Limoges.

Maison traditionnelle de la boucherie B2

36 r. de la Boucherie - ✆ 05 55 34 46 87 - juil.-sept. : 10h-13h, 14h30-19h ; oct.-juin : visite guidée sur dem. - 5 € (6-18 ans 3 €).

L'étal du n° 36 ouvre sur un rez-de-chaussée réservé à l'activité professionnelle. La cuisine, transformée en boutique, abrite un billot et ses accessoires, une armoire glacière du 19e s. et une cheminée où étaient mitonnés les abats; l'arrière-salle servait au boucher de lieu pour dépecer les animaux et également d'écurie.

Aux étages, le visiteur découvre les pièces meublées où cohabitaient quelque 25 personnes (familles, apprentis et employés), puis un grenier à claire-voie (saloir et séchage des peaux).

Des expositions présentent la corporation des bouchers et leurs spécialités culinaires.

Place de la Barreyrrette B2

Ce nom provient des barrières qui fermaient les enclos des animaux destinés au couteau du boucher. La création d'un abattoir municipal en 1832 enleva à cet espace sa vocation.

★ Chapelle St-Aurélien B2

Une croix monolithe du 15e s. signale l'entrée de ce curieux petit édifice élevé en 1475. La chapelle fut mise aux enchères en 1795 et rachetée secrètement par la corporation des bouchers qui l'entretient encore de nos jours. Elle est remplie d'ex-voto et de statues de bois doré qui étincellent sous les lueurs des cierges.

Traversez la place des Bancs pour gagner la rue Haute-Vienne.

Aquarium du Limousin B2

2 bd Gambetta - ✆ 05 55 33 42 11 - www.aquariumdulimousin.com - ♿ - 10h30-18h - fermé janv. et 25 déc. - 7 € (3-12 ans 4,50 €).

Installé sous la place Haute-Vienne, il bénéficie de l'atmosphère d'un ancien réservoir d'eau comportant de nombreuses voûtes. Un premier ponton, bordé d'aquariums peuplés de poissons évoluant dans les eaux douces d'Europe ou tropicales, descend vers le fond du souterrain.

Après le bassin des piranhas, celui des sélènes marque le départ du second ponton qui ramène le visiteur à la « surface », tout en lui permettant d'admirer les poissons des mers tropicales. Au total, quelque 2 500 poissons représentant plus de 300 espèces différentes…

Boulevard Louis-Blanc B2

Venez flâner sur le grand boulevard de la porcelaine et des émaux. Allez jusqu'au square situé devant la mairie, pour voir sa surprenante **fontaine** revêtue de plaques de porcelaine.

De la place Wilson, prenez à gauche dans la rue du Collège.

Pavillon du Verdurier B2

Pl. St-Pierre - ✆ 05 55 34 46 87 - pdt les expositions uniquement; se rens. à l'office de tourisme.

Construit après la Première Guerre mondiale pour stocker la viande alors en pénurie, ce curieux bâtiment surprend par ses mosaïques de grès et ses frises florales sur carreaux de céramique. Il abrite aujourd'hui un espace d'exposition.

À droite, la place St-Pierre ramène au point de départ.

À voir aussi Plan de ville

★★ Musée national de la porcelaine Adrien-Dubouché A1

8 bis pl. Winston-Churchill - ✆ 05 55 33 08 50 - www.musee-adriendubouche.fr - tlj sf mar. 10h-12h25, 14h-17h40 - possibilité de visite guidée sur demande (3 sem. av.) - fermé 1er janv. et 25 déc. - 4,50 € (-18 ans gratuit).

Fondé en 1845, le musée Adrien-Dubouché est actuellement en cours de rénovation *(le musée reste ouvert durant les travaux mais nous vous conseillons de téléphoner pour vous assurer de l'ouverture des salles)*. L'adjonction d'un bâtiment voisin va doubler sa surface d'exposition permettant ainsi un redéploiement des collections suivant une nouvelle muséographie.

Le musée porte le nom de son principal bienfaiteur, auquel il doit une part importante de ses fonds. Ses collections, aujourd'hui riches de plus de 12 000 pièces, retracent l'évolution de la céramique et du verre, et présentent des œuvres issues de la plupart des grandes manufactures mondiales. Les porcelaines, Limoges en tête, occupent une place de choix dans cette extraordinaire rétrospective.

Galerie des techniques – Créé à l'occasion de l'extension du musée, cet espace dévoile les secrets de la fabrication des quatre grandes familles céramiques : poterie, faïence, grès et porcelaine. Au sein d'une grande vitrine, dont la silhouette évoque un four à porcelaine, chaque famille est exposée à côté d'échantillons de matières premières nécessaires à son élaboration. Les autres étapes de la fabrication – façonnage, décoration et cuisson – sont ensuite présentées à l'aide de machines, d'outils, de maquettes et de séquences filmées qui mettent en avant les savoir-faire et les techniques artisanales ou industrielles. Les industries de pointe font aujourd'hui appel aux technologies céramiques (secteur automobile, industrie aérospatiale, monde médical…).

De l'Antiquité à la fin du 18e s. – Rez-de-chaussée du bâtiment historique *(ouverture prévue fin 2012)*. Au nombre des pièces les plus anciennes figurent des poteries de l'âge du fer découvertes en Limousin et en Italie ainsi qu'une remarquable collection de céramiques grecques présentant des décors à figures noires et à figures rouges. Des poteries provenant de l'ensemble du bassin méditerranéen complètent cette présentation. La technique de la faïence est apparue au Moyen-Orient autour du 9e s., s'est répandue en Espagne (faïence hispano-mauresque), puis en Italie à la fin du Moyen Âge et, au cours de la seconde moitié du 16e s., dans toute l'Europe. En regard des faïences européennes des 18e-19e s. sont exposées des porcelaines de Chine depuis les « bleu et blanc » de la période Yuan jusqu'aux famille verte et famille rose qui s'épanouirent aux 18e-19e s. Les collections comprennent des pièces en porcelaine tendre, qui ne contiennent pas de kaolin et des porcelaines dures. En France, il fallut attendre la découverte de gisements de kaolin près de Limoges en 1768 pour que la porcelaine dure se développe : à Sèvres d'abord, puis à Limoges, à Paris, ainsi que dans d'autres villes du Royaume.

La céramique du 19e s. à nos jours – Premier étage de l'ancienne École des Arts décoratifs *(ouverture prévue fin 2012)*. Les innovations techniques qui ont marqué le 19e s. (développement de la faïence fine et des décors imprimés) sont présentées en introduction à une section qui se déploie ensuite de façon chronologique. Les céramiques impressionnistes dites « barbotines » constituent l'un des points forts des collections de terres cuites. La faïence est évoquée autour de la personnalité de **Théodore Deck**, qui contribua au succès de cette technique dans de nombreux centres français, tels Gien et Longwy. Dessiné par **Félix Bracquemond**, le service Rousseau fut édité à

Creil et Montereau en 1866 et devint l'un des services en faïence fine les plus appréciés jusqu'au début du 20e s. Le renouveau du grès est illustré par des œuvres d'artistes aussi célèbres que Chaplet, Delaherche ou Carriès. Pour la porcelaine dure, la tradition établie au 18e s. se maintint au 19e s. La manufacture de Sèvres devint un véritable laboratoire des formes et des décors tandis que s'épanouissaient de nombreuses manufactures privées, en France comme à l'étranger. Au 20e s., la céramique subit l'influence des différents courants artistiques tels l'Art nouveau, qui accorda une grande place aux formes issues de la nature (vases de Guimard), et l'Art Déco qui, dès 1925, privilégia des formes plus géométriques. Après la Seconde Guerre mondiale, la création s'orienta dans différentes directions : dès les années 1960, la manufacture de Sèvres s'engagea dans la voie de la modernité en invitant de nombreux artistes. Le village de la Borne, dans le Cher, constitua un pôle d'attraction très important pour des artistes attirés par le grès.

Les verres – Premier étage du bâtiment historique *(ouverture prévue fin 2012)*. Cette section débute par une présentation de vitraux anciens, dont certains furent spécialement conçus pour le musée (vitrail Léonard de Vinci par Oudinot). La collection de verres européens comprend près de 400 pièces : verres vénitiens et verres « façon de Venise », verres gravés allemands, verres Art nouveau (Tiffany et Guimard)… Pour le 19e s., remarquez notamment une plaque en verre gravée représentant le comte d'Artois à cheval de l'artiste Felly, qui constitue une véritable prouesse technique.

Porcelaine de Limoges – De superbes pièces de Limoges en porcelaine dure, comme le *Surtout du service Cérès* (manufacture Pouyat, 1855) ou encore la *Pendule au cavalier turc* (manufacture Aaron et Valin, 1837) permettent de mieux comprendre la renommée acquise par cette ville depuis les débuts de sa production, en 1771 *(voir L'or blanc du Limousin p.106)*, jusqu'à nos jours. Les œuvres anciennes côtoient désormais des œuvres plus contemporaines d'artistes limousins qui ont su renouveler, avec beaucoup de talent et de diversité, l'art de la porcelaine.

★ Gare des Bénédictins C1

Voir l'ABC d'architecture p. 88. Symbole de la prospérité et du développement de Limoges entre les deux guerres, c'est le point de repère caractéristique et l'un des monuments les plus connus de la ville. Construite de 1923 à 1929, elle déploie les formes distendues de son dôme vert-de-gris sur une plate-forme au-dessus des voies. L'originalité de son architecture est mise en valeur par l'esplanade du Champ-de-Juillet, aménagée en parc municipal à la même époque.

Espace FRAC

À partir de la place Denis-Dussoubs, prenez la rue François-Chénieux, puis, à gauche, l'avenue G.-et-V.-Lemoine. Tournez de nouveau à gauche impasse des Charentes. ✆ 05 55 77 08 98 - www.fraclimousin.fr - ♿ - tlj sf lun., dim. et j. fériés 14h-18h - 1,50 € (-18 ans gratuit).

Créé en 1982, le **Fonds régional d'art contemporain** s'est transporté fin 1991 dans les anciens entrepôts de la chaîne d'épicerie « Les Coopérateurs ». Une salle souterraine de 45 m de long, répartie en dix travées, constitue un cadre original pour les expositions temporaires et les collections permanentes, composées principalement de photographies, de sculptures et d'œuvres du mouvement « Support(s)-Surface(s) ». Créé en 1969, ce groupe d'artistes, éphémère, disparut en 1972. Ces membres s'attachèrent non pas au sujet qu'ils jugeaient secondaire mais au support et aux matériaux, qu'ils considéraient comme l'essence même de l'œuvre.

Musée des Distilleries limougeaudes

54 r. de Belfort - ✆ 05 55 77 23 57 - ♿ - de mi-janv. à mi-déc. : tlj sf lun., dim. et j. fériés 9h-12h, 14h-18h - fermé 15 déc.-15 janv. -gratuit.

Dernière représentante d'une longue tradition locale, la distillerie du Centre est une fabrique artisanale de liqueurs et d'apéritifs (spécialités locales : châtaigne, figue) en activité depuis 1789. Son musée fait revivre l'histoire des distilleries limougeaudes qui représentaient jadis une importante activité locale puisque, en 1900, on en comptait quarante-huit ! (*Voir aussi Nos adresses en fin de chapitre.*)

Four des Casseaux C1/2

28 r. Donzelot - ✆ 05 55 33 28 74 - www.fourdescasseaux.com - juin-sept. : 10h30-17h30 ; reste de l'année : tlj sf dim. et j. fériés 10h30-17h30 - 3 € (-12 ans gratuit).

Construit en 1844, ce four rond, conçu pour la cuisson de la porcelaine, est équipé du système Milton dit à flamme renversée. À l'origine, le site comprenait six fours répartis par paires dans des bâtiments d'usine. Haut de 19,50 m, le four se compose successivement du **laboratoire** (chauffé par huit alandiers) dont les murs de brique de 1 m d'épaisseur cintrés de fer pouvaient renfermer 32 t de « gazettes » (cuisson 1 400 °C), du **globe** *(accès à l'étage)* où la porcelaine subissait une première cuisson à 950 °C, et d'une haute cheminée se terminant par un clapet. En 1950, le gaz de Lacq mit un terme à cette génération de fours alimentés au bois (90 stères/36h), puis au charbon (41 t) au profit des tunnels à cuisson continue.

1

Manufacture Bernardaud

27 av. Albert-Thomas - ✆ 05 55 10 21 86 - www.bernardaud.fr - ♿ - visite guidée juin-sept. : 9h45-11h15, 13h45-16h15 ; reste de l'année : tlj sf dim. et j. fériés sur demande préalable - 4,50 € (-12 ans gratuit).

Fondée en 1834, cette manufacture est l'un des leaders sur le marché des arts de la table. Aujourd'hui l'ensemble de la production s'effectue dans une usine à Oradour-sur-Glane. Cependant, les anciens ateliers limougeauds ont été conservés et servent de décor à une vivante visite guidée où vous vous initierez aux mystères de la fabrication de la porcelaine. Vous pourrez voir les designers (qui créent les modèles) ou les décorateurs au travail, mais aussi le four à tunnel long de 33 m et toutes les étapes de la fabrication.

À proximité Carte de microrégion

Aixe-sur-Vienne B2

▶ 11 km à l'ouest par la D 79 puis la D 20.

Ville porte du **Parc naturel régional Périgord-Limousin** *(voir Châlus p. 156)*, ses ostensions offrent, tous les sept ans, le spectacle original de vingt reliquaires portés processionnellement par les représentants des corps de métiers de la ville à la chapelle N.-D.-d'Arliquet (à la fois N.-D.-des-Reliques, des Sept-Douleurs et de-la-Bonne-Mort), et ramenés la nuit à la lueur des flambeaux. Authentique manufacture de porcelaine, la manufacture du Lys royal fait découvrir au visiteur, dans sa **Maison de la porcelaine**, les différentes étapes de fabrication de la porcelaine, et lui propose un vaste choix de services de table et pièces décoratives. *14 av. du Prés.-Wilson - ✆ 05 55 70 14 68 - www.maisonporcelaine.com - visite guidée 9h30-19h, j. fériés 10h-13h, 15h-19h, dim. (avr.-sept.) 10h-13h, 15h-19h - gratuit.*

Circuit conseillé Carte de microrégion

★ ENTRE VIENNE ET BRIANCE

Circuit de 90 km tracé sur la carte de microrégion (p. 103) – Comptez environ 2h30. Quittez Limoges par le sud en empruntant la N 21, direction Périgueux.
La route remonte la vallée de la Briance qui coule en serpentant au milieu des prairies. Au **hameau de Pont-Rompu**, on aperçoit à droite un vieux pont aux avant-becs aigus : par là passait l'ancienne voie romaine de Limoges à Bordeaux.
Poursuivez la D 32 jusqu'au Vigen, puis prenez à gauche la D 704. Peu après le pont de la voie ferrée, tournez à droite sur la D 65, direction Boisseuil.

★★ Église abbatiale de Solignac

Office de tourisme - *Pl. Georges-Dubreuil - 87110 Solignac - 05 55 00 42 31 - www.tourisme-solignac.com - horaires se rens.*

Église abbatiale – De ce magnifique ensemble fondé en 632 par saint Eloi, ancien orfèvre devenu ministre du roi Dagobert, il ne reste plus aujourd'hui qu'une belle église romane des 12e-13e s. L'actuelle église abbatiale date de la première moitié du 12e s. C'est l'église du Limousin qui a le plus profondément subi les influences de l'école périgourdine. Elle a conservé toute sa beauté, et son architecture révèle de nombreuses influences mozarabes. Le grand clocher-tour contemporain de l'abbatiale a été remplacé au 19e s. par un simple clocher-mur. Le flanc nord offre une admirable ordonnance : larges contreforts et colonnes engagées montent jusqu'à la corniche du toit ; dans la partie inférieure, des groupes de quatre arcs retombent alternativement sur des pilastres sans décor et sur des culots ornés de volutes, de personnages accroupis ou de monstres ; à l'étage, la succession de fenêtres et de trilobes aveugles dénote une influence mozarabe. Un bas-relief figurant un Christ en majesté surmonte le portail du croisillon nord.
Entrez par le portail placé sous le porche. Le vaisseau est couvert de vastes coupoles hémisphériques et les murs ornés d'arcatures aveugles en plein cintre. Ces dernières, qui supportent une galerie de circulation, sont décorées de

LE GRAND SAINT ÉLOI

Né en 588 à Chaptelat, ce saint homme apprend son métier d'orfèvre à l'atelier de Limoges, puis va travailler à Paris sous les ordres du trésorier du roi. Son talent et sa probité le font remarquer par Clotaire II qui en fait son trésorier ; mais c'est surtout la confiance du bon roi Dagobert, si malicieusement chansonné, qui permet à saint Éloi de déployer toutes ses capacités de ministre. Titulaire de l'évêché de Noyon, saint Éloi a pourtant la nostalgie du sol natal : c'est alors qu'il demande au roi la terre de Solignac pour y fonder le monastère où il compte aller mourir en paix. « Mon roi et maître, dit le saint homme, que ta bonté veuille me l'accorder pour que je puisse y construire une échelle pour toi et pour moi, par laquelle nous mériterons de monter tous deux dans le royaume céleste. » Le roi, selon son habitude, répondit favorablement à cette sollicitation. L'abbaye prit aussitôt une grande importance mais, en dépit de ses fortifications, elle ne put se soustraire aux assauts des Normands, des Sarrasins, des Anglais et des huguenots qui, au cours de sa longue histoire, la ravagèrent périodiquement.

chapiteaux et de culs-de-lampe archaïques dont la sculpture apparaît de plus en plus recherchée au fur et à mesure que l'on s'avance vers le chœur.
Les stalles, placées de chaque côté de la nef, datent pour l'essentiel du 15e s. : leurs miséricordes et leurs accoudoirs sont sculptés de feuillages, d'animaux et de masques grimaçants.
Le transept est dissymétrique. Le croisillon sud, plus court, est voûté en berceau ; remarquez la fenêtre « limousine » à voussure unique de l'absidiole (Vierge en bois polychrome du 18e s.).
Dans le croisillon nord, couvert d'une coupole ovoïde percée d'un oculus, une vitrine expose quelques objets d'art, notamment le buste-reliquaire de saint Théau, du 12e s., en cuivre doré et argent.
Le chœur, couvert d'une coupole déformée, est rythmé par sept arcades et trois absidioles. Les chapiteaux portent un décor varié : palmettes, personnages luttant contre des griffons et des serpents entrelacés, etc. Deux fresques du 17e s. représentent la *Tentation du Christ* et l'*Agonie au jardin des Oliviers*. Les vitraux datent en partie du 15e s. Sur le pilier de droite, une peinture (restaurée) « à la détrempe » représente saint Christophe ; elle daterait du 15e s.
Bâtiments abbatiaux – Les bâtiments annexes ont été malmenés et en partie détruits par les envahisseurs étrangers et les guerres de Religion. Reconstruits au 18e s., dévastés sous la Révolution, ils sont occupés par une congrégation de missionnaires.
De la cour, vue sur le flanc sud de l'église, qui communiquait avec le cloître par un portail en plein cintre de la seconde travée. L'arc brisé sous lequel on passe en contournant l'édifice marque soit une seconde entrée du cloître, soit l'entrée d'une chapelle.

Parc zoologique et paysager du Reynou

05 55 00 40 00 - www.parczooreynou.com - avr.-sept. : 10h-20h (fermeture des caisses à 18h) ; oct.-mars : merc., w.-end, j. fériés et tlj vac. scol. 10h-17h30 (fermeture des caisses à 16h) - fermé 1er janv. et 25 déc. - 13 € (-12 ans 9,20 €).
Créé en 1870 pour le porcelainier Haviland, le **parc paysager** est harmonieusement planté de 150 essences (cèdres, arbre à caramel, séquoias) autour d'un château. Cette composition colorée voisine avec un **parc animalier** où évoluent, en semi-liberté, des animaux (120 espèces) des cinq continents.
Revenez et poursuivez sur la D 32.

Château de Châlucet

05 55 00 96 55 - les ruines sont en accès libre (avec réouv. progressive des espaces mis en sécurité) - juil.-août : 10h30-18h30 ; de fin mars à déb. juil. et sept. : 10h30-12h30, 13h30-18h30 - fermé 1er janv., 1er et 11 nov., 25 déc. -3 € (-12 ans gratuit).
Sur un promontoire escarpé s'avançant au confluent de la Briance et de la Ligoure se dressent les ruines de Châlucet, parfait exemple de l'architecture militaire du Moyen Âge.
Vers 1130, la famille de Jaunhac érige un château à Châlucet-haut (appelé aussi haut *castrum*), tandis qu'une vingtaine de maisons de chevaliers *(en cours de fouilles)* sont bâties à Châlucet-bas au pied de la tour Jeannette (c'est le bas *castrum*).
Au 13e s., les chevaliers s'opposent au vicomte de Limoges. Géraud de Maulmont, ministre du vicomte, reprend Châlucet et se fait construire le château neuf (à Châlucet-haut), véritable palais, à l'emplacement du premier château. Ce sont les ruines de ce palais que l'on visite actuellement. À la mort de Géraud de Maulmont, le site revient à Philippe le Bel qui le confie à divers châtelains.

Au 14e s., une troupe de brigands béarnais s'en empare et terrorise la région. Le château passe de main en main et finit par tomber en ruine. En 1577, il est le fief des huguenots qui s'en servent comme base de départ contre Limoges. Conquis en 1593, il est finalement démantelé.

Le site de Châlucet fait l'objet d'un programme de fouilles et de mise en valeur. Dans la maison d'accueil, un film montre des reconstitutions du château.

Du haut de la tour Jeannette, belle **vue** sur la campagne environnante. De là, on accède au haut *castrum* dans lequel on ne pénètre pas. Des trois enceintes primitives, des tours rondes aux angles et du donjon, des remparts hauts de 20 m ne subsistent que des vestiges d'une impressionnante grandeur. Devant l'entrée *(au nord)*, une barbacane pour contrôler le passage. Sur la façade nord, des mâchicoulis et un assommoir juste au-dessus de la porte. Dans les tours d'angle abattues au 16e s., les appartements des seigneurs. Au-dessus de la porte du capitaine, une chapelle renferme encore les fonts baptismaux ainsi que neuf sépultures. De la façade sud du château, on découvre le logis seigneurial de 70 m de long, la salle de réception, la vaste cour et le donjon qui dominait autrefois à plus de 40 m.

Au Châtenet, la pittoresque D 39, à gauche *(direction St-Léonard-de-Noblat)*, franchit la Vienne. Au confluent de la Vienne et de la Maulde, dominé par le **château de Muraud** agrippé à un promontoire, tournez à gauche.

Vallée de la Maulde

Dans une gorge boisée et rocheuse, la route remonte la vallée de la Maulde, petite rivière bondissante, transformée par EDF en un immense escalier d'eau comportant huit barrages télécommandés.

Le **barrage de l'Artige**, dernier ouvrage de la chaîne, sert de régulateur de débit des barrages en amont.

La route le surplombe et offre des **vues** sur le frais vallon et les vestiges d'un ancien prieuré nichés dans la verdure.

Une petite route à gauche, à hauteur du barrage, mène à l'entrée du prieuré.

Ancien prieuré de l'Artige

Fondé au 12e s., il fut désaffecté un peu avant la Révolution et une partie de ses bâtiments, laissés à l'abandon, tombèrent en ruine.

On aperçoit les vastes édifices couverts de tuiles rondes, les arcades par lesquelles la salle capitulaire s'ouvrait sur le cloître, quelques vestiges de portes armoriées qui composent un tableau romantique.

La D 39 longe la Vienne, dominée par des rochers, puis s'élève au-dessus de la rivière.

★ St-Léonard-de-Noblat *(voir p. 124)*

Pont-de-Noblat

Situé dans la vallée de la Vienne, ce faubourg s'est développé de part et d'autre de la rivière. Les vieilles maisons bâties le long de l'ancien sentier escarpé du Pavé sont reliées à la rive gauche par un joli pont du 13e s.

Entre le pont et l'église, la **promenade du chêne de Clovis** grimpe vers un plateau où se dressait autrefois un château. De ce site archéologique, on découvre une motte féodale, ainsi qu'une belle vue sur la Vienne.

La D 941 traverse la Vienne dont elle suit la vallée avant de s'élever sur le plateau. La D 124, que l'on prend à St-Antoine, offre un panorama sur les **monts d'Ambazac** *(voir p. 130)* et rejoint la D 39 ; tournez à gauche dans cette petite route.

St-Priest-Taurion

Site agréable au confluent du Taurion, dont la vallée agreste est coupée de barrages, et de la Vienne qui s'étale dans un cadre de collines.
Après Le Palais, la D 29 suit la vallée jusqu'à Limoges, longeant sur 2 km la retenue du barrage.

NOS ADRESSES À LIMOGES

HÉBERGEMENT

PREMIER PRIX

À proximité

Chambre d'hôte M. et Mme Brulat – *Imp. du Vieux-Crézin -87220 Feytiat - 5 km à l'est de Limoges -par A 20, sortie 35, dir. Feytiat, à Crézin dir. le Vieux-Crézin - ✆ 05 55 06 34 41 -* P *- 5 ch. 58/65 €* . Vous apprécierez le calme de cette belle et grande maison en pierre avec son magnifique jardin aux diverses essences de fleurs, arbustes, verger… Chaleureux accueil familial, chambres confortables, salon de détente, billard et jeu de fléchettes en font une bonne adresse, sans oublier la piscine.

BUDGET MOYEN

Nos Rev – *16 r. Gén.- Bessol - ✆ 05 55 77 41 43 - www. hotelnos-rev.com - fermé 1er-15 août -* P *- Wifi -12 ch. 47/72 € - 7 €.* L'hôtel est proche de la gare, mais il a d'autres atouts : son appréciable style contemporain et son ambiance familiale font que l'on s'y sent tout simplement bien.

POUR SE FAIRE PLAISIR

Hôtel Richelieu – *40 av. Baudin - ✆ 05 55 34 22 82 - www. hotel-richelieu.com - Wifi -41 ch. 88/126 € - 14 €.* Près de la mairie, cet hôtel allie confort moderne et décor de style années 1930. Chambres contemporaines dans l'extension.

RESTAURATION

PREMIER PRIX

Chez François – *Pl. de la Motte - ✆ 05 55 32 32 79 - fermé 3 sem. en août, le soir, dim. et j. fériés - ♿ - 12/20 €.* Installé dans les Halles de Limoges classées monument historique, ce bistrot sympathique adapte sa carte selon les arrivages du marché. De la salle à manger décorée d'une fresque en bois sculpté, vous verrez le chef s'affairer aux fourneaux. Bon rapport qualité/prix. Casse-croûte dès 6h30 du matin…

La Bibliothèque – *7 r. Turgot - ✆ 05 55 11 00 47 - fermé 1er janv. et 25 déc. - 13/16 €.* Installée dans les locaux de l'ancienne bibliothèque municipale (d'où le nom…), cette brasserie à l'ambiance très « cosy » fait partie des adresses incontournables de la ville. Décoration d'esprit pub anglais et honorable cuisine servie par une équipe dynamique.

Le Bistrot du Boucher – *29 bis bd Louis-Blanc - ✆ 05 55 10 20 00 - www.bistrotduboucher87.com - ♿ - formule déj. 14 € - 18/28 € bc.* Comme le suggère l'enseigne, ce restaurant propose un large choix de viandes (limousines de préférence). Il fait aussi la part belle au poisson avec, entre autres, un sandre rôti à l'unilatéral sur son lit de salade croquante. Sympathique décor de bistrot et service assuré par un personnel accueillant et efficace.

Chez Alphonse – *5 pl. de la Motte - ✆ 05 55 34 34 14 - bistrot.alphonse@wanadoo.fr - fermé 25 juil.-8 août, 26 déc.-9 janv., dim. et j. fériés -formule déj. 13 € - 21/47 €.* Comme le veut la tradition qui a donné son nom à ce bistrot animé, le chef « fonce aux halles » voisines faire son marché quotidien pour concocter une cuisine canaille généreuse.

BUDGET MOYEN

Le Pont St-Étienne – *8 pl. de Compostelle - ✆ 05 55 30 52 54 - www.lepontsaintetienne.fr - fermé 25 déc.-1er janv. - formule déj. 14,50 € - 20/45 €.* Au pied du pont St-Étienne, cette maison à colombages, parfaitement restaurée, s'est transformée en restaurant. À l'intérieur, sur deux étages, de grandes salles à manger, où l'on sert une cuisine régionale. Plats cuisinés par une équipe jeune et dynamique, ou plus simplement une « plancha » au bœuf, canard ou saumon. Agréable terrasse dominant la Vienne.

Le Versailles – *20 pl. d'Aine - ✆ 05 55 34 13 39 - www.restaurateursdefrance.com - 16/29 €.* Avec le palais de justice en toile de fond, cette brasserie fondée en 1932, agrandie d'une mezzanine circulaire, sert des petits plats simples adaptés à l'esprit du lieu.

Les Petits Ventres – *20 r. de la Boucherie - ✆ 05 55 34 22 90 - www.les-petits-ventres.com - fermé 16 avr.-2 mai, 4-25 sept., 19 fév.-7 mars, dim. et lun. - formule déj. 16 € - 25/35 €.* Plats canailles (spécialité de tripes) et large éventail de menus régalent les petits ventres et les autres ! Cadre rustique à colombages en cette maison du 14e s.

POUR SE FAIRE PLAISIR

Le Bœuf à la Mode – *60 r. François-Chénieux - ✆ 05 55 77 73 95 - fermé août, 25 déc.-1er janv., sam. midi, lun. soir et dim. - 29/35 €.* Amateurs de bonne viande, venez déguster les pièces de choix sélectionnées par un professionnel. Dans cette boucherie-restaurant décorée de tableaux, vous pourrez apprécier une table de qualité dans une ambiance amicale et authentique.

PETITE PAUSE

La Parenthèse – *Cour du Temple - 22 r. du Consulat - ✆ 05 55 33 18 25 - www.restaurant-tearoom-parenthese-limoges.com - tlj sf dim. 10h-18h30 (sam. 19h), lun. 10h-14h30 - fermé 3 sem. en août, j. fériés et le soir.* Ce salon de thé propose pâtisseries maison et restauration familiale à déjeuner. En terrasse, dans une cour du 16e s., ou dans la salle à manger, laissez-vous tenter par une pause gourmande.

ACHATS

Paul Buforn – *4 pl. de la Cité - ✆ 06 37 25 62 62 - www.artisandart.fr - fermé oct. et j. fériés.* Cet artisan émailleur passionné vous expliquera tout sur cette profession, sa tradition et ses techniques. Il vous convie à assister à des stages de formation et peut également procéder à des expertises et à la restauration d'émaux anciens. Il y a quelques années, Limoges comptait encore une centaine d'émailleurs. Il n'en reste aujourd'hui qu'une trentaine… Pour combien de temps ?

Royal Limoges – *28 r. Donzelot - ✆ 05 55 33 27 30 - www.royal-limoges.fr -10h-18h30 sf dim. hors sais. - fermé j. fériés*. Cette fabrique de porcelaine située dans le quartier historique des Casseaux est la plus ancienne manufacture du genre encore en activité. La visite guidée *(sur réservation)* vous fera découvrir l'histoire de l'établissement au fil des siècles. Souvenirs raffinés en vente au magasin d'usine.

Magasin d'usine Haviland – *40 av. du Prés.- John-Kennedy - autoroute A20, sortie n° 36 - ✆ 05 55 30 21 86 - www.haviland-limoges.com - juil.-août : 10h-18h30 ; reste de l'année : lun.-sam. 10h-13h, 14h-18h30 - fermé 1er janv., 1er mai et 25 déc.* Magasin d'usine des Haviland, famille américaine qui s'installa à Limoges en 1842, et produisit des services prestigieux pour les rois, les reines, et autres sommités. Musée et démonstration de fabrication de la porcelaine accompagnée d'un film sur grand écran. Grand choix de pièces (vaisselle, décoration…) à la boutique.

Aux délices de Mathilde – *8 r. Haute-Vienne - ✆ 05 55 34 19 32 - http://turinlabidoire.jimdo.com*. Dans ce magasin, tenu par Mathilde Labidoire, sont vendus les alcools produits par la distillerie artisanale Turin Labidoire, ainsi que des confitures, des moutardes et diverses terrines locales.

EN SOIRÉE

L'Irlandais – *2 r. Haute-Cité - ✆ 05 55 32 46 47 - fermé lun. de sept. à mai*. Lui, marin-pêcheur breton, a fait le tour du monde et a tenu un pub en Irlande. Elle, violoniste, a joué dans des cours royales. Tous deux ont fait de l'Irlandais une brasserie conviviale où l'on vient écouter des concerts de jazz, de musique celtique, etc. Ils ont même formé un groupe : leur CD est en vente sur place.

Zénith de Limoges – *Av. Jean-Monet - ✆ 05 55 45 79 19*. Le Zénith de Limoges, installé entre les carrefours d'Ester et d'Uzurat est desservi par un service de navettes nocturnes assuré après chaque concert.

Saint-Léonard-de-Noblat

★

4 650 Miaulétous – Haute-Vienne (87)

NOS ADRESSES PAGE 129

S'INFORMER
Office de tourisme – *Pl. du Champ-de-Mars - 87400 St-Léonard-de-Noblat - ✆ 05 55 56 25 06 - www.ville-saint-leonard.fr - juil.-août : lun.-sam. 10h-13h, 14h-18h30, dim. et j. fériés 10h-12h30 ; avr.-sept. : tlj sf dim. et j. fériés 10h-12h30, 14h30-17h30 ; mars et oct. : tlj sf dim. et j. fériés 10h-12h30, 14h30-17h.*

SE REPÉRER
Carte de microrégion C2 (p. 102) – *carte Michelin Départements 325 F5-6.*
St-Léonard-de-Noblat est perchée sur une colline dominant une vaste dépression coupée par les vallées de la Vienne, de la Maulde et du Taurion. On y accède par la D 941 au départ de Limoges, en direction de l'est.

À NE PAS MANQUER
Promenez-vous dans cette ville médiévale pleine de cachet. Vous y admirerez de jolies maisons à tourelles et une impressionnante collégiale romane, dotée d'un splendide clocher à gâbles.

ORGANISER SON TEMPS
Il faut compter une demi-journée pour découvrir sans se presser cette agréable ville et ses environs.

AVEC LES ENFANTS
L'HistoRail plaira aux enfants amateurs de trains miniatures, mais s'ils aiment les sciences, faites-leur revivre les expériences du grand physicien Gay-Lussac, dans le musée qui lui est consacré. La visite du moulin du Got leur révélera les secrets de la fabrication du papier.

Berceau de la belle race bovine limousine au pelage roux, la région de St-Léonard est un centre très dynamique : viande de boucherie destinée à l'exportation et reproducteurs sélectionnés contribuent à sa renommée. Quant à l'architecture romane limousine, elle trouve à St-Léonard-de-Noblat, jolie cité médiévale de la vallée de la maulde, l'un de ses plus beaux fleurons dans le clocher de l'ancienne collégiale.

Se promener

Le plan de la ville médiévale se lit encore très bien : la ceinture des boulevards épouse le tracé des anciens remparts, comme en témoignent les vestiges du **boulevard Carnot** au sud (restes d'une tour des remparts fin 12e s.) et de la **rue Jean-Jaurès** au nord-ouest (ancienne porte Champlepot avec des restes de mâchicoulis). C'est dans ce quartier que sont conservées nombre de vieilles demeures, dont certaines remontent au 13e s. Après avoir emprunté le pont de Noblat, c'est par la **rue Georges-Périn** (rue Aumônière, porte d'un hôpital du 13e s.) que les pèlerins entraient et sortaient de la cité. Les plaques des rues sont bicolores : en haut, la partie bleue indique le nom actuel ; en bas, la couleur rouge donne le nom à l'époque médiévale.

Collégiale de St-Léonard-de-Noblat, le déambulatoire
S. Sonnet / Hemis.fr

1

LA VILLE MÉDIÉVALE

Comptez 1h. Plan de la ville disponible à l'office de tourisme.
Partez de la **place Gay-Lussac**, ancien marché aux grains (monument et maison natale du savant). Cette place était, au Moyen Âge, le centre des affaires. Dans un angle, une maison du 13e s. présente, au-dessus d'une vaste baie en tiers-point, deux étages avec des fenêtres géminées. D'autres maisons de cette époque ont été retouchées aux 17e-18e s.

★ Ancienne collégiale

05 55 56 25 06 - visite guidée sur demande à l'office de tourisme.
C'est un bel édifice roman du 12e s. dont les murs latéraux et la chapelle du Sépulcre remontent au 11e s. Richard Cœur de Lion aurait contribué à sa construction, en reconnaissance de sa libération des prisons d'Autriche.

Clocher★★ – *Voir l'ABC d'architecture p. 88.* Ce clocher-porche, rattaché à la collégiale, est caractéristique de l'art roman limousin. De 52 m de haut, il repose sur un porche ouvert des deux côtés et garni de remarquables chapiteaux. La tour présente quatre étages de plan carré, surmontés de deux étages en retrait, sur un plan octogonal. La transition entre le plan carré et le plan octogonal est ménagée par un gâble aigu sur chaque face. De belles arcatures s'ouvrent à chaque étage, tandis qu'une flèche en pierre (52 m de hauteur), du 12e s., ajoute à l'élégance de l'ensemble.

Rotonde du Sépulcre – La rotonde fin 11e s. servait de baptistère. Remise en son état primitif, cette chapelle serait due à la dévotion d'un chevalier revenant de Terre sainte. La chapelle primitive, restaurée au 19e s., comporte une coupole reposant sur huit colonnes, autour de laquelle s'ouvrent quatre absidioles.

Façade ouest – Du 13e s., elle offre un large portail flanqué de nombreuses colonnettes ornées de fins chapiteaux à crochets, supportant des voussures.

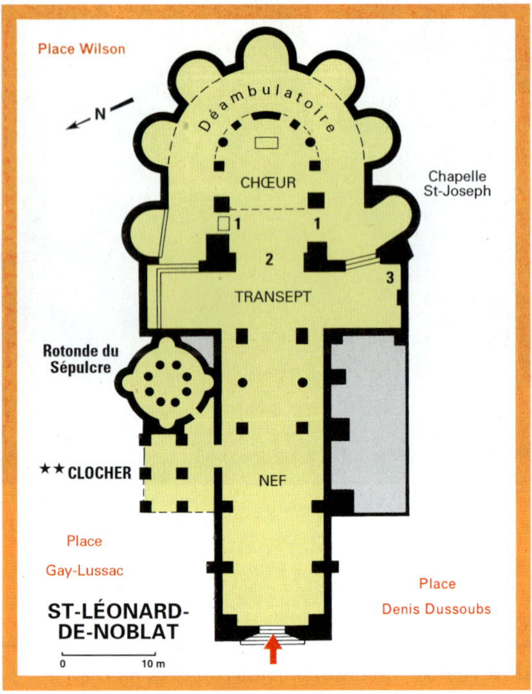

Chevet – Vu de l'extérieur, il est harmonieusement étagé et les chapelles sont couvertes de tuiles rondes. À l'intérieur, les différentes campagnes de construction (maquette et historique à l'entrée) donnent l'impression d'un manque d'unité et sont d'une interprétation difficile.

Nef – Elle est composée de cinq travées : la première, voûtée d'arêtes, et les deux suivantes, en berceau plein cintre, n'ont pas de bas-côtés ; dans les deux dernières, d'étroits collatéraux font leur apparition, et les voûtes sont en berceau brisé.

Transept – La croisée du transept est couverte d'une coupole sur pendentifs placée sur un tambour éclairé de huit fenêtres, et l'extrémité de chaque croisillon de coupoles plus petites.

Chœur – Plus large que la nef, le chœur (fin 12e s.) se raccorde assez maladroitement au transept. Il est d'une composition complexe : chacune de ses arcatures a été divisée en son milieu par un pilier ou une colonne, sur lequel reposent des arcs de décharge encastrés dans la construction. Le déambulatoire à sept chapelles rayonnantes est couvert d'une voûte d'arêtes irrégulières, soutenue par d'élégantes colonnettes entre les absidioles. Au 17e s., une surélévation a obligé à renforcer les supports : deux des minces colonnes du sanctuaire ont dû être intégrées dans des piles carrées disgracieuses, et une autre pile a été ajoutée sous l'arcade centrale.

Mobilier – Les stalles du 15e s. (1), en chêne, sont sculptées de motifs satiriques. Sur le maître-autel en bois doré du 18e s. (2), les reliques de saint Léonard sont enfermées dans une cage grillagée et surmontée de sa statue. Dans le croisillon sud, un enfeu abrite le « verrou » et le sarcophage du saint (3).

Le verrou est l'attribut de saint Léonard, invoqué pour la délivrance des prisonniers et, selon une tradition, pour vaincre la stérilité.
Revenez **place de la Collégiale** pour voir le portail de l'église et la maison des Consuls (13e s.), remaniée au 19e s. (fenêtres géminées, chapiteaux décorés).
De là, faites un aller-retour dans la **rue St-Léonard**. C'est dans la maison de l'ermitage que le saint demeura (statue en bois). Dans cette rue, des arcades d'anciennes boutiques des 15e et 18e s.
Prenez la rue Roger-Salengro jusqu'à l'**Espace Denis-Dussoubs** (couvent des filles de Notre-Dame du 17e s.). Vous verrez le portail St-Jérôme de la chapelle des Pénitents bleus et, dans le jardin, la galerie du cloître.

L'ERMITE LÉONARD

La ville doit son nom à l'ermite **Léonard**, filleul de Clovis, qui, au début du 6e s., choisit la forêt de Pauvain, aujourd'hui disparue, comme lieu de retraite, et y éleva un rustique sanctuaire. Sa piété et ses miracles firent de lui l'un des saints les plus populaires du Limousin. Un village se créa autour de l'ermitage et prit le nom de Noblat (de *nobiliacum*, « lieu de noble »). Bien avant la conquête romaine, un important itinéraire joignant Bourges à Bordeaux franchissait la Vienne près du village de Noblat : cette route, qu'un château des évêques de Limoges vint contrôler, devint, au 12e s., un chemin de Compostelle très fréquenté. **Saint Léonard** est invoqué pour la protection des chevaux, mais surtout pour la délivrance des prisonniers. Il est toujours représenté avec des instruments de captivité. Il est fêté au tournoi de la Quintaine.

1

Musée Gay-Lussac

05 55 56 25 06 - juil.-août : tlj sf lun. et j. fériés 15h-18h ; fermé sept.-juin et j. fériés - gratuit.
Installé dans l'ancien couvent des filles de Notre-Dame (foyer rural), le musée Gay-Lussac rend hommage à l'œuvre de ce savant hors pair en présentant des objets relatifs à ses expériences (nacelle de ballon) et des instruments illustrant ses découvertes (alcoomètre, baromètre, étuve, etc.). La première salle illustre la vie de cet homme qui demeura toujours attaché à sa ville natale. Elle le replace dans le contexte économique et industriel de son époque. La seconde salle évoque sa carrière et son activité avec, entre autres, une reconstitution d'un laboratoire de chimiste du 19e s.
Continuez dans cette rue et remontez par la rue du Maréchal-Foch jusqu'à la **place Wilson** (chevet de la collégiale, édifice roman du 12e s.). Empruntez ensuite la rue Gay-Lussac qui débouche **place de la République** (marché aux porcs) : les maisons ont conservé leurs façades à pans de bois, les arcades de leurs échoppes. Au nº 18 se trouve la **maison de la Tour ronde** (17e s.) et sa tourelle en encorbellement. À l'angle de la rue de la Halle, découvrez un autre édifice du 17e s., la **maison de la Tour carrée**, qui se distingue précisément par son échauguette de forme carrée.
En vous avançant vers la **place Noblat** (marché aux vaches), remarquez une maison du 13e s. avec une large entrée de boutique en tiers-point et un second étage percé de deux fenêtres géminées. De là, suivez la **rue de la Liberté**. Vous y verrez de belles maisons 17e s. et une statue polychrome de saint Léonard.

LE GÉNIE DE LOUIS JOSEPH GAY-LUSSAC (1778-1850)

Reçu à l'École polytechnique à l'âge de 19 ans, il se distingue très vite par ses travaux de physique et de chimie. Il découvre la **loi de la dilatation des gaz**, et fait plusieurs ascensions en ballon pour vérifier la diminution de la force magnétique terrestre à mesure qu'augmente l'altitude. Plus tard, il énonce les **lois de la combinaison des gaz**, et démontre, en 1809, que le chlore est un corps simple. Il découvre aussi le bore et l'acide fluoborique, et se signale par ses innombrables comptes rendus à l'Académie des sciences et par la valeur de son enseignement, au Muséum, à l'École polytechnique ou à la faculté des sciences.

À voir aussi

HistoRail

Au sud de la ville par la D 39 - 18 r. de Beaufort - ✆ 05 55 56 11 12 - www.historail.com - ♿ - expositions et animations juil.-août : tlj sf w.-end et j. fériés 10h-12h, 14h-18h - 4,50 € (8-16 ans 3 €).

Ce musée, installé dans une ancienne manufacture de chaussures du 19e s., retrace l'histoire du rail à travers un parcours à la fois pédagogique et ludique. Le voyage est illustré par l'intérieur d'un train, son fonctionnement et ce qui se passe « en dessous ». Quatre réseaux miniatures expliquent le rôle des gares, le fonctionnement d'un pantographe, les subtilités de la signalisation ferroviaire, tandis que des simulateurs de conduite révèlent les secrets de la traction. Vous découvrirez une reproduction de la gare de St-Léonard-de-Noblat et de son viaduc, un circuit de rocaille, et un second circuit sur 52 m de voies. La visite se poursuit à l'extérieur avec une voie ferrée dotée d'une draisine et du premier locotracteur Moyse, un attelage automatique, une pendule de gare de Limoges et divers matériels liés aux trains.

À proximité Carte de microrégion

Moulin du Got

Au Pénitent, à 1,5 km à l'ouest. Suivez les panneaux indicateurs. ✆ 05 55 57 18 74 - www.moulindugot.com - ♿ - visite guidée (1h30) de déb. avr. à fin sept. : merc., w.-end et j. fériés 14h-18h ; de déb. oct. à fin déc. : merc. et sam. 14h-18h ; vac. scol. de Pâques au 1er nov. : tlj 14h-18h, visite guidée : 14h30 et 16h - fermé 1er janv., dim. de Pâques, 1er mai, 1er et 11 nov. et 25 déc. - 7 € (-12 ans 3 €).

Construit au début du 16e s., ce moulin sur le Tard, un affluent de la Vienne, vous invite à découvrir la renaissance de ses ateliers, derniers témoins de l'importance de l'activité papetière limousine au 18e s. La grande originalité de ce musée vivant est de regrouper sur un seul et même site une **papeterie** et une **imprimerie**. La visite vous permet donc de découvrir tour à tour le processus de fabrication du papier, puis son utilisation graphique.

On descend tout d'abord dans la **salle des machines**, qui contient une mare, où la paille macère dans du lait de chaux avant d'être broyée sous les meules ; une pile hollandaise, servant à raffiner la pâte de paille ; une cuve pour la fabrication du papier à la main, et une machine à papier, pour sa fabrication mécanique ; une presse hydraulique, compactant le papier et expulsant un maximum d'eau ; un local à séchage. Pour la transformation du papier, on passe ensuite dans l'**atelier d'imprimerie**. Celui-ci comporte un rang de

casses (typographie lettre par lettre) et une linotype (typographie en ligne entière) ; diverses presses à imprimer : Stanhope en fonte (1793), presse à platine (1890), machine semi-automatique Heidelberg (1950) ; et pour réaliser divers effets artistiques, une presse lithographique, une presse à gaufrages ou encore une presse à taille-douce.
En sortant du moulin, une petite allée sur la droite vous permet de voir la **roue à augets** du moulin, reconstruite à l'identique en 2002.

NOS ADRESSES À ST-LÉONARD-DE-NOBLAT

HÉBERGEMENT

PREMIER PRIX

Camping municipal de Beaufort – *À Beaufort - 1,7 km par D 941, rte de Limoges puis 1,5 km à gauche par rte de Masleon, au bord de la Vienne - ✆ 05 55 56 02 79 - www.campingdebeaufort.com - de mi-mai à mi-sept. - ♿ - 98 empl. 17 €.* Ce camping ouvert tout l'été dispose d'une centaine d'emplacements plats et herbeux, bien protégés du vent. Les blocs sanitaires sont un peu modestes et vieillissants mais restent néanmoins très bien tenus. Superbe aire de jeux pour enfants avec pataugeoire et éléments en bois neufs.

BUDGET MOYEN

Hôtel Relais St-Jacques – *6 bd A.-Pressemane - ✆ 05 55 56 00 25 - www.lerelaissaintjacques.com - fermé 24 déc.-3 janv., 23 fév.-15 mars, dim. soir et lun. midi d'oct. à mai - Wifi - 9 ch. 50 € - ☕ 8 €, demi-pension possible.* Petites chambres simples, modestement meublées et bien entretenues.

RESTAURATION

BUDGET MOYEN

Le Grand St-Léonard – *23 av. du Champs-de-Mars - ✆ 05 55 56 18 18 - www.hotelrestaurantlegrandsaintleonard-limousin.com - fermé 20 déc.-20 janv., lun. sf le soir du 15 juin au 15 sept. et mar. midi - formule déj. 16 € - 22/61 €.* Ex-relais de poste à l'ambiance vieille France. Cuisine classique servie dans un cadre rustique soigné; collections de moules à gâteaux et de vaisselle en Limoges.

AGENDA

Voir l'Agenda dans la partie Organiser son voyage, p. 26.

1

Ambazac

5 254 Ambazacois – Haute-Vienne (87)

NOS ADRESSES PAGE 134

S'INFORMER

Office du tourisme d'Ambazac et du Val du Taurion – *3 av. du Gén.-de-Gaulle - 87240 Ambazac - ✆ 05 55 56 70 70 - www.tourisme-ambazac.fr - juil.-août : tlj sf dim. 9h-12h, 14h-18h, j. fériés 9h-12h ; reste de l'année : tlj sf lun., dim. et j. fériés 9h-12h, 14h-17h30 - fermé 24 déc.-1er janv.*

SE REPÉRER

Carte de microrégion B2 (p. 102) – *carte Michelin Départements 325-F5.*

À 20 km au nord-est de Limoges, Ambazac commande la région située entre la Marche et le Limousin. Vous y accéderez facilement grâce à l'A 20 (7 km à partir de l'échangeur 26) qui relie Limoges (au sud) à Châteauroux (au nord).

À NE PAS MANQUER

Le trésor de l'église d'Ambazac ; les riches échantillonnages du musée de Minéralogie et de Pétrographie ; le lac de St-Pardoux ; le somptueux panorama depuis la Pierre Branlante, au cœur des monts d'Ambazac.

ORGANISER SON TEMPS

Prévoyez environ 2h pour explorer le Val du Taurion, et une demi-journée pour découvrir les monts d'Ambazac, dont le charme apparaît pleinement en fin de saison.

AVEC LES ENFANTS

Vos enfants pourront s'émerveiller devant les séquoias géants de l'arboretum de la Jonchère, dont certains atteignent 50 m de haut !

À proximité de la vallée du Taurion et au pied du mont Gerbassou, Ambazac offre aux amateurs d'espaces verts et de randonnées un cadre champêtre. Petite ville active, elle fera également le bonheur des pêcheurs qui, dans les nombreux plans d'eau et ruisseaux de la commune, sauront y ferrer le poisson. Les richesses de la ville ne sont pas que naturelles puisque Ambazac rayonne aussi du trésor de son église, provenant de l'ancienne abbaye de Grandmont.

Se promener

★★ Trésor de l'église St-Antoine

Cette sobre église du 12e s., dont le chœur fut refait à la fin du 15e s., accueille deux pièces d'exception. La première, aux dimensions imposantes, correspond à la **châsse-reliquaire de saint Étienne**. Créée en 1189, elle fut réalisée en cuivre repoussé et ciselé orné d'émaux champlevés, de pierreries et d'intailles, et figurait, avec six autres châsses, sur l'autel majeur de Grandmont. Elle se présente sous la forme d'un édifice à deux niveaux couronné par un oiseau symbolisant l'âme du saint ou la colombe du Saint-Esprit.

La seconde, la **dalmatique** dite de saint Étienne de Muret, est un vêtement liturgique, de soie aux motifs d'or brillant sur un fond mat rouge, décoré d'un aigle de Byzance à deux têtes, dont les ornements montrent une nette influence mauresque. Selon la tradition, elle aurait été donnée à saint Étienne en 1121 par l'impératrice Mathilde, mais des analyses du tissu laissent à penser qu'il s'agirait d'un vêtement plus tardif (seconde moitié du 13e s.), vraisemblablement rapporté d'Espagne par un pèlerin de St-Jacques-de-Compostelle.

Parc du château Montméry

Ne se visitait plus lors de notre dernière visite. Rens. sur place.

Une allée sinueuse, ombragée de chênes et de hêtres, conduit au château Montméry. Ce havre de verdure, créé dans les années 1885-1890 pour le porcelainier **Théodore Haviland**, fut dessiné dans un style éclectique par un architecte de l'école de Hunt (New York). Une promenade dans le parc, planté d'essences rares – des végétaux américains uniques en France –, réserve de très belles **vues★** sur les monts d'Ambazac.

Musée de Minéralogie et de Pétrographie

5 av. de la Libération - ☏ 05 55 56 59 14 - ♿ - www.mairie-ambazac.fr - 15 juin-15 sept. : tlj sf lun., mar. et j. fériés (si w.-end) 10h-12h, 15h-18h, sam. et dim. 15h-18h ; reste de l'année : jeu. 15h-18h - possibilité de visite guidée (2h) - 5 € (- 15 ans 3 €).

Vous y découvrirez, sur trois niveaux, plus de 500 roches et 3 000 minéraux du monde entier. Le rez-de-chaussée bas, consacré à la pétrographie, contient des roches de grande taille : bombes volcaniques, calcaires fossilifères, granites, pegmatites, etc.

Parmi les merveilleux spécimens de minéraux du rez-de-chaussée haut, vous remarquerez des quartz roses de Madagascar, une halite d'Arabie Saoudite ou encore un granite orbiculaire des monts de Guéret.

Réservé aux minéraux et minerais métalliques, le premier étage vous surprendra par ses riches échantillonnages de cuivre et d'argent, de nickel, de cobalt et de chrome, de fer, d'aluminium ou d'or. Intensément exploités en Limousin pendant un demi-siècle, l'**uranium** et les uranifères font l'objet d'une exposition à part, avec des vitrines remplies de spécimens aux couleurs vives.

1

L'ORDRE DE GRANDMONT

Fondé en 1076 par **Étienne de Muret** (1046-1124), un saint ermite entouré d'un groupe de disciples, cet ordre se transporta à Grandmont, dans les monts d'Ambazac en 1125, et reçut de son quatrième prieur, **Étienne de Liciac**, une règle très sévère inspirée des enseignements d'Étienne. Les moines grandmontains ne devaient rien posséder en dehors de leur enclos et devaient se consacrer exclusivement à la prière et à la charité. Leur règle a profondément influencé au 13e s. celle des frères prêcheurs, les dominicains.

Protégé par les Plantagenêts, l'ordre rayonna en Aquitaine et au-delà des frontières par ses nombreuses « celles » appelées plus tard prieurés, mais son développement fut entravé par les révoltes des convers, qui avaient seuls la charge du temporel. À cette époque, dans le dernier tiers du 12e s., l'abbaye devint un centre artistique spécialisé dans l'émaillerie et l'orfèvrerie : on y exécuta de nombreux reliquaires et tout un mobilier eucharistique. L'ordre de Grandmont fut supprimé par le pape en 1772, et le trésor déplacé en 1790.

Circuits conseillés

De vigoureuses collines aux sommets arrondis (600 à 700 m d'altitude) et le **Taurion**, rivière aux gorges sauvages, dessinent ce pays. L'empreinte millénaire de l'homme marque la pierre à travers les mégalithes, les croix antiques et les villages aux façades trapues…

★ LES MONTS D'AMBAZAC

Circuit 1 de 60 km tracé sur la carte (ci-dessous) – Comptez environ 1/2 journée. Quittez Ambazac par le nord-ouest en empruntant la D 5, en direction de l'autoroute A 20 (échangeur 26).

Compreignac

Pl. du 8-Mai-45 - 87140 Compreignac - 05 55 71 09 14 - juil.-août : merc. et vend. apr.-midi, sam. mat.

Ce bourg s'est développé sur l'itinéraire de Limoges à Châteauponsac, où s'élevèrent des lieux de culte. Fortifiée aux 15e et 16e s., l'**église St-Martin** est couronnée d'une galerie à mâchicoulis. Le portail retombant sur une frise de chapiteaux sobrement sculptée ne manque pas d'élégance.

Quittez Compreignac par le nord en empruntant la D 60 A.

★ Lac de St-Pardoux

Cette étendue d'eau, qui a récemment fait l'objet d'un curage, s'étire sur 330 ha dans un site plaisant, créé pour satisfaire les sportifs en mal d'espace et les amoureux de nature.

Les aménagements sont concentrés sur **Chabannes** (plage, base de voile, départ de sentiers de randonnée) et **Santrop** (centre aquatique) au sud, et **Fréaudour** (plage base motonautique) au nord.

Quittez St-Pardoux par la D 103 à l'est. Après Razès, franchissez l'A 20 et suivez la D 44.

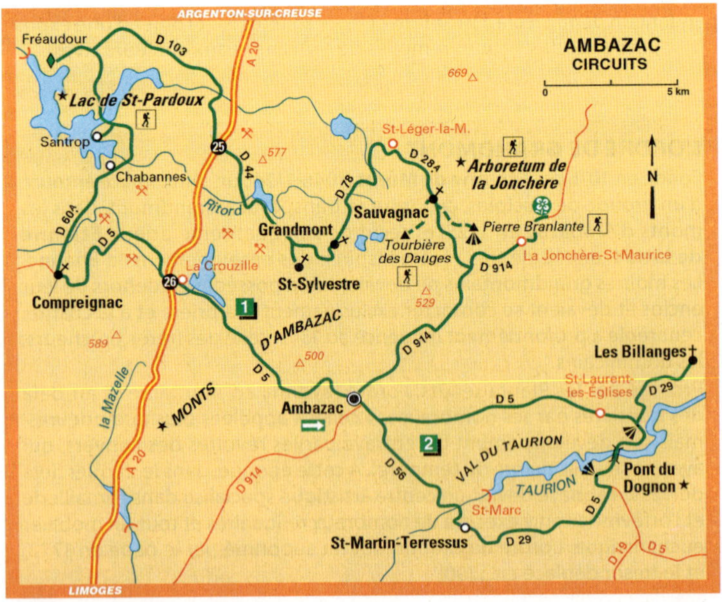

St-Sylvestre

L'église conserve un remarquable **buste reliquaire★** de saint Étienne de Muret provenant de l'abbaye de Grandmont.

Quittez St-Sylvestre par le nord en empruntant la D 78.

Grandmont

Les fondations et quelques pierres de taille sont les seules traces de l'abbaye de Grandmont dont les bâtiments avaient été élevés au 12e s., puis agrandis aux 14e et 15e s. Endommagée pendant la guerre de Cent Ans et les guerres de Religion, l'abbaye avait été complètement restaurée au milieu du 18e s., mais à la suite de la suppression de l'ordre à la veille de la Révolution, les bâtiments furent démolis.

Vous trouverez les plans de l'abbaye près de la **chapelle de Pèlerinage**, qui abrite des copies de la châsse d'Ambazac et de la croix reliquaire de Gorre.

Avant l'entrée dans St-Léger, prenez à droite la D 28A.

Sauvagnac

L'origine de ce minuscule village fut une « celle » (ou prieuré) de l'abbaye de Grandmont.

Chapelle – Lieu de pèlerinage à Notre-Dame dont la statue richement habillée couronne le maître-autel. À droite du chœur, une Pietà du 15e s.

Pierre Branlante – *1h AR à partir de la chapelle.* Chaos de blocs de granit d'où se développe une **vue★★** très étendue sur Ambazac et Limoges (sud-ouest), le mont Gargan et Monédières (sud-est), le puy de Dôme et le puy de Sancy (est).

À la sortie du village, tournez à droite et prenez le chemin qui part à gauche.

1h AR. Une belle promenade conduit à la **tourbière des Dauges**.

Poursuivez sur la D 28A, puis prenez à gauche la D 914.

★ Arboretum de la Jonchère

Cheminement libre sur 6 ha ; 2,5 km. Pour une agréable parenthèse verte, enfoncez-vous dans cette superbe forêt domaniale. Aujourd'hui géré par l'Office national des forêts (ONF), l'arboretum de la Jonchère fut créé en 1884 pour produire des plants destinés à reboiser les monts d'Ambazac et le plateau de Millevaches. Vous y découvrirez, le long d'un sentier balisé, une soixantaine d'espèces botaniques, notamment des essences originaires de la côte ouest nord-américaine (séquoias et thuyas géants, Douglas verts, sapins de Vancouver) et des espèces rares comme le « fau (hêtre) de Verzy », au curieux tronc hélicoïdal.

La D 914 ramène à Ambazac.

LE VAL DU TAURION

Circuit 2 de 30 km tracé sur la carte (ci-contre) – Comptez environ 2h.

Quittez Ambazac par le sud-est en empruntant la D 5, puis après le pont (voie ferrée), prenez à droite la D 56.

St-Martin-Terressus

Le bourg domine la retenue du barrage de St-Marc.

La D 29 puis la D 5 ménagent de nombreuses échappées sur le barrage de St-Marc et le **lac-réservoir**.

1

★ Pont du Dognon

Cet ouvrage enjambe le Taurion dans un site remarquable de falaises boisées ou hérissées de rochers.

Quittez la D 5 pour emprunter à droite la D 29.

Église des Billanges

Sur demande à la mairie (3 j. av.) - ✆ 05 55 56 56 24.

Cette église fortifiée (12e-15e s.) renferme une belle châsse émaillée du 13e s.

Revenez vers la D 5 qui ramène à Ambazac.

NOS ADRESSES À AMBAZAC

HÉBERGEMENT

BUDGET MOYEN

À proximité

Chambre d'hôte Le Château de St-Antoine – *22 av. de Maison-Rouge - 87270 Bonnac-la-Côte -10 km à l'ouest par D 920 et D 220 - ✆ 05 55 36 61 71 - www.chateau-de-st-antoine.com - ♿ - P - 🚭 - 5 ch. 70/120 € ☕.* Un joli château avec du mobilier ancien, chiné ou de famille, qui abrite maintenant cinq chambres toutes différentes. Spacieuses pour certaines, plus petites pour d'autres, on retrouve le même phénomène pour les salles d'eau. Petite cuisine à disposition pour les hôtes. Une adresse sans prétention.

RESTAURATION

BUDGET MOYEN

À proximité

Ferme Auberge de la Besse – *La Besse - 87340 Les Billanges - 15 km à l'est par D 5 et D 29 - ✆ 05 55 56 57 76 - www.fermedelabesse.fr - fermé janv. - ♿ - P - 🚭 - 22/32 €.* A la limite du département, cette adresse toute simple, recouverte de lierre, offre de vrais produits fermiers et un accueil charmant. On y élève volailles, agneaux, lapins, bœufs, porcs « cul noir » du limousin. On y cultive aussi salades, légumes, parfois anciens comme les topinambours ! Enfin, on y cueille cèpes et châtaignes pour préparer de succulents veloutés.

Relais du Taurion – *87480 St-Priest-Taurion - ✆ 05 55 39 70 14 - fermé 15 déc.-15 janv., dim. soir et lun. soir - 20/35 € - 8 ch. 55 € - ☕ 9 €.* Un vent nouveau souffle sur ce restaurant tout juste repris par un jeune couple. Vaste maison bourgeoise au cadre sobrement rustique et cuisine de base traditionnelle.

ACTIVITÉS

Plan d'eau ou site de Jonas – *Rte de la Jonchère - ✆ 05 55 56 61 45 - www.mairie-ambazac.fr.* C'est toujours un plaisir de se laisser bercer par le doux clapotis de l'eau, à bord d'un pédalo ou sur la plage aménagée (baignade surveillée en été). Vous pourrez également pratiquer la pêche, la planche à voile ou partir en randonnée en empruntant l'un des nombreux circuits balisés. Camping sur place.

Bellac

4 401 Bellachons – Haute-Vienne (87)

NOS ADRESSES PAGE 140

S'INFORMER

Office du tourisme intercommunal du Haut-Limousin – *R. des Doctrinaires - 87300 Bellac - ✆ 05 55 68 12 79 - www.tourisme-haut-limousin.com - juil.-août : 9h30-13h, 14h-18h30, dim. et j. fériés 9h30-12h30 ; juin et sept. : tlj sf dim. et j. fériés 9h30-12h30, 14h-18h30 ; reste de l'année : tlj sf dim. et j. fériés lun.-vend. 9h30-12h30, 14h-17h30, sam. 9h30-12h30.*

SE REPÉRER

Carte de microrégion AB1 (p. 102) – *carte Michelin Départements 325 D 4.* À 40 km au nord-ouest de Limoges par la N 147. Étagé sur un éperon dominant la vallée du Vincou qui va se jeter, non loin de là, dans la Gartempe, Bellac se situe à la limite des plateaux du Limousin et des plaines du Poitou.

À NE PAS MANQUER

La maison natale de Jean Giraudoux et l'église Notre-Dame.

ORGANISER SON TEMPS

Prévoyez une journée pour la visite des monts de Blond et de la Basse-Marche, sources d'inspiration de Jean Giraudoux. Terminez votre journée par la visite de sa maison natale.

AVEC LES ENFANTS

Emmenez-les à Montrol-Sénard pour leur montrer la vie d'un village au 19e s., et surtout, n'oubliez pas l'école !

Bellac serait en somme une ville très littéraire : Giraudoux y naquit, La Fontaine y fit un bref passage, le temps d'une fable... Ne dire que cela serait toutefois oublier l'intérêt du site qu'occupe Bellac, au cœur d'un paysage vallonné et verdoyant, point de départ idéal pour découvrir la Basse-Marche et les monts de Blond.

Se promener

Laissez votre voiture place de la République, près de l'hôtel de ville (16e s.), et prenez la rue Lafayette, en face de la mairie. À 100 m, beau point de vue d'une terrasse sur l'église, le Vincou au loin, encaissé entre des versants rocheux, le vieux pont de pierre et le viaduc.
Non loin, au 29 rue Thiers, une plaque évoque le séjour que fit La Fontaine, en 1663, dans une hostellerie où il écrivit *Le Coche et la Mouche*.

Église Notre-Dame

Bâtie au 12e s., on ajouta au 14e s., à la nef romane primitive, une nef ogivale à chevet plat et un clocher carré. Le portail sud possède de petits chapiteaux en serpentine.

LE DRAMATURGE JEAN GIRAUDOUX, ENFANT DU PAYS

Né à Bellac en 1882, il est l'initiateur d'un théâtre d'un genre nouveau où se mêlent l'ironie, la poésie et la magie. *Siegfried et le Limousin, Amphitryon 38, Intermezzo, Électre, Ondine, La Folle de Chaillot, L'Apollon de Bellac...* font de lui l'un des grands dramaturges contemporains. Son style est étincelant, plein d'ingéniosité et de raccourcis imprévus. Une partie de son œuvre reflète les paysages qu'il a connus enfant et qu'il évoque dans *Suzanne et le Pacifique*. Sa description de Bellac en témoigne : « *J'habitais, avec mon tuteur, une maison tout en longueur, dont chaque porte-fenêtre donnait sur la ville, chaque fenêtre sur un pays à ruisseaux et à collines, avec des champs et des châtaigneraies comme des rapiéçages..., car c'était une terre qui avait beaucoup servi déjà, c'était le Limousin.* »

À gauche de l'entrée, dans un coffre mural, est conservée la plus ancienne **châsse★** du Limousin. Probablement exécutée à Conques dans les premières décennies du 12e s., elle rassemble sur ses panneaux de cuivre doré, semés de cabochons et de remplois de bijoux antiques, de beaux médaillons champlevés de diamètres différents selon la hiérarchie des symboles qu'ils proposent. Sur la face principale apparaît le Christ (en haut : Agneau nimbé portant la Croix, en bas : Jésus écartant le Mal de sa main droite) entouré des symboles des quatre évangélistes.

Maison natale de Jean Giraudoux

4 av. Jean-Jaurès - 87300 Bellac - ✆ 05 55 68 12 79 - juil.-août : tlj sf mar. 14h30-17h - 3 €.

Les admirateurs de l'écrivain de Bellac trouveront ici une foule de documents sur l'auteur et sa famille : lettres, photos, maquettes et affiches de théâtre (signées Paul Colin). On visite notamment la chambre occupée par Giraudoux et sa bibliothèque qui comporte une précieuse collection de ses livres et manuscrits.

Un **monument** à la mémoire de Jean Giraudoux, sculpté par Chauvenet, a été élevé en 1951 dans le jardin aux arbres magnifiques attenant à l'hôtel de ville ; de chaque côté de son portrait en médaillon ont été représentées six héroïnes de ses œuvres : Ondine, Alcmène, Judith et Bella, Isabelle, Suzanne.

Circuits conseillés Carte de microrégion

★ LA BASSE-MARCHE

Circuit de 55 km tracé sur la carte de microrégion (p. 102) – Comptez environ 2h30. Quittez Bellac par l'est en empruntant la D 1, en suivant la direction de Châteauponsac.

Rancon

Cette paisible cité de la vallée de la Gartempe est construite à flanc de coteau. Sur une petite place se dresse une **lanterne des morts** (12e s.) surmontée d'une croix à cinq lobes.

De transition romano-gothique et fortifiée au 14e s., l'**église** faisait partie de la ligne de défense du bourg. Le clocher, tour carrée du 16e s., se termine en un bulbe couvert de bardeaux. Au chevet, remarquez les mâchicoulis avec ouvertures pour le tir à l'arc. Dans le chœur, Christ en bois du 13e s. Les beaux vitraux, refaits au 19e s., évoquent N.-D. de Lourdes et St-Sulpice.

Châteauponsac

Pl. Mazurier - 87290 Châteauponsac - ✆ 05 55 76 57 57 - juil.-août : mat. et apr.-midi, dim. mat; mai-juin et sept. : tlj sf dim. mat. et apr.-midi; reste de l'année : se rens. - fermé lun., vac. de Noël ou pôle accueil de St-Pardoux au ✆ 05 55 76 56 80.

Perchée sur un promontoire dominant un méandre encaissé de la Gartempe, la vieille ville de Châteauponsac se presse autour de l'église St-Thyrse. Avec son cadre naturel privilégié, ce site est une station verte agréable, dotée de nombreux circuits de randonnée.

Après avoir contourné l'église St-Thyrse, il faut traverser le quartier appelé Sous-le-Moustier, intéressant faubourg où se pressent des maisons du 15e s. flanquées d'escaliers extérieurs en pierre. À l'extrémité de cette rue, découvrez la vallée encaissée de la Gartempe et la vieille cité, entourée de jardins en terrasses. Vous pouvez ensuite descendre jusqu'au pont romain (il date en fait de 1609) en voiture ou à pied par le chemin des Anglais, qui démarre en face du musée *(voir ci-après)*. L'endroit est enchanteur. La Gartempe s'écoule joyeusement entre les collines couvertes d'arbres et la cité de Châteauponsac. À côté du pont, une aire de pique-nique au bord de l'eau n'attend que vous. Juste après se trouve une voie pavée qui suit le tracé d'une ancienne voie romaine.

Pour un joli **panorama★** sur la vallée et Châteauponsac, faites l'ascension de la **colline St-Martial** à pied par la voie romaine ou en voiture *(après le pont, contournez la colline et suivez la direction « Vallée de la Gartempe »)*. Vous pourrez continuer jusqu'au village de Letrade pour voir son abreuvoir et ses croix de pierre.

Église St-Thyrse – Fondée au 10e s., elle fut un prieuré de Déols *(voir p. 444)*. Son architecture en forme de croix latine l'apparente aux églises berrichonnes. Le chœur et le transept remonteraient au début du 12e s., mais la nef et les bas-côtés voûtés d'ogives datent du 15e s. En effet, en 1370, le **Prince Noir** détruit la nef et la façade de l'église du 12e s. qui sont finalement restaurées en 1430-1431. Les murs romans de la nef sont conservés, mais de nouvelles fenêtres sont percées. L'église est ensuite fermée par une façade en ogive. La croisée, très élevée, porte une coupole sur pendentifs. Sous le croisillon sud, une petite crypte rectangulaire possède une abside flanquée d'une absidiole. Elle servait pour les prières nocturnes des moines. Le chœur s'orne de belles colonnes aux chapiteaux sculptés : on peut notamment voir deux animaux accolés tenant une tête d'homme, Daniel debout entre des lions difformes, des volutes et des feuillages. Remarquez une chaire de pierre de 1642, un grand lutrin du 18e s., des statuettes de bois polychrome des 16e et 17e s. et un retable fin 18e s. Provenant de cette église, un **fer à hosties** du 13e s. (très rare) est aujourd'hui conservé au musée de Châteauponsac.

Musée René-Baubérot – *Pl. St-Thyrse - ✆ 05 55 76 39 52 - www.museechateauponsac.com - juin-sept. et vac. scol. : 14h-18h; reste de l'année : merc., w.-end et j. fériés apr.-midi - 5 € (-16 ans 3 €) ; 6 € billet combiné avec la Maison du terroir.*

Il est installé dans un ancien prieuré bénédictin fondé en 1318. Ses collections montrent les arts et traditions populaires de la Haute-Vienne ainsi que l'histoire de la ville et de sa région. La visite commence par la reconstitution de la pièce commune qui servait à la fois de cuisine et de chambre. Puis c'est le four à pain et tous les objets qui s'y rattachent. Au 1er étage, on découvre l'atelier de couture et ses mannequins; des objets datant de l'époque gallo-romaine au 17e s., dont le fer à hosties de l'église St-Thyrse; la mode féminine à travers de magnifiques costumes et leurs accessoires. Au 2e étage, des vitrines racontent l'évolution de la photographie. C'est ensuite le savoir-faire local qui est mis en valeur à travers le travail du bois, l'atelier du cordonnier, les maçons creusois réputés pour leurs compétences, l'atelier du menuisier, les vanneries, le travail du chanvre et celui du café. Une chambre d'enfant du 19e s., avec ses jouets, précède la salle des minéraux où l'on peut voir entre autres les productions régionales. Enfin, de nombreux documents d'archives retracent l'histoire de Châteauponsac et de sa région. Au 3e étage sont exposées des maquettes réalisées par les compagnons, ainsi que l'évolution de l'habitat rural. On sort du musée en passant par la salle de la préhistoire et celle des moulins et pressoirs. La visite se poursuit par la **Maison du terroir** *(en face du musée)*, où sont organisées des expositions annuelles.

La **chapelle N.-D.-de-Toute-Bonté**, située route de Bellac, est une construction romane à chevet plat pourvue de bas-côtés gothiques. À l'intérieur, retable du 17e s., statues des 15e et 17e s.

Prenez la D 45 très sinueuse, qui se déroule dans un agréable paysage de bocage.

Magnac-Laval

Cette bourgade limousine est connue pour sa célèbre **procession de St-Maximin** qui, chaque année dans la nuit du dimanche au lundi de Pentecôte, se déroule dans la campagne sur plus de 50 km. Les pèlerins, une couronne de fleurs au cou, partent après la messe de minuit et ne rentrent qu'à la tombée du jour.

L'**église** possède un chevet plat du 12e s. et est coiffée d'un beau clocher hexagonal en pierre de taille. Elle abrite les reliques de saint Maximin.

C'est là que naquit **Georges Guingouin**. Cet instituteur prit le maquis dès 1941 et organisa de nombreuses opérations de résistance. À la tête de 20 000 hommes, il libéra Limoges dont il devint le maire en 1945.

★★ Collégiale St-Pierre du Dorat *(voir p. 141)*

La route *(D 675)* qui ramène à Bellac traverse la vallée de la Gartempe.

LES MONTS DE BLOND

Circuit de 60 km tracé sur la carte de microrégion (p. 102) – Comptez environ 2h30. Quittez Bellac par le sud en empruntant la D 3.

Les monts de Blond sont les premières hauteurs que l'on rencontre en venant de l'Atlantique. Ils présentent l'aspect d'une succession de collines dont le point culminant se situe aux rochers de Puychaud (515 m).

Terre de mystères et de légendes, cette « montagne » forme une entité à part, avec ses **mégalithes**, ses croix de pierre et ses chapelles isolées, dans un paysage très vert, parsemé d'étangs.

Blond

L'**église** fortifiée date de la fin du 12e s. Très massive de l'extérieur, elle comprend une vaste nef dotée de six chapelles latérales ornées de statues en bois. Des vestiges de fortifications (mâchicoulis), ajoutées au 16e s., sont visibles au-dessus du portail encadré de deux contreforts massifs et surmonté d'une cloche.

Place de l'Église, suivez la signalisation « Rochers de Puychaud ». La route pénètre au cœur des monts de Blond.

Rochers de Puychaud

À gauche de la route, on aperçoit de curieux amoncellements de blocs de granit ayant subi une érosion en boule : certains ont cru reconnaître à cet endroit l'existence de pierres sacrificielles. Une plaque dédiée au poète

occitan **Frédéric Mistral** rappelle que la frontière entre les pays de langue d'oc et de langue d'oïl passait ici.
Juste après Boscartus, prenez à gauche le chemin carrossable signalé.

Pierre Branlante

Laissez votre voiture et faites 50 m à pied. Un chaos de pierres en équilibre instable se dissimule dans les bois.
Rejoignez la D 204.

Peyrelade

À l'entrée de ce hameau, un chemin carrossable, à gauche, mène à une plateforme rocheuse d'où l'on a un bon **point de vue** sur les monts du Limousin et le Nontronnais.

★ Montrol-Sénard

✆ 05 55 68 12 79 - visite libre de déb. mai à mi-nov. - possibilité de visite guidée sur demande préalable.
Offrant un magnifique panorama, ce village pittoresque aux belles maisons en pierre mérite qu'on s'y attarde. Ses habitants, désireux de garder la mémoire des Anciens, ont décidé d'ouvrir au public un certain nombre de bâtiments qui illustrent parfaitement la vie d'autrefois. En flânant au hasard des petites ruelles, vous découvrez donc, avec beaucoup de plaisir, la vie des paysans et des artisans de Montrol-Sénard au début du 20e s. Ici, point de vaisselle en cuivre ou de meubles signés ! Simplement un retour au passé d'un village autrefois peuplé de gens modestes qui se révèlent à vous à travers des objets de la vie quotidienne…

1

Commencez la visite par l'**école communale** *(en face de l'église)*. Un plan du parcours « nostalgie rurale » vous est prêté pour le temps de votre visite. L'école en activité de 1877 à 1952 est tout à fait c harmante. Avec son bureau d'instituteur, ses tables à encriers, ses cartes au mur et son poêle rond, il ne lui manque plus que des élèves pour qu'elle revive tout à fait ! Vous passez ensuite dans la **maison « Chabatz d'Entrar »**, habitation à pièce unique d'un agriculteur : au fond, le lit à rideau, le coin toilette et le coffre à vêtements ; devant, le coin repas-cuisine qui s'organise autour de la cheminée et de la grande table rectangulaire. À côté de cette pièce, l'**étable-cellier** avec ses différents outils (pour le jardinage, l'élevage…) et en haut, le **grenier**, ancienne réserve à grains, où sont expliqués les petits métiers (travail du chanvre et du lin, tissage, couture) et les traditions du village.
Le pain n'aura plus de secret pour vous une fois que vous aurez visité le **fournil** et le **four à pain**. Des panneaux largement illustrés montrent les différentes étapes de la fabrication du pain. Vous pouvez voir également l'ancien **bûcher** et le **local** réservé aux cochons et aux poules. En passant par l'**abreuvoir** où les paysans menaient leurs vaches, vous irez chez le **sabotier**, puis chez le **cordonnier** qui conservent encore quelques galoches d'enfants bien usées. Ensuite, vous irez glaner des nouvelles au **café d'Angèle** avant de vous rendre dans la **grange-étable** où l'on rentrait le soir les carrioles et les bêtes.
En revenant sur vos pas, arrêtez-vous au **lavoir**, lieu de rencontre et d'échange pour les femmes. La petite **église romane** des 12e-13e s., sur la place, réunissait tout le village pour la messe du dimanche. Ses murs très épais protègent du vent. Son portail est orné d'une croix en granit au style particulier. N'oubliez pas la **forge** du maréchal-ferrant avant de vous rendre au cimetière pour voir la **lanterne des morts** et la **croix hosannière**. De l'artisanat et des produits régionaux sont proposés à la vente durant l'été.
Suivez la D 5 A en direction de Bellac.

★ Mortemart

Château des Ducs - 87330 Mortemart - ✆ 05 55 68 98 98 - horaires se rens.
Ce village fleuri au passé glorieux est le berceau de la famille des Mortemart, à laquelle appartenait **Mme de Montespan**, favorite de Louis XIV. Le couvent des Augustins *(propriété privée)* jouxte l'église. De l'autre côté de la route se dresse l'imposant couvent des carmes dont une partie a été transformée en chambres d'hôte. En vous promenant dans Mortemart, vous pourrez voir les vestiges du château *(fortement remanié)*, de belles maisons en pierre ainsi que de vieilles halles en bois qui abritent le marché du village.

L'**église**, comme le couvent des Augustins, date du 14e s. et fut l'œuvre du cardinal Gauvain. Elle est couronnée d'un curieux clocher à bulbe, en ardoises. Son chœur est isolé de la nef par une barrière en bois. Des stalles longent les murs. Celles du chœur (15e s.) sont particulièrement belles. Les métiers – roi, pasteur, bûcheron, moine, guerrier – sont sculptés sur les dossiers et les accoudoirs, tandis que des animaux et des démons ornent les dessous des sièges (« les miséricordes »). L'autel, monumental, se compose d'un retable baroque en bois doré du 17e s. orné en son centre d'un tableau figurant l'Assomption de la Vierge (1651). Deux bustes reliquaires d'un duc et d'une duchesse, une Pietà et deux peintures sur bois complètent l'ensemble : à droite, la résurrection du Christ ; à gauche, l'ouverture du tombeau de la Vierge rempli de roses. Dans le chœur se trouvent également un lutrin en bois doré du 17e s., une Vierge en pierre polychrome du 14e s. et au sol, des blasons.

Quittez Mortemart par le nord-ouest (D 4).

Château du Fraisse

✆ 05 55 68 32 68. Édifié au 13e s., entièrement reconstruit aux 15e-16e s. selon les plans d'un architecte italien, cet élégant édifice de style Renaissance pourvu de beaux communs en retour d'angle et d'un très grand parc se visite sur rendez-vous. Possibilité de loger dans des chambres de charme.

Poursuivez sur la D 4 jusqu'à Mézières-sur-Issoire et revenez à Bellac par la D 951.

NOS ADRESSES À BELLAC

HÉBERGEMENT

BUDGET MOYEN

À proximité

Hôtel Bellevue – *2 av. de Limoges - 87250 Bessines-sur-Gartempe - ✆ 05 55 76 01 99 - www.bellevue87.com - fermé 8 janv.-8 fév., vend. soir sf juil. à sept. et sam. midi - ♿ - Wifi - 12 ch. 52 € - ☕ 8 €, demi-pension possible.* Cette auberge de village à l'ambiance familiale, idéale pour l'étape, met à votre disposition des chambres fonctionnelles, simples et bien pratiques.

RESTAURATION

BUDGET MOYEN

À proximité

Le Relais – *1 pl. Royale - 87330 Mortemart - ✆ 05 55 68 12 09 - www.le-relais-mortemart.fr - fermé fév., mar. sf du 15 juil. au 31 août et lun. - 19/47 € - 5 ch. 48/55 € - ☕ 9 €, demi-pension possible.* Pierres apparentes, cheminée et poutres dans ce sympathique restaurant situé face aux jolies halles en bois. Cuisine traditionnelle réalisée avec de bons produits. À l'hôtel, chambres simples mais coquettes.

Intérieur de la collégiale St-Pierre du Dorat
F. Guiziou / Hemis.fr

1

Collégiale St-Pierre du Dorat

★★

1 875 Dorachons – Haute-Vienne (87)

NOS ADRESSES PAGE 144

S'INFORMER

Office du tourisme du Dorat – *17 pl. de la Collégiale - 87200 Le Dorat - ✆ 05 55 60 76 81 - www.ledorat.com - de déb. juin à fin sept. : tlj sf dim. et j. fériés 9h30-12h30, 14h-19h ; reste de l'année : tlj sf dim. et j. fériés 9h30-12h30, 14h-18h.*

SE REPÉRER

Carte de microrégion B1 (p. 102) – *carte Michelin Départements 325 D 3.*
On accède au village du Dorat en empruntant la D 675 vers le nord au départ de Bellac (12 km).

À NE PAS MANQUER

Évidemment beaucoup d'éléments de la collégiale, en particulier le curieux portail mozarabe, attribué à l'influence des pèlerins de St-Jacques-de-Compostelle, le clocher octogonal et la cuve baptismale sculptée de faces de lions.

ORGANISER SON TEMPS

Prévoyez au moins 2h pour découvrir l'architecture remarquable de la collégiale.

Siège de la sénéchaussée principale de la Basse-Marche du 16e s. à la Révolution, le village du Dorat possède l'un des monuments les plus remarquables du Limousin par son architecture austère et majestueuse : la collégiale St-Pierre. C'est en ces lieux qu'officièrent deux saints révérés dans la région : Israël et Théobald.

Se promener

LA COLLÉGIALE

✆ 05 55 60 76 81 - se rens. à l'office de tourisme pour visite guidée (30mn) - 10h-18h - gratuit.
En forme de croix latine, la collégiale St-Pierre, en granit du pays, impressionne par ses dimensions imposantes (77 m de longueur et 39 m au transept) et ses proportions harmonieuses. Elle s'élève à l'emplacement d'une église du 10e s. détruite quelques années après sa construction par un incendie. Les travaux de la collégiale débutent vers 1100 simultanément à l'est et à l'ouest et se terminent à la fin du 12e s. L'édifice, dans ses grandes lignes, a déjà son aspect actuel. Sa crypte est dédiée à sainte Anne. Au 15e s., les temps incertains amènent la ville à se fortifier. Une tour s'élève au-dessus de la chapelle axiale de l'abside de la collégiale qui s'intègre désormais aux fortifications.

Extérieur

Voir l'ABC d'architecture p. 88. La façade ouest, massive, s'ouvre par un très large **portail polylobé** témoignant d'une influence mozarabe qui pourrait être attribuée aux pèlerins de St-Jacques-de-Compostelle. Les voussures à mouluration limousine apportent une note gaie et originale qui atténue la sévérité de la façade. À la croisée du transept se dresse un élégant **clocher octogonal** (26 m de haut) à trois étages d'inégale hauteur, percés de fenêtres à trois voussures limousines au premier, d'arcatures trilobées au deuxième et de fines baies géminées au troisième. Il est surmonté d'une flèche élancée et d'un ange du 13e s. En cuivre doré, haut de 1,66 m, ce dernier domine l'édifice à plus de 60 m.

En contrebas de la place de l'Église, vue intéressante depuis le cimetière sur l'étagement des clochetons et des tours qui forment la partie haute du **chevet** : l'absidiole centrale supporte une tour semi-circulaire qui appartient au système de défense établi au 15e s. Deux contreforts rectangulaires soutiennent chaque absidiole ; toutes les baies sont à une seule voussure limousine.

Intérieur

Le portail s'ouvre sur l'église par deux portes séparées par un trumeau composé de colonnes accolées. L'intérieur de cette collégiale est très étonnant.

LES OSTENSIONS DU DORAT

L'exposition et la vénération des reliques de saints (« Ostensions ») avaient jadis lieu lors d'événements exceptionnels ou de période de fléau. Désormais, depuis plus de trois siècles, tous les sept ans, sapeurs et tambours en uniformes du Premier Empire constituent la garde d'honneur de la procession des Ostensions du Dorat. Durant cette fête très populaire, à la fois religieuse et folklorique, les châsses des deux saints protecteurs Israël et Théobald sont portées avec solennité à travers le village.

SAINT ISRAËL ET SAINT THÉOBALD

Né au Dorat en 950, Israël est élevé par les chanoines du chapitre. En 988, l'évêque de Limoges le remarque, en fait son conseiller et l'emmène à la cour du roi Robert le Pieux. Nommé supérieur du chapitre collégial, il est chargé par le pape français Sylvestre II de restaurer le monastère de St-Junien. Revenu au Dorat, il se consacre à l'éducation des religieux. Parmi ses élèves se trouve le jeune Théobald (né en 990). Érudit, celui-ci est finalement admis parmi les chanoines. Après la mort de saint Israël en 1014, il continue les travaux de l'église, et meurt en 1070.

Sombre, très haut de plafond, l'édifice surprend par ses différences de niveaux. La première travée en effet, couverte par une coupole circulaire, surplombe le reste de l'édifice.

Il faut donc descendre par un escalier monumental de douze marches pour pénétrer dans la nef. Une grande cuve baptismale en pierre d'époque carolingienne (9e s.), vestige de l'église antérieure, se dresse en bas des marches de l'escalier, dans l'axe de la nef. Elle est décorée sur ses faces de lions aux queues fleuronnées. Les quatre travées de la nef sont voûtées en berceau brisé sur doubleaux. Des bas-côtés étroits contiennent la poussée de la voûte principale et fournissent seuls l'éclairage. L'absence de lumière accentue l'aspect très massif de la collégiale. À la croisée du transept s'élève une haute coupole sur pendentifs dont le tambour est ajouré de huit fenêtres.

Deux tombeaux de granit du 12e s. occupent le bras droit du transept. Jusqu'au 17e s., ils abritaient les corps des deux saints Israël et Théobald. En 1659, leurs reliques furent reléguées dans deux châsses en bois doré aujourd'hui exposées dans les chapelles du déambulatoire. Les arcades du chevet reposent sur quatre colonnes ornées de chapiteaux à feuillages.

Crypte

✆ 05 55 60 76 81 - visite guidée (30mn) mai-sept. : tlj sf dim. et j. fériés 10h-12h, 15h-19h ; reste de l'année : tlj sf dim. et j. fériés 9h30-12h, 14h-18h - gratuit.

Elle s'étend sous le chœur dont elle reproduit le plan et les proportions. Ce beau sanctuaire du 11e s. est placé sous le vocable de sainte Anne. Il se distingue par ses colonnes et ses chapiteaux primitifs. La chapelle absidiale abrite des fragments de statues du 13e s., une statue polychrome de sainte Anne et une Pietà du 15e s., ainsi qu'une croix reliquaire à double traverse du 13e s., provenant du trésor de la collégiale.

LA VILLE

Avec ses ruelles étroites et tortueuses qui lui confèrent encore un aspect de cité médiévale, la capitale de la Basse-Marche est une ville de caractère.

Les curiosités suivantes retiendront votre attention :

Porte Bergère (15e s.) – Seule porte fortifiée subsistant en Haute-Vienne, classée aux Monuments historiques.

Rue des Bouchers – Emplacement de l'une des quatre anciennes portes de la ville, murée au 15e s.

Rue des Fours – Anciennes prisons *(no 13)*, Carmel *(no 10)*.

Tour Gévardat (15e s.) – Joli point de vue sur la vallée de Courtoison.

Rue St-Michel – Hôtel du sénéchal Claude de la Pouge (16e s.), flanqué d'une échauguette surmontée d'un épi de faîtage.

NOS ADRESSES AU DORAT

HÉBERGEMENT

POUR SE FAIRE PLAISIR

À proximité

Le Hameau de Gîtes – *Les Pouyades - 87190 Magnac-Laval - ✆ 05 55 60 73 45 - www.lelimousinsejoursvacances.com -* P *- 12 ch. 70/170 €.* Charmant petit village de gîtes, tout neufs, dans un parc arboré et fleuri, où l'on a pris grand soin à la diversification et aux choix des plantations. Tous bénéficient d'un excellent confort et six d'entre eux, les pieds dans l'eau du lac, seront le paradis des pêcheurs. Location à la nuitée, au w.-end et à la semaine.

AGENDA

Voir l'Agenda dans la partie Organiser son voyage, p. 26.

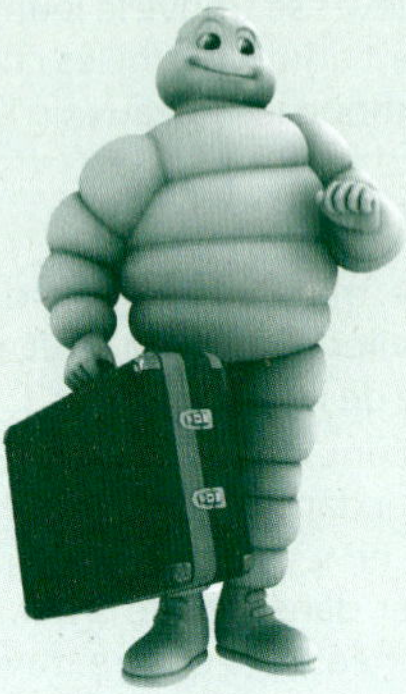

Une rue d'Oradour-sur-Glane
J. Rousset / Fotolia.com

1

Oradour-sur-Glane

★★

2 205 Radounaux – Haute-Vienne (87)

S'INFORMER

Office de tourisme – *Pl. du Champ-de-Foire -87520 Oradour-sur-Glane - ✆ 05 55 03 13 73 - juin-sept. : tlj sf lun., dim. et j. fériés 9h30-12h30, 14h-19h ; mars-mai et oct. : tlj sf w.-end et j. fériés 9h30-12h30, 14h-18h ; nov. à fév. : tlj sf w.-end et fériés 9h30-12h30, 14h-18h.*

SE REPÉRER

Carte de microrégion A2 (p. 102) – *carte Michelin Départements 325 D5.*
Le village d'Oradour-sur-Glane se trouve à 13 km au nord-est de St-Junien, au pied des monts de Blond.

À NE PAS MANQUER

Passez par le Centre de la mémoire avant de visiter les rues du village détruit et la vieille église, théâtre du massacre d'innocents ; témoignage de la barbarie humaine, l'ossuaire du cimetière vous marquera à jamais.

ORGANISER SON TEMPS

Consacrez une demi-journée à ce lieu de mémoire et de recueillement.

AVEC LES ENFANTS

Vous pouvez prévoir d'emmener vos enfants, s'ils sont en âge de comprendre, afin que ce lieu remplisse pleinement sa mission d'avertissement pour les générations futures. Richement documenté, le « parcours de la mémoire » replace clairement le drame d'Oradour dans son contexte historique et leur permet d'en tirer une leçon pour l'avenir.

LA TRAGÉDIE DU 10 JUIN 1944

Les habitants d'Oradour, important bourg limousin situé à une vingtaine de kilomètres de Limoges, vaquent à leurs occupations de chaque jour. Rien ne laisse présager le drame. Le matin même, une colonne allemande, la division Das Reich, arrive à proximité du village et commence tranquillement un mouvement d'encerclement. Un cordon de soldats allemands cerne les issues, une colonne de camions et de voitures blindées pénètre dans la localité. Un petit réfugié lorrain, conscient du danger, s'enfuit à toutes jambes. Les Allemands, semble-t-il, ne sont là que pour débusquer d'éventuels terroristes.

L'ensemble de la population est rassemblée sur la place du Champ-de-Foire, hommes, femmes, vieillards et les 247 enfants des écoles, conduits par leurs maîtres. Bientôt, les femmes et les enfants sont enfermés dans l'église, tandis que les hommes sont emmenés par petits groupes dans des granges et des garages sans issue. Les fusillades commencent, fauchant sans répit la vie des hommes qui ne peuvent fuir. Seul l'un d'entre eux, blessé, parvient à s'échapper. Les Allemands attendent la fin de l'après-midi pour détruire à coup de grenade et de dynamite l'église pleine de monde. L'édifice s'écroule et prend feu. Une jeune femme s'en échappe et reste cachée des heures durant. Le tramway qui ramène les Limousins qui travaillent à l'extérieur d'Oradour arrive aux portes du village. Ceux qui ne sont pas d'Oradour sont renvoyés chez eux. Les autres, qui voient de loin la fumée des incendies, sont arrêtés et finalement, on ne sait pour quelle raison, sommés de fuir. La division quitte les lieux, mais laisse quelques soldats. Elle revient le lendemain pour effacer les traces de ses actes. Le village est brûlé afin que les corps ne soient pas identifiables et que le deuil n'en soit que plus terrible. La division Das Reich, comprenant 160 SS, continue sa route vers le front de Normandie, laissant derrière elle un véritable champ de ruines et 642 corps sans vie.

Le 10 juin 1944, quatre jours après l'annonce du débarquement allié en Normandie, un village entier – soit 642 personnes – est anéanti par la division d'élite « Das Reich ». Des pans de murs calcinés, un mémorial, un cimetière où ont été rassemblées les dépouilles des victimes du nazisme composent le « village martyr ». Ils appellent au recueillement.

Se promener

★ Le Centre de la mémoire

L'Auze - ✆ 05 55 43 04 30 - www.oradour.org - fév. et nov.-15 déc. : 9h-17h ; mars-15 mai : 9h-18h ; 16 mai-15 sept. : 9h-19h ; 16 sept.-oct. : 9h-18h - fermé de mi-déc. à fin janv. - 7,70 € (10-18 ans 5,20 €).

Avec son architecture coupée par des plaques d'acier rouillées, cet édifice de 3 000 m^2, semi-enterré, symbolise la destruction, mais aussi la résistance au temps du village traumatisé, témoin pour les générations futures de la barbarie humaine.

Vous découvrirez ici un émouvant **parcours de la mémoire**, un cheminement du témoignage historique vers la réflexion richement documenté : photographies, films, bandes sonores, fac-similé de lettres et de documents officiels, etc. Ce parcours replace le drame d'Oradour dans son contexte historique pour mieux l'appréhender.

La première salle remonte aux années 1933-1944. Elle met en avant la montée du nazisme en Allemagne, le désir d'expansion territoriale du Reich, le début de la guerre, la défaite de la France, le gouvernement de Vichy et la Résistance. La salle suivante met en parallèle, sur le mur de droite, ce qu'était la vie dans le village d'Oradour en 1944 avant le drame, et sur le mur de gauche, l'avancée de la division allemande *Das Reich*. Le contraste est impressionnant. D'un côté, une vidéo d'amateur d'époque filme quelques doux moments de vie des habitants du village ; de l'autre, des photographies terribles montrent les massacres perpétrés dans les pays de l'Est par la division, son cynisme, sa composition au moment de son arrivée à Oradour.
La salle 3 est consacrée au drame survenu le 10 juin. Un film émouvant *(12mn)* relate les faits, puis laisse la parole aux rares rescapés et aux soldats arrêtés qui avouèrent leurs crimes. Oradour, c'est aussi l'horreur de la découverte des ruines fumantes et des corps carbonisés, difficiles à identifier. C'est également le courage de ceux qui ont rassemblé ces corps pour leur offrir une digne sépulture. Des panneaux évoquent d'autres massacres perpétrés par les nazis dans toute l'Europe.
La salle 4 explique la vie des habitants d'Oradour après le drame. Dans ces lieux marqués par tant de souffrance, les survivants relogés ont vécu dans l'attente d'un procès qui les a meurtris une seconde fois. Malgré la reconnaissance nationale du drame – le village fut immédiatement classé Monument historique après la guerre –, le résultat du procès a divisé la France en deux clans pendant longtemps. Les rescapés de la division *Das Reich* ont en effet été jugés et condamnés à Bordeaux. Parmi eux se trouvaient de jeunes Alsaciens incorporés de force dans l'armée allemande. La polémique fut terrible, certains réclamant justice pour tous, d'autres demandant la grâce pour les Alsaciens qui l'obtinrent finalement. La salle 5 invite, à partir de messages de paix inscrits au sol, à une réflexion individuelle sur ce drame, sur l'être humain, sur la barbarie et sur le pardon.

Les ruines

Accès par le Centre de la mémoire.

Oradour est resté tel quel, en ruine. Néanmoins, la nature a repris ses droits. L'herbe a repoussé, des pans de mur se sont écroulés. Le village, si vivant naguère, est aujourd'hui silencieux. L'émotion est à chaque coin de rue. Des plaques nomment les différents commerces, méconnaissables. On est frappé de stupeur devant l'importance de ce bourg qui abritait près de 1 200 personnes et de nombreux réfugiés de l'est de la France, mais aussi d'Espagne.
Derrière les pans de mur des maisons aux sols défoncés, une marmite près d'une cheminée ou une machine à coudre rappellent brutalement que des familles vivaient paisiblement dans ces lieux avant le drame. Près des garages, des carcasses de vieilles tractions avant défient le temps. Le village semble s'être brutalement « endormi » en juin 1944. Les rues conduisent inévitablement à l'église, tellement chargée d'émotion.
Les visites du **mémorial**, où sont rassemblés des objets ayant résisté aux flammes, et du **cimetière**, où reposent dans un ossuaire les restes calcinés des victimes, sont particulièrement émouvantes.

Le nouvel Oradour

Un nouveau village fut construit à proximité des ruines pour tous ceux qui désiraient rester sur place. Le modernisme de l'église, avec ses verrières lumineuses et son clocher carré, peut surprendre le visiteur. Pourtant, l'ensemble est en parfaite harmonie avec les constructions voisines.

Saint-Junien

11 695 St-Juniauds – Haute-Vienne (87)

NOS ADRESSES PAGE 150

S'INFORMER
Office de tourisme – *Pl. du Champ-de-Foire - 87200 St-Junien - ✆ 05 55 02 17 93 - avr.-sept. : tlj sf dim. et j. fériés 9h-12h30, 14h-18h30 ; reste de l'année : tlj sf dim. et j. fériés 9h-12h30, 14h-18h15 - fermé dim. et j. fériés.*

SE REPÉRER
Carte de microrégion A2 (p. 102) – *carte Michelin Départements 325 C5.*
St-Junien, à 30 km au nord-ouest de Limoges (accès par la D 941/N 141), occupe un méandre de la Vienne. La ville est l'une des portes du Parc naturel régional Périgord-Limousin.

À NE PAS MANQUER
Le tombeau de saint Junien, chef-d'œuvre de la sculpture limousine du 12e s.

ORGANISER SON TEMPS
Comptez 3h pour visiter la ville et ses environs.

AVEC LES ENFANTS
Au monde miniature de Féeriland, ils rêveront devant de superbes maquettes géantes, historiques ou imaginaires, accompagnées de jeux de lumières et d'effets spéciaux.

Située au cœur d'une région d'élevage, ainsi favorisé par une abondante matière première telle que peaux de chevreau et d'agneau, St-Junien fut connue pour ses mégisseries et ses ganteries qui acquirent, dès le 15e s., une grande renommée. Cette petite ville active, traversée par la Vienne dont les eaux ont des qualités exceptionnelles en matière de tannage, possède par ailleurs une superbe collégiale de style roman limousin.

Se promener

★ Collégiale St-Junien
Ce remarquable monument de style roman limousin possède une nef et un transept de la fin du 11e s., une façade de la fin du 12e s., et un chevet carré du 13e s. Le clocher central, écroulé en 1922, fut reconstruit.
Le portail de la façade occidentale, divisé en deux baies et encadré de colonnettes, est surmonté d'un massif clocher-porche que flanquent deux clochetons. La nef et le chœur sont de même longueur. Dans les croisillons s'ouvrent des chapelles voûtées d'ogives primitives.
À la croisée du transept s'élève une coupole octogonale à pendentifs plats, ajourée de quatre baies limousines et percée d'un oculus polylobé. Les chapiteaux du chœur sont ornés de palmettes, d'animaux et de personnages. Les deux dernières travées et le chevet orné d'une grande rose furent ajoutés au 13e s. En plusieurs endroits subsistent d'importants restes de **fresques** des

JUNIEN LE THAUMATURGE

Au début du 6e s., dans une forêt des bords de la Vienne, à Comodoliac, vivait un saint ermite nommé Amand. Attiré par la réputation de celui-ci, un jeune homme originaire de Cambrai, Junien, vint le rejoindre. Pendant une quarantaine d'années, celui-ci guérit, avec l'eau d'une source, les malades qui venaient parfois de très loin. Sa réputation était telle qu'en 540, lors de son décès, l'évêque de Limoges présida à ses obsèques et ordonna la construction d'un sanctuaire au-dessus de son tombeau. La ville de St-Junien était née.

Des **ostensions** célèbrent tous les sept ans la mémoire de **saint Junien**. À cette occasion, ses reliques sont exposées, et une cérémonie se déroule : de somptueux costumes sont sortis, la rue principale est couverte de feuillages pour représenter la forêt ancestrale, et des cages remplies d'oiseaux sont placées dans les branches pour renforcer l'illusion. Des groupes de statues figurent les principaux événements de la vie de saint Junien. Le dimanche après-midi, des groupes costumés défilent solennellement à travers la ville.

12e et 13e s., notamment sur la voûte de la deuxième travée de la nef. Dans la troisième travée, au nord, remarquez une châsse émaillée du 13e s., et contre les piliers, une intéressante collection de statues polychromes du 14e au 18e s.

Tombeau de saint Junien★ – *Derrière le maître-autel.* Il demeure un chef d'œuvre de la sculpture limousine du 12e s. Les deux tiers de la longueur du tombeau sont en calcaire et couverts de sculptures, le reste n'est qu'une enveloppe de plâtre ajoutée au siècle dernier lorsque le maître-autel, déplacé, ne fit plus corps avec le sarcophage. Sur la face orientale, le Christ en gloire est entouré des symboles des évangélistes. Sur la face nord, la Vierge, assise dans une gloire et portant l'Enfant Jésus, est encadrée par douze vieillards de l'Apocalypse ; sur la face opposée figurent les douze autres vieillards et un médaillon représentant l'Agneau mystique.

Chapelle St-Martial – *Dans la deuxième travée du bas-côté nord du chœur.* De construction gothique, elle contenait jadis les reliques de ce saint dont la vie est retracée à travers des fresques du 13e s., en partie visibles. Un enfeu polychrome abrite une **Mise au tombeau** du début du 16e s. ; le Christ est entouré par sept personnages et seul saint Jean a conservé sa tête.

Chapelle N.-D.-du-Pont

✆ 05 55 02 12 52 (paroisse) ou 05 55 02 17 93 (syndicat d'initiative) - avr.-sept. : apr.-midi ; reste de l'année : se renseigner à la paroisse ou à l'office de tourisme.

Sur la rive droite de la Vienne, à l'entrée d'un pont du 13e s. à avant-becs, se dresse l'élégante chapelle Notre-Dame-du-Pont.

Trouvée sur les bords de la Vienne, près du pont, la Vierge exposée dans l'abside fut aussitôt transportée dans la collégiale, mais, le lendemain, la statue aurait regagné la rive. Les habitants de St-Junien lui élevèrent un sanctuaire à l'endroit où on l'avait recueillie.

Construite au 15e s. sur l'emplacement de ce premier édifice, la chapelle actuelle fut agrandie et terminée grâce à Louis XI qui s'y rendit deux fois en pèlerinage.

L'ensemble est d'un gracieux style flamboyant. La voûte est ornée de clés finement sculptées. Le portail est coupé par un linteau orné de feuilles frisées et surmonté d'une accolade fleuronnée.

À proximité Carte de microrégion

Site Corot

2 km au nord-ouest par la N 141. À la sortie de la ville, dans un virage, tournez à droite à angle aigu, puis aussitôt après, à gauche dans une petite route ; suivez-la jusqu'à l'usine de porcelaine et garez-vous à l'entrée du sentier.

15mn AR. Longez un moment la rivière. Celle-ci coule dans un cadre de rochers et de beaux arbres, qui inspira **Corot** et de nombreux peintres.

Fëeriland

17 km à l'est par la N 141. Sortez à La Barre, puis prenez la D 28 et suivez les panneaux indicateurs. L'Ebourliat - Veyrac - 05 55 03 16 71 - www.feeriland.com - - juil.-août : 10h-19h ; 9 avr.-3 nov. : 14h-18h ; reste de l'année : se rens. - fermé 4 nov.-31 déc., 1er janv., 11 nov. et 25 déc. - 7 € (-12 ans 5 €).

Surprenant ensemble de dioramas et de maquettes animées. Avec ses maisons en pierre et en torchis, sa forêt peuplée de sangliers et son armée de légionnaires, le **village gaulois** rappelle celui d'Astérix. La **motte féodale** recrée l'ambiance d'une cité de l'an 1000. Ne manquez pas le siège du superbe **château fort**, au cours duquel de nombreuses machines de guerre miniatures entrent en action. Vous verrez aussi la reproduction du château d'**Azay-le-Rideau** et celle d'un **village du Far West**. Attardez-vous devant la scène de **Carnaval** et **Fourmiville**, un diorama fluorescent et sonorisé où des fourmis géantes tiennent la vedette. Enfin, avant de partir, jetez un coup d'œil à une petite exposition d'insectes et de serpents d'Asie.

Église de St-Victurnien

9 km à l'est par la D 32.

Un retable décoré de peintures du 14e s. figurant la Passion et la Résurrection orne l'autel qui abrita sans doute les restes de saint Victurnien. Châsse en émail champlevé, du 13e s. ; Vierge à l'Enfant en pierre polychrome du 14e s.

Au cimetière *(route d'Oradour-sur-Glane)*, remarquez une **lanterne des morts** dont les deux ouvertures au revers permettaient aux simples d'esprit de passer la tête à l'intérieur et de demander au saint leur guérison.

NOS ADRESSES À ST-JUNIEN

HÉBERGEMENT

BUDGET MOYEN

Hôtel le Bœuf Rouge – *57 bd Victor-Hugo - 05 55 02 31 84 - www.leboeufrouge.com - P - 48 ch. 49/70 € - 8 € - 7,50/65 €.* Cet imposant bâtiment en pierre abrite des chambres climatisées, équipées d'une literie confortable et une salle de restaurant assez chic. Au menu, belle sélection de viandes limousines et carte des vins étoffée. Parking fermé et piscine couverte.

POUR SE FAIRE PLAISIR

Hôtel Le Relais de Comodoliac – *22 av. Sadi-Carnot - 05 55 02 27 26 - www.comodoliac.fr - fermé 13-21 fév. - P - Wifi - 29 ch. 67/77 € - 9 € - 18/39 €.* Hôtel logé dans une construction des années 1970 séparée de la route par un joli jardin. Style contemporain dans l'air du temps pour chambres relookées. Agréable salle à manger-véranda ouverte sur une petite terrasse verdoyante. Carte traditionnelle.

Rochechouart

3 839 Rochechouartais – Haute-Vienne (87)

NOS ADRESSES PAGE 155

S'INFORMER

Office du tourisme du Pays de la Météorite – *6 r. Victor-Hugo - 87600 Rochechouart - ✆ 05 55 03 72 73 - www.rochechouart.com - juil.-août : tlj sf dim. et j. fériés 10h-12h30, 14h30-18h ; reste de l'année : tlj sf dim. et j. fériés 10h-12h, 14h-17h, sam. 10h-12h.*

SE REPÉRER

Carte de microrégion A2 (p. 102) – *carte Michelin Départements 325 B6.*

À 12 km au sud-ouest de St-Junien, Rochechouart se situe dans le Parc naturel régional Périgord-Limousin. C'est de la D 3bis, au pied de la falaise, qu'on en a la meilleure vue.

À NE PAS MANQUER

L'élégant château des Rochechouart et la promenade des Allées ; le riche musée départemental d'Art contemporain ; la façade occidentale de l'église des Salles-Lavauguyon et ses fresques aux bleus intenses.

ORGANISER SON TEMPS

Prévoyez une journée pour explorer la ville et ses environs.

AVEC LES ENFANTS

Emmenez vos enfants à l'Espace Météorite, consacré à la météorite dont le cratère d'impact a façonné le site de Rochechouart.

Il y a 200 millions d'années, une météorite percuta la région, formant un cratère de 20 km de diamètre et des brèches semblables à celles du sol lunaire... La vicomté de Rochechouart et son château, dressé sur un promontoire rocheux, naquirent bien plus tard. Fidèles au roi de France, ses occupants participèrent aux combats contre les Anglais. Aujourd'hui, Rochechouart, proche de Limoges, a retrouvé sa quiétude et se visite essentiellement pour son château ainsi que pour sa collection d'art contemporain et de fresques du 16e s.

Se promener

Église

C'est l'ancienne église prieurale, consacrée en 1067, dont il ne reste de cette époque que la porte ouest, le mur nord, une partie du transept et du chœur. Elle possède un curieux clocher dont la flèche torsadée fut refaite au 18e s.

Rue Jean-Parvy

Remarquez la **maison des Consuls** du 15e s. et, plus loin, une tour d'angle de l'ancienne enceinte médiévale.

★ Château

La plus grande partie du château actuel date de la fin du 15e s. L'ancien donjon, du 12e s., qui flanque le châtelet d'entrée, a été rasé à hauteur des toits au

16e s. La tour d'angle qui fait suite à gauche porte un lion de granit, sculpté dans une niche, peut-être en souvenir de l'aventure de la vicomtesse Alix, mais plus sûrement en hommage aux vicomtes de Limoges, ancêtres des Rochechouart. On accède au châtelet d'entrée par un pont-levis.

Cour d'honneur – Les bâtiments qui l'encadrent sur trois côtés, remaniés au 18e s., abritent la sous-préfecture et un musée d'Art contemporain. Le quatrième côté de la cour est bordé de courtines. Dans l'angle gauche, la porte gothique est un bon exemple de la décoration architecturale du 15e s.

★ Musée départemental d'Art contemporain

Pl. du Château - ✆ 05 55 03 77 91 - www.musee-rochechouart.com - mars-sept. : tlj sf mar. 10h-12h30, 13h30-18h ; oct.-15 déc. : tlj sf mar. 10h-12h30, 14h-17h - fermé 16 déc. à fin fév. - 4,60 € (12-18 ans 3 €).

La collection que le conseil général de la Haute-Vienne a commencé à constituer en 1985 forme aujourd'hui un ensemble important, axé autour de trois grands thèmes : paysage, histoire, imaginaire avec des artistes comme Christian Boltanski, Annette Messager, Richard Long... **Raoul Hausmann** (Berlin 1886-Limoges 1971), figure majeure du dadaïsme, est particulièrement bien représenté avec un fonds d'une grande richesse.

Deux salles conservent par ailleurs une remarquable série de **fresques★** du 16e s.

DANS LA TOURMENTE DES GUERRES

L'origine des Rochechouart est antérieure à l'an 1000 : non loin d'un établissement monastique dépendant de l'abbaye de Charroux s'élevait déjà, sans doute, un premier château.

Un fils du vicomte de Limoges allait en devenir le maître par son mariage avec Ève d'Angoulême qui lui apportait en dot la vicomté de Rochechouart. Cette dynastie participa activement aux croisades. Le château fut complètement reconstruit lors de l'entrée de l'Aquitaine dans la mouvance du roi d'Angleterre.

C'est vers 1205 que se place l'épisode légendaire d'**Alix et du lion**. Femme d'une grande beauté, la vicomtesse Alix est accusée à tort par l'intendant du château, auquel elle refusait ses faveurs, d'avoir voulu le séduire. L'impulsif **Aymeric** décide alors de la jeter en pâture au lion gardé dans la tour est du château. Quand deux jours plus tard, il vient contempler son œuvre judiciaire, il découvre l'animal couché aux pieds de la belle : preuve est donc faite de son innocence, et le perfide intendant la remplacera dans la cage du fauve qui, cette fois, montrera plus d'appétit...

Dans la lutte qui opposa Capétiens et Plantagenêts, les Rochechouart restèrent fidèles au roi de France. L'un d'eux se fit tuer à la bataille de Poitiers (1356) pour protéger la vie de son souverain, un autre fut emprisonné par le prince de Galles. Aux siècles suivants, la famille de Rochechouart continua de se distinguer au service de la France, elle formait alors plusieurs branches dont la plus célèbre était celle des Mortemart.

Le château eut à souffrir des guerres et se trouva menacé de ruine à plusieurs reprises, mais il fut sauvé à chaque fois par l'argent des dots des épouses des Rochechouart ! La Révolution décréta sa destruction mais, devant l'ampleur de la tâche, les démolisseurs renoncèrent. Finalement, l'État l'acheta en 1836, le fit restaurer et y installa ses services.

Salle d'Hercule – Elle constitue un rare exemple de peintures murales en grisaille. Réalisées par plusieurs artistes, ces fresques ont pu être inspirées par les bas-reliefs de la cathédrale de Limoges et illustrent, telle une bande dessinée, le thème des travaux d'Hercule.

Salle des Chasses – Elle renferme des fresques légèrement plus anciennes qui relatent une chasse à courre, depuis le départ en cortège jusqu'à l'hallali, la curée et la collation servie aux invités. Les costumes, le cadre dans lequel se déroule l'action (on reconnaît Rochechouart avec le château et la petite ville ceinte de remparts), font de ces peintures un intéressant document de l'époque Louis XII.

La magnifique **charpente** du 15e s. est visible dans les combles.

Promenade des Allées

En sortant du château, on gagne les Allées *(à gauche)*, promenade ombragée de tilleuls séculaires, formant terrasses.

Du **calvaire** situé à l'extrémité, on profite d'une jolie **vue★** sur les vallées de la Graine et de la Vayres et sur la façade principale du château, encadrée de tours rondes et surmontée d'élégantes lucarnes ayant conservé leurs croisées de pierre.

Le château donne sur un jardin en terrasses, accessible par un escalier à double volée, partiellement caché par les arbres à la belle saison.

Espace Météorite

16 r. Jean-Parvy - 05 55 03 02 70 - - janv.-mars : 14h-17h ; avr.-oct. : tlj sf sam. 10h-12h, 14h-17h, dim. et j. fériés 14h-18h ; juil.-sept. : 10h-12h, 13h30-18h, w.-end et j. fériés 14h-18h ; - fermé de mi-déc. à mi-janv. et 1er mai - 4 € (-15 ans gratuit).

Rochechouart s'est construit sur un cratère d'impact résultant de la chute d'une météorite aux dimensions imposantes (1,5 km de diamètre pour une masse de 6 milliards de tonnes). L'impact fut terrible (équivalent à 14 millions de fois la bombe d'Hiroshima) et laissa un cratère de 20 km.

Ce musée entièrement rénové propose une exposition permanente sur l'« astroblème » de Rochechouart-Chassenon ainsi qu'une large collection d'échantillons de roches assortie d'une présentation vidéo et d'une maquette interactive du cratère.

À proximité Carte de microrégion

Église des Salles-Lavauguyon

16 km au sud-ouest par la D 10 puis la D 34.

05 55 00 30 68 - juil.-août : 14h30-18h30 ; mai-juin et sept. : 13h30-17h ; reste de l'année : se rens. - possibilité de visite guidée (45mn) sur RV - 2,50 €.

Érigée en grande partie aux 11e et 12e s., l'église St-Eutrope, du fait de son inclinaison vers l'est, présente une nef s'élevant par paliers successifs vers le chœur. Ce dernier, à chevet plat, date de l'époque gothique (13e s.).

Des travaux de restauration ont permis de mettre au jour de belles **fresques★** du 12e s. dissimulées sous une épaisse couche de mousse. Les plus remarquables, bien conservées, sont visibles au revers de la façade occidentale. Divisées en cinq registres, elles surprennent par la grande richesse des coloris, en particulier les bleus intenses et les verts.

De haut en bas, on reconnaît l'annonce à la Vierge Marie, la Création d'Adam et Ève, la Naissance du Christ, l'Illustration des Vices, la Vie de plusieurs saints et saintes. Le dernier registre montre une série de personnages.

L'OR EN LIMOUSIN

Une grande partie du Limousin, notamment la Haute-Vienne, contient de grandes fosses allongées, les aurières, que l'on pensait être des vestiges de fortifications gallo-romaines jusqu'à ce qu'un ingénieur des mines, Ernest Mallard, ne découvre en 1866 la véritable nature de ces curieuses excavations : d'antiques mines d'or à ciel ouvert, avec des parois en gradins. L'épithète *aurifera* avait été donnée à la Gaule par les Romains. L'extraction s'étendait alors à un vaste croissant, dont le centre était Bénévent-l'Abbaye, et qui s'étirait de Bridiers (bourgade à 3 km de La Souterraine) à St-Dizier-Leyrenne. Une petite ruée vers l'or se produisit au 20e s. lors de l'ouverture de la mine de la Petite Faye. Plusieurs centaines de kilos de métal précieux en furent extraites jusqu'en 1962. De 1907 à 1955, le gisement du Châtelet, près d'Évaux-les-Bains, fournit 10 t d'or. En activité pendant plus d'un siècle, Le Bourneix, dans la région de St-Yrieix-la-Perche, fut la dernière mine en exploitation dans la Communauté européenne. Contrôlé par la Cogema (Compagnie générale des matières nucléaires), le site, fermé en 2001, employait 85 personnes et produisait près de 2 t d'or par an.

Dolmen de la Pierre levée

12,5 km à l'est. Prenez la D 10 direction Aixe-s-Vienne et juste avant le croisement avant la D 21, vous passez le lieu-dit Chez-Moutaud. Le site se trouve à 500 m après le lieu-dit (petite route sur la gauche).

Il se dresse au milieu d'une clairière, imperturbable, tandis que le paysage alentour évolue tranquillement depuis des siècles.

Cognac-la-Forêt

17 km à l'est par la D 10.

À l'ouest du village *(200 m par la D 209)*, le cimetière est dominé par une **lanterne des morts** du 12e s. Une cavité permettait jadis de déposer une lampe pour éclairer le site et ne pas laisser dans le noir ceux qui y reposent. Sur les tombes, remarquez les épitaphes inscrites sur des plaques de porcelaine.

NOS ADRESSES À ROCHECHOUART

HÉBERGEMENT

PREMIER PRIX

Hôtel Le France – *Pl. Octave-Marquet - ☎ 05 55 03 77 40 - fermé 1er-6 janv. - 14 ch. 43/50 € - ☕ 7 € - ✕ 12/35 €.* Parce que l'établissement tout entier s'est refait une beauté, on appréciera le cadre neuf et le confort moderne des chambres. Un salon en rotin vous accueille à côté du bar, en attendant de passer à table dans la salle à manger rustique et chaleureuse. Prix très raisonnables.

BUDGET MOYEN

Hôtel la Météorite – *1 pl. Octave-Marquet - ☎ 05 55 02 86 80 - www.hotel-lameteorite.fr - ♿ - 6 ch. 50 € - ☕ 7 €, demi-pension possible - ✕ 12/32 €.* Cette vieille bâtisse en pierre entièrement rénovée dispose d'une agréable terrasse ombragée. Réparties sur deux étages, les chambres associent mobilier d'origine, literie confortable et salles de bains modernes. Au restaurant, vous dégusterez une cuisine traditionnelle servie dans deux salles aux tons pastel.

POUR SE FAIRE PLAISIR

À proximité

Hameau de gîtes – *Rte de Pressignac, à Chassagne - 87600 Videix - 11 km au sud-ouest de Rochechouart par D 10 - ☎ 05 55 48 83 39 - www.rochechouart.com - ♿ - P - 🚭 - 67 €.* D'une architecture moderne et un peu surprenante, ces gîtes sont toutefois bien équipés. À proximité d'un lac et d'une base de loisirs, ils pourront être le point de départ pour visiter la région. Location à la nuitée et au week-end.

ACHATS

À proximité

Verger de Fougeras – *Fougeras - 87310 St-Auvent - ☎ 05 55 00 03 39 - verger.de.fougeras@wanadoo.fr - 10h-12h, 14h-18h - fermé w.-end mat. et j. fériés ; juil.-août : w.-end.* Situé au sud-ouest de St-Auvent (D 102), le verger de Fougeras vous propose 18 variétés de pommes et des poires élevées sur place, ainsi qu'une gamme de produits régionaux : miel, confitures, foie gras, confits, vins, œufs frais, etc.

AGENDA

Voir l'Agenda dans la partie Organiser son voyage, p. 26.

Châlus

1 636 Châlusiens – Haute-Vienne (87)

NOS ADRESSES PAGE 162

S'INFORMER

Office du tourisme des monts de Châlus – *28 av. François-Mitterrand - 87230 Châlus - 05 55 78 51 13 - www.montsdechalus.fr - 12 juil.-15 août : tlj sf j. fériés 10h30-12h30, 14h30-18h, dim. 9h30-12h ; 21 juin-19 sept. : tlj sf dim. et j. fériés 10h30-12h30, 14h30-18h ; reste de l'année : se rens.*

SE REPÉRER

Carte de microrégion A3 (p. 103) – *carte Michelin Départements 325 C7.*
Châlus se trouve à 35 km au sud-ouest de Limoges.

À NE PAS MANQUER

La route Richard-Cœur-de-Lion et ses pittoresques châteaux : Châlus-Chabrol, Brie, Montbrun et bien d'autres.

ORGANISER SON TEMPS

Consacrez une journée entière à Châlus et ses alentours, dotés d'un riche patrimoine historique et naturel.

AVEC LES ENFANTS

Le Petit Monde des automates du château de Brie et la tuilerie de Puycheny plairont à vos enfants. Profitez aussi de votre passage à Nexon pour assister aux entraînements de l'École du cirque Fratellini. Succès assuré ! Et visitez pour finir la châtaigneraie de Dournazac.

Situé au centre des monts de Châlus, dont les lourdes masses granitiques et boisées forment les contreforts du Massif central, Châlus est dominé par la silhouette ruinée de Châlus-Maulmont, point central de la vieille ville, et celle de Châlus-Chabrol, témoin de la fin tragique de Richard Cœur de Lion. Le mystère d'un fabuleux trésor plane encore sur cette cité riche en histoire, dont la situation privilégiée en plein cœur du Parc naturel régional Périgord-Limousin vous promet d'agréables balades au pays des châtaigniers.

Se promener

★★ Château de Châlus-Chabrol

Propriété privée ; ne se visite pas.

Le **château du Haut-Châlus**, comme on l'appelle aussi, domine la ville et la haute vallée de la Tardoire. Il se compose d'un **corps de logis** des 11e et 13e s. agrandi au 17e s. et d'un **donjon** (25 m de hauteur et 10 m de diamètre), sans doute du 11e s., qui témoigne de l'architecture militaire à l'âge d'or de la féodalité. À l'origine, le donjon possédait quatre niveaux, mais le dernier s'effondra en 1870. Quelques mètres plus loin subsistent les vestiges de la **chapelle castrale** où reposent depuis des siècles les entrailles de Richard Cœur de Lion. Sur l'esplanade du château a été reconstitué un jardin médiéval.

Le Sirque, chapiteau devant le château de Nexon
Le Sirque

1

Boutique des Monts de Châlus

28 av. François-Mitterrand - ✆ 05 55 78 51 13 - www.montsdechalus.fr - ♿ - de mi-juil. à mi-août : tlj sf j. fériés 10h30-12h30, 14h30-18h, dim. 9h30-12h ; de mi-juin à mi-sept. : tlj sf dim. et j. fériés 10h30-12h30, 14h-18h ; reste de l'année : se rens.
Installée dans les locaux qui jouxtent l'office de tourisme, la Maison du châtaignier propose actuellement, dans son espace boutique, des produits locaux ainsi que quelques réalisations en bois de châtaignier. L'exposition qui présente le métier de feuillardier est en cours de restructuration.

Circuits conseillés Carte de microrégion

SUR LA ROUTE RICHARD-CŒUR-DE-LION

Circuit de 45 km tracé sur la carte de microrégion (p. 103) – Comptez environ 2h. Quittez Châlus par le nord-est en empruntant la D 15.

Château des Cars

✆ 05 55 36 90 22 - www.lescars87.com - 3 juil.-29 août tlj sf lun. 14h-18h ; reste de l'année : visite sur RV - possibilité de visite guidée (1h) - 2,5 (-16 ans gratuit).
Ancienne demeure des gouverneurs du Limousin, cette forteresse du 13e s., retouchée aux 15e et 16e s., fut, pendant la guerre de Cent Ans, occupée par les Anglais, puis reprise par **Bertrand Du Guesclin**. Elle a conservé une tour du 13e s. ainsi que deux grosses tours du 15e s. Une **salle lapidaire** présente le mobilier (pierres sculptées, monnaies, poteries, etc.) trouvé lors des fouilles, tandis qu'une exposition permanente, « Autour du château des Cars », retrace l'histoire du lieu et de ses occupants.
En face du château, en contrebas, magnifiques **écuries** mansardées construites par un seigneur des Cars avant la Révolution.
Quittez Les Cars par le sud-est en empruntant la D 214.

Le Parc naturel régional Périgord-Limousin

Office de tourisme - *La Coquille* - 05 53 55 36 00 - *www.parc-naturel-perigord-limousin.fr.* Un guide pratique et un carnet de découverte du parc sont à votre disposition dans les offices de tourisme du parc.

UNE GRANDE DIVERSITÉ NATURELLE

Tout comme les autres parcs régionaux, celui du Périgord-Limousin est né de la volonté de conserver l'identité d'un espace naturel qui témoigne, par la diversité de sa faune et de sa flore, de ses sites et de son patrimoine culturel, de la richesse du territoire français.

Créé en mars 1998 pour protéger et valoriser la région Périgord-Limousin, ce parc de 180 000 ha s'étend entre Périgueux, Limoges et Angoulême *(voir également* Le Guide Vert Périgord Quercy*)*.

Il englobe quatre terroirs bien distincts : le bocage limousin planté de chênes et de hêtres, les plateaux du Jumilhacois entaillés de vallées étroites, le massif des Feuillardiers avec ses châtaigniers majestueux et les vallées périgourdines aux noyers centenaires. Écrevisses à pattes blanches, circaètes Jean-le-Blanc, loutres, cistudes d'Europe, témoignent de la vitalité de cet espace protégé.

UN LIEU ADAPTÉ AU TOURISME VERT

Dans cet espace préservé où l'homme a su composer avec le paysage, de nombreux sites ont pu renaître ou échapper à une urbanisation destructrice. Châteaux et belles demeures abondent, restaurés avec passion. Monuments, musées et centres culturels se dévoilent au public. Les villages ont conservé leurs églises et les restaurations ont permis de mettre à jour les fresques cachées sous les badigeons.

Des sites naturels sont devenus de vastes jardins, tandis que des voies vertes ont été aménagées pour les randonneurs et les cyclistes. Les plans d'eau, les étangs et les rivières aux eaux pures ont encore du poisson. Le Parc régional Périgord-Limousin est parfait pour la pêche, l'observation de la faune et de la flore ou la pratique sportive.

Parc naturel régional Périgord-Limousin

Parc naturel régional Périgord-Limousin

Les communes concernées par le Parc participent activement à sa mise en valeur. Le tourisme vert est devenu une véritable source de revenus pour cette région. Les infrastructures touristiques proposent des hébergements en gîtes ou des chambres d'hôte labellisés, des Assiettes de Pays pour goûter les produits du terroir et des animations festives.

Le Parc est un espace dynamique parfaitement adapté au tourisme vert, qui s'attache au développement durable à travers l'exploitation de ses ressources naturelles.

LES « FEUILLARDIERS »
Ces artisans, autrefois très nombreux dans cette région riche en châtaigniers, fabriquaient non seulement les tiges de bois fendues appelées feuillards, dont ils se servaient pour cercler les tonneaux ou faire des casiers à homards, mais produisaient aussi des clôtures, des piquets, du bois de charpente, des meubles, etc.

La route sépare la forêt des Cars *(à droite)* de la forêt de Lastours *(à gauche)*. *En sortie de forêt, prenez sur la gauche la D 59ᴬ.*

Château de Lastours

✆ 05 65 31 83 23 - accès aux personnes à mobilité réduite sur demande préalable - horaires et tarifs se rens.
Ces belles ruines féodales (donjon du 12e s., tours et logis du 13e au 16e s.) sont en cours de dégagement et de restauration depuis une vingtaine d'années. Le nom de Lastours est associé à une puissante famille limousine du Moyen Âge, fondatrice des châteaux de Pompadour et de Hautefort. Gouffier de Lastours figurait parmi les preux qui entrèrent à Jérusalem aux côtés de Godefroy de Bouillon en 1099. L'histoire raconte qu'il sauva un lion de la mort dans le désert. Ce dernier s'attacha indéfectiblement à lui et se noya en suivant à la nage le bateau qui ramenait son maître vers la France.
Poursuivez sur la D 59ᴬ.

1

Église de St-Hilaire

Cette petite église romane (12e s.) possède un joli clocher octogonal ajouré de fenêtres en plein cintre.
Empruntez la D 15ᴬ en direction de St-Hilaire-les-Places. Continuez sur la D 15ᴬ vers Ladignac-le-Long sur 4,5 km.

★ Tuilerie de Puycheny - Atelier-musée de la Terre

✆ 05 55 09 90 94 ou 05 55 58 35 19 - ♿ - visite guidée (2h) - de déb. juil. à fin août : tlj sf mar. 15h-18h30 - 4 €.
Composée de bâtiments servant à fabriquer et à cuire les tuiles autour de l'aire de séchage, cette ancienne tuilerie ferma ses portes en 1955. Au début du 20e s., on dénombrait pas moins de 120 tuileries dans le département. Aujourd'hui, trois sont encore en activité dont deux, artisanales, à Puycheny. Dans ce véritable musée vivant, vous découvrirez les différentes étapes de la fabrication artisanale des tuiles et des feuillards. Des ateliers pour s'initier au modelage et au travail de l'argile sont proposés toute l'année.
Rejoignez St-Hilaire-les-Places, puis la D 11 vers Nexon.

Nexon

Conciergerie du Château - 87800 Nexon - ✆ 05 55 58 28 44 - http://pays.nexon.free.fr - juil.-août : 10h-13h, 14h-18h, dim. et j. fériés 14h-18h ; avr.-juin et sept.-oct. : lun., merc.-vend. 10h-12h, 14h-17h, mar. 14h-17h, sam. 10h-12h ; reste de l'année : se rens. - fermé j. fériés sf 14 juil. et 15 août.
Ce bourg paisible, l'un des berceaux de la célèbre race de chevaux anglo-arabes, est aujourd'hui résolument tourné vers les métiers du cirque.
Jardin des Sens – *À proximité de la Poste et de la résidence du Parc - ✆ 05 55 58 28 44 - www.jardin-plante-nexon.com - 9h-17h - possibilité de visite guidée (1h30) - fermé j. fériés - 2,50 € (-16 ans gratuit).* Le **parc du château** de Nexon sert d'écrin à ce « jardin citoyen » dont l'originalité est avant tout d'avoir été conçu par des bénévoles et des écoliers. Véritable passerelle entre les générations,

ce lieu paisible à proximité d'une maison de retraite se compose d'une série de jardins thématiques : le labyrinthe des bambous, le massif éphémère, le verger, la vigne, le jardin thérapeutique, le lavoir, la passerelle des senteurs, le garde-manger des oiseaux, le jardin bouquetier. Partout, de jolies compositions florales apportent à l'ensemble des touches de couleurs.

La forêt toute proche appartient au parc du château, que l'on peut directement rejoindre au départ du jardin des Sens en empruntant un agréable sentier boisé.

Château – *Le château est exclusivement ouvert pendant les journées du Patrimoine.* Construit aux 15e et 17e s., puis détérioré pendant la Révolution, le château de Nexon fut entièrement restauré au siècle dernier. Entouré d'un charmant parc municipal de 40 ha ouvert aux promeneurs comme aux cavaliers, il abrite aujourd'hui les bureaux de la mairie, les écuries de l'ancien haras étant elles-mêmes occupées par l'office de tourisme. Implanté dans le parc, un chapiteau permanent dédié aux arts du cirque accueille l'**École du cirque Fratellini** (vous avez la possibilité d'assister aux entraînements).

Église St-Jean-Baptiste – Cet édifice composite possède des parties romanes (sanctuaire, transept et clocher) et une nef du 15e s., en voûte d'ogives avec formerets et liernes. À l'intérieur, intéressant mobilier : châsse en cuivre émaillé à personnages d'applique du 13e s., **chef-reliquaire** de saint Ferréol (14e s.) dû à l'orfèvre limousin Aymeric Chrétien, statues en bois de sainte Catherine (15e s.) et de saint Roch (16e s.).

Revenez à Châlus par la D 15.

MONTS DE CHÂLUS

Circuit de 20 km tracé sur la carte de microrégion (p. 103) – Comptez environ 2h. Quittez Châlus par le sud-ouest en empruntant la D 6bis, vers Nontron.

Dournazac

L'**église St-Sulpice**, du 12e s., remaniée au 14e s., conserve dans le chœur les absidioles et sous la coupole de la croisée d'intéressants chapiteaux sculptés de figures expressives et des culs-de-lampe romans.

Châtaigneraie conservatoire

05 55 78 43 08 - avr.-oct. - se rens. pour la visite. Elle propose un sentier de découverte de la châtaigne *(visite 45mn - prévoyez des chaussures confortables).* Créée en 1996, cette promenade est accessible à tous les âges. Huit panneaux bien illustrés expliquent l'histoire de ces arbres surnommés « arbres à pain » (leur farine servait notamment à confectionner du pain), les différentes variétés existantes, leur culture, l'utilisation de la châtaigne en gastronomie, etc.

Quittez Dournazac par le nord-ouest en empruntant la D 64.

★ Château de Montbrun

05 55 78 65 26 - visite guidée (2h) mai-sept. : 14h-18h ; oct.-avr. : visite uniquement sur RV - 10 € (-12 ans 5 €).

Voir l'ABC d'architecture p. 88. La forme incurvée de la route bordant Montbrun et une vue dégagée permettent d'en apprécier toute l'architecture : les douves et les hautes murailles témoignent de l'importance de cet ensemble défensif qui protégeait jadis les confins du duché d'Aquitaine. Édifié au 12e s., Montbrun n'a conservé de cette époque que le donjon carré au bel appareillage de pierres, couronné de mâchicoulis et percé d'une fenêtre géminée. Le corps de logis et les murs de défense, réunis par des tours rondes dont l'une cerne la base du donjon, datent du 15e s.

Ouverte à la visite, cette belle forteresse médiévale a fait l'objet de travaux de restauration, et propose aujourd'hui une douzaine de chambres d'hôte dans des tours des 12e, 15e et 19e s.
Continuez sur la D 213.
La route passe à proximité du **Puyconnieux** (alt. 496 m).
Peu après, prenez à droite la D 100.

★ Château de Brie

✆ 05 55 78 17 52 - visite guidée (40mn) avr.-sept. : dim. et j. fériés 14h-19h - 6 € billet combiné avec le Petit Monde des automates.
Dans le parc du château se dresse une grange militaire de la fin du 15e s. ou du début du 16e s. Ce grand bâtiment rectangulaire, muni de treize meurtrières et de deux échauguettes, a traversé les siècles sans aucune modification. Il faisait sans doute partie d'un ensemble aujourd'hui disparu. Il sert désormais de salle de réception.
Le château actuel est une demeure familiale dont les différentes tours sont avant tout des marques de prestige. La tour carrée, en façade, renferme un bel **escalier** à vis en granit du Limousin qui se termine par une voûte gothique. Un petit escalier dérobé, dans l'épaisseur des murs, monte au-dessus de cette voûte dans une petite pièce appelée la chambre des Pucelles. Le château possède deux tours rondes sans doute pourvues à l'origine d'un chemin de ronde. Un important mobilier des 16e-18e s. est réparti dans les diverses salles du château. La salle à manger Renaissance côtoie le salon vert en stuc (fin 19e s.) meublé de sièges et de commodes, d'une table Napoléon III marquetée, d'un piano Pleyel, de peintures et de pastels…
Dans les communs, les 70 personnages animés du **Petit Monde des automates** font revivre en musique des scènes de différentes contrées : Turquie, Afrique, Londres, Paris… *✆ 05 55 78 17 52 - j - août : apr.-midi ; de déb. avr. à fin juil. et sept. : dim. et j. fériés apr.-midi - 6 € (enf. 4 €) - ♿- billet combiné avec le château.*
Au carrefour, prenez la D 42 qui ramène à Châlus.

1

NOS ADRESSES À CHÂLUS

HÉBERGEMENT

PREMIER PRIX

Auberge le Pré des Lys – *2 av. Jean-Jaurès - ✆ 05 55 78 75 96 - 2 ch. 45 € ☕ - ✕ 11/22 €.* Attendez-vous à un accueil des plus chaleureux dans cette petite auberge aux faux airs de maison d'hôte. Chambres très simples, parmi lesquelles la « Lavande » dotée d'une salle de bains à l'ancienne. Derrière ses fourneaux, la maîtresse des lieux mitonne de bons petits plats en donnant libre cours à son inspiration.

BUDGET MOYEN

À proximité

Chambre d'hôte Le Mas du Loup – *Lieu-dit « Le Mas du Loup » - 87230 Dournazac - 3 km au sud-ouest de Châlus par D 6 bis, rte de Dournazac - ✆ 05 55 78 11 59 - http://masduloup.monsite.wanadoo.fr - fermé 15 nov.-fév. - P - ⊭ - 3 ch. 84 €, demi-pension seult.* Cette ancienne louveterie convertie en maison d'hôte ouvre sur un parc séculaire où vit l'un des plus vieux séquoias de la région. Les quatre chambres au confort douillet bénéficient d'un agréable décor personnalisé. Copieux petits-déjeuners et table d'hôte sur réservation.

RESTAURATION

PREMIER PRIX

Auberge Richard Cœur de Lion – *29 av. Jean-Jaurès - ✆ 05 55 78 43 42 - 9,50/35 € - 6 ch. 38/45 € - ☕ 6 €.* Une adresse incontournable à Châlus, appréciée des habitués pour la qualité de sa cuisine. Sur la carte, viandes exclusivement limousines et, en saison, nombreux plats à base de cèpes. Six chambres simples, mais confortables et bien tenues.

POUR SE FAIRE PLAISIR

À proximité

Les Chaumières – *Domaine des Landes - 87800 Nexon - 2 km par D 11 - ✆ 05 55 58 25 26 - www.les-chaumieres.com - fermé 21 août-8 sept. et 1er-14 janv. - P - 35 € - 3 ch. 80 € - ☕ 10 €.* Joli cottage à toit de chaume dans un parc peuplé d'arbres centenaires. Chaleureux intérieur bourgeois, accueil avenant et carte dans l'air du temps, inspirée par les saisons. Chambres d'hôte dans une dépendance, pour prolonger tranquillement l'étape.

ACTIVITÉS

À proximité

Vélo-rail de Bussière-Galant – *Plan d'eau - 87230 Bussière-Galant - ✆ 05 55 78 86 12 - www.espace-hermeline.com - avr.-nov. : w.-end, j. fériés et vac. scol. 10h-19h (juil.-août : tlj) - 19 € suivant l'activité pratiquée. Parc aventure : tarif par pers. pour 3h - Vélorail : 25 €/vélorail (4 pers.) - (enf. 11 €).* Circulez en draisine sur d'anciennes voies de chemin de fer.

Le Sirque - Pôle cirque de Nexon en Limousin – *Château de Nexon - 87230 Nexon - ✆ 05 55 58 34 71 - www.cirquenexon.com - tlj sf lun. mat. 9h30-18h - fermé 2 sem. en sept. - 16 € spectacle (-12 ans 10 €).* Dans l'enceinte du parc du château de Nexon, domaine boisé de 40 ha, le Pôle cirque propose une programmation (stages d'initiation et de perfectionnement, etc.) toute l'année, notamment l'événement-phare La Route du cirque.

Saint-Yrieix-la-Perche

6 980 Arédiens – Haute-Vienne (87)

NOS ADRESSES PAGE 169

S'INFORMER
Office de tourisme – *58 bd de l'Hôtel-de-Ville - 87500 St-Yrieix-la-Perche - 05 55 08 20 72 - juin : tlj sf dim. et j. fériés lun. 14h-18h, mar.-vend. 9h-12h, 14h-18h, sam. 9h30-12h, 14h-17h ; juil.-août : 9h30-12h30, 14h-18h30, dim. et j. fériés 10h-12h30 ; reste de l'année : tlj sf dim. et j. fériés lun. 14h-18h, mar.-vend. 9h-12h, 14h-18h, sam. 9h30-12h30.*

SE REPÉRER
Carte de microrégion B4 (p. 103) – *carte Michelin Départements 325 E7.*
Coupée par la D 704 qui relie le Limousin au Périgord, St-Yrieix est située à mi-distance entre Limoges (40 km) et Hautefort (35 km). Elle est l'une des villes-portes du Parc naturel régional Périgord-Limousin.

À NE PAS MANQUER
La collégiale du Moustier ; le village du Chalard et son église fortifiée ; la vue sur le plateau de Millevaches et les monts d'Auvergne du haut de la tour de Masseret ; les landes serpentinicoles du Cluzeau et de La Flotte.

ORGANISER SON TEMPS
Prévoyez une journée pour la ville et ses environs.

AVEC LES ENFANTS
Parcourez avec eux les nombreux sentiers balisés de la forêt de Fayat. Proposez-leur une pause rafraîchissante au plan d'eau de Montréal ou à l'étang du puy Chaumartin et quelques belles histoires à la médiathèque du Père Castor, à Meuzac *(voir Nos adresses en fin de chapitre).*

Cette petite ville à la frontière du Périgord a permis le développement de la porcelaine de Limoges grâce à son gisement de kaolin. Elle se trouve au centre d'une riche région d'élevage, à laquelle elle doit son important marché aux bestiaux. Et c'est également dans cette région que fut exploitée la toute dernière mine d'or de la Communauté européenne. Sans attrait particulier, St-Yrieix mérite néanmoins qu'on s'y arrête pour visiter la collégiale du Moustier, digne d'intérêt.

Se promener

★ Collégiale du Moustier

Elle s'élève à l'emplacement de l'abbaye fondée par Aredius. Ce vaste édifice présente un curieux mélange d'art roman et d'art gothique : l'église romane, bâtie au 11e s., fut remplacée par une plus vaste construction à la fin du 12e s.

De l'église romane n'a subsisté que le clocher-porche flanqué de deux collatéraux très étroits. Le caractère massif de ce dernier ainsi que les contreforts robustes couronnés de créneaux, ajoutés au 19e s., donnent à l'édifice l'allure d'une église fortifiée. Le portail du clocher présente des voussures limousines.

1

LA VILLA D'AREDIUS

Vers 530, un certain Aredius, noble de la cour du roi Théodebert, ami de Grégoire de Tours et de Fortunat de Poitiers, hérite de la *villa* de son père et vient s'y installer. Homme d'une grande piété, il fonde là un sanctuaire desservi par des moines et, en 572, par un testament précieux pour la connaissance de la société mérovingienne, il lègue la plus grande partie de ses biens à l'abbaye St-Martin-de-Tours. Près du monastère, un bourg se développe et prend le nom de St-Yrieix.

À partir de 1307, la ville relève en partie de l'autorité royale, mais elle est dominée par le puissant chapitre de la collégiale du Moustier. Henri IV y séjourne en 1569, à la veille de la bataille de La Roche-l'Abeille, et on montre encore aujourd'hui la chambre dans laquelle il dormit. Après les événements de la guerre de Cent Ans, qui amènent Du Guesclin dans ses murs, et la grande peste de 1563, St-Yrieix obtient sa franchise municipale en 1565.

Au Midi, un portail gothique est surmonté d'arcatures légères où apparaît un Christ en majesté du 12e s.

La nef, très large et longue seulement de deux travées, s'inscrit dans des murs extérieurs romans dont les voûtes d'ogives et leurs supports sont indépendants. Un vaste transept à chapelles latérales précède un chœur très profond, voûté d'ogives à liernes et tiercerons.

D'élégantes arcatures ornent les murs. Des corniches formant galeries courent de chaque côté de l'édifice, contournant les croisillons du transept. Dans le chœur, la coursière est bordée d'une rampe en bois et supportée par des modillons qui offrent une grande variété de motifs décoratifs.

Trésor – Dans une niche de la nef sont rassemblées quelques œuvres religieuses : le chef reliquaire de saint Yrieix, en lames d'argent repoussé clouées sur une âme de bois, la barbe et les sourcils étant figurés en pointillés or (buste 15e s., collier 13e s.) ; une petite châsse du 13e s. en cuivre doré et émaillé, ornée de vingt médaillons qui figurent des anges aux ailes déployées ; une belle colombe eucharistique (13e s.) en cuivre doré aux ailes mobiles, découvrant les hosties consacrées ; un pavillon en tissu orné de perles qui recouvrait la colombe.

Tour du Plô

Près de la collégiale, ce donjon du 13e s., orné de fenêtres géminées, symboliserait l'autorité du vicomte de Limoges.

À proximité Carte de microrégion

★ Le Chalard

8 km au nord-ouest par la D 901.

Fondé par saint Geoffroi (vers 1060-1125) au milieu d'un paysage de collines et de vallons, le village possède une église édifiée sur une butte, et les vestiges d'un monastère. En aval du bourg, les **gorges de l'Isle** cachent un décor de rochers et de rapides.

Église – Fortifié par les Anglais pendant la guerre de Cent Ans, cet édifice roman possède un massif clocher carré. Dans le chœur polygonal, belles arcatures à baies limousines et chapiteaux de granit ornés de têtes grimaçantes. Dans le bras droit du transept, imposant **bahut** (15e s.) sculpté de motifs flam-

Les chapiteaux de la collégiale du Moustier méritent toute votre attention
É. Larribère / MICHELIN

boyants. Dans le mur à proximité, une niche contient une châsse émaillée du 13e s. et le crâne de saint Geoffroi, fondateur du prieuré.

Cimetière des moines – Il renferme un ensemble unique de 40 tombes du 12e s. La plupart sont en forme d'église, avec un toit recouvert de tuiles ou de chevrons, des arcades romanes sur les côtés et des croix aux extrémités.

Musée de la Porcelaine

2 km au nord par la D 704, puis à gauche vers l'étang. Les Palloux - 05 55 75 10 38 - juil.-août : 9h-12h, 14h-18h ; reste de l'année : tlj sf dim. et j. fériés 9h-12h, 14h-18h - possibilité de visite guidée (1h) - fermé 1er janv. et 25 déc. - gratuit.

Un amateur éclairé a rassemblé, dans cet ancien moulin de pâte à porcelaine, une riche collection de pièces françaises et étrangères du 18e s. à nos jours. À côté des pâtes tendres de Vincennes, Arras, Strasbourg, belles pièces (tendres ou dures) de la manufacture du comte d'Artois.

Église de Ladignac-le-Long

12 km au nord-ouest par la D 901.

Édifice roman à clocher octogonal. Voussures du portail polylobées. Remarquez la qualité du chevet, avec ses arcs trilobés sur colonnes d'angle à chapiteaux historiés : l'abside est éclairée par trois baies limousines.

Circuit conseillé Carte de microrégion

FORÊTS ET LACS

Circuit de 80 km tracé sur la carte de microrégion (p. 103) – Comptez environ 1/2 journée. Quittez St-Yrieix vers l'est par la D 901.

★ Coussac-Bonneval

11 pl. aux Foires - 87500 Coussac-Bonneval - 05 55 75 28 46 - avr.-sept. : 10h-12h30, 14h30-18h - fermé j. fériés.

L'EXTRAORDINAIRE DESTIN DE CLAUDE ALEXANDRE DE BONNEVAL

Né en 1675, **Claude Alexandre de Bonneval**, attiré par le métier des armes, s'engage comme marin, dès l'âge de 14 ans, et se distingue sous les ordres de son parent, le maréchal de Tourville. À la tête d'un régiment d'infanterie, il prend part aux campagnes d'Italie de 1701 à 1706. Son tempérament bouillant et différents démêlés le portent à offrir ses services à l'empereur d'Autriche.

Promu général autrichien, il se couvre de gloire aux côtés du prince Eugène dont il devient l'ami et le confident. Absous, il revient en France en 1717 et se marie avec Judith de Biron; huit jours plus tard, il quitte sa femme et sa patrie pour guerroyer de nouveau pour le compte de l'Autriche. Un différend avec le prince Eugène le jette dans une semi-disgrâce.

Une équipée le conduit à Corfou et de là en Dalmatie, partie intégrante de l'Empire ottoman. Pour faire carrière à Constantinople, il se convertit à l'islam et devient Ahmed Pacha; il met ses talents au service du sultan, réorganise l'armée turque avec laquelle il obtient d'éclatantes victoires sur les Autrichiens et meurt à Constantinople.

Château de Bonneval – ✆ *05 55 75 24 15 - www.bonneval.com - visite guidée (45mn) juil.-août : 14h30-19h ; de mi-juin à fin sept. : tlj sf lun. non fériés 14h30-18h ; reste de l'année : se rens. - 10 € (-12 ans 5 €).* Il se dresse sur une hauteur dominant le village de Coussac, dans un paysage typiquement limousin de prairies coupées de ruisseaux, de haies vives et de taillis de châtaigniers. Il appartenait à **Claude Alexandre de Bonneval**, né en 1675 *(encadré ci-dessus).*

Construit au milieu du 14e s., le **château** subit quelques remaniements intérieurs aux 18e et 19e s. Il présente un plan quadrangulaire, avec une cour intérieure. Les galeries qui l'entourent ont des fenêtres aux vitraux colorés. Les tours d'angle sont couronnées de mâchicoulis et coiffées de toits en poivrière ; le donjon et la tour du Diable sont accolés à une tour.

L'intérieur du château renferme un ameublement d'époque allant de la Renaissance au Directoire, des tapisseries remarquables, des boiseries Louis XVI. Des portraits, des gravures et d'intéressants documents rappellent le souvenir de Bonneval-Pacha.

Petit édifice du 12e s., remanié au 15e s., l'**église** a conservé quelques traces de fresques *(dans le croisillon à droite)*, un bas-relief en bois polychrome du 16e s., une Pietà et une toile de Lebrun, *Dieu le Père* (17e s.).

Une imposante lanterne des morts du 12e s., restaurée au 14e s., marquait jadis l'entrée du cimetière. La petite porte permettait d'introduire une lampe qu'on hissait jusqu'au lanternon ajouré et surmonté d'une croix. La lumière qui brillait symbolisait l'hommage rendu aux morts autant que l'avertissement donné aux vivants ; elle servait également de point de repère au voyageur égaré la nuit.

À la sortie de Coussac, prenez à gauche sur la D 70.

La route longe l'**étang de la Marche** *(aire de pique-nique)*, ancienne réserve d'eau créée pour la pêche.

À 2 km après le lieu-dit la Gabie-de-la-Poule, tournez à droite (fourche : prenez la route de gauche). Peu après Rouffardie, traversez la D 215 en direction de Meuzac. Quittez Meuzac par l'est en empruntant la D 244.

DARNET ET LE KAOLIN

C'est à St-Yrieix que Limoges doit d'être la capitale de la porcelaine en France, grâce à la découverte, au 18e s., de gisements de kaolin. Cette argile blanche très pure, déjà connue en Chine au 7e s., tire son nom de la colline de Kao-ling. Utilisée pour la première fois en Europe, dans le plus grand secret (depuis 1710) par la manufacture saxonne de Meissen, elle fait l'objet en France de recherches fiévreuses de la part des céramistes fabriquant les porcelaines « tendres ».

Au cours des prospections effectuées dans tout le Sud-Ouest, un chirurgien de St-Yrieix nommé **Darnet** entre en rapport, à la suite de circonstances fortuites, avec l'apothicaire chargé de faire des prélèvements et de les analyser. Darnet lui signale l'existence de terre utilisée par sa femme pour faire sa lessive. L'analyse révèle la pureté du kaolin ; en 1771, Darnet est chargé, au nom du roi, d'en diriger l'extraction. Dès 1774, une fabrique de porcelaine est installée à la Seynie *(à 1 km de St-Yrieix)*. Amorcée dès 1784 à Frougeix, puis sur d'autres exploitations de la commune de Coussac (Marsaguet, Pierrefiche et Marsac), l'extraction du kaolin anima la campagne coussacoise jusqu'à la Seconde Guerre mondiale et valut même à la région le surnom de « Chine du Limousin ». Grâce à Turgot, intendant du Limousin, l'impulsion est donnée, et St-Yrieix approvisionne en kaolin Limoges et toute la région.

Un itinéraire pédestre de 10 km *(durée : de 3 à 5h - balisage jaune)* vous permet de découvrir les vestiges des carrières de kaolin et l'ancienne fabrique de porcelaine de Coussac. Pour plus de renseignements sur la **Boucle du kaolin**, contactez l'office du tourisme de Coussac-Bonneval *(voir p. 165)*.

Masseret

Village situé au cœur d'un paysage limousin dominé par la forêt. Grimpez jusqu'au sommet *(104 marches)* de la **tour**, d'où se révèle un très beau **panorama**★ circulaire. Vous apercevrez au nord les monts d'Ambazac, à l'est le plateau de Millevaches, le massif des Monédières et, par temps clair, les monts d'Auvergne.

L'**église** romane, fortement remaniée au 16e s., possède une châsse de sainte Valérie du $13^{e\,s.}$

Quittez Masseret par le nord. Suivez la D 20^{E8} et à La Porcherie, prenez la D 216.

St-Germain-les-Belles

L'**église** est un bel édifice fortifié du 14e s., dont la façade et le chevet sont protégés par des mâchicoulis. À l'intérieur, un escalier à vis permet d'accéder, au-dessus de la haute voûte brisée, aux salles de guet et au chemin de ronde.

Quittez St-Germain par l'ouest en empruntant la D 31.

Magnac-Bourg

Son église possède de beaux **vitraux** (fin 15e s.), tandis que ses maisons sont ornées de curieux **épis de faîtage** (à panses ou anses).

Sentier d'interprétation – *Dans Magnac-Bourg, prenez la D 215, puis la C1 (direction Condamines, Le Cluzeau) et suivez le panneau « Lande du Cluzeau et de La Flotte ». Le sentier se prend au départ des anciennes tuileries du Cluzeau. Aire de stationnement.* *4 km.* Ponctué de panneaux sur la faune, la flore et la géologie, cet agréable sentier vous permet de découvrir une **lande serpenticole** de 120 ha, entourée par le bocage du pays arédien. Dans de jolis pay-

sages de bruyère vagabonde et de fétuque de Léman, vous aurez peut-être la chance d'observer une fauvette Pitchou, un busard St-Martin, un azuré des mouillères, un criquet italien ou encore un sonneur à ventre jaune…
Quittez Magnac-Bourg par le sud-est, en empruntant la D 215 vers Chavagnac. Après 3 km, prenez à droite en direction de Château-Chervix.

La Flotte

Vous êtes ici au pays des landes à **serpentine**, roche métamorphique vert sombre qui fait l'objet d'une protection réglementaire et bénéficie d'une gestion menée par le Conservatoire régional des espaces naturels du Limousin.
Partez en balade vers le site des **Roches du loup**. Celui-ci offre un point de vue sur les Monédières et le mont Gargan.
Revenez à La Chapelle, à la sortie du village, tournez à droite en direction de Fayat.

★ Forêt de Fayat

Cet espace de 700 ha, planté de feuillus et de résineux, est sillonné par de nombreux sentiers balisés.
En bout de route, prenez à droite.

Château-Chervix

Grimpez jusqu'à la place du village, dominée par la Grande Tour. Ce donjon de 32 m de haut, joliment appareillé, est le seul vestige du château du 12e s.
Quittez Château-Chervix par le nord-ouest en empruntant la D 31 puis prenez à gauche la D 19 qui ramène à St-Yrieix-la-Perche.
La route offre de belles échappées sur le **puy de Barre** (alt. 533 m).

NOS ADRESSES À SAINT-YRIEIX-LA-PERCHE

HÉBERGEMENT

PREMIER PRIX

Camping municipal d'Arfeuille – *Rte du Viaduc - 2,5 km au nord par rte de Limoges et chemin à gauche, au bord d'un étang - ✆ 05 55 75 08 75 - camping@saint-yrieix.fr - de mi-avr. à mi-sept. - 100 empl. 12,40 €.* Un camping joliment installé au bord du lac qui abrite des emplacements aménagés en terrasses, spacieux et ombragés. Les blocs sanitaires sont assez rudimentaires, mais relativement corrects dans l'ensemble. Dispose d'une aire de jeux pour les enfants et d'un minigolf à la disposition des vacanciers.

Les Platanes – *40 pl. de la Nation - ✆ 05 55 75 01 34 - lesplatanes@wanadoo.fr - 12 ch. 32/47 € - 7 €.* Cet hôtel du centre-ville dispose de 12 chambres simples meublées à l'ancienne ; les plus confortables possèdent une salle de WC et douche ou bains. Possibilité de prendre son petit-déjeuner dans la chambre. Adresse correcte à prix sage.

À proximité

Chambre d'hôte Le Moulin de Marsaguet – *Le Moulin de Marsaguet - 87500 Coussac-Bonneval - 3,6 km au nord de Coussac par D 17 dir. La Roche-l'Abeille puis D 57 - ✆ 05 55 75 28 29 - www.moulindemarsaguet.com - fermé de fin oct. à mi-avr. - P - 3 ch. 50 €.* Rusticité, authenticité et confort simple des chambres pour un séjour au vert, à la campagne. Ici, la nature généreuse s'offre à vous, étang pour la pêche, balade en barque et partout les animaux : chiens, volailles, vaches…

POUR SE FAIRE PLAISIR

Hostellerie de la Tour Blanche – *Rte de Limoges - ✆ 05 55 75 18 17 - http://latourblanche87.com - fermé sam. midi et dim. soir - ♿ - P - 23 ch. 80/99 € - 9 € - ✕ 15/40 €.* À deux pas du musée de la Porcelaine, cette grande bâtisse neuve domine le plan d'eau Marcillac. Chambres avec tout le confort moderne. Pour les repas, choix entre le menu brasserie et une cuisine du terroir servie dans la belle salle à manger.

RESTAURATION

PREMIER PRIX

À la Bonne Cave – *R. de la Pierre-de-l'Homme - près de l'église - ✆ 05 55 75 02 12 - fermé lun. - formule déj. 9 € - 10/25,50 €.* À deux pas de l'église, ce petit restaurant propose une terrasse bien agréable. À l'intérieur, une petite salle à manger à la décoration blanc-bleu. Sans prétention, le service est rapide, souriant pour une cuisine de produits frais du terroir.

À proximité

Hôtel Les Voyageurs et restaurant le Kaolin – *21 av. du 11-Novembre-1918 - 87500 Coussac-Bonneval - ✆ 05 55 75 20 24 - www.voyageurskaolin.com - fermé 2 sem. en nov. - ♿ - 13/45 € - 7 ch. 42 € - 6 €.* Cette vieille maison de style régional est située au pied du château. Dans sa salle à manger agrémentée d'un beau plafond à caissons, vous dégusterez une cuisine mitonnée avec les produits du terroir, dont la fameuse viande limousine. Sept chambres donnant pour certaines sur le jardin. Menu « Château » avec une entrée gratuite au château.

1

Arnac-Pompadour

★

1 264 Pompadours – Corrèze (19)

NOS ADRESSES PAGE 173

S'INFORMER
Office du tourisme du pays de Pompadour – *Entrée du Haras - 19230 Arnac-Pompadour - ✆ 05 55 98 55 47 - www.pompadour.net - juin-sept. : 10h-12h30, 14h-18h - reste de l'année : se rens.*

SE REPÉRER
Carte de microrégion B4 (p. 103) – *carte Michelin Départements 329 J3.*
Arnac-Pompadour occupe un plateau boisé à 25 km au sud-ouest d'Uzerche.

À NE PAS MANQUER
Les amateurs de races chevalines seront captivés par la visite du haras national et de la Jumenterie de la Rivière, ainsi que par les courses, concours, parades et manifestations diverses qui rythment l'été.

ORGANISER SON TEMPS
Comptez une demi-journée pour la visite du château et des haras (plus si vous avez des enfants !), et environ 3h pour découvrir les charmes de la vallée de l'Auvézère.

AVEC LES ENFANTS
De mai à septembre, emmenez les enfants voir gambader les poulains dans les vastes prairies de la Jumenterie nationale de la Rivière.

La petite ville d'Arnac-Pompadour doit à Louis XV d'être entrée dans l'Histoire : en 1745, Mme Le Normant d'Étiolles, née Jeanne Antoinette Poisson, reçoit en présent de Louis le Bien-Aimé, qui veut ennoblir sa favorite, le domaine de Pompadour, assorti du titre de marquise. La création par le roi, en 1761, d'un fameux haras qui allait devenir, au 19e s., le berceau de la race anglo-arabe, a également fait d'Arnac-Pompadour une véritable « Cité du cheval » qui attire tout au long de la saison de nombreux amateurs de sports équestres.

Se promener

Château

✆ 05 55 98 51 10 - www.les3tours-pompadour.info - ♿ - visite guidée (1h) avr.-sept. : 9h30-12h, 13h30-18h ; reste de l'année : vac. scol. 9h30-12h, 13h30-17h30 - 7 € (8-18 ans 6 €).

Protégé par ses huit tours de guet coiffées de toits en poudrière, cet imposant château, dont la majestueuse façade s'inscrit dans un beau cadre de verdure, fut construit en 1026, brûlé en 1200, puis rebâti au 15e s. Partiellement détruit durant la Révolution, il fut victime d'un incendie en 1834. Aujourd'hui occupé par l'administration du haras, il possède d'agréables terrasses offrant une jolie **vue** sur l'hippodrome et sur la cour d'entraînement. À l'intérieur, vous découvrirez l'histoire du haras national ainsi que quelques pièces réalisées par les Compagnons du Tour de France.

Haras national

05 55 98 51 10 - www.les3tours-pompadour.info - ♿ - visite guidée avr.-nov. : 10h, 11h, 14h, 15h et 17h ; reste de l'année : se rens. - 7 €.

Dès 1751, Mme de Pompadour avait créé un haras privé à Arnac-Pompadour en faisant venir des chevaux de Paris. Dix ans plus tard, Louis XV y établit un haras royal qui sera florissant jusqu'à la Révolution, époque à laquelle il est démantelé et les chevaux vendus aux enchères. Rétabli par Napoléon Ier en 1795, le haras devient national en 1872, et poursuit depuis sa mission d'amélioration de la race chevaline.

L'immense domaine de Pompadour dispose de différentes infrastructures, parmi lesquelles les **écuries des étalons**, où vous découvrirez des étalons de trait de races diverses ; l'ancienne **orangerie**, transformée par Napoléon Ier en écurie pour sa cavalerie légère et qui vous présente aujourd'hui des étalons de sang (arabes et anglo-arabes de deux ou trois ans) ; une **sellerie d'honneur** contenant notamment une superbe collection de harnais d'attelages ; un local de reproduction ; une **forge** ; une **cour d'honneur** où se déroulent régulièrement des présentations publiques d'étalons (montage, dressage, attelage) ; un manège couvert, utilisé pour l'entraînement des chevaux à la saison hivernale ; et puis, bien sûr, dans la perspective du château, l'**hippodrome**, sans oublier l'élégant terrain en herbe du **Puy Marmont** (25 ha), réservé à des manifestations de prestige (courses de plat et surtout d'obstacles, son terrain accidenté se prêtant particulièrement bien aux parcours de cross).

Le domaine de Pompadour se compose par ailleurs de la Jumenterie nationale de la Rivière, à 4 km au sud d'Arnac-Pompadour *(voir ci-dessous)* et de l'exploitation de **Chignac** (80 ha), sur la route de Lubersac, à la périphérie de Pompadour, qui accueille les poulains et pouliches nés à la Jumenterie nationale.

1

Circuit conseillé Carte de microrégion

HAUTE VALLÉE DE L'AUVÉZÈRE

Circuit de 35 km tracé sur la carte de microrégion (p. 103) - Comptez 2h.
Quittez Arnac-Pompadour en empruntant la D 126.

Église d'Arnac

Cet édifice, dont la construction remonte au 12e s., frappe par son aspect sévère et ses dimensions imposantes, et offre une curieuse juxtaposition de formes romanes et gothiques. Le portail, de style limousin, est décoré de chapiteaux archaïques, d'arcatures ornées de culs-de-lampe et de médaillons. Nef à voûte d'ogives dont les clés sont aux armes de Pompadour ; le transept, voûté en berceau, conserve son caractère roman. D'intéressants chapiteaux historiés décorent les colonnes de la nef.

Poursuivez sur la D 126, puis prenez à gauche la D 127.

★ Ségur-le-Château

Ce village, enclavé dans une boucle de l'Auvézère, est dominé par deux buttes aux pentes abruptes, dont l'une porte les ruines d'un château fort (12e-13e s.) à double enceinte. Ségur fut le siège, pendant trois siècles (du 15e s. à 1750), d'un

tribunal dont dépendaient plusieurs centaines de juridictions seigneuriales du Limousin et du Périgord. La présence de tout un monde de robe enrichissait et embellissait le pays, comme en témoignent ces belles « maisons nobles » que sont la **maison Febrer** (15e s.), avec ses cheminées Renaissance et ses tourelles, et la **maison Henri-IV**, baptisée ainsi en l'honneur de la famille d'Albret. En effet, berceau des premiers vicomtes de Limoges, ce bourg prospère vit naître, en 1470, Jean d'Albret, premier roi de Navarre et aïeul de Jeanne d'Albret, la mère d'Henri IV. Outre ces deux hôtels particuliers, des maisons à colombages et à tourelles des 15e, 16e et 17e s., des toits pointus de tuiles brunes, des croisées à meneaux et des portes gothiques, sans oublier la tour des Appeaux, que l'on découvre au détour des rues étroites et tortueuses, créent une atmosphère particulière qui attire promeneurs et peintres.
Quittez Ségur par le nord-est en empruntant la D 149.

Lubersac

i Pl. de l'Horloge - ✆ 05 55 73 97 31 - www.ville-lubersac.fr - juin-sept. : tlj sf jeu. apr.-midi en juin et sept. 10h-12h30, 14h30-18h30, dim. et j. fériés 10h-12h ; reste de l'année : tlj sf jeu. apr.-midi et w.-end 10h-12h, 14h-17h.

Dans l'**église St-Étienne**, des chapiteaux finement sculptés ornent les absidioles nord et sud (scènes de la vie du Christ), ainsi que l'extérieur de l'abside principale. D'allure trapue, le chœur possède une remarquable série de **chapiteaux historiés★**. Des travaux de restauration de l'édifice, effectués de 1999 à 2001, ont par ailleurs révélé tout un décor pictural d'époques différentes (du 14e au 18e s.).

Ancienne résidence des archiprêtres jusqu'en 1780, la **maison des Archiprêtres** présente de belles arcades surmontées de fenêtres Renaissance. Les personnages sculptés, représentant un vieillard, un gentilhomme et une châtelaine, illustreraient un vieux dicton chevaleresque : « Son Dieu, son Roi et sa Dame. »
Quittez Lubersac par le sud-est en empruntant la D 148. À St-Pardoux-Corbier, prenez la D 54 E1 jusqu'à Fargeas, puis la D 148 jusqu'à Troche.

Chartreuse du Glandier

Ne se visite pas. C'est au cœur de la vallée de Loyre que fut édifiée, au 13e s., la chartreuse N.-D. du Glandier, détruite à la Révolution. En 1840, l'ancien monastère fut le théâtre de « l'affaire Lafarge » dont le procès d'assises prit une ampleur nationale. Marie Capelle aurait empoisonné son mari, Charles Lafarge, par l'intermédiaire d'un gâteau à la crème contenant de l'arsenic… Cette affaire donna lieu à une véritable bataille d'experts mais, malgré le doute quant à la présence naturelle d'arsenic dans le corps humain, Marie Capelle, soutenue par des intellectuels et artistes parisiens (Sand, Delacroix), fut condamnée aux travaux forcés à perpétuité.

La chartreuse est rachetée en 1860 par l'**ordre Cartusien**, qui la fait rebâtir dix ans plus tard. Le lieu est devenu un centre psychothérapique.
Poursuivez vers l'ouest, en direction de la Rivière.

Jumenterie nationale de la Rivière

✆ 05 55 98 51 10 - www.les3tours-pompadour.info - ♿ - visite guidée (1h) avr.-juin : sf lun. 14h30-18h30 ; reste de l'année : se rens. - 6 € (-8 ans 5 €)..

Le domaine de la Rivière, qui s'étend sur 88 ha, englobe les vestiges d'un vieux château : deux tours rondes et une chapelle gothique. Il abrite la seule et unique Jumenterie nationale, aussi ancienne que le haras. Elle contribue à l'amélioration du patrimoine génétique des juments poulinières anglo-arabes et arabes, et accueille en saison quelques juments des environs pour les saillies et les naissances. De mai à septembre, elles gambadent dans les vastes prairies auprès de leurs poulains. En tant que station de monte, la Jumenterie possède par ailleurs une écurie d'étalons.

La D 7^E3^, puis la D 7 ramènent à Arnac-Pompadour.

NOS ADRESSES À ARNAC-POMPADOUR

HÉBERGEMENT

PREMIER PRIX

Chambre d'hôte Ferme de la Petite Brunie – *La Petite Brunie - 2 km au nord-est de Pompadour par D 54 ^{E1} dir. St-Pardoux-Corbier - ✆ 06 81 68 86 19 - www.la-petite-brunie.com - fermé 15 nov.-15 mars - P - ⊭ - 5 ch. 45/50 € ☕ - ✕ 22 €.* Cette ferme, maintenant spécialisée dans l'élevage des chevaux de course « anglo-arabes », a aménagé son ancienne porcherie en chambres soignées. Trois à l'étage, une familiale au rez-de-chaussée. La cinquième est vraiment dans la maison des hôtes, où l'on s'attablera pour les repas du soir.

À proximité

Chambre d'hôte à la Ferme de La Roche – *La Roche - 19210 St-Julien-le-Vendômois - 7 km au nord-ouest d'Arnac par D 126 et rte secondaire à gauche - ✆ 05 55 98 72 87 - michel.sourioux@wanadoo.fr - réserv. obligatoire - P - ⊭ - 2 ch. 45 € - ☕ 7 € - ✕ 22 €.* Table d'hôte sur demande. Perdue dans la campagne, cette petite ferme a transformé sa bergerie en deux chambres-gîtes. Confort et décoration des plus simples, sous des plafonds mansardés. Possibilité de prendre le petit-déjeuner dans la salle à manger des propriétaires.

ACTIVITÉS

À proximité

Établissement équestre - Les Écuries du Val en Pré – *19350 Juillac - ✆ 05 55 25 96 15 - www.ecuriesdevalempre.fr - 9h-18h.* Structure très complète dédiée aux chevaux. On pourra y apprendre l'élevage et le dressage des différentes races de l'exploitation, et aussi comment seller et atteler les animaux. Une balade au petit trot ou en attelage agrémentera cette journée de découverte.

AGENDA

Voir l'Agenda dans la partie Organiser son voyage, p. 26.

1

Uzerche

★★

3 195 Uzerchois – Corrèze (19)

NOS ADRESSES PAGE 179

S'INFORMER

Office de tourisme – *Pl. de la Libération - 19140 Uzerche - ✆ 05 55 73 15 71 - 15 juin-15 sept. : tlj sf dim. et j. fériés 10h-12h30, 14h-18h ; vac. scol. : tlj sf w.-end et j. fériés 10h-12h, 14h30-17h ; hors sais. : tlj sf w.-end et j. fériés 10h-12h.*

SE REPÉRER

Carte de microrégion C4 (p. 103) – *carte Michelin Départements 329 K3.* Uzerche se dresse sur un promontoire qu'enserre une boucle de la Vézère. On y accède facilement par l'A 20 (échangeurs 44 et 45) à partir de Limoges.

À NE PAS MANQUER

Dans la ville haute, admirez la place des Vignerons, l'église romane de St-Pierre et l'esplanade de la Lunade surplombant la Vézère ; remarquez les splendides chapiteaux sculptés de l'église de Vigeois.

ORGANISER SON TEMPS

Comptez une demi-journée pour vous promener tranquillement dans Uzerche et consacrez le restant de la journée à la découverte de la vallée de la Vézère.

AVEC LES ENFANTS

Pique-niquez avec eux aux cascades de Bialet.

Le nom semble un peu rugueux, et on voit vite en cette ville un bastion, comme le suggère sa situation. Pourtant, quelle finesse ! Une pagaille de tours en échauguettes, un étonnant amas de clochetons et de toits à poivrières, de vieilles maisons… « Uzerche la pucelle », la « perle limousine », « jamais souillée », selon sa devise, est la séduction même.

Se promener Plan de ville

VILLE HAUTE

Prenez le temps de vous promener au cœur de la vieille ville. Les belles maisons en pierre, très souvent dotées de tourelles, sont un enchantement pour les yeux.

Partez de la place Marie-Colein.

Les **escaliers du lavoir** (1910), très raides, mènent à la Vézère et à l'ancien lavoir. Autrefois, ils longeaient le château des Pradel de Lamazze détruit en 1793.

Rue Gaby-Furnestin

Notez, à gauche, une maison à pans de bois (16e s.) où naquit Alexis Boyer, chirurgien de l'empereur Napoléon Ier. Dans cette rue et la rue Jean-Gentet

Toits et maisons d'Uzerche
A. Le Bot / Photononstop

qui la prolonge, plusieurs autres vieilles demeures rénovées ont de belles portes sculptées avec des frontons ornés et de grandes fenêtres en arcades, vestiges des anciennes boutiques.

Porte Bécharie

Cette porte fortifiée est la seule des neuf portes anciennes de la ville qui ait été conservée intacte : au-dessus du passage sous voûte, une niche sculptée abrite une statue moderne de la Vierge.

Cette porte défendait jadis le cœur de la ville formé par les deux paroisses de Ste-Marie-de-Bécharie et de St-Nicolas.

Accolé à la porte, le bâtiment appelé **château Bécharie** est flanqué d'une tour carrée et d'une tourelle en échauguette. Sur le mur à gauche, une dalle de grès sculptée porte les armes d'Uzerche.

Aussitôt après la porte Bécharie, prenez à droite l'escalier Notre-Dame.

Place des Vignerons

Ancien marché aux fruits, cette petite place est bordée par de vieilles demeures et par la **chapelle Notre-Dame**, la plus ancienne d'Uzerche. Restaurée à la fin du 19e s., elle aurait succédé à l'église N.-D.- du-Désert donnée aux moines par le vicomte de Comborn.

La **maison Boyer Chammard**, juste à côté (16e-18e s.), est particulièrement belle, de même que l'ancien **hôtel des Joyet de Maubec**, qui étaient chargés de la lieutenance criminelle d'Uzerche (17e-18e s.).

Cet hôtel accueillit par la suite le pensionnat Ste-Marie, puis la perception. Le passage sous sa voûte donne accès à une petite terrasse d'où l'on aperçoit la Vézère ainsi qu'une partie de la ville, en particulier les petits jardins en terrasses.

Laissez à gauche la **tour du Prince-Noir** du 12e s. et suivez la rue St-Nicolas qui mène directement à la place de la Libération, dominée par la masse imposante de l'église St-Pierre.

Esplanade de la Lunade

De cette terrasse établie à l'emplacement des anciens bâtiments abbatiaux, la **vue** se porte en contrebas sur le faubourg de la Pomme qui s'étage au long de la D 920, sur le méandre de la Vézère et, au-delà, sur le cadre des collines qui entourent la ville.

★ Église St-Pierre

Vestige d'une abbaye bénédictine, cet intéressant édifice roman fut construit en plusieurs étapes : chœur et croisillon nord du 11e s., nef voûtée en berceaux brisés du 12e s. allongée au 13e s. Fortifiée pendant la guerre de Cent Ans, réparée au 17e s., l'église a été restaurée au début du 20e s.

Clocher – Du 12e s., il est de style limousin. Le troisième étage carré aux baies géminées et lucarnes à gâbles est surmonté d'un quatrième, octogonal, dont le toit couvert de bardeaux remplace une pyramide en maçonnerie.

Tour – Une tour ronde et massive en moellons, percée de meurtrières, défendait le portail. C'est, depuis la restauration subie par l'église au siècle dernier, le seul vestige qui subsiste de l'ensemble de défense militaire de la cité : l'enceinte comptait 18 tours et 5 portes fortifiées.

Crypte – *Accès à l'extérieur depuis le chevet (deux escaliers reliaient jadis la crypte à l'église).* Cette crypte du 11e s., en forme de rotonde à trois absidioles, est considérée comme la plus ancienne du Limousin. Les murs et les voûtes, en moellons, portent encore des traces de coffrage. La salle centrale, soutenue par un unique pilier à base rectangulaire, communique avec le déambulatoire. La chapelle nord abrite un tombeau (14e s.) d'origine inconnue.

L'intérieur de l'église offre une nef flanquée de bas-côtés très étroits. À la croisée du transept s'élève une coupole octogonale. Dans le chœur à déambulatoire et chapelles rayonnantes se trouvent de beaux **chapiteaux**, ornés d'entrelacs, de feuillages et d'animaux. Trois autres ont été transformés en bénitiers : l'un d'eux est sculpté de monstres à corps de lion et à tête humaine.

SE LOGER

Camping municipal La Minoterie.............. ②

Hôtel Teyssier............. ⑥

SE RESTAURER

Chez Denise................. ①

INDEX DES RUES

Rue Pierre-Chalaud

Elle est bordée de quelques maisons anciennes, à pans de bois, ornées d'une porte gothique ou Renaissance. La **maison Eyssartier**, entre autres, avec sa façade Renaissance appartenait à une famille d'apothicaires (écusson avec un mortier, en façade). Au bout de la rue, le **château Tayac** (12e-14e s.) est une belle demeure à tourelle dont le portail est surmonté d'un écusson. L'encadrement en granit de la porte est aux armes de la famille. La tourelle d'angle abrite un escalier.

Hôtel du Sénéchal

Cet ancien hôtel date du 17e s. Son propriétaire, le sénéchal de Chavailles, était officier royal de justice. Sa famille accueillit le roi Louis XIII en sa demeure en 1632. Les bâtiments disposés en U sont visibles depuis la route en contrebas. Ils possèdent trois tours (polygonale, circulaire et carrée) qui ponctuent la façade. Côté « rue de la Justice », la petite tourelle en échauguette est coiffée d'une toiture en poivrière. L'hôtel du Sénéchal abrite désormais un Centre archéologique.

Centre régional de documentation sur l'archéologie du paysage

14 r. de la Justice - ✆ 05 55 73 26 07 - www.archeologie-paysage.org - juil.-août : 14h-17h ; reste de l'année : tlj sf w.-end et j. fériés 9h-12h, 14h-17h - fermé j. fériés sf 14 juil. et 15 août - gratuit.

Aménagé dans l'**hôtel du Sénéchal**, le centre illustre, à travers une exposition permanente, la recherche archéologique menée sur une période allant de l'âge du fer à la fin du Moyen Âge.

Revenez place de la Libération.

Par la rue Jean-Gentet, rejoignez la porte Bécharie et la place Marie-Colein. Remarquez au passage les portails sculptés. L'ancien logis maçonnique (n° 6) appelé loge St-Jean-de-l'Heureuse-Alliance toucha la bourgeoisie locale avec ses idées révolutionnaires.

1

Circuit conseillé Carte de microrégion

VALLÉE DE LA VÉZÈRE

Circuit de 55 km tracé sur la carte de microrégion (p. 103) – Comptez environ 3h. Quittez Uzerche par le nord-est en empruntant la D 3, direction Eymoutiers. La route s'élève rapidement et traverse le faubourg Ste-Eulalie.

Belvédère

Avant un virage à gauche, découvrez une très belle **vue★★** sur le site d'Uzerche, perché sur son rocher au pied duquel coule la Vézère : l'église St-Pierre domine les nombreux clochetons des tourelles couvertes d'ardoises. Parmi les vieux logis étagés en terrasses au-dessus de la rivière, se détache, sous l'église, la silhouette du château Pontier.

Poursuivez sur la D 3 puis, peu après Eyburie, prenez à droite sur la D 26.

Chamboulive

Pl. de l'Église - ✆ 05 55 21 68 40 - horaires se rens.

Dans un paysage agréable de puys, de collines et de champs, ce pays d'altitude moyenne (434 m) fut occupé par l'homme dès le néolithique et connut ensuite la prospérité gallo-romaine. L'**église** romane, réaménagée au 15e s.,

RUSE DE GUERRE

Repoussés à Poitiers par Charles Martel, les Arabes vinrent attaquer Uzerche, en 732. Bien protégée par de solides murailles et dix-huit tours fortifiées, la ville résista pendant sept ans. Mais la famine décima la population, la reddition fut proche.

Usant alors d'un stratagème éprouvé, les assiégés firent présent à l'émir des Sarrasins de leur dernier veau gorgé à souhait et de leur dernière ration de froment. Étonnés d'une telle prodigalité, les Arabes crurent les défenseurs encore abondamment pourvus de vivres et, découragés, levèrent le siège. Les armoiries d'Uzerche (deux taureaux) rappellent cette ruse de guerre qui sauva la forteresse.

La vieille cité ne fut jamais forcée et ne capitula jamais au cours des nombreux sièges qu'elle subit au Moyen Âge. Charles V, avec l'autorisation d'ajouter dans ses armes trois lys d'or, lui donna le surnom d'« Uzerche la pucelle », et sa devise *non pulluta* (jamais souillée) confirme cette appellation.

est précédée par une sorte de beffroi au porche profond et surélevé. Son caractère massif est renforcé par un imposant clocher carré à deux étages, l'un roman et l'autre gothique.

Quittez Chamboulive par le nord-ouest en empruntant la D 142 direction Uzerche. Après Espartignac, prenez à gauche sur la D 920.

Vigeois

Un monastère y fut fondé, si l'on en croit la « Vita » de saint Yrieix (Aredius), dès le 6e s. Ruiné par les Normands, la guerre de Cent Ans, les guerres de Religion, l'abbaye se relève à chaque fois. Un décret de la Convention la supprime totalement en 1790.

L'**église** de Vigeois, caractéristique du roman limousin, remonte au 12e s., mais elle subit d'importantes restaurations. Au portail nord, polylobé, un chapiteau représente les apôtres Pierre et Paul dans leurs mandorles juxtaposées.

Remarquez les chapiteaux se trouvant au niveau du transept. Le chevet à trois chapelles rayonnantes constitue un ensemble harmonieux dont les baies alternent avec les arcatures aveugles. Il est décoré de modillons sculptés et de colonnes engagées surmontées de beaux chapiteaux historiés (à l'absidiole centrale, l'on reconnaît la Parabole du mauvais riche, la Vierge en majesté, Daniel dans la fosse aux lions).

De l'église, la route dévale jusqu'au **vieux pont**, du 12e s., qui enjambe la Vézère, dont les eaux encore calmes se brisent sur les avant-becs.

Quittez Vigeois par le nord en empruntant la D 7, direction Arnac-Pompadour, puis tournez à droite après le pont de Jargassou. Suivez la C 7, puis la V 1 vers Baby.

Cascades de Bialet

Aire de pique-nique. Un circuit est aménagé à partir du petit pont qui enjambe le ruisseau du moulin du Puy-Aumont. Dans un site protégé, suivez la cascade en passant d'un bord à l'autre du cours d'eau par des passerelles de bois sommaires *(surveillez les enfants).*

Poursuivez la petite route qui plonge vers Uzerche.

NOS ADRESSES À UZERCHE

HÉBERGEMENT

PREMIER PRIX

Camping municipal La Minoterie – *À la base de loisirs de la Minoterie - au sud-ouest du centre bourg, accès quai Julian-Grimau, entre la D 920 et le pont Turgot (D 3), au bord de la Vézère (rive gauche) - ✆ 05 55 73 12 75 - http://camping.uzerche.fr - de déb. mai à fin sept. - ♿ - ⊠ - 65 empl. 11 €.* Ici, la Vézère bercera de son doux clapotis vos nuits tranquilles. Les emplacements sont répartis autour d'un ancien moulin. Tennis, mini-golf, VTT, canoë-kayak et site d'escalade sur les rochers. Location de huttes.

BUDGET MOYEN

Hôtel Teyssier – *R. Pont-Turgot - ✆ 05 55 73 10 05 - www.hotel-teyssier.com - fermé 23 déc. - 2 janv. - P - Wifi - 14 ch. 54/59 € - ☕ 8 €, demi-pension possible - ✕ 20/32 €.* Près de la Vézère, cette auberge du 18e s. à la façade blanche propose des chambres tout confort ; certaines avec vue sur la rivière. Cuisine épurée aux accents du Sud servie dans une salle à manger moderne et panoramique.

RESTAURATION

PREMIER PRIX

Chez Denise – *8 r. Porte-Barachaude - ✆ 05 55 73 22 12 - fermé de fin janv. à déb. mars, le soir sf juil.-15 sept. - ⊠ - 10/27 €.* Entrez dans cette modeste maison, à l'enseigne « café-restaurant », aux portes de la vieille ville et choisissez, si possible, une table sur le balcon. Vous apprécierez tout autant la vue sur les jardins et la Vézère en contrebas que le confit fondant ou l'assiette limousine, généreuse en foie gras, gésiers et magret.

Le Bas-Limousin

2

Carte Michelin Départements 329 – Corrèze (19)

Vue aérienne sur le ramassage des foins dans les environs de Collonges-la-Rouge

B. Rieger / Hemis.fr

LE BAS-LIMOUSIN

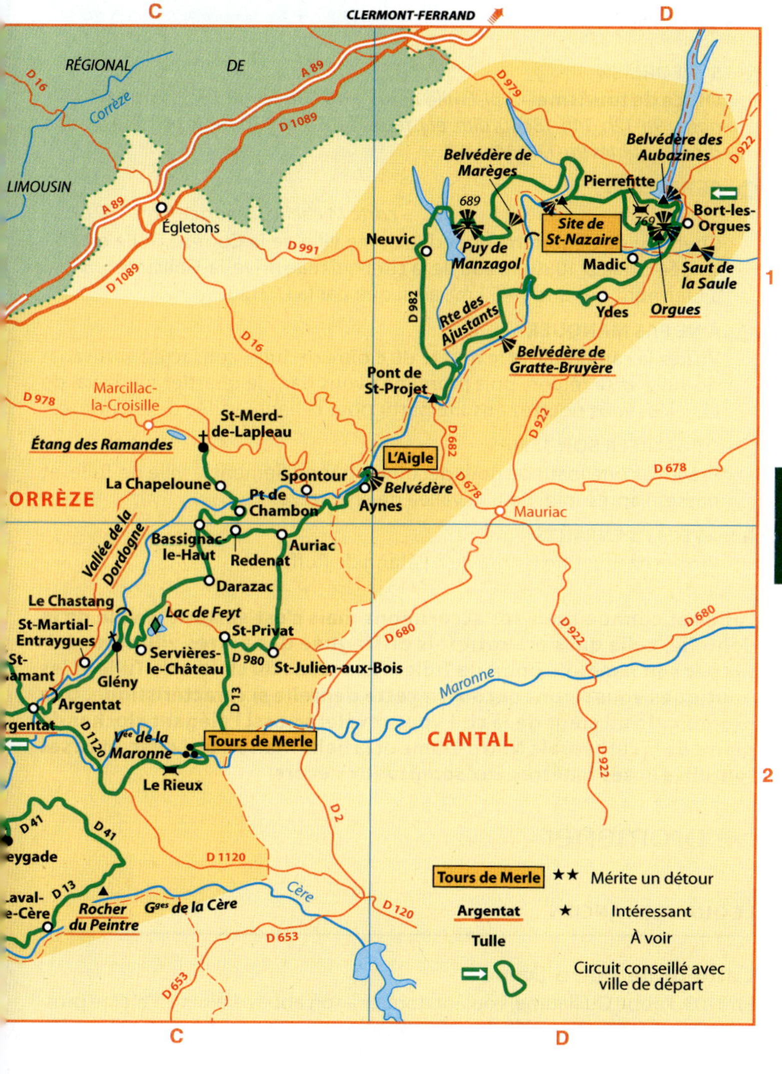
C
CLERMONT-FERRAND
D
RÉGIONAL
DE
LIMOUSIN
Corrèze
A 89
D 1089
D 16
D 979
D 922
Belvédère des Aubazines
Belvédère de Marèges
Pierrefitte
689
769
Bort-les-Orgues
Site de St-Nazaire
Neuvic
Puy de Manzagol
Madic
Saut de la Saule
Égletons
D 991
D 982
Rte des Ajustants
Ydes
Orgues
Belvédère de Gratte-Bruyère
Pont de St-Projet
D 978
Marcillac-la-Croisille
St-Merd-de-Lapleau
Étang des Ramandes
L'Aigle
D 682
La Chapeloune
Spontour
Belvédère
D 678
Aynes
Mauriac
Pt de Chambon
ORRÈZE
Vallée de la Dordogne
Bassignac-le-Haut
Redenat
Auriac
Darazac
Le Chastang
Lac de Feyt
St-Martial-Entraygues
St-Privat
D 680
D 922
Servières-le-Château
D 980
St-Julien-aux-Bois
St-amant
Glény
Argentat
Maronne
D 13
rgentat
D 1120
Vée de la Maronne
Tours de Merle
CANTAL
Le Rieux
D 41
eygade
D 2
D 1120
Laval-e-Cère
D 13
Rocher du Peintre
Gges de la Cère
Cère
D 120
D 653
Tours de Merle ★★ Mérite un détour
Argentat ★ Intéressant
Tulle À voir
Circuit conseillé avec ville de départ
1
2
C
D

2

Tulle

15 647 Tullistes – Corrèze (19)

NOS ADRESSES PAGE 189

S'INFORMER

Office de tourisme – *2 pl. Émile-Zola - 19000 Tulle - ☎ 05 55 26 59 61 - juil.-août : 9h-12h, 14h-18h30, dim. et j. fériés 10h30-12h30 ; reste de l'année : tlj sf dim. et j. fériés 9h-12h, 14h-18h.*

SE REPÉRER

Carte de microrégion B1 (p. 182) – *carte Michelin Départements 329 L4.*
Chef-lieu de département et deuxième ville de la Corrèze, Tulle est traversée par la D 1089 (au sud de la cité) qui relie Brive-la-Gaillarde (25 km) à Clermont-Ferrand (145 km), ainsi que par la D 2120.

À NE PAS MANQUER

Visitez la cathédrale et le musée du cloître de Tulle, consacré à l'artisanat de Tulle et sa région, puis promenez-vous dans le quartier médiéval de l'Enclos ; vous pourrez ensuite partir pour la haute vallée de la Corrèze.

ORGANISER SON TEMPS

Prévoyez une matinée pour découvrir tranquillement la ville de Tulle, et passez l'après-midi dans la vallée de la Corrèze.

AVEC LES ENFANTS

Proposez-leur une baignade à l'étang de Ruffaud.

Tulle est connue pour ses accordéons mais c'est surtout la ville de la dentelle, celle qui s'est autrefois distinguée des autres villes françaises par son fameux « point de Tulle ». Le musée du cloître de Tulle et les boutiques vous feront découvrir cette dentelle si caractéristique. Une promenade au cœur de la cité vous révélera aussi l'élégant clocher de pierre de la cathédrale Notre-Dame et la belle maison de Loyac, avec ses tourelles et ses fenêtres aux somptueux décors.

Se promener

LE QUARTIER ANCIEN

Cathédrale Notre-Dame

En 1103, l'abbé Guillaume, voulant donner à son abbaye, alors en pleine prospérité, un cadre digne d'elle, entreprit de reconstruire l'église et les bâtiments claustraux. Le 12e s. vit s'élever la nef, le porche et le premier étage du clocher.

Clocher★ – Haut de 73 m, il est constitué de trois étages surmontés d'une élégante flèche octogonale, entourée de gracieux clochetons ; touchée par la foudre en 1645, cette flèche, qui datait du 14e s., a été restaurée dans son style primitif.

Porche – Couvert d'une voûte d'ogives, il abrite un portail en tiers-point, de type limousin, orné de boudins et de colonnettes.

Tulle, cloître de la cathédrale Notre-Dame
C. Guy / Hemis.fr

Grande verrière – L'œuvre moderne (1979) de Jacques Gruber offre une remarquable palette de couleurs ; au centre se tient Notre-Dame de Tulle et, au-dessous, saint Jean-Baptiste portant l'Agneau de Dieu ; dans les bordures : à droite, l'évêque Dumoulin-Borie (missionnaire corrézien martyrisé au Tonkin), au-dessous, saint Sébastien ; à gauche, saint Jacques, au-dessous, un pendu évoquant les douloureux souvenirs de 1944.

Statue en bois de saint Jean -Baptiste – Du 16e s., elle est l'objet d'une grande vénération.

Cloître

De l'ensemble du 13e s., il reste la galerie ouest et deux travées des galeries nord et est. Les deux galeries complètes, restaurées, présentent de belles voûtes d'ogives à liernes. La richesse et la finesse de leur décoration apparaissent à travers les motifs, délicatement sculptés, des chapiteaux et des clés de voûte.

La galerie est *(au fond)* est la plus ornementée (remarquez les anges aux clés de voûte) ; elle donne accès à la salle capitulaire dont l'entrée est encadrée par deux gisants. Les voûtes d'ogives retombent sur deux piliers centraux ; sur le mur nord *(à gauche)*, appréciez les deux peintures du début du 14e s. (Entrée du Christ à Jérusalem et la Cène).

Une collection de plaques de cheminée (16e-18e s.), des statues, des moulages de gisants des papes limousins, divers fragments lapidaires sont disposés le long des galeries.

Musée du cloître de Tulle

✆ 05 55 26 91 05 - www.ville-tulle.fr - en raison du chantier de rénovation de la galerie est du cloître de Tulle, le musée est provisoirement fermé au public jusqu'en juin 2011 - Horaires après réouv., se rens.

Il jouxte la galerie occidentale de la cathédrale. Au rez-de-chaussée sont présentées des **expositions temporaires**. Les salles du premier étage (accès par un escalier médiéval à vis) sont réservées aux **arts et traditions populaires**

de Tulle et de sa région : œuvre de Gaston Vuillier (aquarelles de paysages corréziens et série de dessins illustrant les pratiques de sorcellerie à la fin du 19e s.), histoire de la ville et son artisanat : dentelle en « **point de Tulle** ».
Autrefois, la Corrèze comptait quatre importantes fabriques d'accordéons : une salle rassemble 160 de ces instruments, de plusieurs types, datés de 1832 à 1950, dont ceux d'une lutherie locale toujours en exercice.
Le second étage abrite une **collection d'armes blanches et d'armes à feu** (fusils français de 1763 à 1900 et pistolets à silex) illustrant en partie la production de la manufacture de Tulle, qui fut créée en 1696 et érigée en manufacture royale en 1777 ; l'**art de la céramique** (faïences régionales, porcelaines de Limoges, grès Art nouveau) et l'**art religieux** (lutrin baroque en bois sculpté rehaussé de dorures, fragments d'ornements liturgiques du 14e s. brodés en *opus anglicanum*).
Au nord de la cathédrale s'étend le quartier dit de **l'Enclos**, dont le nom évoque les remparts qui entouraient jadis la ville. Ce quartier bien typé a conservé son aspect ancien (fin du Moyen Âge) avec ses ruelles, ses escaliers et ses maisons caractéristiques. Au départ de la cathédrale, une promenade courte *(15mn AR)* permet d'en avoir une vue d'ensemble.

★ Maison de Loyac

Construite au début du 16e s., elle conserve une très belle façade dont les fenêtres et la porte d'entrée sont encadrées de colonnettes et surmontées d'accolades ornées de feuillages, de choux frisés et d'animaux tels que cerf, lièvre, sanglier, porc-épic (emblème de Louis XII), lion, lévriers.
Prenez à gauche de la maison de Loyac.

Rue de la Tour-de-Maïsse

Rue à escaliers, très étroite, bordée de plusieurs maisons à encorbellement dont les toits à auvents se rejoignent presque.
Suivez à gauche la rue (en pente) de la Baylie, puis encore à gauche.

TULLE DANS L'HISTOIRE

Son nom proviendrait soit de *Tutela*, en hommage à la déesse romaine Tutelle, à qui l'on confiait la protection des personnes, des choses et des lieux (son culte serait ici lié au franchissement de la Corrèze sur le très ancien itinéraire qui relie l'Armorique à la Méditerranée), ou de *tudela*, racine celtique signifiant moulin.
Durant la **guerre de Cent Ans**, la ville tombe à deux reprises aux mains des Anglais, en 1346 et en 1369. Et chaque fois la milice locale chasse l'envahisseur. Au cours des **guerres de Religion**, Tulle « papiste » résiste à l'armée protestante du vicomte de Turenne qui échoue devant ses murs en 1577, mais, en 1585, le vicomte prend une sanglante revanche et met la ville à sac, après un assaut que le poète protestant Agrippa d'Aubigné a relaté.
Le **8 juin 1944**, Tulle occupée est libérée par les troupes du maquis, mais dès le lendemain, les troupes allemandes reprennent la ville : plusieurs centaines d'habitants sont arrêtés, 99 d'entre eux sont pendus dans les rues, les autres sont envoyés en déportation : 101 d'entre eux succomberont. Au sud de la ville *(route de Brive, D 1089)*, un monument a été érigé à la mémoire des victimes du nazisme.

Rue des Portes-Chanac

Parmi tout un groupe de vieilles demeures de cette rue en pente, remarquez à gauche, au nº 9, la belle porte sculptée d'une maison fin Renaissance.

Rue Riche

Arrêtez-vous au nº 13 pour voir une maison dont la façade est sculptée.
Poursuivez la rue Riche qui ramène à la cathédrale.

Circuit conseillé

★ HAUTE VALLÉE DE LA CORRÈZE

Circuit de 140 km tracé sur la carte p. 188 – Comptez environ 1/2 journée.
Née à l'ouest de Meymac, dans les landes de Bonnefond à presque 900 m d'altitude, la **Corrèze** traverse le massif des Monédières et creuse une profonde vallée dans les granits. Artère principale du département auquel elle a donné son nom, elle arrose Tulle et Brive avant de grossir les eaux de la Vézère.
Quittez Tulle par le sud-ouest en suivant la D 1089, direction Brive-la-Gaillarde.
La route suit la rive droite de la Corrèze, et dès la sortie de la ville passe auprès du **« champ des Martyrs »**, monument commémorant le massacre par pendaison de 99 jeunes hommes à Tulle les 8 et 9 juin 1944.
Bientôt, la vallée se resserre entre de hauts versants boisés parsemés de rochers. Sur la rive droite sont exploitées de nombreuses carrières de gneiss.
Continuez la D 1089, direction Brive-la-Gaillarde.

2

Cornil

05 55 27 20 12 - en cas de fermeture, s'adresser à la mairie.
La tour carrée de quatre étages érigée au-dessus du village, seul vestige d'un château, jouxte l'**église romane**.
Une jolie vue permet de distinguer, en contrebas, un méandre de la Corrèze épousant la partie escarpée de l'éminence.
Au village, prenez sur la gauche la D 48ᴱ.

Ste-Fortunade

Un agréable petit parc avec pièce d'eau encadre un **château** du 15ᵉ s., très restauré, qui accueille sous son toit la mairie.
L'**église St-Martial**, romane, abrite le **chef reliquaire**★ de sainte Fortunade. Œuvre du 15ᵉ s. en bronze, ce charmant visage au front bombé, aux yeux baissés, frappe par l'originalité de son expression, la finesse de ses traits et la grâce de son attitude.
Reprenez la D 940 sur 1 km, tournez à gauche pour emprunter la D 1, puis la D 10 jusqu'à Marc-la-Tour. Suivez ensuite la D 125ᴱ jusqu'à St-Bonnet-Avalouze, et prenez la D 61ᴱ puis, à hauteur de St-Martial-de-Gimel, la D 53.

★★ Gimel-les-Cascades

Le Bourg - 19800 Gimel-les-Cascades - 05 55 21 44 32 - avr.-sept. : horaires se rens. ; reste de l'année au 05 55 21 28 56.
Étranglée dans une gorge sauvage, la Montane se fraie un chemin au milieu des rochers et se précipite d'une hauteur de 143 m. La Queue de Cheval, l'une des trois cascades, apparaît soudain d'un petit promontoire encadré de rochers, et plonge dans le gouffre de l'Inferno.

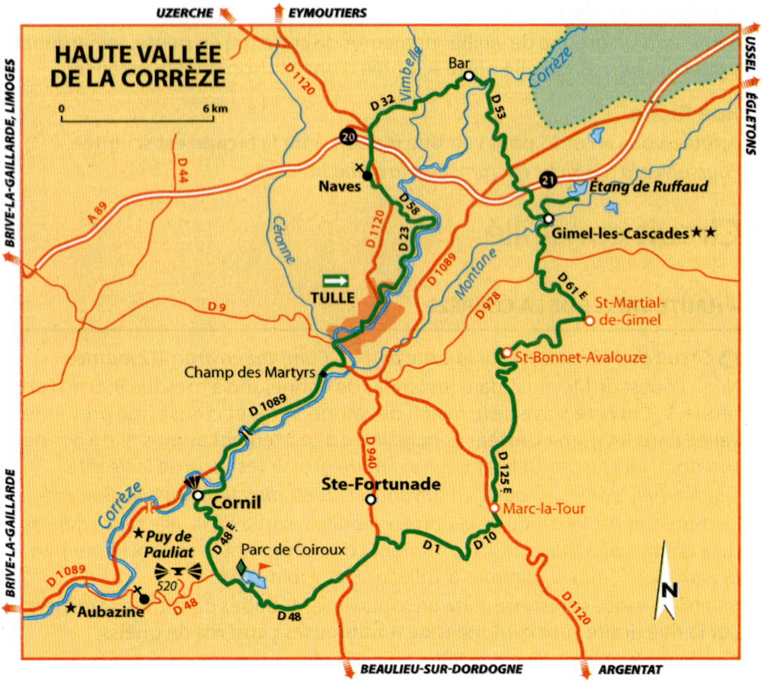

Les habitants doivent la renommée de leur bourg à un certain **Gaston Vuillier** (1845-1915), peintre quelque peu oublié dont les aquarelles exaltent la beauté des paysages corréziens, et dont vous pourrez voir les œuvres au musée du cloître de Tulle *(p. 185)*. C'est lui qui aménagea, à la fin du 19e s., un sentier fléché le long des gorges sauvages. Grâce à ses efforts, les cascades de Gimel devinrent ainsi, en 1912, le premier site naturel protégé de France.

Cascades★★ – *1h à pied AR ; parcours assez fatigant - accès par les parcs Vuillier ou Blavignac (sentiers fléchés) - ✆ 05 55 21 26 49 - juil.-août : 10h-19h ; de déb. mars à déb. nov. : 10h-18h, merc. 11h-18h - 5 € (6-14 ans 3 €).* La traversée des parcs est incontournable pour découvrir les meilleurs points de vue sur les cascades. La première, dite **Grande Cascade** ou Grand Saut, tombe de 45 m. Aussitôt après, la deuxième, dite **la Redole**, fait une chute de 27 m. De là, on a une belle vue en enfilade sur les deux cascades. La troisième, appelée la **Queue de Cheval**, apparaît tout à coup lorsque l'on accède à un petit promontoire perché dans un cadre de rochers ; cette cascade plonge d'une hauteur de 60 m dans des gorges au nom évocateur de **gouffre de l'Inferno**.

Trésor de l'église St-Pardoux★ – Il conserve quelques beaux objets. Pièce majeure de la production limousine médiévale, la **châsse de saint Étienne★★** à fond vermiculé et figures émaillées, date de la fin du 12e s. Elle relate la passion de saint Étienne et se distingue notamment par la finesse des têtes en relief, dont les yeux sont incrustés de pierres précieuses. Vous admirerez aussi un **buste reliquaire** en argent doré (15e s.) de saint Dumine, soldat de Clovis qui se retira dans les gorges de la Montane pour y vivre en ermite. Un très curieux **« plat des âmes »** du 18e s., une **pyxide** en émail champlevé du 14e s., viennent compléter ce bel ensemble.

Prenez la D 53 vers Touzac.

Étang de Ruffaud

Un lieu de baignade est aménagé au bord de cet étang, dans un cadre reposant où les pins, les bouleaux et les chênes apportent une note romantique. Plus loin *(3,5 km)*, l'**étang de Brach** dispose d'une base nautique.

Revenez à Touzac, prenez la D 53 jusqu'à Bar.

La route sinueuse dégringole à travers bois et prairies. Le village de **Bar**, juché sur un promontoire, domine les vallées de la Vimbelle et de la Corrèze.

Continuez la D 53 en direction de l'ouest.

Naves

L'**église St-Pierre-ès-Liens** du 15e s., flanquée d'une tourelle fortifiée, abrite un **retable★** monumental en noyer sculpté qui peut se lire de deux manières différentes. Dans le sens vertical, le décor est centré sur le Christ; dans le sens horizontal, c'est l'histoire de l'église qui est mise en avant, à partir de la vie de l'apôtre Pierre dont elle porte le nom.

Prenez la D 58, puis à droite la D 1120 pour revenir sur Tulle.

NOS ADRESSES À TULLE

HÉBERGEMENT

PREMIER PRIX

À proximité

Camping du lac de Bournazel – *19700 Seilhac - 15 km au nord-ouest de Tulle par D 1120 puis D 44 ✆ 05 55 27 05 65 - www.camping-lac-bournazel.com - Chalets pour 4 ou 6 personnes 27,90/70 € - Ouv. Pâques-oct.* Dans un environnement agréable, au bord d'un lac, voici l'occasion de faire un séjour bucolique dans ce camping très bien aménagé et aux équipements de qualité. Nombreuses activités.

RESTAURATION

BUDGET MOYEN

La Toque Blanche – *Pl. M.-Brigouleix - ✆ 05 55 26 75 41 - www.hotel-latoqueblanche.com - fermé 1 sem. en juil., 15-26 fév., dim. soir et lun. - formule déj. 19 € - 27/32 €.* Installée au cœur de la ville, cette toque-là vous mijote une copieuse cuisine régionale à base de produits du terroir. À déguster dans la grande salle au décor chaleureux.

À proximité

La Ferme du Léondou – *19700 St-Salvadour - 12 km au nord de Naves par D 1120 puis D 53 vers Corrèze et D 173 - ✆ 05 55 21 60 04 - fermé fév. et merc. hors sais. - 14,50/38 €.* Faites un détour par cette ancienne grange avec ses belles mangeoires de bois et sa grande cheminée. Ici, la tradition régionale n'est pas un vain mot comme le prouvent flognarde, pintade aux ris de veau, pous de blé noir, boudin aux châtaignes, choux farcis, confit d'oie aux cèpes…

POUR SE FAIRE PLAISIR

Le Central – *12 r. Barrière - ✆ 05 55 26 24 46 - r-poumier@internet19.fr - fermé 1er-15 août, dim. soir et sam. - 27/60 €.* Ce restaurant traditionnel, logé dans une maison à colombages du 18e s., vous sert le tourtou corrézien et les rillettes d'oie en guise de bienvenue. Brasserie au rez-de-chaussée.

ACHATS

Le Point de Tulle - Cathy Vedrenne – *Boutique des artisans - 2 r. des Portes-Chanac - ✆ 05 55 26 77 29.* Une dentellière met son expérience à votre service pour vous enseigner la technique d'une des rares dentelles à l'aiguille.

Maugein Accordéon – *Rte de Brive - ZI de Mulatet - ✆ 05 55 20 08 89 - accordeons.maugein@wanadoo.fr - lun.-jeu. 9h-12h, 14h-17h ; visite 10h et 14h30 - fermé 3 premières sem. d'août et j. fériés.* En 1919, Jean Maugein, aidé par ses deux frères, crée un petit atelier (40 m^2) voué à l'accordéon. 65 ans plus tard, une nouvelle usine est inaugurée, la fabrication modernisée, mais la tradition conservée. Visite possible ; il est prudent de réserver.

EN SOIRÉE

La Taverne du Sommelier – *8 quai de la République - ✆ 05 55 26 57 63 - latavernedusommelier@wanadoo.fr - 9h-1h.* Cette brasserie traditionnelle propose un grand choix de vins au verre. Il est vrai que le patron, Didier Bordas, fut premier jeune sommelier de France en 1983. Belle terrasse donnant sur la Corrèze.

AGENDA

Voir l'Agenda dans la partie Organiser son voyage, p. 26.

Donzenac

2 387 Donzenacois – Corrèze (19)

NOS ADRESSES PAGE 194

S'INFORMER

Office de tourisme – *2 r. des Pénitents - 19270 Donzenac - ✆ 05 55 85 65 35 - www.tourisme-donzenac-vigeois.fr - juil.-août : 9h30-12h30, 14h30-18h30, dim. 10h-12h ; reste de l'année : tlj sf w.-end et j. fériés 9h30-12h30 - fermé j. fériés (sf 14 juil.).*

SE REPÉRER

Carte de microrégion A1 (p. 182) – *carte Michelin Départements 329 K4.* Donzenac se trouve à 10 km au nord de Brive-la-Gaillarde.

À NE PAS MANQUER

Les pans de Travassac ; les gorges de la Vézère à partir du site de la Roche ; la chapelle du Saillant pour admirer les vitraux de Chagall.

ORGANISER SON TEMPS

Comptez une journée pour visiter Donzenac et découvrir sans vous presser les gorges de la Vézère.

Bâti à flanc de coteau en bordure du bassin de Brive, cet ancien village ardoisier occupe une position stratégique qui lui valut d'être très disputé par le passé, particulièrement pendant la guerre de Cent Ans. Ses vieilles maisons, son église dotée d'un clocher-tour du 14e s. et l'élégante façade Renaissance de sa chapelle des Pénitents en font un village plein de charme. De Donzenac, partez à la découverte des magnifiques gorges de la Vézère et des trésors qu'elles recèlent.

2

Se promener

★ Pans de Travassac

✆ 05 55 85 66 33 - www.lespansdetravassac.com - visite guidée - avr.-nov. - 7,20 € (enf. 4,50 €).

Avant la guerre de 1914-1918, les ardoisières de Donzenac et d'Allassac connurent une réelle prospérité : on remplaçait alors massivement la couverture de chaume des fermes par des toitures d'ardoises. Pour diverses raisons, les dernières carrières ont cessé leur activité en 1982.

Filons et pans – La découverte du saut de la Girale (140 m), depuis le belvédère du parking, donne un avant-goût des sensations de vertige que vous éprouverez lors de la visite de ce site, entièrement façonné par la main de l'homme depuis plus de trois siècles. Passerelles, plates-formes, perces (cavité au creux d'un pan), puits : rien ne vous sera épargné pour que vous partagiez, l'espace d'un moment, les émotions d'un ardoisier !

Chantier ardoisier – Les outils et les gestes des ardoisiers sont immuables ; la reconstitution d'un chantier en activité permet d'observer avec quelle habileté reparteurs et cliveurs exécutent le **rebillage** (gros blocs d'ardoise débités en petits morceaux), le **clivage** (extraction des feuilles d'ardoise) et la **taille** (carrée ou ogivale). Sur une tonne de pierre, seuls 20 % de la matière sont exploitables. Autrefois, un ardoisier taillait de 2 000 à 5 000 ardoises par mois.

Circuit conseillé

★ GORGES DE LA VÉZÈRE

Circuit de 45 km tracé sur la carte ci-contre – Comptez environ 3h.
Quittez Donzenac par l'ouest en empruntant la D 25.

Allassac

Petite ville aux maisons bâties en schiste noir et coiffées d'ardoise, parfois agrémentées de chaînes d'angle en grès rouge.

L'**église** de la Décollation-de-St-Jean-Baptiste est également construite en schiste noir, à l'exception du gracieux **portail sud★** en grès aux tonalités contrastées.

À proximité de l'église, la **tour de César** (11e-13e s.), haute de 30 m, représente le dernier vestige de l'enceinte fortifiée médiévale. Beau **panorama** sur Allassac et ses environs.

Au **Manoir des Tours**, Pascal Lavaud, l'un des derniers taillandiers de France, forge et restaure des armes anciennes. Environ 500 armes sont exposées, ce qui devrait plaire aux amateurs.

Quittez Allassac par le nord en empruntant la D 9.

★ Site de la Roche

Une agréable petite route conduit au bord d'un précipice qui plonge sur les gorges de la Vézère. À droite, un chemin jonché de roches mène sous les châtaigniers à une **table d'orientation** (391 m) : la vue s'étend des **gorges** boisées du **Saillant** au premier plan, jusqu'au village de St-Robert. À gauche, le **panorama** permet une meilleure approche de la perspective des gorges.

Revenez sur la D 9, puis peu avant Le Pilou, prenez à gauche la D 9E3.

Belvédère de Comborn

Vue sur les ruines du château de Comborn qui occupe, au cœur des gorges, un méandre de la Vézère.

Poursuivez la D 9E3 jusqu'au château.

Château de Comborn

05 55 73 77 23 - avr.-oct. : tlj sf lun. et j. fériés 14h-18h - 5 € (-12 ans gratuit).

Il fut jadis la propriété de la puissante et cruelle famille de Comborn. Les vestiges du donjon (11e s.) surplombant la Vézère sont enchâssés dans des remaniements postérieurs. Le nouveau propriétaire des lieux a commencé par dégager les remparts *(en cours)* et a entrepris la restauration intérieure de la partie 18e s. *(ne se visite pas)*. Trois vastes caves de la même époque sont bien conservées.

Rejoignez la D 3 et prenez à gauche.

Vertougit

Face au site de la Roche, ce ravissant village domine les **gorges de la Vézère**. N'hésitez pas à flâner dans ses ruelles bordées de maisons typiques du pays, dont certaines possèdent une décoration extérieure intéressante.

Descendez jusqu'à la **table d'orientation** pour profiter, chemin faisant, de la vue sur le village et du paysage où se côtoient arbres fruitiers et vignes.

Rejoignez la D 134 et prenez à droite.

Voutezac

Bâti à flanc de coteau, ce village plaisant possède une belle église fortifiée à tour carrée du 15e s. À l'angle de la route menant à Objat (calvaire) se trouve un travail à bœufs, entouré de divers instruments de labour.

Reprenez la D 134 en direction d'Allassac.

Le Saillant

Ce petit village occupe un site agréable au débouché des gorges de la Vézère, enjambées par un joli **pont médiéval**.

Sur la rive droite s'ouvre le **parc** du **château du Saillant**, appartenant depuis le 14e s. aux Lasteyrie du Saillant. Le château, où séjourna le futur tribun révolutionnaire Mirabeau, frère de la marquise du Saillant, fut réaménagé au 17e s., mais remonterait au 12e s. De cette époque subsistent encore les douves où s'ébattent des canards. Dans le parc, arbres géants (ginkgos bilobas, séquoias, chênes), mais aussi rhododendrons et petit jardin à la française.

Dans la chapelle qui faisait, à l'origine, partie intégrante du château, ne manquez pas les six **vitraux★** de **Marc Chagall**, créés de 1978 à 1982 : l'artiste a voulu exprimer ici les valeurs premières de l'homme dans la nature.

Franchissez la Vézère et prenez, à droite, la D 148. Après 2,5 km, tournez à droite dans la D 9, puis encore à droite après avoir passé la Vézère.

Chapelle Ste-Marguerite

Ce gracieux monument en grès rouge, de style roman, se dresse sur un replat qui offre une belle perspective sur la vallée de la Vézère.

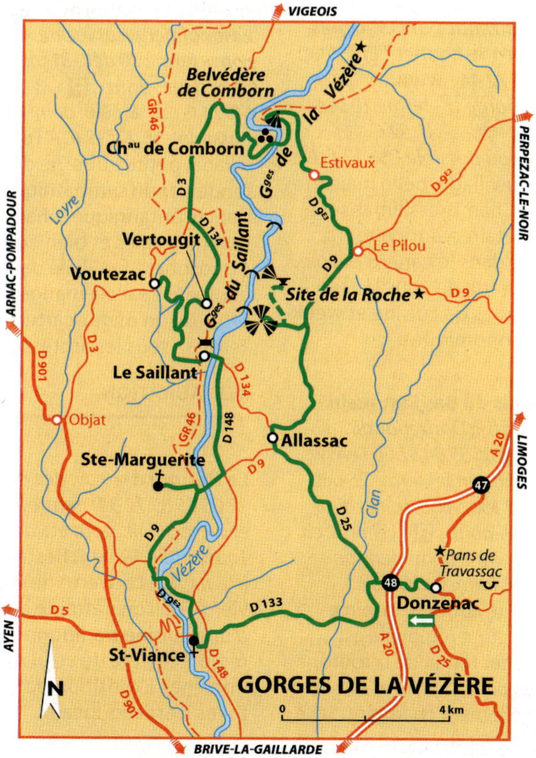

Faites demi-tour pour rejoindre la D 9, et prenez à droite. Après 3 km, tournez à gauche dans la D 9^{E2} qui enjambe bientôt la Vézère.

St-Viance

Séduisant village de grès rouge au bord de la Vézère. À l'intérieur de l'**église**, dans une niche du chœur, apparaît sous vos yeux l'une des plus belles pièces d'émaillerie limousine : une **châsse★** d'émail champlevé du 13e s.
Quittez St-Viance par l'est en empruntant la D 133. La D 25 ramène à Donzenac.

NOS ADRESSES À DONZENAC

HÉBERGEMENT

PREMIER PRIX

À proximité

Chambre d'hôte Ferme de la Borde – *La Borde - 19410 St-Bonnet-l'Enfantier - 10 km au nord de Donzenac par D 920 puis D 156 jusqu'à St-Bonnet-l'Enfantier - ✆ 05 55 73 72 44 - www.fermedelaborde.fr - fermé 10 sept.-25 oct. - P - 5 ch. 52 €, demi-pension possible - 17 €.* À la sortie du village, belle maison en pierre. Chambres climatisées. Les propriétaires, agriculteurs, spécialisés dans le canard et l'oie, seront heureux de vous les servir à table. Stages de cuisine et week-ends gastronomiques.

BUDGET MOYEN

Hôtel Relais du Bas Limousin – *6 km au nord de Donzenac dir. Limoges - ✆ 05 55 84 52 06 - www.relaisbaslimousin.fr - fermé 25 oct.-5 nov., 15-21 fév., vend. soir et dim. soir sf en juil.-août - P - Wifi - 22 ch. 56/78 € - 10 €, demi-pension possible - formule déj. 13 € - 18/34 €.* Cette auberge inspirée de l'architecture régionale est bâtie en léger retrait de la route. Chambres personnalisées et accueil réellement charmant. Salle à manger de style actuel ; cuisine traditionnelle rehaussée d'une touche d'originalité au goût du jour.

POUR SE FAIRE PLAISIR

À proximité

Auberge sur Vézère – *Le Bourg - 19240 St-Viance - ✆ 05 55 84 28 23 - www.aubergesurvezere.com - fermé 20 déc.-31 janv. et dim. sf juil.-août - P - Wifi - 10 ch. 68/74 € - 8,50 €, demi-pension possible - 22/39 €.* À l'entrée du village, petite auberge de pays tenue par un sympathique couple franco-britannique. Chambres fonctionnelles et bien équipées. Atmosphère familiale dans la lumineuse salle à manger où l'on propose un menu-carte actuel. Terrasse sous les arbres.

RESTAURATION

BUDGET MOYEN

Le Périgord – *9 av. de Paris - ✆ 05 55 85 72 34 - fermé lun. soir et merc. sf juil.-août et vac. de la Toussaint - 19/40 €.* Restaurant à la façade couverte de vigne vierge où l'on s'attable autour d'une cuisine traditionnelle régionale (tête de veau sauce gribiche). Exposition de toiles d'artistes locaux.

Saint-Robert

★

341 St-Robertois – Corrèze (19)

NOS ADRESSES PAGE 198

S'INFORMER
Office de tourisme – *Pl. de l'Église - 19310 St-Robert - ✆ 05 55 25 21 01 - mar.-merc. 10h-12h, 14h-17h.*

SE REPÉRER
Carte de microrégion A1 (p. 182) – *carte Michelin Départements 329 I4.*
Situé à 25 km au nord-ouest de Brive-la-Gaillarde, St-Robert couronne un puy, aux confins de la Corrèze et de la Dordogne.

À NE PAS MANQUER
Les paisibles vallées de l'Yssandonnais ; les vestiges gallo-romains du puy d'Yssandon et l'église en forme de rotonde de St-Bonnet-la-Rivière.

ORGANISER SON TEMPS
Une demi-journée vous suffira pour parcourir la région.

Bâti au milieu des arbres à l'emplacement d'une ancienne cité mérovingienne, le village de St-Robert connut de violents affrontements au moment des guerres de Religion. Aujourd'hui, ce site et son paysage typiquement corrézien invitent à la promenade. Sa Grand-Place, ses robustes maisons de pierres blanches couvertes d'ardoises et son église servirent de cadre au feuilleton télévisé *Des grives aux loups*, tiré du roman de Claude Michelet, qui, lui-même, vit dans la région.

Se promener

Église

De l'édifice construit au 12e s. ne subsistent que le transept, dont la croisée supporte un clocher octogonal, et le chœur, de belles proportions. Ce dernier, éclairé par des fenêtres hautes, est séparé du déambulatoire par six colonnes surmontées d'intéressants chapiteaux historiés (scènes bibliques) ; ceux qui sont accolés au mur du déambulatoire sont de facture plus archaïque (remarquez les deux vieillards se tirant la barbe).
Dans la nef, Christ en bois grandeur nature, de l'école espagnole du 13e s.

Circuit conseillé

L'YSSANDONNAIS

Circuit de 60 km tracé sur la carte p. 196 – Comptez environ 1/2 journée.
L'Yssandonnais couvre la partie ouest du bassin de Brive ; son territoire constituait durant le haut Moyen Âge un *pagus* (mot dont nous avons fait « pays ») qui avait pour chef-lieu Yssandon.

Sa géologie variée – schistes noirs du plateau corrézien, mamelons de grès rouge dominés par des buttes calcaires ou « puys » – explique les séduisants contrastes de matériaux employés dans la construction des villages et des bourgs.

Le relief, très vallonné, porte des prairies et des rideaux de peupliers dans les dépressions, des champs de tabac ou de maïs, des noyers et autres arbres fruitiers sur les terroirs les mieux exposés, tandis que la forêt de chênes couronne les puys.

Quittez St-Robert par l'est en empruntant la D 5.

Ayen

Ancienne châtellenie de la vicomté de Limoges, ce village est célèbre pour les **enfeus** (niches funéraires) du 12e s. disposés dans les murs extérieurs de son église.

À l'est du village, le **mont d'Ayen★** (377 m) est aménagé en aire de pique-nique. Dominant les vignes, une table d'orientation aide à la lecture du panorama (St-Robert, les monts Dore, Allassac).

Quittez Ayen par le sud-est en empruntant la D 2. Au lieu-dit La Contie, prenez sur la gauche la D 140E.

Perpezac-le-Blanc

Ce plaisant village aux maisons de calcaire blond est dominé par un élégant château *(on ne visite pas).*

Quittez Perpezac par le sud en empruntant la D 39. Peu avant Brignac-la-Plaine, tournez à gauche sur la D 3.

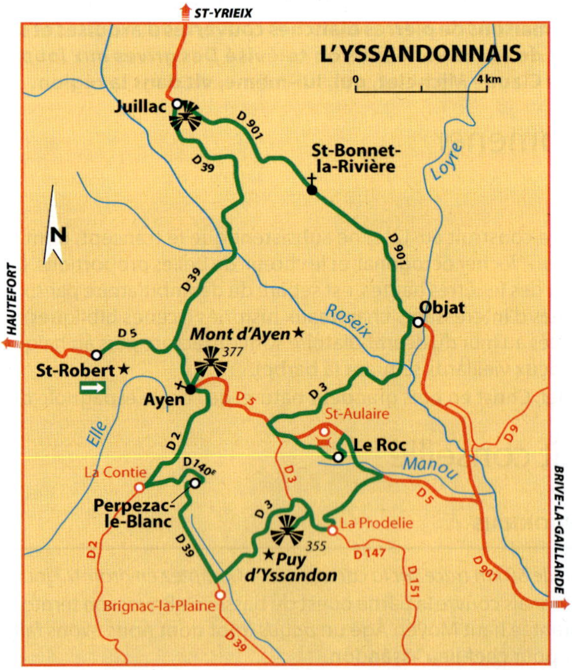

★ Puy d'Yssandon

L'occupation du site est très ancienne : on y a découvert les structures d'un oppidum gaulois et des vestiges gallo-romains.

La **tour** est le seul vestige du château fort médiéval, propriété de puissantes familles : les Pompadour et les Noailles.

Isolée en bout de route, l'**église** du 12e s. bénéficie d'un site agréable qui domine le bassin de Brive (petite table d'orientation derrière le cimetière). Vues étendues sur les monts du Limousin, les collines du Périgord, la plaine de Brignac.

Rejoignez la D 151 et prenez à droite. Au lieu-dit La Prodelie, tournez à gauche. La petite route rattrape bientôt la D 5 ; prenez à gauche, direction Ayen.

Le Roc

Rustique hameau perché au-dessus de la vallée de la Manou et dominé par le château de St-Aulaire, entièrement bâti en grès rouge.

Rejoignez la D 5 par St-Aulaire. Peu après, prenez à droite la D 3.

Objat

Pl. Charles-de-Gaulle - 19130 Objat - ✆ 05 55 25 96 73 - www.objat.fr - de déb. juil. à fin août : tlj sf j. fériés 9h30-12h, 14h-18h30, dim. 10h-12h ; de déb. oct. à fin mai : tlj sf dim. et j. fériés 10h-12h, 14h-18h, sam. 10h-12h ; juin et sept. : tlj sf j. fériés 10h-12h, 14h-18h, dim. 10h-12h - fermé 1er janv. et 25 déc.

Pôle économique de la région, ce bourg actif s'est spécialisé dans la culture de la pomme et l'élevage du veau fermier « élevé sous la mère » (une valeur sûre, aujourd'hui recherchée !).

Quittez Objat par le nord-ouest en empruntant la D 901.

2

St-Bonnet-la-Rivière

Ce village possède une pittoresque **église** romane en grès rouge, en forme de rotonde, dont le portail d'entrée est protégé par un clocher-porche.

La légende veut que, pendant sa captivité en Terre sainte, le chevalier des Cars, seigneur de St-Bonnet-la-Rivière, ait fait vœu d'élever en son fief une église à l'image du St-Sépulcre.

Poursuivez sur la D 901.

Juillac

Montez au Châtenet (345 m), où, parmi les vergers, vous découvrirez un joli **panorama** (table d'orientation).

Quittez Juillac par le sud en empruntant la D 39, puis la D 71 qui ramène à St-Robert.

NOS ADRESSES À SAINT-ROBERT

HÉBERGEMENT

PREMIER PRIX

À proximité

Hôtel d'Hôtes La Boissière – *Au bourg - 19310 Ayen - 4 km à l'est de St-Robert par D5 - ✆ 05 55 25 15 69 - www.laboissiere.com - fermé 3 sem. en fév. - 58/73 € ☕ - ✕ 13/35 €.* Offrant une formule hybride d'hébergement entre hôtel et chambres d'hôte, cette maison un peu bourgeoise abrite aussi des ateliers d'artistes. Une décoration très originale, meubles anciens au milieu de couleurs vives, vient égayer les lieux. Nombreux stages proposés parmi lesquels céramique, musique et danse.

Village Vacances Les Grands Prés – *À l'espace loisirs : Les Grands Prés - 19130 Objat - 1 km au nord, au bord du plan d'eau - ✆ 05 55 25 96 73 - www.objat.fr - ♿ -* ☒. Bien situés au bord du lac, et à deux pas du centre-ville, ces chalets en bois bénéficient d'une belle superficie au sol, assez rare pour ce genre de construction et d'un réel confort, dû en partie à l'équipement électroménager conséquent. Terrasse couverte, toit en ardoise. Attention, pas de location au week-end en juillet et août.

RESTAURATION

PREMIER PRIX

À proximité

La Tête de L'Art – *53 av. J.-Lascaux - 19130 Objat - ✆ 05 55 25 50 42 - latetedelart@wanadoo.fr - fermé 21 juin-7 juil., 15-24 fév., mar. soir et merc. - P - formule déj. 14 € - 18/38 €.* Histoire de marier l'art et le goût, ce restaurant familial, plutôt sobre, expose des peintures d'artistes locaux. Cuisine traditionnelle rehaussée d'un brin d'originalité.

ACTIVITÉS

À proximité

Les Attelages du Haut Repaire – *Haut Repaire - 24390 Coubjours - ✆ 05 53 50 32 79.* Promenades à l'heure, demi-journée, journée (avec pique-nique) ou week-end, en attelages traditionnels.

AGENDA

Voir l'Agenda dans la partie Organiser son voyage, p. 26.

Brive-la-Gaillarde, musée de l'hôtel Labenche
C. Guy / Hemis.fr

Brive-la-Gaillarde

50 231 Brivistes – Corrèze (19)

NOS ADRESSES PAGE 206

S'INFORMER

Office de tourisme – *Pl. du 14-Juillet (au nord de la vieille ville) - 19100 Brive-la-Gaillarde - 05 55 24 08 80 - www.brive-tourisme.com - juil.-août : 9h-19h, dim. et j. fériés 15h-19h ; sept. : tlj sf dim. et j. fériés 9h-12h30, 13h30-18h30 ; de déb. avr. à fin juin : tlj sf dim. et j. fériés 9h-12h30, 13h30-18h30.* Outre les traditionnelles visites guidées, l'office de tourisme met à votre disposition des moyens astucieux de visite : un pack audio pour découvrir la vieille ville à votre convenance et à votre rythme, une carte gratuite pour visiter la ville, guidé par votre téléphone portable et une visite de la ville aux flambeaux le mercredi en saison à la tombée de la nuit.

SE REPÉRER

Carte de microrégion AB2 (p. 182) – *carte Michelin Départements 329 K5.*
À 25 km au sud-ouest de Tulle, Brive est au centre d'un riche et lumineux bassin alluvial, non loin du confluent de la Corrèze et de la Vézère.

SE GARER

Très peu de places de parking au cœur de la vieille ville : garez-vous place du 14-Juillet ou place Aristide-Briand, près de l'office de tourisme.

À NE PAS MANQUER

L'hôtel et le musée de Labenche et la montée au puy de Pauliac.

ORGANISER SON TEMPS

Brive est un point de départ idéal pour découvrir la vallée de la Corrèze et le causse corrézien. Passez deux jours à sillonner la région et consacrez une demi-journée à la ville.

AVEC LES ENFANTS

Pour commencer, une petite visite au musée Labenche pour leur parler de l'histoire et de l'archéologie de la région. Et pour finir, la détente sur la base de loisirs du lac du Causse.

Brive « la courageuse » qui sut si bien défendre ses murs est une ville populaire, accueillante, dont le cœur bat au rythme des clameurs du stade de rugby. C'est aussi la ville la plus riche de Corrèze. En témoignent ses hôtels particuliers, ses monuments et ses musées alignés le long de rues organisées concentriquement depuis le quartier ancien. C'est enfin le lieu de rencontre des écrivains qui, durant la Foire du livre, font découvrir à travers leurs écrits la Corrèze qu'ils affectionnent.

Se promener Plan de ville

VIEILLE VILLE

Occupant le noyau central délimité par la première ceinture de boulevards, le quartier ancien a fait l'objet d'une importante rénovation mariant, souvent avec bonheur, bâtiments anciens et modernes uniformisés par la chaude couleur du grès beige et la teinte bleutée des toitures.

Partez de l'office de tourisme. Suivez l'avenue de Paris, prenez en face la rue de Toulzac et tout de suite à droite la rue de Corrèze.

Chapelle St-Libéral A1

Du 14e s., elle a un portail typique de style roman limousin. La nef est de style gothique. Cette chapelle accueille tout au long de l'année des expositions temporaires.

Poursuivez rue de Corrèze, puis rue Majour.

Collégiale St-Martin B2

Au 5e s., saint Martin se rend à Brive, décidé à combattre le paganisme. Il renverse les idoles, mais la population furieuse le lapide. Quelque temps plus tard, la ville est décimée par une épidémie. Les habitants de Brive sollicitent le saint qui semble répondre à leur prière. Sauvés, ils fondent alors, en 570, une première église qu'ils lui dédient. Détruite, ils en élèvent une seconde qui disparaît à son tour. Une nouvelle église plus grande est bâtie entre 1080 et 1150.

Il n'en reste aujourd'hui que le transept, une chapelle, les absidioles et les soixante chapiteaux remarquablement décorés de figures humaines et d'animaux fantastiques ou réels. L'église dépend alors de l'évêque de Limoges. Elle est gérée par un collège de chanoines (d'où son nom de collégiale) qui vivent selon la règle de saint Augustin.

À l'intérieur, une coupole octogonale sur pendentifs plats de type limousin couvre le carré du transept. La nef et les collatéraux datent du 14e s. De style

BRIVA CURRETIA

Au 6e s., la ville s'appelait *Briva Curretia* (Brive sur la Corrèze), *Briva* (« pont » en latin) rappelant qu'il y avait un gué sur la Corrèze près de l'actuel pont du Bouys. Au 14e s., on lui adjoignit l'épithète « la Gaillarde », car elle déploya du courage lors des nombreux sièges qu'elle eut à soutenir.

SE LOGER		SE RESTAURER
Auberge St-Jean .... ②	Teinchurier (Hôtel Le) .... ⑦	Francis (Chez) .... ③
Collonges (Hôtel Le) .... ①	Truffe Noire (La) .... ⑤	Toupine (La) .... ⑩
Coq d'Or (Le) .... ③		

gothique, elle se distingue par sa voûte originale. Deux portails au décor typiquement limousin s'ouvrent à l'ouest pour les fidèles, au nord pour les chanoines (celui-ci donnait sur le cloître). Le chœur a été fidèlement reconstruit par le cardinal Dubois au 18e s.

Très abîmée au moment de la Révolution, l'église est restaurée à la fin du 19e s., et les vitraux refaits par le Parisien Oudinot. Le clocher possède, outre trois cloches modernes, l'ancien bourdon de 1546.

Depuis le portail ouest, il faut descendre huit marches pour pénétrer dans la nef. À gauche, cuve baptismale en grès du 12e s. ornée des attributs des évangélistes, couronnée au 19e s. d'une statuette de saint Jean-Baptiste en métal. À côté, porte cierge en fer forgé du 13e s., tableaux 18e s., orgue 19e s. À l'extérieur, admirez les beaux chapiteaux historiés et la corniche à modillons des absidioles.

Crypte archéologique – On peut y admirer les vestiges de murs de l'église primitive, des sarcophages en place, des objets liturgiques et des reliquaires.

En sortant de la collégiale, prenez sur la gauche la rue des Échevins.

L'ÉCOLE DE BRIVE

En 1982, La Foire du livre de Brive *(voir Nos adresses)* a initié le regroupement d'auteurs ayant en commun un attachement à la Corrèze où ils puisent l'inspiration de leurs livres. On compte parmi eux : Michel Peyramaure, Claude Michelet, Christian Signol, Colette Laussac… Pour en savoir plus : *L'École de Brive, son histoire, ses auteurs*, J. Peuchmaurd, Robert Laffont, 1997.

Reportez-vous à la bibliographie *(p. 32)*.

Tour des Échevins B2

Un hôtel s'orne d'une tour Renaissance en encorbellement percée de fenêtres à croisillons de pierre. Le heurtoir de la porte figure une salamandre caractéristique de l'époque de François Ier.

Revenez sur vos pas et prenez à droite.

Place Latreille B2

Autrefois cœur spirituel et commercial de la cité, elle est bordée de maisons anciennes. L'hôtel de Quinhart dit des **Tours St-Martin** date des 15e-16e s. Il possède une tour polygonale et deux échauguettes.

Poursuivez tout droit dans la rue du Dr-Massénat, puis tournez à droite dans la rue Raynal.

Au coin des rues Blaise-Raynal et du Salan se trouve l'**hôtel Desbruslys** B2, du 18e s.

Continuez dans la rue Blaise-Raynal et pénétrez dans l'hôtel de Labenche par la petite porte sur la gauche.

★ Hôtel de Labenche B2

De la cour intérieure, on découvre les deux corps de logis en équerre qui soutiennent les grandes arcades de la galerie. La coloration rosée de la pierre met en valeur la beauté de la décoration. Bâti vers 1540 par Jean II de Calvimont, seigneur de Labenche, garde du sceau et greffier du roi, ce magnifique spécimen de la Renaissance toulousaine est le plus remarquable édifice de la ville. Les fenêtres à meneaux sont ornées de festons, de fines colonnettes et surmontées de bustes d'hommes et de femmes sortant de fausses baies. L'hôtel abrite un musée.

★ Musée de Labenche B2

05 55 18 17 70 - ♿ - avr.-nov. : 10h-18h30 ; reste de l'année : 13h30-18h - fermé mar. et j. fériés - 5 € (enf. gratuit), gratuit expositions temporaires + guides multimédia 3 parcours.

L'hôtel de Labenche affiche la même exubérance architecturale à l'intérieur qu'à l'extérieur : **grand escalier** « à la romaine », aux culs-de-lampe sculptés de bustes de femmes et de guerriers, cheminées massives parfois peintes. Les dix-sept salles de collections permanentes du musée, intéressantes et diversifiées, attirent un public varié. Au sous-sol sont conservées les collections de géologie et de paléontologie. Au rez-de-chaussée, on peut admirer le mobilier Art nouveau dessiné par Pierre Selmersheim ainsi que le piano quart de queue de Debussy, un vitrail aux armes des Noailles et une tapisserie d'Aubusson fin 17e s. Les nombreuses salles du premier étage présentent des collections d'histoire, d'art et d'archéologie. Celle des comtes de Cosnac est décorée d'un superbe ensemble de dix **tapisseries** provenant de la manufacture royale de Mortlake, relatant l'histoire de Mars, Héro et Léandre, Mercure et Argus et des

chasses (1645). Cette manufacture, fondée en 1620 à Mortlake, dans le Surrey, disparut à la fin du 17e s. Ses tapissiers d'origine flamande travaillaient d'après des cartons de Rubens et de Van Dyck entre autres.
Des salles présentent Brive et sa région à travers de nombreux objets, depuis la préhistoire jusqu'au Moyen Âge : les reconstitutions en fouilles ainsi que les maquettes sont particulièrement réussies. La salle de l'église St-Sernin de Brive est très intéressante. Cet édifice, détruit pendant la Révolution, a fait l'objet de fouilles de sauvetage.
Les fondations et de nombreuses sépultures ont été mises au jour, en particulier celle d'un pèlerin de St-Jacques-de-Compostelle qui est ici entièrement reconstituée. Remarquez l'exceptionnelle **colombe eucharistique** en bronze argenté, du 11e s., suspendue au-dessus de l'autel, qui renfermait les hosties. La salle du maréchal Brune évoque l'histoire récente de Brive et de ses personnages illustres. Les deuxième et troisième étages sont consacrés aux arts et traditions populaires. Des ateliers sont reconstitués, et des centaines d'outils et d'objets illustrent la vie au 19e s. et au début du 20e s.
Sortez boulevard Jules-Ferry et prenez à gauche la rue du Dr-Massénat.

Logis de l'abbesse des Clarisses B1

De style Louis XIII, il se signale par des lucarnes à frontons en plein cintre, ornées de boules quillées. Jadis relié par un cloître aux bâtiments de l'école de musique, il abrite désormais les archives municipales.
Tournez ensuite à droite dans la rue Teyssier.

Ancien collège des Doctrinaires B1

Tenu par les pères de la Doctrine chrétienne, humanistes à l'esprit ouvert, ce collège eut un rayonnement croissant jusqu'à la Révolution et forma des hommes de renom, tel le juriste consul Treilhard. Aujourd'hui occupés par les services de l'**hôtel de ville**, ces bâtiments du 17e s. présentent sur la rue Teyssier une façade classique donnant sur une cour fermée par un mur décoré d'une colonnade.
Tournez à droite.

Place Jean-Marie-Dauzier B1

Sur ce vaste espace dégagé se côtoient les bâtiments modernes du Crédit Agricole et d'anciens hôtels à tourelles dont, au nord-est, la **maison Treilhard** B1 qui date du 16e s. Elle présente deux corps de logis reliés par une tour ronde s'ornant elle-même d'une échauguette.
Revenez sur vos pas, traversez la place de l'Hôtel-de-Ville pour revenir à la collégiale, et rejoignez la rue de Toulzac à droite du chevet.

À voir aussi Plan de ville

Musée Edmond-Michelet A2

✆ 05 55 74 06 08 - 10h-12h, 14h-18h - fermé dim. et j. fériés (sf 15 août) - gratuit.
Installé dans la maison d'Edmond Michelet, ce musée plein d'émotion retrace l'histoire de la Résistance et de la déportation à travers des peintures, photos, affiches, documents originaux ayant trait aux camps, spécialement Dachau où fut interné Michelet. Arrêté en février 1943, libéré en 1945, celui-ci devint ensuite député de la Corrèze et ministre des Armées du gouvernement De Gaulle.
La salle à manger, au rez-de-chaussée, retrace la vie d'Edmond Michelet, père de sept enfants dont le dernier, Claude Michelet, devint un écrivain célèbre.

QUELQUES PERSONNAGES CÉLÈBRES
Parmi ceux qui entrèrent dans les annales de la ville, citons **Guillaume Dubois** (1656-1723), le sulfureux précepteur du futur Régent (voir le film de Bertrand Tavernier, *Que la fête commence)*, **Guillaume Brune** (1763-1815) qui s'illustra à Arcole avant d'être nommé maréchal de France, ou **Edmond Michelet**, gaulliste du 17 juin à l'origine de la Résistance à Brive, déporté à Dachau, puis ministre des Armées et de la Justice *(voir p. 203)*.

Dans l'escalier, une impressionnante collection d'affiches de propagande en faveur de l'Allemagne date de l'époque du régime de Pétain. Les salles suivantes expliquent à travers d'émouvants documents ce que furent les camps de concentration comme Dachau et ceux d'extermination comme Auschwitz, puis racontent la vie sous l'occupation, le début de la résistance et la libération de Brive par les résistants locaux. La dernière salle évoque Anna-Maria Mayade, peintre élève de Renoir, déportée dans un camp. Ses toiles et ses dessins, qu'elle signait parfois de son numéro de matricule, sont un témoignage poignant de la souffrance humaine.

Circuits conseillés

★ BASSE VALLÉE DE LA CORRÈZE

Circuit 1 de 45 km tracé sur la carte ci-contre – Comptez environ 3h. Quittez Brive par le nord-est en empruntant la D 1089, en direction de Tulle.

★ Aubazine *(voir p. 208)*

Quittez Aubazine par l'est en empruntant la D 48.

★ Puy de Pauliat

30mn AR. Alt. 520 m. Un sentier, tracé à travers les bruyères et les bois de châtaigniers, conduit au sommet d'où l'on découvre une large **vue★** : une table d'orientation permet de situer au sud-est la roche de Vic et au nord, le massif des Monédières.

Lac du Coiroux

Ce plan d'eau aménagé (baignade, voile) comprend aussi un complexe sportif.

Revenez à Aubazine. Quittez le village vers le sud-est en empruntant la D 130, puis la D 175.

La D 921, qui ramène à Brive, est particulièrement vallonnée après Lanteuil.

★ LE CAUSSE CORRÉZIEN

Circuit 2 de 45 km tracé sur la carte ci-contre – Comptez environ 3h. Quittez Brive par le sud en empruntant la D 920, en direction de Cahors.

La route s'élève aussitôt au-dessus du bassin de Brive.

Grottes de St-Antoine

Creusées dans le grès, les grottes où saint Antoine de Padoue se retirait lorsqu'il séjournait à Brive forment un sanctuaire de plein air. Les franciscains assurent l'accueil du pèlerinage. En suivant le chemin de croix, on arrive au sommet de la colline d'où l'on découvre une belle vue sur Brive.

Grottes de Lamouroux
Utilisées par l'homme aux périodes d'insécurité, elles comptent un grand nombre de cavités superposées sur cinq étages.

Noailles
Le village occupe un site agréable dans un paysage de collines verdoyantes. Il est dominé par le château et l'église perchés sur un coteau. Le **château** Renaissance, berceau de l'illustre famille, est décoré de fenêtres surmontées de pinacles dont le fronton s'orne de médaillons et d'anges portant les armes des Noailles.

Coiffée d'un clocher à peigne de style limousin, l'**église** présente une abside et un chœur romans avec des colonnettes ornées de chapiteaux historiés très réalistes (estropiés soutenus par des béquilles). Remarquez un tableau de Claude Gillot, maître de Watteau. *✆ 05 55 85 80 88 - visite guidée juil.-août : tlj sf dim. et j. fériés, apr.-midi - reste de l'année : sur demande une sem. à l'avance.*

Quittez Noailles par l'ouest en empruntant la D 158.

La route s'élève vers le **causse corrézien**, pays de calcaire blanc taraudé par d'innombrables « cloups » (terme local décrivant des dolines fertiles, dépressions circulaires tapissées d'argile rouge), et couvert de genévriers et de chênes malingres.

Lissac-sur-Couze
Dominant le lac du Causse, le village possède un beau manoir massif flanqué d'échauguettes, ancienne tour militaire des 13e et 14e s. À côté, l'église est surmontée d'un clocher à peigne.

★ Lac du Causse
Appelé aussi lac de Chasteaux, cette superbe étendue d'eau de 100 ha, enchâssée dans la riante vallée de la Couze à 10 km au sud-ouest de Brive, est aménagée en **base de loisirs** avec baignade, voile, ski nautique, planche à voile… Le site est réputé pour ses courses d'aviron.

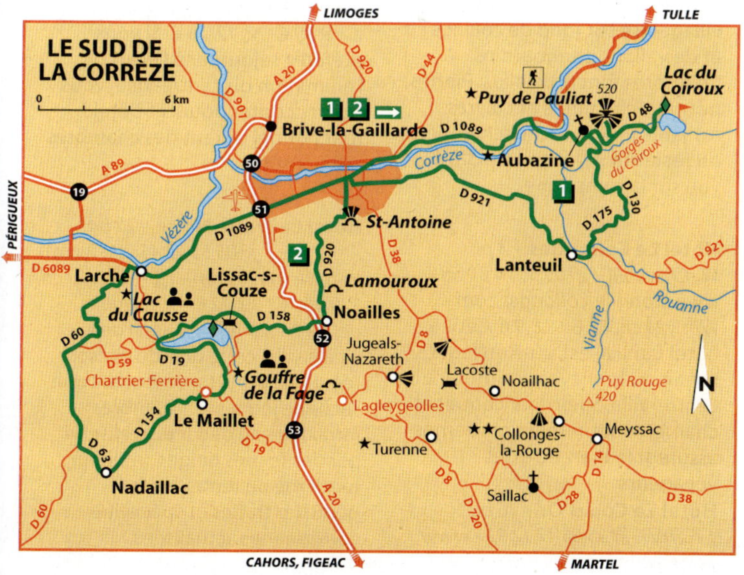

Quittez Lissac par le sud-ouest en empruntant la D 59.
L'itinéraire proposé longe en grande partie les berges du lac, vous permettant ainsi d'apprécier la beauté du site.
Quittez la D 19 pour emprunter, sur la droite, la D 154 vers Chartrier-Ferrière.

Le Maillet

Les moellons calcaires des maisons de ce hameau sont assemblés au mortier d'« hirondelle », simple motte d'argile pressée dont la couleur rouge vif donne à l'ensemble beaucoup de caractère.
Poursuivez sur la D 154.

Nadaillac

Beau village rustique, renommé pour la qualité de ses **truffes**. Ses maisons médiévales portent parfois des toits de lauzes.
L'église fortifiée s'ouvre par un porche profond précédé d'un passage voûté. L'avant-chœur est couvert d'une coupole sur pendentifs.
Quittez Nadaillac par le nord-ouest en empruntant la D 63.
Plus loin, la D 60 serpente entre les limites des départements de la Dordogne et de la Corrèze. À **Larche**, la D 1089 ramène à Brive.

NOS ADRESSES À BRIVE-LA-GAILLARDE

HÉBERGEMENT

PREMIER PRIX

À proximité
Auberge St-Jean – *19270 Ussac - ✆ 05 55 88 30 20 - 26 ch. 42/48 € - ☕ 6,50 €.* Accueillante auberge villageoise sur fond de collines et de vallons périgourdins. Chambres fonctionnelles. Pierres, poutres, cheminée et cuivres rutilants font le cachet champêtre du restaurant ; la terrasse offre la vue sur la campagne.

BUDGET MOYEN

Hôtel Le Collonges – *3 pl. W.-Churchill - ✆ 05 55 74 09 58 - www.hotel-le-collonges.com - Wifi - 24 ch. 63 € - ☕ 9 €.* Cet hôtel familial est situé en léger retrait du boulevard ceinturant le centre-ville. Salon-bar coquet et chambres sobrement modernes assurent le bien-être des voyageurs.
Hôtel Le Coq d'Or – *16 bd J.-Ferry - ✆ 05 55 17 12 92 - www.hotel-coqdor.com - Wifi - 8 ch. 65 € - ☕ 9 €.* À deux pas du centre, cet hôtel rénové propose des chambres décorées de meubles anciens et de toile de Jouy.
Hôtel Le Teinchurier – *Av. du Teinchurier - ✆ 05 55 86 45 00 - www.leteinchurier - 40 ch. 57 € - ☕ 9,50 € - ✕ 12/25 €.* Si vous préférez séjourner à l'écart de l'animation du centre-ville, vous pourrez opter pour cet hôtel fonctionnel offrant des chambres spacieuses.

UNE FOLIE

Hôtel La Truffe Noire – *22 bd A.-France - ✆ 05 55 92 45 00 - www.la-truffe-noire.com - P - Wifi - 27 ch. 120/150 € - ☕ 12 € - ✕ formule déj. 17 € - 28/40 €.* Au seuil de la vieille ville, cette grande maison régionale du 19e s. s'est offert une seconde jeunesse. Chambres rafraîchies au décor discret servi par des teintes beiges. Intérieur moderne ou terrasse pour déguster truffes et spécialités corréziennes actualisées.

RESTAURATION

PREMIER PRIX

La Toupine – *27 av. Pasteur - ☏ 05 55 23 71 58 - toup.maurin@free.fr - fermé 1er-25 août, vac. de fév., dim. et lun. - formule déj. 12 € - 27/40 €.* Pour manger en toute quiétude, ce restaurant au décor contemporain, mariant avec goût l'inox et le bois de rose, régale d'une savoureuse cuisine au goût du jour.

BUDGET MOYEN

Chez Francis – *61 av. de Paris - ☏ 05 55 74 41 72 - www.chezfrancis.fr - fermé 6-12 juin, 5-10 sept., 10-15 janv., dim. et lun. - 16 bc/25 €.* Pubs rétro et dédicaces laissées par les clients décorent ce sympathique restaurant aux allures de bistrot parisien. Cuisine traditionnelle revisitée ; vins du Languedoc.

ACHATS

Marché – *Mar., jeu. et sam. sous la halle Georges-Brassens.*

Foires grasses – Brive en compte quatre (déb. déc., déb. et fin janv. et déb. fév.)

Distillerie Denoix – *9 bd du Mar.-Lyautey - ☏ 05 55 74 34 27 - www.denoix.com - juil.-août : lun.-sam. 9h-12h, 14h30-19h ; reste de l'année : mar.-sam. 9h-12h, 14h30-19h - fermé dim. et j. fériés.* Dans cette distillerie fondée en 1839, on fabrique quatorze liqueurs différentes – dont la célèbre Suprême Denoix – et six apéritifs. La spécialité régionale, c'est aussi la moutarde violette de Brive. Ne manquez pas la visite des ateliers aménagés dans les bâtiments d'origine, tout en cuivre et bois de chêne.

La Boutique CA Brive - Corrèze – *21 r. Toulzac - ☏ 05 55 17 15 32 - www.cabrive-boutique.com - 9h30-12h15, 14h-19h sf dim. et lun. mat. - fermé j. fériés sf sam.* Boutique du CA Brive, club de rugby vainqueur du Championnat d'Europe en 1997, et finaliste de la Coupe d'Europe en 1998.

À proximité

Domaine de Lintillac – *1 Lintillac - 19270 Ussac - ☏ 05 55 87 65 24 - domainedelintillac@wanadoo.fr - tlj sf dim. 8h-13h, 14h-18h30, sam. 8h-12h - fermé j. fériés.* Cette conserverie artisanale propose la vente directe de produits fabriqués au domaine : foie gras, rillettes, confit, cassoulet et autres plats gourmands du Sud-Ouest. Le propriétaire des lieux gère également une chaîne de restaurants (Paris, Lille et Bruxelles).

Poterie des Grès Rouges – *Av. du Quercy - 19500 Meyssac - ☏ 05 55 84 07 57 - www.poterie-meyssac.com - tlj sf lun. hors sais. 9h-12h, 14h-19h, dim. 10h-12h .* Dernier gardien d'une tradition millénaire, cet artisan installé dans le bourg propose une visite de son atelier. Vaisselle et objets utilitaires ou décoratifs, fabriqués avec la terre rouge du pays. Dans l'enceinte de l'atelier, la boutique offre un large choix d'objets réalisés sur place.

Aubazine

★

807 Aubazinois – Corrèze (19)

NOS ADRESSES PAGE 211

S'INFORMER

Office de tourisme du pays d'Aubazine-Beynat – *Le Bourg - 19190 Aubazine - ✆ 05 55 25 79 93 - www.cc-beynat.fr - mai-sept. : sf dim. 9h-12h30, 14h-18h ; juil.-août : 9h-12h30, 14h-18h30, dim. 9h-12h ; reste de l'année : tlj sf w.-end 9h-12h30, 14h-17h30 - fermé j. fériés (sf 8 mai, 14 juil. et 15 août).*

SE REPÉRER

Carte de microrégion B2 (p. 182) – *carte Michelin Départements 329 L4.*

À 13 km à l'est de Brive-la-Gaillarde, Aubazine occupe, près des gorges du Coiroux, un promontoire paisible à l'écart des grands axes de circulation.

À NE PAS MANQUER

Découvrez l'abbaye cistercienne d'Aubazine et les vestiges de sa double communauté monastique. Attardez-vous sur son splendide tombeau de saint Étienne et son étonnant canal des Moines, classé au Registre des monuments historiques.

ORGANISER SON TEMPS

Comptez 2h pour la visite de l'abbaye, son abbatiale et ses bâtiments conventuels, et celle des ruines de l'ancien monastère féminin ; et environ 3h pour découvrir la basse vallée de la Corrèze.

Les maisons de ce petit village du sud-ouest corrézien, niché dans un joli cadre de collines boisées, se dressent à l'ombre de l'ancienne abbaye cistercienne d'Obazine à laquelle le bourg doit son existence. Ce n'est qu'au 16e s. que l'orthographe du village change et devient Aubazine. Le site, lieu de rencontre spirituelle avec l'un des grands courants mystiques de l'Occident chrétien, est aussi un lieu d'agréables promenades le long du canal des Moines, bâti de mains d'hommes à flanc de colline, ou sur le puy de Pauliat qui, du haut de ses 520 m, domine la région.

Se promener

★ Abbaye cistercienne St-Étienne

Fondé à la fin du 11e s., l'ordre de Cîteaux, connu sous le nom d'ordre cistercien, se développa très vite au 12e s. sous l'influence de **Bernard de Clairvaux**, qui mit en œuvre un retour à la stricte règle bénédictine.

Église abbatiale – Érigé dans la seconde moitié du 12e s., cet édifice roman fut, comme la plupart des églises cisterciennes, voué à la Vierge. Il s'agissait, à l'époque de sa construction, de la plus grande église du Limousin. Au 18e s., le recrutement des religieux étant en net recul, seuls quelques moines résidaient à l'abbaye. N'ayant plus les moyens d'entretenir les bâtiments qui menaçaient de tomber en ruine, ils décidèrent de préserver l'abbatiale en l'amputant de

Abbaye d'Aubazine
P. Pecher / CRT Limousin

six de ses neuf travées (précision qui renseigne sur ses imposantes proportions d'origine : 90 m de long…). L'espace ainsi libéré devint alors une place au cœur même du village.

À l'extérieur, l'abbatiale d'Aubazine se distingue par un **clocher★** particulièrement original, dont le plan carré passe au plan octogonal par un système de gradins de pierre, réalisant une figure géométrique dite « surface réglée », véritable prouesse technique unique à ce jour.

À l'intérieur, le vaisseau central est voûté en berceau légèrement brisé, et le vaste carré du transept doté d'une élégante coupole sur pendentifs. Trois chapelles orientées, à chevet plat, s'ouvrent de chaque côté du chœur terminé par une abside à cinq pans. L'édifice est éclairé par des vitraux en grisaille, les seuls à être admis par les cisterciens qui refusaient tout décor et toute couleur par souci de dépouillement et d'austérité.

L'abbaye possède un intéressant mobilier, notamment de superbes **stalles** du 18e s. décorées de visages très expressifs, et la plus ancienne **armoire liturgique★** de France, fabriquée en chêne au 12e s., ornée d'arcatures et de fines colonnettes annelées sur ses faces latérales. Notez aussi une Vierge de pitié en calcaire polychrome (15e s.) ainsi qu'une châsse en émail champlevé (13e s.).

Pièce majeure de l'abbatiale, le superbe **tombeau de saint Étienne★★** fut exécuté en calcaire dans les années 1250-1260. Le gisant repose dans une châsse dont l'élévation est ajourée par une arcature ; le toit à deux versants est orné de scènes sculptées : sur le côté visible, la Vierge à l'Enfant accueille saint Étienne et ses communautés pendant leur vie terrestre. Observez le visage du gisant, mutilé par les fidèles qui raclaient la pierre, la poussière obtenue possédant selon leur croyance des vertus miraculeuses. Autre pièce d'une qualité exceptionnelle : la **Mise au tombeau du Coiroux**, œuvre en calcaire retrouvée en 1985 lors de la fouille de l'église du monastère féminin *(voir ci-après)*.

Ancien monastère masculin – *☏ 05 55 84 61 12 - visite guidée, se rens. pour les horaires - fermé lun., janv. et 1er nov. - 5 € (-16 ans gratuit)*. Rassemblés autour du

LA FONDATION DE L'ABBAYE

Dans le premier tiers du 12e s. s'assemblent en forêt d'Obazine, autour de l'ermite **Étienne de Vielzot**, venu de la Xaintrie *(voir Argentat)* voisine, des hommes et des femmes aspirant à une vie austère consacrée à la prière. La petite communauté, ayant adopté la règle de saint Benoît, érige un **monastère d'hommes** à Obazine, puis un **monastère de femmes** à proximité du premier, dans le vallon du Coiroux. En 1147, malgré le handicap constitué par l'existence de la communauté féminine, Étienne obtient l'intégration de ses fondations dans l'ordre cistercien.

Cette spécificité d'une double communauté monastique sera conservée jusqu'à la Révolution. Les femmes, ayant été soumises par le fondateur à la clôture absolue, vécurent sous la totale dépendance, tant au plan spirituel que matériel, du monastère masculin, condition sans doute à l'origine du facétieux dicton : *« Qui a fille à Coiroux a gendre à Aubazine. »*

jardin de l'ancien cloître, les **bâtiments conventuels**, aujourd'hui propriété privée, sont ouverts à la visite. Vous y verrez la salle capitulaire, avec ses voûtes d'arête retombant sur deux colonnes, la salle de travail des moines et le grand vivier à poissons. Ce dernier est alimenté par un très bel ouvrage d'art d'une qualité technique exceptionnelle, qui vaut à lui seul d'être découvert.

Canal des Moines – *Accès libre, pour tout renseignement, consultez l'office de tourisme au ✆ 05 55 25 79 93.* Cet étonnant ouvrage vieux de plus de 800 ans, fut tantôt creusé dans la roche en place, tantôt construit en encorbellement au-dessus d'à-pics de plus de 50 m. Pour subvenir à leurs besoins en eau courante, les cisterciens, dont les talents d'hydrauliciens étaient connus, opérèrent une capture sur le torrentueux Coiroux, à partir de laquelle ils aménagèrent ce canal, faisant ainsi venir l'eau jusqu'à l'arrière du bâtiment qui abritait les cuisines et le réfectoire. Le canal permettait aussi d'irriguer jardins et prés, d'alimenter un vivier et même d'actionner trois moulins. Victime de la tempête de 1999 qui entraîna d'importants éboulements, mais aussi de la popularité du site, fréquenté par de nombreux visiteurs et amateurs d'escalade, le canal des Moines a fait l'objet de travaux de restauration. Il relie l'abbaye à la Bissière en contournant Aubazine par le haut.

Ancien monastère féminin – À environ 500 m du monastère masculin *(prenez la route en direction de Palazinges)*, dans un vallon étroit parcouru par l'impétueux Coiroux, subsistent quelques vestiges de ce monastère abandonné en 1791. Vous ne verrez guère que les murs de l'église, mais des fouilles ont également restitué les dispositifs d'alimentation en eau potable, et ont permis de retrouver, sous le talus de la route actuelle, la **porterie** voûtée, aménagée à la manière d'un sas, par laquelle communiquaient moines et moniales. Chaque communauté disposait en effet d'une clé de la porterie : l'une avait la clé de la porte extérieure, l'autre la clé de la porte intérieure !

À 5mn à pied. Prenez la première rue à gauche, juste derrière l'église, puis suivez les panneaux.

Chemin des Moines – *✆ 05 55 25 71 26 - visite guidée dép. de l'office de tourisme - juil.-août : mar. 14h30 (sur réserv. 2 €).* Il s'agit d'un chemin piétonnier qui reliait le monastère masculin au monastère féminin (1,5 km) en contournant le village par le bas. Il passe devant la croix qui se dresse à l'entrée d'Aubazine.

Chapelle grecque catholique

Dans cette ancienne grange transformée en chapelle (1962) à deux étages, fresques et icônes rivalisent de couleurs chaudes avec les plafonds et le sol.

La chapelle étant dédiée à la Théophanie (manifestations de Dieu), les illustrations représentent diverses scènes de la vie du Christ. Toutes de noir vêtues, les moniales de la Résurrection dépendent de l'Église catholique de rite byzantin d'Antioche (Turquie).

À proximité Carte de microrégion

Le Calvaire

1 km à l'est par la D 48 direction Le Chastang. Au lieu-dit Le Saut-de-la-Bergère, prenez à gauche, garez-vous et continuez à pied.

On accède au calvaire coiffé d'une statue de saint Étienne. Belle vue et beaux couchers de soleil sur le village.

Puy de Pauliat

3 km à l'est par la D 48 direction Le Chastang. Au puy de Pauliat, garez-vous et continuez à pied en suivant les panneaux.

Vous pouvez vous rendre à la **table d'orientation** (520 m d'altitude), au **cromlech**, curieux alignement néolithique de pierres dressées autour d'un bloc central, à l'**Ermitage** d'où l'on a un beau point de vue sur la région et au **dolmen** en gneiss rose, formé de trois piliers.

NOS ADRESSES À AUBAZINE

HÉBERGEMENT

PREMIER PRIX

Campéole Le Coiroux – *Parc touristique du Coiroux - 5 km à l'est par D 48, rte du Chastang, à prox. d'un plan d'eau et d'un parc de loisirs - ✆ 05 55 27 21 96 - www.camping-coiroux.com - de déb. avr. à fin sept. - ♿ - 166 empl. 19,90 €.* Ce camping aménagé au sein du parc de loisirs vous séduira par ses vastes emplacements baignés de verdure et de calme. L'ensemble du terrain, très bien tenu, compte de nombreuses aires de jeux et animations pour petits et grands, dont une toute nouvelle piscine chauffée.

À proximité

Village Vacances Révéa Les Hameaux du Perrier – *Au lieu-dit Le Perrier - 19190 Beynat - ✆ 05 55 84 34 48 - www.chalets-en-france.com -* . Atteignant le nombre incroyable de 98 chalets flambant neufs, cette structure qui vient d'ouvrir voit les choses en grand. Chaque construction compte une terrasse couverte, une salle d'eau, 2 chambres et une petite cuisine équipée. Sur le site, 2 piscines dont une couverte et chauffée et 2 grandes salles de jeux.

BUDGET MOYEN

Hôtel de la Tour – *Pl. de l'Église - ✆ 05 55 25 71 17 - www.hoteldelatour19.com - fermé 4-15 janv., dim. soir et lun. midi sf juil.-août - Wifi - 17 ch. 52/73 € - 8 €, demi-pension possible - 22/29 €.* Face à l'abbaye, vieille maison de caractère flanquée d'une tour. Chambres anciennes égayées de papiers peints colorés. Cuisine régionale servie dans des salles rustiques agrémentées de cuivres et d'étains.

À proximité
Chambre d'hôte La Lupronne – *Le Mons, D 1 - 19150 Cornil - 8 km au nord-est par D 1089 et D 1 - ✆ 05 55 27 26 47 - http://lalupronne.free.fr* - P - - *5 ch. 66/77 €* . Organisée au départ pour vivre en autarcie, cette maison de l'époque napoléonienne a conservé ses puits, son séchoir à châtaignes et toutes ses dépendances. Une rénovation réussie met en valeur la beauté des volumes sans verser dans le luxe ostentatoire. On rallume parfois le four à bois pour une table d'hôte terroir.

RESTAURATION

BUDGET MOYEN
Hôtel-restaurant St-Étienne – *Pl. de l'Église - ✆ 05 55 25 71 01 - www.lesaintetienne.com - fermé 15 nov.-1er mars - 19/27 € - 52 ch. 45/57 € - 7 €*. On ne peut pas manquer cette jolie bâtisse en pierre de pays, avec sa tour dominant la place du village. La grande salle à manger, aux meubles anciens et aux 2 imposantes cheminées, offre une place de choix aux repas si le temps ne permet pas de manger en terrasse. Chambres très classiques, propres et de bon confort.

Collonges-la-Rouge

★★

455 Collongeois – Corrèze (19)

NOS ADRESSES PAGE 216

S'INFORMER
Office de tourisme – *Le Bourg - 19500 Collonges-la-Rouge - ✆ 05 55 25 47 57 - www.ot-collonges.fr - de déb. juil. à fin août : 10h-13h, 14h-19h ; de déb. avr. à fin juin : 10h-12h, 14h-18h ; de déb. sept. à fin oct. : 10h-12h, 14h-18h ; de déb. nov. à fin mars : tlj sf dim. et j. fériés 14h-17h.*
Visite guidée – *Sur dem. - ♿ - durée de la visite 1h30 - s'adresser à Mme Faucher au ✆ 05 55 84 08 03 ou 05 55 25 42 48 - 3 € billet combiné avec la Maison de la Sirène.*

SE REPÉRER
Carte de microrégion B2 (p. 182) – *carte Michelin Départements 329 G1.*
À 32 km au nord-est de Souillac.

SE GARER
La circulation automobile est interdite dans le village en été. Utilisez les parkings à l'entrée du site.

À NE PAS MANQUER
Une promenade à pied dans les rues du village, en fin de journée quand les touristes l'ont déserté ; le tympan et le clocher de l'église St-Pierre ; les castels en grès rouge surmontés de tourelles en poivrière, comme celui de Vassinhac.

La rue Noire traverse le quartier le plus ancien de Collonges
H. Lenain / Hemis.fr

ORGANISER SON TEMPS
Comptez une demi-journée pour la visite du village.

AVEC LES ENFANTS
La Grange aux Oies *(voir Nos adresses).*

Collonges-la-Rouge vit des jours paisibles auprès du gisement de grès pourpre qui a donné leur couleur particulière à ses gentilhommières, ses vieux logis et son église romane. Venez goûter au charme et à la quiétude de ce village lumineux. Ici, le paysage, déjà quercynois, est composé de garennes parsemées de genévriers, de noiseraies et de vignobles.

Se promener Plan de ville

Circuit tracé en vert sur le plan de la ville p. 214 - Comptez 1h. Partez de l'ancienne gare.
Une indéniable harmonie émane de la cité, sans doute liée à l'utilisation exclusive de matériaux traditionnels dans la construction, aux proportions harmonieuses de l'architecture et à la richesse des édifices.

Maison de la Sirène

05 55 84 08 03 - juil.-août : 15h-18h ; de avr. à mi-nov. : 15h-17h - possibilité de visite guidée sur dem. préalable - fermé de mi-nov. à fin mars - 2 €.
Coiffée d'un joli toit de lauzes, cette maison du 16e s. à encorbellement, précédée d'un porche, est ornée d'une sirène qui tient un miroir d'une main et un peigne de l'autre.
Elle abrite un intérieur collongeois d'autrefois reconstitué au sein du **musée des Arts et Traditions populaires**. En 2010, ont été installées une salle sur le vignoble corrézien ainsi qu'une exposition sur les vêtements des années 1900.

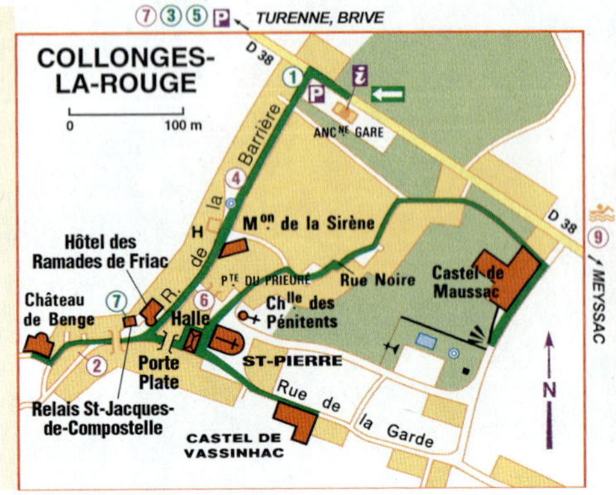

SE LOGER

- Chambre d'hôte Jeanne........ (1)
- Chambre d'hôte La Diligence........ (3)
- Chambre d'hôte La Raze...... (5)
- Hôtel Le Relais de St-Jacques-de-Compostelle........ (7)

SE RESTAURER

- Auberge de Benges........ (2)
- Le Cantou........ (4)
- Le Collongeois........ (7)
- Le Prieuré........ (6)
- Le Relais du Quercy........ (9)

Plus loin, une **porte de style ogival** marque l'accès du prieuré bénédictin qui fut détruit à la Révolution.

Hôtel des Ramades de Friac

Cette gentilhommière, surmontée de deux tourelles, était la maison de ville de la puissante famille dont elle porte le nom. Au-delà du **relais de St-Jacques-de-Compostelle** (dont l'appellation rappelle que Collonges fut une étape du pèlerinage), franchissez un passage couvert : dans une ruelle se dresse à droite une vieille demeure à tourelle.

Château de Benge

Se détachant sur un fond de peupliers et de noyers, ce fier manoir possède une tour en poivrière qui s'orne d'une gracieuse fenêtre Renaissance. Les seigneurs de Benge régnèrent sur le vignoble réputé de Collonges, jusqu'à sa destruction par le phylloxera.

Porte Plate

Appelée ainsi parce qu'elle a perdu ses tours, cette porte faisait partie de l'enceinte fortifiée qui protégeait l'église, le cloître et les bâtiments du prieuré.

Halle

Dotée d'une charpente supportée par de robustes piliers, la halle aux grains abrite le four banal.

★ Castel de Vassinhac

Cette élégante demeure appartenait à Gédéon de Vassinhac, seigneur de Collonges, capitaine gouverneur de la vicomté de Turenne. Construit en 1583, le castel, hérissé de grosses tours et de tourelles en poivrière, est percé de fenêtres à meneaux. Échauguettes et meurtrières témoignent de la fonction défensive de l'édifice.

★ Église St-Pierre

Elle date des 11e et 12e s., mais fut fortifiée au cours des guerres de Religion au 16e s. Le grand donjon carré fut alors pourvu d'une salle de défense communiquant avec un chemin de ronde. Le tympan de l'église, mis hors d'atteinte dans le nouveau pignon de la façade, retrouva sa place d'origine en 1923.

Tympan★ – C'est probablement une œuvre des sculpteurs de l'école toulousaine qui ont voulu représenter ici l'Ascension (ou peut-être la Parousie, le retour du Christ à la fin des temps). Au registre supérieur, le Christ parmi les anges apparaît nimbé, tenant d'une main la Bible et bénissant de l'autre ;

UN LIEU DE VILLÉGIATURE

Le nom de Collonges-la-Rouge viendrait de *Colonicas* (le *colonus* était un fermier « libre », mais attaché à la terre qu'il cultivait), puis *Colongas*. La couleur qui la désigne évoque le grès rouge que l'on trouve sur un escarpement au nord du village. Et pourtant, les maisons ont été édifiées sur un sol de calcaire… blanc!

Collonges s'est développé au 8e s. autour de son église et de son prieuré qui dépendait de la puissante abbaye poitevine de Charroux.

Au 13e s., elle obtient les franchises et les libertés de la vicomté de Turenne *(voir p. 218)* dont elle fait partie, puis devient au 16e s. un lieu de villégiature des grands fonctionnaires de la vicomté qui font construire les manoirs qui contribuent à l'originalité de Collonges.

au registre inférieur, la Vierge attristée est entourée des onze apôtres commentant ce prodige. Ce tympan est bordé par un arc brisé décoré d'un fin cordon d'animaux.

Clocher★ – Avec ses deux étages carrés ajourés de baies en plein cintre, surmontés de deux étages octogonaux flanqués de gâbles, ce clocher du 12e s. est un bel exemple de style roman limousin.

Intérieur – Au 12e s., l'église présentait un plan cruciforme autour de la croisée du transept surmontée d'une coupole elle-même emboîtée dans le clocher. Celui-ci repose sur des piliers du 11e s. Des chapelles latérales ont été ajoutées aux 14e et 15e s., ainsi qu'une seconde nef de style flamboyant.

Chapelle des Pénitents

Élevée au 13e s., elle a été aménagée au 17e s., lors de la Contre-Réforme, par la famille de Maussac.

Rue Noire

Elle traverse le quartier le plus ancien de Collonges dont les maisons, construites en retrait les unes des autres, s'ornent de tourelles et de tours et s'habillent de glycines et de treilles.

Castel de Maussac

Cet édifice à tourelle est précédé par un portail à auvent; une échauguette fait saillie sur une tour carrée dominée par une lucarne.

Il abrita avant la Révolution le dernier membre de la famille des Maussac qui, émigré en Italie, devint l'aumônier de la princesse Pauline Borghèse.

En poursuivant un peu plus au sud dans la rue, on a une jolie **vue★** sur Collonges, le castel de Vassinhac et le clocher.

Circuit conseillé Carte de microrégion

★ SUR LES TERRES DE M. DE TURENNE

Ce circuit de 50 km au départ de Turenne (voir p. 218) passe par Collonges-la-Rouge.

2

NOS ADRESSES À COLLONGES-LA-ROUGE

HÉBERGEMENT

PREMIER PRIX

Chambre d'hôte La Raze – *5,5 km au sud-ouest de Collonges par D 38 et D 19, suivre fléchage La Raze - ✆ 05 55 25 48 16 - http://chambrelaraze.free.fr - P - ⊭ - 5 ch. 53 €* ☕. Cette ferme du 18e s. est à 10mn à pied de Collonges. Chambres confortables, décorées avec soin au pochoir par la propriétaire. Tout autour, un grand jardin à l'anglaise avec des arbres fruitiers et des centaines de rosiers anciens. Également un gîte (260 à 490 €).

À proximité

Chambre d'hôte La Diligence – *Le Peyratel - 19500 Noailhac - 3 km au nord-ouest de Collonges-la-Rouge par D 38 - ✆ 05 55 25 47 50 - www.la-diligence-noailhac.fr - P - ⊭ - 3 ch. 48/58 € ☕ - ✕ 23 €*. Les propriétaires de cette ancienne auberge ont pris leur retraite il y a quelques années, mais ont souhaité continuer à accueillir des hôtes. Trois chambres, pas très grandes mais agréables et soignées, ont été créées dans la grange. La table d'hôte, essentiellement régionale, montre que le chef n'a pas perdu la main. Tant mieux !

BUDGET MOYEN

Hôtel Le Relais de St-Jacques-de-Compostelle – *✆ 05 55 25 41 02 - sarlmanalese@orange.fr - fermé janv., fév., mar., merc. et jeu. d'oct. à nov. - P - 10 ch. 59/80 € - ☕ 8 €, demi-pension possible - ✕ 17/37 €*. Chambres modestes pour l'étape. Cette maison du 15e s. cache deux salles à manger rafraîchies dans un esprit rustique actuel. Jolie terrasse et cuisine du terroir agrémentée de plats typiques (mique, tourtous…).

POUR SE FAIRE PLAISIR

Chambre d'hôte Jeanne – *Au bourg - ✆ 05 55 25 42 31 - www.jeannemaisondhotes.com - ⊭ - Wifi - 5 ch. 90 € ☕ - ✕ 35 € bc.* Fière demeure en pierres rouges flanquée d'une tour (15e s.) desservant les chambres au cachet rustique et personnalisées avec goût. Salon-cheminée, terrasse et jardin clos de murs. Le soir, table d'hôte sur réservation.

RESTAURATION

PREMIER PRIX

Le Collongeois – *Route de Meyssac - ✆ 05 55 84 59 16 - fermé de fin déc. à fin janv. et merc. - P*. Cet établissement, entre Brive et Collonges, sert une cuisine variée de type brasserie. Plat du jour, tartes, salades et pizzas sont servis dans un cadre sympathique et accueillant ou en terrasse pour profiter du soleil.

Le Prieuré – *Pl. de l'Église - ✆ 05 55 25 41 00 - www.le-prieure.fr - fermé de janv. à mi-mars. et merc. sf vac. scol. - ♿ - 13/27 €*. Bâtie en grès rouge, comme l'ensemble du village, cette maison du 18e s. s'affiche en mode « rustique et traditionnel » : mobilier régional et cuisine du terroir. Pas de surprise sur la carte : des menus typiquement périgourdins, avec les formules « casse-croûte » et les salades composées à midi tandis que les plats plus élaborés sont dégustés au dîner. Cerise sur le gâteau : la terrasse agréable, sur la place de l'Église.

Auberge de Benges – *Le Bourg - ✆ 05 55 85 76 68 - 10/21 €*. Profitez de la terrasse ombragée de cette charmante auberge rouge pour déguster un foie gras de canard et du confit de porc suivis de délicieux desserts maison.

BUDGET MOYEN

Le Cantou – *Au bourg - ✆ 05 55 84 25 15 - www.lecantou.fr - fermé janv., le soir et lun. sf juil.-août - ♿ - formule déj. 15 € - 19/25 €.* Sur l'agréable terrasse ombragée ou dans la salle en partie voûtée, vous pourrez choisir menus, tartines, ou omelettes ! Cette maison propose une vraie cuisine du terroir, complétée par de vrais desserts maison. Également, boutique d'objets et de produits locaux.

À proximité

Le Relais du Quercy – *Av. du Quercy - 19500 Meyssac - ✆ 05 55 25 40 31 - www.relaisduquercy.com.fr - ♿ - P - 15/36 € - 12 ch. 58/68 € - ☕ 7 €.* Installez-vous côté jardin, plus plaisant, dans cette confortable salle à manger où vous savourerez une cuisine du terroir préparée avec des produits maison. Ou bien préférez la terrasse : vous y serez aux premières loges pour assister aux soirées piano-bar. Quelques chambres.

PETITE PAUSE

Le Tourtou – *Le Bourg - ✆ 05 55 25 34 15.* Vous rêvez d'une petite pause crêpe ? Fourrée aux noix ou à la crème de châtaigne et accompagnée d'un verre de cidre, vous allez vous régaler. Et si vous souhaitez plus, vous pouvez même commander un vrai repas et goûter le foie gras maison.

ACTIVITÉS

La Grange aux Oies – *✆ 05 55 25 53 50 - Pâques-Toussaint et vac. de Noël : tlj sf merc. 9h-19h - fermé 1er-10 sept. et au moment de la chute des noix (courant oct.). Visite possible sur demande en dehors des périodes d'ouverture.* Un jeu de l'oie géant a été créé autour d'un espace planté de noyers où les panneaux numérotés vous racontent l'oie depuis l'Antiquité, mais aussi ses amis (les canards, les dindons et les lapins), les arbres et Collonges-la-Rouge. À l'entrée, on vous donne un dé, du pain et à vous de jouer… Les animaux vous suivent durant votre parcours jusqu'à la case 63 qui n'est autre que la grange où de délicieux produits faits maison vous attendent.

AGENDA

Voir l'Agenda dans la partie Organiser son voyage, p. 26.

Turenne

★

791 Turennois – Corrèze (19)

NOS ADRESSES PAGE 223

S'INFORMER

Office de tourisme – *Le Bourg - 19500 Turenne - ✆ 05 55 24 12 95 - se rens. pour les horaires.*

SE REPÉRER

Carte de microrégion B2 (p. 182) – *carte Michelin Départements 329 F1.*

Accroché à une butte calcaire isolée au cœur du causse corrézien, Turenne contrôle l'entrée des causses du Quercy. Le bourg se trouve à 30 km au nord de Souillac, porte d'entrée du Lot.

À NE PAS MANQUER

La vue depuis la tour de César et l'extraordinaire descente dans le gouffre de la Fage.

ORGANISER SON TEMPS

Comptez 2h pour Turenne, compte tenu de l'affluence en saison.

La cité dresse autour des ruines de son château le bel amphithéâtre de ses maisons. Fief du huguenot Henri de La Tour d'Auvergne, maréchal de France et héros de la guerre de Trente Ans, Turenne conserve sa fierté de capitale de l'ancienne « vicomté ». Comme dit le dicton, comparant la ville à ses voisines : « *Pompadour pompe, Ventadour vente, Turenne règne.* »

Se promener Plan de ville

Circuit tracé en vert sur le plan de la ville ci-contre - Comptez 2h.

VILLE BASSE

C'est le quartier du Barri-Bas, ancien faubourg de la ville.

Place du Foirail

Au sud, l'**hôtel Sclafer** avec sa terrasse à l'italienne était la demeure de notaires au 17e s. En face, remarquez une **échoppe** du 15e s. et sa grande arcade.

Remontez la rue du Cdt-Charollais.

Place de la Halle

Les logis tout autour témoignent de la richesse des habitants, surtout l'élégante **maison Vachon**, demeure des consuls de Turenne aux 16e et 17e s.

Rue Droite

Entre deux hôtels, cette rue étroite s'élève vers le château, bordée de maisons anciennes à encorbellement et d'échoppes.

De la place de la Halle, prenez à droite.

Rue Joseph-Rouveyrol

Admirez la **maison de l'Ancien Chapitre** dont la tour est décorée d'une belle porte de style gothique flamboyant.

Poursuivez tout droit en empruntant la rue de l'Église.

Église

Certains historiens affirment que sa construction fut décidée par Charlotte de La Marck en 1593, année de la conversion au catholicisme du roi Henri IV, mais elle ne fut consacrée qu'en 1668. L'édifice, en forme de croix grecque, est curieusement voûté d'une belle mosaïque de pierres jaunes et blanches dessinant un réseau de nervures prismatiques. Le mobilier des 17e et 18e s. comprend des stalles et, surtout, un maître-autel surmonté d'un retable en bois sculpté et doré figurant la Passion du Christ. Un décor en trompe l'œil plus tardif occupe de part et d'autre l'espace entre les colonnes torses.

Juste au-dessus de l'église, un vaste bâtiment, la **maison Tournadour**, était le grenier à sel de la ville.

VILLE HAUTE

On pénètre dans la ville haute par la **porte fortifiée** de la deuxième des trois enceintes qui protégeaient le château. À droite, la **maison du Sénéchal** s'orne d'une élégante tour. À gauche, la **chapelle des Capucins** (1644) sert de cadre à des expositions.

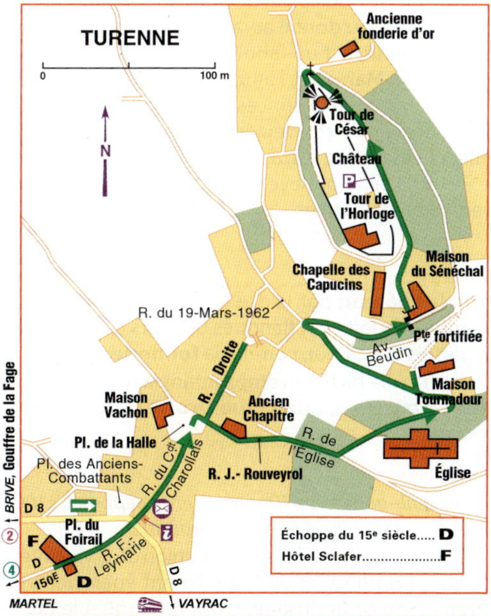

SE LOGER	SE RESTAURER
Chambre d'hôte Nicole Soustre..................④	La Maison des Chanoines....②

CAPITALE D'UNE VICOMTÉ

Castrum Torina au 8e s., puis *Torena* trois siècles plus tard, Turenne voit la forme presque définitive de son nom apparaître au milieu du 12e s. : *Turena*. Son origine ? Le mot préceltique *turra* (« hauteur »).

L'incapacité des derniers Carolingiens à gouverner l'ensemble de leurs possessions et l'aptitude des seigneurs de Turenne à résister aux invasions normandes semblent être à l'origine de l'émancipation du fief vis-à-vis du pouvoir royal. Dès le 11e s., une forteresse couronne la butte témoin détachée du causse de Martel.

Au 15e s., Turenne a sous sa dépendance le tiers du Bas-Limousin, le Haut-Quercy et le Sarladais, soit mille deux cents villages et bon nombre d'abbayes. La vicomté jouit alors d'enviables privilèges. Tout comme le roi de France, les vicomtes agissent en véritables souverains anoblissant à leur guise, créant offices et consulats, battant monnaie, levant les impôts. Les habitants étaient exonérés de la taille (impôt). Mais le dicton « heureux comme les vicomtins » prit fin en 1738, lors de la vente de la vicomté à Louis XV…

La famille des **La Tour d'Auvergne** a rendu célèbre le nom de Turenne. Au 16e s., Henri Ier de La Tour d'Auvergne (1555-1623) est le chef des huguenots du Limousin et le plus vaillant soutien de la Réforme. Pour récompenser son zélé lieutenant, Henri IV lui fait épouser l'héritière du duché de Bouillon, Charlotte de La Marck, en 1591 ; les Turenne émigrent alors à Sedan. Mais Charlotte meurt trois ans après ce mariage, laissant à son mari les titres de duc de Bouillon et de prince de Sedan. Celui-ci se remarie avec Élisabeth de Nassau dont il aura huit enfants. Son fils cadet, également prénommé Henri, est un fabuleux stratège et deviendra le Grand Turenne (1611-1675). Mais c'est l'aîné, Frédéric-Maurice, qui hérite de la vicomté. Il y reçoit en 1650 la princesse de Condé et son fils, le duc d'Enghien. La rencontre entre ces deux partisans de la Fronde fut l'objet de telles magnificences qu'elle resta célèbre sous le nom de « semaine folle de Turenne » et qu'il fallut prélever deux années d'impôts pour rembourser les dépenses occasionnées.

En contournant le **château** par la droite, remarquez une série de manoirs recouverts de toits d'ardoises et flanqués de tours trapues, solides constructions au nom parfois évocateur, comme la **fonderie d'or**.

Redescendez vers la ville basse en empruntant la ruelle qui sépare la deuxième de la troisième enceinte, puis la **rue Droite** *(description dans la première partie du circuit).*

Château

✆ 05 55 85 90 66 - juil.-août : 10h-19h ; avr.-juin et sept.-oct. : 10h-12h, 14h-17h ; reste de l'année : dim. 14h-17h - 4 € (-10 ans gratuit).

Il fut démantelé par Louis XV juste après la réunion de la vicomté à la Couronne. Seules les tours de l'Horloge et de César furent épargnées, occupant chacune une extrémité du promontoire, **site★** remarquable qui était autrefois entièrement couvert par le château et ses vastes corps de logis. Une chapelle s'élevait derrière la **tour de l'Horloge**. De cet ancien donjon du 13e s., on ne visite que la salle des Gardes voûtée en berceau brisé. Quelques objets évoquant le passé de Turenne y ont été rassemblés. Au-dessus se trouve la salle de la Monnaie ou salle du Trésor.

Vue sur la ville basse de Turenne
H. Lenain / Hemis.fr

La **tour de César** circulaire à l'appareillage irrégulier semble dater du 11e s. Un escalier permet d'accéder au sommet *(322 m d'altitude, table d'orientation)* d'où vous pourrez contempler un superbe **panorama★★** sur la région par-delà un paysage verdoyant et vallonné, avec les monts du Cantal vers l'est et, plein sud, la vallée de la Dordogne.

2

Circuit conseillé Carte de microrégion

★ SUR LES TERRES DE M. DE TURENNE

Circuit de 50 km tracé sur la carte de microrégion (p. 182) – Comptez environ 3h.

Cet itinéraire traverse la partie centrale de l'ancienne vicomté de Turenne, unie à la couronne de France en 1738 seulement. Au-delà de Turenne, les collines boisées du Limousin font place aux premiers plateaux du causse quercynois.

Quittez Turenne par la D 8, après 3 km, prenez sur la gauche vers Lagleygeolles.

★ Gouffre de la Fage

05 55 85 80 35 - www.gouffre-de-la-fage.com - juil.-août : 9h30-13h, 14h-19h - avr.-juin : tlj sf merc. 14h-18h30 ; sept. : tlj sf merc. 14h-18h ; vac. de Toussaint : mar. et merc. 15h - possibilité de visite guidée (1h) - un sentier d'interprétation propose panneaux d'information, bornes audio, son et lumière, mini-parcours spéléo et chantier de fouilles - juil.-août : atelier fossile pour les 6-12 ans sur réserv. (9,80 € avec visite du gouffre, deux moulages et un fossile) - 6,50 € (-12 ans 4,50 €).

Le gouffre, d'une profondeur de 25 m, débouche à la croisée de deux galeries qui occupent le lit d'une ancienne rivière. L'escalier d'accès emprunte le grand aven qui résulte d'un effondrement de la voûte de pierre.

Dans la première galerie, stalactites et stalagmites ont pris avec le temps des formes étranges : piliers, orgues, draperies, dos de tortue, colonnettes et cascades. Les couleurs des concrétions – du orange au vert – varient selon les oxydes transportés par les eaux de pluie. La grotte est habitée par une importante colonie de plusieurs milliers de **chauves-souris** (près de 14 000 !), relevant de quatorze espèces différentes. Avril est la meilleure période pour les observer. Dans la deuxième galerie, ce sont de véritables forêts d'aiguilles qui pendent des plafonds.

Le site, classé **Natura 2000**, fait l'objet d'une mise en valeur particulière avec la création d'un sentier d'interprétation qui aborde la géologie, la paléontologie et le thème des chauves-souris.

Revenez à Lagleygeolles pour prendre, sur la gauche, la route qui rejoint la D 73.

Jugeals-Nazareth

Le village de Nazareth fut fondé par Raymond Ier de Turenne au retour de la première croisade. Celui-ci y installa une maladrerie confiée à l'ordre des Templiers.

Sous la mairie subsistent des salles voûtées, équipées de puits fermés par une grille, où séjournaient les lépreux.

À la sortie nord du village, sur la D 8, un point de vue se dégage sur la droite. Au carrefour de Montplaisir, prenez la D 38, sur la droite vers Meyssac.

Château de Lacoste

Cette ancienne place forte, bâtie en grès de la région, se compose d'un corps de logis flanqué de trois tours rondes du 13e s. et complété au 15e s. par une élégante tourelle d'escalier polygonale.

À **Noailhac**, on pénètre dans le pays du grès rouge, matériau qui servit à construire ces villages aux si belles tonalités. On aperçoit bientôt le plus fameux d'entre eux, Collonges-la-Rouge, émergeant de son écrin de verdure.

★★ Collonges-la-Rouge *(voir p. 212)*

Meyssac

Av. de l'Auvitrie - 19500 Meyssac - 05 55 25 32 25 - www.ot-collonges.fr - juil.-août : 9h30-12h30, 14h-18h ; reste de l'année : 9h30-12h30 - fermé j. fériés.

Au centre de cette région vallonnée où abondent noyers, peupliers, vignes et arbres fruitiers, Meyssac, comme Collonges, est bâtie en grès rouge. Cette terre, dite terre de Collonges, a donné naissance à un artisanat de la **poterie** qui s'est particulièrement développé à Meyssac. La ville propose un circuit du patrimoine *(RV au syndicat d'initiative)*.

L'**église St-Vincent** (12e s.), de style gothique rayonnant, est assez curieuse. Son clocher-porche du 12e s. possède des baies pour le tir et le guet. Le portail en calcaire de style roman limousin, à triples voussures, présente des chapiteaux sculptés de têtes d'homme ou de lion. L'église à nef unique comprend quatre chapelles au sud, trois au nord (15e s.). Au 16e s., les guerres de Religion ont amené les habitants de Meyssac à fortifier l'édifice en ajoutant des hourds ou galeries de bois défensives au sommet du clocher ainsi qu'une tour de guet sur la façade nord de l'église.

La charpente de la **halle** repose sur des piliers et des colonnes intercalés. Construite au 18e s., elle s'élève au milieu d'une place bordée de belles demeures, certaines ornées de tours. Quelques maisons à encorbellement, à auvents et à pans de bois achèvent de conférer du cachet à ce village.

Quittez Meyssac par la D 14 (direction Martel). Après 2 km, prenez à droite la D 28.

Saillac

Le village apparaît au milieu des noyers et des maïs. Il a conservé son **moulin** qui produit de l'huile de noix tous les deux ans le 1er dimanche d'octobre, lors de la Fête de la noix. De style roman, l'**église St-Jean-Baptiste** (12e s.) a subi de nombreuses attaques au cours des guerres de Religion et de la Révolution, d'où son aspect défensif : clocher-porche massif, baies pour le tir et le guet. De style languedocien, son portail à triples voussures a un très beau **tympan**★ en pierre polychrome, relativement rare au 12e s., où figure l'Adoration des Mages. En dessous, sculptés dans une frise, un monstre ailé dévore un enfant tandis que l'archange saint Michel tient en laisse un dragon. Le style des figures est très naïf. Un trumeau axial torsadé, orné de feuillages, d'animaux et d'êtres humains, divise le portail en deux. Dans le chœur, couvert d'une coupole sur pendentifs, se trouvent de beaux chapiteaux historiés.

Quittez Saillac par le nord-ouest pour rejoindre la D 19, puis, vers le nord la D 8 qui ramène à Turenne.

NOS ADRESSES À TURENNE

HÉBERGEMENT

PREMIER PRIX

Chambre d'hôte Nicole Soustre – *Au Bontemps - ☎ 05 55 85 97 72 - P - ⊠ - 5 ch. 45/50 €* ☕. Cette ancienne ferme du Quercy, située à proximité de Turenne, dispose de 5 chambres calmes pour 2 ou 5 personnes avec des enfants, d'une salle de détente, d'une salle de pique-nique avec frigo et micro-onde et d'un agréable jardin.

RESTAURATION

POUR SE FAIRE PLAISIR

La Maison des Chanoines – *R. Joseph-Rouveyrol - ☎ 05 55 85 93 43 - www.maison-des-chanoines.com - ouvert 4 avr.-10 oct. - 34/80 € - 7 ch. 65/100 € - ☕ 10 €, demi-pension possible*. Charmante maison du 16e s. : porte d'entrée sculptée, escalier à vis, salle à manger voûtée (meuble d'esprit Marjorelle), chambres coquettes. Carte traditionnelle et créative.

PETITE PAUSE

Le Jardin perché – *Château de Turenne - ☎ 05 55 85 90 66 - http://chateau-turenne.com*. Pour profiter pleinement du jardin à la française du château de Turenne et de la vue panoramique, faites une pause déjeuner ou un simple goûter au Jardin perché : vous y dégusterez salades, tartines, desserts maison et même un plat du jour.

2

Beaulieu-sur-Dordogne

★★

1 288 Bellocois – Corrèze (19)

NOS ADRESSES PAGE 229

S'INFORMER

Office du tourisme intercommunal du pays de Beaulieu – *Pl. Marbot - 19120 Beaulieu-sur-Dordogne - 05 55 91 09 94 - www.beaulieu-tourisme.com - juil.-août : 9h30-13h, 14h30-19h ; oct. tlj sf dim. 9h30-12h30, 14h30-18h ; de déb. nov. à fin mars : tlj sf dim. et j. fériés 10h-12h30, 14h30-17h ; de déb. avr. à fin sept. : 9h30-12h30, 14h30-18h, dim. et j. fériés 9h30-12h30 - fermé dim. apr.-midi du 1er au 15 juil. et du 15 au 31 août, 1er janv., 1er et 11 nov. et 25 déc.*

SE REPÉRER

Carte de microrégion B2 (p. 182) – *carte Michelin Départements 329 G-H2.*

À 17 km au nord de St-Céré *via* Bretenoux, par la même route.

À NE PAS MANQUER

Le charme des berges de la Dordogne et de la vieille ville ; les sculptures romanes de l'église St-Pierre ; l'exotisme du parc botanique de Lostanges en été.

ORGANISER SON TEMPS

Prévoyez une demi-journée pour la ville, la journée pour l'ensemble des circuits.

AVEC LES ENFANTS

À La Chapelle-aux-Saints, partez à la découverte de la grotte Bonneval, où furent découverts les restes d'un homme de Neandertal.

Occupant un méandre de la Dordogne, cette jolie cité médiévale est une avancée du Périgord en Limousin. Son climat tempéré et son ensoleillement important tout au long de l'année lui valent le surnom de « Riviera limousine ». Ce « beau lieu » offre de nombreux trésors d'architecture, parmi lesquels le somptueux portail de son église romane et les vestiges du monastère bénédictin.

Se promener

★ Vieille ville

Un dédale d'étroites ruelles bordées de demeures anciennes convergent vers l'église. Une belle tour à coquille (16e s.) se dresse rue Ste-Catherine. Place de la Bridolle, face au portail occidental, s'élève la **maison dite Renaissance**, jolie maison ornée de statues et de médaillons.

★★ Église St-Pierre

01 46 51 39 30 - ♿ - horaires et j. de ferm. se rens. à l'office de tourisme.

Imprégnée d'influences architecturales venant du Limousin comme du sud-ouest de la France, cette église abbatiale du 12e s. fut un lieu de pèlerinage important.

Bâtie en grès, elle affiche un plan bénédictin que l'on retrouve dans les églises de pèlerinage de ce type. Le chœur, le transept et la travée orientale de la nef furent édifiés les premiers, de 1100 à 1140 environ. Au milieu du 12e s., on poursuivit les travaux par le côté sud de la nef et le mur du collatéral nord; la campagne s'acheva au 13e s. par la travée occidentale de la nef et la façade.

Portail méridional★★ – Édifié en 1125, il est l'un des premiers chefs-d'œuvre de la sculpture romane. Ce portail a été exécuté par les tailleurs d'images toulousains qui travaillèrent à Moissac, Collonges, Souillac et Carennac. Précédé d'un porche ouvert, il présente un ensemble sculpté d'une composition et d'une exécution remarquables. Il illustre les préliminaires du Jugement dernier : les morts, assignés à comparaître, sortent de leur tombeau; l'exaltation des apôtres, la magnificence de la Croix et des instruments de la Passion, le témoignage des plaies du Christ, la soumission du Mal représenté par les monstres. L'ensemble des sculptures du tympan et du porche a été récemment restauré.

Chevet – Ses proportions harmonieuses donnent une impression d'unité, renforcée par l'homogénéité du style décoratif : moulurations limousines des fenêtres, corniches sur modillons sculptés, cordons de billettes. Le clocher central comprend un seul étage octogonal percé de huit baies en arc brisé à voussure limousine. En contournant le chevet, dans le prolongement du croisillon nord, remarquez les restes du cloître bordant la salle capitulaire (sacristie).

Façade occidentale – Elle s'ouvre par un large portail sans tympan. Le clocher qui la surmonte à l'angle sud fut rajouté au 14e s., au moment de la guerre de Cent Ans, et surélevé en 1556.

Intérieur – Sanctuaire de pèlerinage, l'église est conçue pour faciliter la circulation des foules : larges bas-côtés et déambulatoire. La voûte en berceau de la nef repose sur des piles cruciformes. À la croisée du transept s'élève une coupole irrégulière sur pendentifs plats. Le chœur est éclairé par cinq baies en plein cintre. La décoration intérieure est assez pauvre en comparaison de la beauté du portail sud. Les chapiteaux sculptés sont rares : on les trouve aux entrées du déambulatoire et dans les chapelles du transept; ils portent un décor de feuillages ou de personnages formant cariatides. Les autres chapiteaux appartiennent au type « géométrique » répandu dans le Quercy. Remarquez dans le croisillon nord, au-dessus de la porte de l'escalier des tribunes, un linteau de facture maladroite qui représente deux lions encadrant un arbre.

DE CLUNISIENNE À BÉNÉDICTINE

Le nom de Beaulieu remonterait à 855. **Raoul de Turenne**, alors archevêque de Bourges, visitant la région, est séduit par l'agrément du site qu'il baptise *Bellus locus* (beau lieu) et décide d'y fonder une abbaye. En dépit des luttes meurtrières des seigneurs de Turenne et de Castelnau qui se disputent sa suzeraineté, le monastère d'obédience clunisienne prend très vite une grande importance. Les abbés doivent ensuite compter avec les bourgeois de la cité qui, obtenant privilège sur privilège, acquièrent bientôt une indépendance presque totale.

L'abbaye, ayant eu à souffrir des guerres de Religion, est désertée par les moines qui prennent des libertés avec la discipline. En 1663, l'abbé de La Tour d'Auvergne fait appel aux austères bénédictins de St-Maur qui entreprennent les réformes nécessaires, réparent les bâtiments conventuels et permettent à l'abbaye de vivre des heures sereines jusqu'à la Révolution.

Trésor – Exposé dans le bras nord du transept, le trésor renferme une remarquable **Vierge à l'Enfant★** du 12e s. (60 cm de haut), en bois revêtu d'argent, des reliquaires et une châsse du 13e s. en émail champlevé.

Chapelle des Pénitents

Également nommée Notre-Dame-du-Port-Haut, cette chapelle du 12e s. a conservé son chevet roman et son clocher-mur à cinq baies. Ancienne église paroissiale, rattachée par la suite aux Pénitents Bleus, elle sert désormais de salle d'exposition uniquement durant l'été.

À proximité Carte de microrégion

Château d'Estresses

3 km au sud de Beaulieu. Prenez la D 41 qui longe la Dordogne, et bifurquez à droite direction Liourdes. ✆ 05 55 91 10 28 - ♿ - visite guidée (1h) mai-oct. ; reste de l'année : sur RV - 3,50 € (-12 ans gratuit).

La plaine d'Estresses fut le théâtre de grands événements historiques. En 889, Eudes, roi de France, arrête les Normands qui descendent la rivière en drakkars. En 1356, le Prince Noir, qui ravage la région, est stoppé en ces lieux. Les Roquets, bourgeois de Beaulieu, entreprennent la construction du château aux 14e-15e s. Incendié au moment de la Révolution, il est alors vendu à trois familles qui le laissent se dégrader. Il est finalement cédé dans un triste état, après 1918, au grand-père du propriétaire actuel. Il ne reste malheureusement aucune archive du château.

L'édifice, restauré avec soin entre 1920 et 1960, se compose désormais d'un porche d'entrée et d'une tour carrée du 14e s. reliés par un corps de logis du 16e s. Du bâtiment en fer à cheval terminé par un donjon (il partait de la tour) et de la chapelle précédée d'un logis qui était perpendiculaire au porche, il ne subsiste que quelques fondations. Rasées, ces structures servirent de carrière de pierre aux villages environnants. La visite se termine par la salle du roi Eudes, voûtée en anse de panier (rare), pourvue d'une grande cheminée en pierre, de meubles anciens et d'objets traditionnels. Au mur, une peinture sur toile (début 20e s.) raconte la bataille du roi Eudes.

Dans le beau **jardin** soigneusement fleuri, limité par la Dordogne, deux ifs millénaires ont des troncs de plus de 8 m de diamètre !

Circuits conseillés Carte de microrégion

ENTRE PALSOU ET SOURDOIRE

Circuit de 24 km tracé sur la carte de microrégion (p. 182) – Comptez environ 2h. Quittez Beaulieu par le sud en empruntant la D 41, puis deux fois à droite la D 12 et la D 15E.

La Chapelle-aux-Saints

Du parking *(200 m du village)*, un chemin conduit à la **grotte** où furent retrouvés les restes de notre lointain cousin, enseveli il y a environ 45 000 ans. C'est ici à « la Bouffia (qui signifie la grotte, le trou en occitan) Bonneval », que fut trouvé, en 1908, un squelette quasiment complet de l'homme de Neandertal. Il gisait dans une fosse, entouré d'objets familiers. Depuis 1999, les fouilles ont repris et ont permis de dégager de nouvelles cavités.

La Dordogne à Beaulieu-sur-Dordogne
N. Thibaut / Photononstop

Le **musée de l'Homme de Neandertal** présente la découverte du squelette de ce chasseur, ainsi que son mode de vie et son environnement. Les visites commentées expliquent l'enjeu scientifique de cette découverte et réhabilitent cet homme trop longtemps vu comme une brute épaisse. *05 55 91 18 00 - www.neandertal-musee.org - - visite guidée (45mn) juil.-août : 10h-12h, 14h30-18h ; avr.-juin et de déb. sept. à mi-nov. : tlj sf jeu. 14h30-18h - 4,50 € (6-12 ans 3 €) - en sais. et certains autres j., enseignement des techniques du feu et de la taille du silex et visite de la grotte.*

2

Le portail de l'**église** du village (12e s.), au beau toit d'ardoises, est doté de deux colonnes dont les chapiteaux sont décorés d'oiseaux qui encadrent un homme et tiennent dans leur bec une couronne ornée de perles.

★ Curemonte

Le Bourg - 19500 Curemonte - 05 55 84 04 79 - j. et horaires d'ouverture variables selon les sais. - se rens.

Aux confins de la Corrèze et de la Dordogne, ce joli village, petit joyau médiéval, impose de loin la silhouette de ses remparts, de ses fiers châteaux et de ses nobles maisons aux toits de tuiles plates. Il domine les vignobles vallonnés de Branceilles. C'est dans cette paisible cité que Colette écrivit, durant la Seconde Guerre mondiale, son *Journal à rebours*.

Sous la **halle aux grains** (*vous y trouverez un plan de la cité*), au-dessus d'un socle, remarquez le fût de calvaire sculpté de douze bas-reliefs du 16e s. ayant pour thème la vie de Jésus.

Au-delà de la halle, sur la droite, observez le petit **château de La Johannie**, demeure du 14e s., et la belle maison à tourelle bâtie un siècle plus tard.

L'**église** a gardé son clocher à peigne protégé par un auvent et renferme un maître-autel avec un retable peint daté de 1672, ainsi que deux autres autels des 17e et 18e s.

Prenez à droite derrière l'église. L'enceinte aux tons chauds flanquée de bastions couverts en poivrière protège le **château de Plas** (tours rondes du 16e s.) et le **château St-Hilaire** (tours carrées à mâchicoulis du 14e s.) qu'on longe

successivement. Montez jusqu'à la **table d'orientation** d'où vous découvrirez une **vue** magnifique sur Curemonte et ses alentours boisés et vallonnés. Redescendez place du Château où s'élèvent plusieurs « maisons nobles » à tourelles, des 16e et 17e s. Tournez à gauche en suivant les remparts ; cet itinéraire de retour dégage de belles vues vers le causse de Martel et le Périgord noir. À 1,5 km du bourg, à l'ouest, vous trouverez la **chapelle de La Combe** (11e s.), qui accueille des expositions *(juil.-août : 14h30-19h)*, et à l'est, la **chapelle St-Genest** (12e s.) qui abrite un musée religieux.
La D 15 offre de belles vues sur Curemonte et son site.
Rejoignez Lostanges par la D 15/D 163.

Parc botanique de Lostanges

✆ 05 55 25 47 78 - juil.-août : 14h-19h ; 15 avr.-15 oct. : w.-end et j. fériés 14h-18h - fermé 15 oct.-15 avr. - 4 € (-12 ans gratuit).
Dans un cadre agréable de moyenne montagne, découvrez au gré du parcours 500 plantes groupées par origine géographique : de la lointaine Nouvelle-Zélande aux essences locales corréziennes, en passant par les déserts de cactus. Un diaporama sur les régions évoquées complète la visite.
Descendez sur Puy-d'Arnac par la D 940.

Puy-d'Arnac

Il se blottit au pied d'une butte que couronne une église. Du village, une route en très forte montée permet d'accéder en voiture à la plate-forme entourant l'église (site de la Cafoulière). Celle-ci est aménagée en aire d'accueil et donne accès à des chemins pédestres entretenus. Trois tables d'orientation aident à découvrir le vaste **panorama★** : à l'est et au sud, la vue se porte sur la vallée de la Dordogne, composée de vallons et de collines avec des prairies coupées d'élégants rideaux de peupliers, tandis qu'au nord-ouest se dessinent les reliefs plus accentués de la région de Meyssac et de Turenne.
Rejoignez Beaulieu par la D 153.

GORGES DE LA CÈRE

Circuit de 50 km tracé sur la carte de microrégion (p. 182) – Comptez environ 3h.
Née dans les monts du Cantal, la Cère appartient au Quercy pour la dernière partie de son cours. Mais avant de confondre ses eaux avec celles de la Dordogne en aval de Bretenoux, au pied du promontoire où se dresse le célèbre château de Castelnau-Bretenoux, la Cère a dû se frayer un chemin, entre Laroquebrou et Laval-de-Cère, en creusant des gorges sauvages.
Quittez Beaulieu par la D 940 vers St-Céré, puis à gauche la D 41.
Après avoir traversé la Dordogne, la route s'élève, offrant de belles vues sur la vallée.

Reygade

✆ 05 55 28 50 19 - ♿ - 9h-22h - 6 €.
Près du cimetière, un petit bâtiment abrite un chef-d'œuvre de la fin du 15e s., en pierre polychrome. Cette émouvante **Mise au tombeau★** pourrait avoir été réalisée par le même sculpteur que celui de Carennac (Lot). Les couleurs, qui ont gardé presque toute leur vivacité, accentuent l'expression des visages et donnent du relief aux costumes. Un montage audiovisuel explique les particularités de chaque personnage.
Rejoignez et poursuivez sur la D 41. 7 km après La Chapelle-St-Géraud, prenez la D 13 vers Camps.

★ Rocher du Peintre

Terre-plein aménagé au sud de Camps : de là se révèle une belle vue sur les gorges boisées de la Cère.

Alors que la voie ferrée emprunte de bout en bout les gorges, aucune route ne longe la rivière des environs de Laroquebrou à Laval-de-Cère.

Poursuivez sur la D 13.

Laval-de-Cère

Entre Laval-de-Cère et Port-de-Gagnac, la route sinueuse s'élève au-dessus de la vallée dans un décor de prairies et de collines, et surplombe le barrage de Brugale.

1 km avant Port-de-Gagnac, tournez à droite sur la D 116^{E}.

Avant de regagner Beaulieu, en montant jusqu'à l'église de **Fontmerle**, vous pourrez profiter, une dernière fois, du paysage de la région.

NOS ADRESSES À BEAULIEU-SUR-DORDOGNE

HÉBERGEMENT

PREMIER PRIX

Chambre d'hôte de La Maison – *11 r. de la Gendarmerie - ✆ 05 55 91 24 97 - http://lamaison19.chez-alice.fr - fermé oct.-mars - 6 ch. 57/68 €* ☕. Accueil fort aimable dans cette hacienda mexicaine transplantée au centre de Beaulieu ! Arcades, patio fleuri, murs teintés d'ocre rouge, chambres coquettes aux noms originaux : la mariée, les Indiens, les oiseaux… Jardin suspendu et piscine. Une adresse de charme.

BUDGET MOYEN

Hôtel Le Relais de Vellinus – *17 pl. du Champ-de-Mars - ✆ 05 55 91 11 04 - www.vellinus.com - fermé 22 déc.-4 janv., dim. soir et sam. midi - Wifi - 20 ch. 62/135 € - ☕ 9 €, demi-pension possible - ✕ 15/36 €.* Cette maison, ouverte sur la place du marché, propose des chambres confortables, toutes décorées sur un thème invitant au voyage (mauresque, zen, mer, Afrique…). Petites touches ethniques dans la salle à manger, agréable terrasse et plats traditionnels.

RESTAURATION

PREMIER PRIX

À proximité

La Barbacane – *Pl. de la Barbacane - 19500 Curemonte - ✆ 05 55 25 43 29 - fermé de mi-sept. à mi-oct., 25 déc.-1er janv., le soir et sam. - 12/22 €.* Au cœur du village perché, à deux pas de la place du Château, salle à manger rustique ménageant une plaisante perspective sur les confins vallonnés de la Corrèze et de la Dordogne. Gaillarde cuisine familiale faite de pâtés, terrines, jambon de pays, spécialités régionales et pâtisseries maison.

Le Plaisance – *À 500 m du village, sur D 15 (rte de Vayrac) - 19500 Curemonte - ✆ 05 55 25 30 86 - fermé de mi-janv. à fin fév. - P - 12,50/29 €.* Parce qu'il sait allier finesse et simplicité, ce sympathique restaurant fait le bonheur des gens de passage

2

et de la clientèle locale. Dans un décor très champêtre (murs lambrissés et chaises paillées), on déguste une cuisine du terroir élaborée à partir de produits frais. Desserts maison à découvrir à tout prix.

BUDGET MOYEN

À proximité

Ferme-auberge de la Grotte – *Au bourg - 19500 Curemonte - ✆ 05 55 25 35 01 - fermé janv.-fév., dim. soir et soir les j. fériés - 20 € - 3 ch. 58 €* ☕. Ne manquez pas de réserver votre table dans cette belle ferme bâtie dans le village. Elle interprète avec entrain le répertoire culinaire régional : magrets et confits, mique, petit salé, pâtisseries maison… Trois chambres mansardées.

ACHATS

Earl Mage producteur de Vin Paillé – *Chirac-de-Brivezac - 8 km au nord-est de Beaulieu-sur-Dordogne par D12 - ✆ 05 55 91 54 52 - earlmage@orange.fr - 9h-12h, 14h-18h, dim. sur RV*. Véritable spécialité de la basse Corrèze, le vin paillé est fabriqué à partir de grappes que l'on laisse sécher pendant plusieurs mois. Très sucré, ce breuvage obtenu après conservation en fût se boit frais, à l'apéritif ou au dessert. Dégustation sur place.

ACTIVITÉS

Randonnée – Le guide *Pays vallée de la Dordogne corrézienne* est en vente *(8 €)* à l'office de tourisme.

Argentat

★

3 105 Argentaçois – Corrèze (19)

NOS ADRESSES PAGE 238

S'INFORMER

Office du tourisme du pays d'Argentat – *Pl. Da Maïa - 19400 Argentat - ✆ 05 55 28 16 05 - www.tourisme-argentat.com - juil.-août : 9h-13h, 14h-19h, dim. et j. fériés 10h-13h ; reste de l'année : tlj sf dim. et j. fériés 9h-12h30, 14h-17h.*

Office du tourisme de la Xaintrie – *30 r. de la Xaintrie - 19220 St-Privat - ✆ 05 55 28 25 83 - www.ot-xaintrie-correze.com - juil.-sept. : mar.-sam. 10h30-12h30, 14h30-18h ; mar., dim. et j. fériés 10h30-12h30 ; oct.-juin : tlj sf lun., dim. et j. fériés 10h-12h30, 13h30-17h.*

SE REPÉRER

Carte de microrégion C2 (p. 183) – *carte Michelin Départements 329 M5.*

Sur l'axe Limousin-Auvergne, Argentat est accessible par la D 1120 (30 km au sud de Tulle, 53 km au nord d'Aurillac). Pour découvrir d'emblée la beauté du site, privilégiez l'accès à Argentat par le sud.

À NE PAS MANQUER

Le quai Lestourgie, dont les pavés résonnent du souvenir des gabarriers ; et si vous n'avez pas le vertige, la vue sur le barrage d'Argentat et les boucles de la Dordogne depuis le promontoire de Roc Castel.

ORGANISER SON TEMPS

Comptez environ 2h pour parcourir paisiblement la cité d'Argentat, puis une petite journée pour explorer le plateau granitique de la Xaintrie et la vallée de la Dordogne. La découverte de la vallée de la Souvigne et de ses cascades vous prendra 3h de plus.

AVEC LES ENFANTS

Faites-leur revivre l'époque des gabarriers à la Maison du patrimoine, puis emmenez-les s'initier à la voile sur le lac de Feyt et découvrir les fermes du Moyen Âge en Xaintrie, à St-Julien-aux-Bois.

Du 16e au 18e s., cet ancien port fluvial, aux confins du Limousin, de l'Auvergne et du Quercy, fut un important centre de commerce. De ses quais partaient alors vers Bergerac de très nombreuses gabarres chargées de cargaisons diverses, notamment de bois utilisé dans la fabrication des tonneaux. C'est à cette époque que furent édifiées, en bordure de Dordogne, de pittoresques maisons à balcons aux toits pentus couverts de lauzes et d'élégantes demeures à tourelles et à poivrières aujourd'hui parfaitement restaurées.

LES BATELIERS DE HAUTE-DORDOGNE
Voie fluviale très importante, la Dordogne permettait jadis de rattacher l'Auvergne, la Haute-Dordogne et l'Aquitaine. Les fameuses **gabarres** – ces larges barques à fond plat communément appelées **argentats** – descendaient alors jusqu'à Libourne, Bergerac ou Castillon du printemps à l'automne, chargées de **merrains** (chêne destiné à la fabrication des barriques) et de **carassonnes** (tuteurs en châtaignier pour les vignes), voire même de châtaignes, de cuir ou de charbon.
Le voyage des gabarriers pouvant être dangereux, la tradition voulait qu'avant tout départ, les moines du couvent des Récollets d'Argentat bénissent les équipages. Intéressante particularité : une fois la marchandise livrée, les gabarriers démantelaient leur embarcation et la vendaient comme bois de chauffage, puis regagnaient leur village… à pied. Vers le début du 20e s., le développement des voies de communication et l'avènement du chemin de fer finirent par avoir raison de cette activité fluviale artisanale.

Se promener

Quai Lestourgie
De nombreuses gabarres venaient accoster sur ce quai construit en 1844. Pavé comme autrefois, il est bordé de belles maisons dont les toits sont semés çà et là de tourelles, de pignons ou de poivrières.

Pont
De l'entrée du pont qui franchit la Dordogne, une large vision circulaire permet d'admirer, en amont de la rive gauche, les maisons à balcons de bois s'avançant au-dessus de l'eau. En face, la rive droite laisse apparaître la rue commerçante (en prolongement du pont), qui sépare la ville en deux quartiers.

Cité
Après le pont, longez la rivière en empruntant une promenade aménagée jusqu'à la **rue des Contamines**, croisant de nombreuses ruelles typiques.
Remontez vers le centre-ville par la **place Delmas**, entourée de rues aux maisons anciennes (manoir de l'Eyrial, maison Filliol).
De l'**église St-Pierre**, descendez par des escaliers vers la **rue Ste-Claire**, où s'élève l'hôtel des vicomtes de Turenne.
Après avoir traversé la rue Henri IV, la **rue des Goudous** dévoile de vieilles maisons dont le linteau gravé des portes révèle la date de construction.
Passez devant la **chapelle Jeanne-d'Arc**, puis revenez au parking par la rue Ledamp.

Maison du patrimoine
Av. Gilbert-Dillange - ☏ 05 55 28 06 16 - www.argentat.fr - juin-sept. : tlj sf mar. et j. fériés 10h-12h, 15h-18h.
En introduction à la visite d'Argentat, cette petite exposition présente l'histoire de la ville et des sites archéologiques locaux (villa gallo-romaine du Longour, village gaulois du Puy-du-Tour).
Des objets découverts en fouilles, une maquette de l'oppidum du Puy-du-Tour et de nombreux panneaux bien illustrés racontent de façon très didactique l'évolution du site d'Argentat : sa position stratégique dans l'Antiquité, son

aspect fortifié au Moyen Âge, la fin de son indépendance lorsque la vicomté est rachetée par Louis XV, ses conflits religieux, etc.
Vous y découvrirez aussi, grâce à un film documentaire et à un bateau à fond plat reconstitué à quai, d'intéressantes informations sur l'épopée des bateliers de Haute-Dordogne et les techniques de construction des gabarres (les « courpets » d'Argentat).

Circuits conseillés

LA XAINTRIE ★ ET LA VALLÉE DE LA DORDOGNE

Circuit 1 de 121 km tracé sur la carte (p. 234) – Comptez une petite journée.
Pensez à vérifier votre essence. Prévoyez un pique-nique, les bars et restaurants sont rares et pas toujours ouverts.
Quittez Argentat par le sud en direction de St-Privat, puis prenez à gauche la D 129 (attention, c'est dans un virage, soyez vigilant).
Cette région sauvage, où les landes et les broussailles alternent avec les bois de pins et de bouleaux argentés, devrait son nom à une sainte limousine, **sainte Trie**. C'est un plateau granitique calé entre le Bas-Limousin, l'Auvergne et le Quercy, profondément entaillé par les gorges de la Dordogne, de la Maronne et de la Cère. On distingue la **Xaintrie blanche** au nord (St-Privat) et la **Xaintrie noire**, au sud (Mercœur).

Barrage d'Argentat

Cinquième réalisation hydroélectrique de Haute-Dordogne, cet ouvrage de type « piles-usines » permet une meilleure utilisation de la retenue du Chastang. Sa hauteur maximale au-dessus des fondations est de 35 m, et sa longueur à la crête de 190 m. Quatre vannes peuvent évacuer 4 000 m^3 d'eau par seconde.
Pour un point de vue différent sur le barrage d'Argentat et les méandres de la Dordogne, rendez-vous à **St-Martial-Entraygues**, sur la rive droite de la Dordogne. Du promontoire de **Roc Castel** se dévoile une jolie vue de l'ensemble.
La D 129 longe la rive gauche de la Dordogne qui coule au pied de collines boisées, tandis que la route est, par endroits, bordée de hauts rochers.

Chapelle de Glény

Dans ce joli hameau aux maisons cossues, remarquez l'église et son clocher à peigne.

★ Barrage du Chastang

Visites suspendues en raison de l'application du plan Vigipirate.
La capacité de production de son usine électrique est la plus importante de toutes celles de la Dordogne. À 1 500 m au-delà de la crête du barrage, arrêtez-vous au niveau du panneau belvédère. À droite, un sentier en lacet conduit à un belvédère aménagé sur la rive gauche de la Dordogne : la vue se porte sur le barrage *(côté aval)* et sur sa retenue.

Servières-le-Château

Cette ancienne place forte aux maisons couvertes de lauzes fut aux mains de la famille de Turenne, puis celle de Noailles. Elle occupe un **site★** original au-dessus des gorges profondes de la Glane, dans un cirque de rochers déchiquetés, sur lesquels s'accrochent des sapins.
Quittez Servières par le nord en empruntant la D 75.

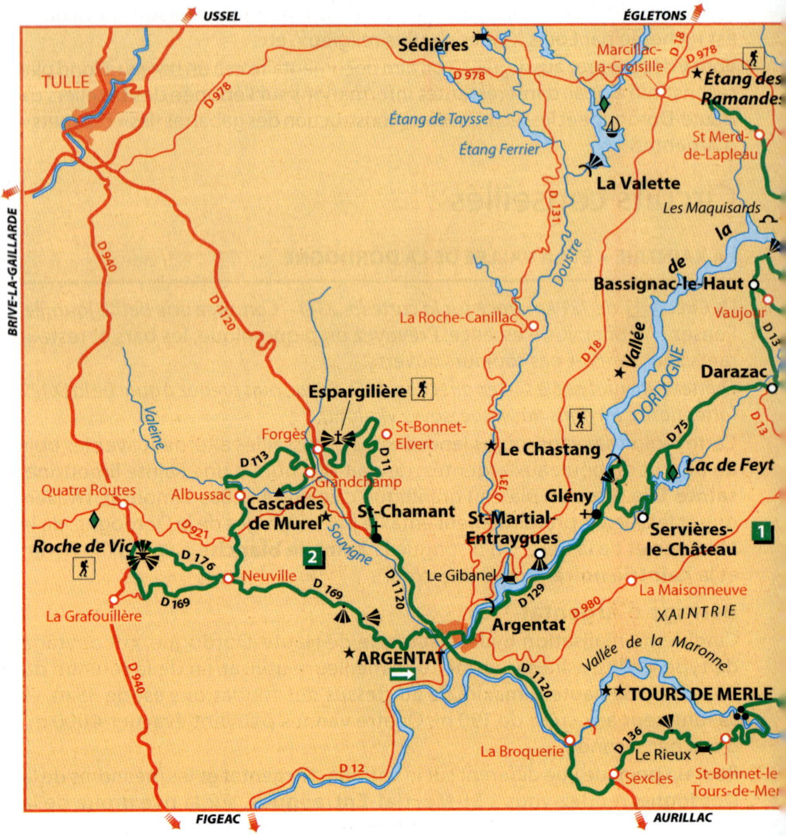

Lac de Feyt

Avant de vous rendre à la **base de loisirs** (voile), arrêtez-vous au nord du barrage de la Glane : la perspective sur cette belle étendue d'eau de 65 ha est saisissante.

Poursuivez sur la D 75.

Darazac

Joli village aux belles maisons en pierre.

Continuez sur la D 13 en direction de Bassignac-le-Haut.

Bassignac-le-Haut

Près de l'église du 15e s. se dresse sous un auvent une très belle **croix** du 16e s. en calcaire dont les quatre faces du fût sculptées évoquent la vie de Jésus. Placé au nord du village (*D 13*), un **belvédère**★ permet d'admirer un méandre de la Dordogne.

Depuis Bassignac-le-Haut, en passant par le pont de Chambon, vous pouvez rejoindre La Chapeloune (par la D 13) et l'étang des Ramandes pour faire des balades à pied.

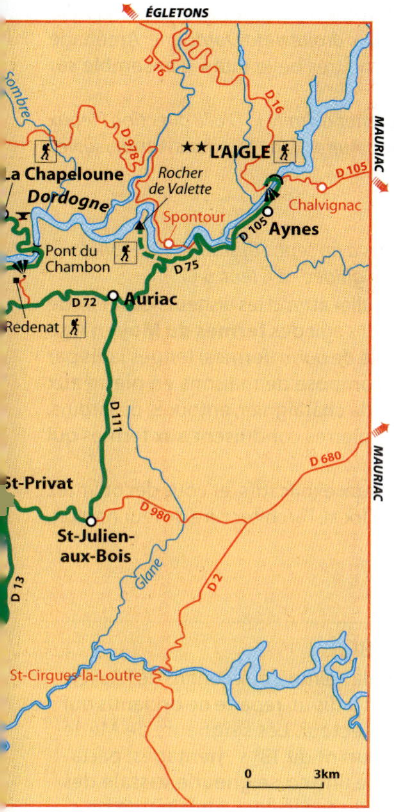

Pont du Chambon

Stop, pause détente : les amateurs de pêche peuvent sortir leurs gaules, les autres embarqueront sur une gabarre.

La Chapeloune

Table d'orientation – Au sud. *30mn depuis la D 13.* Une route forestière descend vers un site dégagé ; belle vue sur la retenue de Chastang et les monts du Cantal.

Grotte des Maquisards – Au nord. *1h30 AR depuis le parking (D 13).* Prenez le maquis le temps d'une balade. Attention, les 200 derniers mètres conduisant à la grotte *(sentier escarpé)* sont déconseillés aux marcheurs occasionnels, qui pourront cependant profiter de la vue.

★ Étang des Ramandes

À chacun son activité : les rêveurs pourront méditer sur le site, et les marcheurs partiront en balade *(2h)* à la découverte d'une forêt de 260 ha composée essentiellement de pins sylvestres, épicéas et Douglas.

Revenez à Bassignac-le-Haut. Prenez la D 72 direction Auriac.

Auriac

Charmant village dont est originaire l'écrivain corrézien **Denis Tillinac**. Le plan d'eau séduira les pêcheurs. Remarquez dans l'église une crosse eucharistique (17e s.) en bois sculpté.

Vous pouvez vous rendre depuis Auriac à **Redenat** *(suivez le panneau à l'entrée d'Auriac)*. Ce lieu-dit propose deux agréables promenades *(balisées)* en sous-bois. La première *(au sud)* conduit à un **menhir** ; la seconde *(à l'est)* descend vers une **cascade** qui se jette à proximité du pont du Chambon.

Quittez Auriac par l'est en empruntant la D 65, direction Spontour. Au croisement, prenez à droite la D 678 pour le barrage de l'Aigle. Vous entrez dans le Cantal.

Aynes

Ses maisons de granit aux toits d'ardoises se dispersent autour d'une chapelle. La route, tracée en corniche, offre d'intéressantes perspectives sur le barrage de l'Aigle.

★★ Barrage de l'Aigle

Le barrage s'impose par l'ampleur de ses dimensions, la hardiesse de sa conception et la puissance de ses installations. Sa retenue s'étend sur 25 km. Deux évacuateurs de crue en « saut de ski » permettent l'écoulement de 4000 m³ d'eau par seconde.

Belvédère – *Accès entre deux tunnels de la route : laissez votre voiture à hauteur du barrage et gagnez à pied, par la D 16, la rive droite de la Dordogne.* Aménagé en aval de l'ouvrage, ce belvédère offre une très belle **vue★** d'ensemble sur le barrage et sur la vallée en aval.
Revenez sur vos pas. Une fois passé Aynes, prenez à droite la D 678 direction Pleaux et Spontour puis à gauche la D 166 direction Auriac. Une fois dans Auriac, suivez la D 65 pour St Privat puis la D 111.

St-Julien-aux-Bois

Le Puy-d'Arrel - ✆ 05 55 28 31 30 - de Pâques à fin sept. : tlj sf sam. 14h-18h ; juil.-août : 10h-12h, 14h-19h - possibilité de visite guidée - 5 € (enf. 3 €).
Caché par la forêt, un village très particulier attend les visiteurs désireux de découvrir la vie des paysans aux 13e-14e s. Il s'agit des **fermes du Moyen Âge en Xaintrie** qui reconstituent un ensemble de *boria* (fermes) tenues jadis par des *pagès* (paysans). Le *mas* (village) se compose de maisons en pierre aux toits couverts de chaume ou de bardeaux de châtaignier, entourés de jardins. Des petits chemins bordés de murets de pierres conduisent aux fermes qui n'attendent que vous.
Pénétrez dans les maisons, lisez les panneaux explicatifs, et vous découvrirez la vie rude de ces gens soumis au seigneur local, l'architecture de leur habitat, leur mobilier très rustique.

MERLE, UN REPAIRE INEXPUGNABLE

Dans cette région rude et sauvage qu'est la Xaintrie, aux confins de l'Auvergne, du Limousin et du Quercy, Merle fut jadis un repaire de brigands qui rançonnaient quiconque traversait le secteur. Les seigneurs de Merle font leur apparition au 11e s. Dans le courant du 13e s., héritages, partages et alliances font de la terre de Merle une co-seigneurie vassale des **sires de Ventadour**. C'est ainsi que Merle accueillera sur la petite presqu'île rocheuse les places fortes des seigneurs de **Merle**, mais aussi de **Carbonnières**, de **Vayrac** et de **Pesteils**, qui régnèrent jusqu'au 15e s. sur la région, se partageant une vingtaine de paroisses.
Le choix du site de Merle répond à une préoccupation défensive évidente : le promontoire (200 m sur 40 m), dominant la Maronne de 30 m, est isolé du plateau plus élevé de 150 m. Ce type de forteresse frontalière s'appuie sur une utilisation optimale de la topographie. Pendant la guerre de Cent Ans, en 1371, les Anglais parviennent à réduire la place, mais la restituent peu après sur l'intervention du pape Grégoire XI.
En revanche, le célèbre routier **Aymerigot Marchès** échoue devant Merle en 1380 ; là se termine sa sinistre carrière de destructeur et de pillard, car son échec entraîne à bref délai sa capture. L'avènement de l'artillerie finit par affaiblir cette place forte réputée imprenable, et que l'on peut désormais facilement attaquer des hauteurs avoisinantes. En 1574, les huguenots s'en emparent, puis doivent se replier. L'inaccessibilité du site et la rudesse des conditions de vie ne favorisent pas la pérennité de Merle qui, au 17e s., connaît un dépeuplement progressif. Des villageois y vivent jusque vers la fin du 18e s., mais l'endroit finit par tomber à l'abandon.
Déclaré Monument historique en 1927, le site de Merle fait l'objet de travaux de restauration et de mise en valeur, et donne lieu à des visites et animations diverses.

Dans les jardins, vous verrez les plantes qu'ils cultivaient (vigne, chanvre, simples, fèves...), dans les enclos, les animaux qu'ils élevaient (porc noir, mouton, chèvre, vache et volailles). Ces fermes très vivantes, où les animaux côtoient les visiteurs, sont une belle illustration de l'époque médiévale en France.

Suivez la D 980 vers l'ouest.

St-Privat

L'église, des 13e et 16e s., possède une puissante tour carrée.

Prenez par le sud la D 13.

★★ Tours de Merle

✆ 05 55 28 22 31 - juil.-août : 10h-19h ; avr.-juin : 14h-18h ; reste de l'année : se rens. - 6 € (-6 ans 3,50 €).

Un étroit chemin empierré permet de pénétrer dans la **citadelle** par le flanc nord. Elle se présente sous l'aspect d'un chapelet de sept châteaux qui s'égrènent du nord au sud, et forment des ensembles plus ou moins disloqués de donjons, tours et corps de logis des 12e-14e s., répartis sur des terrasses. Les impressionnantes façades qui dressent leurs pans de mur, les cheminées suspendues dans le vide, les escaliers qui ne conduisent nulle part, tout cela crée une atmosphère presque fantomatique *(l'accès à certains édifices est interdit pour raisons de sécurité).* Au cours de votre promenade, vous remarquerez les vestiges de la **chapelle seigneuriale** (13e s.), dédiée à saint Léger, le château ruiné (14e s.) d'Hugues de Merle, et le **donjon** (13e s.) de son frère Fulcon, qui révèle d'intéressants éléments : cellier, cuisine, chambre, escalier en colimaçon, pigeonnier. Plus au sud, deux **tours carrées** des 13e et 14e s., ayant appartenu aux seigneurs de Carbonnières et de Pesteils, méritent votre attention. En montant par un escalier de plus en plus étroit au sommet de la seconde tour, dotée d'une belle salle à voûte en berceau, vous bénéficierez d'une superbe **vue★** sur les contreforts de la Haute-Auvergne à l'est, et sur le Limousin au nord-ouest.

Prenez le temps de découvrir le **parc**, agréable espace de 10 ha aux abords de la forteresse, traversé par la Maronne. Vous y verrez la **ferme archéologique**, dotée d'une étable au toit de chaume, qui reconstitue un habitat paysan typique du 14e s. Plus en contrebas, au bord de la rivière, remarquez de jolis **jardins médiévaux,** composés de fruits, de légumes, de plantes médicinales et tinctoriales. Notez aussi les vestiges d'un **ancien pont** à péage médiéval, rebâti en 1735, puis emporté par une crue cinq ans plus tard, et plus en amont, les ruines d'un **moulin à eau** du 14e s.

Quittez la D 13, et prenez vers St-Bonnet-les-Tours-de-Merle.

Vallée de la Maronne

La D 136 monte à flanc de ravin et ménage des échappées sur les tours de Merle avant la traversée de St-Bonnet, puis passe au pied du **château du Rieux** (13e et 16e s.).

Après Sexcles, la D 1120 rejoint Argentat par la rive droite de la Maronne.

★ VALLÉE DE LA SOUVIGNE

Circuit 2 de 45 km tracé sur la carte (p. 234) – Comptez environ 3h. Quittez Argentat par le nord-ouest en empruntant la D 1120, direction Tulle.

La route remonte la vallée de la Souvigne aux collines boisées, traverse des vallons coupés de châtaigneraies et gagne un plateau couvert de landes.

2

BARRAGES SUR LA DORDOGNE EN CORRÈZE
Barrage de l'Aigle – 1945 - hauteur : 95 m - longueur à la crête : 290 m - productibilité : 500 millions de kWh - *voir p. 235*.
Barrage de Bort-les-Orgues – 1952 - hauteur : 120 m - longueur à la crête : 390 m - productibilité : 325 millions de kWh - *voir p. 241*.
Barrage du Chastang – 1952 - hauteur : 85 m - longueur à la crête : 300 m - productibilité : 500 millions de kWh - *voir p. 233*.
Barrage de Marèges – 1935 - hauteur : 90 m - longueur à la crête : 247 m - productibilité : 338 millions de kWh.
Barrage du Sablier – 1957 - hauteur : 31 m - longueur de la retenue : 7,50 km - productibilité : 102 millions de kWh.

Église de St-Chamant

Précédé d'un clocher-porche, le portail à hourds ne manque pas d'intérêt, avec ses chapiteaux et son tympan sculpté.

Quittez St-Chamant par le nord en empruntant la D 11. À St-Bonnet-Elvert, prenez à gauche vers Forgès.

Calvaire d'Espargilière

15mn AR. Des abords de ce monument, la **vue** s'étend largement sur les vallées adjacentes tapissées de prairies et soulignées de coteaux boisés.

Traversez la D 1120 pour atteindre la rive droite de la Souvigne. À Grandchamp, prenez la D 113^E.

★ Cascades de Murel

On les atteint en longeant la Valeine aux eaux limpides. Les trois chutes d'eau coulent dans des gorges escarpées, dans un joli cadre de feuillages et de rochers.

Revenez à Grandchamp et prenez à gauche la D 113. Rejoignez Albussac par la D 87, puis après Neuville, prenez à droite la D 176 en direction du Sirieix.

Roche de Vic

15mn AR. Alt. 636 m. Cette colline aux flancs dénudés est couronnée de gros blocs granitiques sur lesquels se dressent une chapelle et une statue de la Vierge. De là se développe un **panorama**★ sur le Bas-Limousin *(table d'orientation)* : la vue se porte au premier plan sur un paysage de collines, à l'horizon apparaissent au nord le massif des Monédières, au sud les causses du Quercy.

Pour rejoindre Argentat, prenez à gauche la D 940, puis encore à gauche la D 169.

NOS ADRESSES À ARGENTAT

HÉBERGEMENT

PREMIER PRIX

Le Gibanel – *4,5 km au nord-est par D 18, rte d'Égletons puis chemin à dr. - ✆ 05 55 28 10 11 - www.camping-gibanel.com - de déb. juin à déb. sept. - ♿ - 250 empl. 22,70 €.* Un des plus beaux sites de France. Ombragé par de grands arbres, au bord de la Dordogne, ce camping aménagé sur les terres du château de Gibanel est superbe. Le bon confort des installations, la grande piscine et les nombreuses animations ajoutent à son attrait.

BUDGET MOYEN

Hôtel Fouillade – *11 pl. Gambetta - ✆ 05 55 28 10 17 - www.fouillade.com - fermé 26 nov.-26 déc. - Wifi - 15 ch. 52/71 € - ☕ 7 €, demi-pension possible - ✕ formule déj. 11 € - 14/39 €.* Hôtel au calme vous hébergeant dans des chambres au mobilier fonctionnel de style actuel et dotées de lits confortables. Plats traditionnels aux accents régionaux servis sous les poutres de la salle à manger rustique ; terrasse en façade.

Hôtel Le Sablier du Temps – *13 r. J.-Vachal - ✆ 05 55 28 94 90 - www.sablier-du-temps.com - fermé 5 janv.-9 fév. - P - Wifi - 24 ch. 50/88 € - ☕ 8 €, demi-pension possible - ✕ formule déj. 11 € - 21/43 €.* Un jardin arboré agrémenté d'une piscine entoure cet hôtel proche du centre-ville. Les chambres, actuelles, sont progressivement personnalisées et très bien tenues. Cuisine du terroir servie dans une grande salle à manger-véranda ouvrant sur la terrasse.

RESTAURATION

PREMIER PRIX

St-Jacques – *39 av. Foch - ✆ 05 55 28 89 87 - lesaintjacquesceaux@orange.fr - fermé 1er-23 mars, 28 sept.-12 oct., dim. soir d'oct. à avr. et lun. - formule déj. 14 € - 19/55 €.* Monsieur réalise une goûteuse cuisine actuelle tandis que madame prend soin de vous accueillir. Salle confortable et raffinée, véranda et belle terrasse ombragée.

BUDGET MOYEN

Auberge des Gabarriers – *15 quai Lestourgie - ✆ 05 55 28 05 87 - ouvert 1er avr.-1er nov. et fermé mar. soir et merc. - formule déj. 16 € - 27/36 €.* Jolie maison du 16e s. en bord de Dordogne. Salle à manger rustique à souhait, cuisine à la broche et terrasse riveraine ombragée par un tilleul. Chambres charmantes tournées vers les flots.

À proximité

La Vieille Auberge – *19220 St-Geniez-Ô-Merle - 5 km au nord-ouest des tours de Merle par D 111 - ✆ 05 55 28 20 60 - fermé janv., déb. juin, lun. soir et mar. - P - 20/28 €.* À quelques kilomètres du site médiéval, cette charmante auberge de campagne du début du 20e s. est une sympathique étape avec verdure et piscine. Décor simple et cuisine régionale où se côtoient le cabecou, le magret, le confit de canard et le pounty.

Les Voyageurs – *19320 St-Martin-la-Méanne - ✆ 05 55 29 11 53 - info@hotellesvoyageurs.com - fermé du 4 nov. à déb. mars, d im. soir et lun. hors sais. - 15/24 €.* Charmante auberge en pierre où le temps s'arrête à la faveur d'une cuisine du terroir servie dans un cadre campagnard ou, en été, dans le jardin prolongé d'un étang (pêche).

ACTIVITÉS

Descente en Gabarre – *✆ 05 55 28 86 45 - promenade sur réservation - 4 points d'embarquement : tte l'année, du pont de Chambon et Spontour ; de mi-juin à fin août, du barrage du Sablier ; juin-sept., de Beaulieu-sur-Dordogne - 6,50 € du pont de Chambon, de Spontour et du barrage du Sablier ; 5,50 € de Beaulieu.* On peut revivre un peu de l'histoire et de l'aventure des gabarres en embarquant sur l'une d'elle et en descendant un petit bout de la Dordogne.

Bort-les-Orgues

3 247 Bortois – Corrèze (19)

NOS ADRESSES PAGE 245

S'INFORMER

Office du tourisme du pays de Bort-Artense –*Pl. Marmontel - 19110 Bort-les-Orgues - ✆ 05 55 96 02 49 - www.bort-artense.com - de mi-juin à mi-sept. : 9h30-12h30, 14h-19h, dim. et j. fériés 9h30-12h30 ; mai-sept. : tlj sf dim. et j. fériés 9h30-12h, 14h-18h ; reste de l'année : se rens.*

Office du tourisme des gorges de la Haute-Dordogne – *R. de la Tour-des-Cinq-Pierres - 19160 Neuvic - ✆ 05 55 95 88 78 - www.haute-dordogne.com - juil.-août : 9h30-12h30, 15h-19h, dim. et j. fériés : 9h30-12h30 ; reste de l'année : tlj sf w.-end et j. fériés 9h30-12h, 14h-16h.*

SE REPÉRER

Carte de microrégion D1 (p. 183) – *carte Michelin Départements 329 Q3.*
Le long de la Dordogne, Bort se trouve à 30 km au sud-est d'Ussel.

À NE PAS MANQUER

Du haut du plateau des Orgues, la superbe vue sur la vallée de la Dordogne, l'Artense, le Cantal et les monts Dore ; le musée de la Tannerie et du Cuir ; le site de St-Nazaire et la cascade du Saut de la Saule ; le château de Val, dressé sur son îlot rocheux ; les tympans historiés de l'église de Lanobre.

ORGANISER SON TEMPS

Visitez les principaux sites de Bort en une demi-journée. Comptez une journée de plus pour découvrir les merveilles naturelles des rives de la Dordogne ou faire une incursion en Artense.

AVEC LES ENFANTS

Ils seront fascinés par les orgues de Bort ou les « marmites de géants » du Saut de la Saule, et émerveillés par les papillons multicolores de l'exposition « Insectes du monde », à Ydes. Autre alternative sympathique : une croisière sur la Dordogne, en bateau panoramique ou en gabarre.

Site frontalier entre les territoires arvernes et lémovices, Bort s'est développé au Moyen Âge et reçut de Charles VII le droit de s'entourer d'une enceinte dont il subsiste quelques vestiges. Patrie natale de Marmontel, académicien, philosophe et écrivain du Siècle des lumières, la petite ville est dominée par ses célèbres orgues volcaniques. La retenue du barrage, l'une des plus longues de France, se prête à la pêche et à la pratique des sports nautiques. Bort est aussi un point de départ idéal pour découvrir les rives de la Dordogne ou la mystérieuse Artense, volontiers surnommée la « Scandinavie auvergnate ».

Se promener

Église

Elle date des 12e et 15e s. Dans son cadre architectural très sobre, quelques œuvres d'art sont bien mises en valeur : une statue de sainte Anne tenant dans ses bras la Vierge et l'Enfant (15e s.), de beaux vitraux modernes, un Christ en

Les gorges de la Dordogne vers Spontour (entre Argentat et Bort-les-Orgues)
N. Thibaut / Photononstop

bronze du sculpteur Chavigner... À l'extérieur, près du chevet, subsistent des traces de fortifications. À côté se dresse l'ancien prieuré du 17e s.

L'association « Au bord des Orgues » propose une visite guidée gratuite de l'orgue à tuyaux de l'église *(s'adresser au ✆ 05 55 96 81 85).*

2

Musée de la Tannerie et du Cuir

965 av. de la Gare - ✆ 05 55 96 85 59 - http://perso.orange.fr/museecuir - ♿ - visite guidée (1h) fév.-sept. : 10h-12h, 14h-19h - fermé oct.-janv. - 2,30 € (-12 ans gratuit).

Au sein des anciennes Tanneries bortoises, qui ont fermé leurs portes en 1991, vous apprendrez, en visitant la salle d'exposition des machines, ce que sont les étapes qui mènent de la peau brute au cuir fini. Vous pourrez ensuite assister à une projection vidéo qui retrace l'histoire des tanneries de Bort et décrit le métier de tanneur tel qu'il est pratiqué aujourd'hui.

À voir aussi

★ Barrage de Bort

De la route de crête du barrage, qui s'étire sur 390 m, on découvre, côté amont, le lac de retenue et, côté aval, l'usine principale et l'évacuateur de crues. Par sa masse considérable, le barrage de Bort, mis en eau en 1952, est la pièce maîtresse de l'aménagement hydroélectrique de la Dordogne. Sa retenue de 477 millions de m^3 est longue de 18 km. Plusieurs bases nautiques ont été aménagées le long du lac de barrage : bases de Val, de la Siauve et de Beaulieu (Cantal), Singles (Puy-de-Dôme), Aubazine et Outre Val (Corrèze).

Circuit-visiteurs – *✆ 05 55 96 02 49 - visite guidée (45mn) sur demande préalable (3 j. av.) à l'office du tourisme de Bort-les-Orgues - avr.-oct. et vac. scol. : 10h-12h, 14h-17h - fermé j. fériés - gratuit.* Accessible depuis le pied du barrage sur la rive gauche, entre le hameau des Granges et le musée de la Tannerie et du Cuir, il fait découvrir, à l'aide d'une maquette animée et d'un film vidéo, l'aménagement hydroélectrique du bassin de la Dordogne et de ses affluents.

Vedettes d'excursion – *04 71 40 30 14 - www.lajourneeaval.com - vedettes panoramiques circuit château de Val/remontée gorges de la Dordogne/circuit barrage de Bort/château de Val - horaires : se rens. - 8 € AR (2-4 ans 2 €, 5-14 ans 5 €).*

À proximité Carte de microrégion

Cascade du Saut de la Saule

2,5 km au sud-est. Prenez la route qui grimpe en direction du CAT (Centre d'aide par le travail) La Saule. Suivez l'allée qui franchit la Rhue, puis tournez à gauche et longez la rivière.

30mn AR. On atteint bientôt de petites gorges où l'eau s'est frayé un passage en creusant dans le gneiss, sous l'action du tournoiement des galets entraînés par elle, des excavations régulières que l'on appelle marmites de géants. Un peu plus loin, on arrive aux rochers qui surplombent le Saut de la Saule, où la Rhue franchit un seuil rocheux, haut de 5 à 6 m.

Circuits conseillés

★ LES ORGUES DE BORT

Circuit 1 de 15 km tracé sur la carte ci-contre – Comptez environ 2h. Quittez Bort par la D 127, en montée, qui se détache de la D 979 (route de Limoges) à la sortie de la ville, près du cimetière.

Au cours de la montée, beau **panorama** à gauche sur la vallée de la Rhue (Cantal).

Quelques mètres après les dernières maisons de Chantery, prenez à droite un escalier qui conduit au pied des orgues. Suivez le panneau « Grottes des orgues ».

Ces impressionnantes colonnes de phonolithe, hautes de 80 à 100 m, se succèdent sur une longueur d'environ 2 km.

Revenez à la D 127 et, après 2 km, prenez à droite la route (signalée) qui, en 800 m, conduit à un vaste parking en sous-bois, près du relais de télédiffusion.

Du **plateau des Orgues** (769 m), gagnez à pied la table d'orientation et un deuxième point de vue, dit des Orgues, sur la droite : immense **panorama**★★ sur la vallée de la Dordogne, les monts Dore, le massif des Monédières et le plateau de Millevaches.

Du site aménagé, on peut emprunter, sur la droite, le chemin en corniche *(à parcourir prudemment à pied)*, qui offre un immense tour d'horizon avec la ville de Bort au premier plan. Ce sentier sinueux donne accès au belvédère dit de la Tête de l'homme *(20mn AR - surveillez les enfants : le parapet est quasi inexistant)*.

Reprenez la D 127 en direction du Puy-de-Bort. Dans ce hameau, suivez le fléchage « site de la Pyramide ».

20mn. Panorama étendu sur tout le Limousin.

Au col du puy de Bort (859 m), la route, en corniche, offre sur la gauche une vue intéressante.

En regagnant Bort, par la D 979, on aperçoit sur la droite le joli **château de Pierrefitte**. Belles **vues** sur la retenue et le barrage de Bort.

BORT-LES-ORGUES

LES RIVES DE LA DORDOGNE

Circuit 2 *de 95 km tracé sur la carte ci-dessous – Comptez environ une journée.*

La Dordogne coulait naguère au fond de gorges étroites. Les lacs-réservoirs, qui s'allongent aujourd'hui dans la vallée et forment comme un gigantesque escalier d'eau de plus de 100 km, ont transformé le paysage sans lui ôter de son intérêt touristique. Toutefois, les périodes de basses eaux qui mettent à nu les pentes inférieures décapées par l'érosion sont à éviter.

Quittez Bort par le nord en empruntant la D 922, puis la D 979 à gauche.

Belvédère des Aubazines

Point de vue aménagé *(aire de pique-nique)* situé en bordure de la D 979, qui permet de mieux embrasser du regard les 1 400 ha de la retenue.

Poursuivez sur la D 979 sur 2 km, puis tournez à gauche dans la D 127.

★★ Site de St-Nazaire

30mn AR. Laissez la voiture et prenez à droite en restant au sommet du versant, puis suivez un chemin de croix. Dépassez une statue de saint Nazaire et gagnez, à travers les bruyères, l'extrémité du promontoire surmonté d'un calvaire. De là se dégage une magnifique **vue** sur les gorges de la Dordogne et de la Diège.

À St-Julien-près-Bort, poursuivez sur la D 127.

La route, après avoir franchi la Diège, s'élève sur des pentes boisées et offre jusqu'à Roche-le-Peyroux des vues sur les gorges de cette rivière.

Peu après Liginiac, prenez à gauche la D 42^{E}.

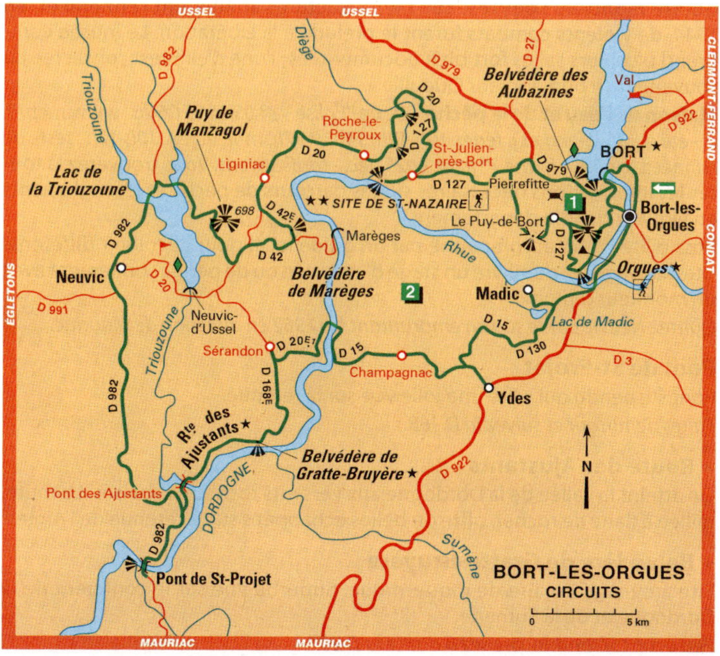

Belvédère de Marèges

La route descend en lacet vers le barrage. Après 500 m, on atteint un petit belvédère d'où l'on domine le **barrage de Marèges** et sa retenue qui s'étale dans un site sauvage et très encaissé.

Rejoignez la D 20 par la D 42. Après 2 km, prenez, à droite, la D 183 en direction de la plage de Liginiac.

Puy de Manzagol

Alt. 698 m. Table d'orientation. Du sommet se développe un beau **panorama** sur le lac de la Triouzoune (îlots boisés et son cadre de collines), ainsi que sur le Massif central.

La D 183 puis, à gauche, la D 982 contournent le lac.

Neuvic

Cette petite ville installée à flanc de colline reçoit chaque année une foule d'estivants attirés par son lac et sa plage.

En outre, elle a su préserver son centre ancien, avec ses ruelles bordées de maisons en granit, les vestiges de sa porte fortifiée et son église au massif clocher-porche.

Musée de la Résistance Henri-Queuille – *R. du Commerce - ✆ 05 55 46 30 60 - ♿ - de déb. janv. à mi-juin : tlj sf mar. et dim. 10h-12h, 14h-18h ; de mi-juin à mi-sept. : 10h-12h, 14h-18h ; de mi-sept. à fin déc. : tlj sf merc. et dim. 10h-12h, 14h-18h - possibilité de visite guidée (1h) - fermé de fin déc. à déb. janv. - 3 € (-12 ans gratuit).* **Henri Queuille** (1884-1970) fut une importante personnalité politique neuvicoise (député radical-socialiste de 1914 à 1935). Il fut treize fois ministre de l'Agriculture et trois fois président du Conseil. On lui doit la création du Crédit Agricole. Le musée évoque les hauts faits et les drames de la Résistance.

Les maquis de Corrèze furent particulièrement actifs pendant la Seconde Guerre mondiale : des réseaux bien structurés affaiblirent l'ennemi et, en 1944, de violents combats furent le prélude à la Libération. Le musée comprend plusieurs salles fort bien documentées ; l'une d'elles est consacrée au souvenir du « bon docteur Queuille ».

Maison de l'eau et de la pêche – *Pl. de l'Église - ✆ 05 55 95 06 76 - www.mep19.fr - été : tlj sf w.-end et j. fériés 10h-12h, 14h30-17h, mar. et jeu. 10h-12h ; reste de l'année : se rens. - fermé 1er janv. et 25 déc. - tarifs se rens.* Vous trouverez là toutes les informations nécessaires sur les parcours de pêche et les règlements en vigueur dans le département.

Possibilité d'être accompagné par un guide local pour découvrir différents sites sauvages et de suivre un stage d'initiation ou de perfectionnement avec un moniteur diplômé.

Quittez Neuvic par le sud en empruntant la D 982 en direction de Mauriac.

Pont de St-Projet

Pont suspendu qui offre une jolie vue sur la retenue.

Faites demi-tour et suivez la D 168.

★ Route des Ajustants

On atteint la vallée de la Dordogne aux versants rocheux et boisés. La route, taillée à flanc de rocher, offre de belles échappées sur la retenue de l'Aigle.

★ Belvédère de Gratte-Bruyère

Site aménagé en aire de pique-nique. Superbe vue sur le confluent de la Dordogne et de la Sumène.

Peu avant Sérandon, prenez à droite la D 20E1.

Ydes

Aux confins du Cantal et de la Corrèze, ce village s'élève au bord de la Sumène dans une région hérissée de pitons basaltiques.

Église – Cet édifice, dédié à saint Georges, est du style roman de la Haute-Auvergne (12e s.). Les modillons sculptés de son chevet sont très curieux ; les visages, juvéniles pour la plupart, sont traités avec beaucoup de verve. Le porche ouest, surmonté d'un clocher à peigne, en est la partie la plus intéressante par ses sculptures.

Exposition « Insectes du monde » – *✆ 04 71 40 82 51 - ♿ - juil.-août : 14h-19h - possibilité de visite guidée - 3 € (5-11 ans 1 €, 12-16 ans 2 €).* Cette exposition est consacrée principalement aux papillons diurnes et nocturnes. Derrière chaque vitrine, d'étonnants spécimens rivalisent de taille et de couleurs. Pour les philatélistes, intéressante collection de timbres sur le thème des papillons, en provenance de Hongrie, du Pakistan, du Mexique.

Revenez sur la D 15, puis prenez, à gauche, la D 130.

Madic

Sympathique village d'où vous pourrez découvrir une autre facette des orgues de Bort. Agréable promenade autour du lac.

La D 30, puis la D 922, ramènent à Bort.

NOS ADRESSES À BORT-LES-ORGUES

HÉBERGEMENT

PREMIER PRIX

À proximité

La Siauve – *R. du Camping - 15270 Lanobre - 3 km au sud-ouest par D 922, rte de Bort-les-Orgues et rte à dr., à 200 m du lac (accès direct) - ✆ 04 71 40 31 85 - www.campingdelasiauve.free.fr - de déb. mars à fin oct. - ♿ - 220 empl. 18 €.* Au bord du lac, ce camping vous permettra de vivre un séjour 100 % nature dans un site remarquable. Vous y passerez à coup sûr des vacances actives entre plage, pêche et découverte de la région, à pied ou à vélo… Chalets et huttes à louer.

BUDGET MOYEN

Central Hôtel – *65 av. de la Gare - ✆ 05 55 96 81 05 - www.centralhotelbort.com - fermé vend. soir et dim. soir de sept. à avr. - ♿ - P - 21 ch. 48/53 € - ☕ 7,30 € - ✕ 16,50/30 €.* Souhaitant améliorer la qualité de leur établissement, les propriétaires de cet hôtel du centre-ville ont rénové la plupart des 21 chambres, les dotant d'un confort actuel et d'une bonne isolation phonique. On appréciera celles de l'annexe, donnant sur la Dordogne. Cuisine du terroir avec un excellent menu à prix doux.

ACTIVITÉS

Site d'initiation à l'escalade – De nombreuses voies extérieures et intérieures sont aménagées sur la face sud du plateau des Orgues de Bort : impressionnantes colonnes de phonolite, hautes de 80 à 100 m. S'adresser à l'office du tourisme de Bort-les-Orgues.

À proximité

Plages – *19160 Neuvic.* Deux plages sont aménagées sur les rives du lac de Triouzoune : Liginiac à l'est et Neuvic à l'ouest. Au sud, le barrage de Neuvic-d'Ussel, retenue de 410 ha idéale pour la pratique des activités nautiques.

N°1 mondial des pneumatiques avec 17,1 % du marché

Une présence commerciale dans plus de 170 pays

Une implantation industrielle au cœur des marchés

68 sites industriels dans **19** pays ont produit en 2008 :

- **177** millions de pneus
- **16** millions de cartes et guides

Des équipes très internationales

Plus de **117 500** *employés* de toutes cultures sur tous les continents dont* **6 000** personnes employés dans les centres de R&D en Europe, aux Etats-Unis, en Asie.

*110 252 en équivalents temps plein

Le groupe Michelin en un coup d'œil

Michelin présent en compétition

A fin 2008

- **24h du Mans**
  11 années de victoires consécutives
- **Endurance 2008**
  - 5 victoires sur 5 épreuves en Le Mans Series
  - 10 victoires sur 10 épreuves en American Le Mans Series
- **Paris-Dakar**
  Depuis le début de l'épreuve, le groupe Michelin remporte toutes les catégories
- **Moto GP**
  26 titres de champion du monde des pilotes en catégorie reine
- **Trial**
  Tous les titres de champion du monde depuis 1981 (sauf 1992)

Michelin, implanté près de ses clients

68 sites de production dans 19 pays

- Algérie
- Allemagne
- Brésil
- Canada
- Chine
- Colombie
- Espagne
- Etats-Unis
- France
- Hongrie
- Italie
- Japon
- Mexique
- Pologne
- Roumanie
- Royaume-Uni
- Russie
- Serbie

Un centre de Technologies réparti sur 3 continents

- Amérique du Nord
- Asie
- Europe

2 plantations d'hévéa

- Brésil

Notre mission

Contribuer, de manière durable, au progrès de la mobilité des personnes et des biens en facilitant la liberté, la sécurité, l'efficacité et aussi le plaisir de se déplacer.

Michelin s'engage pour l'environnement

Michelin, 1er producteur mondial de pneus à basse résistance au roulement, contribue à la diminution de la consommation de carburant et des émissions de gaz par les véhicules.

Michelin développe, pour ses produits, les technologies les plus avancées afin de :

- diminuer la consommation de carburant, tout en améliorant les autres performances du pneumatique ;
- allonger la durée de vie pour réduire le nombre de pneus à traiter en fin de vie ;
- privilégier les matières premières à faible impact sur l'environnement.

Par ailleurs, à fin 2008, 99,5 % de la production de pneumatiques en tonnage est réalisé dans des usines certifiées ISO 14001*.

Michelin est engagé dans la mise en œuvre de filières de valorisation des pneus en fin de vie.

*certification environnementale

Deux roues

Distribution

Partenaire des constructeurs, à l'écoute des utilisateurs, présent en compétition et dans tous les circuits de distribution, Michelin ne cesse d'innover pour servir la mobilité d'aujourd'hui et inventer celle de demain.

Cartes et Guides

ViaMichelin, des services d'aide au voyage

Michelin Lifestyle, des accessoires pour vos déplacements

MICHELIN
joue l'équilibre des performances

- Longévité des pneumatiques
- Economies de carburant
- Sécurité sur la route

... les pneus MICHELIN vous offrent les meilleures performances, sans en sacrifier aucune.

Le pneu MICHELIN
un concentré de technologie

1 Bande de roulement
Une épaisse couche de gomme assure le contact avec le sol. Elle doit évacuer l'eau et durer très longtemps.

2 Armature de sommet
Cette double ou triple ceinture armée est à la fois souple verticalement et très rigide transversalement. Elle procure la puissance de guidage.

3 Flancs
Ils recouvrent et protègent la carcasse textile dont le rôle est de relier la bande de roulement du pneu à la jante.

4 Talons d'accrochage à la jante
Grâce aux tringles internes, ils serrent solidement le pneu à la jante pour les rendre solidaires.

5 Gomme intérieure d'étanchéité
Elle procure au pneu l'étanchéité qui maintient le gonflage à la bonne pression.

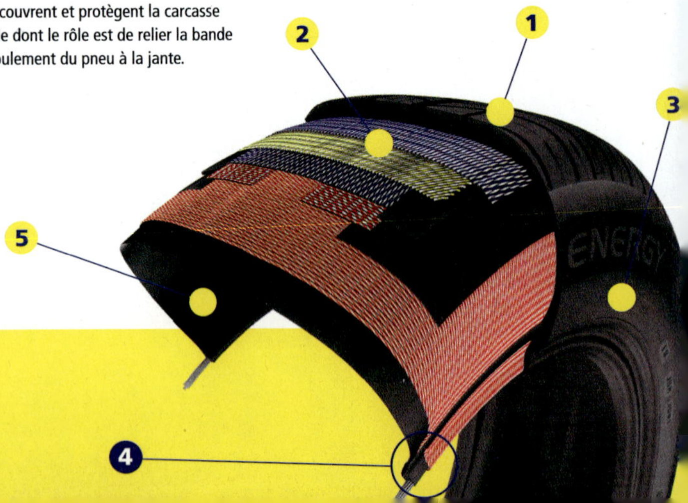

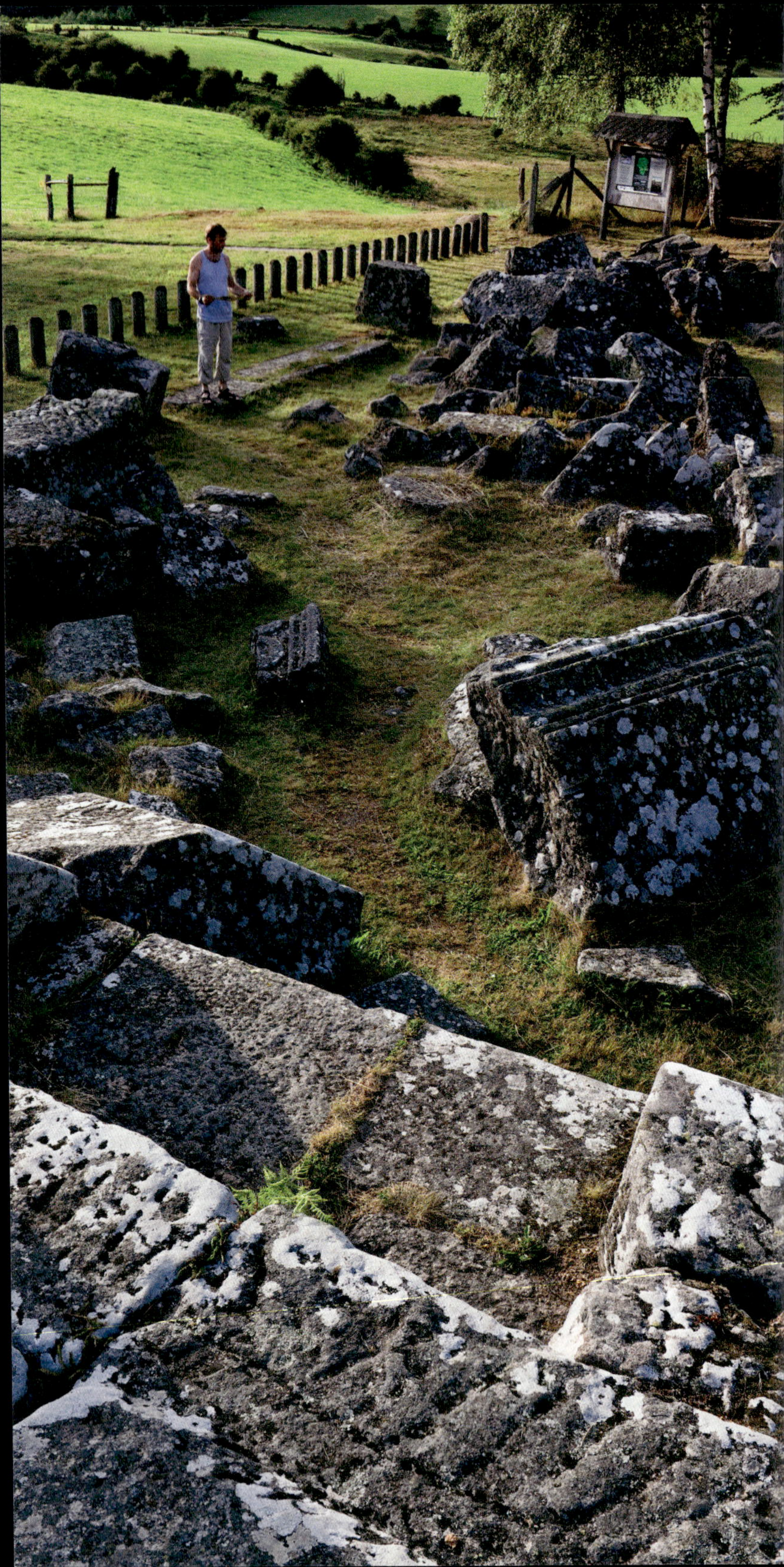

Parc naturel régional du Plateau de Millevaches en Limousin 3

Carte Michelin Départements 329 – Corrèze (19)

Parc naturel régional du plateau de Millevaches, les vestiges gallo-romains des Cars
F. Guiziou / Hemis.fr

PARC NATUREL RÉGIONAL DU PLATEAU DE MILLEVACHES

AUBUSSON
C
D
CLERMONT-FERRAND
CLERMONT-FERRAND
1
2
3
Banizette
St-Quentin-la-Chabanne
Felletin
D 594
D 992
D 982
D 10
Pontcharraud
D 10
Crocq
D 10
D 941
D 9
Laval
Dolmen d'Urbe
Le Naberon
St-Georges-Nigremont
Montel-Guillaume
D 996
ALLIER
Maisonnière
Gioux
D 35
Creuse
Millevaches
D 90
Le Theil
D 29
D 31
Magnat-l'Étrange
Pigerolles
D 8
D 26
de
CREUSE
Féniers
D 8
D 996
D 36
Peyrelevade
St-Setiers
936
Signal d'Audouze
Plateau d'Audouze
DE
D 982
MILLEVACHES
164
Millevaches
Étang des Oussines
Chavanac
Tourbière du Longeyroux
D 109
Route des Hêtres
977
Mont Bessou
979
D 1098
A 89
Douglaseraie
Viaduc des Farges
Meymac
Ussel
N.-D. de la Chabanne
Lac de Sechemailles
D 979
St-Angel
D 36
A 89
Luzège
Triouzoune
D 982
D 979
Dordogne
D 922
D 1098
Darnets
D 997
Ventadour
D 991
PARC NATUREL RÉGIONAL DU PLATEAU DE MILLEVACHES EN LIMOUSIN
0
10 km

Ussel

10 328 Ussellois – Corrèze (19)

NOS ADRESSES PAGE 252

S'INFORMER

Office de tourisme – *Pl. Voltaire - 19200 Ussel - ℘ 05 55 72 11 50 - www.ot-ussel.visite.org - juil.-août : tlj sf dim. et j. fériés 9h-12h30, 15h-18h30 ; janv.-juin : tlj sf dim. et j. fériés 8h30-12h, 14h-17h, sam. 8h30-12h - fermé dim. et j. fériés.*

SE REPÉRER

Carte de microrégion D2 (p. 249) – *carte Michelin Départements 329 02.* Ussel se situe à mi-distance entre Brive-la-Gaillarde (90 km) et Clermont-Ferrand (80 km) par la D 1098 (relayée par l'A 89).

À NE PAS MANQUER

La vieille ville, regroupée autour de l'église St-Martin ; la chapelle des Pénitents et son évocation de la vie religieuse au Pays d'Ussel ; les vestiges de l'église fortifiée de St-Angel.

ORGANISER SON TEMPS

Prévoyez environ 3h pour visiter Ussel et ses alentours.

AVEC LES ENFANTS

Le musée du Pays d'Ussel et ses reconstitutions d'ateliers d'antan leur feront découvrir de façon ludique le patrimoine ethnographique local.

Ancien carrefour de communication aux confins de l'Auvergne et du Limousin, Ussel est perchée à 631 m d'altitude sur l'un des derniers contreforts du plateau de Millevaches, entre les vallées de la Diège et de la Sarsonne. Siège de l'une des cours les plus renommées du Limousin au 12e s., cette petite ville, dont Jacques Chirac fut longtemps député, offre au visiteur de beaux témoignages d'un passé qui vit éclore maintes habitations de nobles et de bourgeois.

Se promener

VIEILLE VILLE

Commencez la promenade au départ de l'office de tourisme et rendez-vous place Voltaire.

Aigle romaine

Ce monument en granit sans tête fut découvert au moulin du Peuch, à proximité d'Ussel. Le sculpteur Pic le dota d'une nouvelle tête en 1804.

Remontez l'avenue Thiers, prenez à gauche le boulevard Foch et à gauche la rue Michelet.

Musée du Pays d'Ussel

12 r. Michelet - ℘ 05 55 46 54 30 - de mi-mai à mi-oct. : 14h-19h - possibilité de visite guidée (1h) (7 j. av.) - gratuit.

ARMOIRIES
À Ussel, les entrées des maisons bourgeoises sont décorées d'écus. Certains sont inclinés. Deux interprétations s'affrontent : pour les uns, l'inclinaison montrerait que la famille est composée de bâtards ; pour les autres, cela s'expliquerait par la taille trop importante des armoiries qui ne rentreraient pas dans un blason droit.

Un ensemble d'édifices anciens, composé de l'**hôtel Bonnot de Bay** (début 18e s.) et des maisons Gourrieyrou (17e s.), Moncourier-Beauregard et Bouharde, accueille ce musée consacré aux arts et traditions populaires en Haute-Corrèze. De fidèles reconstitutions d'**ateliers** permettent de découvrir des métiers disparus ou en voie de disparition : le forgeron, le tisserand (superbe métier à tisser du 18e s.), le sabotier, le galochier, la modiste, la lavandière, le tourneur, le menuisier, etc. Une collection de meubles régionaux et de tapisseries marchoises complète la visite.
Revenez sur vos pas et dirigez-vous vers l'église.

Église St-Martin

Seul le chœur à chevet plat date de la fin du 12e s. La nef et les collatéraux furent refaits en style gothique. La façade et le clocher (19e s.) sont plus récents. À l'intérieur, jolies boiseries et stalles du 18e s. dans le chœur, Pietà en bois polychrome du 16e s., et orgue des ateliers d'Aristide Cavaillé-Coll (19e s.), classé Monument historique.
En sortant de l'église, prenez à droite jusqu'à la place Joffre.
Sur cette place se trouve une jolie **fontaine** du 18e s. et, dans les ruelles adjacentes, vous remarquerez de nombreuses **maisons anciennes** aux massives portes d'entrée en bois surmontées de linteau en pierre en arc brisé avec le blason sculpté du propriétaire. Ces maisons, qui possédaient parfois une boutique qui s'ouvrait sur la rue par un arc brisé, sont généralement dotées d'une tour qui abrite un escalier à vis. Sur la place *(à droite)* se dresse une maison de ce type datée de 1647. Certaines sont du 15e s.
Remarquez également l'ancienne **boucherie d'Eugène Moncourier**. Au Moyen Âge, les bouchers s'étaient établis autour de l'église, utilisant la fontaine de la place pour laver les peaux de bête. Les crochets pour pendre la viande sont encore sur la façade.
Rendez-vous place de la République.

Maison de Ventadour

Derrière la place se dresse une élégante demeure Renaissance construite par les ducs de Ventadour au début du 17e s. pour remplacer leur austère château féodal *(voir Ruines de Ventadour p. 265)*. Sa tour d'escalier se distingue par sa forme octogonale et sa décoration raffinée.
De retour derrière l'église, suivez la rue de la Liberté puis la rue Pasteur.

Chapelle des Pénitents

Associée au musée du Pays d'Ussel, elle sert de cadre à l'évocation de la vie religieuse locale : la messe, les processions et confréries, les dévotions populaires du berceau à la tombe ! Vous y verrez quelques pièces remarquables : retable en bois doré de 1711, toile des frères Cibille, *La Pentecôte* (1664), nombreuses statues en bois polychrome (bel ange en prière du 17e s.), étonnant corbillard du 19e s. attelé à un cheval naturalisé. On comprend combien la religion et les gestes de la vie quotidienne étaient entremêlés dans la région.

À proximité Carte de microrégion

Chapelle Notre-Dame-de-la-Chabanne

1 km au sud par la rue Pasteur.

De l'esplanade devant cette chapelle de pèlerinage s'ouvre une **vue** étendue sur le plateau de Millevaches au nord-ouest, les monts Dore à l'est et les monts du Cantal au sud-est.

St-Angel

9 km au sud-ouest par la D 1089. Pour les horaires d'ouverture, renseignez-vous auprès de l'office du tourisme d'Ussel.

Bien groupé sur un promontoire dominant la rive droite de la Triouzoune, ce village se distingue avant tout par son église fortifiée, située en hauteur à laquelle sont accolés quelques bâtiments de l'ancien prieuré de St-Michel-des-Anges. La façade de l'**église**★, épaulée par de puissants contreforts, a la sévérité d'une forteresse. Son intérieur surprend par son élévation. Le chœur est d'une grande élégance, tout en pierre de taille avec sa voûte en étoile. L'abside est éclairée par des fenêtres en arc brisé sous lesquelles s'ouvrent de petites chapelles ménagées dans l'épaisseur des murs, ornées de culs-de-lampe sculptés.

NOS ADRESSES À USSEL

HÉBERGEMENT

PREMIER PRIX

Villages de gîtes du centre touristique de Ponty – *R. du Lac - 3 km à l'ouest d'Ussel par D 1089 et D 157 - rte de Meymac - ✆ 05 55 46 54 50 - fermé l'hiver -* P *- ⌧. 18 gîtes 247/302 €/sem.* De par leur bon confort et leur tarif particulièrement raisonnable, ces gîtes offrent une solution d'hébergement très appréciable. Garnis d'un mobilier simple et fonctionnel, ils disposent tous d'une cuisine bien équipée (four à micro-ondes, cafetière, réfrigérateur).

Camping municipal de Ponty – *R. du Lac - 2,7 km à l'ouest par rte de Tulle et D 157 à dr., près d'un plan d'eau - ✆ 05 55 72 30 05 - sports.dir@ussel19.fr - de mi-mai à fin sept. - ♿ - ⌧ - 50 empl. 11 €.* Modernisation réussie pour ce camping : ses 50 emplacements ombragés sont maintenant délimités par de petites haies d'arbustes et un bloc sanitaire flambant neuf a récemment vu le jour. Seule la grande salle de jeux demeure inchangée. Accès direct à la base de loisirs.

RESTAURATION

BUDGET MOYEN

Auberge de l'Empereur – *La Goudounéche - 5 km au sud-ouest par D 1089 - ✆ 05 55 46 04 30 - www.aubergedelempereur.com - fermé 2-11 fév., dim. soir et lun. -* P *- 21/55 €.* Cette auberge, une ancienne grange (vaste hauteur sous plafond, poutres, lambris et décor hétéroclite), bénéficie d'un site calme près de la zone industrielle. Cuisine actuelle.

Meymac

★

2 643 Meymacois – Corrèze (19)

NOS ADRESSES PAGE 258

S'INFORMER

Office de tourisme – *1 pl. de l'Hôtel-de-Ville - 19250 Meymac - ✆ 05 55 95 18 43 - www.ot-meymac.visite.org - de mi-juin à mi-sept. : 10h-12h30, 14h-18h30, j. fériés 10h-12h30 ; reste de l'année : tlj sf w.-end et j. fériés 10h-12h, 14h-16h30, merc. 9h30-12h, 14h30-17h.*

Visite guidée – La mairie propose une promenade (1h) dans les rues de Meymac, à la découverte des monuments *- juil.-août : merc. 14h30 et 16h30. RV devant l'office de tourisme - ✆ 05 55 95 18 43 - 2,50 € (-12 ans gratuit).*

SE REPÉRER

Carte de microrégion C2-3 (p. 249) – *carte Michelin Départements 329 N2.*
Meymac se trouve à 15 km à l'ouest d'Ussel.

À NE PAS MANQUER

St-Setiers et son panorama sur le Massif central ; la tourbière du Longeyroux ; la pureté de l'étang des Oussines ; les vestiges gallo-romains des Cars ; l'étrange église de Tarnac.

ORGANISER SON TEMPS

Comptez une journée pour découvrir Meymac et vous imprégner de la beauté sauvage du célèbre plateau de Millevaches.

AVEC LES ENFANTS

Emmenez-les à l'étang des Oussines ou sur les sentiers balisés de la tourbière du Longeyroux.

Avec ses pittoresques ruelles regroupées autour de l'abbaye bénédictine, et ses maisons aux murs de granit, coiffées de toits d'ardoises bien inclinés, Meymac possède un cachet typiquement corrézien. Idéalement situé en bordure du plateau de Millevaches, qui couvre près de 300 000 ha sur le flanc ouest du Massif central, le bourg offre le cadre d'agréables promenades au cœur de la nature, dans ce « pays des mille sources » couvert de landes, de tourbières et de forêts.

Se promener

Vieille ville

En vous promenant dans Meymac, vous remarquerez ici et là d'intéressants éléments architecturaux. Les **portes médiévales** sont ornées de linteaux ogivaux et de tympans décorés de symboles variés. Les **tourelles** coiffées de toits en poivrière sont caractéristiques des maisons de notables : elles abritent un escalier hélicoïdal. Les **linteaux** sont souvent taillés dans le granit, monolithes ou à claveaux. Les **bretèches**, signes extérieurs de richesse, sont des logettes à mâchicoulis qui font saillie sur les façades.

À gauche de l'église, une **halle** du 15e s. dotée d'une charpente apparente reposant sur des piliers de granit est entourée d'une petite place fermée par les bâtiments de l'**hôtel-Dieu** (1681). On sacrifiait jadis dans cette halle les « bœufs gras » consommés à l'occasion du Mardi gras.

En montant en direction de la **tour de l'Horloge**, vous découvrirez, au détour des rues étroites, de nombreux porches sculptés des 15e et 16e s. et de charmantes maisons de pays.

Parc naturel régional de Millevaches en Limousin

Abbaye St-André

En 1085, Archambaud III fondait une abbaye bénédictine à l'emplacement d'une église qu'il tenait de ses aïeux. Prenez le temps de découvrir ce site, pour son abbatiale et pour les deux musées qu'il abrite dans ses murs.

Abbatiale – Sa construction, commencée au 12e s., se poursuivit au 13e s. à la suite des modifications du plan initial qui présente quelques irrégularités : une déviation des bras du transept, un déséquilibre de l'abside et de ses chapelles. Admirez son remarquable **clocher-porche limousin,** avec un portail polylobé flanqué de deux arcades, sa nef voûtée d'ogives, prolongée par un chœur aussi large qu'elle ; et sa superbe **Vierge noire★** du 12e s.

Fondation Marius-Vazeilles – *✆ 05 55 95 19 15 - juil.-août : tlj sf lun. et j. fériés 10h-12h, 14h30-19h ; de fin avr. à fin oct. : tlj sf lun., jeu. et j. fériés 14h30-18h - visite libre 3 € (-12 ans gratuit), visite guidée juil.-août : vend. 15h - 3,50 €.*

Marius Vazeilles, archéologue et forestier, a consacré sa vie au plateau de Millevaches. Ses collections archéologiques et ethnologiques, exposées dans ce musée, évoquent la vie sur le plateau de la préhistoire à nos jours. Vous y découvrirez un riche outillage lithique, du mobilier funéraire de l'époque gallo-romaine, et toutes sortes d'objets illustrant la vie rurale locale : vêtements, outils, meubles.

Centre d'art contemporain – *Abbaye St-André - pl. du Bûcher - ✆ 05 55 95 23 30 - juil.-août : 10h-13h, 14h-19h ; reste de l'année : tlj sf lun. 14h-18h - fermé 1er janv. et 25 déc. - 4 € (-12 ans 2 €).*

Il propose des rétrospectives d'artistes de renom, des expositions thématiques sur les grandes tendances de l'art contemporain, et organise chaque année l'exposition **Première**, présentant les œuvres de jeunes artistes diplômés des écoles de Bourges, Limoges-Aubusson ou Clermont-Ferrand.

Circuit conseillé

★ PLATEAU DE MILLEVACHES

Circuit de 98 km tracé sur la carte p. 256 – Comptez une journée. Quittez Meymac par le nord en empruntant la D 36.

Selon la légende, ces hautes terres devraient leur nom imagé à une bergère séduite ici par les mille vaches du diable… à moins que l'expression ne signifie tout bonnement « mille sources » (mille *batz* en langue celte) ou encore « montagne déserte » (du latin *vacua* et du gaulois *melo*)… à vous de choisir !

En collaboration avec diverses associations et offices du tourisme de la région, le **Parc naturel régional du plateau de Millevaches en Limousin** travaille à la mise en valeur du patrimoine naturel et culturel de cette zone et propose toute l'année des balades thématiques à la découverte des multiples richesses du parc : paysages, faune et flore, patrimoine bâti, savoir-faire, gastronomie. Disponible auprès des offices de tourisme locaux, le *Carnet des sorties découverte,* qui recense toutes ces activités, vous sera très utile. *Le Bourg - 23340 Gentioux-Pigerolles - 05 55 67 97 90 - www.pnr-millevaches.fr - tte la journée.*

Mont Bessou

Avec le puy Pendu, situé juste en face, le mont Bessou est le point le plus élevé du plateau (977 m), que l'on surnomme volontiers le « toit du Limousin ». Une route en fait le tour, et au sommet a été aménagé un parc de 67 ha agrémenté d'une aire de repos et d'un étang artificiel. Une **tour panoramique** permet de monter à 1 000 m et de profiter d'une vue à 360°.

Rejoignez la D 979 et prenez en direction de Bugeat. Après 3 km, tournez à droite sur la D 109 vers Celle.

★ Tourbière du Longeyroux

Deux sentiers de découverte : le sentier des Linaigrettes (1 km) et le sentier des Bruyères (9 km), permettent d'arpenter ce site sauvage. Livret du visiteur disponible dans les offices du tourisme de Meymac, Chavanac et St-Merd-les-Oussines.

Cette zone protégée de 255 ha occupe le fond d'une dépression granitique du plateau de Millevaches et cache les sources de la Vézère. Au Longeyroux, l'épaisseur moyenne de la tourbe (décomposition lente de matières organiques, au fond d'une eau froide et acide) est de 2 m, l'analyse des pollens fossilisés montre que la tourbière s'y est installée il y a 8 000 ans. La lande est habitée par une faune peu riche, mais rare (lézard vivipare, vipère péliade, pipit farlouse) et survolée par l'« aigle des serpents », le circaète Jean-le-Blanc. La présence de la discrète loutre (traces d'excréments ou « épreintes ») est un indicateur de la pureté des eaux du site.

Rejoignez St-Merd et prenez la D 164 vers Millevaches.

★ Étang des Oussines

Encore un site fréquenté par les loutres… c'est une référence. Ce joli lac de 15 ha est alimenté par les eaux de la Vézère.

Revenez sur la D 164. 1,5 km plus loin, tournez à droite.

Église de Chavanac

Des 13e et 14e s., elle abrite une statue en pierre polychrome, appelée ici la **Dansarelle**. Celle-ci représenterait Salomé, fille d'Hérodiade, portant le plateau sur lequel repose la tête de saint Jean-Baptiste.

Rejoignez la D 36, direction Felletin.

PARC NATUREL RÉGIONAL DU PLATEAU DE MILLEVACHES EN LIMOUSIN

Le « parc des Mille Sources », entre 400 et 1 000 m d'altitude, regroupe 113 communes sur 314 000 ha de tourbières, landes à bruyères, forêts et pâturages sillonnés de ruisseaux et de rivières abritant de nombreuses richesses environnementales et patrimoniales. La faune (la loutre sert d'emblème au parc), et la flore y sont remarquables. Le développement d'un tourisme de qualité valorise ce parc qui propose des sorties à thème, des stages d'étude du milieu, des activités sportives, etc. La gestion des espaces forestiers est primordiale pour le respect de l'équilibre agriculture-forêt : des actions d'aménagement sont en place pour développer le bois-énergie et le bois-construction.

Millevaches

Ce petit village (alt. 912 m), situé au centre du plateau auquel il a donné son nom, est caractéristique du pays.
Poursuivez la D 36 sur 3 km.

Plateau d'Audouze

Les ruisselets coulant sur les pentes ouest et nord constituent les sources de la Vienne, ceux des pentes est et sud, les sources de la Diège, important affluent de la Dordogne. Le plateau est dominé par le **signal d'Audouze** *(terrain militaire : accès interdit)*, qui culmine à 936 m d'altitude, sur la ligne de partage des eaux des bassins de la Loire et de la Dordogne.
Continuez sur la D 36 puis prenez à droite, la D 174.

Arboretum de St-Setiers

05 55 95 61 75 - ♿ - juil.-août : 10h-12h, 14h30-18h ; mai-juin et sept.-oct. : vend. et w.-end 10h-12h, 14h30-18h - 6 € (-12 ans 3 €).
Le propriétaire, pépiniériste forestier, vous ouvre les portes de son parc planté d'arbres parfois centenaires. D'agréables allées vous font découvrir plus d'une centaine d'essences dont un pin Douglas de 1895 de plus de 50 m de haut. Dans une ancienne serre, exposition sur l'utilisation économique du bois et sur vingt-quatre essences. Une fois par semaine est proposée, sur un parcours de 5 km, une initiation à la sylviculture.
Avant de quitter St-Setiers, faites un détour par la D 174^{E3}, au-dessus du village : **panorama★★** magnifique sur le Massif central avec aire de pique-nique.
Revenez sur vos pas, puis prenez la D 174^{E1}.

Peyrelevade

Ce joli bourg regroupe de jolies maisons anciennes aux toits d'ardoises. L'église et la **croix des Templiers**, dite du Mouton, datent du 13e s. Amateurs de tourbières, rendez-vous à **Négarioux** *(3 km au nord par la D 78)*.
Continuez sur la D 78 en direction de Neuvialle.

Vous pouvez visiter librement le **parc éolien de Peyrelevade-Gentioux** où six éoliennes de 64,7 m de haut, disposées en arc de cercle, occupent désormais le plateau de Millevaches. La visite guidée *(1h, payante)* vous explique leur fonctionnement et leur impact sur l'environnement - *06 68 90 30 58 - juil.-août : sur réserv.*

Poursuivez sur la D 21 sur 2 km, puis prenez à gauche la D 160.

Tarnac

La petite **église St-Gilles-et-St-Georges**, unique en son genre, possède deux nefs accolées : l'une romane du 12e s., l'autre gothique du 14e s. terminée par un chevet plat. Son portail est décoré d'une frise encadrée de bas-reliefs. Son décor intérieur du 17e s. se compose d'un retable, de peintures murales et de panneaux sculptés. Dans le village, remarquez le **vieux chêne** « de Sully » et, à côté, le chêne dit « de la Liberté du 12 mars 1848 ». Enfin, un peu plus loin, se trouve l'adorable **fontaine** St-Georges.

Poursuivez sur la D 160.

Bugeat

Proche de la source de la Vézère, ce gros bourg sert de lien entre le plateau de Millevaches et le massif des Monédières. Les vestiges gallo-romains témoignent d'une présence humaine ancienne, malgré un climat rude. Avec ses vastes forêts et de nombreuses rivières, Bugeat est un lieu qui se prête à la détente et au sport (randonnée équestre et pédestre, activités nautiques).

À la sortie de Bugeat (direction Meymac), empruntez sur la gauche la D 164. À Fournol prenez, à droite, la petite route qui rejoint la D 78 par les Fargettes.

★ Vestiges gallo-romains des Cars

Perdu en pleine nature, cet amoncellement de blocs de pierre révèle un étonnant **ensemble funéraire** (fin 2e-3e s.) ainsi qu'un **bâtiment d'habitation** (fin 2e s.), distants de 300 m.

Vous remarquerez tout d'abord les vestiges d'un temple rectangulaire (soubassements, podium, escalier monumental) et d'un mausolée de grande dimension, pourvu en son centre d'un coffre cinéraire inséré dans le dallage.

Un petit sentier sur la droite vous mène aux ruines d'une spacieuse villa, dont la qualité des aménagements révélés lors des fouilles laisse à penser qu'il s'agissait du domaine d'un riche propriétaire terrien.

La demeure, agréablement agencée autour d'une cour, bénéficiait de tous les conforts, comme en atteste son énorme **cuve monolithique**. Cette dernière alimentait, grâce à des canalisations en plomb, une piscine chauffée par hypocauste ainsi qu'un bassin d'ornement doté d'un jet d'eau.

Poursuivez sur la D 78. Peu avant Pérols-sur-Vézère, prenez sur la gauche la D 979 en direction de Meymac. Après 8 km, prenez à droite la D 979 E.

Belvédère de la route des Hêtres

Il offre une **vue★** étendue sur la vallée des Farges, Meymac, le lac de Sechemailles et le mont Bessou.

De la D 979E, prenez à droite pour rejoindre la D 109 à droite en direction de Meymac.

Douglaseraie des Farges

À proximité du **viaduc des Farges**, un sentier s'enfonce dans une futaie de conifères (20 ha) chouchoutée par l'ONF. Levez la tête : les pins Douglas atteignent allégrement 40 m de haut !

3

NOS ADRESSES À MEYMAC

HÉBERGEMENT

PREMIER PRIX

Hôtel le Limousin – *76 av. Limousine - ✆ 05 55 46 12 11 - fermé sam. hors sais. - 🅿 - 14 ch. 44/67 € - ☕ 8 € - 🍴 12/31 €.* Cet hôtel-restaurant qui existe depuis 1917 se trouve en face de l'abbaye St-André. Si la salle à manger possède encore son parquet d'origine, les chambres ont été rénovées de façon à allier sobriété et confort moderne. Petit-déjeuner servi sous forme de buffet et spécialités maison au menu.

À proximité

Hôtel Europa – *19250 Maussac - sur D 1089 - ✆ 05 55 94 25 21 - www.hoteleuropa1.fr - fermé 23 déc.-2 janv. - ♿ - 🅿 - Wifi - 24 ch. 45/50 € - ☕ 7,50 € - 🍴 11/27 €.* Cet établissement proche de la route est une adresse bien pratique abritant des chambres entièrement rénovées, fonctionnelles et correctement équipées. Le grill propose un buffet de hors-d'œuvre et des grillades de veau et de bœuf de race limousine.

BUDGET MOYEN

Résidence vacances le Logis de Sechemailles – *À 1,5 km au sud-ouest du bourg, au bord du lac par D 76 - ✆ 0820 821 117 - www.escapade-vacances.com - fermé oct.-avr. - 60 ch. 62/106 €.* En quête de repos ou, au contraire, d'activité physique, vous trouverez forcément votre bonheur dans ce village de vacances situé au bord d'un lac. Résidences (2 à 7 pers.), base nautique, plage surveillée, tennis, spectacles, etc. : une multitude d'activités et de services au cœur d'un environnement préservé.

RESTAURATION

PREMIER PRIX

Chez Françoise – *24 r. Fontaine-du-Rat - ✆ 05 55 95 10 63 - fermé 24 déc.-1er fév., dim. soir et lun. - 14/35 € - 4 ch. 60/70 € - ☕ 8 €.* Goûtez aux spécialités corréziennes telles que la farce dure et les tourtous dans cette maison rustique du 16e s. flanquée d'une tour. Bons bordeaux ; vente de produits régionaux. Chambres spacieuses et bien équipées, idéales pour l'étape.

ACTIVITÉS

Lac de Sechemailles – *2 km au sud-ouest par la D 76.* Cet immense plan d'eau (42 ha), aménagé pour les loisirs et les vacances, s'étend dans un site boisé reposant.

Treignac

1 384 Treignacois – Corrèze (19)

NOS ADRESSES PAGE 266

S'INFORMER

Syndicat d'initiative – *1 pl. de la République - 19260 Treignac - ✆ 05 55 98 15 04 - www.tourisme-treignac.fr - juil.-août : 9h30-12h30, 14h30-18h ; avr.-juin et sept. : lun.-vend. 9h30-12h, 14h-18h, sam. 10h-12h, 14h-17h, dim. et j. fériés 10h-12h30 ; de déb. oct. à fin mars : tlj sf dim. et j. fériés lun.-merc. et vend.-sam. 10h-12h, 14h-17h, jeu. 14h-17h - fermé 1er mai.*

Visite guidée – Le syndicat d'initiative organise une promenade (1h30) à travers les rues de Treignac - *se rens.*

SE REPÉRER

Carte de microrégion A2-3 (p. 248) – *carte Michelin Départements 329 L2.* À 40 km au nord de Tulle, Treignac s'étage au-dessus de la Vézère. De la D 16, au nord, une situation dominante offre une vue d'ensemble du site.

À NE PAS MANQUER

La ville haute de Treignac et ses maisons aux portails sculptés ; le plateau de Millevaches depuis le Suc-au-May ; et à Chaumeil, la maison des Monédières, véritable vitrine du pays.

ORGANISER SON TEMPS

Comptez environ 2h pour profiter de Treignac et de ses alentours, et au moins 3h de plus pour découvrir le massif des Monédières.

AVEC LES ENFANTS

En été, offrez-leur un goûter de myrtilles, en tarte, en sorbet ou en confiture. Emmenez-les à Chamberet à l'arboretum où les attendent des aires de jeux et la Maison de l'arbre aux expositions étonnantes.

3

Vous êtes ici au pied du massif des Monédières, dans un beau village de France, entouré de forêts et de lacs. Les eaux de la Vézère, retenues en amont de Treignac par un barrage, reprennent leur course au milieu des rochers. Des courbes douces et un enchevêtrement de croupes fortement rabotées par l'érosion caractérisent les paysages environnants qui font de Treignac et des communes voisines un excellent terrain d'activités de plein air. Ne dit-on pas : « *Quand la bruyère est fleurie aux flancs des Monédières, qu'ils sont loin, les soucis qu'ont les gens de Paris...* » ?

Se promener

VILLE BASSE

Vieux pont gothique

Accès par une rue en très forte pente. Les arches de ce pont du 14e s. enjambent la Vézère au cours rapide : la **vue** porte sur les ruines de l'ancien château, dont les murs en terrasses dominent la rivière, ainsi que sur l'église et les vieilles demeures coiffées d'ardoises.

Église Notre-Dame-des-Bans

Cet édifice sur plan carré du 13e s., reconstruit en 1471, est flanqué d'un clocher hexagonal qui date de 1602. Son vaste toit d'ardoises voûté d'ogives repose sur d'imposants piliers. À l'intérieur, l'autel de granit en forme de dolmen côtoie des vitraux de **Camille Fleury** exécutés entre 1954 et 1960, illustrant les couleurs chaudes de l'automne si caractéristiques de la région.

VILLE HAUTE

Elle s'étend entre la place de la République et la place du Collège, et offre un bel ensemble de maisons anciennes, certaines du 16e s. (rue de la Garde), d'autres du 17e s. (rue de la Borde). Vous remarquerez la présence d'ornements en forme de coquilles St-Jacques sur beaucoup d'édifices, comme par exemple la **maison Lachaud Sangnier** (1573), qui servit jadis d'auberge aux pèlerins de St-Jacques-de-Compostelle. Également, l'église Notre-Dame-de-la-Paix (1326) et son curieux **clocher** tors, et la **halle** reconstruite au 15e s., dotée de douze piliers et d'une belle charpente en châtaignier recouverte d'un toit en ardoise.

Musée des Arts et Traditions populaires de la haute et moyenne Vézère

05 55 98 35 26 - juil.-août : tlj sf mar. et j. fériés 14h30-18h30 ; sept.-juin : visite guidée sur dem. - 2 € (-18 ans 1 €).

Installé dans la maison de famille de **Marc Sangnier** (1873-1950), célèbre journaliste et homme politique, fondateur des auberges de jeunesse, ce musée évoque la vie quotidienne des Corréziens à travers des collections réparties sur trois étages. Vous y découvrirez l'habitat dans les campagnes et les petits métiers ruraux : sabotier, tisserand, laveuse, vannier, paysan, etc.

À proximité Carte de microrégion

Rocher des Folles

45mn AR. Sentier signalé à la sortie sud-ouest de la localité.

Ce chemin offre de jolies **vues** sur Treignac. Au sommet de la butte, empruntez un sentier qui serpente au milieu des bruyères et descend jusqu'au rocher des Folles. Les habitants de la région racontent que dans des temps anciens, une mère, refusant de sacrifier sa fille aux dieux, se jeta avec elle dans la Vézère du haut de ce gros bloc granitique. De ce site, vous jouirez d'une agréable **vue** sur les gorges rocheuses et les collines boisées de la Vézère.

Lac des Bariousses

4 km au nord par la D 940.

La route, qui longe la rive gauche du lac, révèle de magnifiques **vues**. Ce site pittoresque, où châtaigniers, chênes et conifères se côtoient, dispose d'une base de loisirs.

Chamberet

10 km au nord-est par la D 16, à la sortie du village sur la route d'Eymoutiers. Accès libre.

Arboretum – Dans cet arboretum de 10 ha du parc de l'Angle s'épanouissent une centaine d'espèces différentes, certaines locales, d'autres plus exotiques comme l'araucaria du Chili. Le site comprend par ailleurs un plan d'eau, une saulnaie, deux tourbières, ainsi qu'une aire de jeux et de pique-nique.

Massif des Monédières
J.-D. Sudres / Hemis.fr

Maison de l'arbre – *Rte de Schillingfürst - ✆ 05 55 97 92 14 - ♿ - juil.-août : 10h-12h, 14h-18h ; avr.-oct. : lun.-mar., jeu.-vend. 14h-18h - fermé nov.-mars, 1er janv. et 25 déc. - 4,50 € (-12 ans 3 €).* Cet espace a pour vocation de sensibiliser petits et grands à la nature, son fonctionnement, ses espèces végétales (arbres, lichens, champignons, tourbière…) et animales (ruche, terrarium peuplé d'insectes et de batraciens, aquarium où évoluent des poissons du Limousin). Vous y découvrirez des expositions thématiques, des jeux éducatifs, une bibliothèque nature et même une salle de classe-laboratoire. 3

Barrage de Monceaux-la-Virole

17 km au nord-est par la D 940 et la D 160.
Situé sur le **lac de Viam**, il constitue la première retenue en amont de la Vézère, là où la rivière bondissait autrefois en cascades. Une jolie **vue** donne un aperçu du contraste paysager.

Circuit conseillé

★ DES MONÉDIÈRES À ÉGLETONS

Circuit de 105 km tracé sur la carte (p.262) – Comptez une journée.
Adossé au plateau de Millevaches, le massif des Monédières s'étend de la haute vallée de la Vézère à la Corrèze, et représente le bastion méridional de la montagne limousine. D'altitude relativement faible, 919 m au puy de la Monédière, il se compose d'un enchevêtrement de croupes fortement rabotées par l'érosion, où dominent les roches cristallines. Bien qu'ouvert aux influences océaniques apportées par les vents d'ouest, le climat n'en demeure pas moins montagnard, hiver rude et enneigé, été court mais chaud.
Quittez Treignac par le sud-est en empruntant la D 16, en direction d'Égletons.

Église de Lestards

Unique en Limousin, cette ancienne église des Templiers entourée d'un cimetière aux tombes très anciennes est coiffée d'un insolite **toit de chaume**.

À la sortie de Lestards, prenez à droite la D 32.

Col des Géants

La route amorce une légère descente au milieu des conifères. Belles échappées à gauche sur le **puy Messou** (907 m) et à droite sur le Suc-au-May.

Au col des Géants, tournez à droite sur la D 128, direction Madranges.

Avant d'arriver au col du Bos, faites une halte gourmande à la Ferme des myrtilles des Monédières *(voir Nos adresses)*.

Col du Bos

Tournez à gauche sur la D 128 E. La route, bordée de résineux, débouche bientôt sur un magnifique paysage où la forêt fait place à la lande.

★★ Suc-au-May

Garez-vous sur le parking, puis 5mn à pied. De la table d'orientation, à 908 m d'altitude, le **panorama** embrasse la campagne limousine et le plateau de Millevaches. Le massif des Monédières se dresse au premier plan en une suite de bombements et de faibles dépressions à fond plat. Par beau temps, vous pourrez distinguer les reliefs de l'Auvergne : monts Dôme, monts Dore et monts du Cantal aux formes particulières.

Revenez au col de Bos et prenez, à gauche, la D 128.

La route descend au milieu des prairies et des conifères. Sur la droite se dessine la longue échine du **puy Pantout**★★ (770 m).

En bout de route, prenez à gauche sur la D 121.

La route serpente sur le versant exposé au sud où alternent cultures, herbages, châtaigneraies.

★ Cirque de Freysselines

Il enserre un curieux hameau (maisons de style Renaissance) qui lui a donné son nom. Traversez le village vers l'est *(D 121)* pour découvrir la meilleure vue sur le cirque. Le site est composé d'une superbe végétation : ajoncs, bruyères, fougères, genêts, bouleaux, sorbiers, que dominent les résineux.

12 km AR. Cet itinéraire de balade contourne le cirque et permet de rejoindre le Suc-au-May.

La Croix-sous-l'Arbre

Dans un virage au cœur de ce hameau, belle **vue** sur votre droite sur Chaumeil, capitale des Monédières, et le puy de Sarran.
Poursuivez sur la D 121.

Chaumeil

Dans ce coquet village, les maisons de granit aux toits d'ardoises ou de lauzes se groupent autour d'une jolie croix gothique. Chaumeil présente plusieurs points d'intérêt, notamment une **église** du 15e s., ornée d'un beau porche du 16e s., avec à l'intérieur une Pietà naïve du 16e s. en bois polychrome et une Vierge à l'Enfant. Un bas-relief circulaire de **Jean Ségurel** (1908-1978) rappelle que cet accordéoniste à succès était natif de Chaumeil. Passionné de vélo, il est le créateur du Bol d'or, un critérium qui attire au mois d'août les meilleurs grimpeurs internationaux.

Ne manquez pas non plus la **Maison des Monédières** qui vous invite à découvrir la gastronomie et l'artisanat locaux (vente de produits régionaux) et vous propose des expositions thématiques.

À 500 m, au nord, depuis le plan d'eau, les marcheurs peuvent emprunter la petite route qui grimpe jusqu'au Suc-au-May *(6 km).*
Quittez Chaumeil par le sud en suivant la D 32 jusqu'à St-Augustin. Puis prenez la D 142 pour le Tourondel.

3

Le Tourondel

Ce petit village abrite un joli château *(on ne visite pas)* et de belles maisons en pierres grises. Logé dans un abri soigneusement restauré (remarquez le toit de chaume et les redans), le **four à pain** mérite le détour. Divers outils liés à la vie paysanne sont exposés à côté du four. Belle vue depuis la route.
Revenez sur St-Augustin et prenez la D 26 en direction du sud pour Corrèze.

Corrèze

En entrant dans Corrèze, vous verrez à votre droite la **chapelle des Pénitents-Blancs** du 17e s. et sur le muret donnant sur la rue (ainsi que par ailleurs dans Corrèze), une ancienne plaque de signalisation Michelin. Cette cité médiévale garde de son passé des vestiges de fortifications dont la **porte Margot** qui donne accès à une petite place bordée de belles maisons de granit aux façades Renaissance (remarquez les coquilles St-Jacques) et aux toits de fines ardoises.

Au centre de cette place, l'**église St-Martial** du 15e s. est coiffée d'un clocher anglais. À l'intérieur, beau retable du 18e s. Une promenade dans les rues vous fera découvrir de belles demeures.

Dans un **site★** particulièrement agréable, la **chapelle N.-D.-du-Pont-du-Salut** *(à 600 m de l'église par la rue Talin)* se blottit entre les rochers et la Corrèze qu'enjambe un vieux pont.

Sarran

Musée du président Jacques Chirac – *☏ 05 55 21 77 77 - ♿ - de fév. à fin déc. : 10h-12h30, 13h30-18h - fermé 1er janv. et 24-25 déc. - 4 € (-11 ans gratuit).* Des matériaux traditionnels de l'architecture corrézienne (chêne, châtaignier, granit, ardoise), subtilement alliés au verre et au métal, ont été utilisés dans la conception de ce musée résolument contemporain, composé de plusieurs corps de bâtiments dus à l'architecte **Jean-Michel Wilmotte**. Créé autour d'une donation de cadeaux protocolaires reçus par **Jacques Chirac** au cours de ses deux mandats présidentiels, le musée propose au visiteur de découvrir, à travers ses expositions permanentes et temporaires, des collections extrêmement variées constituées de quelque 5 000 objets. Témoins d'une rencontre ou d'un événement international marquant, les objets exposés ont été retenus pour leur valeur symbolique. 5 000 m^2 de réserves visitables permettent depuis peu d'obtenir un aperçu plus large de l'ensemble des collections. Le musée a créé des livrets-jeux pour la visite du jeune public.

Puy de Sarran

Une route étroite et cahotante, bordée de sapins, grimpe sur 1,5 km jusqu'à ce mont de 820 m. Au sommet, deux croix encadrent un imposant calvaire. À leur pied, on peut découvrir une **vue★** sur les monts pelés avoisinants.

Quittez Sarran par la D 142.

Égletons

R. Joseph-Vialaneix - ☏ 05 55 93 04 34 - www.egletons.com - juil.-août : 9h-12h, 14h-18h, dim. et j. fériés 10h-12h ; reste de l'année : tlj sf dim. et j. fériés 9h-12h, 14h-18h.

Centre de découverte du Moyen Âge – *☏ 05 55 93 29 66 - de déb. juin à fin sept. : tlj sf mar. 10h-12h, 14h-18h ; vac. scol. sf Noël : jeu.-dim. 10h-12h, 14h-18h ; reste de l'année : jeu.-sam. 10h-12h, 14h-18h - 2,50 € (-12 ans 1,50 €).* La visite débute par une courte vidéo sur Bernard de Ventadour, troubadour du 12e s. *(voir ci-dessous)*, et se poursuit par une exposition sur la vie au Moyen Âge :

BERNARD DE VENTADOUR

Ventadour fut au 12e s. un véritable foyer littéraire. Ses vicomtes étaient poètes de père en fils. C'est dans cette ambiance raffinée que naquit, vers 1125, Bernard, fils d'un domestique du château.

Très jeune, il révèle un extraordinaire talent poétique et devient le plus passionné des chantres de l'amour courtois. Mais la vicomtesse écoute avec trop de ferveur les vers brûlants du troubadour instruit qui sait bien chanter et possède un physique avantageux. Le vicomte éloigne le poète et garde sévèrement sa dame.

Bernard de Ventadour est accueilli par la duchesse de Normandie, Aliénor d'Aquitaine, épouse d'Henri II Plantagenêt. Jeune, elle savoure elle aussi les vers du poète. Devenue reine d'Angleterre, elle part à Londres avec sa cour et Bernard de Ventadour. Ses démêlés avec Henri II la font revenir en France à Poitiers avec sa cour. Des hommes à la solde d'Henri II la ramènent en Angleterre où elle est faite prisonnière.

Bernard de Ventadour quitte alors Poitiers et se rend pour dix ans chez le comte de Niort dans l'Aude. Puis, attiré par la vie monacale, il se retire à l'abbaye de Dalon, en Dordogne, près du château de Hautefort. C'est là qu'il rencontre un autre troubadour célèbre, Bertran de Born. Il s'éteint à la fin du siècle, laissant de nombreuses chansons qui ont fait sa renommée.

travaux agricoles, construction, enluminures, moines... En été, divers ateliers : enluminures, vitrail, forge.
Suivez la D 991 en direction du sud-est.

★ Ruines de Ventadour

Accès par un sentier, 30mn AR - ✆ 05 55 93 04 34 - juil.-août : 10h-12h, 14h-18h ; 15-30 juin et 1er-15 sept. : tlj sf w.-end et j. fériés 14h-17h - 2,50 € (enf. 2 €).
Au départ de Moustier-Ventadour, une route étroite offre de très belles vues sur les ruines perchées sur un éperon rocheux. La **forteresse médiévale** se dresse fièrement dans un site sauvage, exposée aux vents. Par sa situation et sa formidable défense, Ventadour semblait imprenable. Elle fut cependant gagnée par trahison et resta treize ans aux mains des Anglais pendant la guerre de Cent Ans. À l'époque de la Renaissance, les vicomtes abandonnèrent la forteresse, trop austère, pour s'installer à Ussel dans un élégant hôtel.
Deux tours, de hautes murailles, des anciennes cours intérieures, des vestiges du corps de logis et une barbacane demeurent de l'austère forteresse médiévale. De la plate-forme située au sud, la **vue** est vertigineuse sur les ravins et la vallée de la Luzège.
Le tour des fossés – *Circuit de 7 km au départ du château, en prenant toujours à droite.* Poursuivez la route d'accès qui se prolonge par un chemin, goudronné mais très étroit, et plonge *(pente 15 %, lacet serré)* dans les « fossés » de Ventadour, passant, à mi-pente de la falaise, au pied des ruines, puis gagne la D 991. De là, belles **vues★** sur les ruines et les méandres encaissés de la Luzège.
Prenez la D 119 en direction de Prailloux et Darnets.

Darnets

L'église romane et gothique St Martin-St-Maurice conserve de beaux restes de peintures murales, notamment des écus aux armes des Sedeilles. À voir également la croix sous un auvent, les belles maisons du village et la « croix des rameaux » d'époque mérovingienne à l'entrée du cimetière.
Rejoignez Égletons par la D 119 puis la D 1089 puis prenez la D 16 en direction de Treignac. À environ 18 km, tournez à droite direction Grandsaigne puis la Vialle.

Clédat

Au cœur de la forêt de pins se dressent les ruines d'un village en pierre caractéristique du plateau de Millevaches, construit jadis au milieu d'énormes rochers ronds. Abandonné en 1963, ce site isolé fait l'objet d'un programme de restauration dont a déjà bénéficié sa petite chapelle romane dédiée à sainte Madeleine. Possibilité de visite guidée (*sur réservation à l'office du tourisme de Bugeat - ✆ 05 55 95 67 90*).
Rejoignez Treignac par la D 16.

NOS ADRESSES À TREIGNAC

HÉBERGEMENT

PREMIER PRIX

La Plage – *Au lac des Bariousses - 4,5 km au nord par rte d'Eymoutiers - ☎ 05 55 98 08 54 - www.laplagecamping.com - de déb. mai à mi-sept. - ♿ - 🚫 - 130 empl.* Installé sur les rives du lac des Bariousses, ce camping dispose de 130 emplacements aménagés en terrasses sur un terrain peu incliné. Également, location de mobile homes… Choix judicieux pour passer un agréable séjour au bord de l'eau, entre pédalos et canoës.

BUDGET MOYEN

Le Lac – *3,5 km au nord par rte d'Eymoutiers - ☎ 05 55 98 00 44 - www.hotel-lac-vezere.com - P - 7 ch. 51,50/59 € - ☕ 9,50 € - ✕ 9/29,50 €.* Avec sa salle de restaurant offrant une vue magnifique sur le lac et ses chambres tout confort, ce petit hôtel moderne agrémentera sensiblement votre séjour dans la région. L'agréable terrasse invite au farniente après une randonnée équestre, pédestre ou à VTT.

Chambre d'hôte Maison Grandchamp – *9 pl. des Pénitents - ☎ 05 55 98 10 69 - teyssier.marielle@wanadoo.fr - fermé en hiver - 🚫 - 70/80 € ☕ - ✕ 15/25 €.* Dans cette maison familiale de la fin du 17e s. décorée de meubles anciens, de portraits des aïeux et de souvenirs de voyages, les chambres sont coquettes et fraîches. Menu unique du terroir servi dans une salle à manger ou dans la cuisine devant le cantou.

POUR SE FAIRE PLAISIR

À proximité

Les Roulottes des Monédières – *l'Arboretum - 19370 Chamberet - 10 km au nord-ouest de Treignac par D 16 - ☎ 05 55 98 03 03 - www.roulottes-monedieres.com - fermé de déb. nov. à déb. avr. - ♿ - P - 35 ch. 85/130 € - ☕ 8 €.* Un hôtel à la campagne ! Votre chambre sera installée dans une roulotte spécialement aménagée, mariant à merveille la nature, le calme, les matériaux en bois et le confort moderne. Un vrai dépaysement ! Pour les loisirs, piscine couverte (découverte l'été), poneys, billard, VTT…

ACHATS

À proximité

La Maison des Monédières – *Au bourg - 19390 Chaumeil - ☎ 05 55 21 21 24.* Véritable vitrine des productions locales, cette maison regroupe plus de 50 exposants dans son espace découverte du terroir. Elle accueille également des expositions, des défilés et de nombreuses manifestations.

Coopérative « La Blandurette » – *45 rte du Mont-Gargan - 19370 Chamberet - 10 km au nord de Treignac par D 16 - ☎ 05 55 98 09 11.* Élaborés selon une méthode traditionnelle, le cidre et le jus de pomme issus de cette coopérative sont produits à partir de variétés anciennes de fruits, parmi lesquelles la « Blandurette » occupe une place de choix. À déguster bien frais.

Le Jardin du Centaure – *Les Chaussades - 19300 St-Yrieix-le-Déjalat - ☎ 05 55 93 93 79 - fermé vac. de Toussaint et de Noël.* Un agriculteur spécialisé dans les plantes médicinales et aromatiques « bio » vous fait partager sa passion et ses connaissances : usage populaire, utilisation en cuisine, origine des noms, mythologies, etc. Visite du séchoir; vente de tisanes et d'aromates.

Ferme des myrtilles de la Monédière – *La Monédière - 19390 Chaumeil - ✆ 05 55 98 20 48.* Des produits de la ferme à base de myrtilles sauvages sont en vente toute l'année. Du 21 juillet au 26 août, possibilité de faire des goûters de myrtilles sur place. Un sentier pédestre balisé (1h) vous permettra de découvrir la flore des Monédières.

Eymoutiers

2 062 Pelauds – Haute-Vienne (87)

NOS ADRESSES PAGE 272

S'INFORMER

Office de tourisme – *7 av. de la Paix - 87120 Eymoutiers - ✆ 05 55 69 27 81 - juil.-août : 9h30-13h, 15h-19h, dim. et j. fériés 10h-12h30; avr.-mai et sept.-oct. : 9h30-12h, 14h-18h; nov.-mars : tlj sf lun. 10h-12h, 14h30-17h.*

Visite guidée – Pour permettre aux visiteurs de se familiariser avec l'architecture et l'histoire d'Eymoutiers, le Pays d'art et d'histoire de Monts et Barrages propose une visite guidée de la ville (1h30) - *juil.-août : lun. 15h - rens. à l'office de tourisme ✆ 05 55 69 27 81.*

Le pays Monts et Barrages en Limousin propose des visites-découvertes animées par des guides-conférenciers - *juil.-août.* Aussi, des randonnées thématiques, des soirées « conte ». *Rens. au syndicat mixte Monts et Barrages, à Bujaleuf au ✆ 05 55 69 57 60 - www.vpah.culture.fr.*

SE REPÉRER

Carte de microrégion A1 (p. 248) – *carte Michelin Départements 325 H6.*

On rejoint cette agréable bourgade située sur une butte granitique dominant la Vienne en empruntant la D 979 à partir de Limoges, sur 45 km en direction du sud-est.

À NE PAS MANQUER

La vallée de la Maulde; le mont Gargan et le musée de la Résistance de Peyrat-le-Château; la route circumlacustre longeant le lac de Vassivière.

ORGANISER SON TEMPS

Une journée sera nécessaire pour Eymoutiers et la vallée de la Maulde.

AVEC LES ENFANTS

Ils découvriront avec plaisir la Cité des insectes de Chaud, les minéraux et les fossiles à Eymoutiers et les maquettes de moulins à Peyrat-le-Château.

Du monastère d'Eymoutiers subsiste seulement l'église collégiale, élevée du 11e au 15e s. Mais l'art a traversé le temps : les toiles du peintre figuratif Paul Rebeyrolle confèrent au lieu une touche à la fois contemporaine et tragique. Autour d'Eymoutiers, c'est aussi la nature qui est mise en avant avec les insectes, les minéraux et les moulins.

Se promener

Église collégiale

05 55 69 11 22 - visite libre.

La presque totalité de la nef et le clocher-porche sont de style roman. Le chœur, très élégant, est éclairé par quinze hautes fenêtres qui sont garnies de remarquables **vitraux**, exécutés au 15e s. par des maîtres verriers limousins. Face à la chaire, remarquez un grand Christ sculpté au couteau.

L'église conserve également une belle pièce d'orfèvrerie limousine du 13e s., une **croix reliquaire★** à double traverse.

Espace Paul-Rebeyrolle

05 55 69 58 88 - www.espace-rebeyrolle.com - ♿ - 2 janv.-sept. : 10h-18h ; juin-sept. 10h-19h ; reste de l'année : se rens. - fermé 1er janv., 1er mai et 25 déc. - 4 €.

Il rassemble une cinquantaine d'œuvres de **Paul Rebeyrolle** (1926-2005), peintre d'art figuratif natif d'Eymoutiers. Obsédé par l'exclusion et la souffrance des êtres, Rebeyrolle s'acharna à peindre sa vision du monde par des mises en scène dramatiques.

Amoureux de la nature, il a créé des compositions où il associait peinture et éléments naturels, puisant son inspiration dans les paysages de la région.

Cette collection s'est enrichie de sculptures de grande dimension en bronze, en plâtre et en terre dont certaines ornent le jardin. L'espace accueille aussi des expositions temporaires, durant l'été, d'artistes de grande renommée tels Giacometti, Soulages, Bacon, Picasso, Dubuffet…

Espace minéralogique

En face de l'espace Paul-Rebeyrolle - 05 55 69 27 74 - ♿ - juin-sept. : tlj sf lun. 10h-12h, 14h30-19h - 3 € (-10 ans gratuit).

« Les cristaux sont à la Terre ce que sont les étoiles au ciel »… Dans cet espace où ils brillent de mille feux, vous découvrirez avec émerveillement des minéraux aux formes étonnantes et aux couleurs chatoyantes ainsi que des fossiles impressionnants.

La visite, commentée par l'un des membres de cette association d'amoureux des minéraux qui a créé cet espace, vous plongera dans un monde méconnu et vous expliquera les particularités de chaque pierre, leur utilisation, la découverte d'œufs de dinosaures… Une quarantaine de vitrines exposent des pièces du monde entier ainsi que des minéraux rares découverts dans le Limousin.

À proximité Carte de microrégion

Chaud

13 km au sud-est par la D 992. À Nedde, prenez sur la droite la D 81, puis, après avoir franchi la Vienne, empruntez sur la droite la D 81 A.

Niché en lisière du plateau de Millevaches, ce hameau bénéficie d'un pittoresque cadre de verdure.

Cité des insectes – *✆ 05 55 04 02 55 - www.lacitedesinsectes.com - de déb. avr. à déb. nov. : 10h30-19h ; vac. scol. : merc., sam., dim. et j. fériés 10h30-19h - 7 € (-13 ans 5,50 €).* Collection entomologique composée de quelque 10 000 spécimens ! Ici, tout est fait pour vous faire découvrir de manière ludique et instructive l'univers fascinant des insectes. Composé de plantes aromatiques, médicinales et mellifères, le jardin de 8 000 m² aux espèces florales étiquetées permet de voir évoluer les insectes dans leur univers naturel (mare, bois, fourmilière, ruches, etc.).

À l'intérieur, un cabinet de curiosité, le bureau de travail d'un entomologiste, une maquette géante et interactive d'un criquet, la salle d'élevage d'insectes exotiques, celle des abeilles et des termites, font que papillons et fourmis, coléoptères et insectes divers et variés n'auront désormais plus de secret pour vous !

Mont Gargan

23 km au sud-ouest par la D 30, puis la D 43 et la D 39.

Alt. 731 m. Une route, en forte montée au départ, conduit au sommet, couronné par les ruines d'une chapelle. Chaque année est commémorée, sur ce site de lande sèche, la bataille livrée par **Georges Guingouin** *(voir p. 138)* et ses hommes contre l'occupant allemand, du 9 au 23 juillet 1944.

Derrière la chapelle, un immense **panorama★★** *(table d'orientation)* se déroule au sud-est sur le massif des Monédières, au nord sur les collines de la Marche, à l'ouest sur les monts du Limousin.

Circuit conseillé

★ VALLÉE DE LA MAULDE

Circuit de 70 km tracé sur la carte (p. 270) – Comptez environ une 1/2 journée. Quittez Eymoutiers par le nord-ouest en empruntant la D 14.

Bujaleuf

Prenez à gauche pour atteindre le pont qui franchit le lac de barrage ; de là, joli **point de vue★** sur les deux côtés du plan d'eau aménagé en base de loisirs. Après Bujaleuf, la D 16 redescend dans la vallée, offrant de belles **vues** sur les retenues et les horizons montagneux.

Barrage de Fleix

D'une architecture très sobre, cet ouvrage, long de 50 m, haut de 16 m et soutenu par des contreforts verticaux, s'inscrit dans un beau site boisé.

Barrage du Martineix

Du même type que le précédent, il se dresse dans un site assez sauvage.

Rejoignez la D 13 et prenez en direction de Peyrat.

Peu après Clédat, la D 5 longe, à gauche, le **mont Larron**.

Prenez à droite sur la D 5^A1 vers St-Julien-le-Petit, puis tournez à gauche peu après le cimetière.

Usine et barrage du Mont-Larron

Cette usine aux lignes sévères est en fait le cerveau qui surveille et commande les barrages en aval de la Maulde.

Sur la droite du bâtiment s'amorce un chemin qui mène au pied du barrage.

3

Un sentier à droite permet d'accéder à la crête du barrage, longue de 183 m. La route en corniche offre de belles échappées sur la vallée et les collines avoisinantes.

Peu avant Artigeas, prenez à gauche sur la D 233.

Peyrat-le-Château

1 r. du Lac - 87470 Peyrat-le-Château - ✆ 05 55 69 48 75 - www.peyrat-tourisme.com - juil.-août : 10h-12h30, 14h-18h30, dim. 10h-12h ; janv.-mai et oct.-déc. : tlj sf dim. et j. fériés 10h-12h, 14h-17h ; juin et sept. : tlj dim. et j. fériés 10h-12h, 14h-17h30 - fermé 1er janv., 1er mai et 25 déc.

Parmi les collines où les landes de genêts et de bruyères alternent avec les bois de pins et de hêtres, Peyrat-le-Château se blottit près d'un étang au bord duquel se dresse le donjon carré de son ancien château fort, jadis habité par les Lusignan. Brûlée en 1184, l'église fut reconstruite en style gothique.

Musée de la Résistance – *Av. de la Tour - ✆ 05 55 69 48 75 - juil.-août : 10h-12h30, 15h-17h30 ; mai et sept. : 15h-17h30 ; juin : 10h-12h, 15h-17h30 ; fermé oct.-avr., mar., j. fériés sf 14 juil. et 15 août - 3 € (-12 ans gratuit).*

Petit musée sur le maquis limousin et le maquis local (appelé « maquis Guingouin »). Histoire des personnages locaux célèbres, tracts, armes…

Maison des moulins – *Direction Bourganeuf - ✆ 05 55 69 26 05 - ♿ - visite guidée juil.-août : tlj sf sam. 14h30-17h ; mai, juin et sept. : dim. 15h45 - 5 € (-5 ans gratuit).* Le site fut un moulin à farine jusqu'en 1900, puis un moulin à papier paille jusqu'en 1934, et enfin un espace de fabrication de peinture. Mais, pour raisons économiques, les machines furent vendues et le moulin abandonné. Depuis plusieurs années, il abrite une collection de grandes maquettes de moulins à vent, à roue, à marée, noria… réalisées au 1/10. Le créateur de ces maquettes, passionné par les moulins, vous expliquera lui-même leur fonctionnement et les mettra en marche. À côté, agréable aire de pique-nique en bordure de la Maulde.

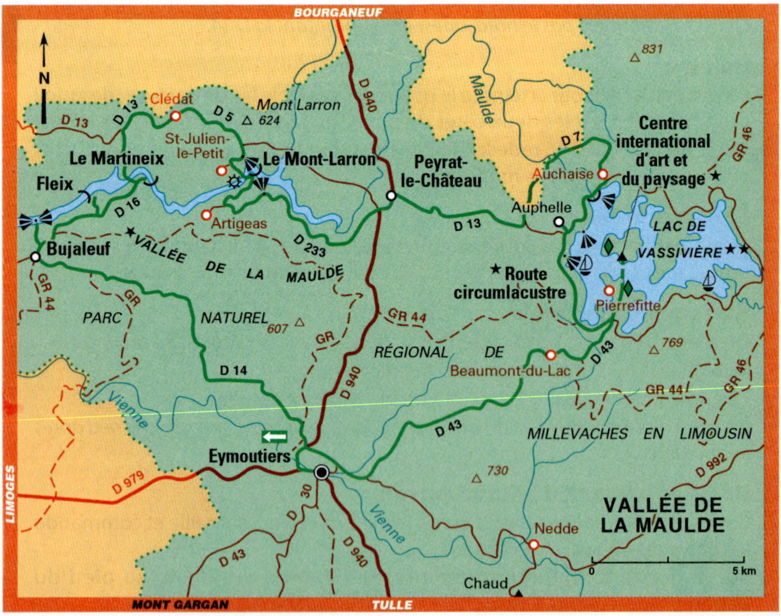

Quittez Peyrat par l'est en empruntant la D 13, puis prenez à gauche la D 7, direction Royère. Après 5 km, tournez à droite pour rejoindre le barrage de Vassivière.
Peu après Auchaise, la **route circumlacustre★**, qui longe la rive ouest du lac de Vassivière par **Auphelle**, offre des vues sympathiques sur le lac et ses îles.

★★ Lac de Vassivière

Le lac de Vassivière s'inscrit dans un cadre préservé de collines boisées de couleur vert sombre. Lac artificiel d'une superficie de 1 000 ha, il résulte d'une retenue créée par le barrage de Vassivière établi sur la Maulde.
Chaque année s'y déroulent d'importantes manifestations nautiques. L'une de ses îles abrite un centre d'art contemporain et un parc des sculptures.
Pour rejoindre l'île au départ des hameaux de Broussas et d'Auphelle, au bord du lac - ✆ 05 55 69 41 35.
Île de Vassivière – *Pour y accéder, empruntez la route circumlacustre vers le sud en direction de Beaumont-du-Lac. Prenez la petite route qui mène, vers le nord, à Pierrefitte. Laissez votre voiture au parking. ✆ 05 55 69 65 95 - www.vassiviere.com - de fin juin à déb. sept. : 11h-13h, 14h-19h ; de déb. avr. à fin juin : tlj sf lun. 14h-18h, w.-end et j. fériés 10h-13h, 14h-18h ; de déb. sept. à déb. déc. : tlj sf lun. 14h-18h, w.-end et j. fériés 10h-13h, 14h-18h.* Bien abritée dans la partie ouest du lac, l'île de Vassivière associe les attraits naturels du site au plaisir d'aborder des œuvres d'art, grâce à un aménagement spectaculaire effectué en 1991. Que l'on rejoigne l'île à pied ou par le petit train, la promenade du pont offre des **vues★** étendues sur les deux côtés du lac et les collines environnantes. Un château néoclassique, dont le parc abrite des sculptures en granit, fait face à un enclos animalier. La route se poursuit jusqu'au Centre international d'art et du paysage, où un sentier bifurque vers le nouveau parc de sculptures.
Centre international d'art et du paysage★ (CIAP) – *✆ 05 55 69 65 95 - www.vassiviere.com - de fin juin à déb. sept. : 11h-13h, 14h-19h ; de déb. avr. à fin juin : tlj sf lun. 14h-18h, w.-end et j. fériés 10h-13h, 14h-18h ; de déb. sept. à déb. déc. : tlj sf lun. 14h-18h, w.-end et j. fériés 10h-13h, 14h-18h.* L'architecte milanais Aldo Rossi et son homologue français Xavier Fabre ont conçu l'ensemble des bâtiments, la nef qui sert de galerie d'exposition et le phare, en rapport étroit avec la nature. En brique et en granit, ces deux édifices n'accueillent que des expositions temporaires (quatre par an) d'artistes intéressés par l'expérimentation, l'échange, les arts visuels.
Les relations de l'art et du paysage sont au cœur des intérêts du centre. Le directeur du musée est également attentif à l'environnement, au paysage et à l'aménagement du territoire.
La **galerie**, grande salle muséale, a des allures de nef du fait de sa voûte de bois en forme de berceau écrasé. Régulièrement, des artistes, français ou étrangers, sont invités à Vassivière pour y exposer leurs œuvres : Ilia et Emilia Kabakov, Michelangelo Pistoletto, Andy Goldsworthy, Michael Sailstorfer…
Le **phare** accueille quelques œuvres. À l'intérieur, un escalier tournant permet d'accéder à la base du lanternon ; le panorama embrasse le lac.
Parc des sculptures – *✆ 05 55 69 27 27 - possibilité de visite guidée : juil.-août : 11h et 16h ; reste de l'année : sur RV - 3 € (-18 ans 1,50 €).* Il est le complément indispensable du Centre d'art. Un parcours permet d'explorer, dans le bois situé derrière le centre, les œuvres exposées en permanence d'une trentaine d'artistes : David Nash, Kimio Tsuchiya, Dominique Bailly ou Jean-Pierre Uhlen. Certains d'entre eux ont également exposé dans la nef. Indépendamment de la découverte des sculptures, les chemins de l'île constituent une agréable promenade qui ménage échappées et points de vue.

La **librairie** propose une sélection d'ouvrages concernant l'art contemporain, l'architecture, le paysage et les jardins. La documentation possède près de 12 000 livres. Le **relais artothèque** dispose d'un fonds permanent de photographies, de dessins et d'estampes ; la vidéothèque, d'une centaine de films.
Enfin, une **cafétéria**, au rez-de-chaussée du centre, côté pignon, s'ouvre par une immense baie vitrée sur la prairie et le lac.
Rejoignez Beaumont-du-Lac par la D 43 qui ramène à Eymoutiers.

NOS ADRESSES À EYMOUTIERS

HÉBERGEMENT

PREMIER PRIX

À proximité

Chambre d'hôte Ferme Équestre des Villards – *87470 Peyrat-le-Château - 2 km de Peyrat-le-Château, dir. lac de Vassivière puis Villards - ✆ 05 55 69 21 36 - www.fermequestrevillards.com - ⊭ - 5 ch. 46 € ☕ - ✕ 17 €.* Les chambres, pas très grandes, confortables et plaisantes, sont aménagées dans une ancienne et paisible ferme en pierre voisine du lac de Vassivière. Salon avec cheminée, billard et location de VTT. Les hôtes proposent également des balades à cheval ou à poney (pour les enfants) et des randonnées pouvant durer plusieurs jours.

Chambre d'hôte les Cavaliers – *Le Bourg - 87120 Beaumont-du-Lac - ✆ 05 55 69 63 98 - ⊭ - 4 ch. 50 € ☕ - ✕ 18 €.* Face à l'église, une petite adresse sans prétention. Maison de bourg, en pierre, qui abrite, sur un étage, quatre chambres et une familiale de cinq couchages. Mobilier, confort, accueil et table d'hôte le soir, là aussi en toute simplicité.

BUDGET MOYEN

Le Relais du Haut-Limousin – *2 bd Karl-Marx - ✆ 05 55 69 40 31 - relaisduhautlimousin@alicepro.fr - Wifi - 10 ch. 50 € - ☕ 8 € - ✕ 13 bc/27 €.* Nouveau souffle pour cet hôtel familial repris par un couple. L'intérieur a été entièrement refait à neuf : petites chambres pimpantes, décorées avec des touches de rouge. Cuisine traditionnelle servie au restaurant (1er étage) ou au bistrot (rez-de-chaussée).

À proximité

Hôtel Au Golf du Limousin – *À Auphelle - 23460 Peyrat-le-Château - ✆ 05 55 69 41 34 - www.hotel-golfdulimousin.fr - ouvert 1er fév.-14 nov. - P - 18 ch. 46/56 € - ☕ 7 €, demi-pension possible - ✕ 15/28 €.* Idéal pour les familles, hôtel perché à 650 m d'altitude avec vue sur le lac. Les chambres, simples et bien tenues, offrent suffisamment d'ampleur et sont mansardées au 2e étage. Cuisine traditionnelle servie dans une salle néo-rustique ou sur la terrasse d'été.

ACHATS

À proximité

Ferme-auberge de Lavergne – *Lavergne - 23460 St-Martin-Château - 7 km au nord-est de Peyrat-le-Château par D 68 et D 51 - ✆ 05 55 64 72 69 - été : 10h-18h.* Ferme où l'on élève des porcs de race, dits « culs noirs », des aurochs, etc. Fait rare, le propriétaire est aussi sculpteur, et ses œuvres peuplent la salle de restaurant et la boutique, où vous pourrez acheter des produits du terroir.

EN SOIRÉE

À proximité

L'Escale – *Rte circumlacustre - lieu-dit Auphelle - 7 km à l'est de Peyrat-le-Château par D 13 et D 222 - 87470 Peyrat-le-Château - ✆ 05 55 69 41 35 - www.escale-vassiviere.com - avr.-oct. : 8h-21h - fermé nov.-Rameaux.* Les patrons de ce bar-restaurant organisent des croisières sur le lac de Vassivière. Vous pourrez déjeuner sur un bateau de 150 places, ou simplement prendre un verre à la terrasse en regardant le va-et-vient des touristes.

Felletin

1 889 Felletinois – Creuse (23)

NOS ADRESSES PAGE 278

S'INFORMER

Office de tourisme – *Pl. Quinault - 23500 Felletin - ✆ 05 55 66 54 60 - juil.-août : 9h-12h, 14h-19h, sam. 9h-12h, 14h-18h, dim. et j. fériés 10h-12h ; juin et sept. : 9h-12h, 14h-18h ; oct.-mai : 10h-12h, 14h-17h.*

Nombreuses randonnées pédestres au départ de Felletin : circuit du château d'Arfeuille (8,5 km) ; circuit du Bost (10,5 km) ; circuit de St-Quentin-la-Chabanne (12,5 km). *Fiches disponibles à l'office de tourisme.*

SE REPÉRER

Carte de microrégion C1 (p. 249) – *carte Michelin Départements 325 K5.*

Felletin se trouve à 10 km au sud d'Aubusson. La D 982 y conduit, à travers une région de collines semées de boqueteaux et de prairies.

À NE PAS MANQUER

Familiarisez-vous avec le processus de création des tapisseries en visitant la filature Terrade et les ateliers Pinton ; revivez le passé rural de la région à travers les dépendances du domaine de Banizette. Défiant les siècles, le pont de Sénoueix vous touchera par sa fragilité.

ORGANISER SON TEMPS

Prévoyez une journée et demie pour visiter Felletin et vous évader vers la montagne limousine.

Berceau de la tapisserie marchoise, cette petite cité industrielle doit son activité à son savoir-faire textile. Sa ville basse regroupe, autour de l'église du Moutier, des maisons des 15e et 16e s. en granit, témoins de l'époque à laquelle Felletin briguait le titre de capitale de la Marche. Située dans la haute vallée de la Creuse au pied du plateau de Millevaches, Felletin constitue un point de départ idéal vers la montagne limousine.

Se promener

Filature Terrade

05 55 66 44 88 - visite guidée sur demande préalable (1h) juil.-août : mar. et jeu. 15h ; vac. scol. : jeu. 15h - tarifs se rens.

La visite de cette entreprise spécialisée dans la filature des laines cardées et la teinture des fils vous permettra de vous familiariser avec les procédés de transformation de la toison en fil.

Ateliers de tapisserie Pinton

05 55 66 54 60 - www.ateliers-pinton.com - visite guidée (1h20) sur demande préalable - juil.-août : mar., jeu. 10h30 ; vac. scol. (hors juil.-août) : mar. 10h30 - 4,50 € (-12 ans gratuit).

On doit à la manufacture Pinton la réalisation de la plus grande tapisserie du monde… La visite de ses ateliers vous donnera l'occasion de découvrir les différentes étapes de la fabrication des tapisseries, de la conception du carton au tissage.

Église Ste-Valérie, dite du Moutier

Construite au début du 12e s. par les moines de Chambon-sur-Voueize, elle est consacrée à sainte Valérie. De cette époque, il ne reste que le chœur, avec sa voûte en berceau et le transept sud. En 1451, l'église s'effondre presque entièrement. Elle est reconstruite dès 1477 dans un style gothique rayonnant.

LE BERCEAU DE LA TAPISSERIE

En 1689, Felletin devient **manufacture royale**. La tapisserie s'organise et la concurrence est vive avec Aubusson. Distantes d'une dizaine de kilomètres, les deux villes connurent des querelles de clocher à propos de la tapisserie. Aussi a-t-on attribué à chacune des deux villes une couleur de **lisière** : brun pour Felletin et bleu pour Aubusson. Les rivales d'autrefois participent aujourd'hui ensemble au renouveau de la tapisserie, entrepris sous la conduite de Lurçat.

La première mention de la tapisserie marchoise remonte à 1456, et concerne précisément un tapissier de Felletin, nommé Jacques Bonnyn. D'autre part, en 1473, les consuls de Riom en Auvergne reçoivent un autre tapissier de Felletin, Jehan Beranhe. Ces noms, probablement d'origine flamande, confirment l'installation, un siècle plus tôt, du groupe de tapissiers flamands arrivés à la suite de Marie d'Avesnes, fille de Jean de Hainaut et épouse de Louis Ier de Bourbon, comte de la Marche. En 1514, nouvelle mention, dans l'inventaire des biens de Charlotte d'Albret, veuve de Charles Borgia, de soixante-quinze pièces de Felletin « à champ doré, à feuillages et bêtes… à menus feuillages sur bandes rouges, blanches et vertes ».

Felletin a tissé la plus grande pièce jamais réalisée (22 m sur 12 m), qui se trouve dans la cathédrale de **Coventry** en Angleterre.

Vue aérienne de Felletin
J. Damase / Photononstop

Le clocher qui domine toute la ville date de cette époque : c'est une haute **tour carrée** à trois étages, épaulée par des contreforts couronnés de toits à pignons. Au-dessus d'un portail gothique se superposent à chaque étage des baies flamboyantes. Le troisième niveau, orné de gargouilles et de statues, est surmonté d'une balustrade ajourée et coiffé d'une toiture à lanternon.
Dans la nef voûtée d'ogives (15e s.), les arcs reposent sur des culots qui représentent à l'est des diablotins, au centre des hommes (marchands, soldats), à l'ouest des êtres jeunes. Ces personnages illustrent la société, l'enfer et le monde céleste. Les clés de voûte du transept figurent saint Jean-Baptiste *(sud)* et le Christ bénissant *(nord)* ; les culots des arcs, des anges et les symboles des évangélistes. Les belles **fresques★** de la nef montrent le supplice de saint Laurent et saint Martin donnant la moitié de son manteau. Les fonts baptismaux en pierre sont du 16e s. Au 17e s., l'église est largement dotée de retables, d'autels, de tabernacles et de statues. L'orgue, les stalles, certaines statues et la peinture murale de la chapelle des lissiers datent du 19e s.

Église Notre-Dame-du-Château

Pour les horaires d'ouverture, renseignez-vous auprès de l'office de tourisme.
Cette église date de la fin du 15e s. Sa particularité provient de son style gothique languedocien, peu courant dans la région, dû à son commanditaire, le comte de la Marche, qui était aussi comte de Castres. Les vitraux contemporains sont du Toulousain Henri Guérin. L'église n'est ouverte que de mai à octobre à l'occasion de l'exposition annuelle d'une sélection de tapisseries.

Diamanterie

R. de la Diamanterie - ✆ 05 55 66 54 60 - www.felletin-tourisme.fr - visite guidée (45mn) juil.-août : merc. et vend. (sf j. fériés) 15h30 et 16h15 - 3 € (-16 ans 2 €).
Dans cet atelier en bordure de la Creuse, des diamantaires associés en coopérative taillaient le diamant pour la joaillerie (jusque dans les années 1950), puis pour l'industrie. Le site ferma en 1982. Aujourd'hui, une visite guidée vous fait découvrir l'atelier et ses machines, la turbine pour l'électricité…

Circuit conseillé

★ LA MONTAGNE LIMOUSINE

Circuit de 75 km tracé sur la carte (ci-dessous) – Comptez environ une journée. Quittez Felletin par le sud-ouest en empruntant la D 992.
La route serpente agréablement le long de la vallée du Gourbillon, au milieu d'un paysage de prairies et de massifs boisés.

St-Quentin-la-Chabanne

Entouré de toutes parts de sommets, ce bourg tire son nom de l'un d'eux, le puy de la Chabanne. Son **église**, du 13e s., possède un portail limousin s'ouvrant en arrière d'un clocher-mur. La nef est voûtée d'ogives à liernes. Sous le chœur, une crypte du 11e s., N.-D.-de-Sousterre, abrite une **Vierge noire**.
Continuez sur la D 992 sur 5 km, puis prenez à droite la D 59A, direction La Nouaille.

★ Domaine de Banizette

La Nouaille - ✆ 05 5583 28 55 - www.banizette.com - visite guidée mai : dim. et j. fériés 15h ; juil.-août : 15h, 16h1 et, 17h30 ; juin et sept. : w.-end 15h - 6 €.
Cette maison seigneuriale du 17e s., dont on visite les dépendances aménagées en **musée de la Vie rurale**, offre l'image d'une grande exploitation agricole haut-marchoise au début du 20e s., à l'orée de la mécanisation. La bergerie voûtée, le moulin, le petit lavoir, le beau fournil avec son four annexe à pâtisseries et pâtés, l'écurie au pavage d'origine bien conservé, le pigeonnier formant porche, le bûcher, la grande métairie et son immense grenier à grains, répartis autour de la caractéristique cour fermée, composent un ensemble attrayant, bien restauré et mis en valeur. Le jardin fleuri avec sa fontaine centrale, ouvrant sur deux vallons ainsi que les trois parcours forestiers balisés et signalant les essences des arbres les plus remarquables, complètent agréablement la visite.

En quittant le manoir, prenez à droite la D 59. À St-Marc-à-Loubaud, tournez à gauche pour emprunter la D 16, direction Gentioux.

★ Site du pont de Sénoueix

Cet antique pont romain qui enjambe le Taurion n'a conservé qu'une arche dont les pierres habilement juxtaposées semblent défier le temps. Le murmure de la rivière naissante concourt au charme du site.

Gentioux

Centre creusois de l'émigration des ouvriers maçons dès le 11e s. L'**église** du 13e s. *(s'adresser à la mairie pour y entrer)*, reconstruite au 15e s. par les chevaliers de Malte, est garnie de curieuses sculptures (16e s.), notamment dans le chœur (bas-reliefs, têtes grimaçantes, etc.). Au cimetière, tombeau ouvragé de **Jean Cacaud**, sculpteur local célèbre.

Le monument aux morts de Gentioux est l'un des rares qui expriment une intention pacifiste : un écolier de bronze en sabots, le béret à la main, tend le poing vers la stèle de pierre où est inscrit : « Maudite soit la guerre. »

Quittez Gentioux par l'est en empruntant la D 8, direction Pigerolles. Après 3 km environ, prenez à gauche la D 35.

Maison des chevaliers de Pallier

✆ 05 55 67 91 73 - mars-déc. - possibilité de visite guidée sur RV 10h-18h - 5 € visite libre, 6,50 € visite guidée.

La visite commence par la chapelle, érigée au 12e s. par les Templiers. Cet édifice offre au regard une belle façade où se détache un **clocher-mur**. La porte, encadrée par deux contreforts, est surmontée d'un arc brisé et d'un tympan armorié du 14e s. À droite de l'autel en pierre, remarquez au sol une petite croix de Templier.

Dans le **cimetière** se trouvent plusieurs pierres gravées : ainsi une croix biface du 16e s. et une pierre allongée comprenant trois symboles : un carré (les Écritures), un rond (la Religion) et huit lobes (l'Éternité). La chapelle domine la **demeure** des notaires royaux Jabouille du 18e s. *(privée)*, marquée par le travail remarquable des tailleurs de pierre de Gentioux. Plusieurs pièces évoquent les Templiers, leur histoire en Creuse et celle des croisades.

Le **jardin médiéval★** est très intéressant. Il montre bien la symbolique des jardins de cette époque. Ainsi, le labyrinthe de charmes représente les erreurs de l'homme avant d'atteindre la vérité. Cinq parties composent ce jardin : plantes médicinales, potager, verger, jardin de fleurs pour les bouquets et endroits isolés et clos.

Revenez vers Gentioux et prenez la D 16 vers le sud en direction de Malsagnes. Environ 1 km avant le hameau du Rat, prenez un petit chemin sur la droite signalisé.

★ Site du Rat

Promenade de 1,2 km AR (suivez le chemin qui grimpe vers la gauche).

Ombragée par de grands arbres séculaires, la **chapelle St-Roch** en granit (17e s.) se trouve à proximité d'énigmatiques **rochers**, peut-être utilisés à l'époque celtique. Un sentier à gauche de la croix s'enfonce à travers pins et bruyères et conduit à des rochers d'où se dégage une **vue** sur les environs.

Poursuivez la route, puis à Malsagnes, tournez à gauche.

Pigerolles

Les années à neige, ce village se transforme en station de **ski de fond**. Belles randonnées sur le plateau.

Prenez la D 8 en direction de La Courtine.

Féniers

Encore un bel exemple de clocher-porche près duquel se tient, fin août, la Foire aux agnelles limousines. Au nord du village, la D 26, qui longe les gorges de la Gioune, offre de belles échappées sur les puys d'Auvergne.

Prenez à gauche la D 26 vers le nord.

Gioux

Table de granit au village et site gallo-romain (1er et 3e s.) à **Maisonnière** *(1,5 km au nord).*

La D 35, puis la D 982 ramènent à Felletin.

NOS ADRESSES À FELLETIN

HÉBERGEMENT

BUDGET MOYEN

À proximité

Hôtel Au Petit Vatel – *La Clide - 23200 Moutier-Rozeille - 5 km au nord de Felletin par D 982, rte d'Aubusson - ✆ 05 55 66 13 15 - petit.vatel@orange.fr - fermé de mi-nov. à Pâques, lun. midi en juil.-août et dim. soir hors sais. - P - 7 ch. 65/76 € - ☕ 10 €, demi-pension possible - ✕ 22/40 €.* Voilà déjà un siècle que cet établissement familial a vu le jour. Chambres récemment rénovées, confortables et chaleureuses. Au restaurant, découvrez la terrine aux ris de veau, spécialité maison, dans une salle à manger affichant fièrement sa rusticité.

AGENDA

Voir l'Agenda dans la partie Organiser son voyage, p. 26.

Crocq

501 Croquants – Creuse (23)

NOS ADRESSES PAGE 281

S'INFORMER

Office de tourisme – *4 pl. Georges-Hubert - 23260 Crocq - ✆ 05 55 68 49 02 - horaires : se rens.*

Visite guidée – L'Association pour la sauvegarde du vieux Crocq propose une visite guidée (2h) sur demande - *✆ 05 55 67 42 36, 05 55 67 41 77 ou 05 55 67 49 02.*

SE REPÉRER

Carte de microrégion D1 (p. 249) – *carte Michelin Départements 325 L5.*

À 25 km au sud-est d'Aubusson (accès par la D 982 jusqu'à Felletin, puis par la pittoresque D 10), la petite cité médiévale de Crocq, bien groupée sur une butte, est située au cœur d'une agréable région de bois et d'étangs.

À NE PAS MANQUER

Le superbe triptyque en bois peint de la chapelle N.-D.-de-la-Visitation, relatant la vie de saint Éloi ; le panorama sur les monts Dôme et Dore du haut des tours de l'ancien château ; et le dolmen d'Urbe, niché dans un bois du pays de Franc-Alleu.

ORGANISER SON TEMPS

Comptez une demi-journée pour la visite du village et de ses environs.

Les silhouettes de deux robustes tours et d'une église dominent cette petite cité médiévale aux rues pavées, jadis cernée de remparts. Ancienne dépendance de l'Auvergne, Crocq formait, avec Auzances au nord-est et Herment au sud-est, un redoutable triangle de fortifications chargé de contrôler la route Clermont-Limoges. Face à la haute cité de St-Georges-Nigremont, elle serait la première place forte à pouvoir repousser une attaque venue du Limousin.

Se promener

Chapelle N.-D.-de-la-Visitation

Fondé à la fin du 12e s., ce petit édifice roman a été profondément remanié aux 15e et 16e s., puis restauré au 19e s. Outre son clocher-mur, il est coiffé d'une lanterne des morts du 12e s., utilisée en remploi. À l'intérieur, un remarquable **triptyque★** de bois peint a été installé en 1995 sur le mur nord. Cette

LES CROQUANTS

C'est de cette bourgade que serait partie, au 17e s., la révolte paysanne des « Croquants ». Personnage mythique né de l'imagination de l'écrivain périgourdin Eugène Le Roy, Jacquou le Croquant incarne le paysan pauvre au début du 19e s. dans la région.

œuvre, conçue vers 1530, relate en sept panneaux la vie de saint Éloi. Au revers des volets, on remarque un détail insolite dans la composition de la Cène : la présence d'une fourchette (l'emploi de ce couvert ne fut généralisé qu'au 17e s.).

Tours de l'ancien château

05 55 67 42 36 - juil.-août : 10h30-12h30, 14h30-19h ; mai-juin et sept. : 10h30-12h, 14h30-17h30 ; reste de l'année : se rens. - 2,50 € (enf. 1 €).

Reliées par une courtine, les tours, récemment restaurées, sont les seuls vestiges d'un château fort construit dans la seconde moitié du 12e s. et qui tomba en 1356 sous les assauts des troupes du Prince Noir. Un escalier permet l'accès à la **table d'orientation** de la tour est, d'où l'on profite d'un remarquable **panorama★★** : la Combraille au nord, les monts Dôme d'où émergent le puy de Dôme à l'est, les monts Dore et leur sommet du Sancy au sud-est, le plateau de Millevaches au sud-ouest.

Circuit conseillé Carte de microrégion

★ LE SUD DU PAYS DE FRANC-ALLEU

Circuit de 45 km tracé sur la carte de microrégion (p. 249) -Comptez environ 3h.

Durement éprouvée par la guerre de Cent Ans, la région reçut à partir de 1426, en guise de compensation, le droit d'être exemptée de toute charge et de redevance (l'alleu).

Quittez Crocq par le sud en empruntant la D 996. Après avoir longé le stade, prenez sur la gauche en direction des Dimpoux et garez votre voiture à Laval.

Un joli sentier bordé de hêtres et de sapins débouche sur une lande jonchée de fougères. Après 1 km, on découvre, sous un petit bois, le **dolmen d'Urbe**.

On peut retourner à son véhicule en poursuivant le chemin qui, au bout de 250 m, ramène sur la route.

En revenant vers la D 996, la route offre une belle **vue** sur Crocq.

Au carrefour, tournez à gauche sur la D 996.

Après 2 km au cœur de la forêt d'Urbe, une petite route donne accès, sur la droite, à l'**église de Montel-Guillaume** qui renferme de curieuses statuettes polychromes - *05 55 67 40 32 - renseignez-vous à la mairie.*

Revenez sur la D 996, puis après 1 km, prenez sur la droite la D 29.

À St-Agnant-près-Crocq, suivez la D 31 qui, rapidement, serpente entre des étangs dont celui de la Motte, niché dans un site bucolique. À proximité, on aperçoit le **château du Theil** *(ne se visite pas)*, édifice du 15e s. abrité derrière le mur du parc.

À Magnat-l'Étrange, prenez au nord sur la D 90.

St-Georges-Nigremont

Aux confins de la montagne limousine et du plateau de Millevaches, St-Georges-Nigremont occupe le sommet d'une butte (le *Nigers Mons* des textes latins), en face de laquelle un oppidum gaulois fut découvert. Sous les dynasties mérovingiennes et carolingiennes, la cité fut un important centre administratif et religieux.

De la terrasse proche de l'église, un vaste **panorama★** *(table d'orientation)* s'étend au nord-est sur Crocq et au-delà sur les collines de Combraille ; au sud-est en direction des monts d'Auvergne.

Poursuivez sur la D 90, puis prenez, sur la droite, la D 10. À Pontcharraud, empruntez au sud-est la D 21 sur 7 km, puis prenez sur la gauche la D 28.
La route ramène à Crocq en passant près du hameau du Naberon qui abrita jadis une commanderie de l'ordre de Malte.

NOS ADRESSES À CROCQ

HÉBERGEMENT

POUR SE FAIRE PLAISIR

Chambre d'hôte Château de Chazelpaud – *D 941 - ✆ 05 55 67 33 03 - http://membres.lycos.fr/chazelpaud/ - ouvert de mai à sept. - ✉ - Wifi - 4 ch. 95/115 € ☕ - ✕ 25 €.* Mosaïque à l'italienne, hauteurs sous plafond hors normes, grandes chambres personnalisées (fresques dans les salles de bains) : une « folie » néo-Renaissance de toute beauté. Salle à manger lambrissée et magnifique cheminée sculptée.

RESTAURATION

PREMIER PRIX

Auberge de St-Éloi – *Rte de Clermont - ✆ 05 55 67 40 14 - www.lesainteloicrocq.com - P - 12/35 € - 4 ch. 50 € - ☕ 6 €.* C'est une vieille auberge au cadre authentique, où le plancher des petites chambres, toutes avec douche et WC, craque un peu ! Mais vous bénéficierez d'une cuisine et d'un accueil authentiques (viandes du Limousin, légumes de saison et vins d'Auvergne), dans une grande salle à manger rustique.

Guéret, Haute et Basse Marches 4

Carte Michelin Départements 325 – Creuse (23)

Aubusson, église Ste-Croix

J. Loic / Photononstop

GUÉRET, HAUTE ET BASSE MARCHES

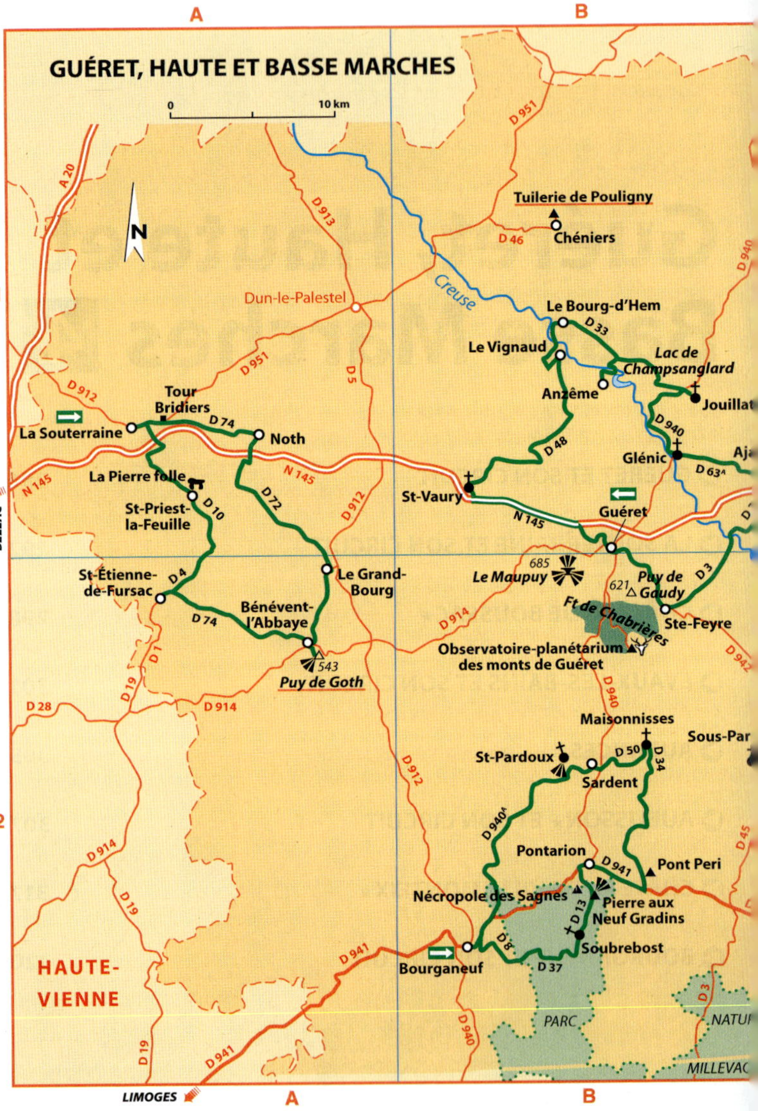

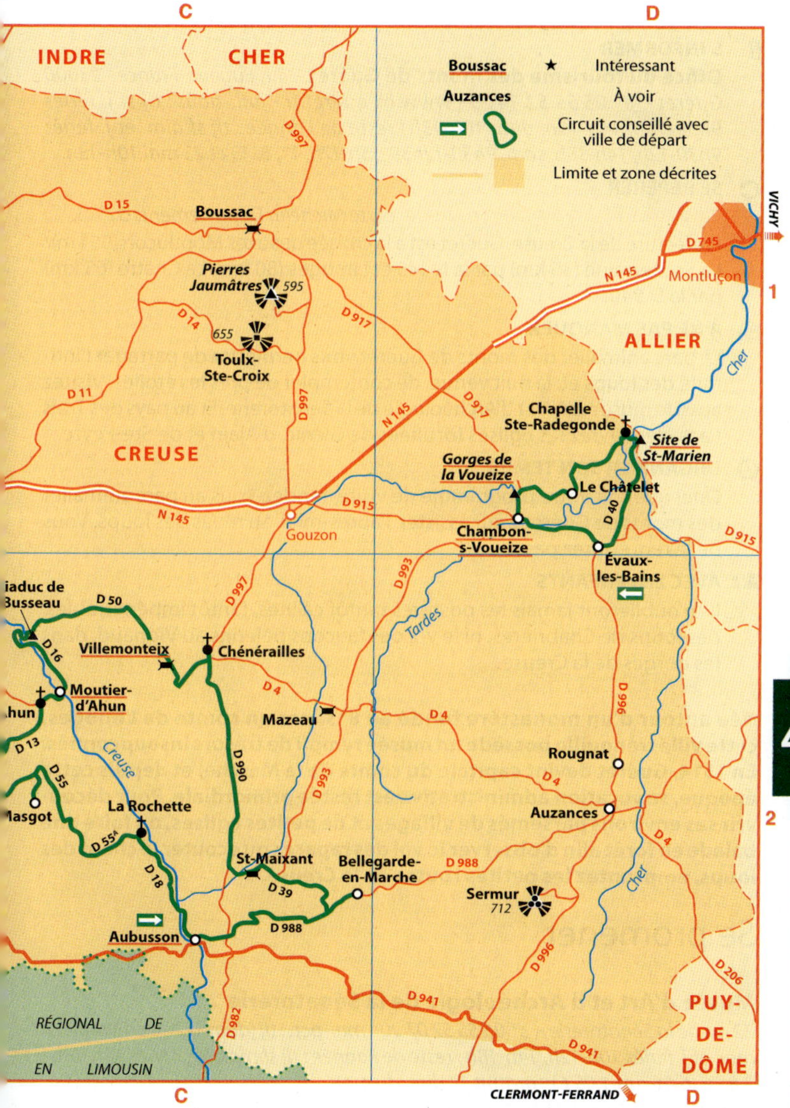
C
D
INDRE
CHER
Boussac
★ Intéressant
Auzances
À voir
Circuit conseillé avec ville de départ
Limite et zone décrites
VICHY
D 997
D 15
Boussac
D 745
N 145
Montluçon
1
Pierres Jaumâtres
595
D 14
655
Toulx-Ste-Croix
D 917
ALLIER
Cher
D 11
D 997
N 145
D 917
Chapelle Ste-Radegonde
Site de St-Marien
CREUSE
Gorges de la Voueize
Le Châtelet
D 40
N 145
D 915
Gouzon
Chambon-s-Voueize
Évaux-les-Bains
D 915
iaduc de Busseau
D 50
D 997
D 993
Tardes
D 16
Villemonteix
Chénérailles
D 4
Moutier-d'Ahun
hun
Mazeau
D 4
D 996
D 13
Creuse
D 990
Rougnat
D 55
D 993
D 4
Masgot
La Rochette
Auzances
2
D 55A
D 4
D 18
St-Maixant
Bellegarde-en-Marche
D 988
D 39
Sermur
712
Cher
Aubusson
D 988
D 996
D 206
D 941
RÉGIONAL
DE
PUY-DE-DÔME
D 982
D 941
EN
LIMOUSIN
C
CLERMONT-FERRAND
D

Guéret

14 123 Guérétois – Creuse (23)

NOS ADRESSES PAGE 290

S'INFORMER

Office du tourisme des monts de Guéret – *1 r. Eugène-France - 23000 Guéret - ✆ 05 55 52 14 29 - www.ot-gueret.fr - juil.-août : tlj sf j. fériés 9h30-13h, 14h-19h, dim. 10h-13h ; reste de l'année : tlj sf dim. et j. fériés 9h30-12h, 14h-18h, sam. 9h30-12h30, 15h-17h, 1er, 8, 13 et 23 mai 10h-13h.*

SE REPÉRER

Carte de microrégion B1 (p. 284) – *carte Michelin Départements 325 I3.*

Préfecture de la Creuse, Guéret est à la croisée des axes Montluçon (65 km)/La Souterraine (35 km) par la N 145 et Limoges (80 km)/La Châtre (65 km) par la D 940.

À NE PAS MANQUER

Le parc animalier des monts de Guéret vous permettra de partager l'intimité des loups et, la nuit venue, de contempler de près les étoiles. Visitez aussi le musée d'Art et d'Archéologie de la Sénatorerie. Et au pays des Trois Lacs, découvrez les églises fortifiées de Glénic, d'Ajain et de Ste-Feyre.

ORGANISER SON TEMPS

Quel que soit votre programme de visite, rendez-vous au parc animalier des monts de Guéret pour assister, l'après-midi, au repas des loups. Vous ne le regretterez pas !

AVEC LES ENFANTS

Ils n'oublieront jamais les postures tantôt câlines, tantôt impénétrables, des loups de Chabrières, ni le vol des faucons pèlerins au Vignaud, dans les gorges de la Creuse.

Née autour d'un monastère fondé au 8e s. par un comte de Limoges, cette ville tranquille possède un musée rempli de trésors insoupçonnés. En 1514, Guéret devint capitale du comté de la Marche, et depuis cette époque, sa vocation administrative est restée primordiale. Pour découvrir ses environs parsemés de villages et de petites églises, ou faire une balade en forêt afin d'observer le vol des rapaces ou écouter le chant des loups, empruntez les petites routes de la Creuse.

Se promener

Musée d'Art et d'Archéologie de la Sénatorerie

22 av. de la Sénatorerie - ✆ 05 55 52 07 20 - mai-oct. : tlj (dont 1er dim. du mois) sf mar. et j. fériés 10h-12h, 14h-18h ; reste de l'année : tlj sf mar. et j. fériés 14h-18h - 2,85 € (6-16 ans 1,05 €) - gratuit 1er dim. du mois.

Installé dans l'**hôtel de la Sénatorerie** (18e s.), entouré d'un vaste jardin fleuri, ce musée possède des collections très variées : **archéologie** (découvertes locales de la préhistoire au Moyen Âge) ; **art asiatique** (céramiques chinoises, estampes et objets d'art japonais) ; **statuaire gallo-romaine** ; **sculptures** du Moyen Âge au 20e s. (sujets religieux et profanes, dont une *Ève* de Rodin et un

Méandre de la Creuse vu depuis le hameau du Guémontet, vers Le Bourg-d'Hem
H. Lenain / Hemis.fr

Buste de Rodin par Camille Claudel). Le musée possède par ailleurs un magnifique ensemble d'**émaux champlevés★** illustrant l'émaillerie limousine du 12e au 15e s. : croix de procession, pyxides, châsses dont les tonalités vives s'harmonisent avec les dorures et les cabochons souvent placés entre les figurines. Parmi les **émaux peints** (15e-18e s.), plusieurs sont signés Laudin, Nouailher et Léonard Limosin. Parmi les **céramiques**, de remarquables faïences de Nevers, de Moustiers, de Rouen, de Strasbourg, de Delft, ainsi que quelques majoliques (faïences) italiennes et des verreries. La collection de **peinture** se distingue par des œuvres flamandes, hollandaises et françaises du 17e s., des toiles italiennes et françaises du 18e s. (Desportes, Vien, Peyron), et un vaste panorama de la peinture française du 19e s. (Guérin, Scheffer, Delaroche, Fantin-Latour) avec à l'honneur, la vallée de la Creuse dont les paysages attirèrent **Armand Guillaumin** et les disciples de l'école de Crozant *(voir p. 428)*.

4

Hôtel des Moneyroux

Contemporain du palais Jacques-Cœur à Bourges, ce gracieux édifice de style gothique finissant se compose de deux corps de logis en équerre, reliés par une élégante tourelle d'angle coiffée de tavaillons. L'aile droite fut construite après 1447 par Antoine Alard, seigneur de Moneyroux ; son successeur, Pierre Billon, fit élever l'autre aile au début du 16e s. La façade, surmontée de lucarnes ornées de fleurons et de pinacles, est percée de fenêtres à meneaux.

À proximité Carte de circuit p. 289

Forêt de Chabrières

▷ *6 km au sud par la D 940.*

Ce beau massif forestier, planté de sapins, de chênes, de hêtres et de bouleaux, compte de nombreux circuits pédestres et VTT *(voir Nos adresses)*. L'un d'eux, au départ du parc animalier des monts de Guéret, vous fera découvrir les pierres à légendes de la forêt. Les installations d'un tailleur de pierre, en bordure de la route montant au Maupuy, témoignent de l'importance de cette activité par le passé.

Les Loups de Chabrières - parc animalier des monts de Guéret

6 km au sud par la D 33, sur la route de Bourganeuf. 05 55 81 23 23 - www.loups-chabrieres.com - de mai à mi-sept. : 10h-20h ; de déb. fév. à déb. déc. : 13h30-18h ; vac. de Noël : 13h30-17h - fermé de déb. déc. à janv. - 8,50 € (4-12 ans 7 €) - animations et visite guidée possibles sur réserv.

Dans les sous-bois de la forêt de Chabrières, un agréable parcours ombragé, à l'abri d'une haute palissade en bois, vous fait pénétrer dans le mystérieux territoire des loups. Du chemin de ronde, vous découvrirez un superbe **panorama★** sur la vallée de la Creuse, le fanal de Peyrabout, le puy de Dôme et le massif de Sancy. Avant de partir, visitez l'espace muséographique dont l'exposition est consacrée à la destruction et à la protection du loup, et à la place que cet animal tient dans notre imaginaire.

C'est dans l'enclos des Roches qu'a lieu, chaque après-midi, le **repas des loups★★**. Un moment extraordinaire qui vous donnera l'occasion d'observer le comportement de ces mammifères méconnus et leur relation à l'homme.

Observatoire-planétarium des monts de Guéret

6 km au sud par la D 33. 05 55 81 23 23 - différentes animations sont proposées (horaires et tarifs variables) - un moniteur est toujours disponible, mais une inscription préalable est nécessaire.

Au sein même du parc animalier des monts de Guéret, cet observatoire-planétarium propose, sous sa coupole de 5 m, diverses activités visant à vous faire découvrir le ciel et ses trésors : un spectacle de planétarium, pour apprendre à reconnaître les étoiles et les constellations ; des séances d'observation du Soleil ; les ateliers Ciel et Espace, vous dévoilant les secrets d'un télescope ou d'une carte du ciel ; l'exposition « De la Terre aux étoiles » et sa maquette du système solaire. Des soirées découverte sur des thématiques particulières sont également proposées.

Le Maupuy

3 km à l'ouest par la D 914.

Alt. 685 m. Il constitue, avec le proche **puy de Gaudy** (alt. 621 m), un véritable écran naturel pour la ville de Guéret.

Au sommet *(table d'orientation)*, le vaste panorama surprend par ses paysages contrastés : plantations de conifères, mais aussi carrières de granit, fermées pour la plupart.

Circuit conseillé

★ LE PAYS DES TROIS LACS

Circuit de 75 km tracé sur la carte ci-contre – Comptez environ 1/2 journée. Quittez Guéret par l'ouest en empruntant la N 145, direction La Souterraine.

Église de St-Vaury

Elle abrite un bas-relief en calcaire (15e s.) représentant des scènes de la Passion. On y voit aussi deux châsses reliquaires ornées d'émaux (13e s.).

Quittez St-Vaury par le nord-est en empruntant la D 48. Environ 3 km après Longechaud, la D 48 bifurque à gauche.

Le Vignaud

1h30. Au lieu-dit Courtille, partez en balade vers les gorges de la Creuse. Un parcours fléché conduit au **méandre de Jupille**, où vous aurez peut-être la chance d'observer un faucon pèlerin tourner autour des rochers escarpés, à la recherche de quelque proie *(jumelles recommandées)*.

Poursuivez sur la D 48.

Le Bourg-d'Hem

À proximité des gorges d'Anzême, taillées par la Creuse, ce village sur une butte domine la vallée : joli **panorama** depuis la place derrière l'église. Une stèle rend hommage à Pierre Maillaud (1909-1948), alias **Pierre Bourdan**, qui fut pendant quatre ans la voix du célèbre « Les Français parlent aux Français ».

Deux lacs *(plage, randonnée, pêche)* cernent le Bourg-d'Hem : la retenue de l'**Age** (38 ha) en aval et le barrage des **Chézelles** (23 ha) en amont.

Quittez Le Bourg-d'Hem par l'est en empruntant la D 33.

Anzême

Sympathique petit village d'où émerge un beau clocher habillé de bardeaux de châtaignier. De la place de l'église, belle **vue** sur les gorges de la Creuse qui abritent le **pont du Diable** (et sa légende maintes fois entendue).

Faites demi-tour, puis prenez à droite après le pont.

Lac de Champsanglard

C'est le plus étendu (55 ha) des trois lacs installés sur la Creuse. Près du barrage, activités nautiques à Chambon.

Gagnez Champsanglard, suivez la D 14 qui rejoint la D 6. Après 1 km, prenez à gauche.

Jouillat

Son **église** (12e-13e s.) à nef unique se termine par une abside à cinq arcades. Une **fresque** du 13e s. représentant le Christ recouvre la voûte du chœur.

4

À l'extérieur, côté sud, sarcophage carolingien et lion accroupi en granit. Le **château** (15e s.), de forme carrée, est flanqué d'une tour à chaque angle.
Revenez vers la D 940, direction Guéret.

Église de Glénic

Bâtie sur une falaise dominant la vallée de la Creuse, cette église romane fut fortifiée pendant la guerre de Cent Ans. Son chevet est flanqué de tours, et les autres angles de tourelles en encorbellement. Au 15e s., la nef fut allongée et voûtée d'ogives. Le portail du 12e s., en tracé brisé à boudins et colonnettes, est surmonté d'une niche où trône une Vierge romane. À l'intérieur, face à l'entrée, une fresque du 14e s. représente la chute d'Adam et Ève.
Quittez Glénic par l'est en empruntant la D 63A.

Église d'Ajain

Édifice fortifié du 13e s. avec un chemin de ronde sur mâchicoulis et des échauguettes soutenues par des contreforts. Dans la nef voûtée d'ogives, une corniche court le long des murs au-dessus de mascarons très expressifs.
Quittez Ajain par le sud en empruntant la D 3.

Ste-Feyre

Construite au 13e s. et fortifiée au 14e s., l'**église St-Symphorien** s'ouvre à l'ouest par un élégant portail limousin. La nef unique de quatre travées, dont la dernière forme le chœur, est flanquée d'un bas-côté sud (16e s.) et de trois chapelles au nord (15e s.). Dans l'une d'elles, on remarque un groupe en pierre polychrome du 15e s. : sainte Anne, la Vierge et l'Enfant.
L'imposant **château** de Ste-Feyre, sur la route d'Aubusson, fut construit en 1760 d'après les plans de l'architecte Brousseau, et sur les vestiges d'un château médiéval. Dans les années 1920, il fut transformé en HLM pour une vingtaine de familles. Aujourd'hui une dizaine de pièces, toutes meublées, se visitent et servent de cadre à des expositions d'art contemporain. *S'adresser à l'office de tourisme au ✆ 05 55 52 14 29.*
Prenez la D 942 qui ramène à Guéret.

NOS ADRESSES À GUÉRET

HÉBERGEMENT

PREMIER PRIX

Hôtel Le Pommeil – *75 r. de Pommeil - ✆ 05 55 52 38 54 - lepommeil@wanadoo.fr - fermé 2 sem. en juin, 1 sem. en juil., vac. de Noël et dim. - P - 9 ch. 40/50 € - ☕ 6 €, demi-pension possible - ✕ 11,10/12,10 €.* Petit hôtel-restaurant très familial, légèrement excentré, dans un quartier résidentiel. Les chambres, un peu exiguës, sont gentiment désuètes mais parfaitement tenues. Pour la table, cuisine simple et prix tout doux.

BUDGET MOYEN

Chambre d'hôte Le Cottage – *Beausoleil - 2 km à l'ouest de Guéret sur D 914 dir. Le Grand-Bourg - ✆ 05 55 81 90 96 - www.lecottagebeausoleil.com - P - ⊭ - 3 ch. 62 € ☕ - ✕ 20 €.* Charmante maison noyée dans la verdure. Intérieur chaleureux, chambres spacieuses et personnalisées, décorées de tableaux et objets de famille. Les repas sont servis auprès de la cheminée. Au petit-déjeuner, délectez-vous des spécialités locales telles que le Creusois ou le Ménélik (gâteau au chocolat).

À proximité

Chambre d'hôte La Pipistrelle – *Lieu-dit le Pont-du-Cher - 23320 St-Silvain-Montaigut - 9 km au sud de Guéret par D 914, rte de Bénévent-l'Abbaye - ✆ 05 55 81 95 17 - www.pont-du-cher.com* - P - ⊭ - *3 ch. 60 €* ☕. On comprend que les propriétaires aient eu le coup de foudre pour cette maison de maître du 18e s., son étang, son ruisseau, son parc où cohabitent un âne, des moutons, des poules… Les chambres contemporaines sont douillettes et les petits plats « maison » goûteux.

POUR SE FAIRE PLAISIR

À proximité

Chambre d'hôte La Maison Verte – *À Lombarteix - 23220 Jouillat - 15 km au nord de Guéret par D 940 - ✆ 05 55 51 93 34 - www.lamaisonvertecreuse.com* - ♿ - P - ⊭ - *4 ch. 90/110 €* ☕ - ✕ *25 €*. Le calme, le charme des maisons anciennes et le confort moderne sont les atouts de cette chambre d'hôte ainsi que l'accueil sympathique de ce couple britannique qui propose aux beaux jours petits-déjeuners et repas du soir au bord de la piscine.

RESTAURATION

PREMIER PRIX

À proximité

Le Point du Jour – *1 pl. de la Mairie - 23000 Ste-Feyre - ✆ 05 55 80 00 07 - le-point-du-jour23@orange.fr - fermé merc. soir, dim. soir et lun. - formule déj. 12 € - 17/47 €*. Nouvelle équipe dynamique dans cet ancien relais de poste qui fait face à l'église. Coquette salle à manger pour une appétissante cuisine au goût du jour.

BUDGET MOYEN

Le Coq en Pâte – *2 r. de Pommeil - ✆ 05 55 41 43 43 - fermé 22 juin-7 juil., 15 fév.-15 mars, dim. soir hors sais. et lun. soir* - ♿ - P - *17/56 €*. Dans cette maison bourgeoise (19e s.) joliment restaurée ou sur sa terrasse regardant un agréable jardin arboré, on savoure avec plaisir une cuisine actuelle généreuse et soignée.

PETITE PAUSE

Villechalane-Sionneau – *1 pl. Bonnyaud - ✆ 05 55 52 53 31 - tlj sf lun. 7h-12h30, 14h30-19h - fermé 3 sem. en juil.* Vous trouverez chez ce boulanger-pâtissier-chocolatier les spécialités locales telles que le pâté de pommes de terre ou le Creusois (gâteau aux noisettes) ainsi que du pain cuit au feu de bois.

ACTIVITÉS

À proximité

Labyrinthe géant des monts de Guéret – *Rte de Bourganeuf - 23000 Guéret - ✆ 05 55 41 01 97 - www.labyrinthe-gueret.fr - juil.-août : 10h-20h (10h à 0h lun. et jeu.) ; de fév. à la Toussaint et vac. scol. ttes zones : 14h-20h - 6,50 € ttes activités hors paint ball et accrobranche - (-12 ans 4,50 €)*. Vaste dédale de verdure à l'orée de la forêt de Chabrières. Jardin pour les tout-petits, aquagliss, parcours de jeux d'adresse, jeux de société et toboggans géants, animations diverses, coin pique-nique.

Randonnées à VTT – Il existe 546 km de **sentiers balisés** dans les monts de Guéret et **29 circuits** parcourent la chaîne de collines culminant à 699 m d'altitude. Fiches à l'office du tourisme des monts de Guéret *(voir p. 286)*.

4

La Souterraine

5 375 Sostraniens – Creuse (23)

NOS ADRESSES PAGE 296

S'INFORMER

Office du tourisme du Pays sostranien – *Pl. de la Gare - 23300 La Souterraine - ℘ 05 55 63 10 06 - www.ot-lasouterraine.fr - 10h-12h, 14h-18h - fermé dim. et j. fériés.*

SE REPÉRER

Carte de microrégion A1 (p. 284) – *carte Michelin Départements 325 F3.*

La Souterraine se trouve à 30 km à l'ouest de Guéret (accès rapide par la N 145). À 10 km à l'ouest, l'A 20 (échangeur 23) relie Châteauroux (80 km) à Limoges (45 km).

À NE PAS MANQUER

L'église Notre-Dame et sa façade mozarabe ; la tuilerie de Pouligny, sympathique écomusée dédié aux arts et métiers de la terre et du feu ; la vue sur les monts d'Auvergne depuis le sommet du puy de Goth ; une promenade bucolique au dolmen de la Pierre folle.

ORGANISER SON TEMPS

Comptez une demi-journée pour découvrir la ville et ses alentours.

AVEC LES ENFANTS

Commencez par la tuilerie de Pouligny et les arts du feu. Continuez avec le Scénovision de Bénévent qui leur dévoilera de façon ludique un village creusois au 19e s. Et finissez par le cirque Valdi qui les émerveillera !

Située dans un bassin verdoyant des monts de la Marche, La Souterraine fut bâtie à l'emplacement d'une villa gallo-romaine, la « villa Sosterranea ». Étape de l'une des principales routes du pèlerinage de St-Jacques-de-Compostelle, elle a conservé plusieurs vestiges de ses fortifications médiévales.

Se promener

Porte St-Jean

On l'appelle aussi porte de Breith ou porte Notre-Dame. Située près de l'église Notre-Dame, elle fut édifiée aux 13e et 15e s. Vous la reconnaîtrez à ses deux tourelles en encorbellement, ses créneaux et ses mâchicoulis.

★ Église Notre-Dame

Cet édifice auquel le granit confère un aspect sévère fut bâti aux 12e et 13e s. Sa façade, avec son portail polylobé en arc légèrement brisé que flanquent deux lanternons, témoigne d'une influence mozarabe qu'on peut attribuer aux pèlerins de St-Jacques-de-Compostelle, La Souterraine se trouvant sur l'une des principales routes du pèlerinage. Le tympan du portail latéral sud s'orne d'une Vierge romane d'un style typiquement limousin, de même que les robustes contreforts épaulant le transept.

Le clocher (13e s.) fut pourvu d'un beffroi au 19e s.

On peut suivre l'évolution de l'architecture, depuis le roman (voûte en berceau de la deuxième travée) jusqu'au gothique (transept et chœur), en passant par les voûtes d'arêtes des bas-côtés.
La nef, harmonieuse, est décorée d'intéressants chapiteaux. Le transept double constitue la partie la plus originale de l'édifice. Une coupole ovale sur pendentifs, construite sur un plan trapézoïdal, surmonte la croisée de la première travée. Dans le chœur gothique, remarquez la table d'autel en pierre, du 12e s.
Crypte – *05 55 63 10 06 - juil.-août : 10h-12h, 14h30-18h - possibilité de visite guidée (1h) sur dem. - gratuit.* Elle fut construite par les moines de l'abbaye St-Martial de Limoges vers 1020, et servit de sépulture au donateur Géraud de Crozant, fondateur de l'abbaye St-Martial de Limoges. On y voit les vestiges d'un sanctuaire gallo-romain (colonnes et inscriptions).

Cirque Valdi

Av. de la Liberté - 05 55 89 68 94 - www.cirquevaldi.org - juil.-août : 14h-19h ; vac. scol. : 14h-18h ; reste de l'année : merc., w.-end 14h-18h - 6 € (enf. 4 €).
Il aura fallu 50 000 heures de travail à Maurice Masvignier pour réaliser cette maquette géante de 300 m² d'un cirque imaginaire, le cirque Valdi. Cette œuvre inouïe, dont les personnages et les animaux sont tous différents, est entièrement animée. Vous découvrirez la parade et sa fanfare, le spectacle illuminé sous le chapiteau avec les spectateurs qui l'applaudissent, la ménagerie qui vibre au son des animaux, le carrousel, le vendeur de sucrerie, le campement des artistes… Enchantement garanti, quel que soit l'âge !

À proximité Carte de microrégion

Chéniers

40 km au nord-est par la D 951 (direction Aigurande), puis à droite par la D 46.
Sur cette petite commune se trouvent les vestiges d'anciennes tuileries, témoins d'une activité locale autrefois importante.
Écomusée Tuilerie de Pouligny★ – *05 55 62 19 61 - www.tuilerie-pouligny.com - - juil.-août : 14h-19h ; avr. : tlj sf sam. 14h-19h ; mai, juin et de mi-sept. à fin oct. : w.-end et j. fériés 14h-19h ; 1re quinz. de sept. et de fin oct. à déb. nov. : tlj sf sam. 14h-19h - fermé déc.-mars - 7 € (-12 ans 4 €).* Créée en 1830 par Jean Monsieur, amplement développée par ses descendants, la tuilerie de Pouligny connut une véritable prospérité économique au début du 20e s. En passant du moulage manuel à la fabrication mécanisée, la tuilerie se modernisa et fonctionna jusqu'en 1962, date à laquelle son activité cessa. Le site abandonné se compose d'un ensemble de bâtiments industriels et privés, rachetés en 1995 par la commune de Chéniers et aujourd'hui réhabilités. Il abrite désormais un écomusée des arts et des métiers de la terre et du feu.
Le parcours d'interprétation proposé vous permet de découvrir le savoir-faire révolu du briquetier-tuilier. La visite du site mène à l'**atelier de poterie** où vous découvrirez les familles de tuiliers à travers des témoignages vidéo, le travail de la terre ainsi qu'une maquette du site. À proximité, un espace protégé par une toiture regroupe les fosses où l'on travaillait l'argile, les **machines** et les **outils** nécessaires à la fabrication des différents types de tuiles et de briques et la **zone de séchage**. Vous pénétrerez ensuite sous un auvent qui abrite le **grand four** en partie rempli d'éléments prêts à cuire. En suivant l'ancien sentier des tuiliers, vous verrez les **fosses d'extraction** de la terre et le lavoir.

Dans la **halle des fours** ont été reconstitués des fours d'origines diverses (japonais, canadien, coréen, gallo-romain…) illustrant différentes techniques de cuisson. Vous finirez par la forge et l'atelier du charron qui fabriquait toutes sortes de charrettes. Tuiles et briques n'auront plus de secret pour vous !
Parallèlement aux visites, la tuilerie de Pouligny propose des expositions temporaires, des stages d'initiation (modelage, tournage, cuisson, émaillage), et accueille des céramistes et potiers en résidence.

Circuit conseillé Carte de microrégion

ENTRE HAUTE ET BASSE MARCHE

Circuit de 50 km tracé sur la carte de microrégion (p. 284) – Comptez environ 3h. Quittez La Souterraine par l'est (D 951).

Tour de Bridiers

Accès libre. Visite guidée proposée par l'office du tourisme de La Souterraine.
Cet imposant donjon restauré est le seul vestige, avec sa cour, d'un ancien château fort du 13e s. En contrebas, un jardin médiéval regroupe un potager, des plantes médicinales et tinctoriales, et des herbes aromatiques cultivées dans de jolies plates-bandes surélevées.
Rejoignez la D 74.

Noth

Charmante petite église du 13e s., fortifiée au 15e s.
Quittez Noth par le sud et franchissez la N 145. Après Lizières, prenez à gauche la D 72.

Le Grand-Bourg

En 776, il existait au Grand-Bourg une église aujourd'hui disparue, consacrée à l'ermite saint Léobon mort en 529. Elle dépendait, tout comme le village, de la seigneurie de Salagnac. Cette église fut remplacée entre 1150 et 1200 par une nouvelle chapelle (toujours dédiée au saint) attenante à une église dédiée à la Vierge Marie qui seule demeura en place, car la chapelle fut détruite à son tour.
L'**église** consacrée (comme l'attestent les croix rouges gravées et peintes sur les murs) a des ouvertures très étroites et des piliers en granit. La clé de voûte du chœur figure saint Léobon. Les vitraux datent du 19e s. Remarquez, dans le chœur, une Vierge à l'Enfant en granit du 12e s. dont l'attitude rappelle celle des Vierges auvergnates. À gauche, une chapelle du 17e s. servait de sépulture à la famille de la dame de Masgelier. Un devant en cuir repoussé (17e s.) orne l'autel.
Une grande dalle sépare le chœur de cette chapelle. Munie d'anneaux, il fallait la soulever pour pouvoir accéder à la crypte *(aujourd'hui condamnée)* de l'église où reposaient les défunts.
Dans le transept nord repose le gisant du curé Gérald, bâtisseur de la seconde chapelle de saint Léobon. Dans la chapelle de la Vierge du 15e s., deux statues anciennes. Le clocher-tour, flanqué de puissants contreforts, date des 16e-17e s. Les chapiteaux du portail nord sont ornés de petits personnages. À l'extérieur de l'édifice sont exposés des pierres et des sarcophages provenant des anciennes églises et du cimetière.
Quittez Le Grand-Bourg par le sud en empruntant la D 912A.

Bénévent-L'Abbaye

Ce charmant village qui domine la plaine mérite une halte. Outre son église au cœur d'une vaste esplanade et ses maisons anciennes, le site de Bénévent propose désormais une visite d'un genre particulier, le Scénovision, qui relate la vie du bourg du 19e au début 20e s.

Église – Fondée au 11e s. sur la route de St-Jacques-de-Compostelle, une première église recueille en 1028 les reliques de saint Barthélemy ramenées de Bénévent (Italie), d'où le nom du site et son rapide essor. L'église actuelle est construite d'un seul jet au 12e s. dans un style roman de transition. À hauteur du chevet, l'un des bâtiments de l'ancienne abbaye a conservé une porte sculptée de style Renaissance. La façade s'ouvre par un portail polylobé à cinq voussures, de style mozarabe comme dans la collégiale du Dorat *(voir p. 141)*. Les colonnettes du portail ont des chapiteaux sculptés ; parmi ceux-ci, on reconnaît l'Annonciation et la Visitation.

L'intérieur est remarquable pour sa série de trente-huit chapiteaux sculptés d'images symboliques qui courent le long du chœur et de la nef. Celle-ci, voûtée en berceau brisé et flanquée de bas-côtés étroits, est supportée par d'énormes piliers. La coupole, à la croisée du transept, masque l'emplacement de la tour octogonale. Le chœur voûté en cul-de-four est entouré de sept arcades qui retombent sur des colonnes à chapiteaux sculptés.

Dans le croisillon sud se trouve la chapelle de St-Barthélemy qui conserve un buste reliquaire et une statue en bois ; dans le croisillon nord, une pierre tombale, un gisant et une dalle portant des signes gravés (croix, méga, pentalphe). Le retable en bois qui marque l'entrée de l'église date de 1673 et provient de l'ancienne chapelle des Mortemart, aujourd'hui détruite. N'hésitez pas à faire le tour de l'église pour apercevoir les très nombreux modillons à têtes grimaçantes.

Scénovision – *18 r. de l'Oiseau - ✆ 05 55 62 68 35 - www.benevent-scenovision.com - ♿ - juil.-août : 10h-19h ; juin-sept. : 14h-19h ; hors sais. : w.-end, j. fériés et vac. scol. 14h30-18h30 - 7,50 € (-18 ans 6 €).* Une projection en 3D, des films à partir d'archives et des sons et lumières vous plongent dans la Creuse du 19e s. à travers l'histoire de Marion et de la bénéventine, racontée à la manière des veillées d'antan *(durée 1h10, départ ttes les 25mn)*. Laissez-vous prendre par vos émotions, découvrez aux côtés de Marion la douceur des paysages de la campagne limousine, l'ambiance chaleureuse des cafés d'autrefois, la dure réalité de la vie des maçons creusois.

Assistez à un mariage en province, participez au conseil municipal. Rencontrez, dans son laboratoire rempli de plantes odorantes, le génial pharmacien Paul Pellissier qui retrouva la recette oubliée de la **bénéventine**, liqueur des moines de l'abbaye. Revivez les grandes heures de la distillerie de Bénévent qui ferma définitivement ses portes en 1914. Les reconstitutions du café, du laboratoire et de la distillerie sont étonnantes de vérité.

Prêtés par les gens du village ou chinés en brocante, les objets et le mobilier donnent toute leur authenticité à ces différents moments de vie pleins de nostalgie. La visite se termine par la « boutique 1900 » où vous pouvez acquérir divers produits locaux, notamment la fameuse bénéventine, désormais distillée à Limoges.

Des formules-découverte *(sur réservation)* vous permettent d'associer au Scénovision la visite des vergers de pomme du Grand Murat, de l'église de Bénévent ou d'une fabrique de tuiles en bois de châtaignier.

De l'église de Bénévent, prenez la direction de Marsac, puis tournez à gauche dans la rue Auguste-Faure (gendarmerie).

★ Puy de Goth

Laissez votre voiture au carrefour des trois sentiers et suivez celui de gauche. *30mn AR.* Du sommet (543 m), on découvre une belle **vue** demi-circulaire, au sud-ouest sur les monts de la Marche et du Limousin, au sud-est sur les monts d'Auvergne où se distinguent, par temps clair, le puy de Dôme et le puy de Sancy.

Quittez Bénévent par l'ouest en empruntant la D 10, puis, après 1 km, prenez à gauche sur la D 74. Vous passez à proximité de St-Étienne-de-Fursac, devenu célèbre avec la ligne de vêtements Monsieur de Fursac.

Suivez la D 4 en direction du Grand-Bourg, puis tournez à gauche sur la D 56. Après 2 km, prenez sur la gauche la D 10, direction St-Priest-la-Feuille.

St-Priest-la-Feuille

Accès par la D 74. *15mn AR.* Une promenade bucolique mène au **dolmen de la Pierre folle** où, dit la légende, il est préférable ne pas s'aventurer la nuit tombée. Si d'étranges danseuses, virevoltant autour du dolmen, tentent de vous embrasser… fuyez!

Poursuivez sur la D 10 qui ramène à La Souterraine.

NOS ADRESSES À LA SOUTERRAINE

HÉBERGEMENT

BUDGET MOYEN

Hôtel Château de la Cazine – *Domaine de la Fôt - ✆ 05 55 89 60 00 - www.chateaulacazine.com - fermé 23 déc.-14 janv. - ♿ - P - 20 ch. 60/78 € - ☕ 13 € - ✕ 28/65 €.* Charmant château du 19e s., en briques rouges et calcaire crème, dans un vaste parc, promesse d'un séjour au grand calme. Le restaurant abrite trois salles bourgeoises et une terrasse face à la nature pour une cuisine actuelle.

À proximité

Hôtel du Cèdre – *R. de l'Oiseau - 23210 Bénévent-l'Abbaye - ✆ 05 55 81 59 99 - 16 ch. 50/98 € - ☕ 9 € - ✕ 20/40 €.* Vous passerez un séjour tout en douceur dans cette belle et imposante maison creusoise en pierre de taille datant du 18e s. Un cèdre centenaire se déploie non loin de la piscine dans le joli jardin. Les chambres sont grandes et harmonieusement personnalisées.

POUR SE FAIRE PLAISIR

Hôtel Sas à La Porte St-Jean – *2 r. des Bains - ✆ 05 55 63 90 00 - www.hotelrestau-portesaintjean.com - fermé 1er janv., 1er mai et 25 déc. - ♿ - 37 ch. 68,50/90 € - ☕ 9 €, demi-pension possible - ✕ 17,90/45 €.* Adossé à la porte St-Jean, cet hôtel-restaurant propose des chambres fonctionnelles, en constante amélioration. Certaines bénéficient de douches balnéos, d'autres d'une nouvelle décoration avec les murs en pierre apparente. Dans l'annexe, quelques suites, idéales pour les familles. Côté cuisine, classique, traditionnelle. À l'entrée, un bénitier séculaire mérite un coup d'œil!

RESTAURATION

PREMIER PRIX

La Gondole sur le Toit – *8 pl. St-Jacques - ✆ 05 55 63 03 08 - www.lagondolesurletoit.com - fermé 1er-15 fév., sept., mar. soir et merc. - formule déj. 10 € - 18/25 €.*

Accordez-vous une pause sympathique à prix raisonnable au cœur du village, en terrasse ou dans la chaleureuse salle à manger de ce restaurant.

Le Passe-Muraille – *18 pl. du Dr-E.-Parrain - ✆ 05 55 63 29 34 - passe-muraille@worldonline.fr - fermé 1 sem. en mai, 1 sem. en sept. et 2 sem. à Noël - ♿ - P - 12/35 € - 9 ch. 62 € - ☕ 7,50 €.* Observez la façade de cette maison du 15e s., un visage apparaît… Une légende raconte que le reste du corps de ce passe-muraille serait enfermé dans le mur. Terrasse joliment aménagée et à l'intérieur, pierre de granit, poutres et belle cheminée. Chambres nouvellement créées.

À proximité

Nougier – *2 pl. de l'Église - 23290 St-Étienne-de-Fursac - ✆ 05 55 63 60 56 - www.hotelnougier.fr - ouvert de mi-mars à fin nov. et fermé lun. sf le soir en juil.-août, dim. soir de sept. à juin et mar. midi - formule déj. 13 € - 23/55 € - 12 ch. 63/75 € - ☕ 10 €, demi-pension possible.* Depuis trois générations, on cultive l'art du bon accueil et du bien manger dans cette auberge de village. Cuisine gourmande et soignée ; chambres plaisantes, piscine.

ACTIVITÉS

L'Étang du Cheix – *✆ 05 55 63 10 06.* L'étang du Cheix se trouve aux portes du bourg. Nombreuses activités pour les grands et les petits : baignade, jeux de plage, pêche, circuits de randonnée pédestre, balades en calèche, à dos de cheval ou de poney, etc. Camping à proximité.

4

Château de Boussac

★

1 602 Boussaquins – Creuse (23)

NOS ADRESSES PAGE 300

S'INFORMER

Office de tourisme – *Pl. de l'Hôtel-de-Ville - 23600 Boussac - ✆ 05 55 65 05 95 - juil.-août : tlj sf lun. 9h30-12h30, 14h30-18h, j. fériés 10h-13h ; janv.-juin : tlj sf lun. et j. fériés 9h30-12h, 14h-17h30 ; reste de l'année : se rens. - fermé 1er janv., dim. et lun. de Pâques, 1er mai, 8 mai, jeu. de l'Ascension, dim. et lun. de Pentecôte, 1er et 11 nov. et 25 déc.*

SE REPÉRER

Carte de microrégion C1 (p. 285) – *carte Michelin Départements 325 K2.*
Boussac se trouve à 40 km au nord-est de Guéret.

SE GARER

Nombreux parkings au centre-ville ; toutefois, garez-vous de préférence à l'extérieur de la vieille ville.

À NE PAS MANQUER

La vue sur le château depuis le pont sur la Petite Creuse ; l'exceptionnel panorama offert par la tour d'observation de Toulx-Ste-Croix.

ORGANISER SON TEMPS

Comptez 2h pour la visite du château et des landes environnantes. Vous profiterez, en été, des expositions de tapisseries d'Aubusson organisées dans l'enceinte du château.

Amoureux de belles pierres, de littérature, de paysages de landes et de rochers, Boussac ne manquera pas de retenir votre attention. Aux confins de la Champagne berrichonne et de la Marche, cette ancienne ville fortifiée occupe, au-dessus de la Petite Creuse, un promontoire à l'extrémité duquel se dresse un pittoresque château. C'est ici que George Sand écrivit en 1870 le *Journal d'un voyageur pendant la guerre*.

Se promener

Le château

✆ 05 55 65 07 62 - visite guidée juil.-août : tte la journée ; reste de l'année : se rens. - fermé 1er janv. et 25 déc. - se rens. pour les tarifs.

Érigé au 12e s., partiellement détruit durant la guerre de Cent Ans, le château de Boussac présente, du côté de la Petite Creuse, une façade austère, avec son revêtement de pierres brunes et son plan rectangulaire cantonné de tours massives. Seigneur de Boussac, maréchal de France et compagnon de Jeanne d'Arc, Jean Ier de Brosse, dont les armes figurent au-dessus du portail, fit reconstruire le château au 15e s., et des fenêtres à meneaux et des tourelles ornées de blasons et d'écussons vinrent égayer la rigueur du corps de logis. Vous verrez, au cours de la visite, la **salle des gardes** du château, dotée de

Toulx-Ste-Croix, les Pierres Jaumâtres
H. Lenain / Hemis.fr

cheminées armoriées. Elle abrita, de 1660 à 1882, la célèbre série de tapisseries de *La Dame à la licorne*, aujourd'hui exposées au musée national du Moyen Âge à Paris. Au 19e s., ces pièces majeures d'art médiéval, réalisées en Flandres au 15e s., furent vendues à un riche collectionneur. Le produit de la vente aurait servi à paver le champ de foire et ériger, dans le square qui porte son nom, la statue de **Pierre Leroux** (1797-1871), philosophe et humaniste saint-simonien, ami de George Sand, qui lança *La Revue sociale*. Vous verrez aussi, au premier étage, la **chambre de George Sand** (son premier roman champêtre, *Jeanne*, se déroule dans ce château) et au deuxième étage, le **salon du prince Zizim** *(voir Bourganeuf p. 320)*.

À proximité Carte de microrégion

4

Pierres Jaumâtres

6 km au sud de Boussac. Prenez la D 917, et après 2 km, tournez à droite vers St-Silvain-Bas-le-Roc.

30mn AR. Au sommet du mont Barlot qu'entoure une lande couverte de bruyères se dresse à 595 m d'altitude un curieux amoncellement de blocs de granit, « *tables monstrueuses… autels effroyables* », que George Sand a décrit dans son roman *Jeanne*. De là se dégage une belle **vue**★ au nord sur le Berry et le Bourbonnais, au sud sur les monts de la Marche et du Limousin.

Toulx-Ste-Croix

11 km au sud de Boussac. Prenez la D 917, après 2 km, tournez à droite vers St-Silvain-Bas-le-Roc. Au Pradeau, poursuivez sur la D 67.

Bâti sur une colline granitique à 655 m d'altitude, le village occupe le site d'un oppidum gaulois qui était entouré d'une triple muraille. La cité gallo-romaine qui lui succéda, *Tullum*, a laissé quelques vestiges dans le secteur du cimetière où des fouilles sont en cours.

Église – Cette curieuse construction romane en granit des 11e et 12e s. était reliée à l'origine à son clocher par trois travées aujourd'hui disparues. Dans ce clocher (très remanié) sont exposés quelques sarcophages, ainsi que des vases funéraires paléochrétiens ; dans le mur sud, on remarque un bas-relief gallo-romain. Devant l'église, des lions de pierre, utilisés jadis pour marquer les limites d'une juridiction ou d'un cimetière, semblent garder les lieux.

Tour d'observation – *À 200 m de l'église*. De la plate-forme *(74 marches)*, on embrasse un vaste **panorama★★** : au loin, la vue se porte sur le Berry et le Bourbonnais au nord, sur les monts de la Marche et du Limousin à l'ouest et au sud et, vers le sud et le sud-est, sur les monts de la Madeleine, du Forez, Dôme et Dore. Au premier plan, des blocs de granit sont disséminés au milieu des fougères et des bruyères, tandis que le boisement le dispute au morcellement des prés et des champs coupés de petits murs de pierres sèches.

NOS ADRESSES À BOUSSAC

RESTAURATION

PREMIER PRIX

À Nouzerines

La Bonne Auberge – *1 r. des Lilas - 23600 Nouzerines - ✆ 05 55 82 01 18 - www.la-bonne-auberge.net - fermé 1er-9 mars, 10-28 oct. et 20-28 fév. - ♿ - formule déj. 14 € - 17/50 € - 6 ch. 45/48 € - ☕ 7 €.* Auberge traditionnelle aux volets verts. La salle à manger principale, lumineuse et coquette propose une cuisine traditionnelle orientée terroir. Terrasse dans le jardin. Les chambres ont été rénovées en 2009.

Évaux-les-Bains

1 572 Évahoniens – Creuse (23)

NOS ADRESSES PAGE 303

S'INFORMER

Office de tourisme – *Pl. Serge-Cléret - 23110 Évaux-les-Bains - 05 55 65 50 90 - www.ot-evauxlesbains.fr - 22 mars-24 oct. : 10h-12h, 14h-18h30, w.-end et j. fériés 10h-12h, 15h-17h ; 25 oct.-31 déc. : tlj sf dim. et j. fériés 10h-12h, 14h-17h30, sam. 10h-12h.*

SE REPÉRER

Carte de microrégion D1 (p. 285) – *carte Michelin Départements 325 L3.*

À 5 km à l'est de Chambon-sur-Voueize, Évaux-les-Bains se trouve légèrement en retrait de la D 993, axe secondaire qui relie Montluçon à Aubusson par la vallée de la Tardes.

ORGANISER SON TEMPS

Comptez approximativement 3h pour visiter la ville et ses environs.

Les charmes de la cure, en Limousin, ce n'est pas si fréquent ! Les eaux d'Évaux, aux propriétés radioactives, étaient déjà utilisées par les Romains, comme en témoignent des vestiges de thermes. Même si vous ne venez pas à des fins thérapeutiques, vous y apprécierez le grand air et l'agréable environnement.

Se promener

Station thermale

Les eaux d'Évaux, hyperthermales faiblement minéralisées de type sulfaté sodique, possèdent des propriétés radioactives.

Trois sources sont actuellement exploitées : la source de **Ste-Marie**, la source du **Rocher** et la source de **César** (61 °C) ; elles sont efficaces contre les affections rhumatismales (principale spécialité de la station), veineuses et gynécologiques.

Église St-Pierre-et-St-Paul

Ce bel édifice roman a conservé un intéressant clocher-porche, dont le dernier étage octogonal, construit au 13e s., est surmonté d'une flèche élancée, couverte de bardeaux. Incendiée au 16e s., l'église fut rebâtie dans le style gothique, sauf les trois arcs de l'entrée du chœur qui avaient tenu bon. Endommagée en 1942, elle a été restaurée. La simplicité architecturale met en valeur la beauté de la pierre, tirant sur l'ocre et le roux.

À l'intérieur, on peut voir la châsse de saint Marien. Évaux-les-Bains et Chambon-sur-Voueize se la sont longtemps disputée. Pour les départager, les reliques furent placées sur une charrette tirée par des bœufs et dépourvue de conducteur… le trésor est revenu à la commune où l'attelage fit halte !

Du petit square attenant, on découvre une belle vue sur le chevet, l'étagement de la nef et des bas-côtés et le clocher-porche.

Circuit conseillé Carte de microrégion

★ GORGES ET VALLÉE

Circuit de 30 km tracé sur la carte de microrégion (p. 285) – Comptez environ 2h30. Quittez Évaux-les-Bains par le nord-est en empruntant la D 915 vers Marcillat. Après 1 km, prenez sur la gauche la D 40, puis une petite route à gauche vers Entraigues.

★ Site de St-Marien

20mn AR. Un agréable chemin en sous-bois descend vers un promontoire qui, couronné d'un semblant de chapelle *(pèlerinage en octobre)*, domine le confluent de la Tardes et du Cher.

Chapelle Ste-Radegonde

À 300 m de la route (prenez le chemin qui s'élève). Un **pont suspendu** permet d'atteindre la rive gauche de la Tardes et sa petite chapelle du 13e s.

À la sortie de Budelière, prenez sur la gauche la D 996, direction Évaux-les-Bains. 1 km après le pont de la voie ferrée, empruntez à droite la D 41A.

Au **Châtelet**, un surprenant décor masque l'entrée du village : ce sont les anciennes installations d'une mine d'or. On ne visite pas, et ne rêvez pas, il n'y a plus trace de métal précieux. Prenez plutôt une rue à gauche qui offre une vue dégagée sur le **viaduc de la Tardes**, conçu en 1890 par Gustave Eiffel.

Après le Châtelet, prenez à droite la D 993, pour retrouver, à gauche, la D 41A, puis la D 41, direction Lépaud. Au carrefour, tournez à gauche dans la D 917.

★ Gorges de la Voueize

La route, en corniche, domine la rivière qui court parmi les rochers escarpés, couverts d'arbres, de fougères et de bruyères.

Un sentier longe la rive gauche de la Voueize *(accès à l'entrée de Chambon par le moulin Girardy)*. Drôle de sensation lorsqu'on se trouve au fond de ces profondes gorges ! Le vertige passé, découvrez le gour de Leyrat et les ruines d'un château appelé localement « Barbe-Bleue ».

★ Chambon-sur-Voueize

Au cœur du pays de Combraille, Chambon-sur-Voueize occupe un site vallonné et verdoyant. Son église à deux clochers, son pont médiéval et ses gorges spectaculaires sont trois bonnes raisons de venir découvrir cette jolie ville fortifiée étageant ses maisons au confluent de la Voueize et de la Tardes.

L'**église Ste-Valérie**★ est à la fois l'une des plus importantes et des plus intéressantes églises de style roman limousin. Après la fondation par l'abbaye de St-Martial de Limoges d'un prieuré destiné à conserver les reliques de sainte Valérie, la construction de l'église fut entreprise à la fin du 11e s. ou au début du 12e s. Pillé et mutilé aux 15e et 16e s., l'édifice fut remanié vers 1850. Sa nef fut alors couverte d'une voûte d'arêtes masquant la charpente du 15e s. qui existe toujours. Bâtie en granit, l'église a des dimensions imposantes : sa longueur totale atteint 87 m, sa largeur au transept 38 m. Le porche est surmonté d'un clocher quadrangulaire du 13e s., appelé **tour des Bourgeois**. Voûté d'ogives, ce porche abrite un portail de type limousin, garni de boudins et de colonnettes à chapiteaux formant frise. Le grand clocher oriental est posé sur les voûtes, et la grosse tour d'angle servait de lieu de rangement des chartes et des manuscrits du monastère, d'où son nom de **tour du Chartrier**. Le chevet, bien dégagé, élégamment étagé, présente cinq absidioles aux baies ornées de torsades. L'**intérieur** frappe par l'harmonie de ses proportions.

LE PAYS DES COMBRAILLES

Ce territoire, dont les frontières ont fluctué au cours des siècles, au gré des luttes d'influence entre les provinces d'Auvergne, du Limousin et du Bourbonnais, possède des origines très anciennes. Il remonterait à l'époque des **Cambovices**, petite tribu gauloise prise entre ses puissantes voisines arvernes et lémovices, qui s'était établie à la confluence de la **Voueize**, de la **Tardes** et du **Cher**.

La partie limousine du pays des Combrailles, qui s'étend sur le département voisin du Puy-de-Dôme, est parcourue par de jolies rivières, et compte de pittoresques villages rompant ici et là la monotonie des paysages de prés bocagers : on citera par exemple Auzances *(voir p. 305)*, Crocq *(voir p. 279)*, Évaux-les-Bains *(voir p. 301)*, Gouzon ou encore Magnat-l'Étrange.

Le chœur, avec son arc triomphal à chapiteaux ornés de rinceaux et d'entrelacs, en est la partie la plus intéressante. Les boiseries sont d'une grande finesse. Remarquez un retable du 17e s. dédié à sainte Valérie. Un oratoire a été aménagé dans la seconde absidiole du croisillon sud *(à droite du chœur)* : on peut y voir une Pietà du début du 16e s. De là, on accède à la salle du **trésor**. Hormis le buste reliquaire et la pyxide du 13e s., remarquez aussi une *Mort de la Vierge* de l'école de Rubens, un *David et Goliath* attribué à Piazzetta (18e s.), et surtout un élément d'un triptyque du 15e s., *La Décollation de sainte Valérie*, de l'école flamande.

Du chevet de l'église Ste-Valérie, rattrapez, à gauche, la **Grande Rue du Puy**. C'est le meilleur endroit pour découvrir les maisons aux toits de tuiles brunes regroupées autour de l'église d'où émergent les deux clochers. Poursuivez dans cette rue, puis empruntez la rue Cueille qui descend vers la Voueize. À l'angle de la route de Lépaud, la **rue des Forts** offre une jolie perspective sur l'imposante tour des Bourgeois. Face au n° 3 de la **rue de la Brèche**, franchissez la porte cochère pour découvrir une tour des anciens remparts.

Le **vieux pont**★ du 14e s. équipé d'avant-becs enjambe la Voueize qui se jette un peu plus loin dans la Tardes.

NOS ADRESSES À ÉVAUX-LES-BAINS

HÉBERGEMENT

PREMIER PRIX

Hôtel La Fontaine – *R. des Thermes, à 100 m des Thermes - ✆ 05 55 65 51 36 - P - 23 ch. 35/55 € - ☕ 5 € - ✕ formule déj. 10 € - 13/32 €.* Cet hôtel du 19e s. proche des thermes a conservé son charme originel. Certaines chambres restent simples mais propres (bains sur le palier), d'autres bénéficient d'un confort plus complet. Au restaurant, décor rustique joliment désuet et cuisine traditionnelle assortie d'une belle carte des vins.

BUDGET MOYEN

Grand Hôtel Thermal – *Aux thermes - ✆ 05 55 82 46 00 - www.hotel-thermal-evaux.com - fermé de fin oct. au 26 mars, réserv. obligatoire - P - 66 ch. 64/79 € - ☕ 7,60 € - ✕ 15/35 €.* Installé dans l'enceinte de la station thermale, ce grand hôtel rénové en 2000 dispose de 66 chambres insonorisées, confortables et élégantes. Le restaurant sert conjointement une cuisine gastronomique et des menus pensés pour les curistes.

RESTAURATION

BUDGET MOYEN

À proximité

Le Coq d'Or – *7 pl. du Champ-de-Foire - 23130 Chénérailles - ✆ 05 55 62 30 83 - www.restaurant-coqdor-23.com - fermé 21 juin-2 juil., 20 sept.-4 oct., 1er-23 janv., dim. soir, merc. soir et lun. - formule déj. 13 € - 23/47 €.* Décor soigné et coloré : des coqs ornent ce restaurant, rapportés des quatre coins du monde par les clients. Cuisine actuelle goûteuse. Accueil aimable.

EN SOIRÉE

Casino – *7 pl. St-Bonnet - ✆ 05 55 65 67 33 - www.partouche.fr.* La détente et les petits soins, c'est bien joli, mais quand la fièvre du jeu refait surface, plus vraiment question de se ménager. Les joueurs tenteront leur chance sur les machines à sous, à la roulette anglaise, au black-jack ou encore au poker. Bars, restaurants et spectacles divers offrent des respirations bienvenues entre les parties.

ACTIVITÉS

Remise en forme aux Thermes – *✆ 05 55 65 50 01 - www.evauxthermes.com - tlj sf dim. 6h15-12h - fermé de déb. nov. à fin mars.* Parce que les vacances demeurent l'occasion unique de se ressourcer, on appréciera un séjour de remise en forme combinant calme et détente. Plusieurs formules au choix, dont le forfait « découverte » dédié à ceux qui n'ont encore jamais goûté aux bienfaits des soins thermaux.

Auzances

1 371 Auzançais – Creuse (23)

NOS ADRESSES PAGE 306

S'INFORMER

Syndicat d'initiative d'Auzances – *6 r. de la Mairie - 23700 Auzances - ℘ 05 55 67 17 13 - juil.-août : tlj sf lun. et j. fériés mar.-merc. et sam. 9h30-12h30, 14h-18h, jeu.-vend. 9h30-12h30, 15h-18h, dim. 10h-12h ; reste de l'année : tlj sf lun., w.-end et j. fériés merc.-vend. 9h-12h, 13h30-17h30, sam. 9h-12h, 13h30-17h et mar. 9h-12h30.*

SE REPÉRER

Carte de microrégion D2 (p. 285) – *carte Michelin Départements 325 M4.*
À 30 km au nord-est d'Aubusson par la D 988, Auzances est situé sur la route reliant Crocq à Montluçon.

À NE PAS MANQUER

L'église St-Jacques ; les peintures murales de la villa gallo-romaine de Cujasseix ; les fabuleuses vues sur le plateau de Millevaches et les volcans d'Auvergne depuis la tour carrée de Sermur.

ORGANISER SON TEMPS

Comptez environ 2h pour découvrir Auzances et ses environs.

Rattaché à l'Auvergne au Moyen Âge, Auzances formait avec Crocq une ligne de défense face à la frontière avec le Limousin, et faisait partie de l'une des cinq châtellenies du pays de Combraille. Seuls quelques pans de murs et de tours dans le faubourg des Cendres, incendié durant les guerres de Religion, viennent nous rappeler l'importance de cette ancienne place forte qui succomba aux Anglais en 1357, et dont le château ruiné fut totalement rasé en 1830.

Se promener

Église St-Jacques

Cet édifice roman, remanié au 15e s., renferme une *Descente de croix* par Daniel de Volterra, cadeau du pape Innocent X au chanoine Brousse en 1640. Remarquez, derrière l'autel, une belle Pietà polychrome du 16e s. D'étonnantes fresques d'inspiration byzantine, réalisées en 1965 par le peintre russe **Nicolas Greschny** (1912-1985), illuminent l'église d'une touche orientale. À l'extérieur, observez les chapiteaux du portail nord, de style gothique, sur lesquels figurent d'énigmatiques visages.

Chapelle Ste-Marguerite

Dans cette chapelle du 17e s., vous découvrirez des vestiges gallo-romains provenant des fouilles des sites de Coux d'Auzances, de Cujasseix *(voir ci-après)* et des Vergnes. Une petite exposition lapidaire, dans un espace jouxtant la chapelle, révèle des fragments d'aqueduc et des coffres funéraires ainsi que des sarcophages médiévaux.

À proximité Carte de microrégion

Rougnat

3 km au nord par la D 996.

Découverte en 1972 au nord du village, la **villa gallo-romaine** de Cujasseix se composait de bâtiments résidentiels ordonnés autour d'une cour de 40 m de long sur 35 m de large, et de structures à fonction agricole. Les fouilles ont notamment révélé la présence de salles chauffées par hypocauste, de bains privés, et de vestiges d'enduit peint indiquant un décor mural raffiné (figure de lion à tête de femme, cerfs, oiseaux, félins, rosaces, guirlandes et motifs divers) dont on peut voir des exemples à la chapelle Ste-Marguerite d'Auzances.

Élevée aux 12e et 13e s., l'**église St-Laurent** abrite quant à elle de belles boiseries de style Louis XV, et une série de 21 toiles attribuées au peintre italien **Giovanni Lombardi** (1682-1752), représentant des scènes de la vie du Christ.

À environ 2 km de Rougnat, au village du Courtioux, se dresse en bordure du Cher la silhouette d'une forteresse du 15e s., reconnaissable à ses mâchicoulis. Il s'agit du **château Bodeau** *(propriété privée),* qui servit de cadre au film d'Alain Corneau, *Tous les matins du monde* (1991).

Sermur

10 km au sud-ouest par la D 996. Prenez ensuite la D 25.

Ce charmant village domine le pays de Combraille, verdoyant et vallonné.

De l'église, empruntez un sentier qui, après avoir traversé un sous-bois, grimpe fortement jusqu'aux ruines d'une **tour carrée**, seul vestige d'une forteresse féodale détruite au début de la guerre de Cent Ans. Au pied de la tour (alt. 712 m), découvrez de fabuleuses **vues★★** qui s'étendent du plateau de Millevaches aux volcans d'Auvergne.

NOS ADRESSES À AUZANCES

POUR SE FAIRE PLAISIR

À proximité

Chambre d'hôte Les Trois Ponts – *D 9 - 23190 St-Silvain-Bellegarde - ✆ 05 55 67 12 14 - www.lestroisponts.nl - 5 ch. 85 € ☕ - ✕ 28 € bc.* Un couple de Hollandais a rénové cet ancien moulin au bord de la Tardes en préservant son authenticité. Douillettes chambres d'esprit provençal, aménagements pour la détente. Ambiance conviviale garantie autour de la superbe table d'hôte (légumes du potager).

Aubusson

★

4 239 Aubussonnais – Creuse (23)

NOS ADRESSES PAGE 315

S'INFORMER

Office du tourisme d'Aubusson – *R. Vieille - 23200 Aubusson - ✆ 05 55 66 32 12 - www.ot-aubusson.fr - juin-sept. : 9h30-13h, 14h-18h30, dim. et j. fériés 10h-12h, 14h30-17h30; reste de l'année : tlj sf dim. et j. fériés 9h30-12h30, 14h-18h.* Téléchargeable sur le site de l'office du tourisme d'Aubusson, le circuit du patrimoine vous propose de découvrir les principales curiosités de la ville.

SE REPÉRER

Carte de microrégion C2 (p. 285) – *carte Michelin Départements 325 K5.* Aubusson se trouve à 40 km au sud-est de Guéret.

SE GARER

Vous trouverez facilement à vous garer dans le centre-ville. En période d'affluence, sachez toutefois que deux vastes parkings jouxtent le musée départemental de la Tapisserie.

À NE PAS MANQUER

La superbe collection d'œuvres monumentales des 17e et 18e s. du musée départemental de la Tapisserie; la Maison du tapissier et son atelier de tissage, animé par un artisan; l'atelier de restauration de la manufacture de tapis et tapisseries St-Jean; l'exposition estivale de tapisserie de l'hôtel de ville; les fresques bibliques de l'église de Sous-Parsat.

ORGANISER SON TEMPS

Une journée vous permettra de découvrir à la fois les secrets de la tapisserie d'Aubusson et les richesses de la vallée de la Creuse.

AVEC LES ENFANTS

Faites-leur découvrir la tapisserie en visitant les ateliers de la Manufacture de tapis et tapisserie de St-Jean ; terminez la journée avec la visite du château de Villemonteix.

Bâtie à la confluence de la Creuse et de quatre de ses affluents, Aubusson doit ses activités à cette rivière dont les tanneurs, puis les tapissiers, ont toujours utilisé l'eau pure. Capitale de la tapisserie, dont elle ne cesse d'enrichir et de renouveler l'art, cette petite ville est aussi un centre historique aux charmantes ruelles bordées de maisons en granit, d'édifices ornés de tours rondes et de tourelles. À découvrir d'urgence…

Découvrir la tapisserie

Centre culturel et artistique Jean-Lurçat

Situé sur les bords de la Creuse, avenue des Lissiers, ce bâtiment de 2 500 m², à l'architecture fonctionnelle, est au service de la tapisserie depuis 1981. Outre la scène nationale, qui présente des spectacles variés, et la médiathèque, il abrite le musée départemental de la Tapisserie.

Aubusson et la tapisserie

LA MANUFACTURE ROYALE

Une longue tradition

La tapisserie aurait été importée des Flandres au 14e s. par **Marie de Hainaut**, devenue comtesse de la Marche. Dès le siècle suivant, les artistes d'Aubusson accèdent à la renommée. L'apogée est atteint aux 16e et 17e s. tant pour les « verdures » que pour les sujets religieux, mythologiques ou historiques; Colbert accorde même aux ateliers le titre de Manufacture royale. *La Dame à la licorne*, célèbre tapisserie conservée au musée de Cluny à Paris, est, dit-on, sortie des mains d'artisans aubussonnais.

Des moments difficiles

Ruinée par le départ à l'étranger de nombreux ouvriers, touchés par la révocation de l'édit de Nantes, l'industrie se relève au 18e s. et travaille d'après les peintres du temps : Watteau, Lancret, Boucher… Avec les suites de la Révolution et la concurrence des papiers peints, Aubusson connaît une période de déclin. Pourtant, la ville s'enorgueillit de plusieurs ateliers tissant suivant les procédés séculaires; sa grande spécialité est la tapisserie de basse lisse (métiers horizontaux, comme à Beauvais; les Gobelins tissant sur des métiers de haute lisse).

Un nouveau départ

Au début du 20e s., l'inspiration s'essoufflait quelque peu : la tapisserie, avec une technique demeurée impeccable, ne faisant plus guère que copier la peinture. C'est une collectionneuse, **Mme Cuttoli**, qui, dans les années 1930, est à l'origine de la renaissance de la tapisserie à Aubusson. En effet, elle fait appel aux plus grands peintres de l'époque pour susciter de nouvelles créations. À partir de 1937, avec la collaboration de Gromaire, **Jean Lurçat** (1892-1966) joua un rôle décisif dans le renouveau de l'art de la tapisserie. Autour d'eux, une nouvelle génération de peintres cartonniers s'affirma avec Prassinos, Tourlière, Saint-Saëns, Picart le Doux, Dom Robert, Wogensky et tant d'autres.

Désormais, depuis octobre 2009, la tapisserie d'Aubusson est inscrite au Patrimoine immatériel de l'Unesco qui honore ainsi l'art des lissiers et plus de cinq siècles de création.

LES MÉTIERS DE LA TAPISSERIE

Filateur de laine – Il transforme la laine de mouton en un fil de laine résistant.

Peintre cartonnier – Il crée le motif de la tapisserie sous forme de carton.

Maître lissier – Il détermine, avec le peintre cartonnier, le choix des matières et des coloris et la grosseur des fils de chaîne.

Teinturier – Il crée les couleurs de la laine et les fixe.

Lissier – Il tisse la tapisserie en suivant le modèle du carton.

Restaurateur-conservateur – Il rétablit une œuvre dans son aspect d'origine.

Le bolduc – Cousu au dos d'une tapisserie d'Aubusson, ce certificat comporte le nom de l'atelier de fabrication, celui du peintre cartonnier ainsi que sa signature, la date de réalisation de l'œuvre tissée, son format, son titre et son numéro.

Aubusson, la tapisserie *La Pêche miraculeuse*
D. Lerault / Photononstop

★ Musée départemental de la Tapisserie

Av. des Lissiers - ✆ 05 55 83 08 30 - ♿ - juil.-août : 9h30-18h, mar. 9h30-12h ; reste de l'année : tlj sf mar. 9h30-12h, 14h-18h - fermé 1er janv. et 25 déc. - 5 € (-18 ans gratuit).

Son fonds permanent se compose d'un ensemble d'œuvres monumentales des 17e, 18e et 19e s. : tapisseries à personnages représentant des scènes mythologiques, bibliques, historiques ou littéraires ; tapisseries de verdure, décorées de paysages fantaisistes où dominent les tons verts. Il comprend également des cartons, des tapis, et pour le 20e s., brillante période de rénovation dont Lurçat fut l'âme, des créations du maître en personne, mais aussi de Gromaire, Saint-Saëns, Picart le Doux, Tourlière, Jullien, etc. Le musée organise par ailleurs des expositions temporaires sur des thématiques variées (rétrospectives d'artistes, art textile contemporain…) et propose, en saison, des démonstrations de fabrication d'une tapisserie.

Maison du tapissier

R. Vieille - ✆ 05 55 66 32 12 - juin-sept. : lun.-sam. 9h30-13h, 14h-18h30, dim. et j. fériés 10h-12h, 14h30-17h30 ; reste de l'année : tlj sf dim. et j. fériés 9h30-12h30, 14h-18h - possibilité de visite guidée (45mn) - fermé 1er janv., 1er et 11 nov. et 25 déc. - 5 € (-12 ans gratuit).

Cette jolie maison bourgeoise du 16e s., flanquée d'une tourelle coiffée d'un toit conique, appartenait jadis à une famille de maîtres lissiers (nom des artisans qui fabriquent des tapisseries), les Corneille, dont l'une des fonctions était de juger de la qualité des tapisseries. La demeure se composait alors d'une échoppe au rez-de-chaussée, d'appartements privés à l'étage et d'un atelier de tissage directement sous les combles. Les nombreux meubles et objets de cet intérieur cossu vous révèlent la vie aubussonnaise des siècles passés, étroitement liée à la tapisserie. L'ambiance d'un bureau de marchand-tapissier y a été recréée, ainsi que celle d'un atelier de peintre cartonnier et surtout, d'un **atelier de tissage**. Ce dernier contient un métier de basse lisse, dit métier à barre, des dévidoirs anciens, un rouet pour préparer les flûtes et un présentoir à bobines. Dans cette salle, un artisan crée une œuvre sous vos yeux. Observez bien la précision de ses gestes, et n'hésitez pas à lui poser des questions sur son métier. Il sera ravi d'y répondre.

Manufacture de tapis et tapisseries St-Jean

3 r. St-Jean - ☏ 05 55 66 10 08 - visite guidée (1h) juin-août : 9h-12h, 14h-17h ; reste de l'année : tlj sf w.-end et j. fériés 9h-12h, 14h-17h, vend. 9h-12h, 14h-16h - 10 € (-14 ans 5 €).

Les ateliers de cette ancienne manufacture royale, créée en 1760, perpétuent la tradition artisanale aubussonnaise et honorent essentiellement les commandes de particuliers. Malheureusement, malgré le savoir-faire de ces artisans, la tapisserie, passée de mode, périclite. Des cinq cents employés du début du 20e s., il ne reste plus que sept personnes pour travailler dans ces ateliers, et la belle animation qui y régnait autrefois a désormais cédé la place au silence. Alors, dépêchez-vous de vous rendre dans ces ateliers pour découvrir avec plaisir les passionnants métiers de la tapisserie.

La réalisation d'un ouvrage débute dans la salle des cartonniers où l'artiste crée une maquette au 1/10. Accepté par le commanditaire, le carton est reproduit à l'échelle et sert de modèle pour la réalisation de la tapisserie. Le magasin de laines dispose d'une réserve de matières considérable : écheveaux de laine et de soie, chapelet confectionné pour regrouper toutes les nuances désirées (échantillons). Plus le décor du tapis est chargé, plus le temps de réalisation est long : en moyenne deux semaines de montage et onze mois de travail à quatre **velouteuses** pour un tapis de 36 m^2. La chaîne est le plus souvent en fil de lin, parfois en fil de coton. Le tissage se fait toujours sur l'envers. Une bordure colorée permet d'identifier la ville de fabrication (bleu pour Aubusson).

L'atelier des **tapis de savonnerie** n'est plus en activité. Œuvrant sur des métiers de haute lisse, les velouteuses exécutaient avec habileté les opérations nécessaires à la fabrication. Le **tapis ras** (plus rude au toucher) se réalise sur un métier de basse lisse. Le lissier progresse dans son ouvrage par zones, en activant des pédales pour séparer les fils de chaînes pairs et impairs et passer plus facilement les navettes de fil. Aujourd'hui, un seul métier est en activité.

L'atelier de **restauration** traite les tapis marqués par l'usure du temps. Scrupuleusement, les tapissières qui travaillent à l'aiguille sur l'endroit essayent de retrouver le ton juste des couleurs d'origine, avant de reconstituer la chaîne et la trame. Une collection de tapisseries anciennes et contemporaines vient compléter cette visite des plus instructives.

Hôtel de ville

Grande-Rue - ☏ 05 55 66 32 12 - www.ot-aubusson.fr - juin-sept. - possibilité de visite guidée (45mn) - 3 € (-12 ans gratuit).

Ce bâtiment de style Art déco, dont la salle du Conseil comporte tout un mobilier en tapisserie d'Aubusson, accueille, à la saison estivale, des expositions souvent consacrées à la tapisserie contemporaine.

École nationale supérieure d'art de Limoges-Aubusson (ENSA)

☏ 05 55 43 14 00 - www.ensa-limoges-aubusson.fr - 9h-17h - fermé w.-end, j. fériés et vac. scol. - gratuit.

Elle assure la formation au diplôme national supérieur d'expression plastique (DNSEP), option Art ou Design, intégrant les pratiques des arts du feu et du textile, et organise également toutes sortes d'expositions et de colloques.

Se promener Plan de ville

La ville ancienne s'étend de part et d'autre de la **Grande-Rue**, où plusieurs galeries privées exposent les productions des ateliers de tapisserie locaux.

Rue Vieille

Cette rue piétonne, dont les antiques demeures rénovées abritent des boutiques d'artisanat ou d'antiquités, fut l'artère principale de la ville jusqu'au 18e s.

Tour de l'Horloge

Jadis intégrée aux fortifications, cette ancienne tour de guet domine la ville.

Pont de la Terrade

Intéressant ouvrage du 16e s. pourvu d'avant-becs aigus. De là, **vue** agréable sur les maisons étagées de la rive gauche de la Creuse, au pied de rochers imposants.

Place de la Libération

Une maison à tourelle du 15e s., dite **maison des Vallenet**, forme avec sa fontaine (1718) un pittoresque tableau.

Église Ste-Croix

Cette église trapue (13e s.), perchée sur les hauteurs de la ville, fut très remaniée au 19e s. Elle se compose d'une nef voûtée d'arêtes et de deux bas-côtés de largeur inégale. À l'intérieur, tapisserie intitulée *Le Retour de Tobie* et orgues classées aux Monuments historiques.

Esplanade du Chapitre

De la terrasse de l'église Ste-Croix, un sentier pentu conduit à cette esplanade où subsistent les ruines du **château** des vicomtes d'Aubusson (11e-13e s.), détruit sur ordre de Richelieu en 1632. De là, vous aurez une **vue** d'ensemble de la ville.

4

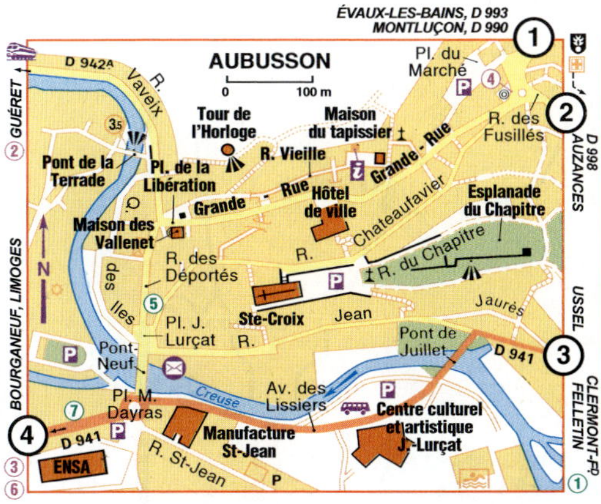

SE LOGER

Chambre d'hôte M. et Mme Dumontant....... 1
Hôtel Le France....................... 5
Hôtel Villa Adonis.................... 7

SE RESTAURER

Le Lion d'Or.......................... 4
Le Relais des Forêts.................. 6
Les Mille Sources..................... 3
Le Viaduc............................. 2

Circuit conseillé

HAUTE VALLÉE DE LA CREUSE

Circuit de 110 km tracé sur la carte ci-dessous – Comptez environ une journée. Quittez Aubusson par l'est en empruntant la D 998 en direction d'Auzances.

Bellegarde-en-Marche

La grande rue de ce village possède quelques beaux édifices du 17e s. : une tour-horloge surmontée d'un clocher, couverte en bardeaux de châtaignier ; plusieurs belles maisons dont certaines avec tourelles.

Revenez en direction d'Aubusson en empruntant la D 39 qui passe par La Chaussade.

St-Maixant

Sur la place du village, petite église et puissant **château** de la fin du 14e s.

Revenez sur la D 990.

Église de Chénérailles

Construite au 13e s., elle renferme un **haut-relief★** du début du 14e s., apposé en souvenir de Barthélemy de La Place, fondateur de l'église. Sculpté dans un calcaire blanc très dur, ce « tombeau », d'une facture fine et expressive, comprend trois registres superposés *(lire de bas en haut)* : la scène des funérailles,

la Vierge et l'Enfant avec, à leur droite, saint Aignan et saint Barthélemy, la Crucifixion. La Vierge est une reproduction de la statue de pierre polychrome du 13e s. qui se trouve dans la chapelle latérale. Les boiseries (destinées à l'origine à un autre lieu), les stalles et l'autel doré du chœur datent du 17e s.
Suivez la D 55 en direction d'Ahun, puis tournez à droite.

★ Château de Villemonteix *(voir p. 317)*

En sortant du château, prenez à gauche et rejoignez la D 53. À Cressat, suivez à gauche la D 50.

Viaduc de Busseau

Bel exemple de viaduc métallique qui enjambe la Creuse sur 300 m dans un cadre agréable.
Après avoir passé le viaduc, suivez à gauche la D 16.

★ Moutier-d'Ahun

Un pont ancien hérissé d'avant-becs enjambe la Creuse… Vous êtes au village de Moutier-d'Ahun, lové au pied de son église dans un charmant décor de collines boisées et de prairies coupées de haies vives. Toutefois, le charme de Moutier ne s'arrête pas là : l'abbatiale possède des boiseries du 17e s. dont les personnages, motifs floraux et animaux fantastiques créent un ensemble remarquable.
L'église – *✆ 05 55 62 45 63 - de mi-juin à mi-sept. : 10h-12h, 14h-17h, lun. 10h-12h30, 14h-19h ; reste de l'année : tlj sf lun.-mar. 14h-17h - fermé 1er janv. - 3 € (-12 ans gratuit).* Dans son état actuel, elle comprend une partie romane – carré du transept, clocher et chœur – et une partie gothique, le portail ouest, qui date du 15e s. On pénétrait dans l'édifice par un beau **portail** en granit de style flamboyant du 15e s. Abrité sous un gâble élancé, il est orné de six voussures garnies de petits personnages où se côtoient prophètes, anges, jongleurs, musiciens, danseurs. La nef a disparu : deux rangées de tilleuls évoquent le souvenir des travées. Les bras du transept ont eux aussi été détruits. La croisée est surmontée d'un gros clocher carré roman, ajouré sur chaque face de trois baies géminées établies sur des colonnettes aux chapiteaux lisses. Une stèle funéraire gallo-romaine à personnages et portant une inscription est encastrée dans la façade. Passant sous l'imposante coupole sur trompes du carré du transept, on accède au chœur par un arc triomphal composé de trois

HEURS ET MALHEURS

Peu avant l'an 1000, Boson, comte de la Marche, fait don à l'abbaye d'Uzerche d'une église dédiée à Notre-Dame qu'il possédait sur les bords de la Creuse, afin d'y fonder un monastère soumis à la règle de saint Benoît. Bientôt indépendant de l'abbaye mère, le « moûtier », qui prit le nom de Moutier-d'Ahun, joue un rôle considérable : les moines remplacent au 12e s. l'église de Boson par un édifice plus important.
La guerre de Cent Ans met fin à cette longue période de prospérité : détruite par les Anglais, l'église abbatiale est relevée de ses ruines, mais un siècle plus tard, au cours des guerres de Religion, la grande nef est dévastée et incendiée. En 1610, le calme revenu, les moines font déblayer les décombres et murer les ouvertures laissées par la destruction de la nef et des bras du transept. C'est à cette époque que furent exécutées les boiseries destinées à décorer le chœur. Après le départ des moines bénédictins, lors de la Révolution, les boiseries furent recouvertes d'un enduit au lait de chaux. Une patiente restauration, réalisée par le curé de Moutier-d'Ahun, l'**abbé Malapert**, leur a rendu tout leur éclat.

arcades juxtaposées. Le chœur à chevet plat et les deux chapelles ont reçu des voûtes d'ogives au 15e s. À l'extérieur, le chevet a conservé des traces de fortifications du 14e s. Les **boiseries★★** (*voir l'ABC d'architecture p. 88*) et les stalles décorent entièrement les murs de l'abside et du chœur. Toutes ces sculptures furent exécutées, de 1673 à 1681, par Simon Baüer, maître sculpteur établi en Auvergne, à la demande des moines de Moutier-d'Ahun.

De part et d'autre du maître-autel, dont le bas est recouvert d'un cuir de Cordoue du 17e s., les deux parties d'un vaste retable se composent de colonnes torses très ouvragées soutenant un important fronton brisé. La partie du chœur qui fait suite au retable est revêtue de panneaux décorés formant une porte monumentale qui donne accès à une chapelle du 15e s. Des motifs empruntés à la faune et à la flore, des sujets fantastiques ornent les 26 stalles. Il semble que le sculpteur ait voulu jouer sur l'opposition des symboles du bien et du mal à travers le choix des animaux et des motifs des cariatides. La grille de clôture fermant le chœur est surmontée d'un Christ à double face, sculpté dans un tronc de chêne.

Dans la sacristie ont été rassemblés de nombreux objets provenant de l'ancien monastère : des statues polychromes en granit, du 12e s., représentant saint Benoît et saint Antoine ermite, des reliquaires des 15e et 17e s. et un Christ en buis, du 17e s.

Pont de Moutier – Composé de huit arches formant un pittoresque ensemble de 100 m de long, il fut construit au 11e s. pour enjamber la Creuse en contrebas du village. Alors, pourquoi ce pont médiéval, classé aux Monuments historiques depuis 1920, est-il souvent appelé à tort le pont « romain » ? Vraisemblablement parce que Moutier-d'Ahun, important carrefour de communication à l'époque gallo-romaine, possédait déjà un gué à cet emplacement…

Prenez la D 13.

Ahun

Pays Creuse-Thaurion-Gartempe – *12 pl. Defumade - ✆ 05 55 62 55 93 - 23150 Ahun - www.ahun-creuse-tourisme.com - juil.-août : 9h30-12h30, 14h30-18h30, dim. et j. fériés 10h30-12h30 ; reste de l'année : tlj sf dim. et j. fériés 9h30-12h, 14h-18h - fermé sf 14 juil. et 15 août.*

Importante cité gallo-romaine, ville d'étape, ce fut l'une des premières localités évangélisées par saint Martial.

Église St-Sylvain – *✆ 05 55 62 55 93 - possibilité de visite guidée (1h30) - fermé lun. - 3 € (-12 ans 1,50 €).* Entre les baies du chevet de l'église, voyez les beaux chapiteaux ornés d'animaux, d'oiseaux et de palmettes. À l'intérieur, de remarquables **boiseries★** (fin du 17e s.) décorent le chœur sous forme de panneaux et de colonnes. Un retable en bois doré, une cuve baptismale du 12e s. taillée dans le granit et une Pietà en pierre polychrome du 15e s. complètent ce mobilier. La **crypte** *(accès par un escalier extérieur)* se termine par deux salles en hémicycle : la première est divisée en trois nefs, la seconde est une crypte préromane qui abrite un tombeau-reliquaire.

Suivez la D 13 en direction de Pontarion.

Église de Sous-Parsat

Les **fresques★** sont dues aux pinceaux de **Gabriel Chabrat**. Celui-ci joue sur le contraste de deux couleurs symboles : le jaune (la joie) et le bleu (le songe). Sur toutes les parois, il illustre différentes scènes de la Bible. La Genèse représentée au fond du chœur fait face à une flamboyante Apocalypse. La lumière, qui filtre à travers les vitraux dessinés par l'artiste, accentue l'atmosphère singulière de ce lieu.

Rejoignez Le Sec (D 13) par la D 45, puis gagnez la D 16 à Chamberaud. Prenez vers St-Sulpice-les-Champs.

Masgot

À l'écart de la route, ce hameau semble un îlot perdu dans le paysage creusois. Accroché sur une éminence, Masgot peut se prévaloir de conserver des habitations typiques aux finitions remarquables (chaînages d'angle, bandeaux, arcs…). Celles-ci sont dues à la dextérité des hommes du village qui étaient tous, au 19e s., tailleurs de pierre et maçons. L'un d'entre eux, **François Michaud** (1810-1890), a orné le village d'énigmatiques sculptures naïves aux formes généreuses et variées. Un petit **site touristique** lui est d'ailleurs consacré. Et durant l'été, il est possible de s'initier à la taille et à la sculpture de la pierre.
✆ 05 55 66 98 88 - www.masgot.fr - ♿ - juil.-août : 10h-12h, 14h30-19h ; avr.-sept. : w.-end et j. fériés 14h30-18h - fermé de mi-déc. à mi-janv. - 3 €.
À la sortie du chemin menant au village, revenez à Chamberaud et prenez à droite la D 55 pour gagner La Rochette, via *Ars.*

Chapelle de La Rochette

Construite en 1569 dans le style roman, elle est dotée d'un clocher couvert d'écailles de bois. Cet édifice s'élève dans un site enchanteur composé de riches prairies vallonnées parcourues par les flots de la Creuse.
Suivez la D 18 qui ramène à Aubusson.

NOS ADRESSES À AUBUSSON

HÉBERGEMENT

BUDGET MOYEN

Hôtel Villa Adonis – *14 av. de la République - ✆ 05 55 66 46 00 - www.villa-adonis.com - fermé 26 déc.-3 janv. - ♿ - Wifi - 10 ch. 55/65 € - ☕ 7 €.* Cette maison en pierre cache un intérieur contemporain soigné et cosy. Chambres confortables avec, côté jardin, vue sur un superbe séquoia en bordure de rivière.

Hôtel Le France – *6 r. des Déportés - ✆ 05 55 66 10 22 - www.aubussonlefrance.com - Wifi - 21 ch. 59 € - ☕ 12 €, demi-pension possible - ✕ 20/35 €.* Près de l'église Ste-Croix, jolie demeure du 18e s. aux chambres confortables et aménagées avec goût (meubles chinés, tissus choisis). Petit espace détente. Élégante salle à manger et terrasse dressée dans la cour intérieure ; cuisine traditionnelle de belle tenue.

À proximité

Chambre d'hôte M. et Mme Dumontant – *Les Vergnes - 23200 St-Pardoux-le-Neuf - 7 km à l'est d'Aubusson sur D 941 - ✆ 05 55 66 23 74 - www.lesvergnes.com - fermé de fin sept. à déb. mai. - P - ⊠ - 6 ch. 78 € ☕.* Ceux qui recherchent le calme et la détente trouveront leur bonheur dans ce domaine du 18e s. situé en pleine campagne. Les chambres, rénovées, sont spacieuses. Étang de pêche et deux piscines, dont une couverte. Trois gîtes pour les plus longs séjours.

RESTAURATION

PREMIER PRIX

Le Relais des Forêts – *41 rte d'Aubusson - ✆ 05 55 66 15 10 - www.relais-des-forets.fr - ♿ - P - 11/36 €.* Si vous voulez goûter les spécialités locales, rendez-vous au Relais : pâté de pommes de terre, omelette aux cèpes, fondu creusois ou viande limousine vous satisferont pleinement.

À proximité

Le Viaduc – *9 Busseau-Gare - 23150 Busseau-sur-Creuse - ✆ 05 55 62 57 20 - www. restaurant-leviaduc.com - fermé 17-30 janv., 1 sem. en juin, dim. soir et lun. - formule déj. 14 € - 22/45 € - 7 ch. 44/65 €, demi-pension possible.* Cette auberge tire profit de sa situation dominante : la salle à manger rustique et la terrasse offrent une belle vue sur un viaduc de 1863 qui enjambe la Creuse. Cuisine traditionnelle actualisée à base de bons produits. À l'étage, chambres bien tenues.

BUDGET MOYEN

Le Lion d'Or – *11 pl. du Gén.-d'Espagne - ✆ 05 55 66 65 71 - http://liondor-aubusson. com - P - 20/50 €.* Dans un cadre ravissant, une cuisine traditionnelle et inventive. Rapport qualité/prix excellent.

POUR SE FAIRE PLAISIR

À proximité

Les Mille Sources – *Le Bourg - 23460 St-Marc-à-Loubaud - ✆ 05 55 66 03 69 - fermé de déb. déc. à mi-fév., dim. soir et lun. (sf vac. scol.) - P - 39/50 €.* Ancienne ferme au joli cachet, dont le jovial patron vous accueille comme des amis. Canards de Challans et gigots rôtissent dans la cheminée d'époque de la salle rustique.

PETITE PAUSE

Volup'Thé – *57 r. Vieille - ✆ 05 55 66 53 20.* Idéal pour un déjeuner rapide ou une pause goûter, ce salon propose salades, sandwichs et desserts maison, thé et boissons. En vente également, des produits alimentaires artisanaux et équitables.

ACHATS

La Boutique-École – *60 r. Alfred-Assolant - ✆ 06 22 11 63 65.* Dans cette boutique, vous pourrez acquérir tout le matériel nécessaire à la confection de tapisseries : canevas, cadres, aiguilles, écheveaux de laine, épingles, etc. Différents modèles y sont exposés pour le plus grand plaisir des yeux.

Échoppe d'Aubusson – Ouverte en 2007, cette boutique de l'office du tourisme d'Aubusson *(voir p. 307)* propose des tapisseries, bien sûr, mais aussi des créations originales issues d'ateliers d'artisans d'art creusois ainsi que des produits du terroir.

Château de Villemonteix

★

Creuse (23)

NOS ADRESSES À AUBUSSON CI-CONTRE

SE REPÉRER

Carte de microrégion C2 (p. 285) – *carte Michelin Départements 325 J4.*
Villemonteix se trouve à environ 3 km à l'ouest de Chénérailles et à 22 km au nord d'Aubusson.

À NE PAS MANQUER

Le château a conservé une chapelle et des appartements qui méritent une visite. Quant au mobilier et aux tapisseries, ils sont à voir absolument !

AVEC LES ENFANTS

Il faut leur montrer la façade du château en leur racontant son évolution, puis leur expliquer comment vivaient les gens autrefois à travers le mobilier (lit à tentures, fauteuil d'aisance…). Ensuite, évoquez un peu d'histoire et de mythologie à travers les tableaux et les tapisseries et pour finir, laissez-les trouver l'entrée cachée de la chapelle !

Au milieu des prés occupés jadis par une série d'étangs, ce château du 15e s., chargé de la protection de la ville d'Ahun, a été remarquablement restauré. Son architecture admirable, ses appartements au mobilier de qualité, ses magnifiques tapisseries et sa porcelaine de Sèvres en font un lieu de visite très intéressant.

Se promener

05 55 62 33 92 - www.chateau-de-villemonteix.com - visite guidée juil.-août : 10h-12h, 14h-15h ; des vac. de Pâques aux vac. de La Toussaint : 14h-15h ; reste de l'année : se rens. - 6,50 € (-8 ans gratuit).

Niché au bord d'un étang, Villemonteix possédait jadis un pont-levis, des fossés et un boulevard d'artillerie. Le **chemin de ronde**, supporté par des corbeaux et orné de gargouilles, se termine par des échauguettes. Côté ouest, deux imposantes tours encadrent l'arrière de l'édifice.
Ce château habité conserve un intéressant **mobilier**★★ d'époque et de somptueuses **tapisseries**★★.

Rez-de-chaussée

Après avoir découvert, à l'accueil, le métier à tisser et surtout le piano double (rare) de Béatrice de Camondo, vous verrez la **cuisine**, avec sa cheminée et son potager. Le **salon** du 18e s. était à l'origine une salle où le châtelain recevait ses gens, les marchands et les pèlerins qui pouvaient dormir sur place. Il est aujourd'hui décoré d'un tapis d'Aubusson, d'une tapisserie de Felletin (18e s.), de meubles Louis XV-Louis XVI et d'un carton de tapisserie de la série des *Amours des dieux* (1745).
Une chapelle destinée aux pèlerins se cache derrière les boiseries.

DÉFENDRE LA LIGNE DES CRÊTES

Au 13e s., Villemonteix (de *villa montis*, la ferme sur la colline), simplement doté d'un donjon et d'une enceinte avec tours d'angle et chemin de ronde, défendait la ligne des crêtes et la ville d'Ahun qu'elle prévenait en cas de danger au moyen de pigeons voyageurs. Le château s'agrandit au 15e s. pour devenir ce qu'il est aujourd'hui : un vaste édifice rectangulaire agrémenté de plusieurs tours. Dans la cour se trouvaient jadis les bâtiments des cuisines, de la forge et des écuries ; détruits, ils furent remplacés au 18e s. par un logis en L perpendiculaire au château qui englobe l'une des deux tours d'angle conservées de l'enceinte. Incendié à la Révolution, Villemonteix servit ensuite comme bâtiment agricole et se dégrada rapidement. Dans un triste état (toitures et sols en partie défoncés), il fut finalement racheté en 1982 par un particulier qui le restaure avec goût.

La **salle à manger** du 18e s., couleur céladon, conserve de magnifiques services de table en porcelaine de Sèvres et une fontaine en faïence de Rouen. Au mur, une chancellerie aux armes de France et de Navarre, offerte par Louis XIV à son chancelier. Un second exemplaire de cette tapisserie des Gobelins (17e s.) est actuellement au musée du Louvre.

Premier étage

La **chambre d'apparat** (19e s.) a conservé son papier peint et un tapis ras d'Aubusson (1815). Un très joli service à café en porcelaine de Sèvres décoré par le peintre Moriot montre différents monuments de Paris (1810). Deux tableaux évoquent les personnages célèbres de la région. Le premier illustre la rencontre de Pierre d'Aubusson et du Prince Zizim *(voir Bourganeuf p. 320)*, le second François d'Aubusson devant Candi (1850). Une œuvre du peintre Descamps montre le Supplice de Prométhée.

Dans la **salle du billard** (19e s.), des tapisseries d'Aubusson du 17e s. reprennent le thème des *Jeux d'enfant*. Réalisées d'après les cartons de Jacques Stella, elles montrent quelques fantaisies dans les dimensions et le nombre d'enfants. La série initiale tissée à Beauvais, commandée par le roi pour Versailles, fut détruite pendant la Révolution. Une armoire lyonnaise en noyer (17e s.) offre la particularité d'être sculptée sur ses côtés.

Dans la pièce suivante, une table à jeux Louis XV côtoie une magnifique vitrine Boule (marqueterie en étain, en ébène et en velouté du Brésil). Le portrait en buste de Louis XIV est l'un des trente exemplaires que le roi commanda d'après son portrait en pied peint par Hyacinthe Rigaud. Au mur, l'une des quatre tapisseries de « L'histoire d'Achille », tissée d'après des cartons de Isaac Moillon. Ici, Thétis commande à Vulcain des armes pour son fils Achille *(les tapisseries du château sont exposées par roulement et peuvent changer d'emplacement)*.

Deuxième étage

L'**appartement de l'abbé** présente quelques décors peints du 15e s., un bahut 16e s., un portrait de François Ier, deux tapisseries ainsi que les archives de Villemonteix qui ont miraculeusement survécu à la Révolution.

L'**appartement seigneurial** (18e s.) a en partie conservé son décor de fausses pierres (15e s.). Au plafond demeurent les poulies qui servaient à bouger le cadre en bois sur lequel reposaient les tentures qui encadraient le lit. Le mobilier est du 18e s. : cartelier, bureau, fauteuil Mazarin, bidet Louis XV, fauteuil d'aisance à l'anglaise (très rare). La tapisserie d'Aubusson – Io transformée en génisse – fut tissée d'après un carton de Jean-Baptiste Oudry.

Village de Chénérailles, château de Villemonteix
J.-D. Sudres / Hemis.fr

Troisième étage

La **salle des gardes** est ornée de plusieurs tapisseries dont un « lit de justice » (16e s.) qui témoigne de la puissance de son propriétaire. Le sommet de la tour carrée, coiffé d'une charpente au 16e s., était à l'origine crénelé.

À proximité Carte de microrégion

Château de Mazeau

10,5 km à l'est. De Villemonteix, rejoignez Chénérailles. Prenez ensuite la D 4 jusqu'à Peyrat-la-Nonière et suivez les panneaux « château de Mazeau ». Juil.-août : apr.-midi.

Perdu dans la nature, cet édifice en cours de restauration, n'a pas l'allure classique d'un château. Le temps ne l'a guère épargné, mais les bâtiments imposants sont beaux, chargés d'histoire.

Érigé à l'emplacement d'un site gallo-romain, le château fut confié par les moines cisterciens de Bonlieu à des nobles chargés de le défendre. Puis vendu, il est resté finalement aux mains d'une même famille jusqu'à la Révolution, devenant par la suite simple bâtiment de ferme.

Il comprend une tour du 14e s. (à dégager des murs en pierre qui l'enserrent), accolée au château neuf du début du 16e s. Contre la tour, la « galerie italienne » se distingue par ses carreaux de terre cuite. Dans les pièces, de vastes cheminées d'époque ont toujours leur peinture grise d'origine. Le château a également conservé sa cave et ses deux cachots, deux escaliers à vis dans les tours et des salons aux boiseries 18e s.

Face au château, une dépendance abrite l'ancienne cuisine. L'édifice qui ferme la cour était réservé aux soldats.

L'un des propriétaires de cet ensemble participa aux croisades, comme nous l'indique un texte peint sur une cheminée.

Bourganeuf

3 163 Bourganiauds – Creuse (25)

NOS ADRESSES PAGE 323

S'INFORMER

Office de tourisme – *3 r. Zizim (transfert prévu en 2011 pl. du Champ-de-Foire) - 23400 Bourganeuf - 05 55 64 12 20 - www.ot-bourganeuf.com - de déb. juil. à fin août : 9h30-12h30, 14h-18h, dim. et j. fériés 10h-12h ; reste de l'année : tlj sf dim. et j. fériés 9h30-12h30, 14h-18h.*

SE REPÉRER

Carte de microrégion B2 (p. 284) – *carte Michelin Départements 325 H5.*
Bourganeuf se trouve au croisement de la D 941 qui relie Aubusson (40 km), à Limoges (50 km), et de la D 940 qui relie Guéret (33 km) à Eymoutiers (30 km) au pied du plateau de Millevaches.

À NE PAS MANQUER

La tour Zizim, l'église St-Jean et le musée de l'Électrification, sans oublier les nombreuses randonnées dans la haute vallée du Taurion.

ORGANISER SON TEMPS

Profitez de la matinée pour sillonner la vallée du Taurion et retournez sur Bourganeuf à la mi-journée pour visiter la ville.

AVEC LES ENFANTS

Promenez-vous dans les sous-bois de la vallée du Taurion et visitez l'espace Pêche et Nature de Pontarion qui propose également un intéressant sentier des découvertes.

Bourganeuf est bâti sur un éperon dominant la vallée du Taurion, dans un paysage de collines boisées. Si rien ne paraît troubler cette cité du cœur du Limousin, c'est qu'elle a toujours été en avance sur son temps. Avec la venue du prince Zizim, la cité a découvert les raffinements de l'Orient en plein Moyen Âge. Puis, quatre siècles plus tard, elle devint la première ville d'Europe à être éclairée par la fée « Létricité » !

Se promener

Du latin *Burgum novum*, la cité de Bourganeuf se serait développée autour d'une maison, créée par les chevaliers de St-Jean pour héberger les pèlerins.

Tour Zizim

Pl. du Mail - 05 55 64 12 20 - le rdc se visite, le reste est fermé pour travaux - visite guidée (1h) sur demande (7 j. av.) de déb. juil. à fin août : merc. 14h30 - 3 € (-12 ans gratuit).

Elle appartenait au château, siège du grand prieuré d'Auvergne de l'ordre de St-Jean-de-Jérusalem, et servit de résidence forcée au prince Zizim. Coiffée d'une superbe **charpente★**, cette tour abrite des objets provenant de fouilles gallo-romaines locales *(qui ne sont pas toujours exposés durant les travaux)*. Du dernier étage de la tour, jolies **vues** sur la ville et la campagne environnante.

DRÔLE DE DRAME

À l'histoire de Bourganeuf est liée celle du **prince Zizim**. À la mort de son père Mehmet II en 1481, le vainqueur de Constantinople, Zizim intrigue et cherche à s'emparer du trône de son frère aîné Bajazet. Vaincu, il se réfugie à Rhodes auprès de Pierre d'Aubusson, grand maître de l'ordre de St-Jean-de-Jérusalem. Ce dernier l'emmène avec lui à Bourganeuf en 1483, où le prince vit avec le confort oriental. Dans une tour du château, le prince Zizim installe tous les raffinements de l'époque : bains à la turque, somptueuses tapisseries, harem.

Cette période faste s'achève en 1485. Pierre d'Aubusson remet son hôte au pape. Bajazet, craignant le retour de son frère, offre une pension au chef de la chrétienté, Alexandre VI, pour qu'il le garde au château St-Ange à Rome. Quelques années après, le prisonnier pense réaliser son rêve avec l'appui de Charles VIII, vainqueur de l'Italie, mais il meurt à Naples en 1495, par un poison venu d'Orient versé, dit-on, par les Borgia.

Hôtel de ville

✆ 05 55 64 07 61 - fermé w.-end et j. fériés, 1er janv. et 25 déc. - gratuit.

Dans la salle du Conseil, très belle **tapisserie d'Aubusson★** du 18e s. Remarquez les symboles de l'Ancien Régime (sceptre et main de Justice) et ceux de la Liberté (faisceaux des licteurs, épée et balance de la Justice). Deux symboles entourent un curieux motif central : un œil au milieu d'une couronne de feuilles de chêne.

Église

Construite par les hospitaliers à côté de leur château, elle a été complètement remaniée au 15e s. En témoignent ses voûtes d'ogives, ainsi que les chapelles latérales. Une coupole octogonale sur pendentifs supporte le clocher.

Dans le chœur, jolie clé de voûte ornée d'un Christ en majesté ; main reliquaire en argent du 15e s. L'orgue, construit dans les années 1820, est attribué à un facteur d'orgue alsacien, Joseph Callinet.

Musée de l'Électrification

La Grand'Eau - ✆ 05 55 64 26 26 - juil.-août : tlj sf dim. et j. fériés 10h-12h, 14h-18h, sam. 10h-12h, 14h-17h - fermé sept.-juin - 4 € (-15 ans 3 €).

Étiez-vous au courant ? En 1886, 60 ampoules brillent dans la nuit de Bourganeuf. Bientôt, le débit du ruisseau du Verger qui alimente la dynamo, actionnée par une roue à augets, ne suffit plus… La suite vous est expliquée sous forme de supports écrits et audiovisuels.

4

Circuit conseillé

HAUTE VALLÉE DU TAURION

Circuit de 50 km tracé sur la carte (p. 322) – Comptez environ 3h. Quittez Bourganeuf par le nord-est en empruntant la D 940A en direction de La Chapelle-Taillefert, puis la D 50 à droite.

Sardent

À l'ouest du village se dresse la **chapelle St-Pardoux**. Agrémenté d'une jolie **vue**, ce lieu de pèlerinage (à la Pentecôte) détiendrait par l'eau de ses fontaines diverses vertus.

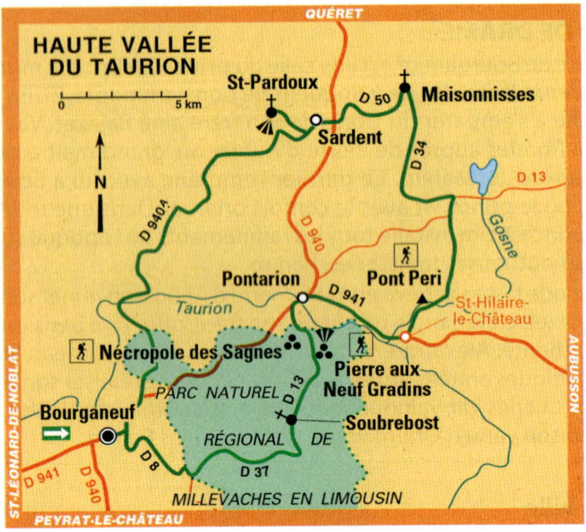

Sardent servit de décor naturel au film *Le Beau Serge*, du réalisateur creusois Claude Chabrol. Vous reconnaîtrez peut-être les lieux de tournage.

Quittez Sardent par l'est en empruntant la D 50.

Maisonnisses

Tout près de la Gartempe naissante, ce village fut le siège d'une commanderie du Temple. L'église abrite un magnifique **gisant★**, découvert en 1830 et rétabli dans son enfeu en 1955. Il s'agit sans doute d'un chevalier ou d'un commandeur du 13e s.

Quittez Maisonnisses par le sud en suivant la D 34.

Pont Peri

Accessible à pied par un sentier, ce pont romain enjambe la Gosne dans un site charmant.

Rejoignez St-Hilaire-le-Château, puis prenez la D 941 vers Bourganeuf.

Pontarion

Le **château**, du 15e s., est équipé de tours d'angle et d'un système de mâchicoulis et de créneaux. Du bord du Taurion, jolie vue sur la façade sud de l'édifice.

PIERRES À LÉGENDE

Outre la **Pierre aux Neuf Gradins** *(voir p. 323)*, la région de Bourganeuf compte d'énigmatiques sites dont voici quelques exemples. Curiosités naturelles ou créations humaines, à vous de juger…

Roches de Mazuras – *À Faux-Mazuras*. Chaos rocheux couvert de landes, et qui serait hanté par les fées.

Pierre du Diable – *À St-Pierre-Chérignat*. Ce rocher lisse porterait l'empreinte des doigts du Diable.

Pierre au berceau – *À St-Pierre-Chérignat*. Bloc creusé en forme de berceau, dans lequel on déposait les nouveau-nés lors d'une curieuse cérémonie de « baptême ».

Cadran solaire – *À St-Moreil*. Cette ancienne borne milliaire grossièrement gravée pointait-elle vers la cachette d'un trésor de Templiers ?

Au pied du château, découvrez l'**espace Pêche et Nature** (arboretum, belvédère, jardin, sentier des découvertes).

L'**église**, édifiée au 13e s., s'ouvre par un portail limousin décoré de frises et de masques; à l'intérieur, voyez les pierres tombales anciennes de maçons.

Franchissez le Taurion, puis prenez à gauche la D 13.

Nécropole des Sagnes

800 m à travers bois. Ce site gallo-romain, fouillé entre 1986 et 1990, regroupait près de 300 sépultures. Les corps incinérés étaient inhumés dans des coffres ou dans des urnes déposés dans des fosses. Mais la nature a repris ses droits. La nécropole est surtout l'occasion d'une jolie balade en forêt.

Poursuivez sur la D 13.

Pierre aux Neuf Gradins

À Soubrebost. Sous les chênes, un chemin escarpé grimpe jusqu'au site *(un accès moins difficile est signalé au sud du site).* Dans les bois, d'énormes blocs semblent avoir été jetés par quelque géant. L'un d'eux, très curieux, est creusé de neuf cuvettes qui ressemblent à des marches taillées. Est-ce une curiosité de la nature ou une création humaine ? Cette pierre est devenue un « mystère archéologique » qui n'est pas prêt d'être élucidé !

Continuez sur la D 13.

Soubrebost

Ce village a vu grandir **Martin Nadaud** (1815-1898), un personnage d'exception, maçon creusois devenu homme politique et surnommé le « député en blouse ». Retrouvez-le dans sa maison natale La Martinèche à travers un parcours muséographique intéressant. *05 55 64 52 25 - de déb. juil. à mi-sept. : 10h-13h, 14h-19h; de mi-sept. à fin oct. : w.-end 14h30-18h30; reste de l'année : vac. scol. lun.-vend. 14h30-18h30 - 5 € (-15 ans 3 €).*

Dans l'église, remarquez la **Vierge à l'Enfant** (13e s.), statuette de bois recouverte de cuivre.

Poursuivez sur la D 13, puis prenez à droite la D 37. Un peu plus loin, la D 8 ramène à Bourganeuf.

4

NOS ADRESSES À BOURGANEUF

HÉBERGEMENT

UNE FOLIE

À proximité

Château de la Chassagne – *La Chassagne - 23250 St-Hilaire-le-Château - 05 55 64 55 75 - www.chateau-lachassagne.com - P - 4 ch. 90/140 € - - table d'hôte 30 €.* Robuste château des 15e et 17e s. isolé dans un parc où paissent des chevaux. Un escalier à vis dessert des chambres raffinées, dont une nichée sous une superbe charpente. Table d'hôte. Accueil avenant.

Le Sancerrois et la Sologne berrichonne 5

Carte Michelin Départements 323 – Cher (18)

Dans le Sancerrois vers Veaugues, un noyer, des vignes et des grandes cultures
H. Lenain / Hemis.fr

LE SANCERROIS ET LA SOLOGNE BERRICHONNE

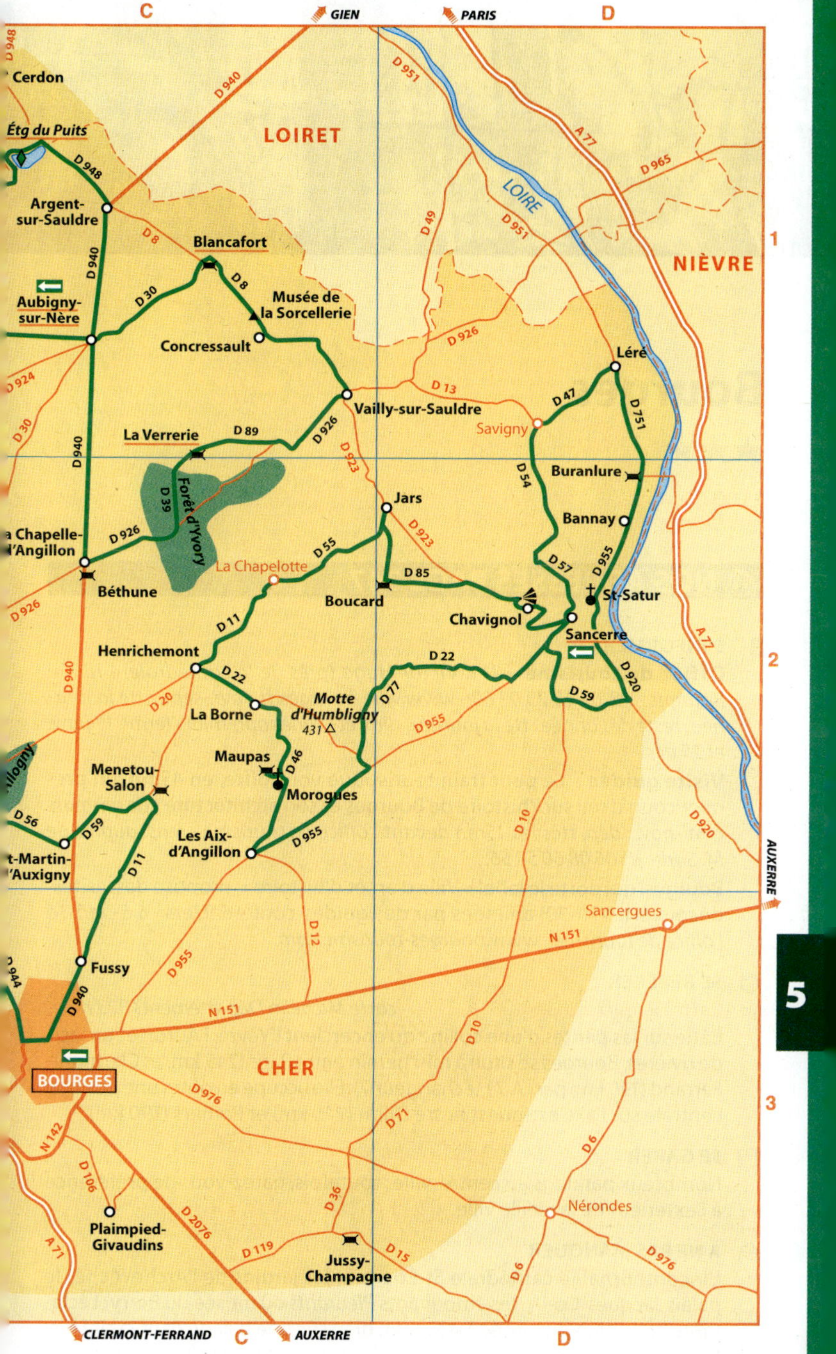

C
GIEN
PARIS
D
Cerdon
Étg du Puits
D 948
D 940
LOIRET
D 951
A 77
D 965
LOIRE
Argent-sur-Sauldre
D 8
Blancafort
D 49
NIÈVRE
1
Aubigny-sur-Nère
D 30
Musée de la Sorcellerie
Concressault
D 926
D 924
D 13
Léré
Vailly-sur-Sauldre
D 47
D 751
Savigny
La Verrerie
D 89
D 923
D 54
Buranlure
Forêt d'Yvory
D 39
Jars
Bannay
La Chapelle-d'Angillon
D 955
D 57
La Chapelotte
D 55
D 85
St-Satur
Béthune
Boucard
Chavignol
Sancerre
D 11
Henrichemont
D 22
2
D 77
D 920
D 59
D 20
La Borne
Motte d'Humbligny
431
Maupas
D 46
Menetou-Salon
Morogues
D 10
D 56
Les Aix-d'Angillon
St-Martin-d'Auxigny
AUXERRE
Sancergues
N 151
D 12
Fussy
D 944
CHER
BOURGES
3
D 976
D 71
N 142
D 106
D 6
Plaimpied-Givaudins
D 2076
D 36
Nérondes
D 119
Jussy-Champagne
D 15
A 71
CLERMONT-FERRAND
5

Bourges

★★★

71 000 Berruyers – Cher (18)

NOS ADRESSES PAGE 347

S'INFORMER

Office de tourisme – *21 r. Victor-Hugo (près de la cathédrale) - 18000 Bourges - ✆ 02 48 23 02 60 - www.ville-bourges.fr - avr.-sept. : tte la journée ; reste de l'année : tte la journée, dim. et j. fériés apr.-midi - fermé 1er janv. et 25 déc.*

Visite guidée – Le petit train touristique vous offre, en 45mn, un premier coup d'œil sur l'histoire de Bourges et son architecture - *de mi-mars à mi-nov. : dép. ttes les 15mn devant l'office de tourisme - rens. auprès de M. Sari - ✆ 06 08 60 54 56.*

Bourges, qui porte le label « Ville d'art et d'histoire », propose des visites-découvertes (1h30) animées par des guides-conférenciers - *6 € - rens. à l'office de tourisme - www.bourges-tourisme.com.*

SE REPÉRER

Carte de microrégion C3 (p. 327) – *carte Michelin Départements 323 K4.*

Bâtie sur les pentes d'une colline qu'encerclent l'Yèvre, l'Auron et un lacis de rivières, Bourges se situe à mi-chemin entre Paris (245 km) et Clermont-Ferrand (190 km) par l'A 71 (échangeur 7). Elle occupe en outre une position centrale sur l'axe est-ouest entre Dijon (245 km) et Poitiers (190 km).

SE GARER

Nombreux parkings au centre-ville ; toutefois, garez-vous de préférence à l'extérieur de la vieille ville.

À NE PAS MANQUER

L'incontournable cathédrale St-Étienne ; les jardins de l'Archevêché ; le palais Jacques-Cœur ; les émouvants *Pleurants* du musée du Berry ; l'éclatante collection du musée Estève ; et, bien sûr, une balade dans la cité historique où vous pourrez admirer de belles maisons à colombages.

Détail d'un vitrail de la cathédrale de Bourges
P. Aldo / Sime/Photononstop

ORGANISER SON TEMPS

Consacrez une à deux journées à la ville, et une journée à ses environs. Soyez à la cathédrale en fin de matinée pour apprécier les vitraux de la partie sud. Et notez sur vos calendriers que l'été est la saison des « Très riches heures de l'orgue en Berry », et le mois d'avril, le rendez-vous musical du « Printemps de Bourges ».

AVEC LES ENFANTS

En saison, profitez de la roseraie et des bassins des jardins des Prés-Fichaux ainsi que des Marais cultivés de Bourges. Continuez avec les jeux éducatifs du Muséum d'histoire naturelle.

Centre de l'Hexagone, Bourges en est aussi le « Printemps » : par son architecture, par la noble parure de ses hôtels et jardins, et par les chanteurs qui électrisent son atmosphère chaque année au retour des beaux jours. La cité de l'argentier Jacques Cœur, où vint étudier Calvin, recèle des trésors : promenez-vous près des remparts de la cité ancienne, et admirez la grandiose simplicité de ses édifices religieux comme de ses plus humbles demeures…

Découvrir

★★★ CATHÉDRALE ST-ÉTIENNE (B2)

02 48 24 07 93.

Depuis 1992, la cathédrale de Bourges est entrée dans le cercle très fermé des monuments les plus remarquables de notre planète. Cette reconnaissance internationale, décernée par l'**Unesco,** a précédé de trois ans le huitième centenaire de ce majestueux vaisseau de pierre qui, depuis 1994, a retrouvé une partie de son jubé. La construction de la cathédrale se déroula en deux campagnes. De 1195 à 1215 furent édifiés le chevet et le chœur. Le manque de place obligea à construire l'église basse hors du mur d'enceinte.

La seconde campagne, qui dura 35 ans (1225-1260), porta sur la nef et la façade, ainsi que sur l'impressionnant programme iconographique : vitraux historiés, sculptures des portails et du jubé. La cathédrale fut consacrée le 13 mai 1324.

Bourges, une ville au passé prestigieux

AVARICUM ET LES BITURIGES

La révolte des Bituriges

Puissante peuplade celtique, les Bituriges ont donné leur nom à la prospère cité romaine d'*Avaricum*, qui était alors la capitale de la province d'Aquitaine. Place forte entourée de murailles que César considérait comme « l'une des plus belles villes de la Gaule », *Avaricum* avait déjà une vocation industrielle, si l'on en juge par les nombreuses découvertes archéologiques attestant l'habileté des artisans à extraire et à travailler le fer, la spécialité des Bituriges. *Avaricum* entre dans l'histoire en 52 av. J.-C., lors de la guerre des Gaules. Les Bituriges adhèrent au mouvement de révolte contre les Romains. Pour contraindre ces derniers à se replier, Vercingétorix adopte la tactique de la terre brûlée : villes et campagnes flambent. Mais, les Bituriges supplient leurs alliés d'épargner leur capitale qu'ils croient facile à défendre du fait de sa position sur une butte environnée « d'une rivière et d'un marais ». Vercingétorix cède, mais les légions de César ne tardent pas à attaquer, appuyées dans leur offensive par des ouvrages de siège. Malgré une défense acharnée, la ville tombe : la population, 40 000 habitants d'après César, est entièrement massacrée.

Bourges à l'époque romaine

Très vite, *Avaricum* panse ses plaies et s'embellit, au cours des deux premiers siècles, de nombreux monuments. La cité déborde largement les limites du vieil oppidum en gagnant les pentes de la colline. Un ensemble monumental du 2e s. (portique et fontaine) a été retrouvé lors de fouilles dans les sous-sols de l'ancien palais ducal (préfecture) : le grand portique s'étendait au pied de la colline sur près de 75 m. Un vaste amphithéâtre occupait l'actuelle place de la Nation. Un petit port, avec quai et bassin, avait été aménagé au sud de la ville en bordure de l'Auron. À la périphérie de la cité, les nécropoles ont livré un abondant matériel (stèles) qui constitue un magnifique témoignage de la vie à Bourges à cette époque.

JACQUES CŒUR, UN HOMME DOUÉ POUR LES AFFAIRES

Une réussite fulgurante

Extraordinaire destin que celui de cet homme d'origine modeste né à Bourges vers 1395 (son père était marchand de fourrures) qui, par son mariage avec Macée de Léodepart en 1418, fait son entrée dans le monde des monnayeurs. Étonnamment doué pour le commerce et les affaires, il réalise en peu de temps une colossale fortune. Il arme des vaisseaux pour s'approprier les marchés de

LES TRÈS RICHES HEURES D'UN MÉCÈNE

Prince capétien né à Vincennes en 1340 et grand seigneur fastueux, frère de Charles V, **Jean de Berry** a laissé le souvenir d'un mécène qui fit de Bourges une capitale artistique de premier ordre fin 14e s.-début 15e s. Ses goûts, d'un raffinement extrême, attirèrent les meilleurs artistes de son temps : Pol de Limbourg réalisa les célèbres *Très riches heures*, conservées au musée de Chantilly, et Jacquemart de Hesdin *Les Très Belles Heures*.

l'Orient méditerranéen aux dépens des armateurs de Gênes et de Venise ; il installe des comptoirs à Marseille et à Montpellier, achète des maisons, des terres et des mines. Comme maître des monnaies de Paris, Jacques Cœur gagne la confiance de Charles VII qui en fait son argentier en 1439 et son conseiller en 1442. Principal pourvoyeur des caisses de l'État, artisan de nombreuses réformes financières, diplomate habile, il bâtit à Bourges un palais à la mesure de sa fulgurante réussite.

Abandonné par son suzerain

Détesté par des courtisans jaloux de sa position – qu'il n'hésite pas à poursuivre pour dettes et dont il rachète parfois les seigneuries –, il tombe en disgrâce peu après la mort d'Agnès Sorel (février 1450), sa fidèle alliée. Charles VII se débarrasse de lui lors d'un procès inique qui se termine par une lourde condamnation en 1453. Mais le destin de Jacques Cœur ne s'arrête pas là. Au cours de l'été 1454, comprenant qu'on ne le libèrerait jamais, il s'évade de sa prison de Poitiers et s'enfuit de couvent en couvent, de Limoges à Beaucaire où il échappe à un assassinat. Il se réfugie ensuite à Rome auprès du pape qui lui confie le commandement d'une flotte ; c'est lors d'une croisade pour secourir les îles chrétiennes de l'archipel grec qu'il meurt de maladie, à Chio, le 25 novembre 1456.

RÉPUTÉE POUR SON DROIT, CÉLÈBRE POUR SON FESTIVAL DE MUSIQUE

L'université, création d'idées nouvelles

C'est à Charles de Berry, frère de Louis XI, que la ville doit la création d'une université en 1463. L'enseignement du droit par des maîtres réputés, tels Alciat (1529-1533) et Cujas (1559-1566), attire de nombreux élèves, même étrangers. Des étudiants allemands apportent avec eux la doctrine nouvelle de Luther : **Calvin**, à Bourges, ébauche à leur contact les grands principes qu'il publie dans son *Institution chrétienne*. Ces idées de réforme font des adeptes et, malgré les persécutions, gagnent rapidement du terrain à Bourges et dans tout le Berry. Les persécutions, puis les guerres de Religion mettent un terme à la prospérité du duché transformé en champ de bataille. Le **22 juillet 1487**, Bourges s'embrase ! Un atelier d'artisan prend feu après la Saint-Jean. L'incendie, transporté par un vent capricieux, s'est propagé au cœur de la cité, composé essentiellement de maisons en bois…

Deux siècles de léthargie

Au milieu du 17e s., le Berry entre dans une période de repli dont il ne sortira pas avant deux siècles. Situé à l'écart des grandes routes, Bourges est incapable de jouer un rôle d'entraînement économique comparable à celui de Tours et d'Orléans, qui profitent de leur position sur la Loire et s'enrichissent par la batellerie. Les privilèges de l'échevinage détournent la bourgeoisie de l'industrie et du commerce ; la prolifération des églises et des couvents, l'appauvrissement de l'aristocratie accentuent le marasme.

Le renouveau

Le percement du **canal du Berry** (1819-1842), l'arrivée du chemin de fer et le choix de Bourges comme centre de l'armement sous le Second Empire,redonnent à la ville un essor économique. Après la fin de la Seconde Guerre mondiale, l'implantation de nombreuses industries et par la suite le passage de l'A 71 à ses portes renforcent l'intérêt porté à la cité berrichonne. Aujourd'hui, Bourges rayonne à nouveau : ses écoles nationales de musique et des beaux-arts sont réputées, tout comme ses festivals de musique.

Au cours du 14e s., il fallut étayer la tour sud par une puissante arcade : le pilier-butant. La façade ouest fut remaniée, et le duc Jean de Berry offrit le « grand housteau » (grande verrière). Le 15e s. vit s'ajouter des chapelles latérales et la sacristie du chapitre, due à la libéralité de Jacques Cœur.

Au 16e s. commencent les malheurs : en 1506, la tour nord s'écroule et doit être reconstruite ; en 1562, une armée protestante pille la cathédrale et détruit les statues de la façade ; deux cents ans plus tard, les chanoines suppriment le jubé et les 18 verrières autour du chœur.

Des travaux entrepris au 19e s. empêchent la ruine de l'édifice qui doit faire face, au 20e s., aux ravages de la pollution. Une campagne de sauvegarde a été mise en place pour combattre cet ennemi chimique qui ruine les sculptures.

Façade occidentale

Les portails – Sous la verrière du grand housteau apparaissent, abrités par des gâbles, les cinq portails de dimensions très différentes. On remarque d'emblée le **portail central**, considéré comme l'un des chefs-d'œuvre de la sculpture

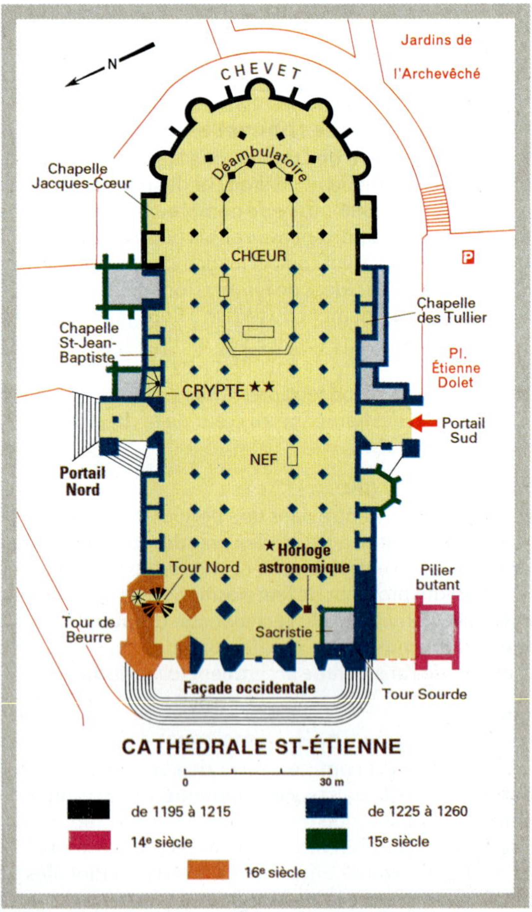

gothique du 13e s. : il a pour thème le Jugement dernier. À droite,se trouvent le **portail de saint Étienne** (épisodes de la vie et du martyre du patron de la cathédrale) et le **portail de saint Ursin** (histoire du premier évêque de Bourges). À gauche, le **portail de la Vierge** et le portail de **saint Guillaume** (offrandes à l'archevêque de Bourges pour la construction de la cathédrale) ont été reconstruits au 16e s. Entre les deux étages de niches, qui flanquent chacun des cinq portails, court une frise de 62 bas-reliefs racontant la vie du Christ et des épisodes de la Genèse.

Les tours – D'inégale hauteur, elles encadrent les cinq portails. À droite, la **tour Sourde** (car privée de cloche), d'une architecture sobre, est restée inachevée. Elle diffère de sa puissante sœur de gauche, dite **tour de Beurre** (allusion aux dispenses perçues sur les fidèles autorisés à consommer du beurre et du lait en carême), qui s'élève à 65 m et présente une décoration flamboyante.

Flanc nord

Dédié à la Vierge, le portail remonte au 12e s. Dans les parties latérales sont représentées plusieurs scènes : Annonciation et Visitation à droite, Rois mages à gauche.

Chevet

Comme le long de la nef, la pente aiguë des arcs-boutants, superposés et à double volée, atténue la saillie des collatéraux et transforme les trois étages courbes de l'abside en une structure unitaire avec, en contrepoint, les silhouettes originales des chapelles rayonnantes coiffées de tourelles.

Flanc sud

Le tympan du portail, du 13e s., est illustré par un Christ en majesté entouré des symboles des évangélistes.

Pénétrez par le portail sud à l'intérieur du bâtiment.

Vaisseau

L'originalité de l'édifice est de présenter des doubles bas-côtés d'une différence d'élévation telle qu'il a été possible de percer dans le premier, très élevé, des fenêtres s'ouvrant au-dessus du second : ainsi alternent cinq étages d'ombre et de lumière.

Avec 124 m de longueur, 41 m de largeur et une hauteur sous voûte de 37,15 m (piliers de 17 m ; 21,30 m sous clé), St-Étienne est la plus large cathédrale gothique de France, et l'une des plus grandes. L'absence de transept accroît l'unité et la cohérence du vaisseau principal.

Les voûtes sexpartites, couvrant chacune deux travées, retombent élégamment sur des faisceaux de colonnettes, dont certaines se prolongent jusqu'au sol. L'élévation d'un seul jet des grandes arcades anticipe l'envolée de la voûte. Pour atténuer l'effet de perspective, les piliers du chœur sont plus espacés que ceux de la nef *(voir l'ABC d'architecture p. 88)*.

Un double déambulatoire fait suite aux doubles bas-côtés du chœur. Cinq petites chapelles rayonnantes, de plan semi-circulaire, s'ouvrent dans l'abside.

Tournez à droite et abordez le chœur par le deuxième bas-côté droit.

Chapelle St-Jean-Baptiste

Elle est ornée de deux belles **fresques** datant de la fin des années 1460 : *Crucifixion* et *Résurrection*.

Chapelle des Tullier

Beaux vitraux Renaissance de Lescuyer.

★★★ Vitraux

Avec son ensemble de vitraux anciens du 12e au 17e s., la cathédrale abrite l'une des plus riches collections de vitraux de France. Les cinq chapelles absidiales sont ornées de verrières à découpage orthogonal, et les fenêtres intercalaires de vitraux à médaillons, exécutés pour la plupart de 1215 à 1225. Les œuvres offertes par des corporations (qui n'hésitèrent pas à s'y faire représenter) sont traditionnellement attribuées à trois ateliers dirigés par trois maîtres anonymes : le Maître du **Jugement dernier** et de la **Nouvelle Alliance** adopte un dessin ample et majestueux, qui met en valeur les vêtements et les corps ; le Maître du **Bon Samaritain**, également auteur des vitraux de la Passion et de l'Apocalypse (fenêtres intercalaires), de sainte Marie l'Égyptienne, de saint Nicolas et du martyre de saint Étienne (chapelles rayonnantes), introduit dans les verrières de nombreux détails fantastiques ; le Maître des **Reliques de saint Étienne** illustre les difficultés du renouvellement gothique (corps trop longs, disproportion des têtes), mais valorise la spontanéité des gestes et la liberté des attitudes.
Les **chapelles latérales** (chapelle Jacques-Cœur, chapelle des Tullier, chapelle St-Jean-Baptiste) marquent trois périodes de création : le début du 15e s., dominé par l'influence des ateliers travaillant pour le duc de Berry (notamment celui d'André Beauneveu), le milieu du 15e s. et la Renaissance. Attardez-vous dans la **chapelle Jacques-Cœur** qui abrite la splendide verrière de l'Annonciation (1451), considérée comme un chef-d'œuvre du milieu du 15e s.

★★ Crypte

Pl. Étienne-Dolet - ✆ 02 48 65 49 44 - visite guidée (45mn) juil.-août : 9h30-12h30, 14h-18h, dim. et j. fériés 14h-18h ; avr. et sept. : 9h45-11h45, 14h-17h30 ; mai et juin : 9h30-11h30, 14h-18h ; reste de l'année : se rens. - fermé 1er janv., 1er mai, 1er nov., 11 nov. et 25 déc. - 7 € (-18 ans gratuit), gratuit 1er dim. du mois (nov.-mai) ; 9,50 € billet combiné avecla montée à la tour Nord et le palais Jacques-Cœur.
Une galerie en pente donne accès à la crypte, construite à la fin du 12e s. pour combler le dénivelé du rempart et du fossé gallo-romains. Les **culs-de-lampe** (motifs libertins) de la galerie et les marques au sol laissées au pied d'énormes piliers (diamètre : 2,10 m) indiquent que ce lieu servait d'atelier et de logement aux ouvriers bâtisseurs. En observant de près les murs, on découvre les marques distinctives laissées par les ouvriers lors de la taille des pierres. L'église basse, éclairée par douze grandes fenêtres (vitraux du 14e s.), abrite le **gisant** en marbre blanc du duc de Berry, seul vestige d'un grandiose mausolée (1422) autrefois placé dans la Ste-Chapelle de Bourges, et des éléments du **jubé** (construction séparant la nef du chœur) détruit au 17e s. Malgré d'importantes mutilations, la frise du jubé (œuvre du 13e s.) détient encore un fort pouvoir émotionnel. Remarquez les attitudes singulières des *Soldats endormis* ou le modelé des corps, sur lesquels se referment les puissantes mâchoires du Léviathan, dans la *Descente aux limbes*.
Adossé au mur de l'enceinte gallo-romaine, l'ensemble de dix statues sous un baldaquin représente la **Mise au tombeau** (16e s.). Joseph d'Arimathie et Nicodème tiennent le linceul sur lequel repose Jésus. Derrière ces sculptures, un escalier mène à une petite galerie voûtée en berceau, vestige d'un sanctuaire construit au 11e s.

Montée à la tour Nord

Pl. Étienne-Dolet - ✆ 02 48 65 49 44 - juil.-août : 9h30-18h, dim. et j. fériés 14h-18h ; avr. et sept. : 9h45-11h45, 14h-17h30 ; mai-juin : 9h30-11h30, 14h-18h ;

reste de l'année : se rens. - fermé 1er janv., 1er mai, 1er et 11 nov. et 25 déc. - 5 € (-18 ans gratuit), gratuit 1er dim. du mois (nov.-mai) ; 9,50 € billet combiné avec la crypte et le palais Jacques-Cœur.

Après l'effondrement survenu en 1506, la reconstruction de la tour fut conduite par l'architecte Guillaume Pelvoysin ; elle permit d'introduire une ornementation nouvelle, de style Renaissance. Un escalier à vis (396 marches) conduit au sommet (65 m), d'où se révèle une **vue★★** panoramique sur l'édifice, la ville, les marais et le lac d'Auron.

Grand orgue

Le buffet date de 1663. Si les tuyaux de l'instrument sont anciens, la mécanique a subi de nombreuses modifications. Peut-être aurez-vous la chance d'assister à une répétition… Visiter la cathédrale au son de l'orgue est un moment fort !

★ Horloge astronomique

Conçue par le mathématicien et astronome **Jean Fusoris** en 1424, et décorée par **Jean Grangier**, cette magnifique horloge de 6,20 m de haut est logée dans un bahut carré, surmonté d'un toit concave et d'une cloche. Le cadran inférieur est un ensemble complexe qui révèle à l'initié 7 indications précises, dont 6 par une seule aiguille. Le cadran extérieur (1 tour/24 heures) donne l'heure équinoxiale. Celui du dessous (1 tour/1 mois) représente le cycle lunaire indiquant le nombre de jours passés depuis la dernière pleine lune et sa forme du moment. Le cadran central (1 tour/1 an) comporte les douze signes du zodiaque divisés en jours ; on peut donc lire la date. Ce dernier disque supporte une partie composée d'un élément opaque symbolisant la nuit *(en bas)* et de tiges dorées convexes symbolisant le jour *(en haut)*. Un soleil, glissant de bas en haut sur l'aiguille, marque sa position par rapport à l'horizon suivant les solstices. Les douze espaces du jour donnent l'heure temporaire.

★★ PALAIS JACQUES-CŒUR A1

10 bis r. Jacques-Cœur - ✆ 02 48 24 06 87 - juil.-août : 9h30-12h30, 14h-18h30 ; avr. et sept. : 10h-12h15, 14h-18h ; mai-juin : 9h30-12h15, 14h-18h15 ; reste de l'année : se rens. - possibilité de visite guidée (1h) - fermé 1er janv., 1er mai, 1er et 11 nov. et 25 déc. - 7 € (-18 ans gratuit), gratuit 1er dim. du mois (nov.-mai) ; 9,50 € billet combiné avec la crypte et la montée à la tour Nord.

Le palais forme un quadrilatère irrégulier de quatre corps de logis entourant une cour centrale. C'est l'un des plus beaux et des plus somptueux édifices civils de l'époque gothique. Commencée en 1443 pour le célèbre argentier de Charles VII, cette splendide demeure (dont le maître d'œuvre est inconnu) était destinée sans doute à lui servir de dernière retraite. Pratiquement achevée en moins de dix ans, elle avait coûté 100 000 écus d'or. Jacques Cœur, tombé en disgrâce en 1451, n'en profita guère. Restitué à ses héritiers dès 1457, ce palais connut des fortunes diverses. Il appartint à Colbert en 1679 et fut acquis peu après par la ville de Bourges avant de devenir propriété d'État.

Façade orientale

Elle séduit par l'élégance et la richesse de sa décoration : fenêtres à croisillons, toit effilé de la chapelle flanquée d'une gracieuse tourelle d'escalier, balustrade placée à la base des combles, lucarnes ornées d'épis de faîtage. L'image du roi est intimement liée à celle de son argentier : au décor de cœurs et de coquilles, armes du propriétaire, répond la fenêtre de la chapelle dont le remplage arbore une fleur de lys ; de part et d'autre de la loge à festons où se trouvait, jusqu'à la Révolution, une statue équestre de Charles VII, apparaissent, dans l'entrebâillement de fenêtres simulées, le maître et la maîtresse de maison, probablement intervertis, et le regard tourné, à l'origine, vers la figure royale. À gauche du pavillon, à la base de la tourelle d'escalier, est inscrite la devise de Jacques Cœur : « À vaillans (deux cœurs) riens impossible. »

Cour

Découvrez les galeries couvertes réservées au négoce et le grand corps de logis. Trois tours d'escalier en divisent la façade. La tourelle centrale, de forme hexagonale, est décorée d'arbres exotiques – palmiers, orangers, dattiers, évoquant les pays d'Orient où Jacques Cœur avait voyagé – et porte une autre devise du maître de maison : « Dire, faire, taire. » Le tympan de la tourelle d'angle, à droite, indique la destination de la pièce desservie, la cuisine, et représente plusieurs personnages s'affairant à préparer un repas. Dans la même verve réaliste, la préparation d'un office est traitée sur le portail de l'escalier menant à la chapelle, à l'entrée de la cour.

Cette architecture, gothique par ses traits généraux, annonce la Renaissance par sa fantaisie et sa grâce. L'immense fortune de Jacques Cœur lui a permis de satisfaire son goût du beau, du confort et du fonctionnel. L'agencement intérieur du palais témoigne d'une réussite exceptionnelle à cet égard.

Rez-de-chaussée

Pièce d'apparat, la **salle des festins** est ornée d'une cheminée monumentale (restaurée au 19e s.) et, dans un angle, d'une loggia pour les musiciens. Rare vestige du décor initial, le superbe portail à droite de la cheminée.

La **salle de chauffe** et la **salle des étuves** prouvent une grande maîtrise des installations d'eau et un sens développé de l'hygiène… Un système d'escaliers permettait aux habitants du palais d'aller prendre leur bain sans avoir à traverser les communs.

LE PRINTEMPS DE BOURGES

Créée en 1977, cette manifestation musicale avait pour vocation initiale de rassembler des musiciens dont les chansons étaient occultées par les ondes nationales ; 15 000 personnes se succédèrent pour écouter, entre autres non conformistes, Béranger, Font et Val, Lavilliers. Deux ans plus tard, soutenu par un public toujours plus nombreux, le Printemps étend sa durée à sept jours tout en élargissant ses genres musicaux (rock, folk, jazz). Essentiellement composé de jeunes (75 % de 15-25 ans), le public plébiscite de nouveaux talents dont la musique correspond à leur attente. Dix ans après ses débuts, le Printemps de Bourges dépasse allégrement le cap des 100 000 entrées.

Consacré par les médias, ce rassemblement musical attire de plus en plus des « pointures » nationales et internationales dans les années 1980 (Johnny Hallyday, U2, The Cure). Les années 1990 révèlent la *world music*, le rap, puis les musiques électroniques, et mettent l'accent sur les humoristes. Les groupes français toutes tendances confondues rencontrent de vifs succès.

Le festival a aujourd'hui plus ou moins délaissé les très grands noms pour se recentrer sur sa mission de défricheur de talents. La programmation, nationale et internationale, reste de qualité et toujours aussi pointue. Le Printemps de Bourges se déroule **fin avril** et se concentre autour de la **place Séraucourt**.

Premier étage

Partout apparaissent les emblèmes de la famille Cœur (cœurs et coquilles) et celui des Léodepart pour sa femme (étoile à cinq branches).

La **salle des échevins** est décorée de peintures murales du 17e s. représentant des scènes de chasse et des scènes champêtres.

La **salle du trésor** est une chambre forte fermée par une épaisse porte de fer munie d'une serrure à secret ; remarquez aussi les coffres « blindés ».

Les **combles** abritaient des pièces de service. La voûte de bois en forme de carène de navire renversée déploie une suite magnifique de jambettes courbes.

Dans la **salle dite du duc Jean** a été reconstitué le tombeau ducal avec ses 40 pleurants. Baptisée **salle du Conseil** en souvenir de l'époque où les échevins s'y installèrent (1683), elle contient une maquette du palais dans son état originel.

C'est dans les **galeries** que Jacques Cœur recevait les marchands. La galerie sud est ornée de deux cheminées très ouvragées. Le dynamisme souple de la voûte en accolade confère à cet endroit de passage une grande élégance.

Dans la **chapelle**, deux petits oratoires qui pouvaient être chauffés s'enfoncent dans les murs latéraux, de part et d'autre de l'autel ; ils étaient réservés à Jacques Cœur et à sa femme.

Se promener Plan de ville

★ LA VIEILLE VILLE

Tout le centre de la ville a été sauvegardé et restauré avec goût. Les **maisons à colombages★** (beaucoup datent des 15e et 16e s.) sont bien mises en valeur et ont retrouvé leur éclat d'autrefois. La promenade dans le quartier ancien au nord de la cathédrale est particulièrement agréable.

★ Jardins de l'Archevêché B2

Créés au 17e s., agrandis au siècle suivant, ces jardins sont ornés de magnifiques parterres et de belles allées ombragées.

Kiosque à musique (début du 20e s.), pièce d'eau et **vases de Cugnot**, figurant les allégories des saisons, invitent à la détente et à la méditation… sur fond de cathédrale : les jardins de l'Archevêché offrent en effet une **vue★** remarquable sur l'immense nef et le superbe chevet de la cathédrale St-Étienne.

Place Étienne-Dolet B2

En traversant la place, remarquez, à gauche, la façade de l'**ancien archevêché** qui abrite désormais le musée des Meilleurs Ouvriers de France. Longez la **cathédrale★★★** *(voir p. 329)* en admirant les **portails** successifs.

Grange des Dîmes B2

Face au portail nord de la cathédrale, au coin de la rue Molière, ce puissant édifice à contreforts et escalier en forme de loggia à colombages servait à abriter les redevances perçues par le chapitre.

Descendez la rue des Trois-Maillets sur quelques dizaines de mètres, puis tournez à gauche sous un porche d'immeuble.

★ Promenade des remparts B1/2

L'occasion de traverser un quartier insolite et tranquille de Bourges. Édifié vers le 4e s., le mur d'enceinte de la ville gallo-romaine d'*Avaricum* n'a pas entièrement disparu, et délimite la ville haute et la ville basse.

Dès 1181, Philippe Auguste autorisa les habitants à s'établir dessus : observez bien le soubassement des maisons sur votre gauche, et vous en découvrirez des vestiges. Ils ont également servi d'assise aux monuments majeurs de Bourges : cathédrale, palais Jacques-Cœur, hôtel Lallemant.

Parmi les édifices privés du 12ᵉ au 15ᵉ s., remarquez, à l'entrée de la promenade, la façade de la demeure d'un chanoine (fin 12ᵉ s.) et, plus loin, un hôtel particulier du 15ᵉ s.

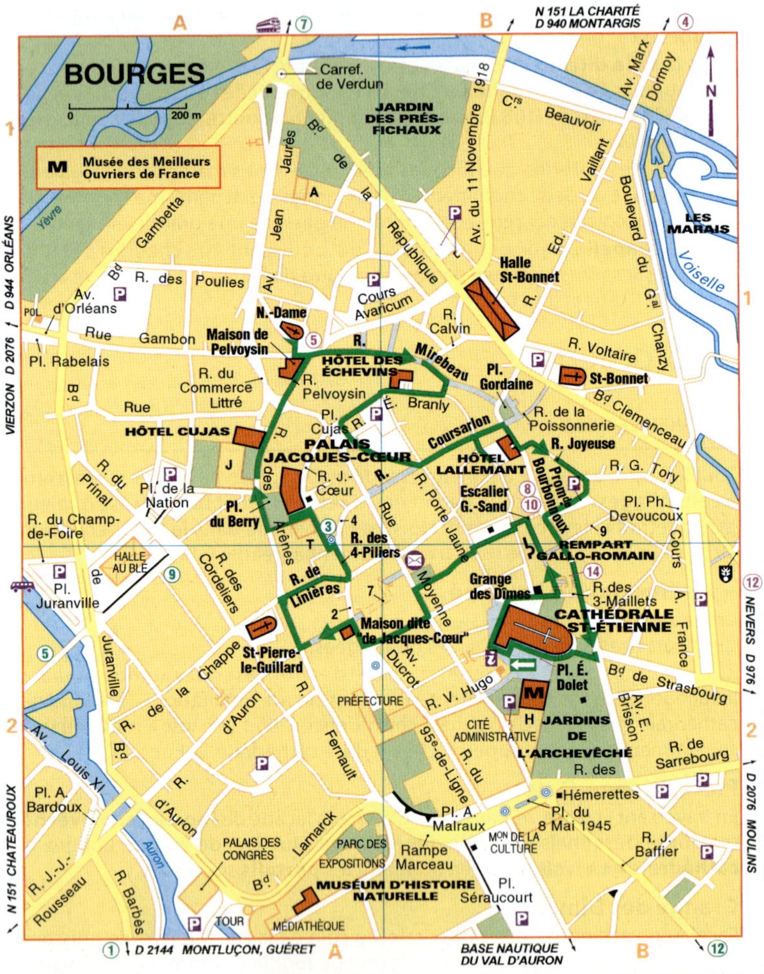

SE LOGER		SE RESTAURER		INDEX DES RUES	
Chambre d'hôte Château de Bel Air	1	La Courcillière	4	Armuriers (R. des)	2
Hôtel d'Angleterre	3	Le Bistro Gourmand	5	Dr-Témoin (R. du)	4
Hôtel Ibis	5	Le Bourbonnoux	8	Jacobins (Cour des)	7
Hôtel Le Berry	7	Le d'Antan Sancerrois	14	Thaumassière (R. de la)	9
Hôtel Le Christina	9	Le Jardin Gourmand	12		
Hôtel Les Tilleuls	12	Le Savoyard	10		

Prenez sur la gauche l'escalier George-Sand B1.

Cet ancien **passage Casse-Cou** (le nom se justifie les jours de pluie) perce le rempart et monte vers la place dédiée à la plus célèbre des Berrichonnes.

En traversant la **rue Porte-Jaune** (B2), appréciez, sur votre gauche, la puissance des tours de la cathédrale.

Puis, la rue Michel-de-Bourges débouche sur l'artère principale du centre-ville ; à l'ombre de la Poste, la **statue de Louis XI** semble bien perplexe devant le style néogothique de ce bâtiment construit en 1926 !

Remontez ensuite la rue Moyenne et prenez la première rue à droite (rue Mayet-Genetry).

Place de la Préfecture, si votre regard se porte sur la jolie **fontaine Bourdaloue**, dites-vous qu'au-delà s'élevait jadis le palais du duc de Berry et la Ste-Chapelle.

Descendez la rue des Armuriers.

Maison dite de Jacques-Cœur A2

Cette demeure à colombages et à encorbellement, qualifiée de maison natale (inscription), ne date, en réalité, que du début du 16e s. Elle fut élevée à l'emplacement d'une construction qui ne revint à Jacques Cœur que par son mariage.

Descendez la rue d'Auron et prenez la première à droite (rue des Arènes).

Église St-Pierre-le-Guillard A2

Contemporain de la cathédrale, cet édifice arbore un massif clocher-porche. Dans la nef, des voûtes sexpartites reposent sur des colonnettes couronnées de chapiteaux à crochets ou ornés de personnages. La décoration intérieure est intéressante : bas-reliefs, fresques, culs-de-lampe, peintures…

Poursuivez la rue des Arènes, puis prenez à droite.

Engagez-vous dans l'étroite **rue de l'Équerre** où l'on s'attend à voir surgir quelques spadassins entre les bornes.

Rue de Linières A2

Belle rue pavée en montée.

Place des Quatre-Piliers A2

Appréciez l'architecture des hôtels Témoin (ancienne bibliothèque), Bengy et Méloizes ; ces belles demeures des 17e et 18e s. font de l'ombre à une fontaine, dernier repère avant le palais Jacques-Cœur.

Engouffrez-vous dans la rue Jacques-Cœur.

5

★★ Palais Jacques-Cœur A1 *Voir description p. 335.*

Avancez jusqu'à la place Jacques-Cœur. Installez-vous au pied de la statue du maître des lieux et calquez votre regard sur le sien : la façade, restaurée en 1998, donne un aperçu de l'élégance et de la richesse de ce palais du 15e s.

Revenez sur vos pas et empruntez sur votre droite un escalier qui plonge vers la partie basse de la ville.

Place du Berry A1

Face à vous s'élève la façade occidentale du palais Jacques-Cœur construite sur les restes de l'enceinte gallo-romaine : elle présente l'aspect d'une forteresse aux tours massives et aux murs sévères… surprenant contraste avec les chefs-d'œuvre entrevus quelques mètres plus haut !

Suivez la rue des Arènes en direction du palais de justice.

★ Hôtel Cujas A1

Cette élégante demeure fut édifiée vers 1515 par Guillaume Pelvoysin pour Durand Salvi, riche marchand florentin établi à Bourges. Pourtant l'hôtel prit le nom du jurisconsulte Cujas (1520-1590) qui l'acheta en 1585 et y mourut. Depuis 1891, l'édifice appartient à la ville et abrite le musée du Berry.

★ Musée du Berry A1

4 r. des Arènes - ✆ 02 48 70 41 92 - juil.-15 sept. : tlj sf mar. 10h-11h45, 14h-18h15, dim. et j. fériés 14h-18h15 ; de fév. à mi-nov. : tlj sf mar. 10h-11h45, 14h-17h45, dim. et j. fériés 14h-17h45 ; reste de l'année : tlj sf mar. 14h-17h15 - fermé mar., 1er janv., 1er mai, 1er et 11 nov. et 25 déc. - gratuit.

Belles collections archéologiques, médiévales et d'arts et traditions populaires évoquant l'histoire de Bourges de la préhistoire à aujourd'hui.

Vous découvrirez une riche **statuaire funéraire** (stèles, urnes d'incinération, coffres de pierre, fragments de sépultures) composée de pièces provenant de différents sites : établissement pré-romain de St-Ambroix, enclos funéraire des Grands Gauliers de Néret, etc.

La section consacrée au Moyen Âge contient une émouvante série de statues en albâtre ocre jaune veiné provenant du tombeau du duc Jean de Berry. Il s'agit des **Pleurants★★**, œuvres exceptionnelles de la première moitié du 15e s. dues à Jean de Cambrai, et qui proviennent, tout comme **Les Prophètes** (1382), de la Ste-Chapelle de Bourges, détruite en 1757.

Une section des arts et traditions populaires illustre enfin le Berry traditionnel des 18e et 19e s. à travers une collection de mobilier, de vaisselle, de bijoux, de costumes, d'outils et d'objets de culte.

Traversez la place Planchat pour rejoindre la rue Pelvoysin.

Maison de Pelvoysin A1

Bâtie en pierre, la maison de l'architecte Pelvoysin jouxte des maisons à colombages. L'étroitesse de la rue à l'époque de la construction et la largeur très réduite de la façade l'ont amené à construire celle-ci de biais afin de la mettre en valeur. À l'intérieur (guichet de la Caisse d'Épargne), on voit encore une belle cheminée. De la rue Cambournac, on peut apercevoir la cour de la maison.

Église Notre-Dame A1

Lors de sa reconstruction (après l'incendie de 1487), l'église subit de multiples modifications de son plan initial : allongement de la nef, adjonction de bas-côtés, construction du clocher par Guillaume Pelvoysin. Une belle statue de la Vierge se détache au niveau de la porte sud. L'intérieur est couvert d'une voûte d'ogives à clés armoriées. Dans le bas-côté droit, à hauteur du portail sud, le **bénitier de marbre blanc** fleurdelisé date du 16e s. Sur le bord de la coupe du bénitier, l'inscription tirée du *Roman de la rose*, « Tout se passe et rien ne dure ne ferme chose tant sois dure » (1507), rappelle aux fidèles la fragilité de la vie humaine.

Traversez la place de la Barre.

Rue Mirebeau AB1

Agréable artère piétonnière dont les commerces occupent souvent le rez-de-chaussée de maisons à pans de bois. Face au très fréquenté **passage Casse-Cou** (encore un) se dresse le portail de l'**ancien couvent des Augustins** (vue sur l'arrière de l'édifice rue Calvin). Osez une incursion dans la cour pour y découvrir un cloître en forme de trapèze.

Prenez le sombre et abrupt passage Casse-Cou (escalier Mirebeau) ; en haut, tournez à droite dans la rue É-Branly.

Bourges, rue de l'hôtel Lallemant
P. Renault / Hemis.fr

★ Hôtel des Échevins B1

Cet édifice, siège des quatre échevins et du maire, les élus qui représentaient les intérêts de la cité, se divise en deux parties de style architectural contrasté. Le corps de logis, bâti en 1489 dans le style gothique flamboyant, possède en saillie sur la façade une belle **tour octogonale★★** de trois étages.

Des arcs en accolade rassemblent des fenêtres et des baies aveugles, animées par la présence de personnages armés montant la garde. Admirez la finesse de la décoration de crochets de feuillages et la variété des motifs : chardon, chêne, houx, érable…

La **galerie** de gauche fut, quant à elle, entreprise en 1629 par l'architecte Jean Le Juge (1589-1650). L'ordonnance classique accuse encore les influences du maniérisme italien : arcades ouvertes à clés pendantes et fenêtres à croisillons alternant avec des niches. Cet ancien hôtel de ville abrite le musée Estève.

★★ Musée Estève B1

02 48 24 75 38 - ♿ - juil.-15 sept. : tlj sf mar. 10h-11h45, 14h-18h15, dim. et j. fériés 14h-18h15 ; de fév. à mi-nov. : tlj sf mar. 10h-11h45, 14h-17h45, dim. et j. fériés 14h-17h45 ; reste de l'année : tlj sf mar. 14h-17h15 - fermé mar., 1er janv., 1er mai, 1er et 11 nov. et 25 déc. - gratuit.

Avec ses immenses cheminées et son agencement intérieur de toute beauté, l'hôtel des Échevins offre un superbe écrin de pierre aux œuvres de **Maurice Estève** (1904-2001), peintre autodidacte natif de Culan. Il abrite quelque deux cents compositions (huiles, aquarelles, dessins, collages, lithographies, tapisseries) présentées par roulement.

Du Berry de sa jeunesse, Estève retient le cadre intime de la maison et le visage de sa grand-mère (*Paysanne endormie aux rideaux verts,* 1924). La nature le séduit par la variété de ses volumes, qu'il traite avec force et simplicité (*Châtaigneraie,* 1927).

À Paris, Estève subit l'influence des surréalistes et plus tard de Cézanne. Jusqu'en 1947, son art oscille entre le figuratif (*La Toilette verte,* 1934) et l'art abstrait (*Embarquement pour Cythère,* 1929), avant de s'engager définitivement dans cette voie.

La plupart de ses tableaux (*Terre Adélie,* 1955 ; *Samsâra,* 1977 ; *Toril noir,* 1977 et le magnifique **Skibet**, 1979) présentent une combinaison subtile ou une opposition plastique de masses colorées. Particulièrement fragiles, ses **monotypes★**, réalisés à la peinture ou à l'encre sur une surface dure comme le verre, le cuivre ou le zinc, ne peuvent malheureusement être exposés au public que très rarement.

Poursuivez la rue É-Branly, puis de la place Cujas, prenez la rue des Beaux-Arts.

Rue Coursarlon B1

Cette rue piétonne, très animée, plonge vers la place Gordaine (surprenante perspective). Une maison d'angle du 15e s. donne le signal pour tourner dans la rue de l'Hôtel-Lallemant *(à droite).*

Après une courte montée, découvrez, derrière une grille, l'élégante cour d'honneur de cet hôtel ; appréciez sans modération la façade, surtout si le soleil est au rendez-vous (fin d'après-midi), puis reprenez la rue Coursarlon.

Place Gordaine B1

Aménagée au carrefour des rues piétonnes, cette place fleurie est appréciée des flâneurs. Elle a conservé la pierre « de crie » où, selon la légende, Calvin se juchait pour prôner la Réforme.

Prenez à droite la rue Bourbonnoux.

★ Hôtel Lallemant B1

Cette magnifique demeure Renaissance a gardé le nom de son constructeur, Jean Lallemant, riche négociant en draps. Remanié au 17e s., cet hôtel abrite un musée des Arts décoratifs. À cheval sur l'enceinte romaine de la ville, les différentes parties de l'édifice ne se trouvent pas toutes au même niveau.

Musée des Arts décoratifs★ – *6 r. Bourbonnoux - ✆ 02 48 57 81 17 - www.ville-bourges.fr - mar.-sam. 10h-12h, 14h-18h, dim. 14h-18h - fermé dim. mat. et lun. - gratuit.* De la rue, on accède à une superbe **cour d'honneur** par une rampe inclinée, couverte d'une voûte en berceau. Le grand corps de logis de l'hôtel Lallemant fait apparaître les apports des diverses époques : les fenêtres à meneaux et les arcades datent de la fin du 15e s., les portes des couloirs d'accès et l'encadrement des baies au-dessus du passage, du 16e s., l'entablement et le fronton circulaire, du 17e s. Un **fou tirant la langue** (cul-de-lampe), trois médaillons de terre cuite (incrustés dans le mur à hauteur du premier étage) et des fresques du 17e s. (sur une loggia à l'italienne) retiennent l'attention.

Déployées sur plusieurs niveaux, les riches collections d'arts décoratifs du musée dévoilent une grande variété d'émaux, de faïences et d'ivoires, de tapisseries flamandes et françaises, de meubles précieux, jouets anciens, montres, horloges et objets en tout genre. La salle à manger d'hiver est dotée d'un beau mobilier du 17e s. et d'un triptyque bruxellois du 15e s. représentant une Vierge en majesté.

Le très bel **oratoire** présente un curieux plafond à caissons orné de symboles alchimiques et philosophiques et d'emblèmes héraldiques (dont ceux des Lallemant) réalisés par des « imagiers » travaillant sur le chantier de la cathédrale. Vous remarquerez, encastrée dans le mur droit de l'oratoire, une crédence de pierre sculptée portant l'inscription « RE RE RER », répétée trois fois ; sous cette étrange épigraphe se cacherait la formule tant convoitée de la transformation de la matière…

Une chambre basse contient de superbes émaux peints sur cuivre tandis qu'un salon Régence expose une armoire Boulle dans le goût des cabinets de curio-

sités du 17e s. Dans le salon bleu, notez un cabinet en bois d'ébène du milieu du 17e s., et dans le salon Louis XV, une tapisserie dite de verdure, elle aussi du 17e s., provenant de la manufacture Jacques et Jean Guilhon à Felletin.
Ne manquez pas les remarquables **meubles miniatures★** ; jouets, meubles de maîtrise, modèles de présentation au client ou simple délassement d'ébéniste, ces œuvres d'une exécution parfaite constituent un raccourci saisissant de l'histoire du meuble du style Louis XV à l'Art nouveau.
Prenez la rue face à l'hôtel Lallemant.

Rue Joyeuse B1

À l'angle de la rue, remarquez le poteau de bois sculpté qui soutient la **maison des Trois-Flûtes** (aujourd'hui occupée par une pâtisserie). Remontez cette rue calme bordée d'un chapelet d'hôtels particuliers.
Rejoignez la rue Bourbonnoux par la place Louis-Lacombe.
Si vous aimez les étroites rues pavées, offrez-vous un supplément de plaisir en parcourant la rue Montcenoux, puis, à droite, la rue de la Thaumassière.

Rue Bourbonnoux B1

Ancienne artère principale de Bourges, cette rue semble poursuivre sa vocation artisanale en peuplant ses maisons à pans de bois d'artisans (luthier, céramiste). On rejoint bientôt le chevet de la cathédrale : vu dans l'axe du boulevard de Strasbourg, l'édifice paraît circulaire.

Musée des Meilleurs Ouvriers de France B2 M

Pl. Étienne-Dolet - ✆ 02 48 57 82 45 - www.ville-bourges.fr - ♿ - juil.-15 sept. : tlj sf lun. 10h-11h45, 14h-18h15 ; fév.-11 nov. : tlj sf lun. 10h-11h45, 14h-17h45, dim. et j. fériés 14h-17h45 ; reste de l'année : tlj sf lun. 14h-17h15 - fermé 1er janv., 1er mai, 1er nov. et 25 déc. - gratuit.
Installé dans l'ancien archevêché, face au portail sud de la cathédrale, ce musée original rassemble des pièces uniques confectionnées par des virtuoses de l'artisanat et fait l'objet d'expositions sur des thèmes régulièrement renouvelés. Vous y verrez, dans ses vitrines, des œuvres d'une diversité surprenante : statues réalisées en sucre d'art, selon la technique du verre soufflé ; perruques et postiches en cheveux naturels ; lunettes en Plexiglas gravées à la fraise ; manchon en vison travaillé en spirale ; cristal de roche taillé ; guitare classique en palissandre et autres pièces de postulants au concours des Meilleurs Ouvriers de France, représentant quelque deux cents métiers différents.
Coincé entre les jardins de l'Archevêché et la cathédrale, un sympathique petit escalier annonce la fin de la promenade.

LES MARAIS

Avant de partir en balade dans les insolites marais, faites une incursion dans l'église érigée sur la place St-Bonnet, dernier monument ancien faisant le lien entre le centre historique de Bourges et le secteur bucolique des marais.

Église St-Bonnet B1

Elle fut bâtie à partir de 1510 sur un plan de l'architecte Pelvoysin ; adjonction, au 20e s., de deux travées à la partie occidentale et d'une façade de style néo-flamboyant. À l'intérieur, on remarque de beaux **vitraux** de Jean Lescuyer et un tableau de Jean Boucher (peintre berruyer du 17e s.). Le vitrail de *La Résurrection* représente les saintes femmes coiffées d'un bonnet berrichon.
De la place St-Bonnet, rejoignez l'entrée des marais par la rue Voltaire, puis traversez le boulevard du Général-Chanzy.

★ Marais B1

Poumon est de la ville, cet espace de 135 ha, morcelé en parcelles à dominante potagère, est devenu la propriété de Berruyers en mal de plaisirs simples. Ces jardiniers amateurs poursuivent le dur travail de la terre commencé au milieu du 17e s. par les maraîchers (on en comptait une centaine au début du siècle) et contribuent à la sauvegarde de ce site traversé par un lacis de rivières. Leurs cabanes sont construites de bric et de broc sur un bout de terrain composé de jardins et de vergers qu'arrose la Voiselle, petit affluent de l'Yèvre. Un portail marque la limite entre la ville et les marais de Bourges.

Passé le portail, engagez-vous sur la petite route qui s'échappe à gauche et enjambe plus loin le Faux-Palouet. En bout de route, franchissez une passerelle (sur votre gauche), puis prenez à droite.

Vous voici sur le chemin qui borde la rive gauche de la **Voiselle** et longe le marais de Mariens. Flâneurs, joggeurs et palmipèdes se croisent jusqu'au bord de l'Yèvre.

Digue de l'Yèvre

Quelques barques à fond plat mouillent à l'ombre d'un saule ; remarquez les « bourdes » (perches en bois) posées au fond des « plates ».

Revenez sur vos pas et prenez le premier chemin à droite.

Rue de Babylone

Sur la gauche se révèle une **vue★** inattendue sur la cathédrale. Chemin faisant, remarquez les suppliques manuscrites destinées aux chapardeurs de légumes : « Ici il n'y a plus rien à voler. »

À droite, au-delà des marais hauts, l'horizon est coupé par le faubourg nord de Bourges où se découpe le couvent des Sœurs de la Charité.

À gauche, prenez l'avenue Marx-Dormoy et après le pont, à droite, le cours Beauvoir.

★ Jardin des Prés-Fichaux AB1

Ces jardins ont été créés, dans les années 1930, par l'architecte-paysagiste Paul Marguerita dans le style Art déco. Une allée de platanes majestueux borde un lac paisible qui délimite le parc. À droite, les jardins à la française forment un ensemble où l'harmonie qui se dégage des perspectives (ifs taillés en arceaux) se mêle à la beauté de la décoration florale. Les parterres géométriques soigneusement ordonnancés, délimités par des haies, conduisent à différents espaces : la roseraie, le théâtre, la grande allée. Quelques sculptures et des bassins agrémentent cette agréable composition.

Revenez vers la place St-Bonnet par le boulevard de la République.

Terminez la promenade par le tour du marché installé sous une **halle** aux structures métalliques type Baltard.

À voir aussi Plan de ville

★ Muséum d'histoire naturelle A2

R. René-Ménard - ✆ 02 48 65 37 34 - www.museum-bourges.net - ♿ - 14h-18h - fermé 1er janv., 1er mai, 1er nov. et 25 déc. - 4 € (-6 ans gratuit, 6-18 ans 2,20 €).

Les manipulations et les jeux éducatifs animent les divers départements : présentation de la faune et notion d'espèce (belle collection d'animaux naturalisés), iconographie animalière et scientifique, univers du vivant (aquariums et vivariums), cosmos et géographie naturelle du Berry. Chaque section met en valeur le rôle de scientifiques originaires de la région, tels que l'abbé Théophile Moreux (1857-1954), astronome, le naturaliste Raymond Rollinat ou le radiologue Robert Herdner (1886-1976).

Musée de l'Homme★ – Au sein du Muséum d'histoire naturelle, cette section nous plonge dans l'histoire de l'évolution de l'homme. Sont abordés de façon ludique et attrayante des thèmes divers comme la façon de faire parler des vestiges, la digestion, les sens, la démographie… Une salle permet de tester le vertige et le rôle de l'oreille interne. Tout aussi instructifs, les films sur le raisonnement animal ou le buste interactif sur la respiration.

À proximité Carte de microrégion

Plaimpied-Givaudins

12,6 km au sud par la D 2076 puis la D 46.

De l'importante abbaye fondée par Richard II, archevêque de Bourges, subsiste près de l'Auron et de l'ancien canal du Berry l'**église abbatiale St-Martin**.

Commencée dès la fin du 11e s., sa construction a duré une centaine d'années. Si la façade et l'élévation latérale sont d'une grande sobriété, le chevet offre une richesse de décoration inattendue. La décoration intérieure de l'église doit son originalité à un ensemble de **chapiteaux**.

Les plus anciens se trouvent dans le chœur et figurent des monstres et des démons, témoins de l'influence de l'art oriental. Le pilier séparant la nef du transept, à droite, compte le plus remarquable : la *Tentation du Christ*. À gauche du chœur, un escalier descend dans la belle crypte au plan tréflé dont les voûtes reposent sur quatre colonnes monolithes.

Poursuivez sur la D 106 et prenez, à gauche, la D 71. À Crosses, suivez à droite la D 15.

Château de Jussy-Champagne

25 km à l'est par la D 2076. 02 48 25 00 61 - visite guidée (40mn) 8 juil.-20 août : 14h-19h - fermé 1er janv. et 25 déc. - 6 € (-10 ans 3 €).

Dans un décor champêtre aux arbres séculaires, cet élégant château associe harmonieusement la brique et la pierre. Construit durant la première moitié du 17e s., il s'ouvre par une cour d'honneur bordée de deux galeries à arceaux attribuées à l'architecte Jean Lejuge.

Une belle salle à manger meublée Louis XIV et ornée d'une cheminée de pierre (17e s.) finement sculptée et incrustée de marbre vous attend. Un important mobilier Louis XIII, Louis XIV et Régence occupe les salons décorés de tapisseries et de tableaux anciens. On remarque une toile, *Le Magicien*, de Michel Gobain (élève de Georges de La Tour) et quatre dessus-de-porte peints d'après des cartons de Carle van Loo, *Les Beaux-Arts*.

Quittez Jussy par le sud en empruntant la D 36.

Circuit conseillé Carte de microrégion

FORÊTS ET VIGNOBLE

Circuit de 62 km tracé sur la carte de microrégion (p. 327) – Comptez environ une demi-journée.

Quittez Bourges au nord-ouest par la D 944.

À LA DÉCOUVERTE DES VIGNOBLES BERRICHONS

Créée à l'initiative du Bureau interprofessionnel des vins du Centre - *9 rte de Chavignol - 18300 Sancerre - ✆ 02 48 78 51 07* - la **Route des vignobles du cœur de France** propose un circuit de 170 km au départ de la Loire. Ce circuit vous permettra de découvrir les vins d'appellation : Sancerre, Pouilly-Fumé, Menetou-Salon, Quincy, Reuilly, coteaux du Giennois, Châteaumeillant.

Pour consulter la carte de cet itinéraire, visitez le site **www.berrylecher.com/berry-art-de-vivre/route-vignobles/routes-des-vignobles-cher.htm**. Et pour en savoir plus sur les vignobles du Centre-Loire, et obtenir les coordonnées des caves et producteurs de la région, une adresse utile à retenir : **www.vins-centre-loire.com**.

Forêt d'Allogny

La D 56, entre Allogny et St-Martin-d'Auxigny, offre un bel aperçu sur ce massif boisé, sombre et mystérieux. La futaie, serrée, est composée surtout de chênes avec des îlots de pins sylvestres, de bouleaux et de hêtres.

Vergers de St-Martin-d'Auxigny

La pente qui descend vers la vallée du Moulon (belle vue) offre un contraste saisissant avec le paysage que l'on vient de quitter : les vergers ont remplacé la forêt. Ici débute le pays de la pomme en général et de la golden en particulier. Si vous passez à la bonne saison, arrêtez-vous dans l'un des nombreux hangars de récoltants qui bordent la route.

Quittez St-Martin-d'Auxigny par le nord-est en empruntant la D 59.

Menetou-Salon

i 23 r. de la Mairie - ✆ 02 48 64 87 57 - mai-sept. : renseignez-vous pour les horaires - fermé reste de l'année.

Fierté du Berry viticole, le vignoble qui tapisse les coteaux de Menetou à Morogues *(10 km à l'est)* était, autrefois, l'un des plus appréciés de France. Il fut notamment la propriété de Jacques Cœur en l'an 1450. L'appellation de Menetou est surtout connue pour ses vins blancs (cépage sauvignon), aux arômes d'agrumes et de fleurs blanches, et aux notes épicées, voire légèrement mentholées. Mais, outre quelques vins rosés aux arômes de fruits blancs et de fruits secs, les viticulteurs produisent également des vins rouges (cépage pinot noir), dont la finesse et les arômes (fruits mûrs, type cerise et prune) accompagnent idéalement des gibiers à plumes, perdreaux et faisans notamment. Ces vins sont considérés comme de moyenne garde, c'est-à-dire avec des temps de conservation qui oscillent entre cinq et sept ans.

Le village abrite également un **château** dans un cadre forestier majestueux, propice à donner des envies de balades *(chemins d'accès route d'Henrichemont)*.

Château – *✆ 02 48 64 80 54 - www.chateau-menetou-salon.com - ♿ - visite guidée (1h15) juil.-août : tte la journée ; mai-juin et sept. : apr.-midi - 8 €.* Ancienne propriété de Jacques Cœur, qui acquit le domaine en 1450, ce château fut épargné par les ravages de la Terreur et agrandi en 1891 sous l'impulsion du prince Auguste d'Arenberg, englobant dans son ensemble en forme de T la partie ancienne. À l'intérieur du château, dont la décoration est rehaussée par de belles tapisseries flamandes du 15e s., remarquez plus spécialement le grand salon et deux bibliothèques. Les communs renferment une **collection de voitures anciennes** (en particulier Turcat-Méry et Panhard-Levassor de 1899).

Une salle adjacente abrite une sellerie complète (collection de harnais).
Quittez Menetou-Salon par le sud en empruntant la D 11 vers Bourges.

Fussy

En juin 1940, le département du Cher se trouva scindé en deux par la ligne de démarcation. Pour évoquer l'Occupation et les drames de la Résistance dans le Berry, le Centre culturel de Fussy abrite un conservatoire de la mémoire.

Musée de la Résistance – *Pl. Paul-Novara - ✆ 02 48 69 44 36 - ♿ - lun.-merc. et vend. 14h30-18h30, jeu. 15h-17h, w.-end et j. fériés 15h-18h - fermé mar., 1er janv., 1er mai et 25 déc. - gratuit.* De nombreux documents (photographies, affiches) et matériels (armes, drapeaux, tenues de combat) retracent l'histoire de la Résistance berrichonne

La D 940 ramène à Bourges.

NOS ADRESSES À BOURGES

HÉBERGEMENT

PREMIER PRIX

À proximité

Chambre d'hôte Château de Bel Air – *Lieu-dit le Grand-Chemin - 18340 Arçay - 16 km au sud de Bourges par D 73 - ✆ 02 48 25 36 72 - P - ⊄ - 5 ch. 58 € ☕.* Joli château du 19e s. au milieu d'un immense parc boisé où l'on trouve un practice de golf. Au rez-de-chaussée, un grand salon à la décoration mauresque et une salle à manger rustique pour les petits-déjeuners. C'est par un imposant escalier en bois, suspendu, que l'on accède aux chambres spacieuses, meublées à l'ancienne et à la décoration parfois un peu désuète. Petite cuisine à disposition des hôtes près de la piscine.

BUDGET MOYEN

Hôtel Ibis – *R. Jankélévitch - quartier Prado - ✆ 02 48 65 89 99 - www.ibishotel.com - Wifi - 86 ch. 57/83 € - ☕ 8 € - ✕ 19 €.* Les points forts de cet Ibis : son accueil, ses chambres bien tenues et sa bonne situation ; 10mn de marche suffisent pour gagner la cathédrale ou le palais. Bar, salon et restaurant.

Hôtel Le Christina – *5 r. de la Halle - ✆ 02 48 70 56 50 - www.le-christina.com - Wifi - 71 ch. 50/90 € - ☕ 9 €.* Près du centre-ville, face à la jolie halle au blé du 19e s. Les chambres sont fonctionnelles (mobilier simple), mais celles de catégorie supérieure ont été bien rénovées.

POUR SE FAIRE PLAISIR

Hôtel Les Tilleuls – *7 pl. de la Pyrotechnie - ✆ 02 48 20 49 04 - www.les-tilleuls.com - ♿ - P - Wifi - 39 ch. 67/74 € - ☕ 8 €.* Établissement plaisamment fleuri aux chambres toutes climatisées, rustiques ou feutrées (meubles de style) ; celles de l'annexe sont rénovées. Piscine et petit fitness.

Hôtel Le Berry – *3 pl. du Gén.-Leclerc - ✆ 02 48 65 99 30 - www.le-berry.com - Wifi - 64 ch. 68/72 € - ☕ 8 € - ✕ 16 €.* Face à la gare, un grand bâtiment moderne qui dissimule des chambres récemment rénovées : couleurs vives, boiseries peintes et tableaux africains. Décor exotique et tour du monde des saveurs au restaurant.

UNE FOLIE

Hôtel d'Angleterre – *1 pl. des Quatre-Piliers - ✆ 02 48 24 68 51 - www.bestwestern-angleterre-bourges.com - fermé 26 déc.- 2 janv. - Wifi - 31 ch. 116/145 €* ☕. Cet hôtel bénéficie non seulement d'un bel emplacement près du palais Jacques-Cœur, mais aussi d'une complète cure de jouvence qui rend l'adresse très agréable et confortable.

RESTAURATION

PREMIER PRIX

Le Bistro Gourmand – *5 pl. de la Barre - ✆ 02 48 70 63 37 - réserv. conseillée - formule déj. 10,55 € - 15,55 €.* Aimable bistrot installé un peu à l'écart du centre animé. Le cadre est sobre, l'accueil souriant et l'on vous sert une cuisine berrichonne et lyonnaise, en fonction du marché. Terrasse dressée face à l'église Notre-Dame.

Le Bourbonnoux – *44 r. Bourbonnoux - ✆ 02 48 24 14 76 - http://bourbonnoux.com - fermé 10-18 avr., 16 août-5 sept., 26 fév.-6 mars, sam. midi, dim. soir et vend. - 13/32 €.* Coloris vifs et colombages composent le plaisant intérieur de ce restaurant situé dans une rue jalonnée de boutiques d'artisans. Accueil aimable. Cuisine classique actualisée.

BUDGET MOYEN

Le Savoyard – *40 r. Bourbonnoux - ✆ 02 48 02 57 27 - yala.taimiot@wanadoo.fr - fermé 2 sem. fin juin, 2 sem. déb. août, dim. midi et lun. - 17/24 €.* L'enseigne est on ne peut plus explicite : vous dégusterez ici matefaims, fondues, raclettes et tartiflettes, dans un décor de chalet savoyard, au sein d'une maison en pierre et bois installée dans le centre historique, près de la cathédrale. Réserv. conseillée.

La Courcillière – *R. de Babylone - ✆ 02 48 24 41 91 - www.lacourcilliere.com - fermé dim. soir, mar. soir et merc. - ♿ - 🅿 - 16/29 €.* Ici vous êtes au cœur du marais, à deux pas du centre-ville, ensemble de verdure, de faune et de flore. Gentil restaurant au cadre rustique avec terrasse au bord de l'eau face aux jardins. Table honnête à prix raisonnables. Pour le dépaysement…

Le Jardin Gourmand – *15 bis av. E.-Renan - ✆ 02 48 21 35 91 - www.jardingourmand.fr - fermé 20 déc.-20 janv., 6-27 juil., dim. soir, mar. midi et lun. - 16/40 €.* Discrète maison de maître sur un boulevard excentré. Le restaurant occupe trois petites salles à l'atmosphère bourgeoise. Joli salon avec cheminée en bois. Carte traditionnelle.

POUR SE FAIRE PLAISIR

Le d'Antan Sancerrois – *50 r. Bourbonnoux - ✆ 02 48 65 96 26 - www.dantansancerrois.com - fermé 3-21 août, 23 déc.-4 janv., dim., lun. et j. fériés - formule déj. 34 € - 68/85 €.* Dans un cadre élégant (vieilles pierres, mobilier moderne et tons gris bleu), belle partition du chef qui signe une cuisine originale, aux saveurs franches et marquées.

ACHATS

Marchés – *Tlj sf lun. 7h30-13h, 15h-19h30.* Sous la halle St-Bonnet aux structures métalliques type Baltard, un marché permanent de commerçants de bouche vous invite à baigner dans les senteurs et les couleurs du terroir. Le dimanche matin, la place s'emplit de fripes et de tout un bric-à-brac. Tous les samedis matin, les vieilles pierres de la superbe halle au blé (monument classé) vibrent de la clameur des 200 commerçants venus vendre des produits de bouche. Un marché très agréable.

La Maison des Forestines – *3 pl. Cujas - ✆ 02 48 24 00 24 - 9h30-12h15, 14h-19h15, lun. 15h-19h - fermé dim. et j. fériés.* Dans cette confiserie-chocolaterie fondée en 1825 et dotée d'un superbe plafond à caissons décoré de faïences de Gien, vous vous laisserez tenter par de délicieuses spécialités, dont les Forestines créées en 1879, mince fourreau de sucre satiné fourré de praliné aux amandes, noisettes et chocolat. Ne partez pas sans déguster aussi les Amandines et Noisettes (1885), les Richelieux (1890) et autres friandises élaborées en ces lieux depuis plus de cent ans.

Rues commerçantes – Principalement situées dans le secteur piétonnier du centre-ville, on peut y effectuer ses emplettes en toute tranquillité : rues Coursarlor et Mirebeau secteur palais Jacques-Cœur), rues Bourbonnoux et Moyenne (secteur cathédrale).

À proximité

Francis Audiot EARL – *Domaine de Coquin - au nord de Bourges sur D 25 - 18510 Menetou-Salon - ✆ 02 48 64 80 46 - www.domainedecoquin.com - 8h-12h, 14h-19h - fermé dim. et j. fériés.* Les douces pentes du vignoble de Menetou-Salon, plantées en sauvignon ou pinot noir, donnent des vins qui se déclinent en rouge, rosé ou blanc (proche des sancerres voisins). C'est dans cette couleur que Francis Audiot perpétue une tradition familiale centenaire, à l'excellence reconnue.

EN SOIRÉE

Pub Jacques-Cœur – *1 r. d'Auron - ✆ 02 48 70 72 88 - 10h-2h - fermé 15-30 juil. et j. fériés.* Ce pub occupe une demeure à colombages du 16e s., construite sur l'emplacement de la maison natale de Jacques Cœur. L'antique bâtisse est l'une des plus photographiées de Bourges.

Maison de la Culture de Bourges – *Pl. André-Malraux - ✆ 02 48 67 74 70 - www.mcbourges.com - 13h-18h30, sam. 14h-18h30 - fermée 1er mai, dim. et lun. de fin juil. à mi-août - 15-45 €.* Cette Maison de la Culture qui fut inaugurée le 18 avril 1964 par André Malraux, alors ministre des Affaires culturelles, propose des pièces de théâtre, spectacles de danse, concerts de musique classique et de jazz, séances de cinéma et café-restaurant : il y en a pour tous les goûts.

Les Nuits lumières de Bourges – *✆ 02 48 23 02 60 - juil.-août : tous les soirs ; mai-juin et sept. : jeu.-sam.- gratuit.* Parcours-spectacles à la tombée de la nuit (2h30) dans le centre historique de la ville : de la rue des Hémerettes à la cathédrale St-Étienne, le spectateur est guidé par l'éclairage bleu des lanternes. Jeu d'images en musique sur les façades de certains monuments (Vercingétorix et César aux jardins de l'Archevêché, Vie du grand argentier au palais Jacques-Cœur).

AGENDA

Voir l'Agenda dans la partie Organiser son voyage, p. 26.

Sancerre

★

1 727 Sancerrois – Cher (18)

NOS ADRESSES PAGE 358

S'INFORMER

Office de tourisme – *Espl. Porte-César - 18300 Sancerre - ✆ 02 48 54 08 21 - www.ville-sancerre.fr - juil.-août : 10h-18h ; hors sais. : 10h-12h, 14h-18h ; hiver : 10h-12h, 14h-17h - fermé 1er janv. et 25 déc.*

SE REPÉRER

Carte de microrégion D2 (p. 327) – *carte Michelin Départements 323 M3.*
Sur la rive gauche de la Loire, à 42 km au nord-est de Bourges, Sancerre domine St-Satur et le faubourg de St-Thibault.

À NE PAS MANQUER

Parcourez la vieille ville et ses donjons; contemplez le vignoble du Sancerrois du haut de l'esplanade Porte César; arrêtez-vous près de Chavignol pour goûter au fameux « crottin » et aux vins réputés de la région; et suivez le cours paisible du canal de la Loire.

ORGANISER SON TEMPS

Comptez une à deux journées pour visiter Sancerre, le Sancerrois et les bords du canal de la Loire.

AVEC LES ENFANTS

Vous trouverez un cadeau original à leur faire dans les jolies boutiques d'artisanat de la Nouvelle-Place, au cœur du vieux Sancerre.

Capitale d'un pays de vignes et de chèvres, Sancerre est réputé pour son délicieux vin blanc au goût de « pierre à fusil » et ses petits fromages ronds au lait de chèvre, les « crottins », fabriqués notamment à Chavignol. Juché sur son piton dominant la Loire, cet ancien bastion du protestantisme offre de vieux quartiers pleins de cachet aux rues sinueuses, et de jolis points de vue sur son vignoble, installé sur des coteaux pentus.

Se promener Plan de ville

VIEILLE VILLE

À chaque pas, l'attention est attirée par un pignon, une tourelle, un portail, un motif sculpté. Autour de la Nouvelle-Place, réaménagée, vous verrez de nombreuses boutiques d'artisanat et de poterie.

Esplanade Porte César

Elle offre une belle **vue**★★ sur le vignoble, St-Satur et son viaduc, St-Thibault et le Val de Loire, puis au-delà sur la Puisaye (région de bois et d'étangs, située entre la Loire et le Loing, au nord-est de Sancerre), tandis qu'à l'horizon apparaissent les premiers contreforts du Morvan.

351

SANCERRE

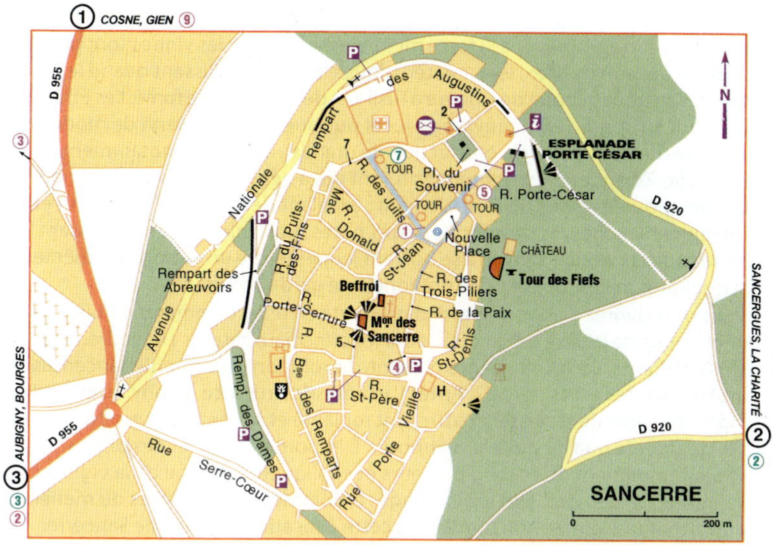

SE LOGER

Chambre d'hôte Le Moulin du Grand Senais....③
Hôtel de la Loire....⑦
Hôtel Le Floroine....②

SE RESTAURER

Auberge Ferme des Pellets....②
Auberge Joseph Mellot....①
La côte des Monts Damnés....③
La Pomme d'Or....④
La Tour....⑤
Le Laurier....⑨

INDEX DES RUES

Marché-aux-Porcs (R. du)....2
Paneterie (R. de la)....3
Pavé-Noir (R. du)....5
St-André (R.)....7

Tour des Fiefs

✆ 02 48 78 51 52 - mars-1er nov. : w.-end ; visite en sem. se rens. à l'office de tourisme - gratuit.

Ce donjon cylindrique de la fin du 14e s. est le seul vestige du château des comtes de Sancerre, citadelle huguenote âprement défendue lors du siège de 1573. De son sommet, on découvre un vaste **panorama★** sur la vallée de la Loire et les collines du Sancerrois ; par beau temps, on aperçoit même la cathédrale de Bourges.

Beffroi

L'ancien beffroi (1509) sert de clocher à l'église Notre-Dame de Sancerre.

Maison des Sancerre

3 r. du Méridien - ✆ 02 48 54 11 35 - www.maison-des-sancerre.com - ♿ - 27 mars-14 nov. : 10h-18h ; juin-sept. : 10h-19h - fermé 1er janv. et 25 déc. - 5 € (-12 ans gratuit).

À deux pas de l'église, la **maison Farnault** (14e s.), qui servit de tonnellerie au 18e s., a été restaurée pour accueillir ce lieu de découverte du vignoble sancerrois qui s'étend sur près de 3 000 ha et compte plus de 450 vignerons, 340 exploitations et 25 négociants-producteurs. Depuis 1959, les vins de Sancerre sont classés AOC. Vous trouverez ici toutes les informations possibles sur les caves de la région. Une scénographie originale a été conçue à l'intention du visiteur pour lui révéler l'univers de la vigne et du vin de Sancerre.

Travaillant sur des sols de calcaire, d'argile et de silex, les viticulteurs sancerrois produisent de fameux blancs, issus du cépage sauvignon, aux arômes de fleurs

blanches et d'agrumes et à la force minérale évidente. Si les vignes sont plantées sur des sols de silex, les caractéristiques locales rejaillissent quand le vin vieillit : un goût marqué de « pierre à fusil » et des touches de fumé. Les étrangers ont su apprécier le sauvignon local puisque celui-ci a servi de modèle au reste du monde pour la production de grands vins blancs, notamment en Nouvelle-Zélande. Les vins rouges ne sont pas à négliger (cépage pinot noir, comme pour les rosés de l'appellation) : exhalant des parfums de griotte et de fleurs blanches, ils développent des notes plus animales en vieillissant. Notez que les vins de Sancerre se boivent jeunes (entre un et trois ans) même si quelques millésimes ont des potentiels de garde étonnants…
Vous découvrirez d'abord, à partir d'une carte en relief commentée, l'histoire géologique de la terre de Sancerre dont les principaux terroirs engendrent des vins différents. La salle suivante présente l'évolution du vignoble sancerrois attesté par des écrits dès 582. Après l'attaque destructrice du phylloxera, les vignerons, loin de se laisser abattre, ont replanté et se sont mis à produire un vin de grande qualité qui a su s'imposer. Des bornes audio et des dispositifs vidéo témoignent de ce long parcours et expliquent le travail de la vigne et l'élaboration des vins. Des témoignages d'hommes et de femmes du métier apportent une dimension humaine à cette évocation des vins de Sancerre.
À l'extérieur, un petit jardin regroupe toutes sortes de plantes (des aromates, des fleurs, des arbustes à fruits) dont les parfums se retrouvent dans le vin. La terrasse offre un agréable **panorama★** sur le vignoble alentour. Et bien sûr, la visite se conclut par une inévitable dégustation de vins de Sancerre.
Dans le jardin, un jeu de l'oie grandeur nature permet aux enfants d'approcher, sur un mode ludique, le monde du vin.
L'école du vin, liée à la Maison de Sancerre, propose différents programmes d'initiation œnologique couplés avec des dégustations de produits locaux *(sur réserv.)*.

UNE PLACE STRATÉGIQUE

Célèbre dès l'époque romaine pour son oppidum, Sancerre veille depuis toujours sur la ligne de la Loire. Peut-être fut-elle au 9e s. la résidence de Robert le Fort, ancêtre des Capétiens. Plus tard, elle joua un rôle capital durant la guerre de Cent Ans comme clé du Berry, face aux Bourguignons et aux Anglais. Charles VII, le « roi de Bourges », y avait rassemblé 20 000 combattants qu'il commanda en personne durant quelque temps.
Ayant embrassé la Réforme dès 1534, Sancerre devint une des citadelles du protestantisme sur laquelle échouèrent les coups de main des forces royales. Le traité de St-Germain (1570) et le massacre de la St-Barthélemy (1572) n'eurent aucun effet sur les tenants de la « religion prétendue réformée », qui persistèrent dans leur détermination. Si bien que, le 3 janvier 1573, le maréchal de La Châtre, accompagné de 7 000 hommes, mit le siège devant Sancerre. Au terme d'une intense préparation d'artillerie, l'assaut fut donné par trois brèches, mais les Sancerrois restèrent maîtres du terrain. La Châtre décida alors d'affamer la place par un blocus rigoureux. Les assiégés, réduits à la plus noire famine, mangèrent de l'ardoise pilée et tout ce que la ville compte de cuirs et de peaux. Enfin, ils se résignèrent à la capitulation, après sept mois de résistance. Les honneurs de la guerre leur furent accordés, avec la liberté de culte.

Le vignoble de Sancerre
C. Guy / Hemis.fr

Circuits conseillés

★ LE SANCERROIS

Circuit 1 de 95 km tracé sur la carte (p. 354) – Comptez environ 6h.
Quittez Sancerre par le sud-ouest en empruntant la D 955, direction Bourges. Peu après, prenez sur la droite la D 955 direction St-Satur puis à gauche la D 183.
La route traverse une mer de vignes, puis s'élève en serpentant vers les hautes collines argilo-calcaires appelées terres blanches, dont le vignoble produit des vins corsés. Au carrefour avec la D 7 se révèle une **vue★★** remarquable sur le site de Sancerre perché sur sa butte, les vignobles, St-Satur et, au-delà, sur la vallée de la Loire.

Chavignol

Ce village de vignerons, niché au creux d'une cuvette aux flancs tapissés de vignes, a donné son nom à l'un des crus les plus réputés du vignoble sancerrois et au fameux **crottin de Chavignol**, petit fromage rond au lait de chèvre (mou, sec, bleu ou repassé, selon l'affinage), bien connu des gastronomes.
Peu après la sortie du village, prenez une petite route sur la droite menant à Amigny.
Sur la route de Sens-Beaujeu *(D 7)*, vers le croisement avec la D 85, une **vue★** agréable s'offre à gauche sur le village viticole de Bué et les collines du Sancerrois.

Château de Boucard

02 48 58 72 81 - visite guidée des vac. de Pâques aux vac. de la Toussaint : merc.-dim. apr.-midi ; reste de l'année : tlj sf w.-end et j. fériés sur demande préalable à l'office de tourisme - 7 € (-10 ans gratuit).
Encore entouré de douves et précédé d'un bel ensemble de communs, le château date des 14e et 16e s. Son aile nord, de 1560, donnait jadis sur des jardins à la française encadrés de canaux qui seuls ont traversé les siècles.

5

Dans l'aile Renaissance, découvrez la salle des gardes, le Grand Salon garni d'une cheminée importante, d'un bureau en loupe de citronnier et de mobilier Louis XIV, le Petit Salon, la salle à manger aux beaux étains, la chambre du maréchal de Navailles et la cuisine dont la cheminée rustique a gardé son tournebroche mécanique. Dans la partie la plus ancienne, remarquez la chapelle, percée au Premier Empire d'un orifice en biais permettant à la princesse de La Trémoille d'assister aux offices sans quitter sa chambre.

Poursuivez sur la D 74.

Jars

Cette charmante localité, dominée par un manoir encadré de tours rondes, possède une église (15e-16e s.) en grès rose et calcaire blanc ; précédée par une tour-porche, la nef est couverte de voûtes à liernes et tiercerons. Derrière l'abside, belle **vue** sur le Sancerrois.

Revenez au Noyer et prenez vers le sud-ouest la D 55 puis la D 11.

Henrichemont

3 pl. de l'Hôtel-de-Ville - 18250 Henrichemont - 02 48 26 74 13 - du 15 juin à fin sept. : 10h-18h ; reste de l'année : se rens. - fermé janv.

Au début du 17e s., Sully, le ministre d'Henri IV, conçut l'idée de créer une petite principauté en Berry qui pût servir de refuge aux protestants, ses coreligionnaires. Possédant déjà le château de Béthune à La Chapelle-d'Angillon *(voir p. 365)*, il décida d'ériger, non loin de là, une ville qu'il nomma Henrichemont en souvenir du roi Henri. Celle-ci ne fut jamais terminée. Ses huit rues convergent vers une place carrée qui a conservé son puits mouluré

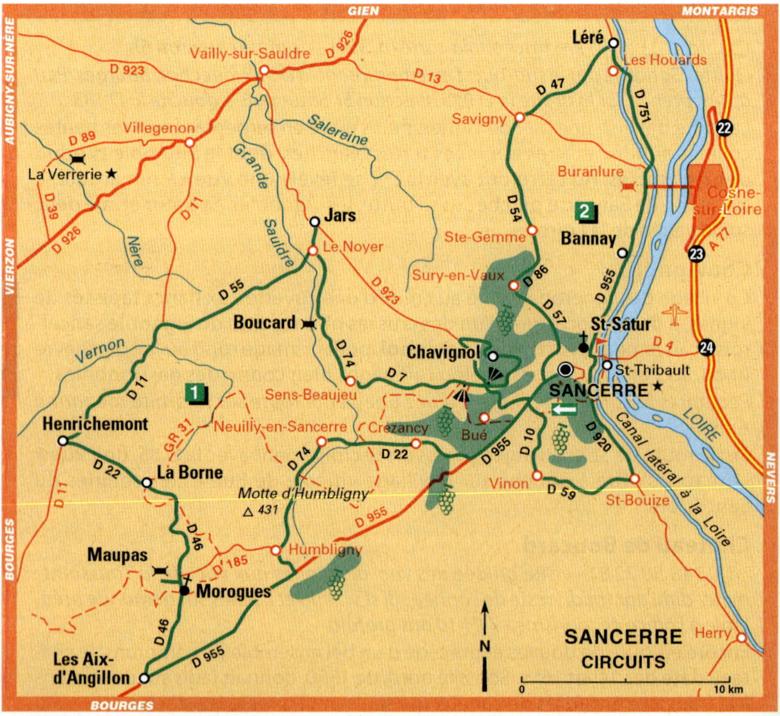

LE TOUR DE MAIN

Les premiers vestiges de poteries gallo-romaines furent retrouvés à Achères, non loin de La Borne. Les objets de grès traditionnels, essentiellement utilitaires (saloir, pot à lait, à huile, etc.), sont fabriqués à l'aide d'un tour à bâton et cuits au four à bois entre 1 280 et 1 350 °C. Principale ressource économique de la région, la poterie bornoise est en plein renouveau. Cette activité regroupe aujourd'hui les potiers de La Borne et des environs (Henrichemont, Morogues, Boisbelle, Crézancy, Humbligny, Parassy, Menetou, etc.), réunis pour la plupart en associations, et qui exposent leurs créations dans le tout nouveau Centre de création céramique de La Borne.

et quelques maisons du 17e s. à portails cintrés. Grâce à la qualité de la terre de la région, de nombreux ateliers de potiers se développèrent à Henrichemont et dans ses environs (notamment à La Borne).
Quittez Henrichemont par l'est en empruntant la D 22.

La Borne

La présence d'une terre, le grès, apprécié pour sa résistance, et l'abondance du bois de chauffage sont à l'origine de la poterie en Berry. La Borne en a fait son art. Après une période de déclin au début du 20e s., le site, haut lieu de la poterie d'hier et d'aujourd'hui, connaît un nouvel essor. De nombreux potiers s'y sont installés, ouvrant leurs ateliers au public.

Centre de création céramique de La Borne – *✆ 02 48 26 96 21 - www.laborne.org - ♿ - mai-sept. : 10h-19h ; reste de l'année : se rens. - fermé de mi-janv. à mi-fév. - 4,90 €.* Destiné à promouvoir l'art de la terre, ce centre expose et vend les œuvres des différents potiers locaux et accueille une exposition temporaire qui met en valeur un artiste qui ne réside pas forcément dans le village. La librairie dispose de nombreux ouvrages sur le sujet.

Musée de la Poterie – *✆ 02 48 26 98 31 - de Pâques à la Toussaint et durant les autres vac. scol. : w.-end 15h-18h - possibilité de visite guidée - 3,50 € (-12 ans gratuit).* L'ancienne chapelle de La Borne présente le savoir-faire des potiers de la région à travers une collection de pièces traditionnelles utilitaires ou décoratives (pichets, bouteilles, fontaines, épis de faîtage, etc.).

Musée Vassil-Ivanoff – *Rte des Coquillers - ✆ 02 48 26 96 24 - ♿ - de déb. mai à fin oct. : 14h-19h - fermé j. fériés - 2,30 €.* Installé dans la grange qui lui servit d'atelier pendant plus de vingt-cinq ans, le musée présente une belle sélection d'œuvres de ce pionnier de l'art céramique moderne. Né en Bulgarie en 1897, **Vassil Ivanoff** se fixe en 1922 à Paris où il exerce ses nombreux talents artistiques (décoration, peinture sur tissu, photographie). À 48 ans, il découvre chez un bouquiniste *L'Art de la poterie*. Un an plus tard, Ivanoff s'installe à La Borne dans une petite maison-atelier où, construisant son propre four, seul face à son art, il ne cessera de créer (3 000 pièces), jusqu'à sa mort en 1973. Ses vases, pots, coupes, plaques gravées, pièces aux structures tubulées prennent souvent l'aspect de véritables sculptures figuratives ou abstraites.
Quittez La Borne par le sud-est en empruntant la D 46.

Église de Morogues

Cet édifice roman du 13e s., précédé par un clocher-porche octogonal en pierre rousse, abrite un magnifique dais en bois provenant de la Ste-Chapelle de Bourges. Les trois pinacles à jour, d'une surprenante finesse, surmontaient les sièges des officiants. De chaque côté du chœur sont placées deux statues en pierre polychrome (14e s.) : saint Jean-Baptiste et saint Symphorien, d'une facture remarquable. À gauche du chœur, belle Vierge à l'Enfant.

DES SERVITEURS LOYAUX
Reconstruit au 15e s. par Dumesnil-Simon, transformé aux 17e et 18e s., époque à laquelle on détruisit l'enceinte fortifiée ainsi que plusieurs tours, le château de Maupas entra dans la famille d'Antoine Agard en 1688. Le fils d'Antoine Agard fut anobli en 1725 par Louis XV, et porta le titre de marquis de Maupas. Plus tard, les Maupas choisiront le métier des armes. L'un d'eux, Marie-Auguste, se distingua sous le Premier Empire et reçut la Légion d'honneur des mains de Napoléon en 1813. Il entra ensuite au service de la famille royale et devint, en 1827, sous-gouverneur de la maison d'Henri de Bourbon, duc de Bordeaux, comte de Chambord, dernier représentant de la branche aînée des Bourbons. Cela explique la présence, dans le château, des nombreux souvenirs du comte de Chambord et de sa mère Marie-Caroline, la duchesse de Berry.

Quittez Morogues par l'ouest en empruntant la D 59.

Château de Maupas

✆ 02 48 64 41 71 - www.chateaudemaupas.fr - visite guidée (1h) mai-sept. : 15h-19h, dim. et j. fériés 9h-12h, 15h-19h - 7 € (enf. 5 €), 3,50 € parc seult.

Entourée d'un parc aux arbres séculaires, l'élégante demeure à l'allure élancée est précédée d'un pigeonnier encore « habité ». Du 13e s., le château a conservé un beau corps de logis central flanqué de deux tours : l'une octogonale, l'autre ronde et couronnée d'un mâchicoulis à créneaux. Les deux ailes aux fenêtres à croisillons sont reliées par les deux tours médiévales : l'une donne sur la cour et renferme un escalier, l'autre donne sur les parterres à la française et au-delà sur l'étang. Le château prit de l'importance aux 18e-19e s. lorsque la famille de Maupas se distingua auprès de Louis XV, puis de Napoléon. Il subit d'importantes restaurations au 19e s.

L'intérieur du château séduit par la belle lumière qui l'anime. Il abrite une petite rareté, un **portrait de Charles X** en costume de sacre.

Au rez-de-chaussée, remarquez le beau mobilier des trois salons et de la salle à manger. À l'étage, vous pourrez admirer une impressionnante **collection d'assiettes★** des 17e, 18e et 19e s. : en tout 880 pièces provenant de manufactures célèbres comme Moustiers, La Rochelle, Nevers, etc. Précédant l'entrée de l'oratoire, une tenture en soie italienne, cadeau du comte de Chambord, figure un combat entre un lion et un taureau. De belles **tapisseries** (Aubusson, Flandres, Beauvais, Gobelins) décorent la chambre de la duchesse de Berry. Dans la salle des jouets sont exposées d'intéressantes pièces du 19e s. et du début du 20e s. ; dans la cuisine ancienne, au sous-sol, de nombreux cuivres.

Revenez à Morogues et prenez au sud la D 46.

Les Aix-d'Angillon

Ce bourg est situé en bordure de la vaste plaine de la Champagne berrichonne, au pied des collines du Sancerrois. Il possède un quartier ancien avec une vieille porte et une **église romane** comportant une haute croisée du transept encadrée de « passages berrichons » (étroites ouvertures reliant les bras du transept à la nef) et surmontée d'une coupole sur trompes.

Suivez la D 955 puis la D 44 jusqu'à la motte d'Humbligny (431 m), point culminant du Sancerrois. Quittez Humbligny par le nord-est en empruntant la D 74.

Une route pittoresque longe la vallée de la Grande Sauldre jusqu'à Neuilly-en-Sancerre. *À droite, prenez la D 49 jusqu'à Neuvy-Deux-Clochers.*

Tour de Vesvre

☏ 02 48 79 03 13 - www.latourdevesvre.fr - visite sur RV.
Dans un fond de vallée, dominant le paysage alentour, cette tour en partie restaurée, classée Monument historique, est un habitat seigneurial du 12e s. bâti à l'emplacement d'une demeure aristocratique du 9e s. Le site regroupe également une motte castrale du 10e s. et une basse-cour du 16e s.
Rejoignez la D 22 qui descend vers Sancerre en longeant les vignes.

LE LONG DU CANAL LATÉRAL ET L'EST DU PAYS FORT

Circuit 2 de 60 km tracé sur la carte (p. 354) – Comptez environ 1/2 journée. Quittez Sancerre par le sud-ouest en empruntant la D 955, puis à gauche, la D 10 en direction de Baugy.
Après avoir traversé le village viticole de Vinon, on rejoint St-Bouize pour accéder à la route qui longe de près le **canal latéral à la Loire**. Parsemé d'écluses, il double le fleuve, depuis 1836, de Roanne à Briare.

St-Satur

Le village du Château-Gordon, qui se trouvait à cet emplacement, reçut les reliques du martyr africain Satyrus et fut rebaptisé St-Satur. L'**église St-Guinefort** (12e s.), complètement détruite par les Anglais, fut rebâtie en 1362, mais seuls le chœur et l'abside, d'une grande pureté de lignes, furent achevés - *☏ 02 48 54 02 61 - en cas de fermeture, adressez-vous à la mairie.*
Bordant la Loire, **St-Thibault** est un port qui connut une grande activité jusqu'au milieu du 19e s.
Poursuivez sur la D 955.

Bannay

Enclavé entre la partie nord des bois de Charnes et le canal, ce village viticole possède une curieuse église coiffée de deux toits en poivrière.
Poursuivez sur la D 955.
Face à la route menant à Cosne-sur-Loire, on aperçoit le **château de Buranlure** (15e s.), niché dans un écrin de verdure ; la route emprunte ensuite la rive droite du canal, sur 5 km, jusqu'à l'écluse du hameau des Houards.

Léré

Situé aux confins du Pays Fort et du Val de Loire, ce bourg fut jadis fortifié, comme en témoignent les restes de tours rondes et le tracé incurvé de la rue des Remparts.
Profondément remaniée après le 16e s., la **collégiale St-Martin** conserve une abside romane jouxtant un chœur du 15e s. ; remarquez au tympan du portail gothique les restes d'une sculpture en haut-relief qui représente saint Martin partageant son manteau.
Sous le sanctuaire s'étend une **crypte** dont la partie centrale, en hémicycle, est divisée en trois nefs voûtées d'arêtes.
Quittez Léré par le sud-ouest en empruntant la D 47.
En suivant la vallée de la Judelle jusqu'à Savigny, la route traverse l'est du **Pays Fort**, paysage de verdure composé de prairies et de « bouchétures » (haies). Par la D 54, on retrouve le vignoble au sud du village viticole de Ste-Gemme.
Revenez à Sancerre en empruntant la D 86 jusqu'à Sury-en-Vaux, puis la D 57.

NOS ADRESSES À SANCERRE

HÉBERGEMENT

PREMIER PRIX

À proximité

Hôtel Le Floroine – *Face et près du canal latéral à la Loire - 18300 Ménétréol - 4 km au sud-est de Sancerre par D 920 - ☎ 02 48 54 02 74 - www.le-floroine.com - fermé vac. de fév., de Toussaint et dim. - 5 ch. 40 € - ☕ 6 €, demi-pension possible - 🍴 11/20 €.* Ce petit établissement familial posté en face du canal respire la simplicité tant dans ses chambres, un peu kitsch mais très confortables, que dans sa salle à manger où l'on savourera un menu sans fantaisie, tout simplement bon. Accueil chaleureux et prix doux.

Chambre d'hôte Le Moulin du Grand Senais – *Chemin du Grand-Senais - 18300 Crézancy-en-Sancerre - 7 km au sud-ouest de Sancerre par D 955 et D 22 - ☎ 02 48 79 06 64 - www.moulin-grandsenais.com - fermé janv.-fév. - P - 🚭 - 4 ch. 55 € ☕ - 🍴 18/25 €.* Nichée au cœur du vignoble dans un coquet parc fleuri, cette ancienne auberge s'est transformée en chambres d'hôte. Décoration rustique, un brin désuète, des salles d'eau simples, quelquefois à partager mais un accueil familial et une cuisine généreuse pour les repas du soir.

BUDGET MOYEN

À proximité

Hôtel de la Loire – *2 quai de Loire - 18300 St-Thibault - ☎ 02 48 78 22 22 - www.hotel-de-la-loire.com - P - Wifi - 11 ch. 63/91 € - ☕ 10 €, demi-pension possible.* En bord de Loire, cet hôtel, où le créateur de Maigret écrivit deux romans, dispose de chambres personnalisées sur le thème du voyage. Grand choix de pains et confitures maison.

RESTAURATION

PREMIER PRIX

À proximité

Auberge Ferme des Pellets – *Lieu-dit Les Pellets - 18220 Morogues - 5 km au nord du château de Maupas, dir. La Borne par D 46 - ☎ 02 48 26 90 68 - fermé vac. de la Toussaint, merc., 16 sept-14 juin, mar. en sais. - P - 🚭 - 13,50/15,50 €.* Étape idéale pour apprécier le crottin de Chavignol, fromage de chèvre servi sous de multiples formes dans une salle à manger décorée de vieux outils agricoles et meublée d'amusantes tables, autrefois supports de machines à coudre.

BUDGET MOYEN

Auberge Joseph Mellot – *16 Nouvelle-Place - centre-ville - ☎ 02 48 54 20 53 - fermé vac. de fév., dim. soir, mar. soir et merc. (hors sais.) - 17,50/35 €.* Ce restaurant tenu par une famille de vignerons est bien situé au centre du village. Un cadre rustique à souhait, un accueil sans chichis et surtout des formules adaptées vous seront proposées : « l'encas de l'auberge », « le goûter du vigneron »… ou plus complet, le menu du Sancerrois !

La Pomme d'Or – *Pl. de la Mairie - ✆ 02 48 54 13 30 - fermé vac. de Noël, dim. soir d'oct. à mars, mar. soir et merc. - 20/43 €.* Cette table très prisée est située à deux pas de la mairie. Une jolie fresque évoquant les collines du Sancerrois égaie la petite salle. Goûteuse cuisine traditionnelle.

À proximité

Le Laurier – *29 r. du Commerce - 18300 St-Satur - 3 km au nord-est de Sancerre par D 955 - ✆ 02 48 54 17 20 - www.ldf-berry.com - fermé 3 sem. en mars, 3 sem. en nov., jeu. soir (en hiver), dim. soir et merc. - formule déj. 16 € - 28/50 € - 6 ch. 48 € - ☕ 8 €.* Cet ancien relais de poste attire le regard avec sa belle façade tapissée de vigne vierge et ses volets bleus. L'intérieur, rustique, est tout aussi séduisant : poutres, boiseries, meubles anciens et cuivres. À table, cuisine traditionnelle. Chambres simples.

POUR SE FAIRE PLAISIR

La Tour – *Nouvelle-Place - ✆ 02 48 54 00 81 - www.la-tour-sancerre.fr - fermé dim. soir et lun. - 27/80 € bc.* Saveurs et simplicité : cuisine classique plutôt fine dans cette maison surmontée d'une tour du 14e s., avec vue sur les vignes de la salle de l'étage. Beau choix de sancerres.

À proximité

La Côte des Monts Damnés – *18300 Chavignol - ✆ 02 48 54 01 72 - www.montsdamnes.com - ♿ - 32/56 €.* Salle à manger cossue pour déguster une cuisine régionale.

ACHATS

Aux Trésors de Bacchus – *25 Nouvelle-Place - ✆ 02 48 54 17 45 - www.fournier-pere-fils.fr - 10h-19h.* Cave tenue par un vigneron, évidemment très grand connaisseur des crus de sa région. Outre ses propres bouteilles, il met en avant les sancerre, pouilly-fumé et coteau-du-giennois, tous issus de vignobles de propriétaires et choisis avec soin. Belle sélection de bourgognes, bordeaux, champagnes et vins de Loire.

Le Chavignol en Fête – *✆ 02 48 78 51 05 - www.crottindechavignol.com.* Tous les ans, aux alentours du 1er mai, les caves de la Mignonne deviennent le lieu de célébration du crottin de Chavignol. L'occasion rêvée de se familiariser avec l'histoire de ce petit fromage de chèvre, et bien sûr, de le déguster en compagnie de ses fervents admirateurs.

La Fromagerie – *R. des Juifs - ✆ 02 48 54 10 58 - tlj sf merc. 10h-12h30, 15h-19h - fermé janv.* Les amateurs de crottin de Chavignol seront ravis d'apprendre que cette petite boutique du centre-ville le commercialise sous toutes ses formes : du très frais (1 jour) au plus vieux (2 à 3 mois d'affinage)… Il y en a pour tous les goûts. Ne passez pas à côté de l'autre spécialité régionale : le fromage fermier au lait de vache (jeune ou demi-sec).

Aubigny-sur-Nère

★

5 907 Albiniens – Cher (18)

NOS ADRESSES PAGE 366

S'INFORMER

Office du tourisme Sauldre et Sologne d'Aubigny-sur-Nère – *1 r. de l'Église - 18700 Aubigny-sur-Nère - ☏ 02 48 58 40 20 - www.tourisme-sauldre-sologne.org - avr., mai et sept. : 10h-17h ; juin-août : 10h-18h ; oct.-mars : tlj sf dim. 10h-17h - fermé 1er janv. et 25 déc.*

Visite guidée – *2h, de déb. avr. à fin sept. : mar. et jeu. 9h45 (RV devant l'office du Tourisme) 4 €, visite nocturne à 21h se rens. 6 €. - ☏ 02 48 58 40 20.*

SE REPÉRER

Carte de microrégion C1 (p. 327) – *carte Michelin Départements 323 K2.*

La D 940, qui dessert Aubigny, relie Bourges (45 km), au sud, à Gien (30 km) et les bords de Loire au nord.

À NE PAS MANQUER

Les maisons à pans de bois d'Aubigny et son ancien château des Stuarts ; le superbe château en briques roses de Blancafort, blotti dans la fraîcheur ombragée du canal de la Sauldre ; la curieuse grange pyramidale de Vailly-sur-Sauldre et le château de la Verrerie « du Grand Meaulnes ».

ORGANISER SON TEMPS

Prévoyez 2h pour la visite de la ville, le restant de la journée étant consacré à vos circuits en Sologne ou en Pays Fort.

AVEC LES ENFANTS

Faites-leur profiter des installations balnéaires de l'étang du Puits, ou contez-leur l'histoire de Merlin l'Enchanteur à l'occasion d'une visite au musée de la Sorcellerie (à condition qu'ils ne soient pas impressionnables).

Un vent d'Écosse souffla jadis sur Aubigny, charmante étape de la route Jacques-Cœur située aux confins de la Sologne et du Berry. Offerte aux Stuarts par le roi de France Philippe le Bel, cette petite ville animée, traversée par la Nère au cours en partie souterrain, mérite une halte. Ses maisons à colombages témoignent, tout comme le château des Stuarts, d'un riche passé historique.

Se promener

★ Maisons anciennes

Nombre de maisons à pans de bois du début du 16e s. ont subsisté le long de la **rue du Prieuré**, prolongée par la **rue des Dames**, artères pittoresques et commerçantes qui alignent leurs enseignes de l'hôtel de ville à l'église, rue du Charbon et place Adrien-Arnoux. Au **n° 10** de la rue du Pont-aux-Foulons, la maison du 15e s. est la seule qui ait survécu à l'incendie de 1512. Remarquez aussi, dans la rue du Bourg-Coutant, la **maison du Bailli★** aux poteaux sculptés, et presque en face, la maison St-Jean ; enfin, à l'angle de la rue du Bourg-Coutant et de la rue de l'Église, la jolie **maison François-Ier**.

LA CITÉ DES STUARTS

Comment cette sympathique petite ville du Cher peut-elle revendiquer un héritage écossais aussi fort ? La présence inattendue des **Stuarts** en cette terre au 15e s. explique bien des choses…

En 1423, Charles VII offre Aubigny à un Écossais, **Jean Stuart**, son allié contre les Anglais, auquel succèdent **Béraud Stuart**, qui réconcilie Louis XI avec son cousin, le futur Louis XII, et **Robert Stuart**, maréchal d'Aubigny, qui guerroie en Italie sous François Ier. Venus d'Écosse, des gentilshommes et des artisans font souche. Ils installent verreries et tissages, utilisant la laine blanche de Sologne. Jusqu'au 19e s., la draperie est une source majeure d'activité ; elle acquiert une telle importance que la ville est alors surnommée « Aubigny-les-Cardeux ». La rue des Foulons rappelle aujourd'hui encore cette activité : les artisans apprêtaient jadis le drap en le foulant dans les eaux de la rivière.

Remparts

De la vieille enceinte élevée sous Philippe Auguste, il ne reste que le tracé des rues qui délimitent le centre-ville et deux tours rondes près du mail.

Ancien château des Stuarts

02 48 81 50 00 - www.aubigny.net - ♿ - juil.-août : tlj 10h-12h, 15h-19h ; Pâques-30 juin, sept.-oct., w.-end et j. fériés : 14h30-18h - possibilité de visite guidée (30mn) - 2 € (-16 ans 1,50 €).

Construite au 16e s. par Robert Stuart, puis remaniée par Louise de Kéroualle, favorite de Charles II d'Angleterre, cette imposante structure abrite aujourd'hui l'hôtel de ville ainsi que trois petits musées. Le châtelet d'entrée est encadré de gracieuses échauguettes de brique, et la clé de voûte est timbrée du blason des Stuarts. Passez le portail pour voir la cour intérieure, charmante par son irrégularité, avec ses fenêtres à meneaux et ses tourelles d'escalier rondes ou polygonales.

Musée de la vieille alliance franco-écossaise « Auld Alliance » – Témoignage de l'histoire commune de la France et de l'Écosse, ce mémorial de l'Auld Alliance évoque l'entente militaire contre l'Angleterre scellée le 23 octobre 1295 entre Philippe le Bel et John Balliol, alors roi d'Écosse. Considérée comme le premier acte de diplomatie internationale dans l'histoire de France, cette alliance allait connaître son apogée pendant la guerre de Cent Ans et les guerres d'Italie avec les **Stuarts d'Aubigny** dont ce petit musée évoque le rôle.

La Vieille Alliance a curieusement donné son nom à un whisky franco-écossais élevé en fût de chêne en Écosse, mais élaboré en France : l'**Aubigny Old Alliance**, dont la double origine célèbre les liens d'amitié entre les deux pays.

Musée Marguerite-Audoux – Une collection de livres, meubles et effets personnels évoque le destin exceptionnel de **Marguerite Audoux** (1863-1937). Amie de l'écrivain Alain-Fournier, cette native de Sancoins, orpheline devenue bergère puis couturière, devait connaître le succès littéraire avec son roman *Marie-Claire* qui remporta le prix Femina-Vie heureuse en 1910.

Salle Pierre-Rateau – Petite exposition consacrée à la Seconde Guerre mondiale et à Pierre Rateau, compagnon de la Libération, natif d'Aubigny.

Église St-Martin

L'évêque de Tours, **saint Martin** (316-397), fut l'un des évangélisateurs de la Gaule ; son geste de charité qui consista à donner une partie de son manteau à un pauvre est entré dans la légende. De style gothique, cette église qui porte son nom traduit les influences d'Île-de-France parvenues en Berry. À l'entrée du chœur, on remarque deux statues polychromes du 17e s., une charmante Vierge à l'Enfant et un dramatique Christ aux outrages ; dans le chœur, un vitrail du 16e s. contant la vie de saint Martin. Dans la troisième chapelle à droite, une belle Pietà en bois du 17e s.

Circuits conseillés Carte de microrégion

INCURSION EN SOLOGNE

Circuit de 50 km tracé sur la carte de microrégion (p. 327) – Comptez environ 3h. Quittez Aubigny par l'ouest en empruntant la D 13, vers Pierrefitte-sur-Sauldre.

Ste-Montaine

Ce village s'est bâti autour d'une légende. Un jour qu'elle revenait de la fontaine, une servante brisa sa cruche en trébuchant dans des ronces. Pour la punir, sa patronne la renvoya chercher de l'eau munie d'un panier. Désemparée, la servante implora sainte Montaine et, miracle, l'eau resta dans le panier, tandis que, sur le chemin, les ronces avaient disparu !

Poursuivez sur la D 13 pendant 4 km, puis, après avoir franchi un petit pont, tournez à droite dans la C 1.

Brinon-sur-Sauldre

Vous êtes ici au pays de Raboliot ! C'est en effet un habitant de ce village solognot qui inspira à **Maurice Genevoix** le personnage de son célèbre roman, publié en 1925. Bel exemple d'église à **caquetoire** (galerie extérieure s'appuyant contre la façade sud de l'édifice). Joli coup d'œil sur la Sauldre où l'on remarque un lavoir.

Quittez Brinon par l'est en empruntant la D 923.

Cerdon

Belle **vue** sur ce village soigné depuis le pont sur la Grande Sauldre *(aire de pique-nique)*. À voir dans l'église du 15e s. : tableaux et vitraux du chœur.

À Clémont, prenez à droite la D 176, puis la D 176e.

★ Étang du Puits

Ample et lumineux, l'étang du Puits occupe 175 ha au cœur de bois de chênes ou de pins. Paradis des pêcheurs, il est prodigue de carpes, brèmes et brochets, dont certains atteignent le poids respectable de 15 livres !

Promenade agréable le long du **canal de la Sauldre**.

Remontez la digue ; la route qui contourne l'étang du Puits offre de belles échappées. Pour apprécier le site, arrêtez-vous au cercle de voile.

En bout de route (D 765), prenez à droite sur la D 948.

Argent-sur-Sauldre

Étape de la route historique Jacques-Cœur, cette cité solognote se distingue par son **château**, dont la plus belle image vous est révélée en venant du nord par la route de Gien. Construit en bordure de la Grande Sauldre au 13e s. par les seigneurs de Sully, puis remanié aux 15e et 18e s., il abrite un musée.

Musée des Métiers – *02 48 73 33 10 - www.argentsursauldre.com - de déb. avr. à mi-mai et mi-sept. à mi-oct. : jeu.-vend. 14h30-18h, sam.-dim. 10h30-12h, 14h30-18h ; de mi-mai à mi-sept. : 14h-18h15, sam.-dim. 10h30-12h, 14h-18h15 - tarifs se rens.* Des scènes de la vie quotidienne rurale aux 18e et 19e s. y sont évo-

Église St-Martin et maison à pans de bois dite François Ier
G. Labriet / Photononstop

quées sur trois niveaux à travers une riche collection de quelque 3 000 outils et 2 000 objets divers. Vous découvrirez notamment un métier de passementier du 18e s. et des presses à fromage, un intérieur solognot, un potager, un meuble d'apothicaire, une série de vêtements religieux, des collections d'oiseaux et de papillons. Des métiers traditionnels comme celui du sabotier, du potier, du ferronnier, du charron, du cordonnier, du dinandier, du vannier, du tonnelier, du briquetier ou encore du tuilier sont évoqués à travers leurs ateliers reconstitués. La visite se termine avec les salles de classe et de cinéma.
Église St-André – L'ancienne chapelle du château est précédée par un puissant clocher-porche (16e s.) coiffé d'une flèche refaite au 17e s. La chapelle des fonts baptismaux abrite une étonnante représentation de La Trinité, du 16e s.
Poursuivez sur la D 940 qui ramène à Aubigny.

SUR LES PAS DU GRAND MEAULNES

Circuit de 55 km tracé sur la carte de microrégion (p. 327) – Comptez environ 3h. Quittez Aubigny par le nord-est en empruntant la D 30.

5

★ Château de Blancafort

02 48 58 60 11 - www.chateaublancafort.com - ♿ - visite guidée juin-sept. : 10h-19h ; avr.-mai et oct. : tlj sf mar. 10h-12h, 14h-18h30 - 9,50 € (-5 ans gratuit).
Dans la fraîcheur ombragée du canal de la Sauldre se cache une superbe maison forte du 15e s. dont la façade quelque peu austère est rehaussée de briques roses, et dont la cour d'honneur, flanquée de deux pavillons, fut ajoutée au 17e s. Au cours de la visite, admirez l'ancienne salle des gardes, transformée en salon Louis XIII, puis pénétrez par une porte secrète dans la chambre bleue, décorée d'un portrait de Marie Leszczynska. Au beau milieu de la **salle à manger** trône une table de monastère en noyer massif, dressée à la française ; remarquez au passage les murs tendus de cuir des Flandres repoussé, peint et doré, et si vous regardez par la fenêtre, vous apercevrez un vénérable cèdre du Liban, vieux de 300 ans. Passez dans le grand salon, aux murs garnis

d'une magnifique tapisserie des Gobelins du 18e s. figurant Renaud dans les jardins d'Armide, puis dans l'entrée actuelle, décorée d'une armure de type espagnol du 16e s., avant de finir par la bibliothèque Régence, tout en bois de châtaignier. Et surtout, n'hésitez pas à vous promener dans le parc du château, car il propose 5 ha de volutes et broderies de buis, de pelouses et de massifs, et même d'un sentier en sous-bois longeant la rivière.
Quittez Blancafort par la D 8, direction Vailly-sur-Sauldre.

Musée de la Sorcellerie, à Concressault

À Concressault - ✆ 02 48 73 86 11 - www.musee-sorcellerie.fr - ♿ - de déb. avr. à déb. nov. : 10h-18h ; juil.-août : 10h-19h - 7 € (-13 ans 5 €).

Au lieu-dit La Jonchère, dans le nord du Berry, terre de prédilection de la sorcellerie traditionnelle, une grange du 19e s. sert de cadre à ce musée pas comme les autres. Un dédale de 1 200 m², constitué de scènes grandeur nature, vous plonge dans l'univers historique et fantastique des sorcières du Berry. Au rez-de-chaussée, dans la salle de l'imaginaire, peuplée de créatures mythiques, vous attendent lutins, farfadets, magiciens, enchanteurs, alchimistes, sorcières à califourchon sur leur balai magique, et leurs compagnons préférés : hiboux, crapauds, chats, dragons et autres. La salle consacrée à la mythologie raconte l'histoire de Circée et celle d'Ulysse. Puis c'est la salle de la Chasse aux sorcières, avec l'Inquisition et ses terribles procès. Au premier étage, des saynètes illustrent trois affaires de sorcellerie. Deux contes fantastiques – la Yanne et la vengeance du métayer – vous sont racontés. Le grenier des sorcières vous révèle les secrets des plantes magiques bienfaisantes ou vénéneuses, comme la mandragore, la belladone ou la jusquiame. Un diaporama vous plonge ensuite dans l'univers des sorciers. Vous êtes invité à vivre les veillées d'autrefois, avec leurs contes et leurs légendes, leurs recettes magiques, leurs poupées de cire, leurs jeux de Tarot, leurs inquiétants « meneurs de loups » et leurs « birettes », spectres en chemise typiques du Berry. *La D 8 qui grimpe vers Barlieu offre une belle vue sur la vallée de la Grande Sauldre.*

Vailly-sur-Sauldre

5 bis pl. du 8-Mai-1945 - 18260 Vailly-sur-Sauldre - ✆ 02 48 73 87 57 - www.officedetourismepaysfort.com - mai-sept. : 10h-18h ; oct.-avr. : tlj sf dim. et j. fériés 10h-18h, sam. 10h-12h - fermé 15 déc.-15 janv.

Sa situation sur la rivière fait de ce charmant village un lieu particulièrement apprécié des pêcheurs. Sa curieuse **grange pyramidale** (*sur la D 11, juste avant la sortie du village ; fléché*) est une vaste construction rurale typique du **Pays Fort** dont Vailly est la capitale. Elle se distingue par sa hauteur (plus de 10 m), sa base carrée et surtout par son faîtage acéré. Son fenil étagé, son cochonnier, sa mangeoire et sa bergerie répartis autour de l'aire principale de battage assuraient un logement rationnel pour les récoltes et les bêtes.
Quittez Vailly par l'ouest en empruntant la D 926, direction La Chapelle-d'Angillon. Environ 1 km après Villegenon, prenez à droite la D 89.
La D 39 traverse la **forêt d'Ivoy**, aux essences variées (résineux, feuillus). Riche en gibier, cette forêt attire, en saison, de nombreux chasseurs.

★ Château de la Verrerie

✆ 02 48 81 51 60 - www.chateaudelaverrerie.com - visite guidée (45mn) ttes les heures sf 13h - promenade enchantée - de déb. avr. à fin oct. : 11h-17h ; reste de l'année : se rens. - 10 € (enf. 8 €).

En 1422, Charles VII offre la terre de la Verrerie à Jean Stuart pour services rendus. Revenu à la Couronne en 1672, Louis XIV en fait don un an après à la duchesse de Portsmouth, favorite de Charles II d'Angleterre. Cette demeure, isolée dans un écrin de verdure au bord d'un lac, est vraiment féerique. Séduit, Alain-Fournier s'en est inspiré pour la fête de son roman *Le Grand Meaulnes*. Aujourd'hui, le visiteur en quête d'émotions peut se promener tranquillement dans le parc et prolonger l'enchantement en dormant dans l'une des douze chambres du château qui se visite dorénavant d'une façon très originale. Les visiteurs sont en effet guidés de salle en salle par des acteurs costumés qui leur racontent la vie du château. Ainsi, vous pourrez admirer la galerie Renaissance de Robert Stuart (1525), le grand salon, la bibliothèque de l'archéologue-diplomate Melchior de Vogüé, la salle de billard où sont conservées quatre remarquables copies de pleurants en albâtre (15e s.) et la chapelle du 15e s., décorée de fresques du 16e s.

La Chapelle-d'Angillon

i *R. de la Fontaine-St-Jacques - 18380 La Chapelle-d'Angillon - ✆ 02 48 73 43 41.*

Ce petit bourg est groupé autour d'une ancienne forteresse bâtie au 11e s. par un certain Gillon de Seuly, et qui servit longtemps de résidence aux seigneurs de Boisbelle, principauté restée indépendante jusqu'au 18e s. Duc de Sully et ministre du roi Henri IV, Maximilien de Béthune devint seigneur de La Chapelle-d'Angillon en 1605 et donna son nom au vénérable château. Ses descendants le cédèrent à Louis XV. Le 5 octobre 1886, La Chapelle-d'Angillon vit naître Henri Alban Fournier, plus connu sous son nom de plume, Alain-Fournier. Signalée par une plaque, la maison natale du célèbre auteur du *Grand Meaulnes*, au n° 35, ouvre ses volets blancs sur l'avenue qui porte son nom.

Château de La Chapelle-d'Angillon – *✆ 02 48 73 41 10 - www.chateau-angillon.com - messe publique le dim. 10h ; possibilité de dîner au château - visite guidée (1h) - 9h-12h, 14h-18h - 8 € (-7 ans gratuit).* Dominée par le donjon primitif (11e s.), la cour intérieure du château est bordée d'un logis remanié aux 15e et 16e s. et adouci par l'ouverture de mansardes, de fenêtres à meneaux et par l'ajout de tourelles d'escalier en brique à chaînage de pierre. Près du puits subsiste une gracieuse **galerie Renaissance**, dite du « jeu de paume », percée de sept arcades supportées par des colonnes à double redondance et surmontées de chapiteaux décorés de feuillages. À l'intérieur, on découvre notamment un escalier à vis du 15e s., la chambre du Roi (en souvenir du passage de Louis XIV en 1651), la salle des gardes aux voûtes d'arêtes, une terrasse du 17e s. offrant une jolie vue sur l'étang dans lequel se reflète le château, ainsi qu'une chapelle du 15e s.

Le **musée Alain-Fournier** retrace la vie et l'œuvre de l'écrivain à travers de nombreux documents : livres, lettres, photographies, mannequins, maquettes, reconstitutions et même… hologrammes.

La **Fondation royale albanaise** conserve des souvenirs albanais des 18e et 19e s. rapportés par le bey Frasheri : costumes en velours brodés d'or, armes anciennes, documents et photographies concernant la famille royale albanaise. Deux belles tentures de Felletin du 17e s. sont accrochées aux murs.

La D 940 ramène à Aubigny.

NOS ADRESSES À AUBIGNY-SUR-NÈRE

HÉBERGEMENT

BUDGET MOYEN

À proximité

Chambre d'hôte Les Bouffards – *18410 Brinon-sur-Sauldre - ✆ 02 48 58 59 88 - www.bouffards.fr - Wifi - 5 ch. 70/105 € ☕, demi-pension possible - ✕ 25 € bc.* Sympathique maison familiale pour un séjour au calme au cœur d'un joli parc avec piscine. Vous profiterez de chambres spacieuses et confortables assurant la tranquillité.

Chambre d'hôte Le Domaine des Givrys – *Les Givrys - 18410 Clémont - 3 km au sud-est de Clémont par D 79, rte de Ste-Montaine, puis 1,3 km par chemin forestier à gauche - ✆ 02 48 58 80 74 - www.domainedesgivrys.com - ♿ - P - 🚭 - 5 ch. 70 € ☕, demi-pension possible.* Un calme absolu règne en cette ancienne ferme solognote située au beau milieu d'une forêt bordée par une rivière poissonneuse et des étangs (pêche à la truite et au black-bass). Les chambres, immaculées, mêlent le rustique et le contemporain. En hiver, le dîner au coin du feu est un véritable bonheur.

POUR SE FAIRE PLAISIR

Hôtel La Chaumière – *2 r. Paul-Lasnier - ✆ 02 48 58 04 01 - www.hotel-restaurant-la-chaumiere.com - fermé 9-23 août, 15 fév.-13 mars, dim. soir (sf juil.-août) et j. fériés - Wifi - 19 ch. 72/130 € - ☕ 12 €, demi-pension possible - ✕ 19/55 €.* Une bâtisse ancienne qui soigne son image : de confortables chambres personnalisées (pierre et bois) et deux jolies salles rustiques pour déguster une cuisine traditionnelle.

RESTAURATION

BUDGET MOYEN

À proximité

Les Rives de l'Oizenotte – *18700 Oizon - 6 km à l'est d'Aubigny sur D 923 - ✆ 02 48 58 06 20 - oizenotte.g@infonie.fr - fermé vac. de fév., vac. de la Toussaint, de Noël, lun. soir, mar. et merc. - 16/22,50 €.* Au bord d'un étang, table régionale relookée et pourvue d'une jolie terrasse près de l'eau. Salles modernes dotées de panneaux en bois blond ; décor sur le thème de la pêche.

POUR SE FAIRE PLAISIR

À proximité

Le Lion d'Or – *1 pl. de l'Église - 41300 Pierrefitte-sur-Sauldre - ✆ 02 54 88 62 14 - liondor41@orange.fr - fermé 8-16 mars, 30 août-22 sept., 3-19 janv., merc. soir et jeu. soir hors sais., lun. et mar. sf j. fériés - 31/39 €.* Solognote dans l'âme, cette maison ne badine pas avec la tradition : cadre rustique (murs à pans de bois, poutres, faïences anciennes) et cuisine régionale. Terrasse-jardin.

AGENDA

Voir l'Agenda dans la partie Organiser son voyage, p. 26.

Nançay

738 Nançayais – Cher (18)

NOS ADRESSES PAGE 369

S'INFORMER

Randonnées pédestres - Cartes téléchargeables sur le site www.nancay.a3w.fr. Plusieurs promenades ont été aménagées dans et autour du village de Nançay.

Elles permettent de se familiariser avec les paysages de la Sologne : sous-bois de bouleaux, de chênes ou de châtaigniers, chemins bordés de bruyères et de genêts, nombreux étangs.

Vous verrez des fermes à colombages et de petites maisons en brique, témoins d'un riche passé rural.

SE REPÉRER

Carte de microrégion B2 (p. 326) – *carte Michelin Départements 323 J2.*

À 20 km au nord-est de Vierzon, aux confins du Cher et du Loir-et-Cher, Nançay est situé au cœur de la forêt solognote, réputée pour ses cerfs et son gibier.

À NE PAS MANQUER

La station de radioastronomie et les animations organisées autour de l'observation des galaxies lointaines.

ORGANISER SON TEMPS

Prévoyez 4h pour découvrir la station de radioastronomie et flâner dans le village, aux nombreux ateliers d'artistes.

AVEC LES ENFANTS

Le planétarium les fera rêver ; les expériences éducatives organisées autour de la station de radioastronomie susciteront peut-être des vocations…

Paradoxe de la tradition et de la modernité : ce village solognot qui compte de nombreux ateliers d'artistes accueille l'un des plus modernes observatoires astronomiques d'Europe… Après tout, artistes et astronomes n'ont-ils pas les yeux tournés vers les étoiles ?

5

Se promener

Grenier de Villâtre

Galerie Capazza - ✆ 02 48 51 80 22 - www.capazza-galerie.com - de mi-mars à fin nov. : sam. 10h-12h30, 14h30-19h ; reste de l'année : sur RV - 5 € (-18 ans 3 €).

Installée dans les anciennes écuries joliment restaurées du château, la **galerie Capazza** expose peintures, sculptures, estampes, photographies, céramiques, orfèvrerie, bijoux créés par une soixantaine d'artistes permanents.

L'une des salles de la galerie, le **musée imaginaire du Grand-Meaulnes**, renferme différents souvenirs d'Alain-Fournier ayant appartenu à la famille : notamment des photographies, une maquette sur une scène tirée du roman, de petits meubles.

« *NANÇAY… LE LIEU DU MONDE QUE JE PRÉFÉRAIS.* »
Ainsi s'exprime **Alain-Fournier**, auteur du *Grand Meaulnes* qui, enfant puis adolescent, passa ici ses vacances d'été. C'est avec nostalgie qu'il évoque, dans son roman et dans ses correspondances, ce village qu'il aimait tant. Le château de Nançay aurait peut-être même servi de cadre à la « Fête étrange » de son fameux roman…

À proximité Carte de microrégion

PÔLE DE L'ESPACE ET DES ÉTOILES

2 km au nord par la D 29, direction Souesmes.

Station de radioastronomie★

www.cielouvert.obs-nancay.fr - fermée pour travaux, réouverture prévue mi-2011.

Créée en 1953, cette station étudie les ondes radio qui parviennent de l'univers, apportant de précieux renseignements sur le système solaire, les galaxies lointaines et la matière interstellaire.

Pour mener à bien ses recherches, elle dispose de trois instruments principaux : le **radiotélescope décimétrique**, l'un des plus grands au monde par sa surface collectrice ; le **radiohéliographe interféromètre** à deux branches, dévolu à l'étude du Soleil ; et le **réseau décamétrique** de 144 antennes hélicoïdales, qui observe en priorité Jupiter et la couronne solaire.

Contrairement à ce que l'on pourrait entendre dans les films de science-fiction, aucun effet sonore ne peut se propager dans le vide spatial…

Pôle des étoiles en Sologne

02 48 51 18 16 - www.cielouvert.obs-nancay.fr - ♿ - juil.-août : 10h-18h30 ; mai-nov. : 9h30-17h30, w.-end et j. fériés 10h-18h30 ; reste de l'année : se rens. - 6 €.

Enveloppé d'une cage de Faraday (indispensable pour protéger la station de radioastronomie des interférences), ce bâtiment, dédié aux étoiles, abrite la parfaite panoplie de l'apprenti astronome. Son espace interactif vous propose une exposition offrant un panorama de la recherche en physique et vous donne maintes occasions de simuler des problèmes et faire des expériences.

Planétarium★ – *02 48 51 18 16 - www.cielouvert.obs-nancay.fr - ♿ - horaires : se rens. - 11 € (-16 ans 9,50 €).*

Tout ce que vous avez toujours voulu savoir sur la localisation des étoiles dans l'univers sans jamais oser le demander…

NOS ADRESSES À NANÇAY

HÉBERGEMENT

PREMIER PRIX

Chambre d'hôte Les Crocus – *7 r. du Grand-Maulnes - ✆ 02 48 51 88 28 - www.lescrocus.com - P - 5 ch. 58 € ☕ - ✕ 18/28 €.* En achetant cette maison au cœur du village, les propriétaires ont souhaité aménager trois chambres d'hôte dans l'habitation principale (parmi lesquelles la Louis XV, la plus romantique) et une autre en annexe, toutes décorées selon des thèmes différents. Un ensemble fort agréable, donnant sur un joli parc fleuri, parsemé de petites fontaines. Aux beaux jours, on prendra le petit-déjeuner sous le chapiteau avant de plonger dans la piscine ou contempler la collection de 1 200 vinyles.

POUR SE FAIRE PLAISIR

À proximité

Hôtel Le Parc – *8 av. d'Orléans - 41300 Salbris - ✆ 02 54 97 18 53 - www.leparcsalbris.com - fermé vac. de Noël - P - Wifi - 23 ch. 78/88 € - ☕ 10 € - ✕ formule déj. 15 € - 24/48 €.* Grande demeure bourgeoise entourée d'un jardin arboré. La décoration des chambres reste sobre et profite de fréquentes rénovations. Salons agréables. Le chef mitonne une cuisine maison fleurant bon la tradition et potagère en saison. Cadre rustique ; terrasse.

Domaine de Valaudran – *41300 Salbris - sud-ouest : 1,5 km par rte Romorantin (Proche sortie A 71) - ✆ 02 54 97 20 00 - www.hotelvalaudran.com - fermé 19 déc.-6 janv., de mi-fév. à mi-mars et dim. de sept. à mai - P - 32 ch. 95/110 € - ☕ 13 € - ✕ 35 €.* Laissez-vous charmer par cette gentilhommière du 19e s., son vaste parc et sa piscine, propices au farniente. Chambres fraîches et actuelles (certaines mansardées). Au restaurant, les spécialités portent les couleurs de la Sologne et honorent les produits du potager.

ACHATS

Les Sablés de Nançay – *3 pl. de l'Église - ✆ 02 48 51 81 19.* Le fameux sablé de Nançay est né dans cette petite boulangerie, en 1953, suite à une erreur de préparation de la pâte… Aujourd'hui, les patrons fabriquent toujours ce biscuit suivant la recette d'origine gardée secrète, à la grande joie des gourmands.

ACTIVITÉS

Randonnées pédestres – Du **Haut Boulay** aux **Chassignoles** *(5,4 km)* ; de la **radioastronomie** aux **Varennes** *(3,7 km)* ; chemin de **Boischevaux** *(3 km)* ; chemin des **Breuzioux** *(3,2 km)* ; de l'**étang de Samord** à **Sanges** *(4,4 km)* ; chemins autour du **village** *(4,7 km)* ; chemin de la **fringale** *(5,2 km)*. *Voir aussi p. 367*

Mehun-sur-Yèvre

★

6 884 Mehinois – Cher (18)

NOS ADRESSES PAGE 374

S'INFORMER

Office de tourisme – *Pl. du 14-Juillet - 18500 Mehun-sur-Yèvre - ✆ 02 48 57 35 51 - juil.-août : 10h-12h, 14h-18h, dim. 10h30-12h30 ; reste de l'année : tlj sf dim. et j. fériés 10h-12h, 15h-17h, lun. 15h-17h, sam. 10h-12h - fermé 23 déc.-3 janv.*

SE REPÉRER

Carte de microrégion B3 (p. 326) – *carte Michelin Départements 323 J4.*
À 15 km au nord-ouest de Bourges, Mehun-sur-Yèvre s'appuie sur le canal du Berry. Son château domine l'Yèvre.

À NE PAS MANQUER

Le pôle de la Porcelaine, installé dans la partie restaurée du château de Mehun-sur-Yèvre ; Chârost et son impressionnante église romane ; le vignoble de Reuilly-Quincy, planté en cépage sauvignon.

ORGANISER SON TEMPS

Comptez une bonne journée pour la visite de la ville et pour profiter des trésors de la route du vignoble de Reuilly-Quincy.

AVEC LES ENFANTS

À Foëcy, ils apprécieront les grands panneaux traitant, sous forme de BD, de la saga de la porcelaine, et la borne interactive conçue à leur attention. Ils aimeront aussi les petits objets décoratifs à prix d'usine !

Les vestiges du prestigieux château de Jean de Berry, où Charles VII reçut Jeanne d'Arc, confèrent à Mehun-sur-Yèvre un charme indéniable. Mais l'histoire n'est pas ici seule à régner : entre la pêche, les balades et le canoë, une visite dans l'un des ateliers de porcelaine de la région s'impose.

Se promener

Porte de l'Horloge

Elle date du 14e s. Restaurée, elle ouvre sur la rue Jeanne-d'Arc.

Rue Jeanne-d'Arc

Elle descend vers l'Yèvre entre des demeures anciennes, parfois précédées de puits.
Au **nº 87**, la maison où Jeanne d'Arc aurait logé présente d'élégantes baies géminées à trilobes. À gauche, esplanade vers le château.

Jardin du Duc-Jean-de-Berry

Agréables perspectives sur des lavoirs et sur un moulin du 12e s. Une promenade ombragée longe le canal du Berry : **vues** sur le château et l'église.

Mehun-sur-Yèvre, le canal de Berry
P. Renault/Hemis.fr

Pôle de la Porcelaine

☎ 02 48 57 06 19 - ♿ - juil.-août : 14h30-18h30, mai-juin et sept. : tlj sf lun. 14h30-18h ; de mi-mars à avr. et oct. : w.-end et j. fériés : 14h30-18h - 4,60 € (-10 ans gratuit).
À l'ombre des tours du château, une construction de verre relie l'ensemble des Grands Moulins. Cet agréable espace présente plus de 2 000 pièces de collection du 19e s., aussi diverses qu'insolites (vaisselle fine, fontaine, guéridon, plaque funéraire, etc.). Un **spectacle★** son et lumière *(12mn)* vous dévoile les secrets de la fabrication de la porcelaine.

Musée Charles-VII

R. des Grands-Moulins - juil.-août : 14h30-18h30 ; mai-juin et sept. : tlj sf lun. 14h30-18h ; mars-avr. et oct. : w.-end 14h30-18h - 4,60 € (-10 ans gratuit).
Installé dans une tour restaurée du château, ce musée retrace l'histoire du site à travers ses collections d'archéologie médiévale. On devine encore le plan du château, malgré l'état de délabrement de celui-ci : vous remarquerez ainsi l'emplacement du bastion qui s'avançait en éperon sur la rivière. Démantelé au 17e s., le château tomba peu à peu en ruine. Des fouilles ont permis de conclure que plus de dix châteaux avaient été construits, du 10e au 15e s., sur le site.

LES GRANDES HEURES

Troisième fils de Jean II le Bon, roi de France, **Jean de Berry** (1340-1416), mécène fastueux et grand amateur d'enluminures, fit reconstruire en 1386 le château de Mehun. Là, au milieu d'une cour brillante, il accueillit des écrivains comme Froissart, des miniaturistes comme les frères de Limbourg et André Beauneveau ; ce dernier, qui était aussi sculpteur et architecte, travailla longuement au château. Le duc s'entretenait familièrement avec eux et les emmenait visiter sa ménagerie ou son luxueux pavillon des bains. Jean de Berry légua Mehun à son petit-neveu **Charles VII**, qui y reçut **Jeanne d'Arc**.

Une miniature précise des *Très riches heures du duc de Berry*, dont l'original (œuvre des frères de Limbourg) se trouve au musée Condé à Chantilly, montre le château tel qu'il était au 15e s.

Collégiale Notre-Dame

Ce monument de style roman (à l'exception d'une chapelle ajoutée au 15e s.) fut commencé par le chœur (11e s.), édifié sur plan en fer à cheval. La façade est précédée d'un clocher-porche orné, sur la face nord, d'une croix à entrelacs et agneau pascal au centre.

À l'entrée de la nef, à gauche, une intéressante armoire à reliques, du 15e s., a reçu au 17e s. une porte en bois sculpté représentant l'Éducation de la Vierge.

Dans la nef à gauche, Crucifixion peinte par Jean Boucher de Bourges, maître de Mignard. Chemin de croix moderne en poterie de La Borne.

À proximité Carte de microrégion

Foëcy

6 km au nord-ouest par la D 60.

Au cours des 19e et 20e s., plusieurs fabriques de porcelaine s'installèrent à Couleuvres, Noirlac, Mehun, Vierzon et Foëcy. Bordée par les rives du Cher et de l'Yèvre, cette commune abrite un musée créé par la famille **Deshoulières**, porcelainiers et céramistes depuis près de deux siècles.

Musée vivant de la Porcelaine – *R. Louis-Grandjean - ✆ 02 48 53 04 55 - tte la journée - fermé dim. et j. fériés - 4,60 € (-12 ans gratuit).*

Dans ce sympathique musée, créé sur le site d'une usine désaffectée, l'histoire de la porcelaine et des arts de la table est contée sous forme de bandes dessinées géantes. Une vingtaine de machines, certaines animées, illustrent l'évolution des techniques de fabrication et de cuisson de la porcelaine. On remarquera la reproduction d'un four du 19e s., ainsi qu'une étonnante machine Roller (1960) à fabriquer des assiettes, des plats et des soucoupes. Ne manquez pas l'**espace muséal★** et sa superbe collection de pièces en grès ou en porcelaine de Louis Lourioux, conçues entre 1895 et 1930, de plâtres du célèbre porcelainier parisien Samson (19e s.), et de modèles de Philippe Deshoulières et d'autres créateurs. Un atelier de décor, doté de machines de sérigraphie, et des expositions thématiques temporaires viennent compléter la visite. Avant de partir, vous pourrez jeter un coup d'œil au magasin (500 m²) attenant au musée, et qui propose une sélection d'articles à prix d'usine.

ROUTE DE LA PORCELAINE ET DU GRÈS

Le Berry produit chaque année quelque 6000 t de porcelaine, soit 55 % du total annuel. Pour plus de renseignements sur les ateliers, boutiques, magasins d'usine et musées de la Porcelaine dans les départements du Cher et de l'Indre, consultez le site **www.routedelaporcelaine.com** ou contactez l'office du tourisme de Bourges *(voir p. 328)*.

Disponible auprès des offices de tourisme locaux, la brochure *La Route de la porcelaine et du grès* contient une carte des principales étapes de la route de la porcelaine en Berry.

Circuit conseillé Carte de microrégion

VIGNOBLE DE REUILLY-QUINCY

Circuit de 62 km tracé sur la carte de microrégion (p. 326) – Comptez 1/2 journée. Quittez Mehun au sud par la D 35. À Ste-Thorette, prenez à droite la D 23 puis la D 114 à gauche en direction de Plou.

Les vins blancs de Reuilly et de Quincy sont plantés en cépage sauvignon. Dans l'appellation Quincy, le sol est recouvert par les dépôts de graviers et de sable alluviaux déposés par le Cher.

Les viticulteurs y proposent un vin blanc très sec, frais sans verdeur (de robe plus claire que ceux du voisin sancerrois et au bouquet aromatique plus discret), et de degré assez élevé, qu'il est préférable de boire dans les deux premières années.

Si les blancs de Reuilly offrent à peu de choses près les mêmes caractéristiques, le vignoble produit également des vins rouges légers aux arômes de cerise et de mûre et des rosés très pâles, accompagnant idéalement une cuisine exotique, issus des cépages pinot noir (rouge) et pinot gris (rosé).

Chârost

Durant l'Antiquité et le Moyen Âge, Chârost connut une période faste dont témoignent les vestiges de son château féodal, de son enceinte et de son **église St-Michel** (12e s.), construite en calcaire ferrugineux. Une large nef, charpentée au 19e s., débouche sur un sanctuaire en hémicycle ; le transept et les absidioles ont disparu.

À l'extérieur, au-dessus du portail d'entrée, une grande croix d'entrelacs porte en son centre un agneau pascal. Remarquez l'arche étroite et haute en plein cintre joignant le chœur à la nef (côté nord) : il s'agit d'un « passage berrichon » caractéristique.

Contournez l'édifice et entrez dans le **cimetière**. On découvre l'abside et sa riche décoration sculptée, ainsi que les traces d'un croisillon et d'une absidiole (beaux chapiteaux dont l'un représente une Harpie portant sur son aile une roue à six branches).

Quittez Chârost par l'ouest en empruntant la D 2.

Diou

Dans ce joli village fleuri, près de l'église St-Clément (13e s.), une pelouse descend vers la Théols, qu'enjambe un moulin flanqué d'un pigeonnier.

Quittez Diou par le nord en empruntant la D 918 en direction de Mehun.

Château de La Ferté

Ne se visite pas. Belle demeure classique (1659), dotée de quatre tours d'angle.

Reuilly

Le **vignoble de Reuilly**, dont ce village fait partie, englobe six autres communes : Diou, Lazenay, Cherylury, Cerbois et Preuilly. Il s'étend sur près de 186 ha, des rives de l'Auron aux bords du Cher.

Prenez la D 20 à l'est vers Mehun.

Quincy

Sur les rives du Cher, les **vignobles de Quincy et de Brinay** occupent près de 224 ha.

Villa Quincy – *R. du Poinçon - ✆ 02 48 51 72 34 - ♿ - de déb. avr. à fin oct. : tlj sf mar. 10h-12h, 15h-19h, dim. 10h-12h, 15h-18h - 2 € (enf. gratuit).*

Dans le quartier médiéval de Quincy vivait autrefois un vigneron qui possédait deux modestes maisons dans lesquelles il faisait déguster son vin. Aujourd'hui rénovés, ces bâtiments s'intègrent dans un ensemble qui forme un espace scénographique dédié à **l'odyssée du Sauvignon**. La présentation, à la fois scientifique et ludique, mêle photographies, films et bandes sonores. Les sens sont en éveil le long de ce parcours initiatique. Après avoir découvert l'histoire du vignoble de Quincy, on emprunte un pan incliné qui mène dans une cave où sont tout d'abord présentés les différents terroirs de la région. Puis ce sont les vins qui sont expliqués : les vignes, les vendanges, la vinification, le cépage sauvignon et sa diffusion dans le monde entier.

Dans la boutique qui clôt la visite, vous trouverez la majorité des productions des vignerons de Quincy ainsi que des textiles aux couleurs de la ville et divers produits locaux.

NOS ADRESSES À MEHUN-SUR-YÈVRE

HÉBERGEMENT

BUDGET MOYEN

À proximité

Chambre d'hôte Villemenard – *18500 Vignoux-sur-Barangeon - 6 km au nord de Mehun-sur-Yèvre par D 79 dir. Vouzeron - ✆ 02 48 51 53 40 - www.villemenard.com - P - 💳 - 5 ch. 60 € ☕.* Les étangs, la rivière et le parc aux arbres centenaires participent au charme de cette grande propriété du 19e s. Chambres spacieuses et confortables, salon-billard et hall orné d'élégants azulejos. Deux gîtes indépendants sont également disponibles à la location.

RESTAURATION

PREMIER PRIX

À proximité

Le Prieuré – *R. Jean-Graczyk - 18500 Vignoux-sur-Barangeon - ✆ 02 48 51 58 80 - www.leprieurehotel.com - fermé vac. de la Toussaint et de fév., mar. et merc. hors sais. - formule déj. 14 € - 22/71 € - 6 ch. 68/80 € - ☕ 8 €.* Dans un presbytère du 19e s., restaurant au décor sagement contemporain et belle terrasse au bord de la piscine ; cuisine au goût du jour. Petites chambres rénovées.

ACHATS

Magasin de vente Pillivuyt – *Allée de la Manufacture - ✆ 02 48 67 31 63 - www.pillivuyt.com - mar.-sam. 10h-12h, 14h-18h30, lun. 14h-17h30 - fermé dim.* Services et pièces de porcelaine culinaire, blanche ou décorée. Vente au poids pour ce spécialiste de la porcelaine à feu.

À proximité

Porcelaines Deshoulières Lourioux – *5 r. Louis-Grandjean - 18500 Foëcy - 6 km au nord-ouest de Mehun-sur-Yèvre par D 60 - ✆ 02 48 53 04 55 - magasin : tlj sf dim. 10h-18h30 ; musée : 10h-17h - fermé 1er janv., 14 juil., 1er nov. et 25 déc.*

Domaine des Bruniers – *Rte de Lury - 18120 Quincy - ✆ 02 48 51 34 10.* L'appellation Quincy concerne des vins issus du cépage sauvignon cultivé sur le plateau bordant le Cher et qui ont la réputation d'être à la fois expressifs et minéraux. Le cru produit par Jérôme de La Chaise dégagerait en outre un fruité intense et souple. À vous de dire…

Domaine Bernard Aujard – *2 r. du Bas-Bourg - 18120 Lazenay - 4 km de Reuilly - ✆ 02 48 51 73 69 - domaineaujard@wanadoo.fr.*

Outre son fromage de chèvre d'appellation, la commune de Lazenay s'est vue accorder, en 1937, l'AOC Reuilly pour ses vins que vous aurez l'occasion de découvrir en rendant visite au domaine de Bernard Aujard. Ce dernier élève notamment un cru rosé (cépage pinot gris) très fruité et rond en bouche.

Vierzon

28 500 Vierzonnais – Cher (18)

NOS ADRESSES PAGE 380

S'INFORMER

Office de tourisme – *11 r. de la Société-Française - 18100 Vierzon - ✆ 02 48 53 06 14 - www.officedetourismedevierzon.com - de mi-mai à mi-sept. : 9h-12h30, 14h-18h ; reste de l'année : 9h-12h30, 14h-18h30, dim. et j. fériés 10h-12h30, 14h30-17h.* Un circuit (1h) permet la découverte du patrimoine médiéval, du musée des Fours banaux et de l'église Notre-Dame. Sur demande à l'office de tourisme. Les cartes des circuits sont disponibles sur le site www.ville-vierzon.fr.

Office du tourisme des Vallées vertes – *4 pl. du Marché - 18310 Graçay - ✆ 02 48 51 22 83 - www.officedetourismedevierzon.com - de déb. avr. à fin oct. : tlj sf lun. 10h-12h, 15h-18h ; reste de l'année : tlj sf lun., dim. et j. fériés 10h-12h, 15h-18h - fermé fév., 1er janv., lun. de Pâques, 1er mai, lun. de Pentecôte, 1er et 11 nov. et 25 déc.*

SE REPÉRER

Carte de microrégion B2 (p. 326) – *carte Michelin Départements 323 I3.* Vierzon se trouve à 40 km au nord-ouest de Bourges.

À NE PAS MANQUER

Visitez le quartier piétonnier de Vierzon et ses maisons à pans de bois. Arrêtez-vous à l'ombre du square Lucien-Beaufrère, de style Art déco. Admirez les fresques de l'église St-Aignan de Brinay et le clocher vrillé de la collégiale de St-Outrille. Et si vous aimez la photo, ne manquez pas le petit musée de Graçay, ses appareils et ses photos anciennes.

ORGANISER SON TEMPS

Prévoyez une journée pour découvrir Vierzon et ses alentours, et faire une petite incursion en Champagne berrichonne.

AVEC LES ENFANTS

À Vierzon, proposez-leur le musée Laumônier de la Locomotive à vapeur, et à Neuvy-sur-Barangeon, la Maison de l'eau et celle des automates.

Ville-pont au confluent de l'Yèvre et du Cher, Vierzon est un carrefour de routes et un important nœud ferroviaire à l'intersection des lignes Paris-Toulouse et Nantes-Lyon. Cette ville, marquée par un riche patrimoine industriel (forges, manufacture de porcelaine, construction de matériel agricole), est, au sortir de la Champagne berrichonne, la porte d'accès à la Sologne, annoncée au nord-est par les forêts de Vierzon et de Vouzeron.

Se promener

Quartier piétonnier

Bien remis en valeur, il présente des rues tortueuses aux vieilles maisons à pans de bois se serrant sur une butte que domine le beffroi (ancienne porte gothique).

★ Square Lucien-Beaufrère

Garez-vous sur le parking de l'hôtel de ville.

Ce curieux ensemble Art déco, classé Monument historique, fut conçu par **Eugène-Henry Karcher** entre 1932 et 1935. Il se trouve au cœur du **jardin de l'Abbaye**, entre l'Yèvre et le canal du Berry, à l'emplacement des jardins fruitiers et potagers de l'ancienne abbaye St-Pierre, dont les bâtiments restants abritent aujourd'hui la mairie. Plusieurs éléments d'architecture méritent d'être mentionnés : l'**auditorium** *(en assez mauvais état)*, mi-kiosque à musique, mi-lavoir, orné de carreaux de grès émaillés de fabrication locale ; le **monument aux morts**, décoré de bas-reliefs représentant les métiers exercés à Vierzon ; et de part et d'autre d'un bassin, les **grilles de la paix,** reconnaissables à leurs flammes rouges du souvenir et leurs colombes.

UNE AVENTURE INDUSTRIELLE

Aux **forges** créées en 1779 par le comte d'Artois, frère de Louis XVI, ont succédé des ateliers offrant une gamme étendue de produits industriels. La première manufacture de **porcelaine** ouvre en 1816. Au tournant du siècle, la ville compte une dizaine d'usines qui la placent au second rang après Limoges ; c'est toujours le centre porcelainier le plus important du Berry.

En 1847, un menuisier du nom de **Célestin Gérard** (1821-1885) s'installe à Vierzon et ouvre, face à la toute nouvelle gare, un atelier de réparation de matériel agricole. Inventeur talentueux, il conçoit la première batteuse mobile et la première locomobile. Réussite professionnelle incontestable… Lorsque Gérard vend son usine en 1879, celle-ci compte déjà 500 ouvriers. Reprise par la famille Arbel, l'entreprise, dénommée la **Société française de matériel agricole et industriel** (SFMAI, aujourd'hui La Case-Poclain), devient une très importante fabrique de machines agricoles.

De ses murs sortiront locomobiles, batteuses et « Vierzon », célèbres tracteurs deux temps. Quatre autres usines : la « Française », Merlin, Brouhot et la « Vierzonnaise », reprendront par la suite le flambeau, produisant jusqu'à 70 % du matériel de battage français entre 1920 et 1950. De ce passé industriel subsistent la gracieuse architecture de fer du Grand Magasin de la Société française et le canal, aménagé en 1835 pour relier Vierzon à Montluçon ; privé de circulation, il constitue, dans le prolongement des jardins bordant l'Yèvre, une calme allée d'eau bordée de peupliers et un agréable lieu de promenade.

Depuis les bords de l'Yèvre, jolie **vue** sur la vieille ville. Le reste du jardin abrite des arbres centenaires offrant une halte ombragée bien agréable.

Église Notre-Dame

Construite au 12e s., agrandie et remaniée au 15e s. par l'adjonction de bas-côtés, elle s'ouvre par un clocher-porche et un portail en anse de panier. À l'intérieur, belle voûte restaurée en carène de navire et vitrail Renaissance représentant une Crucifixion dans le mur sud de la chapelle Ste-Perpétue. La pierre scellée, à l'entrée du chœur, porte une longue inscription en lettres gothiques qui en rappelle la fondation, datée de 1409. Dans le transept, tableau montrant saint Jean-Baptiste, par Jean Boucher.

Musée Laumônier de la Locomotive à vapeur

15 r. de la Société-Française - ☎ 02 48 71 10 94 - www.ville-vierzon.fr - ♿ - avr.-oct. : tlj sf lun., mar. 14h-18h - gratuit.

Ce sympathique musée est né de la passion d'un ancien chef du dépôt de Vierzon, important nœud ferroviaire depuis 1847. Il occupe un site de la Société française de matériel agricole et industriel, à proximité de la gare, et retrace plus de 150 ans d'histoire du chemin de fer à travers sa riche collection de photos, dessins, affiches, lanternes et maquettes en tout genre.

Parmi ces dernières, vous remarquerez tout particulièrement **Eugénie,** superbe prototype de locomotive et son mécanisme, réalisé en 1840 par un élève de l'école de maistrance des ports maritimes de Rochefort ; et un modèle au 1/11e de la **Mikado 141 R. 1208**, fonctionnant au charbon et à l'eau. Vous découvrirez aussi la maquette d'une **estacade** (aire de chargement du charbon) et celle d'une **rotonde** (aire d'entretien et de réparation des machines à vapeur), ainsi qu'un **film documentaire** *(15mn)* réalisé en 1940 par la SNCF, montrant la vie du cheminot à bord de la « reine du rail » : une **Pacific 231**.

À proximité Carte de microrégion

Neuvy-sur-Barangeon

19 km au nord-ouest de Vierzon par la D 926. 320 km de chemins balisés sont répertoriés dans ce secteur, principalement dans les forêts avoisinantes. Adressez-vous aux offices du tourisme de Vignoux-sur-Barangeon (☎ 02 48 51 11 41) et de Nançay (☎ 02 48 51 80 31).

Maison de l'eau – *Le Moulin Gentil - rte de Bourges - ☎ 02 48 51 66 65 - 5 juin-26 sept. : tlj sf mar. 10h-12h, 14h-18h ; 20 mars-30 mai : w.-end 14h-18h ; reste de l'année : se rens. - fermé 1er janv., 1er et 11 nov. et 25 déc. - 5 € (6-14 ans 3 €).*

Ce moulin à eau du 16e s., en bordure d'un étang, vous permet de suivre l'eau au fil des saisons (scènes animées et audioguides) : de la pluie printanière tombant en Auvergne aux cascades des Alpes se figeant sous l'effet du gel. L'histoire de Neuvy et de ses meuniers vous est aussi contée, avec une dernière salle consacrée à la faune et la flore des étangs de Sologne.

Musée d'Histoire militaire, Historimage – *Sur la route de Bourges, au cœur du complexe de la fédération Maginot - ☎ 02 48 52 64 00 - www.grande-garenne.com - ♿ - tlj sf lun. et mar. 10h-12h, 14h-18h - 2 € (-15 ans gratuit).*

Accueilli par l'androïde Maginot, qui vous racontera l'essentiel de sa vie, ce circuit vous fera découvrir les uniformes et équipements des soldats français et étrangers depuis la Première Guerre mondiale. Votre visite se terminera par un spectacle étonnant, « Le Carrousel de la Paix », à grand renfort d'automates et d'effets spéciaux.

Le Hameau des automates★ – *En face d'Historimage, sur la D 944 - ✆ 02 48 51 63 00 - ♿ - horaires : se rens. - 11 € (4-12 ans 8 €).* Ce site associe la technique et la beauté des automates au charme des pigeons et colombes grâce à deux spectacles différents. En parallèle, reconstitution de scènes de la Renaissance, d'un orchestre, vidéo sur la fabrication des automates…

Circuit conseillé Carte de microrégion

INCURSION EN CHAMPAGNE BERRICHONNE

Circuit de 75 km tracé sur la carte de microrégion (p. 326) – Comptez environ 2h. Quittez Vierzon par le sud-est en empruntant la D 27, direction Quincy.

Brinay

Charmant petit village calme et ombragé reposant sur la rive gauche du Cher. Le chœur de l'**église St-Aignan** recèle une série de **fresques★** du 12e s. Inspirées de la miniature, elles font preuve d'un sens affirmé de la décoration. L'arc faisant communiquer la nef et le chœur évoque les travaux des mois, le chœur lui-même, l'enfance et les débuts de la vie publique du Christ.

Quittez Brinay par le sud-ouest en empruntant la D 18 E, direction Méreau.

Massay

Reconstruite du 14e au 16e s. et précédée d'un majestueux clocher-porche carré, l'**église St-Paxent** appartenait à une abbaye bénédictine fondée au 8e s., St-Martin de Massay. Des bâtiments abbatiaux subsistent, en particulier la salle capitulaire, des parties des dortoirs (13e s.), des celliers (12e s.) et des granges dîmières. La chapelle de l'Abbé (ou St-Loup), du 12e s., se dressait au centre du petit cloître. Le logis de l'Abbé date du 17e s.

Quittez Massay par le sud-ouest en empruntant l'A 20, direction Châteauroux.

Vatan

Église St-Laurian – Restaurée, elle possède un chœur du 16e s. avec vitrail de la même époque (histoire de saint Laurian), et renferme quelques tableaux du 18e s. et des vantaux sculptés (1498).

Musée du Cirque – *✆ 02 54 49 77 78 - www.musee-du-cirque.com - tlj sf lun. et j. fériés 10h-12h, 14h-18h, mar. 14h-18h - fermé 1er janv., 1er mai, 1er nov. et 25 déc. - 3,80 € (enf. 2 €).* Les cirques Zavatta, Bouglione, Amar, Pinder, la famille Grüss, les frères Fratellini et bien d'autres ont fait rêver des millions d'enfants et d'adultes. Et bien en venant dans ce musée, vous aurez tout loisir de rêver à nouveau ! Cette insolite collection consacrée au monde du cirque présente ses différentes disciplines à travers de nombreux accessoires et costumes. Plusieurs belles maquettes illustrent l'évolution du cirque et de la ménagerie au 20e s. Et surtout de magnifiques affiches d'Antonin Magne et de Gustave Soury ainsi que des documents tels que livrets, billets d'entrée, journaux d'époque… complètent cette exposition pleine d'émotions.

Quittez Vatan par le nord en empruntant la D 922.

St-Outrille

Sa **collégiale**, édifice mi-roman, mi-gothique, possède une nef datant du 15e s. Le chœur, les absidioles (sauf une) et le transept furent édifiés dans la première moitié du 12e s. Le chevet (remarquez les pilastres à entrelacs de l'arcature aveugle) est surmonté d'un curieux clocher tordu couvert de bardeaux.

Brinay, église St-Aignan, fresque *Le Retour des Mages* (12e s.)
A.-J. Cassaigne / Photononstop

D'après la légende, le diable pourchassé par les villageois se réfugia un jour sur le clocher. En sautant dans le verger voisin, sa queue se prit dans la flèche et la tordit de telle façon que, de nos jours, elle demeure vrillée…
Dans le chœur, des chapiteaux à feuilles d'acanthe de facture simple sont posés sur des colonnes monolithes légèrement galbées. Le portail de la façade occidentale date du 14e s.

Graçay

Séparée de St-Outrille par le Fouzon, cette cité médiévale a conservé quelques vestiges de remparts.
Musée de la Photo – *✆ 02 48 51 41 80 - www.museephoto.com - juin-sept. : tlj sf lun. 10h-12h, 15h-18h ; de mars à fin mai et oct.-19 déc. : w.-end et j. fériés 10h-12h, 15h-18h - fermé 20 déc.-fév. et 1er mai - 5 € (12-18 ans 3 €).* Il s'agit du troisième musée public de France consacré à la photo. Ses collections, riches de quelque 3 000 appareils, accessoires et documents photographiques divers, comprennent des souvenirs de **Lucien Prévost** (1875-1911), natif de St-Outrille et créateur de machines pour le cinématographe, et d'étonnantes photos, comme ce portrait de Victor Hugo par **Nadar** (1884) ou celui de Ferdinand de Lesseps par **René Dragon** (1880), photographe inventeur du télémètre. Vous découvrirez aussi la reconstitution d'un atelier de photographe de 1920 et celle d'un labo photo, ainsi que des vitrines thématiques (visée, format, flash, etc.).
Quittez Graçay par l'est en empruntant la D 68.

Nohant-en-Graçay

Les colonnes supportant la voûte de la tour centrale de l'**église St-Martin** sont surmontées de remarquables chapiteaux (12e s.). Curieux clocher à flèche en spirale comme à St-Outrille-en-Graçay.
Zulma Carraud (1796-1889), grande amie de Balzac, séjourna longtemps dans la propriété voisine de l'église.
Quittez Nohant par le nord en empruntant la D 164.

Genouilly

L'**église St-Symphorien**, du 12e s., précédée par un beau porche, possède des vitraux de 1536. Le chœur est recouvert d'une voûte angevine du 13e s., exceptionnelle dans le Berry, et qui repose sur des colonnettes aux chapiteaux romans ornés de feuilles d'acanthe, de rinceaux et d'entrelacs, au milieu de quelques visages et têtes d'animaux. Sur le chapiteau du pilier de droite, à l'entrée du chœur, acrobate en équilibre sur les mains, accompagné de deux animaux fantastiques qui lui retiennent les pieds. Dans la chapelle sud, mausolée de la famille de La Châtre de la fin du 16e s. et du début du 17e s.

Quittez Genouilly par l'est en empruntant la D 19. Prenez à droite la D 90 qui ramène à Vierzon en longeant la rive gauche du Cher.

NOS ADRESSES À VIERZON

HÉBERGEMENT

BUDGET MOYEN

Hôtel Le Chalet de la Forêt – *143 av. É.-Vaillant - ✆ 02 48 75 35 84 - www.lechaletdelaforet.com - fermé 1re quinz. de janv., dim. soir (15 nov.-28 fév.) et rest. lun. midi -* ♿ *-* 🅿 *- 30 ch. 60 € -* ☕ *7 €.* À l'entrée nord de Vierzon, cet hôtel est une étape sympathique. La terrasse de la piscine incite au farniente. Les chambres sont confortables. À table, vous pourrez goûter aux produits frais achetés auprès des producteurs locaux. Accueil amical.

Arche Hôtel – *13 r. du 11-Novembre-1918 - ✆ 02 48 71 93 10 - www.arche-hotel.fr - Wifi - 41 ch. 61/80 € -* ☕ *8 € -* ✕ *18 €.* Derrière cette façade de verre moderne près des arches du vieux pont sur l'Yèvre, un décor axé sur la culture pop américaine. Chambres fonctionnelles, bien équipées et soignées. Repas sans prétention, orientés « salades et grillades », servis dans une salle actuelle.

RESTAURATION

PREMIER PRIX

Victor Hugo – *5 r. V.-Hugo - ✆ 02 48 75 43 34 - fermé dim. soir, merc. soir et lun. - formule déj. 10 € - 20/25 €.* Cette adresse du centre-ville doit son succès à la qualité irréprochable de sa cuisine. Les deux salles à manger ont opté pour une décoration assez sobre. Aux beaux jours, on préférera s'attabler sur la terrasse aménagée dans la cour intérieure.

BUDGET MOYEN

La Maison de Célestin – *20 av. P.-Sémard - ✆ 02 48 83 01 63 - www.lamaisondecelestin.com - fermé 12-18 avr., 9-31 août, 4-19 janv., dim. soir, lun. et mar. - formule déj. 23 € - 26/110 € bc.* Cette maison de maître du 19e s. dissimule un bel intérieur façon loft, très contemporain. Véranda et terrasse s'ouvrent sur un jardin public. Cuisine au goût du jour maîtrisée.

Le Champêtre – *89 rte de Tours - ✆ 02 48 75 87 18 - fermé 25 juil.-15 août, 1 sem. en fév., lun. soir, merc. soir, dim. soir et mar. -* 🅿 *- 20/44 €.* Petite maison sympathique à la salle à manger sagement champêtre. Au programme des réjouissances : de savoureuses recettes classiques et régionales.

À proximité

Le Relais de Vouzeron – *2 pl. de l'Église - 18330 Vouzeron - 15 km au nord-est de Vierzon par D 926 puis D 104 - ✆ 02 48 51 61 38 - formule déj. 18 € - 28/50 € - 8 ch. 47/70 € -* ☕ *7,50 €.* Cet ancien relais de poste d'un village tranquille situé au cœur de la forêt devrait vous séduire. Au charme de sa façade fleurie et tapissée de vigne vierge s'ajoute celui du salon intime, de la salle à manger chaleureuse et des jolies chambres personnalisées. Cuisine traditionnelle et créative.

ACHATS

La Maison du Pays – *Rte de Vieilfond - ✆ 02 48 52 04 21 - paysdevierzon@smpv.fr - juin-sept. : 10h-19h ; reste de l'année : 10h-18h - fermé 1er janv., 25 déc.* Cette maison propose une exposition originale dont le but est de faire découvrir la vie du terroir au fil des saisons. Sur place également : un parcours de 5 pôles ludiques pour aiguiser vos sens, un restaurant servant des recettes d'autrefois mises au goût du jour et une boutique vendant produits de bouche et artisanat local.

ACTIVITÉS

Randonnée – 320 km de chemins balisés sont répertoriés dans ce secteur, principalement dans les forêts voisines. *S'adresser aux offices du tourisme de Vignoux-sur-Barangeon (✆ 02 48 51 11 41) et de Nançay (✆ 02 48 51 80 31).*

Circuits de promenade – Plusieurs circuits vous sont proposés sur la commune de Vierzon. Ils vous aideront à découvrir différents paysages urbains et naturels de la région.

Circuit St-Priest – *9,6 km ; durée : 2h10.*

Circuit du Bois d'Yèvre – *5,5 km ; durée : 1h25.*

Circuit de la Forêt – *18,5 km ; durée : 4h10.*

Circuit de Lunery – *22,5 km ; durée : 5h.*

Circuit de Vèves – *10,5 km ; durée : 2h20.*

Circuit des Crêles – *9,9 km ; durée : 2h15.* Vous pourrez visualiser les cartes de ces circuits en allant sur le site www.ville-vierzon.fr.

Le pays de Valençay et la Brenne 6

Carte Michelin Départements 323 – Indre (36)

Argenton-sur-Creuse, barrage sur la Creuse

P. Renault / Hemis.fr

LE PAYS DE VALENÇAY ET LA BRENNE

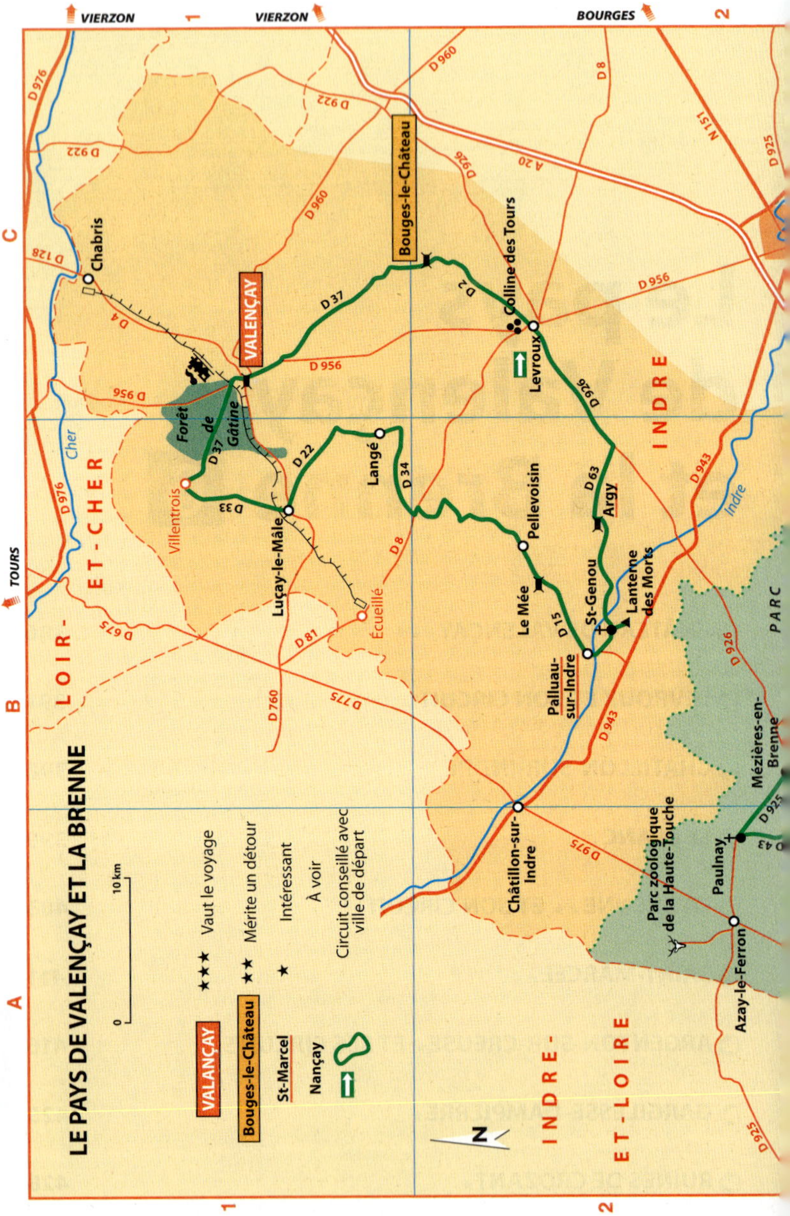

MONTLUÇON
POITIERS
LIMOGES
Châteauroux
Neuvy-St-Sépulchre
D 943
D 990
D 927
D 6
D 951
D 913
D 925
D 11
A 20
Méobecq
Étang de Bellebouche
Étang du Blizon
Étang Faucault
Réserve naturelle de Chérine
Étang Massé
Étang de la mer Rouge
Le Bouchet
D 43
St-Michel-en-Brenne
Étang de Beauregard
D 60
Fontgombault
D 975
D 950
D 750
Ingrades
Le Blanc
Creuse
La Brenne
PARC NATUREL RÉGIONAL DE LA BRENNE
Lanterne des Morts
Romefort
Oulches
St-Gaultier
Le Pont-Chrétien-Chabenet
St-Marcel
Argenton-sur-Creuse
D 48
Courbat
Le Menoux
La Roche-Bat-l'Aigue
Boucle du Pin
Gargilesse-Dampierre
Ceaulmont
Château de la Prune-au-Pot
Châteaubrun
D 40
Belvédère du Barrage d'Éguzon
Plage de Bonnu
Éguzon-Chantôme
Chambon
Crozant
St-Civran
D 46
Musée du Machinisme agricole
D 54
Roussines
Jardin des Merveilles
St-Benoît-du-Sault
D 36
D 1
Chaillac
Château de Brosse
D 53
D 44
Lignac
Guillaume
D 10
D 121
D 675
D 727
Montmorillon
Gartempe
D 5
CREUSE
HAUTE-VIENNE
VIENNE
A
B
C
3
4

6

Château de Valençay

★★★

Indre (36)

NOS ADRESSES PAGE 390

SE REPÉRER

Carte de microrégion C1 (p. 384) – *carte Michelin Départements 323 F4.*
Au sud de la vallée du Cher et à 22 km au nord de Levroux, Valençay, bâti sur un coteau, est enclavé entre la forêt de Gâtine et celle de Garsenland.

À NE PAS MANQUER

L'aile ouest du château, avec ses appartements au somptueux mobilier Empire ; les galeries consacrées aux maîtres des lieux, les Talleyrand-Périgord ; les imposantes cuisines.

ORGANISER SON TEMPS

Prévoyez 3h de visite pour profiter pleinement du château et de son splendide parc.

AVEC LES ENFANTS

Les daims, cygnes et autres animaux du parc, le labyrinthe de Napoléon et le musée de voitures anciennes feront la joie de vos enfants.

Inspiré de celui de Chambord, le château de Valençay n'a rien à envier aux proches châteaux de la Loire… Son architecture aux superbes proportions, dans un parc aux tracés harmonieux, en fait un lieu unique et prestigieux. Son histoire riche et ses attraits nombreux attirent chaque jour davantage de touristes. Et si vous êtes là au bon moment, profitez de la visite aux chandelles pour le découvrir dans une ambiance particulièrement féerique.

Se promener

Le château

02 54 00 15 69 - www.chateau-valencay.fr - de fin mars à déb. nov. : 9h30-18h - 11 € (enf. 8 €) château, parc et spectacle.

Une grande allée bordée d'arbres et de bâtiments secondaires débouche sur une esplanade circulaire. Admirez la perspective et la symétrie des lieux. À gauche, l'entrée du domaine jouxte une galerie désormais réservée à des expositions d'art contemporain.

Pavillon d'entrée – Traitée en donjon de plaisance, cette énorme construction est dotée de nombreuses fenêtres, de tourelles inoffensives et de faux mâchicoulis. Le comble aigu est ajouré de hautes lucarnes et surmonté de cheminées monumentales.

Cette architecture se retrouve dans les châteaux Renaissance du Val de Loire, mais remarquez ici les premières touches du style classique : des pilastres superposés, aux chapiteaux doriques *(rez-de-chaussée)*, ioniques *(1er étage)* et corinthiens *(2e étage)*. Le classique s'accuse encore plus dans les toitures des grosses tours d'angle : les dômes prennent la place des toits en poivrière qui sont la règle au 16e s. sur les bords de la Loire.

Château de Valençay et son vignoble
A.-J. Cassaigne / Photononstop

Dans la galerie Sagan, un film retrace l'histoire du château et de son illustre propriétaire, Talleyrand. La **salle Renaissance** est une des réalisations de Jacques Ier d'Estampes et de son épouse Jeanne Bernard, dame d'Etiau dont les portraits ornent toujours le dessus de cheminée. Les fenêtres à meneaux, la grande cheminée, le parquet en bois et les plafonds à la française témoignent déjà d'un souci de confort.

Aile ouest – Ajoutée au 17e s., elle est remaniée au 18e s., comme l'atteste son toit à la Mansart : alternances d'œils-de-bœuf et de mansardes. Muni d'un audioguide, vous visitez les appartements de la famille Talleyrand et de ses « invités » qui contiennent des objets d'art et un somptueux mobilier Empire.

Le **Grand Salon** conserve des sièges brodés par les dames de la cour d'Espagne ainsi que la table dite du Congrès de Vienne, les portraits en pied de Talleyrand et de sa mère, les bustes en marbre de Napoléon et de Mme Récamier. C'est dans le **Salon Bleu** que fut signé, en 1813, le traité de Valençay qui reconnaissait Ferdinand comme roi d'Espagne. Talleyrand aimait travailler dans cette pièce. Un bureau Louis XVI, un meuble Boule, un paravent importé de Chine, voisinent avec les portraits de Frédéric-Auguste Ier et du tsar Alexandre Ier.

Le **Salon de musique** au décor Louis XVI, orné d'un piano très ancien, conduit à la **galerie Talleyrand-Périgord** où sont exposés les portraits des ancêtres de cette illustre famille. Autrefois ouverte sur la cour, cette galerie est fermée depuis des siècles par des baies vitrées.

La visite à l'étage commence avec la **chambre de Mme de Staël**, qui aurait abrité les amours de Mme Talleyrand et du grand chambellan espagnol. Remarquez le lit Directoire de Mme de Staël et les meubles « égyptisants » dont un étonnant guéridon à têtes de lion destiné à l'origine à orner un temple égyptien prévu dans le parc. De cette chambre, on a une belle **vue** sur la vallée. Dans le vestibule adjacent sont exposés des costumes et des décorations du maître des lieux.

LA MAGNIFICENCE AVANT TOUT

À l'origine, Valençay n'est qu'une petite cité pourvue d'un donjon massif. Acheté par la famille d'Estampes, le manoir féodal est rasé au 12e s. Jacques d'Estampes, ayant épousé la fille grassement dotée d'un financier, désire avoir une demeure digne de sa nouvelle fortune et fait donc bâtir, dès 1540, la magnifique tour ouest, puis le pavillon central, et enfin un corps de bâtiment pour relier ces deux parties. Malheureusement, à partir de 1650, la famille d'Estampes n'a plus les moyens de garder le château.

La finance sera souvent mêlée à l'histoire de Valençay. Durant le Siècle des lumières, les propriétaires se succèdent : parmi eux, on compte des fermiers généraux et même le fameux **John Law**, dont l'étourdissante aventure bancaire fut un premier et magistral exemple d'inflation. En 1770, le château s'ouvre sur la ville : les communs sont rasés, l'aile ouest est restaurée, et la symétrie de l'édifice est assurée avec une nouvelle tour au sud.

Le 19e s. marque un tournant dans la vie du château. Napoléon, qui n'aime guère recevoir, charge son ministre des Relations extérieures, **Charles Maurice de Talleyrand-Périgord**, prince de Bénévent, de le faire à sa place. Ce dernier, qui avait commencé sa carrière sous Louis XVI comme évêque d'Autun, achète donc Valençay en 1803 (Bonaparte l'aide financièrement) pour y organiser de somptueuses réceptions en l'honneur des étrangers de marque.

En 1808 a lieu la guerre d'Espagne. Valençay devient le lieu d'exil de Ferdinand d'Espagne, de son frère Carlos et de son oncle Antoine. Napoléon écrit à Talleyrand : « *Votre mission est assez honorable ; recevoir chez vous trois illustres personnages pour les amuser est tout à fait dans le caractère de la nation et dans celui de votre rang.* ».

Pendant près de six ans, le château vit au rythme des fêtes, des chasses, et des concerts organisés par la cour espagnole. En 1813, le traité de Valençay rend à Ferdinand VII sa liberté et son trône, tandis que Napoléon est destitué. Talleyrand, toujours aux affaires, séjourne à Paris l'hiver, au château l'été.

Maire de Valençay, puis conseiller général de l'Indre, il s'éteint finalement à Paris en 1837. Son corps repose dans la chapelle de Valençay.

La chambre de Talleyrand est meublée avec le mobilier de son hôtel de Paris. Au mur, un portrait de sa nièce, la duchesse Dorothée de Dino. La **chambre de Ferdinand**, prince des Asturies puis roi d'Espagne, est la plus grande du château. Parmi ses meubles Empire, remarquez la méridienne et la psyché. Sur les murs, un papier peint panoramique reprend en grisaille l'histoire de Circé.

La **chambre de la duchesse de Dino**, riche héritière qui avait épousé le neveu de Talleyrand et devint par la suite, après le Congrès de Vienne, la compagne du maître des lieux, est suivie d'un adorable **cabinet de toilette** aux murs couverts de toile de Jouy. Tout le confort y est : baignoire en cuivre, fauteuil bain de siège, broc aux armes des Valençay…

La **chambre de la princesse de Bénévent**, l'épouse de Talleyrand, conserve un autoportrait de Mme Vigée-Lebrun. Le portrait de la princesse, peint par cette dernière, témoigne de la beauté de cette femme dont Talleyrand finalement se sépara. Dans le **cabinet de travail de Talleyrand** sont réunis son secrétaire d'acajou et son fauteuil à soufflet qu'il avait lorsqu'il séjournait à Londres.

La **grande galerie**, longue de 70 m, dessert les différents appartements du château. Elle conserve une belle collection de consoles et de commodes ainsi que des tableaux. L'**escalier d'honneur** est orné d'une tapisserie dont le thème évoque « les nouvelles Indes ». Au rez-de-chaussée, la **salle à manger** de Talleyrand et sa magnifique table d'acajou pouvait accueillir jusqu'à trente-six personnes à dîner.

En passant par la cour d'honneur, vous accédez aux **cuisines**, à voir absolument! Elles surprennent par leur modernité : eau courante, four viennois idéal pour la pâtisserie. C'est en ces lieux qu'officia pendant quelques années le célèbre chef de bouche, **Marie-Antoine Carême**, dont les somptueux dîners ont fait sa célébrité.

Le parc et le labyrinthe

De déb. juin à fin sept. : 9h30-18h30 ; oct.-nov. : 10h30-17h30 ; reste de l'année : se rens. - 11 € ; 14,50 € billet combiné avec le musée de l'Automobile.

Un vaste parc aux arbres centenaires entoure le château. Les **jardins à la française** déploient leurs parterres rigoureusement ordonnancés devant la façade du château. Une dizaine de carrés de gazon agrémentés de fleurs, soulignés de buis, encadrent deux bassins. En traversant le pavillon d'entrée, on arrive dans la cour occupée par un grand bassin circulaire.

De là, on descend par un escalier dans le **jardin de la duchesse**, à la symétrie parfaite, qui domine toute la vallée. La **vue** est superbe. Au loin, on devine au milieu des arbres, le pavillon de chasse de Talleyrand. Le **parc** se continue à droite. Quelques enclos accueillent des daims, des kangourous, des lamas, tandis que des cygnes et des paons se promènent en liberté. Une petite ferme proche d'une aire de pique-nique présente différents animaux domestiques.

Le Grand **Labyrinthe de Napoléon** s'étend sur 2 000 m^2. C'est un véritable jeu de piste fermé par des portes dont il faut découvrir les codes. Toute la famille est ainsi plongée dans la grande épopée napoléonienne!

À voir aussi

★ Musée de l'Automobile

12 av. de la Résistance - 02 54 00 07 74 - www.amav.fr - - 26 mars-6 nov. : 10h30-12h30, 14h-18h - 5,50 € (-17 ans 3,50 €) ; 14,50 € billet combiné avec le parc et le Labyrinthe.

En 1906, Camille Guignard, carrossier à Vatan, achète une Clément-Bayard qui sert de taxi aux gens du coin. Passionné de voitures, Camille puis ses deux fils se mettent à les collectionner. Ils réunissent ainsi plus de 60 voitures (dont la plus ancienne remonte à 1898) qu'ils maintiennent en état de marche. Cette magnifique collection, conservée d'abord à Vatan, est désormais visible à Valençay dans un local de 1 600 m^2.

Sont également exposés de superbes affiches publicitaires d'époque, des enseignes de garage, des cartes et des guides Michelin d'avant 1914, quelques vélos, des voitures d'enfant, des motos.

Des coupures de presse et des voitures évoquent de grands exploits : une De Dion-Bouton et le Pékin-Paris de 1907, les autochenilles de Citroën et la Croisière jaune… Les célèbres taxis de la Marne côtoient la limousine Renault des présidents Poincaré et Millerand (1908).

Même sans être passionné de voiture, les Panhard, les Delage, les Renault, les voitures de sport ou de transport rassemblés dans ce musée vous séduiront et vous étonneront à coup sûr!

À proximité Carte de microrégion

Chabris

14 km au nord-est par la D 4.

D'origine romaine, Chabris, sur les pentes de la rive gauche du Cher, produit des vins et des fromages de chèvre estimés.

Église – *En cours de restauration.* Dédiée à saint Phalier, solitaire du 5e s. qui accordait la fécondité aux femmes et mourut à Chabris, cette église est l'objet d'une dévotion fort ancienne *(pèlerinage le 3e dim. de sept.)*.

En contournant son chevet, on remarque de curieuses sculptures primitives d'animaux fantastiques, de l'Annonciation, et des sections en appareil losangé qui proviennent d'une église plus ancienne. Celle-ci fut reconstruite au 15e s. : derrière le porche à double arcade et à tribune : vous pouvez admirer son portail gothique aux vantaux sculptés. La **crypte** daterait du 11e s. En forme de « confession », avec un passage et des ouvertures pour vénérer les reliques, elle renferme le sarcophage du saint.

NOS ADRESSES À VALENÇAY

HÉBERGEMENT

PREMIER PRIX

À proximité

Chambre d'hôte de M. et Mme Legras – *210 r. Jean-Jaurès - 41130 Meusnes - ✆ 02 54 32 59 66 - www.chez.com/closeriedemeusnes -* P *- ⊭ - 4 ch. 56/75 €* ☕. Ancienne école de jeunes filles au cœur du village, cette bâtisse de la fin du 18e s. compte quatre chambres joliment agencées, dont une familiale disposant d'une superbe salle de bains. La piscine couverte et le grand parc clos offriront fraîcheur et douceur à votre séjour. Petits-déjeuners copieux avec pâtisseries maison.

RESTAURATION

PREMIER PRIX

Le Lion d'Or – *14 pl. de la Halle - ✆ 02 54 00 00 87 - fermé janv.-fév. et lun. -* P *- 12,50/32,50 € - 9 ch. 38/48 € - ☕ 5,50 €.* Cet ancien relais de poste, idéalement situé face à la halle couverte, a récemment bénéficié d'une rénovation. La salle à manger, habillée de boiseries et de meubles dans le style des années 1930, a du charme ; l'été, on appréciera de se sustenter sur la terrasse ombragée.

BUDGET MOYEN

À proximité

Auberge St-Fiacre – *5 r. de la Fontaine -36600 Veuil - ✆ 02 54 40 32 78 - aubergesaintfiacre@wanadoo.fr - fermé 31 août-24 sept., janv., mar. (sept.-juin), dim. soir et lun. - 20/45 €.* Maison du 17e s. et sa terrasse sous les marronniers bercées par le murmure d'un ruisseau. Bel intérieur rustique et cuisine au goût du jour.

ANIMATIONS AU CHÂTEAU

Le château de Valençay est le théâtre de nombreuses animations illustrant la vie de Talleyrand, le célèbre Diable boiteux. Pas moins de trois spectacles par jour permettent de revivre l'histoire passionnante du lieu, animés par des comédiens en costume d'époque.

👥 Jouez à vous perdre dans le **Grand Labyrinthe de Napoléon**, qui vous propose 2000 m² de surprises et d'émotions. Les plus jeunes pourront découvrir la petite ferme et le château des enfants.
En juillet et août, des **visites aux chandelles** vous permettent de découvrir dans une ambiance magique le château et le parc illuminés de milliers de bougies. À cette occasion, le petit théâtre est ouvert au public.
👥 Enfin, si vous passez à Pâques, participez à la **Chasse aux œufs**. Plus de 4000 œufs en chocolat attendent les enfants, tapis sous les feuilles des arbres.
Consultez le calendrier de ces différentes manifestations sur www. culturespaces.com - ✆ 02 54 00 10 66.

Levroux

2 840 Levrousains – Indre (36)

NOS ADRESSES PAGE 397

SE REPÉRER
Carte de microrégion C2 (p. 384) – *carte Michelin Départements 323 F5.*
Le pays de Levroux, à 20 km au nord-ouest de Châteauroux, est partagé entre le paysage bocager et boisé du Boischaut Nord et les riches terres agricoles de la Champagne berrichonne.

À NE PAS MANQUER
La collégiale St-Sylvain et ses stalles ; la maison St-Jacques, en bois sculpté ; les châteaux du Boischaut et de la Champagne berrichonne, dont le château d'Argy.

ORGANISER SON TEMPS
Comptez une bonne journée pour parcourir la ville et ses environs.

AVEC LES ENFANTS
Faites une halte en forêt de Gâtine et laissez-les s'aérer dans les nombreux chemins forestiers.

La petite cité gallo-romaine établie à Levroux s'est considérablement développée au Moyen Âge autour de son château, mais aussi de sa superbe collégiale St- Sylvain, comme en témoigne aujourd'hui l'architecture de la ville. La richesse de Levroux s'est faite grâce à son industrie du parchemin et à ses mégisseries. Terre de tradition, Levroux est désormais réputé pour ses fromages de chèvre.

Se promener

★ Collégiale St-Sylvain

Au début du 11e s., **Eudes de Déols** fonde un chapitre collégial à Levroux et cède aux chanoines une partie du bourg délimitée par un fossé. L'église fut construite en deux phases à partir de la fin du 12e s. La crypte, l'abside et le grand clocher précédèrent le voûtement de la nef et la construction d'un porche, qui furent effectués vers 1263. L'édifice se termine au chevet par une abside heptagonale flanquée d'un massif clocher carré.

Le portail méridional est orné de vingt-et-une figurines, dont une belle tête de diable barbue et cornue. Le portail principal porte un tympan très mutilé, sculpté d'une Résurrection des morts et d'un Jugement dernier. La nef de trois étages, flanquée de bas-côtés inégaux, impressionne par sa hauteur. Le chœur a été bâti dans un style de transition roman-gothique ; observez la clé de voûte du sanctuaire représentant un Christ bénissant. La couverture de l'abside, soutenue par des nervures rayonnantes retombant sur des statues-colonnes, est très harmonieuse.

Les **stalles★** (fin 15e s.) forment un bel ensemble dont les jouées et les miséricordes, malicieusement taillées, symbolisent les vertus et les vices des moines de l'époque. Dans la chapelle des fonts baptismaux, un bois polychrome (15e s.) représente la Sainte-Trinité ; on remarque aussi deux belles statues du 17e s. : la Vierge et saint Jean, et, sur le revers du bas-côté gauche, saint Jacques. Le **buffet d'orgue★** se détache en contre-jour devant la fenêtre de la façade. Restauré, il date lui aussi de la fin du 15e s. ; c'est l'un des trois exemplaires subsistant en France de l'époque gothique.

Maison de bois ou maison St-Jacques

Elle fut construite entre 1536 et 1547. Située dans une rue qui débouche devant la façade de St-Sylvain, elle est décorée de charmants culs-de-lampe à figures d'anges, et arbore les blasons de François Ier et d'Henri de Valois, futur Henri II ; à l'angle, personnages grotesques. Remarquez un **homme sauvage★** vêtu de feuilles d'arbre. Cette maison servit de halte sur le chemin de St-Jacques-de-Compostelle.

NÉE IL Y A BIEN LONGTEMPS...

L'occupation humaine remonte à la préhistoire, mais Levroux apparaît à la fin de l'époque celtique ; elle fut sans doute l'un de ces *oppida* incendiés par Vercingétorix à l'approche des troupes de César en 52 av. J.-C. La Paix romaine établie, Levroux connut un rapide essor qui se traduisit par l'extension de l'agglomération, descendue de la colline des Tours vers la ville actuelle. La richesse archéologique du secteur est telle que le canton de Levroux est devenu un vaste champ d'investigation. Outre le théâtre gallo-romain des Arènes (aujourd'hui souterrain, donc invisible), plusieurs *villae* ont été repérées et sont en cours de fouilles.

Au Moyen Âge, la ville s'est développée autour du château féodal des princes de Châteauroux et de la collégiale St-Sylvain, source de pèlerinages. Pendant la guerre de Cent Ans, le passage des grandes compagnies obligea les habitants à s'enfermer dans une enceinte fortifiée dont il subsiste une porte. Plusieurs maisons anciennes des 15e et 16e s. sont également bien conservées.

Détail de la galerie du château d'Argy
P. Renault / Hemis.fr

Porte de Champagne

Proche de l'église, cette ancienne porte de la ville (1435-1506) fut transformée en prison au début du 19e s. Elle est encadrée de tours rondes et se termine par un joli toit de tuiles, couleur pain brûlé.

Musée du Cuir et du Parchemin

3 r. Gambetta - ✆ 02 54 35 48 90 - de déb. mai à fin déc. : lun. 10h-12h30, 15h-18h, jeu.-sam. 15h-18h ; autres jours sur RV - fermé j. fériés - 2,50 € (-12 ans gratuit).
Ce petit musée est consacré à la technique de la mégisserie et du parchemin, de l'outillage aux produits finis.

Repartez avec un signet en parchemin gravé à vos initiales par un artisan du cru.

DE LA PEAU AU PARCHEMIN

Matière noble, le parchemin est imputrescible et incombustible. Voici les étapes de sa fabrication par l'artisan parcheminier :

Trempage – La peau, salée ou séchée, est humidifiée lors d'une trempe à l'eau.

Délainage – Le côté chair de la peau est enduit d'une solution de sulfure de sodium et de chaux qui brûle laine ou poils et permet de les ôter après quelques heures.

Pelanage – La peau passe dans un bain de chaux *(pelain)* qui attaque les graisses et le tissu hypodermique.

Écharnage – L'hypoderme et les déchets de chair et de graisse sont éliminés au couteau.

Blanchiment – Rincées, les peaux sont *blanchies* à l'eau oxygénée.

Montage sur cadre – La peau est tendue sur un cadre et y sèche un mois avant de pouvoir être travaillée.

À proximité Carte de microrégion

Colline des Tours

1 km au nord par la D 956 (carrefour D 2) ; accès par un chemin en montée.
Sur cet oppidum ont été retrouvés quantité de vestiges archéologiques, dont un rempart du type *murus gallicus*, fortification gauloise dont les murs aux pierres non maçonnées sont renforcés d'un chaînage de poutres entrecroisées. Les ruines du château, construit au 14e s. par Bertrand de La Tour d'Auvergne, se dressent dans la solitude. Une entrée encadrée de deux grosses tours rondes et un corps de bâtiment (porte gothique) dominent ces lieux d'où l'on jouit d'une belle **vue** sur Levroux.

Circuit conseillé

CHÂTEAUX DU BOISCHAUT ET DE LA CHAMPAGNE BERRICHONNE

Circuit de 100 km tracé sur la carte (ci-contre) – Comptez environ 6h. Quittez Levroux par le nord-est en empruntant la D 2.

★★ Château de Bouges

02 54 35 88 26 - visite guidée juil.-août : tlj ; avr.-juin et sept.-oct. : tlj sf mar. ; mars et nov. : se rens. - fermé déc.-fév. - tarifs se rens. Voir l'ABC d'architecture p. 88.

En 1759, le comte Charles Le Blanc de Marnaval, maître des forges de Clavières et directeur de la Manufacture royale de draps de Châteauroux, acquiert les terres de Bouges et lance la construction de cette demeure Louis XV dont l'illustre Talleyrand sera propriétaire de 1818 à 1826. Avec ses jardins à la française, son mobilier précieux et sa gracieuse architecture, Bouges vous promet, le temps d'une visite, un agréable voyage dans le temps au cœur du 18e s.

Légué en 1970 à la Caisse nationale des monuments historiques, cet édifice rappelle étrangement, par l'ordonnance de ses frontons et de ses façades, le Petit Trianon, bien que l'attribution à Jacques Ange Gabriel ou à son élève Fayette n'ait jamais été formellement établie. Si le château possède aujourd'hui un ravissant **mobilier★** reconstitué dans l'esprit du 18e s., et portant de célèbres estampilles, c'est grâce aux efforts soutenus d'**Henri Viguier**, directeur du Bazar de l'Hôtel-de-Ville, à Paris, qui l'acquit en 1917, en grande partie vidé de son décor d'origine.

Au cours de votre visite, vous admirerez notamment le hall d'honneur, décoré en trompe-l'œil ; le bureau, revêtu de boiseries de chêne Régence ; le boudoir et sa vue sur les jardins à la française ; la bibliothèque, aux murs décorés de chinoiseries ; le **grand salon**, avec sa cheminée de marbre et sa pendule astronomique ; la salle de jeux ; la salle à manger dont la table pouvait recevoir jusqu'à trente convives. Joliment éclairée par un puits de lumière, la cage d'escalier mène à l'étage où vous découvrirez d'autres pièces, dont la chambre de Madame et celle de Monsieur, et plusieurs chambres d'amis. N'oubliez pas les sous-sols qui abritent la cuisine et les caves.

Des bâtiments coiffés de toits à la Mansart regroupent des **écuries** et deux **selleries**. L'aile en retour d'angle contient une collection de voitures hippomobiles du début du 20e s. Un **parc à l'anglaise★** (80 ha), planté d'essences les plus diverses et agrémenté d'un étang, d'élégants **jardins à la française** dotés de bordures de buis et d'ifs taillés en cônes et un **jardin bouquetier** complètent la visite.

Quittez Bouges par le nord en empruntant la D 37.

★★★ Château de Valençay *(voir p. 386)*

Quittez Valençay par le nord-est en empruntant la D 37.

La route traverse la belle **forêt de Gâtine** en séparant ses deux étangs; de nombreux chemins forestiers sillonnent les 2 000 ha peuplés essentiellement de feuillus.

À Villentrois, prenez vers le sud en empruntant la D 33.

Luçay-le-Mâle

Ce village a longtemps contribué à l'importante production locale de pierre à fusil, tirée d'un banc de silex de grande qualité. Dans le **musée de la Pierre à fusil** sont exposés des documents sur l'extraction du silex, sa taille et sa commercialisation, du 17e au 19e s., jusqu'à l'invention de l'amorce. On voit le mode de vie des artisans, leurs outils, leurs méthodes et l'aire d'exportation de leurs produits. *✆ 02 54 40 51 11 - avr.-sept. : 10h-12h, 14h-18h30; reste de l'année : w.-end et j. fériés 10h-12h, 14h-18h - fermé 1er janv., 1er et 11 nov. et 25 déc. - 3 € (8-12 ans 1,50 €).*

Quittez Luçay par le sud-est en empruntant la D 22.

Le circuit passe par le modeste village de **Langé**, à proximité duquel ont été découverts des fossiles datant du Cénomanien moyen (120 millions d'années). *Après l'église d'Entraigues, prenez à droite sur la D 34, puis suivez la D 33^C^.*

★ Palluau-sur-Indre

Ancienne collégiale – L'église St-Sulpice (12e-16e s.), ancienne collégiale Ste-Menehould, est un bel édifice à nef unique couvert d'ogives flamboyantes. Autour du chœur (stalles du 15e s.), des statues de pierre polychrome des 15e et 16e s. : à droite, saint Jacques en pélerin, à gauche, saint Roch accompagné de son chien et de son ange. Les boiseries du jubé (1622) sont au Louvre. Des vestiges de carrelage émaillé du 15e s. sont visibles dans la chapelle seigneuriale, construite en 1514 dans le bas-côté gauche ; la chapelle sud contient une *Présentation au Temple* attribuée à Mignard (1612-1695). De l'esplanade située derrière l'église, belle vue sur la vallée de l'Indre.

Château – *✆ 02 54 38 54 57 - visite guidée (45mn) sur demande préalable - 3 €.* Perché sur un éperon rocheux dominant fièrement la vallée de l'Indre et bordé d'un beau parc, le château agence ses bâtiments d'habitation de style gothique (13e s.) entre de puissante tours, qui témoignent de son passé défensif. Le donjon, du 12e s., est dit **tour de Philippe Auguste** depuis que le souverain y aurait planté sa bannière en 1188. Belle vue de la terrasse.

Fresques de l'ancien prieuré St-Laurent – R. Basse - *✆ 02 54 38 45 55 - visite sur demande à l'office de tourisme.* Transformé en habitations, l'ancien prieuré St-Laurent renferme des fresques romanes qui comptent parmi les plus remarquables du Berry avec celles de Brinay et de Vic. Dans l'abside, au pourtour de trois fenêtres, se tenaient de saints personnages dont il reste : un évêque ou un abbé tenant une crosse, les visages de Marie et d'Élisabeth et les vestiges d'une Visitation que côtoyait une Annonciation. La principale fresque, au cul-de-four, représente une magnifique **Vierge en majesté★**, placée entre deux saints tenant des palmes. La Vierge est assise sur un trône dont les bras se terminent par des têtes de dragon. Remarquez, dans le chœur, un Christ en majesté qui était probablement entouré des apôtres. Un Martyre de saint Laurent (15e s.) a été rajouté à l'emplacement d'une fenêtre.

Ancienne abbaye de St-Genou

Elle faisait jadis partie d'une abbaye bénédictine, fondée en 828 au lieu-dit Strata (actuel village d'Estrées). L'église, commencée en 994 fut consacrée en 1066. Seuls le transept et le chœur, de style roman berrichon, témoignent de son passé. Au-delà d'un arc triomphal s'ouvre le vaste chœur terminé en cul-de-four. Ses monumentales colonnes comportent des **chapiteaux** remarquables où figurent des animaux fantastiques, des exercices de dressage, des scènes bibliques et des épisodes de la vie de saint Genou. L'élévation à trois étages donne une impression de puissance.

La « Vie » de **saint Genou** rapporte que, envoyé par le pape Sixte II pour évangéliser la Gaule, il fut sacré évêque de Cahors et mourut non loin d'Estrées. Le reliquaire en bois contenant les ossements du saint est placé dans l'absidiole sud, son tombeau est situé sous le maître-autel.

À St-Genou se trouve également un **musée de la Porcelaine**, car pendant plus d'un siècle, la ville a vécu en partie de cet artisanat. Le musée retrace l'histoire de la porcelaine, explique les techniques de fabrication et montre des machines anciennes. *✆ 02 54 38 45 95 - de mi-avr. à mi-oct. : w.-end et j. fériés 14h30-18h30 - 3 € (-16 ans 1,50 €)*

Quittez St-Genou par le sud en empruntant la D 63^B^ jusqu'au hameau d'Estrées.

Lanterne des morts

Sur le coteau s'érige une lanterne funéraire du 12e s. (longtemps appelée lanterne des moines), sorte de haute cheminée au sommet de laquelle était placé un fanal allumé, symbole de la vie éternelle des âmes. De là, on découvre une vue agréable sur la vallée et sur Palluau-sur-Indre.

Revenez à St-Genou, puis prenez la D 63 (nord-est) qui franchit bientôt l'Indre.

★ Château d'Argy

✆ 02 54 84 21 55 - www.clubduvieuxmanoir.asso.fr - avr.-mai : tlj sf mar.-merc. 11h-16h30 ; mai-15 sept. : tlj sf mar.-merc. 11h-17h - visite guidée seult. en avr. et du 16 sept. à déb. nov. - 6 € (-15 ans 1,50 €).

Cet imposant château des 15e-16e s. appartient, ainsi que la ferme fortifiée et le parc de 40 ha, au Club du Vieux Manoir. Cette association, qui restaure dans toute la France divers sites historiques, a fait du château d'Argy un centre de formation sur le thème « Architecture et environnement ».

C'est à la fin du 15e s. que l'imposant donjon carré, construit en tuffeau, voit le jour. Flanqué de tourelles, pourvu de mâchicoulis tréflés, il est un excellent exemple d'architecture militaire. Au début du 16e s., Charles de Brillac, compagnon d'arme de Louis XII, modifie le château pour en faire une demeure familiale. Il ajoute quatre ailes de style Renaissance entre les tours, ménageant ainsi une cour intérieure. Il ne reste plus aujourd'hui que deux ailes qui présentent sur deux niveaux des **galeries★** de style français ou italien. La sévérité du donjon contraste avec le raffinement de ces galeries aux colonnettes ouvragées et aux parois couvertes de monogrammes et de symboles royaux telles la fleur de lys ou la queue d'hermine.

Du donjon, on visite une vaste chambre pourvue d'une belle cheminée, décorée d'objets divers comme les cabinets de curiosité de l'époque. La dernière partie du château, du 19e s., est une demeure classique. Les douves ont été comblées à la Révolution. Les bâtiments de la ferme, très vastes (plus de 100 m de long), sont disposés en U. Dans la « grange à porteau » du 19e s., typique du Berry, est conservé un magnifique **columbarium** qui servait à ranger les cartes et les plans. Ce « meuble » d'époque Napoléon III, composé d'étagères, de longues cases fermées et d'un bel escalier en fonte, est le seul survivant des douze exemplaires qui se trouvaient jadis aux Archives nationales à Paris.

À proximité du château, un moulin et le bâtiment où s'est installé le **musée des Traditions paysannes** datent du 19e s.

Quittez Argy par l'est en empruntant la D 63, puis la D 926 direction Levroux.

NOS ADRESSES À LEVROUX

HÉBERGEMENT

BUDGET MOYEN

À proximité

L'Hermitage – *1 chemin de Vilaine - 36500 Buzançais - 18 km au sud-ouest de Levroux par la D 926 - ✆ 02 54 84 03 90 - fax 02 54 02 13 19 - www.lhermitagehotel.com - fermé 2-25 janv., dim. soir et lun. sf juil.-août, lun. midi en juil.-août - réserv. conseillée le w.-end - 16 € déj. - 22/48 € - 12 ch. 59/71 € - 8 €.* Propriété accueillante agrémentée d'un jardin arboré où se glisse l'Indre. Les chambres, de style rustique et bien équipées, profitent presque toutes de cette vue apaisante. Aux beaux jours, on sert les repas sous une pergola ouverte sur la terrasse.

Châtillon-sur-Indre

2 885 Châtillonnais – Indre (36)

S'INFORMER

Office de tourisme – *Bd du Gén.-Leclerc - 36700 Châtillon-sur-Indre - ✆ 02 54 38 74 19 - horaires : haute sais. se rens. à l'office de tourisme ; reste de l'année : s'adresser à la mairie au ✆ 02 54 38 75 44.*

SE REPÉRER

Carte de microrégion AB2 (p. 384) – *carte Michelin Départements 323 D5.*
Situé à 40 km au nord-ouest de Châteauroux et accessible par la D 943, Châtillon s'étage sur une butte dominant la vallée de l'Indre.

SE GARER

Vous pourrez stationner aux abords de la place du Champ-de-Foire.

À NE PAS MANQUER

Les chapiteaux sculptés de l'ancienne collégiale St-Outrille ; le donjon et ses murailles, construits au 12e s. sous Henri II Plantagenêt.

ORGANISER SON TEMPS

Consacrez 1h à la visite de Châtillon.

Aux confins de la Touraine, du Berry et du Poitou, l'ancienne Castellionum s'est développée sur les bords de l'Indre. Dotée d'une belle église, cette charmante bourgade berrichonne se distingue par de pittoresques rues tortueuses, des ruelles et escaliers bordés de maisons anciennes aux vieux toits. Châtillon s'anime le vendredi, jour de marché : sur le vaste champ de foire se tiennent alors des transactions actives de bestiaux, de produits du terroir et de matériel agricole.

Se promener

★ Église Notre-Dame

L'ancienne collégiale St-Outrille fut fondée au 11e s. par Guy, seigneur de Châtillon, pour accueillir les reliques de **saint Outrille**, archevêque de Bourges au 7e s. La construction de l'édifice s'étala sur environ deux siècles, les éléments les plus anciens (chœur et transept) datant de la fin du 11e s.

La **façade** est percée d'un portail à quatre voussures, dont l'une est ornée de palmettes et les autres de fleurons. Les chapiteaux des colonnes constituent un ensemble remarquable : animaux fantastiques (harpie, sphinx), colombe se nourrissant de raisins, homme luttant avec des monstres (les Vices), Adam et Ève au paradis, baladin faisant danser un âne et punition de l'usurier. Le pignon sud est orné de trois reliefs encastrés.

Admirez l'élévation de la **nef** et le formidable élan des piliers romans soutenant la voûte en berceau. Les **chapiteaux** de la nef sont ornés de motifs végétaux et de masques ; ceux du transept sont historiés. On reconnaît, de droite à gauche en partant de la nef : l'avare, un épisode de la vie de saint Outrille (le Saint triomphe du faussaire Bethelenus), Daniel dans la fosse aux lions, les Saintes femmes au tombeau. La croisée du transept, en forme de quadrilatère irrégulier, est couverte d'une **voûte angevine** du 13e s. Remarquez dans le croisillon sud, un Christ mutilé du 15e s. et une Vierge à l'Enfant du 17e s. Dans le chœur, les stalles et les chapiteaux mêlent les feuillages superposés aux masques humains et aux monstres affrontés. La chapelle des fonts baptismaux date du 15e s.

Château

L'intérieur ne se visite pas. Construit par Pierre de La Brosse au 13e s., il s'appuie sur une terrasse achevée en 1285. La chapelle seigneuriale, avec son abside à cinq pans, remonte elle aussi au 13e s.

Tour de César

☏ 02 54 38 75 44 (mairie) - visite guidée (30mn) se rens. à la mairie ou à l'office de tourisme - 1 €.
Vous remarquerez, au centre du bourg, un imposant donjon du 12e s. Entouré d'une enceinte de la même époque, il fut transformé en château d'eau en 1927. Du sommet, **panorama** sur la ville et la vallée de l'Indre.

Le Blanc

6 926 Blancois – Indre (36)

NOS ADRESSES PAGE 402

S'INFORMER

Office du tourisme du Blanc et du Val de Creuse – *Pl. de la Libération - 36300 Le Blanc - ☏ 02 54 37 05 13 - juil.-août : 10h-12h30, 14h-18h30, dim. et j. fériés 10h-12h30, 14h-17h ; juin : 10h-12h30, 15h-18h30, dim. 10h-12h30 ; mai : 10h-12h30, 15h-18h, dim. 10h-12h30 ; reste de l'année : lun.-sam. 10h-12h30, 15h-18h.*
Visite guidée – *1h-1h30 - juil.-août : mar. 10h - 3 € - visite de la chocolaterie jeu. 9h30 - 2 €.*

SE REPÉRER

Carte de microrégion A3 (p. 385) – *carte Michelin Départements 323 C7.*
Le Blanc occupe un site agréable sur les rives de la Creuse. Cette ville aux portes de la Brenne et du Poitou est traversée par la D 951 qui relie Argenton-sur-Creuse (40 km) à Poitiers (60 km).

À NE PAS MANQUER

Visitez l'écomusée de la Brenne et sa superbe collection d'oiseaux naturalisés, ainsi que le musée d'Ingrandes, consacré à l'aventurier Henry de Monfreid.

ORGANISER SON TEMPS

Ville-étape par excellence, Le Blanc vous permettra de partir à la découverte du Parc naturel régional de la Brenne.

Ville active réputée pour ses foires, Le Blanc est également connue pour le « Jeu des mille francs », célèbre émission radiophonique qui eut lieu ici, pour la première fois, en 1958. La ville haute, accidentée, et la ville basse, rassemblée autour de l'église St-Génitour, valent le coup d'œil. Le Blanc est également un point de départ idéal pour des balades dans les monts de Blond.

Se promener

VILLE HAUTE

De la place de la Palisse, située à 100 m en amont du pont, remontez la Grande-Rue.

Grande-Rue

Elle conserve de belles demeures du 15e s. Au n° 11, l'une d'elles abrite un petit musée des arts et traditions populaires.

Maison des amis du Blanc

11 Grande Rue - ✆ 02 54 37 33 14 - visite guidée (1h) - juil.-août : tlj sf w.-end et j. fériés 15h-17h30 - 2,50 € (-12 ans gratuit).

Logé dans une maison du 15e s., ce petit musée des arts et traditions populaires présente une collection de coiffes et costumes, d'outils, de vélocipèdes, de meubles et autres objets de la vie quotidienne illustrant la vie au Blanc au 19e s. et au début du 20e s.

Par de vieux escaliers, on gagne une **esplanade** attenante à la petite église romane de St-Cyran. La vue se déploie sur la ville basse, les rives boisées de la rivière et le viaduc, à l'extrême gauche.

Château Naillac

Deux donjons féodaux, réunis par un corps de bâtiment au 18e s., contrôlaient jadis le gué sur la Creuse. De la fin du 12e s. au début du 16e s., le château fut la propriété des sires de Naillac, seigneurs du Blanc, qui lui laissèrent leur nom. Il abrite, depuis 1986, le siège de l'écomusée de la Brenne.

Écomusée de la Brenne

Château Naillac - ✆ 02 54 37 25 20 - juil.-août : 9h-18h ; mai-sept. : tlj sf lun. 9h30-12h30, 14h-18h ; reste de l'année : tlj sf lun. 10h-12h, 14h-17h - fermé janv., 11 nov. et 25 déc. - 3,70 € (7-15 ans 1,85 €).

Les murs du château Naillac abritent cet écomusée et son exposition permanente consacrée au patrimoine du pays de la Brenne. La reconstitution du cabinet de travail de l'ornithologue Jean Mercier-Génétoux, à qui l'on doit une superbe collection d'**oiseaux naturalisés** (héron cendré, pygargue à queue blanche et autres spécimens), dévoile la variété de la faune du « pays aux Mille Étangs ». Un **plan-relief** lumineux représente ce maillage complexe de plans d'eau qui font l'objet d'explications sur leur création, leur entretien (vidage) et sur les pêches. Des fossiles et outils de l'époque aurignacienne illustrent la façon dont ce territoire très particulier s'est formé et comment l'homme l'a investi, tandis que des maquettes présentent le bâti traditionnel local et ses matériaux de construction (grès rouge, calcaire, bauge).

Une salle d'archives sur la Brenne, une évocation de la tradition métallurgique régionale (forges), une maquette de la ville du Blanc et divers témoignages audio d'habitants viennent compléter la visite.

Rue St-Étienne

Au n° 9. La **maison Chasseron** (16e s.) rappelle le passé viticole du Blanc : « chasseron » (nom du propriétaire d'alors) est aussi un terme local désignant un piquet de vigne. La cave, creusée à la fin du 13e s., composée de six travées d'ogives, aurait servi de taverne.

Continuez sur la rue St-Étienne, puis tournez à droite, à l'angle du boulevard, et prenez la rue du Donjon.

Église St-Étienne

Elle remplace, depuis la Révolution, le couvent des Récollets, fondé en 1619, et conserve les reliques des saints Messaire, Tridore et Principin. Ces derniers, frères de saint Génitour et martyrs connus sous le nom de « bons saints du Blanc », sont invoqués comme protecteurs de l'enfance *(pèlerinage 1er dim. de sept.)*.

VILLE BASSE

Église St-Génitour

Construite à partir d'un prieuré, elle possède un beau clocher roman et une nef gothique (13e s.) dont les colonnes sont ornées de chapiteaux. On notera que le chœur (12e s.) n'est pas dans l'axe de la nef. Un trou, pratiqué dans le vantail gauche de la porte de l'église, commémore un prodige de saint Génitour et possède la vertu miraculeuse de guérir les maladies des yeux.

À proximité Carte de microrégion

★ Abbaye de Fontgombault

8,5 km au nord-ouest par la D 950.

Sur la rive droite de la Creuse, au nord-ouest du village du même nom, l'élégante abbaye de Fontgombault s'intègre parfaitement au paysage berrichon. Seul vestige d'un puissant monastère dont les abbés contribuèrent au développement de la pisciculture en Brenne, elle accueille aujourd'hui des religieux de la congrégation de Solesmes qui y font revivre la règle bénédictine, et il n'est pas rare d'entendre à son approche quelque chant grégorien…

L'ABBATIALE, VESTIGE UNIQUE D'UN VASTE MONASTÈRE

En 1091, une communauté d'ermites vivant jusqu'alors dans des grottes de la rive gauche de la Creuse, auprès de la fontaine Gombault, vint s'installer sur la rive opposée et adopta la règle bénédictine. Sous l'impulsion du premier abbé, **Pierre de l'Étoile**, un vaste monastère fut alors construit, dont subsiste aujourd'hui l'église abbatiale. Florissante aux 12e et 13e s., l'abbaye fonda une vingtaine de prieurés. Dévastée par les calvinistes en 1569, elle ne comptait plus que cinq membres deux siècles plus tard. Sa suppression fut décrétée en 1741 et deux tentatives d'implantation faites par les lazaristes et les sulpiciens ne firent que retarder la fatale échéance. Lors de la Révolution, l'abbaye fut en partie démantelée et vendue comme bien national. Une communauté de trappistes s'y installa en 1849. Aujourd'hui, des moines de la congrégation bénédictine de **Solesmes** proposent aux visiteurs une hôtellerie monastique ainsi qu'un magasin de poterie (grès, émaux et icônes réalisés par les moines) et de produits monastiques.

Église abbatiale – *✆ 02 54 37 12 03 - visite en dehors des offices - messe 10h ; vêpres tlj sf jeu. 18h, dim. et fêtes 17h.* Ruinée en 1569, la nef primitive de ce remarquable édifice roman fut restaurée à la fin du 19e s. Le transept et le chœur à cinq chapelles rayonnantes sont parfaitement conservés. Le vaisseau, de nobles proportions, est flanqué de collatéraux voûtés d'arêtes. Le chœur, majestueux, est entouré d'un élégant triforium à colonnettes jumelées. Une grille clôture l'espace réservé aux moines. La croisée du transept est surmontée d'une vaste coupole sur trompes. Dans la nef, remarquez le gisant de Pierre de l'Étoile (1114), et dans le bas-côté droit, une statue de pierre de Notre-Dame-du-Bien-Mourir (12e s.).

Ingrandes

9 km au sud-ouest par la D 951.

Auteur des *Secrets de la mer Rouge* et de nombreux autres romans, **Henry de Monfreid** (1879-1974) s'éteignit dans ce bourg aux confins du Berry, du Limousin et du Poitou.

Musée Henry-de-Monfreid – *1 r. Henry-de-Monfreid - ✆ 02 54 37 65 25 - d'avr. à fin sept. : lun.-vend. 15h-18h, w.-end et j. fériés 15h-19h - possibilité de visite guidée (30mn) - fermé mar. - 3 € (-12 ans gratuit).* Il rassemble écrits, armes, peintures et photographies de ce voyageur intrépide, peintre et romancier qui, à l'âge de 79 ans, dériva dans l'océan Indien pendant une douzaine de jours.

NOS ADRESSES AU BLANC

HÉBERGEMENT

BUDGET MOYEN

À proximité

Chambre d'hôte Le Château d'Ingrandes – *Pl. de l'Église - 36300 Ingrandes - ✆ 02 54 37 46 01 - www.chateauingrandes.com - réserv. indispensable - fermé oct.-mars - P - 5 ch. 75/110 € ☕.* Dans ce château féodal inscrit à l'inventaire supplémentaire des Monuments historiques, vous rêverez aux temps lointains, au bord de la rivière qui file au pied de ses murs épais. Ses vestiges du 11e et 14e s. restaurés seront le décor de vos nuits paisibles.

RESTAURATION

BUDGET MOYEN

Le Cygne – *8 av. Gambetta - ✆ 02 54 28 71 63 - fermé 21 juin-8 juil., 2-19 janv., dim. soir, lun. et mar. - 20/45 €.* Non loin de l'église réputée pour ses guérisons miraculeuses, agréable restaurant aux tables soigneusement dressées. La cuisine, au goût du jour, évolue au gré du marché.

La Brenne

★★

Indre (36)

NOS ADRESSES PAGE 410

S'INFORMER

Maison du Parc naturel régional de la Brenne – *Le Bouchet - 36300 Rosnay - ✆ 02 54 28 12 13 - www.parc-naturel-brenne.fr.* Si la faune et la flore vous passionnent, n'hésitez pas à acquérir le *Guide nature de la Brenne* de Jacques Trotignon et Tony Williams, réédité par la LPO et WWF-France, disponible à la Maison du Parc. Vous pouvez également vous procurer le *Guide de la flore remarquable du Parc naturel régional de la Brenne.*

Les activités dans le Parc naturel régional de la Brenne sont nombreuses : sentiers de découverte, réserves à visiter, animations accompagnées pour découvrir la flore et la faune, etc. Si le matériel vous fait défaut, vous pouvez louer des VTT, des vélos de route et des jumelles à l'office du tourisme de Mézières-en-Brenne *(voir p. 405)*, qui propose également des randonnées dans le Parc naturel régional de la Brenne. *Rens. et réserv. au ✆ 02 54 38 12 24.*

SE REPÉRER

Carte de microrégion AB2/3/4 (p.384-385) – *carte Michelin Départements 323 C-E 6-7.*

Situé à 40 km au sud-ouest de Châteauroux, facilement accessible depuis Le Blanc ou Argenton-sur-Creuse, le Parc naturel régional de la Brenne est limité au nord par la Claise, à l'est par la forêt de Lancosme, à l'ouest et au sud par la vallée de la Creuse.

Parc naturel régional de la Brenne

À NE PAS MANQUER

Ne vous privez pas d'une balade à pied, à la découverte de la faune et de la flore du « pays aux Mille Étangs », dont celui de la mer Rouge, le plus étendu et le plus poissonneux de tous ; allez voir l'imposant château d'Azay-le-Ferron.

ORGANISER SON TEMPS

Si vous ne disposez que d'une journée, parcourez le circuit du pays aux Mille Étangs à partir du Blanc, et consacrez 2h à la réserve naturelle de Chérine et à l'observation des oiseaux. Si vous avez plus de temps, le vaste réseau des sentiers de randonnée de la Brenne s'offre à vous…

AVEC LES ENFANTS

Faites-leur explorer les joyaux de la Brenne au rythme de la randonnée. Vous pourrez aussi leur faire découvrir les espèces rares du parc zoologique de la Haute-Touche ou les emmener à la plage de la base de loisirs de l'étang de Bellebouche.

Cette terre de légendes, à la frontière du Berry, de la Touraine, du Poitou et du Limousin, s'étend sur quelque 166 000 ha et forme une mosaïque de paysages sauvages et mystérieux qui inspirèrent bien des poètes et artistes. Caractérisé par une juxtaposition peu commune d'étangs et de forêts, de landes, de grottes et de vallées, le Parc naturel régional de la Brenne regroupe 47 communes dont le patrimoine naturel, culturel et architectural vous enchantera.

Circuit conseillé

LE PAYS AUX MILLE ÉTANGS

Circuit de 80 km tracé sur la carte ci-dessous – Comptez environ 1/2 journée. Quittez Le Blanc (voir p. 399) par le nord en empruntant la D 975, puis après avoir passé la voie ferrée, tournez à droite.

★ Étang de la mer Rouge

Cet étang privé devrait son nom au seigneur du Bouchet, **Aimery Sénébaud**, qui s'était rendu en Terre sainte à la septième croisade et avait été retenu prisonnier près de la mer Rouge. Avec ses 160 ha, il s'agit du plus grand étang de la Brenne. Il faut environ un mois pour le vider. On peut alors y pêcher 15 à 20 t de poissons.

Vous pourrez le longer sur 800 m grâce au **chemin communal** (plutôt fréquenté !), sur la gauche. Sur une presqu'île se dessinant au sud, cachée par un mur d'arbres, la petite **chapelle Notre-Dame-de-la-Mer-Rouge** fait chaque année l'objet d'un pèlerinage. Découverte au 13e s. par Aimery

Sénébaud dans le creux d'un chêne, la Vierge miraculeuse fut brûlée pendant les guerres de Religion. Remplacée en 1650, volée par la suite, elle fut de nouveau remplacée par une copie conservée à l'église de Rosnay d'où elle sort le jour du pèlerinage.

Château du Bouchet

À Rosnay - ☏ 02 5437 80 14 - visite guidée juil.-août : dim. et lun. ; reste de l'année : j. fériés - tarifs se rens.

Bâtie sur une assise de rochers rouges, cette imposante forteresse médiévale, occupée par les Anglais pendant la guerre de Cent Ans, fut restaurée aux 15e et 17e s. À l'intérieur, on verra de beaux meubles berrichons et des portraits de famille dans la salle à manger, un portrait de la marquise de Montespan, des coffres Louis XIII et des trophées de chasse, animaux naturalisés de la Brenne. Du donjon et de la terrasse, découvrez une **vue** étendue sur la Brenne et sur l'étang de la mer Rouge en particulier.

Vous passez devant la Maison du Parc (voir Nos adresses). *Au croisement avec la D 44, prenez à gauche et, au Maupas, à droite (D 17A). Une aire de stationnement se trouve à droite un peu plus loin.*

Étang Massé

☏ 02 54 28 12 12 - sortie accompagnée sur demande - tarifs se rens.

En début de matinée ou en fin de soirée de préférence, l'observatoire qui domine l'étang permet d'assister au spectacle d'un coin de nature parmi les plus riches de la Brenne, avec le grand butor, le blongios nain, le busard des roseaux, le héron pourpré, la locustelle luscinioïde ou encore la cistude d'Europe…

Peu après, sur la gauche, s'embranche le sentier du Blizon.

Sentier de découverte de l'étang du Blizon

1,5 km AR. Sur le thème des libellules et des grenouilles, le sentier de découverte longe l'étang du Blizon, jalonné de bornes informatives. On peut continuer la balade jusqu'à l'**étang de Piéchevreau**.

Au bout de la D 17A, prenez à gauche. Laissez votre voiture sur l'aire de stationnement des étangs Foucault, sur la droite.

Étangs Foucault

Ce site de 110 ha se compose de quatre étangs et comprend deux observatoires d'où vous pourrez surprendre canards siffleurs, balbuzards, hérons, aigrettes, milans noirs… : le grand observatoire de l'**étang Bénisme** et l'**observatoire ouest**.

Faites demi-tour et suivez la D 15 jusqu'à Mézières-en-Brenne.

Mézières-en-Brenne

1 r. du Nord - 36290 Mézières-en-Brenne - ☏ 02 54 38 12 24 - juil.-août : 9h30-12h30, 15h-19h ; 15 mars- 31 déc. : 9h30-12h30, 15h-19h - fermé 1er janv., 1er mai et 25 déc.

Bâtie sur les bords de la Claise, dont le cours est souligné par une haie de peupliers, Mézières est la localité la plus importante de la Brenne.

Flanqué de deux clochetons en pierre, le clocher de l'**église** arbore un porche orné de sculptures. À droite du chœur, une chapelle de style Renaissance possède de beaux vitraux. Remarquez les stalles provenant de l'abbaye de St-Cyran. La nef est voûtée de chêne avec des traverses et des montants peints aux couleurs et armes de la fondatrice et de ses alliances (Brabant, d'Harcourt…).

Maison de la pisciculture de la Brenne – *✆ 02 54 38 12 99 - de mi-mars à fin oct. : tlj sf mar., dim. et j. fériés 15h-18h - fermé mar., dim. et j. fériés - 2,50 € (-12 ans 1,20 €).* Installée dans l'un des derniers vestiges d'une place forte du 11e s., cette maison est l'une des antennes de l'écomusée du Blanc *(voir p. 399).* Vous y découvrirez les différentes espèces de poissons qui peuplent les étangs, les techniques de pêche et d'élevage, et le principe de vidange des étendues d'eau. L'une des tours du château abrite par ailleurs un petit musée d'histoire locale.

Poursuivez par la D 925 en direction du nord-ouest.

Église de Paulnay

Des 12e et 13e s., elle s'ouvre par un intéressant **portail★** roman : une triple rangée de voussures finement sculptées est supportée par d'élégants chapiteaux. À l'intérieur, le cul-de-four du chœur et l'étroite travée portent de belles fresques. Le Chemin de croix, moderne, sculpté et peint sur bois, est l'œuvre d'un moine de Fontgombault.

Empruntez au sud la D 43, puis, à St-Michel-en-Brenne, la D 44.

Réserve naturelle de Chérine

✆ 02 54 28 11 02 - ♿ - juil.-août : 10h-12h30, 14h30-19h, 1er avr.-30 juin : tlj sf mar. 10h-12h30, 14h30-18h ; reste de l'année : sam. 14h30-18h, dim. et j. fériés 10h-12h30, 14h30-18h30 - possibilité de visite guidée d'avr. à août (2h, sur réserv. 1 j. av.) - 7 € (- 8 ans 2 €).

Véritable condensé de la Brenne à portée de jumelles, cet espace de 145 ha compris entre la D 17, la D 44 et la D 6A abrite l'une des dernières **roselières** (où poussent les roseaux) de la région. Adaptés aux pâturages humides, des moutons solognots, des vaches ariégeoises et des chevaux camarguais assurent l'entretien naturel de ces espaces fréquentés par une riche variété d'oiseaux (héron pourpré, guifette noire, butor étoilé, vanneau huppé, échasse blanche, mouette rieuse, grèbe à cou noir…) et de plantes (orchidées, hottonie des marais, scirpe mucroné…).

Maison de la nature et de la réserve – *À 3 km de St-Michel-en-Brenne par la D 6A ; suivez les panneaux indicateurs - ✆ 02 54 28 11 00 - ♿ - juil.-août : 10h-12h30, 14h30-19h ; de déb. avr. à fin sept. : tlj sf mar. 10h-12h30, 14h30-18h ; reste de l'année : se rens. - 3 € (tarif réduit 2 €).* Situé au bord de l'**étang de Cistude** (12 ha), ce petit centre d'interprétation propose des expositions thématiques sur le milieu naturel de la Brenne et sert de point de départ à des découvertes nature accompagnées. Du centre, un sentier mène à l'**observatoire** de l'étang Cistude *(accès libre ; prêt de matériel optique sur demande),* bâtiment en bois doté d'étroites fenêtres d'où vous pourrez suivre en toute discrétion les mouvements de toute une faune colorée.

Deux autres espaces, pourvus d'une aire de stationnement, ont été aménagés pour vous permettre d'observer la faune sans pour autant la perturber. Il s'agit de l'observatoire des **Essarts** *(de la D 17, prenez la D 44 vers St-Michel-en-Brenne, puis le chemin rural)* et de celui de l'**étang Ricot** *(sur la D 17, entre Douadic et Mézières-en-Brenne),* fréquenté en été par des tortues aquatiques : les cistudes d'Europe.

Sentier de découverte de l'étang de Beauregard

4 km AR. Ce sentier de découverte de la réserve de Chérines, sur le thème du lapin et de la tortue, est ponctué de bornes informatives. Il se prête à l'observation de la grèbe à cou noir, de la mouette rieuse et du busard des roseaux.

La D 17 à droite ramène au Blanc.

Histoire d'eau

LA BRENNE À L'ORIGINE

Le fond argilo-calcaire descendu du Massif central à l'ère tertiaire explique, par son imperméabilité, la présence d'environ 400 étangs créés (comme en Sologne) après que le défrichement eut entraîné la remontée de la nappe aquifère et l'apparition de zones humides. Couverte à l'origine de bois et de landes, la région a été mise en valeur au moment des grands défrichements monastiques. Les moines de St-Cyran, de Méobecq et de Fontgombault créèrent des étangs pour disposer de réserves de nourriture maigre lors des périodes de carême. Plus tard, au 19e s., dominée par le paludisme, la région fut assainie, des routes tracées, les marécages drainés, les landes défrichées cultivées. La Brenne ressemble aujourd'hui à une mosaïque de prairies, de cultures, de landes et d'étangs…

UN PATRIMOINE IRREMPLAÇABLE

Nés d'une conjonction étroite entre la nature géologique du terrain (dépôts sableux consolidés en grès) et l'action de l'homme, les étangs confèrent à la région une étonnante richesse biologique et un aspect physique particulier. Établis par un simple barrage d'une dépression naturelle à l'aide d'une digue de terre, ils ont une faible profondeur et sont peuplés de carpes, gardons, tanches, brochets, perches et anguilles. La diversité des habitats, la quantité importante de nourriture disponible, en harmonie avec l'utilisation humaine de l'environnement, font de la Brenne un lieu privilégié pour la reproduction des oiseaux, mais aussi une halte de migration et d'hivernage. Une simple traversée en voiture permet d'apercevoir nombre d'oiseaux… On en recense ainsi une centaine d'espèces, dont quarante nicheuses, sans parler d'une trentaine d'espèces d'orchidées et de libellules. Depuis 1989, le **Parc naturel régional de la Brenne** a vu le jour. Son logo représente une **bonde** (utilisée pour réguler l'eau des étangs), un **oiseau** et des **roseaux**.

LA GRANDE BRENNE, SITE NATURA 2000

Fort d'un maillage de 25 000 sites, le réseau Natura 2000 participe depuis 1992 à la préservation des habitats naturels et des espèces sur l'ensemble du territoire de l'Union européenne. Avec plus de 1 700 sites à elle seule, la France joue un rôle important dans la constitution de ce réseau caractérisé par la volonté de faire cohabiter une nature préservée et des activités humaines responsables. Véritable mosaïque de milieux naturels imbriqués les uns dans les autres, la Grande Brenne représente une surface de 58 000 ha incluant 23 communes, une fabuleuse juxtaposition de milieux : étangs, prairies, bois, landes, marais, buttes de grès, etc., et un grand nombre d'espèces faunistiques et floristiques. La Grande Brenne intersecte par ailleurs une **Zone de protection spéciale** (ZPS) relative à la conservation des oiseaux sauvages, et pour toutes ces raisons, fait partie du réseau écologique européen Natura 2000.

Découvrez les huit autres sites Natura 2000 de l'Indre en consultant le portail **www.natura2000.fr**.

À proximité Carte de microrégion

Azay-le-Ferron

12 km au nord-ouest de Mézières-en-Brenne par la D 925.

02 54 39 20 06 - www.chateau-azay-le-ferron.com - visite guidée (45mn) juil.-août : 10h-18h ; 1er avr.-30 juin et sept. : tlj sf mar. 10h-12h, 14h-18h ; oct. : w.-end 10h-12h, 14h-17h30 - fermé 1er nov.-fin mars, janv.-22 mars, 1er janv., 1er et 11 nov. et 25 déc. - 7 € (-16 ans 4,50 €).

Aux confins de la Touraine et du Berry, en bordure de la Brenne et de la forêt de Preuilly, Azay-le-Ferron est dominé par la silhouette de son **château★** composé de quatre corps de bâtiments (15e-17e s.), dont le pavillon François Ier, au centre. À l'intérieur : meubles, objets d'art et tapisseries (15e-19e s.). Parc paysager, jardin à la française et topiaires d'ifs.

Parc zoologique de la Haute-Touche

5 km au nord d'Azay-le-Ferron par la D 14.

02 54 02 20 40 - www.mnhn.fr - ♿ - 30 avr.-3 sept. : 10h-18h ; 11 oct.-1er nov. : merc., w.-end et j. fériés 10h-17h ; vac. de la Toussaint : ouvert tlj - possibilité de visite guidée (2h) - 8 € (4-16 ans 5 €).

Le massif forestier de Preuilly constitue un cadre idéal pour cette réserve du Muséum national d'histoire naturelle qui constitue le plus grand parc zoologique de France. Un millier d'animaux, appartenant à plus de 100 espèces différentes, évoluent en semi-liberté dans de vastes enclos boisés. Vous pourrez, à bord de votre **voiture**, partir à la découverte de la faune européenne (loups, bouquetins, cervidés…), pour un safari de 4 km. Deux parcours fléchés ont été également conçus à l'intention des **piétons** et des **cyclistes** *(location de VTT possible)*. Le parcours blanc vous permet d'observer des animaux des cinq continents (félins, canidés, primates, lémuriens, oiseaux…). Le parcours rouge présente quant à lui une zone d'élevage et de recherche dont les différents types de programmes en cours tentent de sauvegarder des espèces menacées comme le lynx d'Europe, le tigre de Sumatra ou encore le cerf du père David.

Équipé d'un laboratoire de pointe, le parc zoologique de la Haute-Touche aide à la réintroduction d'animaux dans la nature en poursuivant des recherches dans des domaines aussi variés que la reproduction assistée, la conservation des semences et l'étude du comportement maternel des espèces sauvages.

Parc naturel régional de la Brenne, Le Bouchet, l'étang de la mer Rouge
P. Roy / Hemis.fr

Étang de Bellebouche

10 km à l'est de Mézières-en-Brenne par la D 925.

02 54 38 32 36 - parking payant w.-end et juil.-août : 4,50 €. Chiens interdits sur le site.

Stop ! Rangez vos jumelles dans leur étui, posez votre sac et retirez vos chaussures de marche... La plage de sable fin de la base de loisirs de Bellebouche, qui s'étire sur 900 m, vous attend au bord d'un agréable étang de 120 ha *(baignade non surveillée)*. Cinq circuits à pied, à VTT ou à cheval (dont un parcours de santé) et un sentier de découverte *(7,5 km, 3h)* se déroulent autour de l'étang, avec trois observatoires (on a les plus belles vues depuis celui situé au sud-ouest). Pédalos et kayaks s'ajoutent à ces diverses activités.

Méobecq

20 km au sud-est de Mézières-en-Brenne par la D 21 et la D 11.

Au débouché de la forêt de Lancosme, ce bourg possède les vestiges d'une abbaye du 11e s. Dans l'**église**, la nef béante ne fut fermée qu'en 1658 par une façade classique. Une travée de la nef, le transept et le chevet subsistent bien que fortement remaniés. Remarquez les chapiteaux à feuillages et animaux. Dans les **fresques** situées au niveau des fenêtres, les noms des divers personnages sont encore lisibles. Observez notamment le cavalier blanc *(à gauche de la fenêtre gauche)* et Jésus ressuscité.

NOS ADRESSES À LA BRENNE

HÉBERGEMENT

PREMIER PRIX

À Mézières-en-Brenne

Chambre d'hôte La Prêle – *Rte de Châteauroux - 36290 Mézières-en-Brenne - sortie du bourg, chemin à gauche - ✆ 02 54 38 12 36 - fermé 15-30 sept. - P - 4 ch. 50 €.* Cette jolie fermette du 17e s., soigneusement restaurée, vous séduira avec ses confortables chambres donnant sur le jardin ou les prairies ; de style Louis XV ou rustique, elles sont décorées de délicats papiers peints anglais. Petit-déjeuner servi à la belle table familiale.

BUDGET MOYEN

À Neuillay-les-Bois

Chambre d'hôte Le Château de Boisrobert – *Boisrobert - 36500 Neuillay-les-Bois - 3,3 km à l'est de Neuillay-les-Bois par D 21 - ✆ 02 54 39 46 18 - www.chateaudeboisrobert.fr - fermé de fin sept. au 1er mai - P - 4 ch. 60/85 €.* Cette belle demeure de la fin du 19e s. ouvre sur un immense parc aux allures d'Éden verdoyant, avec son étang entouré d'arbres. En plus d'un salon cossu offrant coin bar et cheminée, la maison abrite quatre grandes chambres à thème et une suite familiale (5 personnes) style 19e s. Petits-déjeuners et cuisine maison concoctés avec des produits frais (petite carte 9,50/14,50 €).

RESTAURATION

PREMIER PRIX

À Rosnay

Espace dégustation de la Boutique du Parc – *Hameau du Bouchet - 36300 Rosnay - ✆ 02 54 28 53 02 - réserv. obligatoire le w.-end - fermé 1er janv. et 25 déc. - 5,80/16 €.* Dans l'ancienne ferme du château rénovée ou sur la belle terrasse avec vue sur l'étang, vous pourrez déguster à toute heure des assiettes copieuses à prix doux, composées des spécialités de la région (frites de carpe, tartines de pouligny-st-pierre et rillettes de poule…), préparées avec des ingrédients issus directement des producteurs locaux.

À La Gabrière

Auberge de la Gabrière – *2 La Gabrière - 36220 La Gabrière - 9 km au sud de Mézières dir. Le Blanc puis La Gabrière par D 15 et D 17 - ✆ 02 54 37 80 97 - fermé lun. soir (nov.-fév.), mar. soir et merc. (sf juil.-août) - P - formule déj. 12,50 € - 22/32 € - 9 ch. 45/53 € - 6 €.* Cette grande salle de restaurant d'esprit rustique jouit d'une situation privilégiée face à l'étang de La Gabrière. Au menu : bon choix de poissons de rivière et gibier en saison. Le week-end, la maison est très fréquentée. Chambres simples.

À Mézières-en-Brenne

Le Bellebouche – *Base de loisirs de Bellebouche - 36290 Mézières-en-Brenne - 9 km à l'est de Mézières dir. Châteauroux par D 925 - ✆ 02 54 38 30 77 - le.bellebouche@orange.fr - de Pâques à la Toussaint : tlj ; reste de l'année : w.-end ; fermé fév. - ♿ - P - formule déj. 12 € - 22/31 €.* À l'ombre de chênes centenaires, la salle de restaurant sans véritable charme et la grande terrasse offrent une vue imprenable sur la plage et le lac. Idéal aux beaux jours. Côté cuisine, du traditionnel, simple, rapide pour des prix acceptables.

ACHATS

À Rosnay

La Maison du Parc – *36300 Rosnay - ✆ 02 54 28 12 13 - www.parc-naturel-brenne.fr - juil.-août et long w.-end : 9h-19h ; reste de l'année : 9h30-18h - fermé 1er janv. et 25 déc.* Outre les nombreuses informations touristiques mises à la disposition des visiteurs, la Maison du Parc vous ouvre grand sa boutique (produits du terroir et artisanaux) et sa halle pique-nique où l'on peut se requinquer après une randonnée à pied ou à vélo.

ACTIVITÉS

Voir p. 403

Saint-Marcel

★

1 638 Pitolats – Indre (36)

NOS ADRESSES PAGE 415

SE REPÉRER

Carte de microrégion B3 (p. 385) – *carte Michelin Départements 323 F7.* St-Marcel s'est établi sur une colline dominant la rive droite de la Creuse, à 2 km au nord d'Argenton-sur-Creuse.

À NE PAS MANQUER

La crypte du musée archéologique d'Argentomagus et son spectaculaire ensemble architectural, révélant tout un quartier de l'agglomération gallo-romaine ; le village médiéval de St-Marcel, son église et ses vestiges de fortifications du 15e s.

ORGANISER SON TEMPS

Une journée bien remplie vous permettra d'effectuer un magnifique voyage dans le passé.

AVEC LES ENFANTS

Argentomagus est un musée unique en son genre, directement bâti au-dessus de la ville antique. La présence de vestiges gallo-romains *in situ*, qu'enjambent des passerelles métalliques, rendra leur découverte des lieux beaucoup plus vivante.

6

La proche voisine d'Argenton-sur-Creuse possède un patrimoine archéologique d'exception. Des gisements préhistoriques vieux de 14 000 ans ont révélé l'ancienneté de son occupation humaine. Son sol accueillit bien plus tard la cité gallo-romaine d'Argentomagus, au nord-ouest de laquelle se développa par la suite un bourg médiéval. Rebaptisée Côte-Franche durant la Révolution, la petite ville de St-Marcel justifie largement une visite, avec ses vestiges magdaléniens et antiques, et son cachet moyenâgeux.

Découvrir Argentomagus

SITE ARCHÉOLOGIQUE

Les Mersans

Protégé par des vallées naturelles, ce plateau de 27 ha, dominant la Creuse, constitue le noyau urbain initial. Fouillé depuis 1962, il comprend la maison de Quintus Sergius Macrinus, demeure privée d'un riche notable, ainsi qu'une fontaine monumentale reliée par deux voies à une aire cultuelle. Au-delà de cette aire, en direction de l'est, gisent encore sous terre le forum et d'autres monuments.

De la **maison de Quintus Sergius Macrinus**, dont le nom apparaît sur certaines inscriptions, ne subsistent que quatre pièces. L'une d'entre elles était chauffée par hypocauste.

L'**aire cultuelle** a en revanche révélé **trois temples** de tradition celtique, très éloignés des modèles des temples gréco-romains. L'architecture en *fanum* emboîte deux carrés ouverts à l'est. Le carré central *(cella)* abrite les statues des divinités ; autour, une galerie de circulation sert de déambulatoire. D'après des sources littéraires anciennes, les processions se déroulaient dans le sens de la marche du soleil.

Comme la plus grande partie de la ville elle-même, ces temples furent détruits lors de l'invasion barbare de 276. Les fouilles ont révélé de belles statuettes de bronze : un bouc couché, un aigle et le fameux Mercure. Le sanctuaire a livré par ailleurs une quarantaine de fosses et de puits sacrificiels. Dans l'un d'eux se trouvaient une tête de truie fendue et de nombreux ossements de porcs ; un grand coutelas y était également déposé. Près du grand temple, un anneau fixé sur une dalle servait à attacher les animaux.

Fortuitement découverte en 1967, la **fontaine monumentale** comprenait deux larges escaliers descendant vers un bassin carré de 6 m de côté dont les eaux étaient évacuées par un égout, en parfait état, dégagé sur 90 m. La fonction de cette fontaine (la plus vaste actuellement connue en Gaule) demeure un mystère ; sans doute avait-elle une vocation cultuelle avant d'être comblée par les bronziers, les forgerons et les orfèvres après 276.

★ Le théâtre du Virou

À l'écart du centre urbain. Pour y accéder, redescendez en direction d'Argenton. Juste avant le pont ferroviaire, tournez à droite, poursuivez sur environ 200 m, puis prenez à droite un chemin en forte pente qui conduit au théâtre.

La partie du mur circulaire extérieur fut, jusqu'en 1966, le seul témoin visible du monument enfoui. L'édifice, entièrement fouillé, a connu deux états successifs : le premier, rustique, remonte au début du 1er s. ; le second, plus sophistiqué, date du 2e s.

LA DESTINÉE D'ARGENTOMAGUS

Le site archéologique de St-Marcel est particulièrement bien conservé, car à l'abandon d'*Argentomagus* vers la seconde moitié du 4e s., il demeura vierge de toute occupation et devint une zone de cultures, ses vestiges reposant sous une terre de vignobles. Point de rencontre de plusieurs routes terrestres, St-Marcel occupe une région charnière entre les terres froides de la haute vallée de la Creuse et les marécages de la Brenne, en un endroit où la rivière régularise son cours et devient navigable.

Le développement des échanges, l'abondance du gibier, la présence de l'eau et de la forêt, indispensables à l'essor de la métallurgie, expliquent l'ancienneté du peuplement local et la diversité des trouvailles archéologiques : grottes occupées par les chasseurs de rennes du Magdalénien (14000-8000 av. J.-C.), oppidum gaulois et sa cité gallo-romaine.

À partir de la conquête romaine (50 av. J.-C.), **Argentomagus** (de *argentum*, « argent » en latin, ou *Argentos*, nom gaulois masculin, et *magus*, « marché ») connaît un essor démographique et économique important, lié au développement du commerce, de l'artisanat et surtout de la métallurgie, grande spécialité des Bituriges *(voir Bourges p. 328)*. Mentionnée sur la table de Peutinger (célèbre copie d'un schéma routier du Bas-Empire romain, réalisée au 15e s. par l'humaniste Karl Peutinger), *Argentomagus* était, d'après un texte du 4e s., la première fabrique d'armes des Gaules.

Durant les deux premiers siècles, la ville ne cesse de s'étendre en débordant le vieil oppidum des Mersans ; mais elle reste une cité de second ordre, ne dépassant pas 70 ha pour une population d'environ 5 000 habitants.

La superposition des deux états est d'un grand intérêt archéologique : le **premier théâtre**, d'une faible acoustique, adopte le plan typique des théâtres gallo-romains : forme en fer à cheval, scène exiguë, ampleur de l'orchestre ; le choix des spectacles, privilégiant le mime et la danse plus que les jeux de scène, et une influence hellénique sont peut-être responsables de cette disposition inhabituelle. Les gradins, creusés dans le roc, sont très bas et excluent la position assise, les spectateurs conservant la coutume gauloise de s'asseoir en tailleur.

La seconde construction rattache le Virou au schéma des théâtres romains classiques et adopte une forme circulaire de 84 m de diamètre pouvant contenir 6 000 spectateurs.

En dehors des Mersans et du Virou, d'autres secteurs ont été fouillés, comme par exemple la **nécropole du Champ de l'image** *(à 200 m au nord-ouest du musée)*, et continuent de révéler de nouvelles structures qui permettent de mieux comprendre l'organisation de la ville antique.

★ MUSÉE ET CRYPTE ARCHÉOLOGIQUES D'ARGENTOMAGUS

✆ 02 54 24 47 31 - www.argentomagus.com - ♿ - juil.-août : 9h30-12h, 14h-18h ; avr.-juin : tlj sf mar. 9h30-12h, 14h-18h - possibilité de visite guidée (2h) sur dem. - fermé 24 déc.-20 janv. - 4 € (-18 ans 2 €) ; 6,50 € billet combiné avec le musée de la Chemiserie et de l'Élégance masculine (Argenton), gratuit 1er dim. du mois.

On y accède par une rampe extérieure offrant d'emblée une **vue** panoramique au-dessus du site. On emprunte ensuite une rampe intérieure qui descend doucement en spirale vers la crypte archéologique, véritable cœur du musée, au sous-sol.

Collections préhistoriques

Présentées chronologiquement, elles livrent un impressionnant matériel provenant de la vallée de la Creuse, notamment de la grotte de la Garenne, représentative du Magdalénien (14 000 av. J.-C.) : aiguilles, grattoirs, lampes, sagaies, parures, dont une splendide « pendeloque aux danseuses », où six silhouettes féminines stylisées se donnent la main.

Collections gallo-romaines

Déployées de façon thématique, elles abordent des sujets aussi divers que la ville et ses monuments ; la Gaule des artisans et des commerçants ; les rites funéraires et les pratiques religieuses.

Ces dernières révèlent, à travers un ensemble de sculptures, la coexistence, dans la civilisation gauloise, de divinités d'origines diverses. Les bronzes, de petite dimension, sont remarquables : le fameux **Mercure**, du 1er s. apr. J.-C., dieu des Commerçants et des Voleurs, très honoré à *Argentomagus* et dans toute la Gaule, témoigne d'une grande maîtrise technique. D'autres statues sont exposées avec le vase du Vergobret (magistrat de la Gaule indépendante) et la stèle de dédicace pour la construction d'un temple.

★★ Crypte archéologique

On y découvre les imposants vestiges du fossé nord (mur de 20 m de long et 5 m de hauteur, massifs à fruits), d'une zone artisanale et de caves, où un rare **autel domestique** a été laissé sur le lieu même de sa découverte, en 1986.

Prenez le temps d'admirer les vitrines comportant de superbes figurines miniatures découvertes sur place ou des éléments de décor. Et ne manquez pas le remarquable pan de mur du milieu du 2e s., portant encore son enduit rouge d'origine, décoré de bandes noires et ocre jaune.

Se promener

VILLAGE MÉDIÉVAL

Guide et plan fléché sont disponibles à la mairie et au Musée archéologique.

★ Église

L'aspect sévère de sa massive **tour-clocher** (14e s.), qui servit de donjon, la différencie des autres églises de la région. Le **chevet**, du 12e s., forme un ensemble harmonieux. Quant au **portail**, il comprend deux arcs en plein cintre, surmontés d'une archivolte en pointes de diamant. Les claveaux étroits, presque rectangulaires, sont décorés de reliefs en méplat. Au fond de la nef, la **fresque Notre-Dame-de-Pitié** (15e s.) montre Saint Louis en manteau d'hermine présentant un prêtre à la Vierge qui tient dans ses bras l'Enfant Jésus. Certaines parties du mur de la nef sont percées de petits trous noirs, orifices de poteries acoustiques permettant d'accroître la résonance des chants religieux. Œuvres d'Antoine Barbaud (prieur de St-Marcel de 1484 à 1522), les **stalles** marquent la transition entre l'art gothique et la Renaissance.

Le **trésor** renferme plusieurs croix de procession (13e s.), une châsse en bois sculpté du 15e s. sur laquelle est représenté le martyre des saints Marcel et Anastase (qu'ils auraient subi, non loin de l'emplacement de l'église, au 3e s., sous l'empereur Decius), une autre châsse en cuivre doré du 13e s. ornée d'émaux de Limoges, le bras de saint Marcel et son buste reliquaire du 14e s.

415

SAINT-MARCEL

Une fois sorti de l'église, empruntez les ruelles médiévales de St-Marcel : vestiges des **fortifications** du 15e s.; nombreuses portes d'entrée surmontées d'un linteau en accolade, parfois avec un tympan armorié.

Le village a conservé quelques **maisons vigneronnes** identifiables à leurs galeries réalisées au 18e s. Remarquez celle située rue de la Treille, à côté de la mairie ou celle dans la rue dite du Parlement.

NOS ADRESSES À SAINT-MARCEL

RESTAURATION

BUDGET MOYEN

À proximité

Le Boisseau – *Rte de Châteauroux - 3,5 km au nord de St-Marcel par D 927 puis dir. Châteauroux - ✆ 02 54 24 12 33 - fermé dim. soir et lun. - P - 18,50/21,50 € - 6 ch. 35/38 € - ☕ 5,80 €.* Ce pavillon bénéficie d'un environnement verdoyant : jardin fleuri, arbres, haies et petit étang. Côté cuisine, on mitonne de bons petits plats régionaux servis dans une salle à manger d'inspiration campagnarde. Chambres rénovées.

POUR SE FAIRE PLAISIR

À Chasseneuil

Auberge des Saveurs – *1 pl. de l'Église - 36800 Chasseneuil - 7 km au nord de St-Marcel par D 927 et D 1 - ✆ 02 54 25 82 17 - www.auberge-des-saveurs.fr - fermé sam. midi, mar. et merc. - 24/50 €. Réserv. conseillée.* Dans sa cuisine ouverte sur la salle, le chef réalise de bons plats mis au goût du jour. Tout est frais et fait maison. Salle de type bistrot, ambiance qui se rapproche de celle d'une table d'hôte.

À Thenay

Auberge de Thenay – *23 r. d'Helbingue - 36800 Thenay - 9,5 km au nord-ouest de St-Marcel par D 927 - ✆ 02 54 47 99 00 - www.auberge-de-thenay.fr - fermé 29 août-12 sept., 19-31 janv., dim. soir et lun. - 24/34 €. Réserv. conseillée.* Menus composés autour d'une viande rôtie à la broche et beau choix de vins. Le propriétaire organise régulièrement des soirées irlandaises et écossaises (carte de whiskies).

Argenton-sur-Creuse

★

5 180 Argentonnais – Indre (36)

NOS ADRESSES PAGE 424

S'INFORMER

Office de tourisme – *13 pl. de la République - 36200 Argenton-sur-Creuse - 02 54 24 05 30 - www.ot-argenton-sur-creuse.fr - juil.-août : 9h-12h30, 14h30-18h30, dim. 10h-12h ; janv.-juin : tlj sf dim. 9h-12h, 14h-18h - fermé j. fériés (sf 14 juil. et 15 août).*

Visite guidée – *Visite guidée (1h30, dép. de l'office de tourisme) juil.-août : merc. 10h-12h dans les vieux quartiers d'Argenton, à la découverte du vieux pont, de la chapelle St-Benoît et de la chapelle Notre-Dame-des-Bancs ; juin : dernier dim. marché des potiers - 2,50 €.*

SE REPÉRER

Carte de microrégion B3 (p. 385) – *carte Michelin Départements 323 F7.*

À 15 km au sud de Châteauroux par l'A 20 et à 23 km à l'est de La Châtre par la D 927, Argenton-sur-Creuse étend ses vieux quartiers le long des rives de la Creuse.

SE GARER

Un plan *(ci-contre)* vous indique les différents parkings à proximité du centre-ville.

À NE PAS MANQUER

La vue panoramique sur l'ensemble de la ville depuis l'esplanade de la chapelle Notre-Dame-des-Bancs ; le musée de la Chemiserie et de l'Élégance masculine et ses collections uniques en leur genre ; les vanneries du musée de la Vallée de la Creuse ; la quiétude des bords de Creuse, petit coin de paradis à l'écart du temps.

ORGANISER SON TEMPS

Comptez environ une journée pour découvrir sans vous presser la ville d'Argenton et la vallée de la Creuse.

AVEC LES ENFANTS

Le lac de Chambon, en plus d'être une halte sympathique et rafraîchissante, propose une multitude de loisirs nautiques. Sur un tout autre registre, le musée de la Vallée de la Creuse, avec ses reconstitutions d'ateliers, les passionnera.

Dans des paysages de collines verdoyantes et de falaises escarpées, la gigantesque silhouette de Notre-Dame d'Argenton semble veiller sur cet « *adorable petit patelin* » dont parlait Antoine de Saint-Exupéry. Vous aurez tout loisir de découvrir les charmes de celle qu'on a surnommée la « Venise du Berry », et de savourer la douceur d'une promenade dans ses paisibles ruelles dotées de jolies maisons médiévales, ou sur les bords de la Creuse, longés ici et là de vieux moulins à roue.

ARGENTON-SUR-CREUSE

Se promener Plan de ville

La ville d'Argenton-sur-Creuse s'est substituée à la cité gallo-romaine d'*Argentomagus,* qui s'étendait à 2 km au nord, sur la colline de St-Marcel.

Église St-Sauveur

Sa fondation remonterait aux origines de la ville basse (13e s.). L'édifice actuel, du 15e s., fut restauré au 19e s. Son clocher-porche néogothique, surmonté d'une flèche ajourée, atteint 50 m. La nef possède une belle voûte d'arêtes armoriées. Les chapelles latérales étaient destinées aux familles nobles et aux artisans de la cité.

En sortant de l'église, tournez à gauche dans la rue Grande.

Impasse de Villers

Remarquez le bel **hôtel de Scévole** (17e-18e s.), bâti par un noble Argentonnais. La tour de l'aile gauche, avec son escalier à vis, se prolonge par une petite galerie en façade. Le parc à la française fut dessiné par Le Nôtre.

Tournez à droite au bout de la rue Grande.

Vieux pont

Datant du 17e s., mais reconstruit au 19e s., le vieux pont offre une très jolie **vue★** sur la Creuse, les quartiers anciens et la ville haute.

En amont, la rivière s'étale en un beau plan d'eau, avec un double déversoir alimentant des moulins. Des maisons à loggias, à balustrades et à galeries de bois coiffées d'ardoises surplombent la rivière ; d'autres s'étagent le long de la falaise envahie par la végétation.

Dominant la chapelle Notre-Dame-des-Bancs, se dresse la statue dorée de **Notre-Dame-d'Argenton**, qui protège la cité. À droite, la flèche de pierre de l'église St-Sauveur, et à l'horizon, le clocher de l'église de St-Marcel.

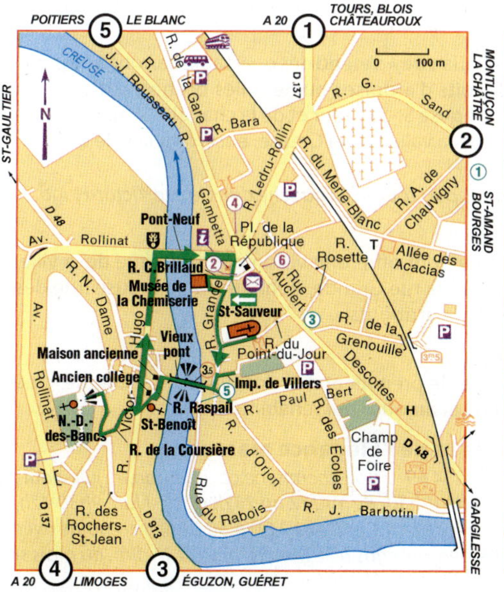

ARGENTON-SUR-CREUSE

SE LOGER

Hôtel Château de Bouesse .... (1)
Hôtel Le Cheval Noir .... (3)
Hôtel Manoir de Boisvillers .... (5)

SE RESTAURER

Café de la Place .... (2)
La Source .... (4)
Le Potiron .... (6)

Au-delà du pont, on remarque une **maison bourgeoise** des 15e et 16e s., avec une porte de style gothique flamboyant ornée de pinacles et de feuilles de choux. À droite, une arcade donnait jadis accès à une boutique.

Rue Raspail

De style Renaissance (fin 15e s.), l'**ancien collège** est couronné d'une tourelle à clocheton qui abrite un escalier à vis. Deux anges présentent les armoiries d'Antoine Barbault au-dessus du portail gothique. Servant provisoirement de prison d'où son nom « vieille prison » (souvenir de 1782), le bâtiment abrite aujourd'hui l'école de musique.

Chapelle St-Benoît

Cette ancienne collégiale gothique des 15e et 16e s., commandée par le prieur Antoine Barbault et le seigneur d'Argenton, fut rendue au culte après avoir servi d'entrepôt à grains pendant la Révolution. La chapelle fut restaurée en 1873 ; le clocher actuel date de 1965. À l'angle gauche, dans un *montjoie* (niche), se tient une Vierge à l'Enfant en pierre de 1485 (il s'agit d'une copie, l'original étant conservé à la mairie). Le clocher est couvert en bardeaux de châtaignier.

Traversez la rue Victor-Hugo et prenez la rue escarpée.

Rue de la Coursière

Au fur et à mesure que l'on s'élève se développe un panorama étendu sur la ville et son site.

Chapelle Notre-Dame-des-Bancs

Seul vestige du château fort démantelé sur ordre de Richelieu en 1632, elle fut construite par un membre de la maison de Chauvigny au 15e s. Depuis la peste de 1632, qui ravagea Argenton, la chapelle Notre-Dame-des-Bancs est devenue un lieu de pèlerinage.

La petite statue de la Vierge (15e s.) qui se trouve au-dessus du maître-autel est vénérée sous le vocable de **Bonne Dame d'Argenton**. En 1899 fut inaugurée la gigantesque statue de la Vierge (6,50 m de haut), en cuivre doré à la feuille.

De l'esplanade de la chapelle, la **vue★** s'étend des quais aux maisons à pignons et à tourelles, coiffées de toits d'ardoises ou de tuiles brunes, s'attarde un instant sur les clochers de l'église St-Sauveur et de la chapelle St-Benoît, tandis que se dessine le tracé de la vallée de la Creuse, enserrant la ville dans un cadre agréable de collines.

Rejoignez la rue Notre-Dame, puis tournez à gauche dans la rue Victor-Hugo.

Pont Neuf

Grâce au recul, ce deuxième pont offre une vision panoramique de la ville. Les ruelles perpendiculaires à la rue Grande, donnant sur la Creuse (rue des Tanneurs), sont appelées des « arribouts ».

Rue Charles-Brillaud

Au fond de la rue, remarquez le premier atelier de lingerie mécanique, créé par Charles Brillaud en 1860 et aujourd'hui réhabilité en musée.

Musée de la Chemiserie et de l'Élégance masculine

R. Charles-Brillaud - ✆ 02 54 24 34 69 - http://chemiserie.cc-argenton.fr - juil.-août : 10h-12h30, 14h-18h30, lun. 14h-18h30 ; de mi-fév. au 23 déc. : tlj sf lun. 9h30-12h, 14h-18h - fermé du 24 déc. à mi-fév. - 4 € (-18 ans 2 €) ; 6,50 € billet combiné avec le musée archéologique d'Argentomagus à St-Marcel, gratuit 1er dim. du mois sf juil.-août.

Argenton-sur-Creuse
V. Leblic / Photononstop

Ce musée des techniques et de la mode témoigne du patrimoine industriel de la ville, haut lieu de la chemiserie en France au 19e s. Dans cette région, où les ateliers de blanchisserie étaient déjà implantés en nombre le long de la Creuse, fut créé en 1860 le premier atelier mécanique de lingerie. Les ballots de chemise arrivaient à Paris grâce au chemin de fer. En 1908, l'électricité permit une production à plus grande échelle. Les ateliers de mécanique destinés à réparer et à concevoir de nouvelles machines se développèrent dans l'Indre. De nos jours, la tradition s'oriente plutôt vers la chemiserie masculine haut de gamme (Cardin, Dior, Gaultier…).

Les collections anciennes et contemporaines du musée concernent la mode masculine. Le premier étage retrace l'**historique de la chemise** et de ses accessoires. Au Moyen Âge, elle se cache sous les vêtements. Avec la Renaissance, le col et les poignets en dentelle se montrent. Au 20e s., elle s'expose avec toutes sortes d'accessoires (cravates, boutons de manchettes). Autrefois confectionnée sur mesure, elle est désormais fabriquée en série.

Un **atelier de confection**, reconstitué au deuxième étage, détaille les différentes étapes de fabrication d'une chemise et l'évolution des machines (fers à repasser, lessiveuses, machines à coudre). Un petit film raconte l'histoire de la chemiserie et la vie des ouvrières d'Argenton. Un niveau intermédiaire sert aux expositions temporaires élaborées à partir des collections du musée.

Le **jardin textile**, dans la cour du musée**,** présente les plantes employées pour confectionner et traiter les tissus. La visite se termine par une boutique qui propose des vêtements et des jeux pour enfants.

Rejoignez l'église St-Sauveur par la rue Grande.

Circuits conseillés

CHÂTEAUX, COTEAUX ET LANTERNE

Circuit 1 *de 50 km tracé sur la carte ci-dessous – Comptez environ 3h.*

★ St-Marcel *(voir p. 411)*

Rejoignez la D 927 qui franchit l'A 20.

Le Pont-Chrétien-Chabenet

Dans le bourg, le château du Broutet (15e s.) a été transformé en mairie. L'imposant château de Chabenet domine le coteau calcaire de la vallée de la Bouzanne (seul l'extérieur, restauré au 19e s., est visible).

Sur la rivière, vous remarquerez un pont de bois couvert, construit en 1847 lors de la mise en place de la ligne de chemin de fer Paris-Toulouse.

Poursuivez sur la D 927.

St-Gaultier

31 r. Grande - 36800 St-Gaultier - ☏ 02 54 47 14 36 - de mi-juin à fin août : mar.-vend. 9h30-12h30, 14h-18h, lun. 14h-18h, sam. 9h30-12h30 ; reste de l'année : lun., mar. et jeu. 9h-12h30, 14h-17h, merc. et sam. 9h-12h - fermé 23 déc.-3 janv., dim. et j. fériés.

Dominant la rive droite de la Creuse, le village se détache d'un cadre de coteaux boisés parsemés de rochers calcaires qui ont permis l'établissement de nombreux fours à chaux.

L'ancienne **église** du prieuré voisin (12e s.) s'ouvre par un portail orné de voussures et encadré de colonnettes. Une tour carrée à deux étages d'arcatures surmonte la croisée du transept. À l'intérieur, le chœur est décoré de chapiteaux romans de facture archaïque.

Un petit chemin en forte descente longe l'ancien prieuré et conduit au bord de la rivière d'où l'on a une **vue** agréable sur la vallée de la Creuse et sur le site de la ville.

Prenez la D 951 vers Le Blanc.

Lanterne des morts de Ciron

Lanterne funéraire du 12e s. coiffée d'un toit conique.

Traversez la Creuse en empruntant la D 44.

Château de Romefort

Ne se visite pas. Il se dresse sur une plate-forme rocheuse dominant la rive gauche de la rivière. **Vue** depuis le pont sur la Creuse. L'édifice principal du 14e s. est encadré de deux tours ; il est flanqué d'un important donjon carré du 12e s. L'ensemble est entouré d'une triple enceinte hérissée de tours rondes dont il reste des vestiges.

Prenez la D 3 jusqu'à Oulches, puis empruntez la D 927.

Entre Rivarennes et Thenay, on découvre une jolie vue de **St-Gaultier**, dont les toits s'étagent au-dessus de la rivière qu'enjambe un beau pont de pierre.

La D 48 ramène à Argenton-sur-Creuse.

★ VALLÉE DE LA CREUSE

Circuit 2 de 80 km tracé sur la carte ci-contre – Comptez environ 1/2 journée. Quittez Argenton par le sud-est (D 48) direction Gargilesse-Dampierre.

« *C'est le paradis et le chaos qu'on trouve tour à tour… une suite ininterrompue de tableaux adorables ou grandioses, changeant d'aspect à chaque pas, car la rivière est fort sinueuse…* » (G. Sand).

Château du Courbat

Ce gracieux manoir situé au bord de la route, entouré de douves, semble surgir de l'eau. Une petite passerelle en pierre le relie à la terre. La tour date du 13e s., le bâtiment du 17e s. Restauré depuis 1989, il accueille désormais les services de la mairie.

Rejoignez et poursuivez sur la D 48.

Le Menoux

Ce village dominant la Creuse était jadis connu pour ses vins, comme en témoignent les demeures de vignerons et les entrées de caves. L'intérieur de l'église comporte de surprenantes **fresques** du peintre bolivien **Jorge Carrasco** (20e s.). Si vous les appréciez, rendez-vous dans l'insolite maison de l'artiste, située à quelques pas de là.

Rejoignez la D 48.

Barrage de La Roche-Bat-l'Aigue

Au cours d'une montée sinueuse, prenez à droite une agréable route étroite qui suit de très près la Creuse. Un petit barrage, un déversoir et un plan d'eau s'inscrivent dans la vallée, à cet endroit encaissé entre des rochers et des hauts versants boisés. Créé en 1907, le barrage a été rehaussé en 1977, engloutissant à jamais les moulins et les maisons établies au bord de la Creuse.

Revenez sur la D 48. À Badecon-le-Pin, empruntez la D 40.

★ La boucle du Pin

À la sortie des Chocats, on découvre une belle **vue** sur ce large méandre décrit par la Creuse dans un cirque de collines et de rochers ; en face, perchée sur un promontoire, se dresse l'église romane de Ceaulmont. La boucle du Pin marque la jonction entre les terres sédimentaires du Bassin parisien et les roches cristallines du Massif central : le lit de la Creuse, large au niveau d'Argenton, tend à se rétrécir ensuite, encaissé dans un paysage plus montagneux.

★ Gargilesse-Dampierre *(voir p. 425)*

Poursuivez sur la D 40. Après Cuzion, prenez à droite la D 45 en direction d'Éguzon, puis, 2 km plus loin, tournez à droite vers le moulin de Châteaubrun.

Site de Châteaubrun

Dans un site sauvage dominant la vallée se dressent les puissantes tours de Châteaubrun, forteresse construite au 12e s. par Hugues de Lusignan, dit le Brun. Elle fut convertie en carrière de pierre en 1817, puis une restauration abusive, à la fin du siècle dernier, ajouta des mâchicoulis. Le donjon date du 13e s. George Sand s'est inspirée du cadre farouche de Châteaubrun pour écrire deux de ses romans : *Le Péché de M. Antoine* et *Maupra*.

Avant le Pont-des-Piles, prenez à gauche la D 45A.

★ Belvédère du barrage d'Éguzon

En amont du barrage, découvrez une très jolie **vue** sur le site. La retenue (lac de Chambon) s'inscrit dans un cadre de collines et de rochers, tandis qu'en aval resurgit la vallée de la Creuse.

Rejoignez la D 40, puis tournez à droite dans la D 40A.

Plage de Bonnu

Avant l'amorce de la descente vers le lac de Chambon et la plage de Bonnu, remarquez à droite un coquet **château** entouré de douves.

★ Ruines de Crozant *(voir p. 428)*

Au pied des ruines, une petite route plonge vers le lac. Continuez vers le sud sur la route qui longe le lac.

LA VALLÉE DE LA CREUSE, SITE NATURA 2000

La vallée de la Creuse constitue, entre **Fresselines** et **Crozant**, une zone frontière entre le Bassin parisien et le Massif central. Ses habitats naturels (landes sèches, hêtraies, forêts alluviales, forêts de pentes, etc.), sa flore (présence d'espèces communes, mais aussi d'espèces montagnardes plus rares) et sa faune (le site de Crozant constituant, pour différentes espèces de chauves-souris, un lieu privilégié d'hivernage et/ou de reproduction) lui ont valu de figurer parmi les 1 706 sites écologiques Natura 2000 que compte désormais la France.

Pour découvrir les autres sites Natura 2000 de la Creuse, consultez l'adresse suivante : **www.natura 2000.fr**.

Chambon

Dans un joli site, cette station exploite son large plan d'eau (retenue du barrage d'Éguzon) et offre un cadre agréable pour la pratique des sports nautiques. En saison, un bac *(gratuit)* permet de se rendre à la **plage de Fougères**.

Éguzon

Frontière entre les paysages encaissés du Limousin et les vastes plaines du Bassin parisien, entre les pays de langue d'oïl et ceux de langue d'oc, la Creuse a une identité bien à elle qui se traduit à travers son vocabulaire, ses traditions, son artisanat. Cette ancienne petite ville fortifiée possède un intéressant musée des arts et traditions populaires mettant en scène, à travers ses objets exposés, la vie quotidienne rurale et les vieux métiers de la région.

Musée de la Vallée de la Creuse – *02 54 47 47 75 - www.museevalcreuse.fr - - 15 mars-15 nov. : tlj sf mar. 10h-12h, 14h-18h, w.-end et j. fériés 14h-18h - possibilité de visite guidée (1h) - 3 € (-18 ans 1,50 €), gratuit 1er dim. du mois.*

Ce musée comprend deux parties. Une grande salle est réservée aux **expositions temporaires** qui se consacrent à l'histoire et à l'ethnologie de la Creuse ainsi qu'aux arts plastiques contemporains. Les collections permanentes s'organisent sur deux étages. Au rez-de-chaussée sont présentés divers **ateliers** qui appartenaient jadis à des artisans du coin : tonnellerie, menuiserie, huilerie, cordonnerie, saboterie. Chacun de ces ateliers, installé par son ancien propriétaire, a gardé son âme. Ce sont ensuite les maçons de la Creuse qui sont racontés à travers leurs différents métiers : taille de pierre, maçonnerie, charpente…

Pour passer à l'étage, on traverse la **salle commune** qui servait de cuisine, de chambre et de salle à trois générations en même temps. L'étage est réservé à une magnifique collection de **vanneries★** anciennes, l'une des plus belles de France : vannerie du sud, de Champagne, du Limousin. Celle de Thiérache, devenue industrielle, pouvait être commandée sur catalogue. Remarquez une très belle collection de moules en bois qui permettaient de réaliser des vanneries selon des gabarits bien définis. La visite du musée se termine par la **salle de classe** dont l'ambiance d'autrefois est bien reproduite.

Poursuivez sur la D 45. Au Pont-des-Piles, prenez à gauche la D 72, puis la D 913.

Ruines du château de la Prune-au-Pot

Propriété de la famille Pot de 1300 à 1484, ce château en cours de restauration accueillit Henri IV en 1589 lors du siège d'Argenton. Envahies par la végétation, ses tours en ruine (une carré, deux rondes), reliées par des vestiges de murs, ne manquent pas de charme. Perdu au milieu des champs, ce site romantique mérite bien une petite halte.

Ceaulmont

Ce village doit son nom à sa position dominante. À droite de la route, dans un pré, la petite **église romane** St-Saturnin est construite au bord d'un éperon. Belle **vue★** sur une boucle de la Creuse et, au loin, sur les plateaux de la Marche et de Combraille.

Revenez sur la D 913 qui ramène à Argenton-sur-Creuse.

NOS ADRESSES À ARGENTON-SUR-CREUSE

HÉBERGEMENT

BUDGET MOYEN

Hôtel Le Cheval Noir – *27 r. Auclert-Descottes - 36200 Argenton-sur-Creuse - ✆ 02 54 24 00 06 - www.le-chevalnoir.fr - fermé dim. soir (hors sais.) - Wifi - 20 ch. 65 € - ☕ 7 € - ✕ formule déj. 10 € - 15/30 €.* Ancien relais de poste, géré de père en fils depuis plus d'un siècle. Chambres sobres, de styles et de tailles variés. Salle à manger contemporaine et terrasse dans une cour fleurie. Cuisine traditionnelle complétée, à midi, d'une petite formule du jour.

Hôtel Manoir de Boisvillers – *11 r. Moulin-de-Bord - 36200 Argenton-sur-Creuse - ✆ 02 54 24 13 88 - www.manoir-de-boisvillers.com - fermé 4 janv.-1er fév. - 16 ch. 59/111 € - ☕ 8 €.* Belle demeure bourgeoise du 18e s. posée sur une rive de la Creuse. Chambres de style, ethniques ou rustiques, salon contemporain et agréable jardin autour de la piscine.

UNE FOLIE

À proximité

Hôtel Château de Bouesse – *36200 Bouesse - ✆ 02 54 25 12 20 - www.chateau-bouesse.com - 2 avr.-1er janv. - fermé lun. et mar. (sf 16 mai-30 sept.) - Wifi - 8 ch. 125/160 € - ☕ 12 €, demi-pension possible - ✕ 22/48 €.* Jeanne d'Arc aurait séjourné en ce château du 13e s. entouré d'un parc. L'intérieur allie style médiéval et confort moderne. Chambres au mobilier ancien, dont une magnifique au donjon. Au restaurant : décor du 18e s. et repas dans l'air du temps.

RESTAURATION

PREMIER PRIX

Le Potiron – *4 r. Barbès - 36200 Argenton-sur-Creuse - ✆ 02 54 01 12 72 - formule déj. 10 € - 10/13 €.* Une carte qui change toutes les semaines mêlant habilement produits de saison et produits du terroir mais avec des spécialités qui demeurent : de délicieuses fondues.

Café de la Place – *3 pl. de la République - 36200 Argenton-sur-Creuse - ✆ 02 54 24 12 91 - www.hotel-argenton.com - P - 7/15 €.* Une pause repas dans cette brasserie qui sert une cuisine bistrot vous permettra de profiter, depuis la terrasse, de la ville d'Argenton.

BUDGET MOYEN

La Source – *9 r. Ledru-Rollin - 36200 Argenton-sur-Creuse - ✆ 02 54 24 30 21 - lasource36@orange.fr - fermé 1 sem. vac. de la Toussaint, 1 sem. vac. de fév., mar. soir et merc. - 24/40 €.* Une adresse familiale occupant un ex-relais postal. Cuisine traditionnelle à déguster dans deux salles à manger (l'une rustique, l'autre plus classique ornée de fresques murales.

Gargilesse-Dampierre

★

325 Gargilessois – Indre (36)

NOS ADRESSES VOIR ARGENTON PAGE 416

S'INFORMER

Office de tourisme – *Le Pigeonnier - 36190 Gargilesse-Dampierre - ✆ 02 54 47 85 06 - hors sais., rens. à l'Agence postale communale ou à la mairie.*

SE REPÉRER

Carte de microrégion C4 (p. 385) – *carte Michelin Départements 323 F7.*
C'est en suivant la rive est de la Creuse au départ d'Argenton-sur-Creuse (13 km par la D 40) que l'on accède à Gargilesse-Dampierre, l'une des bourgades les plus attrayantes de la vallée de la Creuse.

À NE PAS MANQUER

Les chapiteaux historiés et les fresques de l'église sont un régal pour les yeux. Et Algira, le refuge de George Sand, est un lieu passionnant, à visiter absolument.

ORGANISER SON TEMPS

Comptez 2h pour faire le tour des curiosités du village. Vous pouvez aussi faire une pause plus longue et rafraîchissante en bord de Creuse.

Au détour d'un virage surgit ce village dont les maisons en pierre et le château, accrochés sur les flancs de la montagne, dominent les eaux sinueuses de la Gargilesse. Des artistes, peintres et écrivains ont été séduits par ce cadre enchanteur où la nature se mêle à la pierre. Gargilesse mérite que l'on s'y attarde tant pour ses ruelles pittoresques, ses maisons anciennes, son château, que pour la beauté des fresques de son église romane.

Se promener

★ Église

Cette église romane du début du 12e s. servait de chapelle à l'ancien château médiéval *(voir ci-après)*. Elle était enclavée dans son enceinte, et fut sans doute fondée par les Naillac, seigneurs de Gargilesse, à l'époque où se construisait l'abbaye de Déols *(voir Châteauroux p. 440)*. L'édifice possède une **tour-clocher** qui, bien que massive, ne manque pas d'élégance. La sobriété de l'ensemble est soulignée à l'extérieur, dans la partie supérieure des murs, par des petites têtes d'hommes ou d'animaux.

De proportions harmonieuses, l'église se compose d'une courte nef, d'un transept et d'un chœur entouré de deux petites chapelles. Son chevet a sept pans coupés, ce qui est extrêmement rare en France. L'église possède d'intéressants **chapiteaux historiés★** (près de 120) qui forment l'un des plus beaux ensembles sculptés du Berry. Les thèmes évoqués sont soigneusement ordonnancés : en bas, l'Évangile ; en haut, l'Ancien Testament. Les 24 vieillards

de l'Apocalypse, à la croisée du transept, trônent sous des arcades à colonnes torses. Sur la voûte du chœur, le Christ en majesté encadré par deux anges est en présence de la Vierge.
Deux escaliers conduisent à la grande **crypte romane**, comprenant une chapelle principale et deux secondaires. Remarquez le gisant de Guillaume de Naillac, seigneur de Gargilesse qui prit part aux croisades et à qui l'on doit vraisemblablement les magnifiques **fresques★** de la crypte. Celles-ci, de style romano-byzantin, furent exécutées au 13e s. et achevées au 15e s. Cachées sous une peinture de l'époque de François Ier, elles ne furent découvertes qu'en 1961 et ont conservé la fraîcheur de leurs tonalités rouge orangé sur fond blanc. Au centre, dans une mandorle, le Christ de l'Apocalypse assiste à la Résurrection des morts. Au fond, les instruments de la Passion. Devant, des scènes de la vie du Christ et des Évangiles : l'Annonciation, la Visitation, le songe de Joseph, la fuite en Égypte, les Rois mages devant Jésus. Les scènes suivantes évoquent l'Ancien et le Nouveau Testament.
En sortant de l'église, passez par l'office de tourisme installé dans le **pigeonnier** du château, particulièrement bien conservé. À proximité, les bâtiments de l'ancienne ferme abritent des expositions temporaires.

Château

02 54 47 76 16 - www.chateaudegargilesse.com - horaires : se rens. - possibilité de visite guidée (30mn, sur réserv. 7 j. av.) - 3 € (-14 ans gratuit).

« *Nul château n'a une situation plus étrangement mystérieuse et romantique* » (G. Sand). C'est par une poterne du 12e s., flanquée de deux tours aux toits coniques, que l'on entre dans l'ancien château des Naillac, seigneurs de Gargilesse. Brûlé en 1650 au moment de la Fronde, le château fut reconstruit au 18e s.

Devenu « maison d'artiste », il ne se visite plus que sur rendez-vous. Outre le parc qui descend jusqu'à la rivière bordée de tilleuls centenaires, vous pourrez voir l'atelier de l'artiste ainsi que certaines pièces du château. Depuis le parc, mais aussi depuis la route en contrebas, belle **vue★** sur les remparts, la demeure seigneuriale et l'église.

Refuge de George Sand « Algira »

Villa Algira - 02 54 47 84 14 - visite guidée avr.-sept. : tlj ; oct.-nov. : w.-end et j. fériés - tarifs : se rens.

Au cœur du village, en contrebas du château, se cache la petite maison dans laquelle vécut George Sand. Elle fréquenta Gargilesse dès 1857 et choisit ce village pour cadre de plusieurs de ses romans : *Le Péché de M. Antoine, Les Beaux Messieurs de Bois-Doré*. Elle y écrivit aussi *Les Légendes rustiques* et *Promenades autour d'un village*. La maison se compose de quatre pièces meublées dans lesquelles sont rassemblés des souvenirs de la romancière, de son fils Maurice et de sa petite-fille Aurore. La visite commence par la **salle à manger**. Buffets, tables et bureaux conservent jalousement des effets ayant appartenu à George Sand : objets de toilette, chaussures, mouchoirs, livres, lettres, plumiers. Sur les murs, des tableaux, des dessins et des photos nous la montrent à différents moments de sa vie. Quelques dessins et quelques peintures sont de sa main, car outre l'écriture, la célèbre romancière excellait dans les arts manuels. Un arbre généalogique retrace sa lignée.
Sur le lit de la **chambre**, sa robe, son chapeau, son ombrelle et son sac semblent l'attendre. À côté, une malle ouverte et la boîte à chapeau de Chopin. Les murs sont couverts de photographies des membres de sa famille, de Musset et d'œuvres diverses comme un autoportrait de Delacroix ou des vues de châteaux des alentours.

LA VALLÉE DES PEINTRES

Gargilesse fut le premier village de la vallée de la Creuse à connaître l'engouement des fameux **peintres de la Creuse** *(voir p. 96)* tentés par la technique encore suspecte du « plein air ». Certains fréquentèrent le village de façon épisodique ; d'autres, y trouvant leur principale source d'inspiration, y élurent domicile. **Armand Guillaumin** fonde l'**école de Crozant** qui compte parmi ses disciples Théodore Rousseau, Paul Madeline, Francis Picabia, Claude Monet mais aussi **Allan Osterlind**, son fils **Anders Osterlind**, **Henri Jamet**, **William Didier-Pouget** ou encore **Léon Detroy** (1859-1955)… Inspirés par le charme bucolique des rives de la petite Gargilesse, ces artistes constituèrent, de 1850 à environ 1930, une véritable école du paysage dans laquelle se retrouvait le même amour de cette vallée toute en couleurs.

Pour découvrir les œuvres creusoises de l'école de Gargilesse ou de **Crozant** *(p. 428)*, voici quelques lieux à retenir : à Châteauroux *(p. 440)*, le musée Bertrand ; à St-Amand-Montrond *(p. 474)*, le musée St-Vic ; à La Châtre *(p. 457)*, le musée George-Sand et de la Vallée Noire ; à Guéret *(p. 286)*, le musée d'Art et d'Archéologie de la Sénatorerie ; à Limoges *(p. 104)*, le musée des Beaux-Arts.

La **chambre des garçons** évoque davantage son fils Maurice aux multiples facettes : entomologiste et géologue, il collectionnait insectes et minéraux. Créateur de théâtre de marionnettes, illustrateur, graveur, il a laissé des affiches, de nombreux dessins dont plus de 450 figures de la *comedia del arte*. Sa mère cousait les vêtements de ses marionnettes et leur confectionnait des coiffures et des moustaches avec les cheveux donnés par ses invités !

Photographies et dessins montrent les « hommes » qui ont marqué la vie de George Sand. Une fois passée la petite cuisine, on descend dans la pièce du four. Divers objets rendent hommage à Aurore, petite-fille de l'écrivain, mariée au portraitiste Frédéric Lauth. Une vitrine expose l'argenterie et les verres de George Sand, ses carnets où elle écrivait ses recettes ainsi que la vaisselle de son grand-père.

Ruines de Crozant

★

Creuse (23)

NOS ADRESSES PAGE 431

SE REPÉRER
Carte de microrégion C4 (p. 385) – *carte Michelin Départements 325 G2.*
C'est en arrivant d'Argenton-sur-Creuse par la rive est de la Creuse (30 km en direction du sud-est, D 40 puis D 30) que se révèle tout à coup la **vue★** la plus spectaculaire sur les ruines de Crozant.

SE GARER
Vous trouverez un parking sur la D 30, au pied même des ruines.

À NE PAS MANQUER
Escaladez le bel escalier à vis de la tour du Renard pour profiter de la vue sur la vallée de la Creuse. Et si vous avez la fibre artistique, descendez à pied jusqu'au confluent des deux Creuse, sur les traces de Claude Monet.

ORGANISER SON TEMPS
Prévoyez une bonne demi-heure pour la visite des ruines de Crozant, et environ 1h pour la balade à pied jusqu'au confluent des deux Creuse.

AVEC LES ENFANTS
Faites-les rêver en leur racontant des histoires de gentes dames et de preux chevaliers. Le site de Crozant s'y prête à merveille ! Et s'ils préfèrent la nature à l'histoire, montrez-leur l'Arboretum de la Sédelle.

George Sand, qui en appréciait l'étrange beauté, décrivit Crozant comme un « *vieux château bâti par les Wisigoths sur des rochers affreux au confluent de la Creuse et de la Sédelle* ». Sa position défensive, sur un éperon long et étroit à l'arête aiguë, lui valut d'ailleurs le surnom de « clé du Limousin ». Émergeant d'une végétation touffue, son austère façade, que viennent égayer de nombreuses fenêtres à meneaux, s'accroche au roc dominant le ravin, et compose un impressionnant tableau.

Se promener

Le site

✆ 05 55 89 80 12 - en travaux - juil.-août : 10h-12h, 14h-19h, dim. et j. fériés 10h-19h ; de fin mars à fin mai : 14h-18h, w.-end et j. fériés 10h-12h, 14h-18h ; juin : 14h-19h, w.-end et j. fériés 10h-12h, 14h-19h ; sept.-nov. : se rens.

Autrefois, après avoir franchi la **porterie**, qui était précédée d'un pont-levis et d'une barbacane, on pénétrait dans une première cour. La seconde cour a gardé son **donjon carré** du 12e s., dépourvu de contreforts. Transformé aux 13e et 15e s., cet édifice de 13 m de côté servait de logis seigneurial. Il se composait de trois étages et était entouré d'une enceinte de courtines.

Une pente assez raide mène à la troisième cour, édifiée par Hugues X de Lusignan. Sur l'arête rocheuse fut aménagée une **place d'armes** de 18 m sur 120. Du **donjon d'Isabelle d'Angoulême**, qui se dressait sur une éminence de 5 m de haut, ne reste que la base. D'autres tours occupent le promontoire

Site de Crozant, au confluent de la Creuse et de la Sédelle
S. Ouzounoff/Photononstop

rocheux. L'escalier à vis, aujourd'hui dégagé, de la **tour du Renard** (13e s.), permet d'accéder aux étages supérieurs et d'obtenir une jolie **vue★** sur la vallée de la Creuse.

À l'extrémité nord du promontoire, la **tour Colin** (13e s.), dont seul le rez-de-chaussée subsiste, offre une vue, sur la rive opposée, de la falaise surnommée le **rocher des Fileuses**. La forteresse de Crozant était également pourvue d'une **tour de l'eau** qui permettait, en cas de siège, de puiser l'eau de la rivière tout en restant à couvert.

Pour mieux apprécier le site de Crozant dans son ensemble, revenez vers le bourg, et garez-vous à proximité de l'église St-Étienne (13e-16e s.). Derrière celle-ci, le **point de vue de la Chopeline** offre une vue panoramique très romantique sur la vallée et les ruines du château. En contournant l'église, admirez la tête en bronze du peintre **Armand Guillaumin** réalisée en 1909 par P. Paulin.

À proximité Carte de microrégion

Fresselines

8 km au sud-est par la petite route qui longe le cimetière.

En 1883, fatigué de la vie parisienne, le poète **Maurice Rollinat** s'installe dans une petite maison de Fresselines. Artiste au talent multiple (acteur, chanteur, musicien et poète), il y attire nombre de ses amis qui, à leur tour, tombent sous le charme des paysages de la Creuse. De nos jours, Fresselines continue d'attirer les artistes en quête d'authenticité.

À l'entrée de Fresselines, un petit square aménagé devant la maison du poète expose une **tête en bronze** qui le représente. Il s'agit d'une œuvre de A. Rodin, qui survécut miraculeusement à la guerre. Alors que les Allemands la réclamaient pour en fondre le bronze, les villageois réussirent à rassembler suffisamment de métaux divers pour les satisfaire, et la statue cachée fut ainsi sauvée. À proximité, la reproduction d'un tableau d'Édouard Henry Laurent

RÉVOLTE, CONFLIT ET TRAHISON

Dès la fin du 10e s., un document écrit mentionne l'existence d'un certain **Gérald de Crozant,** seigneur de Bridiers, mais les constructions d'alors étant réalisées en bois, le site de Crozant n'a révélé aucun vestige de cette époque. Le premier ouvrage en pierre apparut vraisemblablement dans le courant du 12e s. Au 13e s., le comte de la Marche, **Hugues X de Lusignan**, époux d'Isabelle d'Angoulême, en fit une énorme forteresse de 450 m de long sur 80 m de large, dotée de remparts le long desquels s'échelonnaient dix tours massives, six du côté de la Creuse et quatre du côté de la Sédelle. Fort de sa position, Hugues X se révolta contre Blanche de Castille, puis contre Saint Louis. Crozant tomba finalement aux mains des troupes royales, tandis que le comte de Lusignan et son beau-père et allié Henri III d'Angleterre étaient vaincus à Saintes en 1242. En 1310, Philippe le Bel prit alors possession du château pour huit ans ; à charge pour Hugues X d'en assumer les frais de garde et d'entretien.

Un millier d'hommes ou plus pouvaient tenir garnison dans cette citadelle qui, un siècle plus tard, en 1356, résista victorieusement aux assauts du Prince Noir. En 1436, le château passa des Bourbons aux Armagnacs. Charles VII aménagea le donjon rectangulaire en demeure seigneuriale. Finalement Louis XI le confisqua avec tout le comté, pour le céder de nouveau aux Bourbons. La trahison du connétable entraîna, en 1527, une confiscation définitive de Crozant. La violence des guerres de Religion et le tremblement de terre de 1606 ébranlèrent sérieusement la forteresse, si bien qu'en 1640, lorsque Louis XIII la vendit à Henri de Saint-Germain, il n'en restait que des ruines. Longtemps délaissé, ce site pourtant spectaculaire fait aujourd'hui l'objet de travaux de consolidation et de mise en valeur qui sont déterminés chaque année en fonction du budget alloué.

montre la maison de Rollinat à la fin du 19e s. : elle n'avait alors qu'un étage et la nature l'entourait !

Au dos de l'église, remarquez un **bas-relief** dédié à Maurice Rollinat en marbre blanc, exécuté par Auguste Rodin (inauguré en 1906). Des esquisses en plâtre et en marbre de cette œuvre, appelée *Dernière vision*, sont conservées au musée Rodin à Paris.

Espace Monet-Rollinat – ♿ *- de déb. juil. à déb. sept. : 14h30-18h30 ; de mi-juin à fin sept. : w.-end 14h30-18h - 2,50 € (-12 ans gratuit).* Dans une grange restaurée, ce petit musée évoque le patrimoine artistique et culturel de Fresselines et de la vallée de la Creuse. Il présente une exposition estivale dont le thème, en rapport avec la région, change chaque année et regroupe une quarantaine de peintres contemporains et un sculpteur qui présentent une centaine d'œuvres sélectionnées par un jury.

L'exposition permanente se trouve à l'étage. Le mur du fond est consacré à Maurice Rollinat qui vécut de 1883 à 1903 à Fresselines. Des documents racontent les moments importants de sa vie, illustrés par des photographies et des coupures de presse. Autour de ses portraits, ceux de ses amis qui ont séjourné dans le village : Léon Detroy, Osterlind père et fils, Monet, Maillaud… Sur les autres murs, des reproductions montrent les différents tableaux de Monet venu en visite, qui séjourna finalement trois mois dans cette région et réalisa 23 toiles aujourd'hui dispersées dans le monde entier. Enfin, des dessins de Gaston Thiery, peintre reconnu, témoignent de ce que furent les sites alentour dans les années 1950. Dans une petite salle du rez-de-chaussée, des peintres font des expositions vente durant l'été.

Confluent des deux Creuse★ – *1h. De l'église, descendez jusqu'au château d'eau et tournez à droite, puis empruntez le chemin qui longe la ferme de Confolent.* Les peintres impressionnistes aimaient planter leur chevalet au confluent des deux Creuse. Des passerelles, jetées sur la Petite Creuse, permettent de passer d'une rive à l'autre en offrant de belles perspectives. Le chemin rejoint la D 44.

Les jardins clos de la Forge

À Villejoint, 5 km au sud de Crozant par la D 913, en direction de Dun-le-Palestel ; à Maisons, prenez à droite.

05 55 89 82 59 - de mi-juin à mi-sept. : tlj sf lun., mar. 14h-18h - 7 € (-12 ans gratuit).

Blottis autour de maisons traditionnelles creusoises, ces jardins intimistes offrent au visiteur une agréable succession d'atmosphères très différentes : clos des charmilles, théâtre de verdure, jardin d'ombre… Vous découvrirez, dans la prairie marécageuse qui relie les jardins entre eux, des spécimens de la flore locale, comme la cardamine, la reine des prés, la digitale ou la populage, qui poussent en relative liberté aux côtés d'espèces plus rares.

Arboretum de la Sédelle

Depuis Crozant, prenez la direction Villejoint.

05 55 89 83 16 - http://arbosedelle.free.fr - mai-oct. : jeu.-dim. 14h-18h - possibilité de visite guidée - 5 € (-12 ans gratuit).

En 1986, P. Wanty achète des terres qui descendent jusqu'au bord de la Sédelle. Défrichées, elles sont petit à petit plantées. Aujourd'hui, plus de 400 espèces d'arbres originaires d'Europe, d'Asie ou d'Amérique constituent ce bel ensemble de 12 ha et s'intègrent parfaitement au paysage d'origine. Aux acéracées, particulièrement nombreuses, s'ajoutent des chênes imposants, des tilleuls, des cornouillers, de splendides massifs de rhododendrons, etc.

Le jardin comprend neuf espaces différents. On traverse d'abord la prairie des chênes, la vallée des charmes et l'amphithéâtre de verdure. Le jardin formel, avec ses plates-bandes cernées de buis, s'ouvre sur la mare qui donne accès au jardin des cornouillers, puis à celui de la rivière. La Sédelle marque la limite de cet ensemble si paisible. En repartant, on passe par la lande à bruyère qui a nécessité beaucoup d'efforts pour retrouver toute sa beauté. Ce parc, vert l'été, enchante au printemps par la couleur de ses fleurs (en particulier les rhododendrons) et en automne, par les tons roux de ses différents feuillages.

NOS ADRESSES À CROZANT

RESTAURATION

BUDGET MOYEN

Le Lac – *Au pont de Crozant - 23160 Crozant - 1 km à l'est de Crozant par D 72 et D 30 - 05 55 89 81 96 - www.hoteldulac-crozant.com - fermé fév., 1er-7 mars, dim. soir, merc. soir et lun. - 17/39 €.*
Ce petit restaurant peut être le sympathique point de départ d'une promenade en vedette sur le lac. Salle à manger un peu désuète et cuisine oscillant entre tradition et goût du jour.

ACTIVITÉS

Promenade en vedette – *L'hôtel du Lac - 23160 Crozant - 05 55 89 81 96 - www.hoteldulac-crozant.com - visite guidée en vedette (environ 1h30) juil.-août : dép. à 14h30 et 16h15 (min. 15 pers. à bord) ; avr.-juin et sept.-oct. : renseignez-vous.*
Des excursions sur la retenue du barrage d'Éguzon permettent d'avoir un autre regard sur la vallée de la Creuse et sur les ruines de Crozant.

Saint-Benoît-du-Sault

710 Bénédictins – Indre (36)

NOS ADRESSES PAGE 435

S'INFORMER

Office du tourisme – *2 pl. du Champ-de-Foire - 36170 St-Benoît-du-Sault - 02 54 47 67 95 - merc. et sam. 10h-12h, 14h-17h - fermé 1er janv. et 25 déc.*

SE REPÉRER

Carte de microrégion B4 (p. 385) – *carte Michelin Départements 323 E8.*

Le village de St-Benoît-du-Sault est bâti sur un éperon rocheux contourné par la riante vallée du Portefeuille. Situé à 20 km au sud-ouest d'Argenton-sur-Creuse, on y accède en suivant d'abord la rive ouest de la Creuse vers le sud jusqu'à Éguzon (D 913) puis en prenant la D 36 en direction de l'ouest.

À NE PAS MANQUER

Flânez dans la vieille ville, enserrée de ses remparts et surplombant la rivière Portefeuille; admirez les fresques de l'église de Roussines et les châteaux des vallées de l'Anglin et de l'Abloux.

ORGANISER SON TEMPS

Comptez une journée pour profiter pleinement de la ville et de sa région.

AVEC LES ENFANTS

Prenez le temps de leur faire découvrir le jardin des Merveilles et ses 4000 essences.

St-Benoît-du-Sault est installé à l'emplacement de l'antique Salis, fief des seigneurs de Brosse. Le prieuré bénédictin, fondé dès la fin du 10e s., lui donna son nom. Il faut se promener au hasard des rues étroites de la vieille ville pour découvrir d'anciennes demeures et des remparts, vestiges de l'importante cité médiévale que fut la ville.

Se promener Plan de ville

LA VIEILLE VILLE

Circuit tracé en vert sur le plan de la ville (ci-contre) - Comptez 1h.

La partie la plus ancienne de la ville (le Fort), accolée à l'église, est entourée par de solides remparts et fermée par une porte fortifiée proche d'un beffroi.

Au-delà du Fort, la ville commerçante s'est développée au 15e s. Elle était entourée par une seconde enceinte, moins élevée, dont subsistent des murs, un chemin de ronde et la tour Grimard.

Partez de la place des Augustins et suivez le sentier qui contourne la ville par le sud-est.

Ce chemin domine les rives du Portefeuille : appréciez les **vues** sur la vallée et le château de Montgarnaud.

SAINT-BENOÎT-DU-SAULT

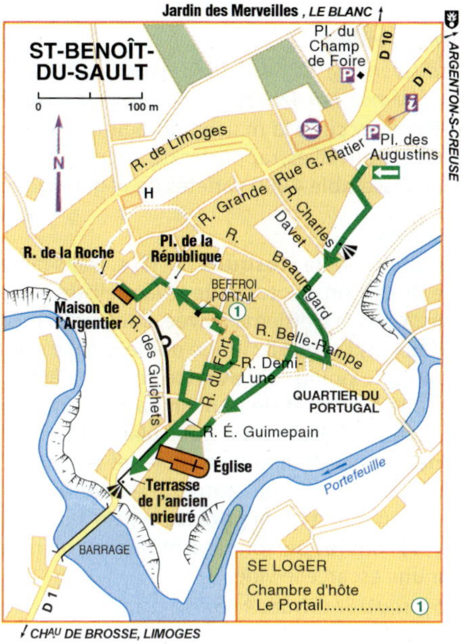

Après le quartier du Portugal, empruntez le chemin de ronde qui conduit à l'église.

Église

Commencée au 11e s., elle est en partie romane. Sa nef est couverte d'une belle charpente. La tour du clocher (14e s.) abrite une cuve baptismale en granit.

Terrasse de l'ancien prieuré

Vue sur la vallée du Portefeuille et le plan du barrage. Sur la droite, remarquez l'étagement des terrasses et des maisons aux toits de tuiles. En remontant vers le portail, empruntez la rue Sous-le-Mur, la rue de la Demi-Lune et la ruelle couverte du Four-Banal.

Place de la République

Celle-ci est entourée de maisons aux toits tourmentés.

Rue de la Roche

Remarquez un ensemble de demeures anciennes dont la **maison de l'Argentier** (15e s.), ornée d'une porte à clous que surmonte un linteau sculpté.

Circuit conseillé Carte de microrégion

AUTOUR DE L'ANGLIN

Circuit de 55 km tracé sur la carte de microrégion (p. 385) – Comptez environ 2h30.

Quittez St-Benoît par le nord en empruntant la D 10, puis après 400 m, prenez la D 46 vers St-Civran.

Le jardin des Merveilles

La Gargouille - rte du Blanc - ✆ 02 54 47 56 63 - www.jardindesmerveilles.net - de Pâques à fin sept. : tlj sf mar. 14h-17h ; reste de l'année : se rens. - 7 € (enf. gratuit).

Le **musée Jean-Rémo** occupe la maison du peintre et contient une foule d'objets, souvenirs ou trouvailles, rapportés de son périple à travers la France ; le jardin botanique rassemble 4000 variétés de végétaux.

Église de Roussines

Cet édifice abrite une série de **fresques** du 15e s. Dans la travée du chœur, une fresque présente un Christ entouré des évangélistes et d'anges jouant de divers instruments. Dans la troisième travée, admirez la représentation des sept péchés capitaux : **1)** l'**orgueil** : jeune noble monté sur un cheval blanc et tenant un paon sur le poing ; **2)** l'**avarice** : homme à dos de lion serrant de sa main droite une bourse et de sa main gauche un vase rempli d'or ; **3)** la **luxure** : personnage à cheval sur un bouc blanc et tenant une épée ; **4)** la **gourmandise** : manant chevauchant un mulet et tenant un vase rempli de vin à sa main gauche et une fiole de l'autre ; **5)** la **colère** : personnage monté sur un porc et se poignardant ; **6)** la **paresse** : vilain à dos d'âne brandissant un bâton noueux ; **7)** l'**envie** : personnage monté sur un lévrier et appuyant sa main droite sur une escarcelle vide.

Poursuivez la D 46 jusqu'à St-Civran. À l'église, prenez sur la gauche la D 54.

Musée du Machinisme agricole, à Prissac

✆ 02 54 25 06 85 - juil.-août : tlj sf mar. 14h-19h ; avr.-oct. : tlj sf lun. et mar. 14h-18h - fermé nov.-mars, 1er janv., lun. de Pâques et de Pentecôte, 1er et 11 nov. et 25 déc. - 4 € (-15 ans 1,50 €).

Il présente, grâce à la ténacité d'un collectionneur, un important ensemble (plus de 500 pièces) de tracteurs depuis 1912, de batteuses (dont une batteuse à traction animale de 1850), de locomotives, d'outils manuels et d'objets de la vie quotidienne.

Prenez à droite la D 55 qui longe plus loin l'étang de la Roche-Chevreux. À Lignac, prenez sur la droite la D 53.

★ Château-Guillaume

✆ 02 54 25 62 81 - juil.-août : 10h-19h ; fév.-déc. : 10h-18h - possibilité de visite guidée - fermé janv. - 7,50 € (6-16 ans 3,50 €), 3 € parc seulement.

Un imposant donjon roman couronné de mâchicoulis, entouré de quatre tours et de remparts, témoigne du passé défensif de ce château, propriété de **Guillaume X**, duc d'Aquitaine et comte de Poitiers, qui régna ici sur ses sujets au 11e s. Celui-ci fit édifier la forteresse en un point stratégique de son territoire. Fief de la famille de La Trémoille du 13e au 16e s., elle perdit peu à peu son rôle militaire et subit les assauts du temps.

Maintes fois modifiée, elle fut restaurée au 19e s. et frappe quelque peu par l'adjonction d'un bâtiment néogothique dont l'intérieur garde meubles et décorations (cathèdre aux armes du Berry, médaillons brodés de la fin du 16e s. représentant saint Ignace de Loyola et saint François Xavier, souvenirs de la famille de Beauchamp, propriétaire du château).

Dans le bâtiment du 15e s., visitez la **salle des gardes**, immense pièce de 23 m de long, dédiée aux Beauchamp : de nombreux souvenirs y sont exposés.

Terminez la visite par une agréable promenade dans le **parc** du château.

Revenez à Lignac et poursuivez la D 53 jusqu'à Chaillac. Quittez ce village par l'est en empruntant la D 36 et prenez à droite la route de l'usine La Barytine.

Château de Brosse

Cette forteresse, qui appartint aux seigneurs de Brosse, de Chauvigny et à la famille de Bourbon-Montpensier, fut incendiée par les Anglais au cours de la guerre de Cent Ans.

En descendant au pied des murailles du château et en les contournant par la droite, on a une vue d'ensemble de l'enceinte fortifiée qui s'accroche aux rochers dominant un petit affluent de l'Anglin.

Revenez vers Chaillac. La D 36 ramène à St-Benoît-du-Sault.

NOS ADRESSES À SAINT-BENOÎT-DU-SAULT

HÉBERGEMENT

PREMIER PRIX

Chambre d'hôte Le Portail – *R. Émile-Surun - ✆ 02 54 47 57 20 - fermé janv. - ⊭ - 3 ch. 50/60 € ☕.* Bâtisse des 14e et 15e s. située dans la cité médiévale. La croix inscrite sur le plafond du hall laisse penser que cette demeure aurait appartenu à l'ordre des Templiers. Les lieux ne manquent pas de caractère : bel escalier à vis et chambres aménagées dans l'ancienne porte fortifiée flanquée d'un beffroi. Accueil charmant.

La Champagne berrichonne 7

Carte Michelin Départements 323 – Cher (18)

Châteaumeillant, intérieur de l'église romane St-Genès

P. Renault / Hemis.fr

LA CHAMPAGNE BERRICHONNE

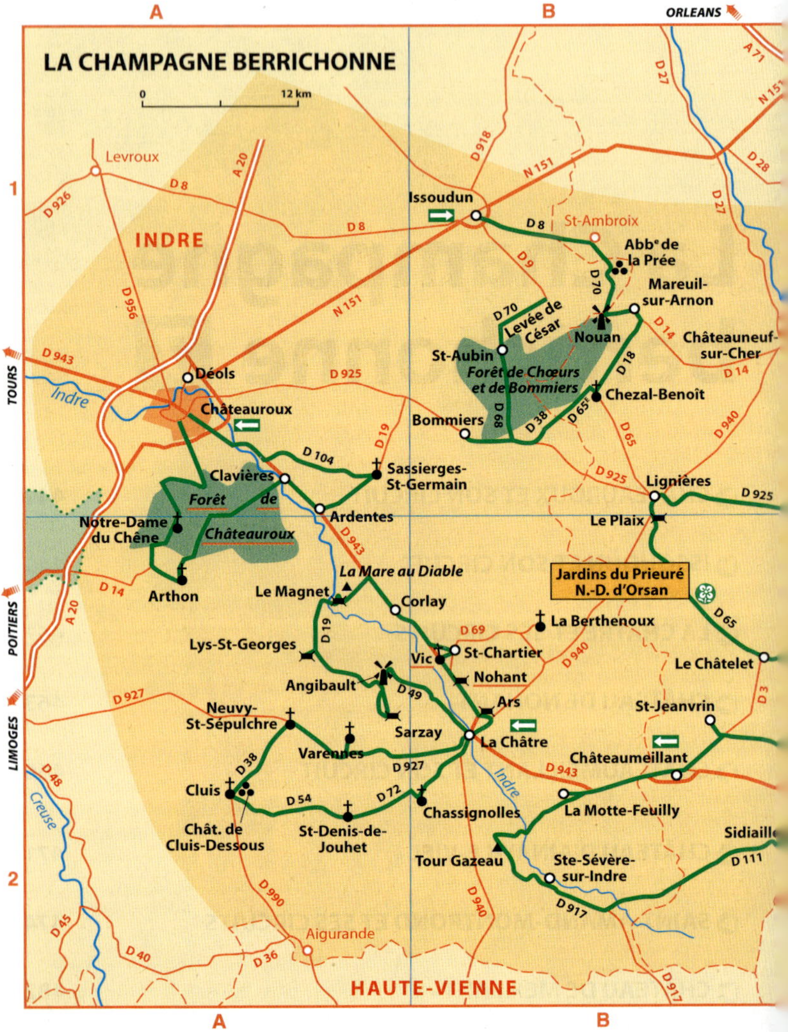

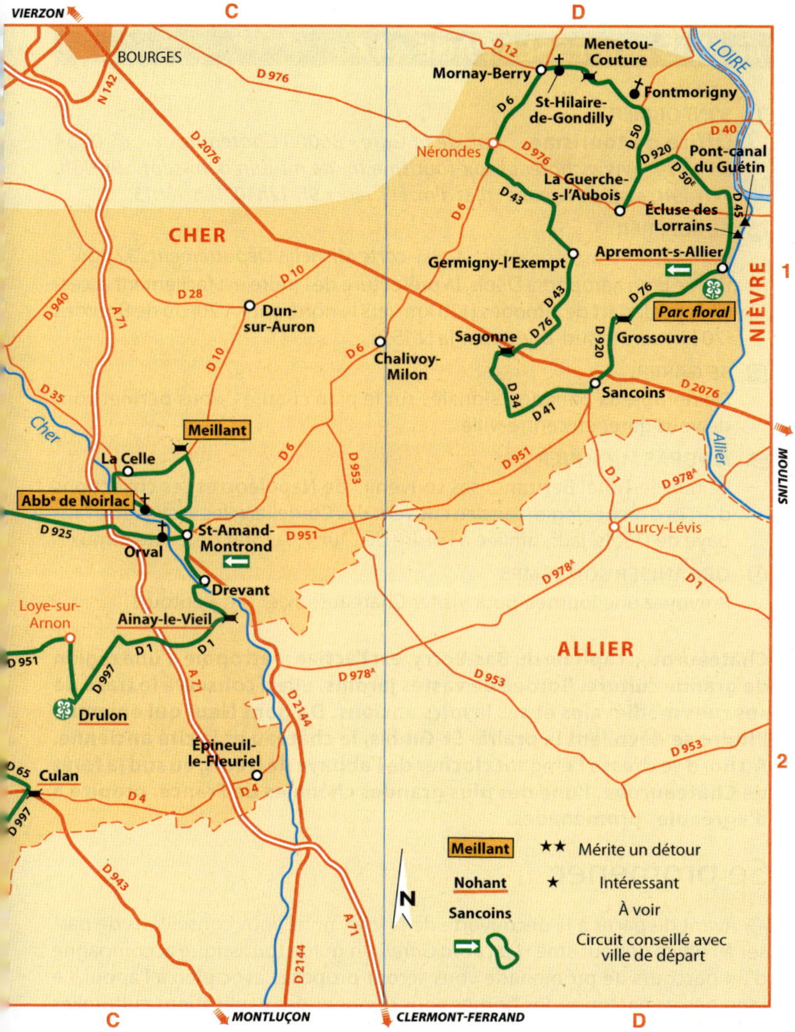
VIERZON
C
D
BOURGES
D 12
D 976
N 142
Menetou-
Couture
Mornay-Berry
Fontmorigny
LOIRE
St-Hilaire-
de-Gondilly
D 6
D 50
D 40
D 2076
Nérondes
D 976
D 920
Pont-canal
du Guétin
La Guerche-
s-l'Aubois
D 50E
D 43
D 45
Écluse des
Lorrains
CHER
D 6
Germigny-l'Exempt
Apremont-s-Allier
1
D 940
D 10
D 28
D 76
Dun-
sur-Auron
A 71
D 43
Parc floral
NIÈVRE
D 920
Grossouvre
Sagonne
D 76
D 6
Chalivoy-
Milon
D 10
D 34
Sancoins
D 2076
D 35
D 41
MOULINS
Cher
Meillant
Allier
D 6
D 953
D 951
La Celle
D 1
D 978A
Abbe de Noirlac
D 925
St-Amand-
Montrond
D 951
Lurcy-Lévis
Orval
D 978A
D 1
Drevant
Loye-sur-
Arnon
Ainay-le-Vieil
ALLIER
D 1
D 1
D 951
D 997
A 71
D 978A
D 953
D 2144
Drulon
D 953
Épineuil-
le-Fleuriel
2
D 65
Culan
D 4
D 4
D 997
D 943
Meillant
★★
Mérite un détour
Nohant
★
Intéressant
N
Sancoins
À voir
Circuit conseillé avec
ville de départ
A 71
D 2144
C
MONTLUÇON
CLERMONT-FERRAND
D

7

Châteauroux

47 127 Castelroussins – Indre (36)

NOS ADRESSES PAGE 447

S'INFORMER

Office de tourisme – *1 pl. de la Gare - 36000 Châteauroux - 02 54 34 10 74 - www.chateauroux-tourisme.fr - de mi-juin à mi-sept. : 9h-13h, 14h-19h ; reste de l'année : tlj sf dim. et j. fériés 9h-12h30, 14h-18h15.*

SE REPÉRER

Carte de microrégion A1 (p. 438) – *carte Michelin Départements 323 G6.*
Dotée d'un aéroport à Déols, la préfecture de l'Indre est facilement accessible au départ de Limoges (120 km vers le nord, par l'A 20) ou de Bourges (70 km vers le sud-ouest, par la N 151).

SE GARER

De nombreux parkings, signalés sur le plan ci-après, vous permettront de vous garer en centre-ville.

À NE PAS MANQUER

Le musée-hôtel Bertrand, ses souvenirs de Napoléon et ses collections d'art et d'archéologie ; l'ancien couvent des Cordeliers ; les vestiges de l'abbaye de Déols, jadis affiliée à l'ordre de Cluny ; la forêt de Châteauroux.

ORGANISER SON TEMPS

Prévoyez une journée pour visiter Châteauroux et ses alentours.

Châteauroux, capitale du Bas-Berry, est l'active métropole d'une région de grande culture. Bordée de vastes jardins, elle a conservé le tracé de ses rues médiévales et ses lavoirs anciens. Du pont Neuf qui enjambe l'Indre se dévoilent la prairie St-Gildas, le château et la cité ancienne. Au nord se dresse l'élégant clocher de l'abbaye de Déols, au sud la forêt de Châteauroux, l'une des plus grandes chênaies de France, propice à d'agréables promenades.

Se promener Plan de ville

Avant de partir à la découverte de la ville, nous vous conseillons de passer à l'office de tourisme *(1 pl. de la Gare)*. Un guide touristique accompagné d'un parcours de promenade vous seront proposés avec plan à l'appui. Le long de ces parcours, des bornes vous donnent des explications culturelles et historiques.
Depuis la gare, dirigez-vous vers la place Voltaire.

Église St-André B1

De style néogothique (1876), flanquée de deux clochers de 60 m, elle a les dimensions d'une cathédrale qu'elle n'est pas, l'Indre faisant partie du diocèse de Bourges. À l'intérieur, une très belle grille en fer forgé ferme la nef, tandis qu'une autre entoure le chœur. Des vitraux classiques et des peintures néogothiques ornent les chapelles.
Remontez la rue de la Gare.

Église St-Étienne de Déols, la crypte, le tombeau de St-Ludre
P. Renault / Hemis.fr

Place St-Cyran B1

Au milieu de la végétation, remarquez le *Berger couché*, sculpture en bronze du Berrichon Ernest Nivet *(voir p. 96)*.

Dirigez-vous vers la droite et coupez la rue Latouche.

Place Gambetta B1

À son extrémité ouest, le *Monument aux morts* de 1870 s'est inspiré de *La Petite Fadette*, de George Sand.

Remontez entièrement la place La Fayette (sur votre gauche).

Place Ste-Hélène B1

Vous y verrez une statue du général Bertrand par le sculpteur Rude. Ami de Bonaparte, cet officier possédait un hôtel particulier à Châteauroux qui est devenu un musée *(voir ci-dessous)*.

Revenez sur vos pas et prenez à droite au rond-point J.-F.-Cazala.

Rue Grande AB1

C'était autrefois l'un des axes majeurs de la ville, d'où la présence de nombreux hôtels particuliers du 18e s.

Église St-Martial B1

Mentionnée dans une bulle du pape Innocent III de 1212, c'est la seule église ancienne de la ville avec le couvent des Cordeliers. L'élément le plus intéressant reste le **clocher-porche** (35 m), fin 15e s. Les contreforts d'angle, les cordons séparant chaque étage garni de colonnettes engagées, le portail aux voussures prismatiques, la large fenêtre centrale à meneaux et les ouvertures doubles munies de colonnes torsadées forment une composition harmonieuse. Des petites figures mi-homme mi-animal soutiennent les fines colonnettes de la façade. Le plafond de l'église, en bois, reprend la forme d'une coque de navire. Diverses statues et un vitrail montrent le Christ en train de bénir.

Ancien couvent des Cordeliers B1

4 r. Alain-Fournier - ✆ 02 54 61 12 30 - ♿ - juin-août : tlj sf lun. 10h-12h30, 14h-18h ; reste de l'année : tlj sf lun. 14h-18h - fermé j. fériés sf 14 juil., 15 août et 1er nov. - gratuit.

Édifié en 1214 par Guillaume Ier de Chauvigny et son frère Jean, à leur retour de croisade, ce couvent aurait été fondé sous l'autorité du moine Filponti, dit Bonencontre, compagnon de saint François d'Assise. Entièrement restauré en 1976, l'édifice est bâti sur un plan rectangulaire très dépouillé (nef sans collatéraux), caractéristique des églises des ordres mendiants. À l'intérieur, fragments de vitraux du 13e s. (scène de l'Évangile et grande rose du Jugement dernier) et peinture murale de la même époque dans la salle capitulaire. Centre culturel actif depuis 1979, le couvent des Cordeliers prête son cadre à des expositions de qualité mettant en valeur des œuvres de grand format, et accueille un important rendez-vous des arts de la terre d'envergure internationale : la **Biennale de céramique contemporaine**.

☺ Faites le tour du couvent pour apprécier son architecture extérieure. Sur sa gauche, un joli passage couvert mène à des **jardins en terrasses** très agréables embrassant un beau panorama sur la **Coulée verte** ; celle-ci offre 100 ha de verdure en bordure de l'Indre.

SE LOGER

- Chambre d'hôte Claudine Daguet-Rault ..... ③
- Chambre d'hôte Le Priouzé ..... ⑤
- Hôtel Boischaut ..... ⑦
- Hôtel Colbert ..... ①
- Hôtel L'Hermitage ..... ⑧

SE RESTAURER

- Côté Cour ..... ②
- Le Bistrot Gourmand ..... ⑥
- Le Lavoir de la Fonds Charles ..... ⑨
- Le P'tit Bouchon ..... ④

INDEX DES RUES

- Victoire et des Alliés (Pl. de la) 2
- 6-Juin 1944 Débarquement Allié (Av. du) 5

LE FIDÈLE HENRI BERTRAND (1773-1844)
Le général Henri Bertrand participa à l'expédition d'Égypte et fut aide de camp de l'Empereur en 1805. Il s'illustra également à Austerlitz, Iéna et Wagram. D'une fidélité exemplaire, il suivit Napoléon à l'île d'Elbe et même, après Waterloo, à Ste-Hélène. En 1840, il prit part à l'expédition qui ramena le corps de l'Empereur aux Invalides où sa propre dépouille fut transférée en 1847.

Musée-Hôtel Bertrand AB1

✆ 02 54 61 12 30 - de déb. juin à fin août : 10h-12h30, 14h-18h30; reste de l'année : tlj sf lun. 14h-18h - fermé janv. et j. fériés sf 14 juil. et 15 août - gratuit.

Installé dans l'**hôtel Bertrand**, le musée de Châteauroux contient de remarquables collections réparties par thèmes.

La demeure fut construite en 1769 par Martin Boucher, premier ingénieur du roi et grand-père du grand maréchal Bertrand (statue dans la cour par Marochetti). Ce dernier s'éteignit en ce lieu, le 31 janvier 1844.

Napoléon et son époque – Les salles du rez-de-chaussée lui rendent hommage, avec de nombreux objets personnels ayant appartenu au général Bertrand, à l'Empereur et à son entourage. Des bronzes montrent l'Empereur à cheval (Gérome, Meissonier), assis dans son fauteuil (Vela), tandis que des tableaux évoquent l'épopée napoléonienne (Girodet, Vernet, Gérard). La magnifique **volière** de l'Empereur orne désormais la rotonde de l'hôtel. Dans une salle à manger du 18e s., la table dressée n'attend plus que les convives. Le salon chinois tendu de soie, avec son buffet et son étonnant brûle-parfum, exalte le goût de l'exotisme de l'époque, tout comme les nombreux objets et meubles égyptisants qui évoquent la célèbre expédition d'Égypte.

Le Berry traditionnel – Une cuisine reconstituée avec ses objets de la vie quotidienne raconte la vie rurale berrichonne.

Peintures du 15e au 19e s. – À l'étage, les écoles flamande et hollandaise des 16e, 17e et 18e s. sont représentées par Bruegel de Velours, Adriaen Brouwer, Van Goyen (très beau *Paysage rhénan* de 1632), etc. La peinture française rassemble des œuvres de l'école de Jean Fouquet (*Portrait de Zacaria Contarini*, ambassadeur vénitien auprès de Charles VIII), Largillière, Watteau et Joseph Vernet *(Pêcheurs au clair de lune)*.

Sculptures et arts décoratifs – Les statues en bois et pierre d'époque médiévale côtoient les émaux, les faïences, la chaire dite de Rabelais (15e et 16e s.), un reliquaire de Vivant Denon, un buste de Paul Claudel enfant par sa sœur Camille et des sculptures de Coustou.

Art du 20e s. – Les peintures de Boutet, Detroy, Guillaumin et les sculptures de Nivet illustrent la première moitié du siècle; pour la seconde moitié : toiles de Caillaud *(Orphée)*, Maurice Estève (*Chabagnot*, 1977), Hans Hartung, et sculptures de J. Carrasco *(Okklo, L'Homme)*.

Archéologie – Époques gauloise et gallo-romaine : tête d'homme provenant du site d'Argentomagus, importante collection d'urnes et de coffres funéraires. Époque romane : les belles sculptures proviennent de l'abbaye de Déols et de l'église du Tranger, aujourd'hui disparue. Parmi les **éléments du portail nord de Déols** : le Christ en majesté, du 12e s., assis sur un lion et un dragon, symboles de l'Antéchrist et du Diable, représentation unique dans l'iconographie romane; grand linteau figurant la Cène…

Rue de l'Indre A1

Le long de cette ancienne rue des tisserands, des artisans drapiers et des tanneurs, certaines maisons gardent encore les lucarnes à poulie des « cardeux ». Au milieu du 16e s., 120 fabriques de laine employaient, dans la rue de l'Indre, près de 3 000 ouvriers. Ces activités ont perduré jusqu'au milieu du 19e s.

Porte St-Martin A1

R. Petite-du-Palan. C'est un vestige (12e-15e s.) des remparts qui enserraient le coteau calcaire sur lequel est bâti le château Raoul.

De la place de la Victoire-et-des-Alliés, **perspective** sur la préfecture, les vestiges de l'église St-Martin (encadrement de portail et cadran solaire), le monument aux morts (œuvre du Berrichon Ernest Nivet) et le château Raoul.

Château Raoul A1

R. du Château-Raoul. Il fut édifié au 15e s. par Guillaume III de Chauvigny, à l'emplacement d'une forteresse des 12e et 13e s. Restauré à partir de 1880, il évoque plus un élégant hôtel seigneurial qu'un ouvrage défensif. La tourelle octogonale, au centre, avec sa porte gothique finement sculptée, ses fenêtres à meneaux et à balustrade, donne une unité au monument.

Église Notre-Dame A1

R. Porte-Neuve. Néoromane, elle fut achevée en 1882. Le clocher s'élève à 50 m, et le dôme porte une statue de la Vierge en cuivre doré.

À proximité Carte de microrégion

Déols

Au nord de Châteauroux, en suivant la D 920.

02 54 07 58 87 - visite guidée (1h30) avec guide ou audioguide du site de l'abbaye, du vieux Déols et des cryptes de l'église St-Étienne avec possibilité de monter en haut du clocher : tlj sf dim. 15h - sur demande à l'office de tourisme - 3,50 € (-12 ans 1,50 €).

Aujourd'hui faubourg nord de Châteauroux, la ville de Déols lui est cependant très antérieure. Cité gallo-romaine, elle fut au 4e s. l'un des premiers foyers chrétiens du Berry. Une personnalité la dominait alors : le sénateur Léocade, protecteur de l'église de Bourges. Avec son fils Ludre, ils furent canonisés et leurs tombeaux devinrent l'objet d'une grande vénération.

Abbaye Notre-Dame – Aux 9e et 10e s., une puissante dynastie féodale émergea. L'un des princes de Déols, **Ebbes le Noble**, fonda en 917 une abbaye bénédictine affiliée à l'ordre de Cluny, qui vit ses privilèges confirmés à maintes reprises par les papes du Moyen Âge ; sa richesse était telle qu'on la surnomma « la mamelle de St-Pierre ».

LE MIRACLE DE DÉOLS

En 1187, alors que Philippe Auguste assiège Châteauroux, des mercenaires employés par Richard Cœur de Lion campent sous les murs de l'abbaye. L'un d'eux, perdant au jeu, insulte une statue de la Vierge et lui lance une pierre : du bras cassé de l'Enfant Jésus jaillit du sang, qui, recueilli sous forme de relique, sera conservé dans la chapelle des Miracles. Le soldat mourut sur le coup, et un pèlerinage s'instaura autour de la statue (Notre-Dame-des-Miracles).

L'abbaye, dont la construction se poursuivit jusqu'au 13e s., regroupait une centaine de moines bénédictins vêtus de noir, d'où leur surnom de « moines noirs ». Raoul Le Large, fils d'Ebbes, défendit la région et l'abbaye contre les invasions étrangères depuis le château Raoul *(voir ci-contre)*. Située sur la route de St-Jacques-de-Compostelle, l'abbaye était florissante, mais la guerre de Cent Ans et les guerres de Religion la ruinèrent progressivement. Sécularisée en 1626 par le prince Henri II de Condé, elle finit par tomber en ruine et servit même de carrière de pierre.

Aujourd'hui, une **maquette** du site de l'abbaye, réalisée d'après des documents anciens, est exposée à l'office du tourisme de Déols.

De l'ensemble, qui s'étendait jadis sur 2 ha, subsistent quelques vestiges. L'église abbatiale romane comptait sept clochers, une nef avec transept et déambulatoire, et sept chapelles. Elle mesurait 113 m de long et 29 m de large. Son chœur fut consacré en 1107 par le pape Pascal II. Il ne reste désormais de cet édifice que le magnifique **clocher★** en pierre grise. Décoré de trois étages d'arcatures, coiffé d'une flèche accostée de quatre clochetons, il se rattache à l'école romane d'Aquitaine. Servant de point de repère pour la construction de la route Issoudun-Déols, il échappa ainsi à la destruction. À la base du clocher, le mur sud du narthex conserve quelques chapiteaux historiés, parmi lesquels un remarquable *Daniel dans la fosse aux lions*.

Des **bâtiments du monastère**, on peut encore voir quelques arcades gothiques du cloître, une tourelle, ancienne prison de moines, et des salles voûtées. Les travaux en cours, qui rendront visible la crypte du 12e s. de l'abbatiale avec ses sept chapelles rayonnantes, englobent également la restauration du collatéral nord et la création d'un musée lapidaire.

Portes de la ville – Au 15e s., les Déolois obtiennent de Charles VII l'autorisation de fortifier leur ville. La première enceinte ayant été détruite par le seigneur de Châteauroux, ils en construisent une seconde en 1453 qui comprenait alors trois portes. Il en reste aujourd'hui deux.

La **porte de l'Horloge**, flanquée de deux tours rondes à mâchicoulis, est un vestige de l'enceinte du 15e s. Elle accueillait les pèlerins de St-Jacques-de-Compostelle qui venaient de la route de Paris. Surmontée d'une horloge et d'une cloche de 600 kg, elle rythme la vie des Déolois depuis 1523. Remarquez l'ouverture destinée au passage de la herse. Les tours servirent de prison jusqu'à une époque récente.

La **porte du Pont-Perrin** date de la même époque que celle de l'Horloge, mais a perdu son aspect défensif. Elle était jadis dotée de quatre tours et d'un passage couvert qui subsiste encore. Elle s'ouvrait sur l'Indre et l'ancien pont Perrin qui s'effondra en 1640 et fut remplacé par le pont actuel en 1750.

Église St-Étienne de Déols – *Au nord de la r. de l'Horloge.* À l'origine dédiée à saint Ludre, elle fut ensuite consacrée à saint Étienne. C'est l'un des plus anciens sanctuaires chrétiens du Berry, construit au 12e s. à l'emplacement d'une basilique préromane dont les cryptes abritaient les tombeaux de **saint Léocade**, et de son fils, **saint Ludre**, objets d'un important pèlerinage. En hauteur, à droite de l'entrée, remarquez une baie romane peinte (fresques d'ange), découverte en 2005 sous le berceau de bois. À gauche et à droite du chœur, deux cryptes renferment les sarcophages des saints, œuvres des ateliers du Midi de la Gaule. Celui de saint Léocade, en calcaire, a été reconstitué au 19e s. Celui de saint Ludre, le plus beau des deux, est en marbre blanc. La cuve sculptée évoque diverses chasses au sanglier, au lion, au cerf. Sur le couvercle, deux amours ailés tiennent un cartouche dont l'inscription peinte a disparu. À gauche, le banquet funéraire, à droite, une chasse. En sortant de l'église, remarquez, dans la première chapelle à droite, quatre panneaux (17e s.) illustrant de façon naïve le **miracle de Déols**.

Circuit conseillé Carte de microrégion

★ FORÊT DE CHÂTEAUROUX

Circuit de 60 km tracé sur la carte de microrégion (p. 438) - Comptez environ 3h.

D'une superficie de 5 207 ha, cette remarquable chênaie marque la frontière entre les plaines céréalières de Champagne et le bocage du Boischaut. Son histoire est liée à celle des princes de Déols et de la seigneurie de Châteauroux. Propriété des Chauvigny, des Bourbon-Condé, du roi Louis XV, apanage du comte d'Artois, elle fut conservée et agrandie comme bien national à la Révolution.

Quittez Châteauroux par le sud en empruntant la D 990. À la sortie de Poinçonnet, prenez sur la droite la D 67.

La route suit la limite nord de la forêt, où dominent les chênes rouvres.

Prenez la route forestière des Orangeons. Au carrefour des Druides, suivez la route de Beauregard.

Au carrefour des Orangeons, une route forestière *(sans issue)* donne accès au sentier botanique, au parcours sportif et à l'aire de pique-nique du **carrefour Bertrand**.

Chapelle Notre-Dame-du-Chêne

Isolée au milieu d'une clairière, d'origine très ancienne et reconstruite en 1862, elle accueille encore de nombreux pèlerinages *(lun. de Pentecôte)* et des cérémonies insolites *(chasse à courre)*.

Poursuivez sur la route de Beauregard ; au rond-point du Pin, rejoignez la D 40.

La route s'engage dans la riante **vallée de la Bouzanne** dont le tortueux cours d'eau est parsemé d'anciens moulins.

Prenez sur la gauche la D 14.

Église d'Arthon

Les murs de cette église du 12e s., dédiée à saint Martin, sont décorés de fresques réalisées vers 1945 par le peintre Malespine.

Empruntez la D 45 jusqu'au carrefour du Riau-de-la-Motte ; prenez sur la droite la route d'Artois.

La route traverse le cœur de la forêt domaniale d'où s'échappent de voluptueux parfums produits par les essences de charmes, de chênes et de hêtres. Au printemps, le sol humide est parsemé d'anémones, de muguets et de violettes.

Au carrefour Picard, prenez vers le nord-est la route de Clavières.

Cette route donne accès à l'**étang de Berthommiers** *(carrefour Chandaire)* ; un parcours pédestre permet d'en faire le tour *(1 km)*.

Après avoir franchi l'Indre, prenez la petite route à droite.

Clavières

Les forges, renommées dès le 16e s., se sont éteintes en 1875. En remontant la rive droite de l'Indre, on découvre un petit château au bout d'un joli lieu de promenade.

Rejoignez la D 943 en direction de La Châtre.

Ardentes

L'**église St-Martin** remonte à 1117, date à laquelle sa possession fut confirmée à l'abbaye de Déols. De plan cruciforme ou « bénédictin », fréquent dans tout

le Berry, la couverture en berceau brisé de la nef a masqué la croisée d'origine. Le chœur possède d'intéressants chapiteaux (personnages et végétaux formant volutes d'angle).
À l'extérieur, beaux portails occidental et surtout nord : la clé de la voussure supérieure porte la signature, sous forme d'alexandrin entourant un agneau nimbé, d'un certain Hernaud, auteur du portail.
Du 12e s., l'**église St-Vincent** a été remaniée au 15e s. Le clocher-porche est une adjonction du 19e s.
Quittez Ardentes par le nord-est en empruntant la D 19.

Église de Sassierges-St-Germain

Cet édifice roman à nef unique (12e s.) possède une abside polygonale du 13e s. et un clocher carré couvert de tavaillons. Les quatre chapiteaux sculptés du portail principal, à l'ouest, sont apparentés au style de l'abbaye de Déols.
Suivez la D 104 jusqu'à Étrechet, puis la D 943 qui ramène à Châteauroux.

NOS ADRESSES À CHÂTEAUROUX

HÉBERGEMENT

PREMIER PRIX

À proximité

Chambre d'hôte Claudine Daguet-Rault – *Villecourte - rte de la Champenoise - 36130 Coings - ✆ 02 54 22 12 56 - www.domainedevillecourte.fr - P - ⊭ - 2 ch. 56 € ☕.* Cette ancienne ferme du 19e s., parfaitement restaurée, a transformé granges et écuries en agréables petits studios, bien équipés et climatisés. Tous donnent sur le jardin et la pelouse parfaitement entretenus, avec possibilité de promenade le long du ruisseau, jusqu'au petit étang.

Chambre d'hôte Le Priouzé – *4 r. du Priouzé - 36500 Chezelles - 16 km au nord-ouest de Châteauroux par D 943 et D 27 - ✆ 02 54 36 66 28 - P - ⊭ - 4 ch. 58 € ☕.* En patois berrichon « priouzé » signifie prieuré. Cette bâtisse (18e s.) regorge de bibelots et d'objets anciens : fers à repasser, assiettes, gravures, livres. Chambres bourgeoises garnies d'un mobilier de caractère. Agréable parc (1 ha) arboré le long d'une rivière et pêcherie près d'un ancien moulin.

BUDGET MOYEN

Hôtel Boischaut – *135 av. de La Châtre - ✆ 02 54 22 22 34 - www.hotel-chateauroux.com - fermé 26 déc.-9 janv. - P - Wifi - 27 ch. 52/66 € - ☕ 8 €.* À quelques minutes du centre-ville, hôtel aux chambres garnies d'un mobilier fonctionnel, rustique ou en fer forgé. Espace petits-déjeuners clair et moderne étagé sur deux niveaux.

À proximité

Hôtel L'Hermitage – *1 chemin de Vilaine - 36500 Buzançais - ✆ 02 54 84 03 90 - www.lhermitagehotel.com - fermé 2-25 janv., dim. soir et lun. sf juil.-août, lun. midi en juil.-août - Wifi - 12 ch. 64/71 € - ☕ 8 € - ✕ formule déj. 16 € - 22/48 €.* Propriété accueillante agrémentée d'un jardin arboré où se glisse l'Indre. Les chambres, de style rustique et bien équipées, profitent presque toutes de cette vue apaisante. Aux beaux jours, on sert les repas sous une pergola ouverte sur la terrasse.

POUR SE FAIRE PLAISIR

Hôtel Colbert – *3 av. de La Châtre - ✆ 02 54 35 70 00 - www.hotel-colbert.fr - ♿ - Wifi - 44 ch. 89/115 € - ☕ 12 €.* L'ancien bâtiment de la manufacture des tabacs abrite cet hôtel récent rehaussé de touches design. Quelques chambres sont en duplex. Le concept « Le pain, le vin et la broche » sert de fil conducteur au restaurant de style brasserie.

RESTAURATION

PREMIER PRIX

Côté Cour – *78 r. Grande - ✆ 02 54 27 21 81 - www.restaurant-nullepartailleurs.com - fermé dim. soir et lun. soir - formule déj. 9,50 € - 11,90/15,90 €.* Viande grillée ou steak tartare, poissons, vraies frites maison, cette adresse avec son mobilier en teck est des plus agréable. Aux beaux jours, une cour en partie couverte est bien connue des habitués. Enfin, ne pas partir sans goûter aux différents desserts !

Le Bistrot Gourmand – *10 r. du Marché - ✆ 02 54 07 86 98 - bistrotgourmand@mac.com - fermé de fin fév. à mi-mars, de fin août à mi-sept., lun. midi et dim. - formule déj. 13,50 € - 19,50/30 €.* Petit restaurant de quartier aménagé façon bistrot, et complété par un patio-terrasse fleuri l'été. Carte traditionnelle concoctée par le chef-patron ; prix doux.

Le P'tit Bouchon – *64 r. Grande - ✆ 02 54 61 50 40 - www.leptitbouchon.fr - fermé 3 sem. en août, dim., lun. et j. fériés - formule déj. 14 € - 17/28 €.* Ambiance familiale et conviviale dans ce bistrot « canaille » de la vieille ville. Bons crus sélectionnés par le patron. Boutique de produits régionaux et crémerie attenantes.

BUDGET MOYEN

Le Lavoir de la Fonds Charles – *26 r. Château-Raoul - ✆ 02 54 27 11 16 - fermé 16-30 août, 2-11 janv., sam. midi, dim. soir et lun. - 20/48 €.* La campagne en ville… Cette maison ancienne dispose d'une agréable terrasse et d'une véranda surplombant l'Indre et ses alentours verdoyants. Cuisine traditionnelle.

ACHATS

À proximité

Le Croquet de Charost – *36100 Neuvy-Pailloux - ✆ 02 54 49 58 75.* Croquants à souhait, les croquets de Charost sont une spécialité régionale que vous pouvez acheter directement dans le magasin de l'usine qui les fabrique.

EN SOIRÉE

Équinoxe Scène nationale – *Av. Charles-de-Gaulle - centre-ville - ✆ 02 54 08 34 34 - www.equinoxe-lagrande.com - fermé août.* Cette salle accueille de nombreux spectacles tout au long de l'année : théâtre, ballets, musique classique…

ACTIVITÉS

Piscine à vagues de Belle-Isle – *21 r. du Rochat - ✆ 02 54 35 00 00 - sports@ville-chateauroux.fr - horaires variables selon calendrier - 4,50 €, carte fidélité 11 bains 42 € (-17 ans 4 €, carte fidélité 11 bains 38 €).* Piscine à vagues équipée d'un toboggan. En été, vous pourrez louer à proximité, de l'autre côté du cours d'eau, des bateaux, planches à voile et canoës.

Issoudun

13 627 Issoldunois – Indre (36)

NOS ADRESSES PAGE 455

S'INFORMER

Office de tourisme – *Pl. du Dr-Guilpin - 36100 Issoudun - 02 54 21 74 02 - www.issoudun.fr - juil.-août : 9h-12h, 14h-18h ; avr.-sept. : jeu.-sam. et j. fériés 9h-12h, 14h-18h ; reste de l'année : jeu.-sam. 9h-12h, 14h-18h.*

Des audioguides sont disponibles gratuitement à l'office de tourisme. Ils vous permettront d'organiser librement votre promenade au cœur du centre historique.

SE REPÉRER

Carte de microrégion B1 (p. 438) – *carte Michelin Départements 323 H5.*

Située sur la N 151 entre Bourges (38 km) et Châteauroux (25 km), Issoudun est au cœur de la Champagne berrichonne, région jalonnée de vastes forêts de chênes.

À NE PAS MANQUER

Le musée de l'Hospice St-Roch, avec en particulier l'arbre de Jessé ; la tour Blanche et les jardins de l'hôtel de ville, longeant les anciens remparts du château ; les stalles de l'église de Bommiers.

ORGANISER SON TEMPS

Comptez une demi-journée pour la visite de la ville et 3h pour découvrir les forêts environnantes de Chœurs et de Bommiers.

AVEC LES ENFANTS

Faites-leur découvrir une curiosité de la région : le moulin à vent de Nouan.

« *Les ruisseaux vus du haut d'Issoudun ressemblent à des rubans d'argent au milieu d'une robe verte...* ». Issoudun, terre d'inspiration pour certains écrivains, comme Balzac avec son roman *La Rabouilleuse*. Au cœur de la Champagne berrichonne, l'ancienne cité d'Exoldunum, réputée jadis pour la qualité de ses foires et de ses vins, demeure aujourd'hui une ville prospère dont les églises accueillent chaque année de nombreux pèlerins.

Se promener Plan de ville

Les rues du **Boucher-Gris**, des **Champs-d'Amour**, de l'**Âne-Vert** évoquent à elles seules le passé médiéval d'Issoudun. Prenez votre temps : l'horloge du beffroi vous le donne, généreusement, avec une ponctualité quasi helvétique !

Partez de la place St-Cyr.

Église St-Cyr A

L'empereur Charlemagne, qui vénérait saint Cyr, aurait fondé au 5e s. cette collégiale desservie par des chanoines. Reconstruite à la fin du 12e s. dans le style roman, le vaisseau, long de 70 m, haut de 18 m, comprend désormais deux parties. Les six travées du chœur gothique flamboyant remontent à la reconstruction de l'église au 15e s., après l'incendie allumé par le Prince Noir pendant la guerre de Cent Ans. Les six autres travées datent du 19e s. Elles sont l'œuvre du père Chevalier comme les deux tours, dont une seule fut achevée. Le clocher est un rajout de 1934, mais l'une des trois cloches, rescapée de la Révolution, date de 1603.

Une très belle **verrière**, des 14e et 15e s. (12 m de haut sur 6 m de large), divisée en cinq registres verticaux, illumine la nef et illustre, de part et d'autre d'une Crucifixion, des épisodes de la vie de saint Cyr et de sainte Juliette, sa mère, martyrisés au 4e s. sous Dioclétien. Au-dessus, des médaillons sont aux armes d'Issoudun, de Charles de France et de Jean Cœur, fils de Jacques Cœur. Dans la nef *(à droite en rentrant)*, un vitrail montre Charlemagne et Saint Louis.

Le maître-autel en marbre, garni d'un grand tabernacle, est surmonté d'une croix rare, avec un Christ sur les deux faces, et de six chandeliers en bois doré, le tout offert par Louis XIV. De belles stalles en bois sculpté sont visibles dans le chœur et dans la chapelle Notre-Dame-du-Rosaire *(5e travée sud)* dont la statue date du 17e s. et le décor du 18e s. ; le buffet d'orgue est du 18e s. Au-dessus de la porte principale, *Descente de Croix* de 1625 par Jean Boucher, peintre de Bourges.

De l'église St-Cyr, remontez vers la place du 10-Juin, passez sous le beffroi.

Beffroi A

Flanqué de deux tours rondes inégales, le beffroi est une ancienne porte de ville (12e s.) qui appartenait à l'enceinte du château. Démantelée pendant les guerres de Religion, elle fut restaurée dans le style Renaissance et servit de prison jusqu'en 1914.

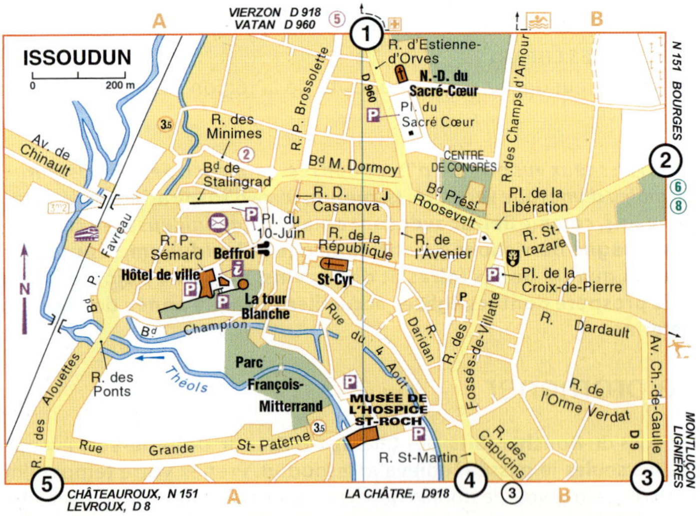

SE LOGER	SE RESTAURER
Hôtel Campanile ⑥	L'Aubergeade ⑤
Hôtel Le Relais Issoldunois ⑧	La Cognette ②

UNE VILLE ROYALE
Issoudun était une place forte convoitée au Moyen Âge et l'enjeu de nombreux conflits, tel celui qui opposa Philippe Auguste à Richard Cœur de Lion. Vendue en 1240 par Blanche de Castille à son fils Louis IX, Issoudun devint ville royale et siège d'un vaste bailliage qui s'étendait sur plus de la moitié du Berry. Elle prospéra rapidement grâce à la qualité de sa vigne, de sa production artisanale et de ses foires. Étape sur le chemin de St-Jacques-de-Compostelle, elle accueillait les pèlerins dans ses hospices. Assiégée plusieurs fois, incendiée par les troupes du Prince Noir en 1356, elle resta attachée aux rois de France lors des guerres de Religion et pendant la Fronde. En 1685, la révocation de l'édit de Nantes précipita son déclin.

L'horloge, appelée L'Grous, sonne encore « à heure perfecte ». La cloche porte le nom de Bonne Aventure, et beaucoup d'Issoldunois peuvent ainsi, en toute tranquillité, se passer de montre.
Au-delà du beffroi s'élevait l'abbaye Notre-Dame (12e s.) ; son église romane et ses bâtiments conventuels ont été démolis à partir de la Révolution.
Rendez-vous place du Dr-Guilpin.

Place des Miroirs A
Elle occupe le parvis de l'**hôtel de ville**, opposé à la tour Blanche, et accueille une œuvre contemporaine (1994) de Marin Kasimir : huit volumes vitrés entourent de nombreuses marches et de petites pièces d'eau où l'artiste a recomposé les lettres formant le nom de la ville.

La tour Blanche A
Depuis la cour de l'hôtel de ville, où se trouve l'office de tourisme, on accède à la tour Blanche. Pl. du Dr-Guilpin - ✆ 02 54 21 74 02 - avr.-sept. : apr.-midi, se rens. pr les horaires ; juil.-août : 21h-23h30 ; reste de l'année : sur demande à l'office de tourisme - fermé oct.-mars - 3 € (-12 ans gratuit).
Édifiée sur une butte artificielle en 1195 par Richard Cœur de Lion, cette tour de 28 m symbolise l'affrontement entre les rois de France et d'Angleterre, Issoudun marquant alors la limite nord du duché d'Aquitaine, territoire Plantagenêt. En 1202, Philippe Auguste coiffe la tour d'une couverture en plomb. Grâce à Blanche de Castille, héritière d'Aliénor d'Aquitaine, le monument passe ensuite à la couronne de France et au roi Louis IX qui l'emploie comme prison. De nombreux **graffiti** gravés sur les murs en témoignent comme celui d'un chevalier terrassant un dragon. Les murs atteignent 3,50 m d'épaisseur à la base ; au nord-est, le côté le plus facile à attaquer a été renforcé d'un angle saillant qui donne à l'ensemble la forme d'une goutte d'eau. La tour (28 m de haut, 18 m de diamètre), dégradée sous Louis XIV, est restaurée au 19e s. Quatre niveaux se superposent. Dans les anciennes **caves** de 8 m de haut, vous verrez un audiovisuel sur l'histoire médiévale de la ville. On traverse ensuite l'ancienne salle d'honneur (consacrée à l'héraldique des hommes ayant participé à la guerre de Cent Ans), l'appartement seigneurial et la salle des gardes, pour atteindre le toit et sa terrasse panoramique. Une maquette montre la ville d'Issoudun au 17e s.
Les jardins de l'**hôtel de ville** A (façade de 1731) offrent une vue dégagée sur la masse cylindrique de ce magnifique ouvrage. On peut aussi flâner du côté des **anciens remparts** du château : panorama sur la vallée de la Théols et le parc François-Mitterrand.
Revenez sur vos pas, passez le beffroi et suivez les panneaux indiquant le musée de l'Hospice St-Roch.

Parc François-Mitterrand A

Point de convergence des quartiers de la ville, cet espace aux multiples plantations est aménagé le long des berges de la Théols. C'est l'endroit idéal pour un pique-nique en famille.

Revenez place du 10-Juin et suivez le boulevard M.-Dormoy. Prenez à gauche la rue d'Estienne-d'Orves.

★ Musée de l'Hospice St-Roch AB

R. de l'Hospice-St-Roch - 02 54 21 01 76 - www.issoudun.fr - - mai-sept. : lun.-mar. 14h-19h, merc.-dim. et j. fériés 10h-12h, 14h-19h ; reste de l'année : tlj sf lun. et mar. 14h-18h, w.end et j. fériés 10h-12h, 14h-18h - fermé 1er mai, 1er nov. et 24-26 déc. - gratuit.

Il occupe, depuis 1966, l'ancien hôtel-Dieu dédié à saint Roch, patron des pestiférés. Construit au 12e s., puis agrandi du 15e au 18e s., le bâtiment fut érigé sur pilotis au-dessus de la Théols.

Le musée, qui comprenait trois ailes, s'est récemment doté d'un nouveau bâtiment. Désormais, la surface d'exposition s'étend sur plus de 3 600 m².

Les collections concernent l'archéologie, la sculpture, la santé publique, les beaux-arts, les arts premiers et l'art contemporain.

Archéologie – Après l'évocation de l'histoire d'Issoudun et la présentation d'un ensemble archéologique celte, les collections de sculptures offrent un aperçu de monuments en pierre de la région, aujourd'hui disparus : chapiteaux et colonnes, statues, vierges, l'ensemble datant du 8e au 15e s.

Sculpture et histoire de l'Hospice – La salle des Hommes, unique salle des malades jusqu'au 18e s., en impose par sa hauteur et la beauté de son sol en carreaux de terre cuite. Jadis pleine de lits, elle conserve désormais quelques beaux sarcophages en pierre. Une fenêtre ouverte sur la chapelle adjacente permettait aux malades de suivre la messe.

La **chapelle** de l'hôtel-Dieu, construite vers 1500, doit sa beauté à deux magnifiques sculptures qui ornent ses murs sur toute leur hauteur et représentent l'**arbre de Jessé★★**. Uniques en Europe, elles furent exécutées à la fin du 15e s. Elles illustrent la double généalogie du Christ : prophètes et rois. Délicatement taillées dans une pierre de la région qui durcit à l'air, ces riches sculptures (de 3 m sur 6) étaient polychromes, comme toute la chapelle. Remarquez également deux vitraux flamboyants représentant Louis IX et Charlemagne et un ensemble de bâtons de corporation, que les confréries portaient en tête de leurs processions.

La **salle des Femmes** abrite une remarquable collection d'instruments anciens de médecine, de chirurgie (en particulier pour la trépanation), de dentisterie et de gynécologie.

L'**officine** conserve son potager (fourneau d'époque), ses vaisseliers, ses mortiers et ses pilons destinés à préparer les mélanges d'herbes et ses tisanières pour servir les breuvages aux malades. L'**apothicairerie★** de 1644-1646 présente ensuite un ensemble pharmaceutique de grande valeur, avec son mobilier d'époque, sa collection de pots de faïence bleue de Nevers et sa série de « silènes » (boîtes en bois peint disposées en haut des meubles pour conserver les plantes séchées). On appréciera la **vue** sur le petit jardin de plantes médicinales avant de gagner la **pharmacie** du 19e s. pourvue d'un meuble à tiroirs et de nombreuses fioles.

Peinture – Trois salles exposent des peintures et des meubles du 16e au 18e s. ainsi qu'un clavecin de 1648 signé Jean Denis destiné, d'après la richesse de son ornementation peinte, à quelque noble personne.

Musée de l'hospice St-Roch, la chapelle
P. Renault / Hemis.fr

Collections extra-européennes – Elles regroupent notamment des objets collectés à la fin du 19e s. par les missionnaires envoyés en Papouasie-Nouvelle-Guinée (et notamment des armes diverses, des boucliers, des parures et des modèles de pirogues…) ainsi que des masques et statues des quatre coins du monde.

Art contemporain – Il est désormais mis à l'honneur. L'une des salles montre le travail d'artistes du 20e s. à travers des œuvres variées, des photographies, des installations. Les autres sont réservées aux expositions temporaires consacrées à des artistes tels Édouard Pignon, Antonio Saura, Hans Hartung, Gérard Garouste, Serge Poliakoff, Gérard Deschamps, Magritte, Dorothea Tanning, Marcel Jean, Jean-Pierre Pincemin. Le salon Art nouveau de Léonor Fini, peintre proche des surréalistes, est désormais exposé dans son ensemble. Face à l'espace d'accueil, remarquez la sculpture en bronze d'Étienne Martin, le *Puits-Fontaine*.

Basilique Notre-Dame-du-Sacré-Cœur B

Construit à l'initiative du père Jules Chevalier à partir de 1869, cet édifice néogothique fut consacré, puis érigé en basilique mineure en 1874 par le pape Pie IX.

Le père Chevalier fonda également une société de missionnaires et deux congrégations féminines qui agissent depuis dans le monde entier.

À l'intérieur, la multitude d'ex-voto, couvrant en partie les murs et les piliers, témoigne de la reconnaissance des pèlerins qui se réunissent tous les ans par centaines le 8 septembre.

Les **vitraux★** sont particulièrement remarquables. Ceux du bas-côté, dans des tons de bleu, relatent dans un style abstrait des épisodes de la vie du Christ où il manifeste son amour pour l'homme. Unique au monde, la technique utilisée dans la réalisation de ces vitraux emploie la dalle de verre sur champ et l'acier inoxydable. Les vitraux de la nef et du chœur sont de facture plus classique.

À voir aussi

Canal de dérivation de la Théols

D'Issoudun, empruntez la rocade en direction de Châteauroux-Bourges. Juste avant le château d'eau, prenez à droite un petit chemin menant au moulin du Colombier derrière lequel vous pourrez laisser votre véhicule.

6,5 km AR. Ce canal de dérivation fut créé au 18e s. pour alimenter en eau les moulins qui jalonnaient alors son cours. Pour qui veut goûter à la nature aux portes de la ville d'Issoudun, voici donc une petite balade sans prétention le long de sa rive gauche. Belle occasion pour le promeneur de découvrir des espèces animales et végétales peu répandues dans la région…

Circuit conseillé Carte de microrégion

FORÊTS DE CHŒURS ET DE BOMMIERS

Circuit de 60 km tracé sur la carte de microrégion (p. 438) – Comptez environ 3h.

Situé sur les départements de l'Indre et du Cher, ce bel ensemble forestier couvre plus de 7 500 ha dont 75 % sont peuplés de chênes.

Quittez Issoudun par l'est en empruntant la D 8 en direction de St-Ambroix. Au hameau de St-Hilaire, suivez la D 84E.

Bordée par le bois de Luc, la route longe la vallée de l'Arnon. Installés sur la rive droite, on peut encore observer les vestiges de l'**abbaye de la Prée** (concerts en saison), fondée au 12e s.

Moulin de Nouan

02 54 03 18 72 - www.moulindenouan.fr.st - visite guidée sur demande à M. Guyard - 2,50 €.

Insolite dans le paysage berrichon, le moulin à vent servait essentiellement à relayer les nombreux moulins à eau de la région qui, pendant l'été, ne recevaient pas un débit d'eau suffisant pour activer leur roue. Construit en 1810, ce moulin a été restauré.

En lisière de bois, on aperçoit la singulière **tour de la Croisette**. Édifiée sur une ancienne motte féodale (vestiges de douves), elle abrite une exposition sur la faune.

Revenez sur la route en empruntant la D 9 sur la droite.

Mareuil-sur-Arnon

Enclavé par une succession de petits bois, ce village fut l'un des centres métallurgiques de la haute vallée de l'Arnon. Seul vestige des forges, une haute cheminée de briques domine l'ancien lac qui alimentait la fonderie en eau.

Bordant le sud-ouest de Mareuil, ce plan d'eau de 3 ha a été aménagé en **base de loisirs**.

À la sortie de Mareuil, prenez sur la droite la D 18.

Abbaye de Chezal-Benoît

Fondé en 1093 par le moine André de Vallombreuse, cet ancien monastère bénédictin n'a conservé que la nef de l'église du 12e s. et les bâtiments conventuels, occupés aujourd'hui par un hôpital psychiatrique.

La façade de l'église est ornée de beaux chapiteaux romans à motifs végétaux et de pilastres cannelés inspirés de l'antique, ornementation rare en Berry qui trahit une influence bourbonnaise. L'intérieur est d'un style roman très pur : la nef aveugle est éclairée indirectement par les collatéraux. La modification des structures de support et l'évolution du décor sculpté indiquent que la construction s'est étalée sur la seconde moitié du 12e s. Le décor des chapiteaux est composé de feuillages dont les volutes annoncent déjà le chapiteau gothique à crochet.

Quittez Chezal par le sud-ouest en empruntant la D 65E.

La route longe le sud de la **forêt de Chœurs** où de nombreuses routes et sentiers forestiers convergent vers le carrefour de la Croix-Blanche.

À Pruniers, prenez sur la droite la D 925.

Bommiers

Du 12e s., l'**église St-Pierre** est représentative des églises du Bas-Berry par la clarté de son plan bénédictin (notez les rares *secretaria*, sortes de réduits voûtés servant de dépôt ou de sacristie et reliant le chœur aux absidioles du transept). Exemple typique de passages berrichons permettant de réduire la croisée du transept et de la couvrir d'une coupole sur trompes. Découvrez à cet endroit une très belle série de chapiteaux du 12e s. : le Christ remet les clés à saint Pierre et la Loi à saint Paul ; les silhouettes sont étirées, dansantes, l'expression est renforcée par les prunelles garnies de plomb. D'autres chapiteaux mêlent un décor de feuillages aux personnages et aux animaux fantastiques. Les 48 magnifiques **stalles★** (1511-1515) proviennent de la chapelle du couvent des Minimes de Bommiers. Au-dessus de la porte d'entrée, statue de la Vierge, en bois, du 15e s.

Prenez la D 925 en direction de Lignières. Environ 1 km avant Pruniers, prenez sur la gauche la D 68.

La route qui ramène à Issoudun traverse la **forêt de Bommiers** jusqu'à **St-Aubin** dont l'église abrite un groupe sculpté : sainte Anne, la Vierge et l'Enfant Jésus, de la fin du 15e s. Après avoir franchi le Cousseron, la route traverse la **Levée de César**, ancienne voie romaine qui reliait *Argentomagus* *(voir St-Marcel p. 411)* à Bourges.

NOS ADRESSES À ISSOUDUN

HÉBERGEMENT

PREMIER PRIX

Le Relais Issoldunois – *8 rte de Bourges - sortie nord-est par D 951, rte de Bourges - ✆ 02 54 03 04 05 - fermé 3 sem. en août, w.-end, 1er janv. et 25 déc. - P - 16 ch. 30/32 € - ☕ 5 € - ✕ 10,50/20 €.* Cet imposant bâtiment abrite un hôtel-restaurant tout simple. Les 16 chambres, très sobrement décorées, sont pourvues de sanitaires de qualité. Les routiers et autres employés des alentours s'y attablent sans chichis à l'heure du déjeuner. Un ensemble bien tenu à prix doux.

BUDGET MOYEN

Campanile – *Sortie nord-est par D 951, rte de Bourges - ✆ 02 54 21 06 40 - www.campanile.com - P - 42 ch. 58/60 € - ☕ 7,20 € - ✕ 19 €.* Les hôtels de chaîne ont l'avantage de ne pas réserver de mauvaises surprises. Celui-ci ne fait pas exception à la règle et dispose de chambres fonctionnelles bien équipées. Au restaurant, on apprécie les petits-déjeuners à volonté ainsi que les buffets de hors-d'œuvre, fromages et desserts.

RESTAURATION

BUDGET MOYEN

La Cognette – *Bd Stalingrad - ✆ 02 54 03 59 59 - www.la-cognette.com - fermé janv., dim. soir, mar. midi et lun. (oct.-mai) - formule déj. 25 € - 35/95 €.* Cuisine classique raffinée servie dans un agréable jardin d'hiver, couvert par une verrière victorienne.

À proximité

L'Aubergeade – *Rte d'Issoudun - 36260 Diou - ✆ 02 54 49 22 28 - patronjacky.j@free.fr - fermé dim. soir et merc. soir - P - 20/40 €.* En plus du fameux reuilly régional, la carte des vins de L'Aubergeade propose un séduisant petit tour du monde viticole. Cuisine au goût du jour et terrasse face au jardin.

PETITE PAUSE

Mille et Une Fleurs – *3 bd Stalingrad - ✆ 02 54 03 00 16 - 9h-12h15, 15h-19h15, sam. 8h30-18h30, dim. et j. fériés 10h-12h30 - fermé lun.* À savourer dans un cadre fleuri, une douzaine de variétés de thés et de bons desserts maison.

ACHATS

La Cognette – *Bd Stalingrad - ✆ 02 54 03 59 59 - www.la-cognette.com - 9h-12h, 14h-19h - fermé janv., dim. soir et lun. (oct.-avr.).* Cette jolie boutique vend des produits régionaux dont le fameux massepain (spécialité à base d'amande et d'eau de fleur d'oranger datant du 18e s.), du vin, des liqueurs, du thé, des objets artisanaux, etc. Le restaurant attenant, décrit en détail par Balzac dans *La Rabouilleuse*, propose une cuisine au goût du jour soignée dans un cadre cossu.

ACTIVITÉS

Forêt domaniale de Bommiers – Au sud d'Issoudun, cet espace de nature préservée est parcouru par de nombreux **sentiers balisés** dotés d'espaces aménagés pour les promeneurs. *Carte de la forêt, éditée par l'ONF, disponible dans les offices de tourisme de la région.*

Le bois du Roi – *Sur la commune des Bordes, à 3 km au nord-ouest d'Issoudun par D 16. Peu avant la sortie du bourg, dir. Paudy, prenez à gauche une rue indiquant le stade. Garez-vous près du stade et suivez le chemin prolongeant la route goudronnée.* Agréable balade de 5 km. Flore diversifiée (dont des orchidées, à ne ramasser en aucun cas).

Marais de la Presle et coteau de Roussy – *Sur la commune de St-Georges-sur-Arnon. Du village, suivez jusqu'au bout la rue de la Vallée en direction du camping ; tournez ensuite à gauche, longez les chalets, et au transformateur, prenez encore à gauche ; parking en bout d'allée.* Promenade de 3,5 km. Marais, tourbière, rivière et pelouses sèches abritent une grande variété d'espèces animales (hérons cendrés, chevreuils…) et végétales (saules, chênes pubescents, nénuphars…).

La Châtre

4 477 Castrais – Indre (36)

NOS ADRESSES PAGE 462

S'INFORMER

Office du tourisme du pays de George Sand – *134 r. Nationale - 36400 La Châtre - 02 54 48 22 64 - www.pays-george-sand.com - juil.-août : 9h30-12h30, 14h-18h30, dim. et j. fériés 10h-12h30 ; reste de l'année : tlj sf dim. et j. fériés 9h30-12h30, 14h-18h - fermé j. fériés sf 14 juil. et 15 août.*

SE REPÉRER

Carte de microrégion B2 (p. 438) – *carte Michelin Départements 323 H7.*
La capitale du Boischaut Sud se trouve à 35 km au sud-est de Châteauroux par la D 943. Elle est bâtie sur un coteau dominant la vallée de l'Indre, au centre de la fameuse Vallée Noire.

À NE PAS MANQUER

Suivez les pas de George Sand à travers les rues de La Châtre et retrouvez les sites de ses romans, dont la Mare au diable et le château d'Ars, dans la campagne environnante ; et n'oubliez pas d'admirer les fresques du 12e s. de l'église St-Martin de Vic.

ORGANISER SON TEMPS

Prévoyez une demi-journée pour visiter la ville, une bonne journée pour retrouver, aux alentours, les lieux qui ont inspiré l'œuvre de George Sand, et environ 4h pour visiter le sud-ouest du Boischaut.

AVEC LES ENFANTS

Emmenez-les voir l'immense collection d'oiseaux naturalisés du musée George-Sand et de la Vallée Noire.

C'est à pied qu'il faut découvrir la vieille cité de La Châtre, agréablement perchée, tout en montées et en descentes. Et, si l'on en croit George Sand, « *C'est vers La Châtre, que le Berry prend du style et de la couleur… Toutes les hauteurs sont boisées, c'est ce qui donne à nos lointains cette belle couleur bleue qui devient violette et quasi noire dans les temps orageux !* »

Se promener

Suivez la rue Nationale qui monte jusqu'à la mairie. Vous verrez alors la maison du Chevalier d'Ars *(à droite)*, puis la **« maison rouge »**, belle demeure à pans de bois du 16e s. décrite dans le roman *André* (1835) de George Sand qui borde la place Laisnel-de-La-Salle. Dans le prolongement de cette place, la **rue de Bellefond** aligne les portails classiques de ses hôtels particuliers. Revenez rue Nationale et longez l'ancienne église du couvent des Carmes avec sa porte sculptée en ogive du 14e s.

Vous apercevez à gauche l'**église St-Germain** reconstruite au 19e s. après que le porche et la tour se furent écroulés en 1896, emportant avec eux la nef du 12e s. À l'intérieur, piliers et chapiteaux romans ont été reconstitués. Remarquez la Pietà du 14e s. provenant du couvent des Carmes et le tableau de la Pentecôte attribué à Jean Boucher (16e s.).

Plus haut dans la rue Nationale se dresse le bel **hôtel de Villaines** du 18e s. qui abrite la bibliothèque municipale. Sur la place Notre-Dame *(à gauche)*, une **statue** gothique de la Vierge provient d'une porte fortifiée qui s'élevait à cet endroit. Depuis la place de l'Abbaye, qui forme une terrasse-belvédère au-dessus de l'Indre, descendez par les escaliers agrémentés de parterres pour atteindre le **pont aux Laies**. Ce vieux pont en dos d'âne jeté sur l'Indre offre une vue charmante sur le paysage d'eaux courantes entourant des îles et les anciennes tanneries à auvents et à balcons de bois bordant les rives.

En revenant sur vos pas, rejoignez la place du Marché et de là, la rue Venôse et le donjon.

Donjon

« *Cette prison de La Châtre, ancienne forteresse des seigneurs de la province, ne consistait plus alors qu'en une formidable tour carrée, noircie par les siècles et plantée sur le roc au revers d'un ravin d'où l'Indre forme un vallon étroit, sinueux, riche de la plus belle végétation…* » (*Maupra*, George Sand). Érigé au 15e s. par Guillaume III de Chauvigny, transformé en prison de 1734 à 1934, l'ancien château seigneurial de La Châtre abrite différentes collections.

Musée George-Sand et de la Vallée Noire – *71 r. Venôse - ✆ 02 54 48 36 79 - juil.-août : 9h-19h ; avr.-juin et sept. : tlj sf mar. 9h-12h, 14h-18h30 ; reste de l'année : tlj sf mar. 10h-12h, 14h-17h - fermé janv. - 3 € (-18 ans gratuit).* En plus d'une section consacrée à l'œuvre littéraire de George Sand (lettres, portraits, caricatures, éditions originales, autographes, etc.), le musée présente une riche **collection ornithologique** constituée à la fin du 18e s. et au début du 19e s. avec près de 3 000 oiseaux naturalisés. Vous pouvez également admirer les œuvres d'artistes locaux illustrant divers aspects de la Vallée Noire ainsi que des poteries grecques et étrusques et des monnaies anciennes.

À proximité Carte de microrégion

Église de la Berthenoux

12 km au nord-est par la D 940 et la D 68 à gauche à Thevet-St-Julien.

Ce vaste édifice du 12e s. est dominé par un puissant clocher carré surmontant une belle coupole sur trompes. À la croisée du transept, remarquez les chapiteaux ornés de personnages, d'animaux ou de feuillages.

Circuits conseillés

LES PAYSAGES DE GEORGE SAND

Circuit 1 de 60 km tracé sur la carte (p. 461) – Comptez environ une journée.

Ce circuit permet d'évoquer les paysages qui servirent de toiles de fond aux romans de George Sand, inspirés du folklore berrichon. Vous découvrirez « *les horizons mélancoliques et profonds* » qu'elle s'est plu à dépeindre.

Quittez La Châtre par le nord-est en empruntant la D 940, direction Bourges. Après avoir longé le circuit automobile régional de La Châtre, tournez à gauche.

Château d'Ars

Entouré d'un vaste parc, cet édifice du 16e s. (belle façade) est l'un des sites du roman *Les Beaux Messieurs de Bois-Doré*. Le château abrite désormais le **Centre international George-Sand et le Romantisme** (expositions).

Rejoignez la D 943 (direction Châteauroux).

★ Château de Nohant *(voir p. 463)*

Reprenez la D 943.

★ Fresques de Vic

L'**église St-Martin** de ce village, dont le nom latin *Vicus* signifie bourg, est décorée d'intéressantes fresques du 12e s., découvertes en 1849 par l'abbé Périgaud, curé de Nohant-Vic, et signalées par George Sand et Prosper Mérimée.

Les fresques ornent les deux faces d'un mur séparant le chœur de la nef, ainsi que les murs du chœur, la paroi et la voûte de l'abside. Parmi les scènes représentées, la Rédemption apparaît comme le thème principal, de la naissance à la mort du Christ. Sur le mur de la nef, face à l'entrée, admirez le Christ en majesté avec l'Agneau à ses pieds dans un médaillon, et à droite la Descente de croix où figurent la lune et le soleil. Dans le chœur, les symboles des évangélistes entourant un autre Christ en majesté décorent la voûte de l'abside. Dans l'avant-chœur, sur le mur de gauche au-dessus du Lavement des pieds, du Baiser de Judas et du Portement de croix par Simon, sont tracés deux épisodes de la vie de saint Martin ; sur le mur de droite, l'entrée de Jésus à Jérusalem, enfin, au-dessus de l'arche, face à l'autel, la Cène.

Les six tonalités utilisées sont le carmin, l'ocre rouge, l'ocre jaune, le blanc de céruse, le noir et le gris bleuté. L'habileté de la composition, le mouvement qui anime les personnages, la recherche du détail, caractérisent l'art pictural et sculptural du Limousin et du Sud-Ouest.

Traversez la D 943 (petite route face à la rue de l'Église).

St-Chartier

Ce village possède une intéressante petite église ainsi qu'un château (restauré au 19e s.) que l'on peut admirer en parcourant le **parc**.

Rejoignez la D 943 par la D 69.

Corlay

Pays de *François le Champi*, Corlay est une halte agréable avec son aire de repos dominant la verdoyante vallée de l'Indre.

Après 5 km, tournez à gauche dans la D 38.

La Mare au diable

C'est dans une clairière du bois de Chanteloube que se situerait la fameuse mare de George Sand. Une promenade permet d'aller confronter ses souvenirs littéraires à la réalité d'aujourd'hui *(site interdit les jours de chasse).*

Château du Magnet

Ne se visite pas. Évoqué dans *La Vallée Noire*, cet édifice du 15e s. maintes fois remanié est ravissant avec ses tours rondes et ses toitures pointues.

La D 19, sur la gauche, traverse un charmant paysage de bocage.

Château de Lys-St-Georges

02 54 30 81 51.

L'édifice, dont les tours baignent dans des douves, joint à l'aspect sévère d'une forteresse médiévale le charme de la Renaissance. De la terrasse, la vue se porte sur la façade du 15e s. et la vallée du Gourdon.

Revenez sur la D 19. 3 km après Tranzault, prenez à gauche la D 19D puis la D 51.

Château de Sarzay

02 54 31 32 25 - www.sarzay.com - 10h-12h, 14h-18h - 6 € (-12 ans 4 €).

Sous le nom de château de Blanchemont, George Sand, dans son roman *Le Meunier d'Angibault*, le décrit comme «... *un castel assez élégant, un carré long renfermant à tous les étages une seule grande pièce, avec quatre tours contenant de plus petites chambres aux angles...* ».

Cette fière demeure féodale était jadis une importante place forte vouée à la lutte contre les Anglais. Bâti à la fin du 14e s. par Jehan de Barbançois, le **donjon**, composé d'un corps de logis rectangulaire couronné de tours d'angle cylindriques (25 m de hauteur), était protégé par deux murailles d'enceinte bordées de douves et jalonnées par 38 tours de défense.

À l'est, une tour abrite un escalier à vis donnant accès aux deux étages et aux combles du château dont on peut admirer la haute charpente. Chaque étage est constitué de deux vastes pièces : salle commune et chambre. Seules les pièces du rez-de-chaussée ont été restaurées et meublées.

Une chapelle seigneuriale occupe le rez-de-chaussée d'une petite tour de 6 m de diamètre dont les parties supérieures abritaient le chapelain et les gardes.

Quittez Sarzay par le nord en empruntant la D 41.

Moulin d'Angibault

Stop, pour une fois ne pensez plus à la dame de Nohant... laissez-vous charmer par la Vauvre qui actionne la roue à aubes du moulin dont le meunier Grand Louis vous expliquera le fonctionnement. Fêtes et veillées animent en été le moulin d'Angibault.

(Programme des animations à consulter à l'office du tourisme de La Châtre.)

Rejoignez la D 49 qui ramène à La Châtre.

LE SUD-OUEST DU BOISCHAUT

Circuit 2 de 50 km tracé sur la carte ci-contre – Comptez environ 4h. Quittez La Châtre par le sud-ouest en empruntant la D 73 en direction du Magny.

Chassignolles

La maison des Traditions – La reconstitution d'une maison du Boischaut, des ateliers du tonnelier, du forgeron ou du sabotier vous dévoileront la vie quotidienne des paysans berrichons de 1850 à 1950. *02 54 48 00 57 - juil.-août : mar.-dim. 10h-12h, 15h-19h ; de Pâques à fin juin et de sept. à déb. nov. : mar.-dim. 14h-18h.*

L'église – Coiffée d'un important clocher-tour, elle possède un petit portail Renaissance à fronton armorié.

Poursuivez votre route sur la D 72.

Église de St-Denis-de-Jouhet

Cet édifice gothique, coiffé d'un clocher couvert de tavaillons, possède des vitraux des 12e et 13e s.

À la sortie du village, prenez la D 54.

Cluis

L'**église** (13e s.) se termine par un chœur à deux absides (remarquez les chapiteaux). Dans la chapelle de la quatrième travée se trouve une magnifique **Vierge à l'Enfant★** du 14e s. en marbre blanc de Paros.

L'**hôtel de ville** (16e s.) abrite des tapisseries d'Aubusson. La **halle** (17e s.), à la charpente élaborée, est surmontée d'un clocheton.

Quittez Cluis par le nord-est en empruntant la D 38.

LA CHÂTRE

Cluis-Dessous

Les **ruines** féodales du château (dites les Demoiselles de Montpensier) se dressent fièrement. Remarquez les restes d'une enceinte, une porte d'entrée et ses deux tours, un corps de logis. Non loin s'élève une chapelle gothique. *Poursuivez sur la D 38, direction Mouhers.*

Neuvy-St-Sépulchre

Neuvy doit son appellation à une église construite sur le modèle du St-Sépulcre de Jérusalem.

Basilique – L'édifice actuel est double : une surface rectangulaire jointe à une surface circulaire. Le bâtiment droit, achevé en 1049, est dédié à saint Jacques le Majeur. Un groupe d'obscurs pèlerins prit l'initiative de fonder à Neuvy un édifice à l'image du St-Sépulcre de Jérusalem, aidé par **Eudes de Déols** qui avait fait le pèlerinage de Terre sainte. Cette réplique du St-Sépulcre était conçue pour être substituée à l'église rectangulaire. Pour lui faire place, on aurait donc abattu le clocher-porche, ne conservant le reste que pendant le temps nécessaire à l'achèvement. Entre-temps, de nouveaux pèlerins rapportèrent qu'à Jérusalem on venait d'ajouter à la rotonde un édifice rectangulaire ! Alors, pour garder la ressemblance avec le modèle, on décida de maintenir ce qui restait de l'édifice antérieurement condamné et de le raccorder vaille que vaille avec l'autre…

On peut admirer aujourd'hui une vaste **rotonde★** de 22 m de diamètre ; sept absidioles sont creusées dans l'épaisseur du mur. Les onze colonnes cylindriques entourant le sanctuaire sont surmontées d'intéressants chapiteaux représentant des motifs floraux, des figures humaines ou divers animaux. La partie supérieure de la rotonde a été restaurée par **Viollet-le-Duc** au 19e s. *Quittez Neuvy par l'est en empruntant la D 927.*

Abbaye de Varennes

✆ 02 54 31 30 59 - juil.-août : 13h-19h - gratuit.
L'abbaye, fondée en 1148, se situe au bord de la route D 19, au milieu d'une dépression bocagère. On peut visiter les bâtiments conventuels du 13e s. L'église (12e s.) est remarquable pour la pureté de son architecture cistercienne. George Sand situe à Varennes quelques épisodes de son roman *Les Beaux Messieurs de Bois-Doré* (1857).
Revenez sur la D 927 qui ramène à La Châtre.

NOS ADRESSES À LA CHÂTRE

HÉBERGEMENT

PREMIER PRIX

À proximité
Chambre d'hôte Le Portail – *Rte du Ponderon - 36230 Sarzay - ✆ 02 54 31 39 12 - www.leportail.new.fr - P - ⊭ - 5 ch. 48 € ☕ - ✕ 18 €.* Face à une authentique ferme berrichonne de la fin du 14e s., on a transformé les écuries en chambres d'hôte. Grande salle à manger-salon au rez-de-chaussée, avec sa cheminée. À l'étage, chambres simples et sobres. Les propriétaires proposent les repas midi et soir.

Chambre d'hôte Château de Sarzay – *Le Château - 36230 Sarzay - ✆ 02 54 31 32 25 - www.sarzay.com - P - ⊭ - 4 ch. 55 € ☕.* Dans l'ancien pressoir du 14e s., face au château, on a aménagé quatre chambres rustiques. Partout, l'atmosphère d'antan avec les tomettes, les poutres, les petites fenêtres. Confort simple, conforme au lieu.

RESTAURATION

PREMIER PRIX

Le Duplex – *22 r. Ajasson-de-Gransagne - ✆ 02 54 48 00 28 - fermé lun. (hors sais.) et dim. - formule déj. 8,50 € - 17/25 €.* Cette demeure du 17e s., restaurée, a gardé ses pierres et ses poutres d'origine. Elle abrite deux salles au sympathique décor campagnard et, au sous-sol, un bar-discothèque. Cuisine traditionnelle et service sans chichis.

BUDGET MOYEN

L'Auberge à l'Escargot – *21 r. Beaufort - ✆ 02 54 48 03 85 - fermé dim. soir et lun. - formule déj. 15 € - 21/36 €.* Au centre du village, face à la place du Marché, cette petite maison avec son toit en ardoise abrite un restaurant qui propose une cuisine traditionnelle. Avec un service rapide, efficace, un effort dans la présentation, cette adresse sans prétention peut être une halte sympathique.

À proximité
Ferme-auberge de Poumoué – *Poumoué - 36400 Le Magny - 7 km au sud-ouest de La Châtre par D 72 - ✆ 02 54 48 22 95 - fermé de déb. déc. à mi-janv., sam. soir, dim. midi et j. fériés - midi réserv. - P - 19/24 €.* Cette ferme du 18e s. est un lieu d'élevage de chèvres. À table, dans l'ancienne étable, la production fromagère est accommodée de multiples façons, la charcuterie artisanale est aussi à base de chèvre et l'hiver la soupe est cuite au chaudron dans la cheminée.

AGENDA

Voir l'Agenda dans la partie Organiser son voyage, p. 26.

La maison de George Sand et son grand escalier en forme de cœur
P. Renault / Hemis.fr

Château de Nohant

★

Indre (36)

SE REPÉRER

Carte de microrégion B2 (p. 438) – *carte Michelin Départements 323 H7.*

À 6 km au nord de La Châtre, Nohant est un petit village du Berry, proche de l'Indre.

À NE PAS MANQUER

Plongez-vous ou replongez-vous dans l'atmosphère des romans de George Sand. Visitez également sa demeure, d'où elle exerça ses bienfaits jusqu'à sa mort.

ORGANISER SON TEMPS

Prévoyez au minimum 2h pour visiter la demeure de George Sand et parcourir le parc, qui contient le cimetière familial.

C'est ici qu'Aurore Dupin, alias George Sand, fut recueillie et passa son enfance. Devenue célèbre quelques années plus tard, celle que les villageois surnommaient la « bonne dame de Nohant », en raison de toute l'attention qu'elle leur prodiguait, nourrit ses livres de la vie traditionnelle paysanne en Berry et des personnages rencontrés ou aimés, du chant des oiseaux et des cris des laboureurs. Une promenade dans le village de Nohant et ses alentours suivie de la visite de sa demeure, vous évoqueront avec émotion vos lectures de jeunesse : *La Mare au diable, La Petite Fadette* ou *François le Champi*...

George Sand et Nohant

UNE VIE PASSIONNÉE

Petite-fille d'un fermier général et d'une fille de Maurice de Saxe, la jeune Aurore Dupin, alias **George Sand** (1804-1876), est, après la mort accidentelle de son père, recueillie par sa grand-mère à Nohant où elle passera presque toute son enfance et son adolescence.

Mariée toute jeune au baron Dudevant, Aurore se sépara de lui après que deux enfants, Maurice et Solange, furent nés de cette union. En 1831, elle décide alors de s'installer à Paris, se lie avec **Jules Sandeau** ; sa vie est fort libre, ses façons étonnent – elle se fait couper les cheveux, porte une redingote et un chapeau haut de forme – et, voulant imiter son ami qui écrivait, publie en 1832 un roman, *Indiana,* qu'elle signe George Sand. Elle a alors 28 ans. Le succès est tel que, désormais, elle ne s'arrêtera plus d'écrire.

Le romantisme comme toile de fond

Sa liaison orageuse avec **Musset**, en 1833, leur voyage à Venise, correspond à la période romantique de sa vie, et ce lyrisme se retrouve dans ses romans, *Lélia, Maupra,* où éclatent ses cris de révolte contre les entraves de la société.

En 1836, elle demande et finit par obtenir le divorce, non sans peine. Elle récupère alors son domaine de Nohant qui lui assure, en plus de ses livres, des revenus confortables. Elle s'installe en 1837 à Nohant, mais continue d'effectuer de fréquents séjours à Paris. Nohant devient alors un haut lieu du romantisme européen.

Retour aux sources

Franz Liszt y séjourne plusieurs fois ainsi que Marie d'Agoult et **Honoré de Balzac**. Elle subit ensuite l'influence des philosophes humanitaires, compose de nombreux romans ayant pour cadre villages et châteaux de la Vallée Noire et pour personnages les paysans du Berry : *Le Meunier d'Angibault, La Mare au diable, Le Péché de M. Antoine, La Petite Fadette, François le Champi, Les Maîtres sonneurs.* Sa liaison avec **Chopin** dure neuf ans. Les années 1850-1876 sont celles de la sagesse. Son prestige est grand. Théophile Gautier, Alexandre Dumas fils, Gustave Flaubert, Tourgueniev, lui rendent visite. Son amour de la nature se retrouve dans ses mémoires (*Histoire de ma vie,* 1854), dans ses contes, ses romans (*Les Beaux Messieurs de Bois-Doré,* 1857).

C'est à Nohant qu'elle termine ses jours en 1876, auréolée d'une sorte de légende, justifiant par ses bienfaits ce surnom de « bonne dame de Nohant ». Elle exerçait même les fonctions de médecin de village, ayant étudié avec son premier précepteur, le Dr Deschartres, l'anatomie et les remèdes à base de plantes.

SUR LES PAS DE GEORGE SAND À NOHANT

Une **randonnée** autour du village de Nohant *(3,5 km - durée : 1h10 environ)* vous entraîne à la découverte de chemins et de paysages qu'affectionnait particulièrement George Sand. Vous verrez en chemin l'église de Nohant, la maison de la romancière, la haie du bicentenaire de sa naissance et quelques fermes typiques de la région. Un **festival** annuel *(en été)*, basé sur des concerts, des conférences et des lectures, vous fera découvrir l'auteur et ses amis musiciens.

Visiter

Maison de George Sand

✆ 02 54 31 06 04 - visite guidée tte la journée - fermé 1er janv., 1er mai, 1er et 11 nov., 25 déc. - 7 € (-18 ans gratuit).

Cette demeure, édifiée dans les années 1760 à l'emplacement d'un ancien château, devient la propriété de Mme Dupin de Francueil en 1793. Fuyant Paris et les tourmentes de la Révolution, elle se réfugie dans ce domaine provincial de 250 ha et finit par recueillir sa petite-fille, âgée de quelques années. Transformée en musée, la maison a conservé d'innombrables souvenirs de George Sand et de ses hôtes, Chopin et Liszt, Balzac et Flaubert, Delacroix et Fromentin…

Un charme suranné s'en dégage. Les deux petites-filles de l'écrivain ont tenté de préserver ce lieu qu'elles aimaient tant. Certaines pièces, comme la salle à manger ou la chambre de George Sand, n'ont pas changé depuis le 19e s. D'autres ont été réaménagées à l'identique, car bon nombre de meubles et objets personnels ont malheureusement été vendus.

Intérieur – Le rez-de-chaussée comprend huit pièces. Du vestibule au bel escalier en pierre, on accède à droite à la vaste **cuisine**, étonnamment fonctionnelle pour l'époque. Dans la **salle à manger** aux boiseries peintes en gris, la table dressée n'attend plus que d'illustres invités. Les deux grandes baies vitrées ouvrent sur le parc. Le **salon**, à droite de cette pièce, conserve les meubles Louis XVI de la grand-mère de George Sand. Au centre, une belle table ovale commandée au menuisier du village : après le dîner, les invités se retrouvaient autour de cette table pour bavarder et jouer à des jeux divers. Les murs sont couverts de portraits de famille. On reconnaît, outre la maîtresse des lieux, sa grand-mère, le maréchal de Saxe et sa petite-fille Aurore.

À gauche de la salle à manger se trouve une jolie **chambre** avec un cabinet de toilette et un boudoir. Elle fut habitée par les enfants encore petits de la romancière, à l'époque où cette dernière vivait à Paris. Pas encore divorcée, elle séjournait alors fréquemment à Nohant et, comme elle voulait être proche de ses enfants, elle s'aménagea un espace à elle dans le boudoir : « *J'habitais alors l'ancien boudoir de ma grand-mère… Il était si petit qu'avec mes livres, mes herbiers et mes cailloux… il n'y avait pas de place pour un lit. J'y suppléais par un hamac. Je faisais mon bureau d'une armoire qui s'ouvrait en la manière d'un secrétaire…* ». C'est dans cet espace restreint aux boiseries peintes que la romancière écrivit ses premiers essais littéraires.

L'ancienne chambre de son mari et la salle de billard étaient autrefois contiguës au cabinet de toilette. Lorsqu'elle récupéra son domaine, George Sand fit abattre la cloison qui séparait les deux pièces pour en faire, en 1849, un **théâtre** où se jouaient les saynètes qu'elle écrivait. Pour ces représentations, elle commandait des décors et des costumes qu'elle réalisait en partie.

À l'étage, seules quelques pièces se visitent. La **chambre Bleue** de la romancière n'a pas changé. Les rideaux, assortis au papier peint, sont d'origine, de même que ses meubles. Elle mourut dans cette pièce le 8 juin 1876.

Les deux salles suivantes, son **bureau** et sa **bibliothèque**, formèrent autrefois une seule pièce, la chambre de Chopin, où se tenait son piano. Étagères et armoires conservèrent longtemps les ouvrages et les curiosités chères à l'écrivain. Aurore Lauth-Sand, lorsqu'elle hérita de Nohant, s'installa dans l'ancienne chambre de Sand enfant et de sa mère qui jouxte la bibliothèque. Elle la fit entièrement décorer et meubler à la chinoise.

Le château, de nos jours, n'a rien perdu de sa vitalité. Autrefois, le théâtre s'animait pour les amis de la romancière. Désormais, les manifestations artistiques et culturelles qui se déroulent dans le cadre du domaine sont fréquentes. L'ancien grenier aux haricots est devenu une sorte de salon littéraire destiné aux **lectures publiques**, aux **conférences**. Une **librairie** propose les œuvres de la romancière, des écrits sur sa vie, des CD de musique classique et de musique berrichonne, ainsi que de l'artisanat et des produits locaux.
Un **auditorium**, inauguré en 2010, sert de cadre à de nombreux concerts.
Pour ceux qui désireraient s'imprégner de l'atmosphère des lieux, faites une petite pause au salon de thé après avoir flâné dans le parc joliment fleuri.
Chaque année, en été, les **Rendez-vous au jardin** vous invitent à participer à diverses actions culturelles : exposition des œuvres de Sand, célébration du livre et de la lecture…
En vous promenant, faites un détour par le cimetière familial : la tombe de George Sand, en pierre de Volvic, est placée au centre.

Châteaumeillant

2 088 Castelmeillantais – Cher (18)

NOS ADRESSES PAGE 470

S'INFORMER

Office de tourisme – *68 r. de la Libération - 18370 Châteaumeillant - ✆ 02 48 61 39 89 - http://ot.chateaumeillant.free.fr - juin-10 sept. : 9h30-12h30, 14h-18h30, dim. et j. fériés 10h-12h, 15h-17h ; reste de l'année : tlj sf dim. et j. fériés 10h-12h, 14h-17h30 - fermé 1er janv., lun. de Pâques, 1er nov. et 25 déc.*

SE REPÉRER

Carte de microrégion B2 (p. 438) – *carte Michelin Départements 323 J7.*
Aux confins du Cher, de l'Indre, de la Creuse et de l'Allier, ce bourg, situé à 17 km à l'est de La Châtre, est cerné par les bois et les vignes.

À NE PAS MANQUER

La vue du château de Culan depuis la D 943, à hauteur du pont enjambant la rivière Arnon. Sans oublier l'excellent vin gris produit dans la région.

ORGANISER SON TEMPS

Comptez une journée pour visiter Châteaumeillant et ses alentours.

AVEC LES ENFANTS

Le lac de Sidiailles et sa plage aménagée vous permettront de pratiquer des activités nautiques en famille.

La terre de Châteaumeillant fut souvent disputée, comme aujourd'hui ses coteaux voisins, qui produisent des vins gris réputés. Siège d'un atelier monétaire au Moyen Âge, le village a conservé de son passé de beaux monuments, tels les vestiges de l'église du Chapitre, actuelle mairie, le château du 16e s. et surtout l'église St-Genès.

Se promener

Église St-Genès

✆ 02 48 61 31 85 - visite libre - possibilité de visite guidée sur demande. Voir l'ABC d'architecture p. 88.

Cette église, bâtie en pierres grises et roses provenant des carrières de Saulzais-le-Potier *(25 km à l'est par la D 62)*, doit son nom à **saint Genès**, évangélisateur et martyr de la cité au 3e s. Elle s'ouvre par une façade très harmonieuse, de type berrichon, dont les colonnettes sont surmontées d'intéressants chapiteaux sculptés. À l'intérieur, remarquez la hauteur de la nef romane dont une voûte de bois a remplacé la voûte en berceau. Précédant le chevet en cul-de-four, le **chœur★** est encadré par six absidioles, dont quatre communiquent avec lui par des arcades jumelées en plein cintre. Attardez-vous sur la lecture des **chapiteaux historiés** : la création d'Adam, la tentation, l'abandon du paradis, Caïn tuant Abel, etc.

Musée archéologique Émile-Chénon

✆ 02 48 61 49 24 - http://ot.chateaumeillant.free.fr - tarifs : se rens.

Installé dans l'hôtel de Marcillac (14e-16e s.), il présente une importante collection gallo-romaine (reconstitution d'une cave à amphores) et médiévale provenant des fouilles effectuées dans la localité : silex taillés, poteries, amphores, monnaies.

Circuit conseillé Carte de microrégion

AU SUD DE CHÂTEAUMEILLANT

Circuit de 75 km tracé sur la carte de microrégion (p. 438) – Comptez environ 4h. Quittez Châteaumeillant par l'ouest en empruntant la D 943, direction La Châtre. À Champillet, prenez à gauche la D 36.

La Motte-Feuilly

L'**église** abrite le tombeau mutilé de Charlotte d'Albret, épouse de César Borgia. Le **château**, qui remonte au 15e s., est décrit par George Sand dans son roman, *Les Beaux Messieurs de Bois-Doré.*

Poursuivez sur la D 36. À Pouligny-St-Martin, prenez à gauche la D 54^B.

La route emprunte la vallée de l'Indre et passe à proximité de la **tour Gazeau**, donjon du 13e s. qui inspira George Sand pour son roman *Mauprat*.

Ste-Sévère-sur-Indre

23 av. d'Auvergne - 36160 Ste-Sévère-sur-Indre - ✆ 02 54 30 69 02 - www.sainte-severe.com - avr. et sept.-oct. : tlj sf lun., dim. et j. fériés 14h-18h ; mai-août : tlj sf lun. 10h-12h, 14h-18h - fermé nov.-mars et j. fériés sf 14 juil. et 15 août.

Joliment installé dans un site dominant la vallée de l'Indre, le village a gardé des vestiges de son passé. La **place du Marché** a conservé une porte fortifiée du 15e s., une croix de pierre du 16e s. et une **halle** du 17e s. C'est là qu'en 1947 le cinéaste **Jacques Tati** planta sa caméra pour tourner *Jour de fête*, film devenu mythique. Non loin de là, quelques maisons anciennes portent des tourelles. Le **parc** offre d'agréables promenades autour d'un château du 18e s. (dont la porte est surmontée de deux trophées d'armes) et des restes d'un donjon du 12e s. qui fut repris aux Anglais par Du Guesclin en 1372. De la terrasse, belle **vue** sur les environs, notamment sur la vallée de l'Indre.

Maison de Jour de fête – *✆ 02 54 30 21 78 - www.maisondejourdefete.com - juil.-août : 10h-19h (dernière séance 18h15) ; avr.-juin et sept. : 10h-12h, 14h-18h (dernière séance 17h15) ; reste de l'année : w.-end et vac. scol. 14h-18h (dernière séance 17h15) - fermé 7 janv.-6 fév.*

La Maison de Jour de fête a ouvert ses portes en 2009 dans une grange, sur la place du Marché. Vous y verrez tout d'abord la reconstitution d'un bureau de Poste des années 1940, comme celui du facteur François, héros du film de Tati, pourvu de nombreux téléphones anciens. Si vous en décrochez un, vous aurez le plaisir d'entendre des extraits du film *Jour de fête*. Dans la salle du « cinéma en plein air », c'est l'histoire du tournage du film et les grands moments de sa réalisation qui vous sont présentés à travers une scénographie vivante ponctuée de jeux de lumière et de documents sonores. La visite se termine dans le studio de cinéma avec les décors du bistrot et de la boucherie. De nombreux extraits de *Jour de fête*, commentés, vous plongeront avec délice tout au long de votre parcours dans les coulisses du film. Et vous partagerez avec les habitants de Ste-Sévère le plaisir qu'ils ont eu à vivre cette merveilleuse aventure avec le facteur François, autrement dit Jacques Tati.

Quittez Ste-Sévère par le sud-est en empruntant la D 917 vers Boussac. Au Genet, tournez à gauche sur la D 71, puis à Pérassay, prenez la D 71^{D} en direction de Culan.

Lac de Sidiailles

Cette retenue d'eau (90 ha) a été créée en 1976, dans la vallée de l'Arnon, pour alimenter en eau potable le sud du Cher. Une base nautique et sa plage ont été aménagées à la pointe du Carroir dans un site agréable *(possibilité de randonnées).*

Quittez Sidiailles par le nord en empruntant la D 997.

★ Château de Culan

✆ 02 48 56 77 77 - www.culan.fr - visite guidée (1h) - juil.-août : 10h-19h ; avr.-11 nov. : 10h30-12h15, 14h-18h15 - 8 € (4-14 ans 5 €).

Le premier château fut, semble-t-il, une simple tour en bois prise par le Capétien Philippe Auguste aux Plantagenêts. En 1188, elle est rasée et une nouvelle forteresse prend sa place. Trois tours ponctuent la façade. Elles sont reliées entre elles par des bâtiments au 12e *(aile gauche)* et au 15e s. *(aile droite).* Des petites tours carrées abritent les escaliers. Au 13e s., le seigneur de Culant élève à l'arrière un donjon.

Les différents éléments du château sont reliés par des murs d'enceinte et un châtelet avec pont-levis ferme l'ensemble. Le château et les jardins couvrent près de 3 000 m^{2} ceints de 300 m de murailles. Pendant la guerre de Cent Ans, les seigneurs de Culant, grands militaires, tiennent une place importante au sein du royaume. Mais la décadence s'amorce doucement, entraînant la ruine de la famille.

En 1582, le domaine est acheté par Sully qui le revend à Henri II de Bourbon. Pendant la Fronde, l'armée royale pénètre dans le château et détruit le donjon et le châtelet. Le domaine passe ensuite aux mains de **Michel Le Tellier**, père du ministre Louvois.

Pendant la Terreur, les biens sont saisis et les terres vendues. Cinq familles se partagent la demeure à partir de 1807. Elles font abattre les restes des tours, du donjon et des murs d'enceinte pour laisser le passage aux calèches. Des garages sont aménagés dans les anciennes cuisines et la salle de justice.

LE VIGNOBLE DE CHÂTEAUMEILLANT

Dès l'époque gallo-romaine, *Mediolanum* est un prospère carrefour de négoce des vins d'Italie, comme en attestent les très nombreuses amphores trouvées dans la région. Mais il faudra attendre le 6e s. pour que Grégoire de Tours fasse référence, dans ses écrits, au vignoble à proprement parler. Planté sur des sols siliceux à dominante sablo-argileuse et sableuse, celui-ci couvre aujourd'hui un peu moins de 100 ha et s'étend sur huit communes réparties sur deux départements : le Cher (Châteaumeillant, St-Maur, Reigny, Vesdun) et l'Indre (Champouillet, Urciers, Feusines, Néret). Les vins sont produits à partir de trois cépages : le **gamay noir**, le **pinot noir** et le **pinot gris**. Châteaumeillant a bâti sa réputation sur son fameux **vin « gris »** (rosé), aux arômes de fruits blancs et pêches de vigne, issu du pressurage immédiat des raisins de gamay. S'il demeure la référence œnologique, le rouge (présentant des arômes de fruits rouges bien mûrs et des épices) et le blanc pointent le bout du bouchon sur la table des connaisseurs. Le passage en AOC, obtenue en juin 2010, offre aujourd'hui aux viticulteurs de Châteaumeillant, outre une reconnaissance de leur travail, de nouveaux débouchés commerciaux…

Plusieurs pièces de différentes époques sont ouvertes au public. Dans les salles de guet, vous découvrirez les **hourds**, galeries en bois construites en haut des tours d'où les défenseurs du château pouvaient jeter toutes sortes de projectiles, en particulier de l'huile bouillante qu'ils faisaient chauffer dans la cheminée de la petite salle de la tour. La pierre de la région, le micaschiste, étant trop friable, les seigneurs de Culant ont choisi le bois pour construire ces galeries indispensables à la défense du site.

Remarquez la beauté des **charpentes** en forme de carène de vaisseau renversé ou en étoile sur trois niveaux.

Un diorama raconte la Fronde et le siège du château. Dans la salle des archives, outre un coffre « blindé » du 16e s., vous verrez une gravure du 17e s. montrant le château entier, avec son donjon. On visite également la chambre médiévale au mobilier gothique et la salle des gardes. Grand personnage, le seigneur des lieux avait 400 soldats à sa solde au 14e s., signe d'une réelle fortune. La reconstitution du salon Rouge, dans les années 1960, s'est inspirée des lettres de Mme de Sévigné qui séjourna au château à trois reprises, entre 1657 et 1663 (commodes, cartels et tableau style Louis XV, tapisserie d'Aubusson du 18e s.). Enfin la salle des Intendants de Sully, pourvue d'une vaste cheminée, était utilisée par ceux qui avaient la charge du domaine en l'absence des propriétaires.

Du château, **vue** agréable sur la vallée de l'Arnon et le jardin très escarpé, aménagé en terrasses sur lesquelles poussent plus de 200 espèces de plantes. En bas, un petit **jardin médiéval** regroupe des plantes aromatiques et médicinales lovées dans des espaces géométriques délimités par des petites haies de buis. Ne manquez pas la **vue** du château depuis ce jardin : elle est assez impressionnante !

Quittez Culan par le nord-ouest en empruntant la D 65, direction Le Châtelet. À St-Maur, prenez la route vers Privet.

St-Jeanvrin

Restaurée, l'**église St-Georges**, petit édifice du 12e s., bénéficie d'un environnement sympathique. Si la porte est ouverte, entrez admirer les jolies **fresques** du 16e s.

Face à l'église, une petite route ramène à Châteaumeillant par Sept-Fonds.

NOS ADRESSES À CHÂTEAUMEILLANT

HÉBERGEMENT

PREMIER PRIX

Camping de L'Étang Merlin – *✆ 02 48 61 31 38 - http://monsite.wanadoo.fr/chalets.etang.merlin - mai-sept. - - réserv. conseillée - 30 empl. 8 €.* Ce camping, qui bénéficie d'un accès direct à l'étang, dispose d'emplacements plats et herbeux, aménagés dans un cadre verdoyant et calme. Chalets confortables (ouverts toute l'année) et un tout nouveau gîte pouvant accueillir 36 personnes.

BUDGET MOYEN

Chambre d'hôte Le Domaine de la Vilotte – *Au lieu-dit la Vilotte - 18170 Ardenais - 21 km au sud-ouest de St-Amand-Montrond par D 951 et D 38 - ✆ 02 48 96 04 96 - www.domainedevilotte.com - fermé oct.-mars - - 5 ch. 85 € - repas 25 €.* Perdue dans la campagne berrichonne, cette maison de maître du 19e s. respire l'élégance et le bon goût. Ses chambres, fort chaleureuses, recèlent de belles antiquités. Son parc, agrémenté d'une roseraie, se prolonge jusqu'à un étang où une barque invite à la promenade.

RESTAURATION

POUR SE FAIRE PLAISIR

Piet à Terre – *21 r. du Château - ✆ 02 48 61 41 74 - http://le.piet.a.terre.free.fr - fermé 12 nov.-28 fév., 1er-7 sept., mar. sf juil.-août, dim. soir et lun. - réserv. obligatoire - 41/120 € - 5 ch. 74/79 € - 16 €.* Cette séduisante maison, réputée pour la qualité de sa cuisine inventive, occupe d'anciennes écuries. La salle à manger, exclusivement réservée aux non-fumeurs et dressée sous une véranda, présente un agréable cadre contemporain. Les confortables chambres portent toutes le nom d'un fruit. Un pied-à-terre idéal !

ACHATS

Cave des vins de Châteaumeillant – *Rte de Culan - ✆ 02 48 61 33 55 - cave@chateaumeillant.com - Pentecôte-août : 8h-17h30 ; sept.-juin : tlj sf dim. et j. fériés.* Cette cave, fondée en 1964, regroupe une trentaine de viticulteurs qui élaborent des vins de pays du Cher.

AGENDA

Voir l'Agenda dans la partie Organiser son voyage, p. 26.

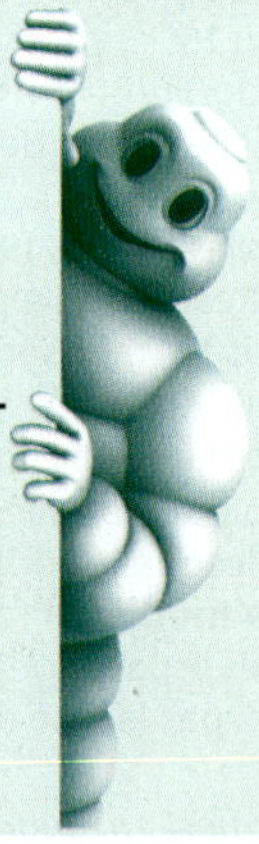

Château d'Ainay-le-Vieil

★

Cher (18)

NOS ADRESSES A SAINT-AMAND PAGE 474

SE REPÉRER

Carte de microrégion C2 (p. 439) – *carte Michelin Départements 323-L6.*
Étape de la **route historique Jacques-Cœur**, qui traverse les départements du Cher et de la Loire *(voir p. 19),* le château d'Ainay-le-Vieil se trouve dans la vallée du Cher, aux confins du Berry et du Bourbonnais, à 11 km au sud-ouest de St-Amand-Montrond.

À NE PAS MANQUER

Les scènes de l'enfance du Christ et les vitraux de Lescuyer dans l'oratoire voûté en caissons ; et pour une délicieuse promenade de parfums et de senteurs, la roseraie et les jardins à thème du château.

ORGANISER SON TEMPS

Comptez au moins 1h30 pour le château et la roseraie que vous préférerez visiter en juin, période optimale de floraison.

Les souvenirs de la campagne d'Égypte et le parfum des roses planent sur ce château de caractère, ancienne propriété de Jacques Cœur où l'empreinte du Moyen Âge et celle de la Renaissance se marient dans la plus grande harmonie. Surnommée le « petit Carcassonne » en raison de sa poterne et de ses remparts, cette forteresse, à l'image de sa grande sœur du Midi, paraît imprenable.

Se promener

Château

✆ 02 48 63 50 03 - http://chateau.ainaylevieil.free.fr - visite guidée (1h) juil.-août : 10h-19h ; mars-juin et sept.-nov. : tlj sf mar. 10h-12h, 14h-18h - fermé déc.-janv. - 7,50 € (5-15 ans 4 €).

Flanquée de neuf tours, l'enceinte octogonale (12e-14e s.) du château d'Ainay-le-Vieil s'inscrit dans un charmant paysage d'eaux vives et de verdure. La poterne franchie, le contraste est frappant entre la décoration du gracieux corps de logis gothique flamboyant, à la chaude patine ocre, et le dispositif fortifié. La tour hexagonale (début du 16e s.), ornée de colonnes torsadées, rappelle le style de Meillant. Par le corps de garde, on gagne le chemin de ronde, d'où une **vue** agréable s'étend sur les douves remplies de nénuphars et les remparts crénelés.

À l'intérieur, le château frappe par la beauté de son décor : au plafond à poutrelles et à la cheminée sculptée de la salle à manger succède l'imposante cheminée du grand salon, décorée aux armes de Louis XII et d'Anne de Bretagne.

Dans l'**oratoire**, au superbe plafond à caissons Renaissance, vous remarquerez notamment les vitraux de Lescuyer (16e s.) et les murs ornés de scènes de

DE MAIN EN MAIN
Ainay changea très souvent de propriétaires au cours du Moyen Âge : après les sires de Bourbon, des Barres, de Seuly, les Culant le vendirent en 1445 à Jacques Cœur pour le racheter huit ans plus tard et le céder à nouveau, en 1467, à **Charles de Bigny**, ministre de Louis XI dont la descendance habite toujours le château.

l'enfance du Christ, auxquelles le célèbre peintre François Boucher apporta sa touche. La chambre du roi contient quant à elle nombre de souvenirs des familles Colbert et Villefranche, se rapportant à la captivité de Marie-Antoinette et à la campagne d'Égypte de Bonaparte.

★ Jardins

À l'extérieur, vous serez séduit par le **parc à l'anglaise** (7 ha) et ses magnifiques arbres centenaires dont certains sont tout à fait exceptionnels : cyprès chauve aux racines résurgentes, catalpa bicentenaire d'Amérique, etc. Un système hydraulique savant permet d'alimenter en eau les canaux et les douves du château. Des bambous forment un rideau entre le parc et les jardins à thème. La **roseraie**, inaugurée en 1987, rassemble quelque 180 variétés de roses botaniques (roses qui existaient à l'état sauvage) et de roses anciennes (créées dès le 15e s. à partir de sélections de roses botaniques). Aux parfums entêtants se mêlent l'éclat des couleurs et la grandeur des noms de certaines fleurs comme la Rose Colbert.
Par un pont de pierre, on rejoint l'Isle entourée de canaux. Avant de pénétrer dans les Chartreuses, on découvre le **jardin de l'Isle** à l'emplacement de l'ancien potager. Il forme comme une grande allée bordée de charmille taillée avec, au centre, un cercle d'ifs entourant des rosiers blancs. Les **Chartreuses** datent du 17e s. Situées sur une terrasse qui surplombe les canaux, elles se composent de cinq espaces clos par de hauts murs qui ménagent des microclimats. Ils reflètent, à travers leur thème, l'évolution des jardins de France. Le **Jardin bouquetier**, au bord du canal, regroupe des plantes vivaces dont la floraison se renouvelle au fil des saisons. Dans le **Verger sculpté**, les arbres palissés adoptent des formes voulues, taillés en espalier ou contre-espalier. D'autres au contraire sont libres et occupent l'espace selon leur envie. Le **Jardin de méditation** est un lieu serein où l'eau, symbole de vie, s'écoule doucement d'une fontaine. Une cabane en if, des parterres de buis et une fresque de saint François d'Assise parlant aux oiseaux (d'après Giotto) invitent au calme et à la réflexion. Dans le **Cloître des simples**, des plantes médicinales, tinctoriales ou condimentaires sont cultivées dans quatre carrés, tandis qu'une allée de tilleuls aménagée dans l'esprit Renaissance suggère une agréable promenade. Des topiaires réalisées à partir de pommier sont en forme de roues ou de plateaux. Les **Parterres de broderies**, enfin, évoquent les jardins à la française chers à Le Nôtre (17e s.). Des bordures de buis se déroulent sagement en formant des fleurs de lys ou des volutes tandis que des treillages ornent les murs de façon théâtrale.

Église St-Martin

Sur demande à M. Michel Bobijat au ✆ 06 82 46 16 01 - de Pâques à la Toussaint.
Édifiée au 13e s., elle s'ouvre par un massif clocher-porche. Au 16e s., la chapelle seigneuriale des Bigny (pierres tombales) fut ajoutée ; le retable en bois doré date du 18e s.

Château d'Ainay-le-Vieil, monument historique de la route Jacques-Cœur
J.-D. Sudres / Hemis.fr

À proximité Carte de microrégion

Épineuil-le-Fleuriel

13 km au sud par la D 118.
C'est dans ce village situé à la limite du Bourbonnais qu'Henri Alban Fournier passa son enfance (1891-1898). L'écrivain, qui prit en littérature le pseudonyme d'**Alain-Fournier**, décrivit Épineuil-le-Fleuriel sous le nom de Ste-Agathe dans son unique roman paru en 1913 : *Le Grand Meaulnes*.
École du Grand-Meaulnes – *02 48 63 04 82 - juil.-août : 10h-12h30, 14h-18h ; avr.-juin et sept. : tlj sf lun. et mar. 10h-12h, 14h-18h ; oct. : tlj sf lun. et mar. 10h-12h, 14h-17h - possibilité de visite guidée - 6 € (-15 ans 3 €).* L'univers d'Alain-Fournier se découvre au travers de la mairie du village, attenante à l'école, des deux classes et du logement de fonction de ses parents. L'école, reconstituée dans ses moindres détails, plonge le visiteur au cœur du *Grand Meaulnes*, qui semble s'animer grâce aux bruits scolaires diffusés par la bande-son. L'un des greniers, aménagé en salle d'exposition, retrace la vie de l'écrivain.

Saint-Amand-Montrond

11 464 Saint-Amandois – Cher (18)

NOS ADRESSES PAGE 480

S'INFORMER

Office de tourisme – *Pl. de la République - 18200 St-Amand-Montrond - ✆ 02 48 96 16 86 - juil.-août : 9h-12h30, 14h-19h, dim. 10h-12h30 ; juin-sept. : tlj sf dim. et j. fériés 9h-12h, 14h-19h ; oct.-mai : tlj sf dim. et j. fériés 9h-12h, 14h-17h30.*

SE REPÉRER

Carte de microrégion C2 (p. 439) – *carte Michelin Départements 323 L6.*
St-Amand se trouve à 40 km au sud de Bourges par la D 2144.

À NE PAS MANQUER

Admirez la façade sculptée de l'église St-Blaise de La Celle et les vestiges gallo-romains de Drevant. Et surtout, ne manquez pas les superbes jardins artistiques de Drulon et leur insolite exposition à ciel ouvert de sculptures contemporaines.

ORGANISER SON TEMPS

Comptez une bonne journée pour découvrir la ville, le Grand Bois de Meillant et la région du Boischaut. Et sachez que de fin avril à fin mai, les jardins de Drulon vous réservent le spectacle inoubliable de 300 espèces de pivoines chinoises en fleur.

AVEC LES ENFANTS

À la Cité de l'or, les personnages virtuels du théâtre optique devraient amuser les plus jeunes. Les enfants apprécieront aussi les jardins de Drulon pour la beauté des scènes végétales, et pour l'originalité des œuvres exposées.

Capitale de la région bocagère du val de Germigny, la cité s'est développée autour d'un monastère fondé au 7e s. par saint Amand. Elle grandit plus tard sous la protection d'une puissante forteresse bastionnée, campée au sommet d'une butte calcaire. St-Amand offre aujourd'hui le visage d'une petite ville active et commerçante, troisième pôle français de l'or après Paris et Lyon, où l'orfèvrerie et l'imprimerie jouent un rôle important dans l'économie locale.

Se promener

Église St-Amand

Édifiée au 12e s. sur un plan « bénédictin », elle s'ouvre par un beau portail en plein cintre à deux baies polylobées. La nef à collatéraux, voûtée en berceau brisé, ne reçoit que peu de lumière. La croisée a reçu une voûte d'ogives qui a certainement remplacé une coupole. Au 15e s., on ajouta des chapelles latérales. Les chapiteaux de la nef sont les plus intéressants. Notez, dans le bas-côté droit, un Christ aux outrages, en pierre de Charly, de la fin du 16e s. et, en face, un saint Roch, en pierre, du début du 16e s.

Musée St-Vic

Cours Manuel - ✆ 02 48 96 55 20 - tlj sf mar. 10h-12h, 14h-18h, w.-end et j. fériés 14h-18h - fermé 1er janv., 1er mai et 25 déc. - 2,80 € (12-18 ans 1,90 €), gratuit Printemps des musées et journées du Patrimoine.

Cette belle demeure du 16e s., ancienne maison de ville des abbés commendataires de Noirlac, tour à tour convertie en couvent de femmes, puis en prison, abrite des collections d'histoire régionale et d'art de la préhistoire à aujourd'hui. Un intéressant parcours chronologique s'attarde particulièrement sur le site archéologique de Drevant et sur la forteresse de Montrond, démantelée au 17e s. sur ordre de Mazarin, puis transformée en carrière de pierres au siècle suivant.

Remarquez la statue de sainte Marguerite d'Antioche, jadis placée à l'angle d'une maison rurale d'Ainay-le-Vieil *(voir p. 471)*.

Admirez aussi les collections d'ethnographie berrichonne (mobilier, céramiques traditionnelles, coiffes…), les œuvres de potiers de La Borne et du sabotier Louis Touzet, et les paysages de la région peints par Brielman, Cals, Delavaux, Detroy, Osterlind (école de Crozant).

Cité de l'or

✆ 02 48 82 11 33 - www.cite-or.com - fév.-mars et oct. : tlj sf mar. 10h-12h, 14h-17h30 ; avr.-15 juin et 15-30 sept. : 10h-12h, 14h-18h30 ; 15 juin-15 sept. : 10h-18h30 ; nov.-janv. : w.-end 10h-12h, 14h-17h - 6,50 € (4-12 ans 5 €).

Inauguré en 2000, ce vaste complexe touristique, économique et culturel témoigne de l'importance de l'or et de la bijouterie dans la ville. Son vaste espace muséographique interactif, la **Maison de l'or**, est consacré à l'histoire de l'or et à ses différentes utilisations. Après avoir vu le spectacle burlesque *(10mn)* du théâtre optique, dont les personnages virtuels évoquent l'histoire de la bijouterie st-amandoise, le spectateur découvre les différents savoir-faire et métiers liés à l'or à travers des expositions, bornes interactives et démonstrations ponctuelles de bijoutiers.

À proximité Carte de microrégion

Chalivoy-Milon

24 km au nord-est par la D 6.

La belle **église St-Éloi★** date de la première moitié du 12e s. Les **fresques** intéressantes qui décorent le chœur furent découvertes en 1868. Remarquez les chapiteaux sculptés des colonnes à l'entrée du chœur, ainsi que les vitraux et, dans la nef, la belle charpente du 16e s. en forme de coque de bateau renversée.

À l'extérieur, prenez le temps d'observer la corniche à modillons sculptés qui ceinture le chœur et l'avant-chœur.

Revenez à Dun-sur-Auron, puis prenez à l'ouest la D 14.

Châteauneuf-sur-Cher

22 km au nord-ouest par la D 2144, puis D 35.

La ville étage ses maisons sur la rive droite du Cher au pied du **château**, puissante forteresse du 11e s., reconstruite en 1581 et remaniée aux 17e et 18e s.

La **basilique Notre-Dame**, de la fin du 19e s., fut érigée à l'aide d'une souscription originale. En effet, en 1865, l'abbé Ducros demanda aux enfants de France de lui envoyer « deux sous » en échange d'une prière à la Vierge Marie. Deux mille ex-voto de marbre ornent les murs de la blanche basilique.

Circuits conseillés

GRAND BOIS DE MEILLANT

Circuit 1 de 25 km tracé sur la carte (ci-contre) – Comptez environ 3h. Quittez St-Amand-Montrond par le nord en empruntant la D 10, direction Dun-sur-Auron.
La route traverse le Grand Bois de Meillant.

★★ Château de Meillant *(voir p. 482)*

Quittez Meillant par le sud-ouest en empruntant la D 92.

La Celle

Cette localité, qui dépendait jadis de la petite ville de Bruère, occupe un territoire gagné sur le bois de Meillant.
Église St-Blaise – Construit en deux étapes dans le courant du 12e s. selon un plan d'inspiration bénédictine, cet édifice roman possède une **façade** présentant un curieux décor sculpté de facture archaïque. Deux reliefs montrent des personnages grossiers qui semblent lutter l'un contre l'autre : sous le relief de gauche, un taureau marche sur une boule ; de part et d'autre apparaissent en haut relief des têtes de bovidés qui se retrouvent aussi sur certains modillons.
En faisant le tour de l'église, découvrez d'autres remplois : une stèle mérovingienne portant une croix à six branches et une stèle gallo-romaine très abîmée. Le décor des chapiteaux du sanctuaire, de style corinthien, est varié : monstres affrontés ou adossés se mordant la queue, oiseaux aux longs cous, têtes barbues, faces monstrueuses aux oreilles pointues, lions, masques…
Outre des vestiges de fresques et de statues (Vierges en bois, saint Sylvestre décapité), admirez le **mausolée** (15e s.) de saint Sylvain.
La D 35 suit alors de très près la vallée du Cher, semée de prairies.

★★ Abbaye de Noirlac *(voir p. 485)*

Rejoignez la D 2144 qui ramène à St-Amand-Montrond.

LE BOISCHAUT

Circuit 2 de 75 km tracé sur la carte (ci-contre) – Comptez environ 4h. Quittez St-Amand-Montrond par le sud (D 97).

Drevant

Située à proximité de la voie antique de Bourges à Néris-les-Bains, l'agglomération gallo-romaine dont on a découvert les vestiges à Drevant couvrait environ 25 ha. Si la présence d'établissements thermaux, d'aqueducs et de quartiers d'habitat a bien été attestée, seules sont actuellement visibles les deux structures suivantes :
Théâtre amphithéâtre – Monument le plus impressionnant de l'ensemble, cet édifice polyvalent, doté d'une acoustique exceptionnelle, pouvait accueillir quelque 5 000 spectateurs à l'occasion de combats d'animaux ou d'hommes, de pièces de théâtre et de fêtes diverses. Remarquez la *cavea* (les gradins) et surtout l'*orchestra* (où prenait place le chœur), affectant la forme d'un arc outrepassé, tandis que la scène se réduit à une petite plate-forme rectangulaire surélevée d'à peine 17 m de longueur.
Sanctuaire – Il formait une enceinte carrée d'environ 89 m de côté, ceinturée par une galerie couverte à portique, et contient encore, à l'intérieur du périmètre, les fondations d'un petit *fanum* vraisemblablement édifié à la place d'un temple gaulois.

Aux alentours du village de Drevant, le tertre du Colombier *(au nord)* et le camp de la Groutte *(au sud)* témoignent d'une occupation humaine encore plus ancienne.
Quittez Drevant par le sud et franchissez le Cher. À La Groutte, prenez à gauche.

★ Château d'Ainay-le-Vieil *(voir p. 471)*

Quittez Ainay par l'ouest en empruntant la D 1. Au carrefour de Fosse-Nouvelle, prenez à gauche la D 997.

★ Jardins artistiques de Drulon

☏ 02 48 56 65 96 - www.drulon.com - de mi-avr. à fin oct. : 10h-19h - 8,50 € (-12 ans 3 €).
Dans cet endroit d'une insolite beauté, plus de 16 ha paysagers – aménagés autour d'un domaine des 15e-17e s. – servent d'écrin de verdure à une collection sans cesse renouvelée de sculptures et d'installations modernes ou contemporaines, tantôt suspendues aux arbres, tantôt flottantes sur l'eau, ou se fondant parfaitement dans le paysage. Les œuvres plus fragiles sont exposées dans plusieurs salles aménagées dans le château et ses dépendances entièrement restaurées par le propriétaire actuel, qui a également créé les jardins mis en place progressivement depuis 2000.
Au cours de votre promenade, vous découvrirez une succession inattendue de six jardins. Organisé autour d'un bassin, le sublime **Jardin floral** accueille toutes sortes de rosiers, de plantes vivaces et annuelles à l'emplacement de l'ancien potager. Autour d'un bassin circulaire, une quinzaine de massifs sont travaillés sur le thème de la couleur (de la plus froide à la plus chaude).
Dans le **Jardin des chambres**, conçu comme un musée en plein air, neuf « chambres de verdure » offrent un cadre adapté à chacune des sculptures exposées : chambre des papillons, chambre des hibiscus, théâtre de verdure…
Le **Jardin sauvage ou l'Espace naturel** et son agréable sentier en sous-bois mènent ensuite jusqu'au marais. Après avoir franchi le pont, on pénètre dans la lande de genêts puis on suit une allée qui traverse le champ de trèfle violet pour rejoindre la cour intérieure du château baptisée **Jardin secret**. Ce dernier constitue un cadre typiquement berrichon, avec son pigeonnier, son four à pain, ses murs couverts de clématites et son vivier envahi de plantes aquatiques.

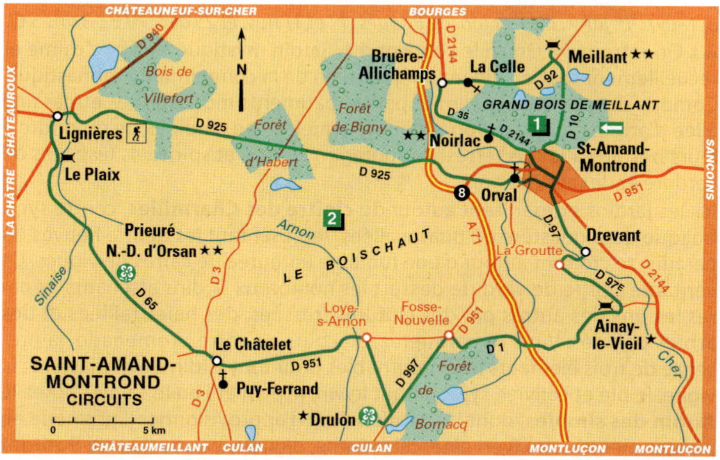

Situé face au château, le **jardin de Bacchus** est un verger circulaire planté de vignes (15 variétés), d'arbres fruitiers divers, d'hémérocalles et de lys. Dans le **jardin de Paeon**, 300 variétés de pivoines chinoises offrent un étonnant spectacle lors de leur floraison de fin avril à fin mai, puis laissent la vedette aux roses anglaises (60 variétés) et aux hibiscus. Avec leurs 1 400 rosiers, 6 000 vivaces, 2 000 hémérocalles, 600 iris et 40 clématites, les jardins de Drulon sont un véritable paradis floral qui enivre les sens.
Reprenez la D 997, à gauche, et rejoignez Loye-sur-Arnon où vous suivez la D 951 à gauche.

Le Châtelet

Juchée sur une colline verdoyante dominant Le Châtelet, l'**abbatiale romane de Puy-Ferrand** présente une façade ornée de baies, de chapiteaux sculptés et de motifs géométriques. Côté sud, une église ajoutée au 13e s. était destinée aux paroissiens. Stalles sculptées du 17e s.
Dans le **village des Archers** *(sur la commune du Châtelet)*, il suffit de regarder les épis de faîtage en céramique et les nombreux ateliers pour comprendre qu'ici, la poterie est une tradition. Elle remonte en effet au 17e s. ! Après une interruption en 1943, cette activité a retrouvé une nouvelle jeunesse. Plusieurs potiers se sont à nouveau installés au village et vous ouvrent leurs portes.
Ne manquez surtout pas le **musée de la poterie des Archers**. Il occupe la maison du dernier potier du village qui prit sa retraite en 1943. Vous pourrez voir les pièces à vivre meublées et toutes sortes de vaisselles utilitaires dont la couleur brune est caractéristique de la région. Puis vous entrerez dans l'atelier où tout est demeuré tel quel. Ce potier travaillait sur un tour à bâton, mettait ses poteries à sécher sur des étagères, conservait dans un coin ses marques de potier et ses moules. Le four à pain, installé dans le mur du fond de l'atelier, chauffait la pièce par la chaleur qu'il dégageait. En sortant, vous découvrirez, dans la grange, le four du 19e s. en partie rempli de poteries à cuire et sur des étagères, les poteries finies destinées à la vente. *02 48 56 39 75 - ♿ - de déb. mars à mi-nov. : tlj sf lun. et mar. 14h-18h ; de déb. juil. à fin août : mar. 14h30-18h30 - fermé j. fériés - 3 € (-12 ans 1,50 €).*
Quittez Le Châtelet par le nord-ouest (D 951), puis prenez à droite la D 65.

★★ Jardins du prieuré Notre-Dame d'Orsan

02 48 56 27 50 - www.prieuredorsan.com - ♿ - mai-sept. : 10h-18h30 - fermé oct.-avr., 1er janv., dim. et lun. de Pâques, 1er et 11 nov. et 25 déc. - 9 € (-8 ans 5 €).
On retrouve à Orsan le concept du « jardin mystique » offrant calme et recueillement tout en aidant au quotidien de la communauté monastique. Compris dans l'espace délimité par les bâtiments monastiques et par une allée d'arbres, son tracé fonctionnel permettait aux moines de répondre à leurs besoins à la fois terrestres (potager, verger) et spirituels (espaces de verdure et de méditation).
Ici, les jardins s'organisent autour du **cloître des Charmilles**, centre symbolique du monastère où quatre allées, représentant les quatre fleuves du paradis, se croisent autour d'une fontaine entourée de carrés de vignes. Ce véritable cloître de verdure dessert les nombreux jardins attenants, séparés les uns des autres par des clôtures tressées, des haies taillées et des arbres palissés. Vous remarquerez, au cours de votre promenade, la présence de trois éléments incontournables pour tout jardin de monastère : la vigne, le blé et l'olivier, symbolisant le vin, le pain et l'huile sainte. Notez le **Jardin des simples**, dont la vocation était d'approvisionner l'infirmerie en plantes médicinales (verveine, calaminthe, digitale, bourrache) ; le **Potager**

RENAISSANCE D'UN JARDIN MONASTIQUE MÉDIÉVAL

Moine fondateur de l'abbaye de Fontevraud et du puissant ordre fontevriste qui compta en son temps une cinquantaine de maisons, **Robert d'Arbrissel** est à l'origine du prieuré Notre-Dame d'Orsan, bâti au 12e s. Il mourut d'ailleurs à Orsan en 1116, et sa dépouille, qui fut l'objet d'une lutte violente, finit par regagner l'abbatiale de Fontevraud. Pillé et détruit en 1569, l'ensemble monastique d'Orsan fut reconstruit aux 16e et 17e s., mais la Révolution mit un terme définitif à sa vocation religieuse, et l'endroit fut converti en ferme, perdant peu à peu de son identité d'origine.

En 1990, deux architectes, **Patrice Taravella** et **Sonia Lesot**, acquièrent les vestiges de l'ancien prieuré tombé à l'abandon, et conçoivent l'idée d'un jardin monastique médiéval. La réalisation de ce projet, qui nécessita deux années de recherche sur l'histoire d'Orsan, et de façon plus générale, sur les jardins médiévaux, est confiée au jardinier **Gilles Guillot**. Efforts couronnés de succès, puisque depuis 1995, le site d'Orsan connaît comme un second souffle de vie et voit revivre avec succès l'art médiéval du jardinage dans un cadre serein.

aromatique, avec ses plessis de châtaignier et sa collection de cucurbitacées; les roses, lis et violettes des **jardins de Marie**; une superbe **pergola** entourée de part et d'autre de **Jardins d'oliviers**; et bien sûr, le **Labyrinthe**, symbole du difficile cheminement vers le Salut, où vous vous perdrez parmi des haies réalisées en prunier palissé.

Ne manquez pas non plus le **Carré des blés**, planté selon la saison de choux, de fèves, de poireaux ou de radis; le **Clos des trois vergers**, avec ses beaux cerisiers, ses pommiers et ses cormiers; le **Verger de pommiers**, tracé en quinconce; et l'**Allée des petits fruits**, où mûrissent des framboises, des mûres, des groseilles et des cassis. Partout, les dallages en traverses de chêne, les liens en sarments de vignes, les bancs, nichoirs, clôtures et portillons en bois de châtaignier viennent rajouter au charme des lieux.

Outre les jardins clos, le domaine d'Orsan s'étend sur environ 14 ha. Une agréable **promenade** *(3 km)* le long du **Pré fleuri** permet de franchir la clôture pour partir en balade à la découverte des paysages de bocage du Boischaut Sud.

Poursuivez sur la D 65 direction Lignières.

Château du Plaix

02 48 60 22 14 - - visite guidée (50mn) de mi-mai à déb. nov. : tlj sf mar. 14h-19h - fermé déb. nov. à fin avr. et mar., 5 € (-12 ans gratuit).

Ce petit château abrite un **musée des Arts et Traditions populaires**. Des expositions temporaires ont lieu tous les trois ans sur divers thèmes : la cuisine, les jouets… Juste à côté, on visite une maison berrichonne avec son intérieur de 1850 : lit clos à quenouilles dans la salle commune, boulangerie, souillarde.

Lignières

Lignières est situé au cœur d'un pays d'élevage de caractère familial, aux jolies prairies coupées de haies vives. Ce fut un important centre du calvinisme, à l'époque où Calvin, étudiant à l'université de Bourges, prêchait la Réforme.

Église – Bâtie au 12e s. près de l'Arnon, elle a gardé un portail décoré de chapiteaux romans et, dans le chœur, l'oratoire où se retirait sainte Jeanne de France, fille de Louis XI, qui vécut quinze ans à Lignières. À voir à l'intérieur :

la chaire, œuvre de **Michel Morin** (1677), le retable de la chapelle St-François-de-Paule, et une Vierge allaitant, également du 17e s.

Quittez Lignières par l'est en empruntant la D 925.

Église d'Orval

Elle abrite une croix-reliquaire en vermeil du 13e s., dont les quatre extrémités se terminent en fleurons sertis d'émaux.

NOS ADRESSES À SAINT-AMAND-MONTROND

HÉBERGEMENT

PREMIER PRIX

À proximité

Chambre d'hôte La Trolière – *18200 Orval - 4 km à l'ouest de St-Amand-Montrond, dir. Châteauroux, puis 500 m apr. le dernier rd-pt à dr. - 02 48 96 47 45 - P - - 4 ch. 47/67 € - 21 €.* Cette grande demeure bourgeoise familiale propose des chambres confortables égayées de tons pastel, de gravures et de porcelaines. Vous serez séduit par le charme et la quiétude qui règnent dans cet environnement campagnard. Table d'hôte sauf le week-end.

BUDGET MOYEN

Hôtel La Croix d'Or – *28 r. du 14-Juillet - 02 48 96 09 41 - lacroixdor@gmail.com - - P - 10 ch. 49/60 € - 8 €, demi-pension possible - 15/37 €.* Cet établissement est réputé pour la finesse de sa cuisine et ses nombreuses spécialités dont la Surprise de St-Jacques en croûte. Le décor quelque peu vieillot des chambres pourra laisser un souvenir mitigé, mais leur tenue impeccable fera, en revanche, l'unanimité.

À proximité

Relais Fasthôtel – *ZI Les Noix-Brûlées - rte de Lignières - 18200 Orval - 4 km à l'ouest de St-Amand-Montrond, dir. l'autoroute - 02 48 82 18 21 - www.fasthotel.com - - P - 30 ch. 48/53 € - 6,50 €.* Facile d'accès, cet hôtel de chaîne économique construit comme un motel offre le confort nécessaire pour une étape dans la région. Prix vraiment tout doux.

POUR SE FAIRE PLAISIR

Hôtel le Noirlac – *215 rte de Bourges - 02 48 82 22 00 - www.lenoilac.fr - fermé 23 déc.-1er janv. - - P - 43 ch. 72/75 € - 9 €, demi-pension possible - 19/26,50 €.* Cet hôtel récent doté de bons équipements de loisirs (piscine, tennis, practice de golf…) propose des chambres insonorisées, fonctionnelles et bien équipées. Au restaurant, plusieurs menus traditionnels assortis d'une carte grill servie au bord de la piscine.

À proximité

Chambre d'hôte Domaine de Vilotte – *18170 Ardenais - 4 km au sud par D 38 - 02 48 96 04 96 - www.domainedevilotte.com - avr.-oct. - 5 ch. 90 € - 20/25 € bc.* Découvrez le charme bucolique de ce domaine familial entouré d'un superbe parc avec étang, au milieu de la campagne. Bel intérieur de style Empire patiné par le temps. Table d'hôte installée dans une cuisine d'antan (casseroles en cuivre, poutres) ; plats du terroir.

UNE FOLIE

À proximité

Hôtel La Maison d'Orsan – *18170 Maisonnais - ☏ 02 48 56 27 50 - www.prieuredorsan.com - fermé nov.-mars - 6 ch. 190/260 €, demi-pension seult.* Délicieuse étape dans un prieuré du 12e s. : réfectoire et dortoir transformés en ravissantes chambres contemporaines, exquise tonnelle et jardins monastiques recomposés.

RESTAURATION

PREMIER PRIX

Le Saint-Jean – *Rte de la Grotte - ☏ 02 48 96 39 82 - www.restaurantlesaintjean.com - fermé dim. soir, lun., mar., 10-25 janv. et de fin sept. à mi-oct. - ♿ P - formule déj. 14 € - 20/28 €.* On regretterait presque qu'il n'ouvre qu'en milieu de semaine, tant ce restaurant cumule les atouts : l'accueil chaleureux et l'atmosphère conviviale de la salle à manger (poutres apparentes, œuvres d'artistes locaux) font que l'on s'y sent tout de suite à l'aise. Et vu, qu'en plus, on y mange une cuisine inventive et soignée…

ACHATS

Les Fruits de la Rouesse – *Lieu-dit « Chadet » - sur D 62 entre Saulzais-le-Potier et Urçay - 18360 La Célette - ☏ 02 48 63 18 94.* Cette ferme, connue pour la qualité de ses fruits rouges, s'est aussi bâtie une solide réputation grâce à la variété des confitures et gelées que l'on y trouve. Parmi les plus originales, découvrez les confitures de potiron aux agrumes, de tomate verte à la vanille et la gelée à la fleur de pissenlit.

Château de Meillant

★★

Cher (18)

NOS ADRESSES A SAINT-AMAND PAGE 474

SE REPÉRER

Carte de microrégion C1 (p. 439) – *carte Michelin Départements 323 L6.*
Situé à 7 km au nord de St-Amand-Montrond par la D 10, le château de Meillant est une étape de la route Jacques-Cœur.

À NE PAS MANQUER

La tour du Lion, chef-d'œuvre de style « gothique fleuri » réalisé par un collaborateur de Michel-Ange; le Grand Salon, pourvu d'une loggia des musiciens; la chambre du cardinal d'Amboise et son mobilier flamand en écaille de tortue incrustée d'ivoire.

ORGANISER SON TEMPS

Prévoyez une bonne heure pour effectuer la visite guidée du château et admirer l'extraordinaire décoration de sa façade en profitant de la fraîcheur de son parc.

AVEC LES ENFANTS

Deux parcours dans le parc retiendront leur attention : « Découvrez la fée lutine » pour les plus jeunes et « Les philtres d'amour » pour les plus grands. Ils aimeront aussi la collection de calèches et de voitures anciennes, les jouets, les maquettes, les maisons de poupée et, en été, les visites ludiques animées par des guides déguisés en bouffon.

Le château de Meillant ne dévoile que progressivement les beautés de son architecture. L'austère façade, baignée de douves, accentue par contraste la richesse de la façade orientale, parée des grâces du gothique finissant, teinté d'italianisme. Toujours habité, le château a conservé son magnifique mobilier. Son parc et ses attractions font le bonheur des enfants.

Se promener

Le château

02 48 63 32 05 - www.chateau-de-meillant.com - visite guidée (45mn) juil.-août : 10h-18h30; de déb. mars à mi-nov. : 10h-12h, 14h-18h30 - 7,50 € (enf. 5 €).

Extérieur – *Voir l'ABC d'architecture p. 88.* Le caractère féodal de l'ancienne forteresse n'apparaît plus que sur la façade sud baignée de douves : privées de leur chemin de ronde, les tours ont conservé d'étroites archères. La façade orientale, très différente, s'apparente aux châteaux de la Loire par la richesse de sa décoration : deux tourelles d'escalier font saillie sur le corps de logis et semblent concentrer sur elles l'exubérance du « style gothique fleuri » qui jette là ses derniers feux : la balustrade ajourée placée à la base des combles, les lucarnes sculptées, les cheminées ornées de balustrades à décor flamboyant sont éclipsées par la décoration extraordinairement fouillée de la **tour du Lion** dont l'auteur est Giocondo, un collaborateur de Michel-Ange.

Cette tour frappe par la juxtaposition d'éléments sculptés : colonnettes torsadées, entrelacs en forme de cœurs, chiffres et emblèmes où l'on reconnaît des C entrelacés, initiales de Charles d'Amboise, et des monts enflammés, armes parlantes de la famille de Chaumont d'Amboise (chaud mont), personnages apparaissant à des fenêtres simulées, comme au palais Jacques-Cœur, à Bourges. La seconde tour, plus ancienne mais également gothique, est plus sobre. Un joli puits du 16e s. et une élégante **chapelle** de même époque, aux contreforts surmontés de pinacles, complètent cet harmonieux ensemble. Ses vitraux du 16e s. relatent la passion du Christ. Sur les murs, de magnifiques boiseries sculptées. Dans le chœur, l'autel est surmonté d'un retable de l'école rhénane, en bois peint et doré, représentant les scènes de la Passion.

Intérieur – Le château habité a conservé son mobilier d'époque et son aspect d'antan. La visite concerne une dizaine de pièces richement décorées et meublées. Après être passé dans la salle du « lit de justice », où le châtelain réglait les affaires courantes, vous traversez la « galerie des Césars », qui doit son nom aux médaillons rapportés d'Italie, figurant des empereurs romains. Vous entrez ensuite dans une chambre au lit fermé par de grandes tentures. Devant, un large baquet servait pour les ablutions de toute la maisonnée. Dans la Grande Salle à manger, aux murs tapissés de cuir de Cordoue et au plafond à caissons Renaissance, la table est dressée avec sa vaisselle somptueuse, ses étains et ses chaises Louis XIV. Admirez en passant la cheminée entièrement peinte. Le

LA FAMILLE D'AMBOISE

Pierre d'Amboise, seigneur de Chaumont, acquiert par mariage la terre de Meillant en 1453. Son fils Charles Ier veut mettre au goût du jour le château, élevé au début du 14e s. par **Étienne de Sancerre**, qui offre l'aspect d'une massive construction flanquée de hautes tours. Mais sa mort survient avant qu'il ait pu terminer l'œuvre entreprise et c'est à son fils **Charles II** que revient cet honneur. La protection de son oncle, le cardinal Georges d'Amboise, lui vaut de cumuler en peu de temps les charges les plus enviées : grand maître de la maison royale de Louis XII, maréchal et amiral de France. Le souvenir de Louis XII à Meillant reste une lettre croustillante à Charles II : « Je suis venu vous voir dans votre château de Meillant mais vous n'y étiez pas, je m'y suis embourbé, le diable m'emporte si j'y reviens. » Le roi avait souffert des routes impraticables des pays marécageux ! Gouverneur de Milan, Charles II réalise en Italie des profits importants (« Milan a fait Meillant ») qui lui permettent de faire exécuter à Meillant, comme à Chaumont, les travaux envisagés (nouveau corps de logis flanqué d'une tour) auxquels préside, en son absence, le cardinal d'Amboise. Habité au 18e s. par la famille Béthune-Chârost, le château échappe aux foudres révolutionnaires grâce à la popularité du **duc de Chârost** (à l'origine du canal du Berry). En effet, attentif au bien-être de ses gens, il assurait aux enfants une véritable instruction. Le duc fut arrêté pendant la Révolution, mais le village se mobilisa et obtint sa libération. Le château passa au 19e s. à la famille Rochechouart de Mortemart. Parmi les ancêtres de ces derniers, **Gabriel de Rochechouart**, duc de Mortemart, gouverneur de Paris en 1669, eut un fils et trois filles dont deux furent célèbres au 17e s. : Marie-Madeleine, **abbesse de Fontevrault**, et Françoise Athénaïs, **marquise de Montespan** et favorite de Louis XIV auquel elle donna huit enfants. Le château fut finalement entièrement restauré en 1842.

Grand Salon possède une belle cheminée du 16e s. surmontée d'une loggia destinée aux musiciens; aux murs, des tapisseries de Bruges (17e s.) figurent des scènes de la Bible; le portrait de Charles VII, longtemps attribué à Clouet, voisine avec celui de « la » Montespan (1640-1707). Juste après, la bibliothèque, dont les murs sont couverts de cuir de Cordoue d'un joli ton bleu-vert, offre un espace plus intime. Remplie d'ouvrages rares, elle offre une jolie vue sur le puits et la chapelle.
On pénètre ensuite dans la **chambre du cardinal d'Amboise** : admirez un splendide meuble flamand du 17e s. en écaille de tortue teintée, incrusté d'ivoire. Une étonnante **statue en bois,** œuvre allemande protestante datée de 1568, représente Dieu le Père tenant dans ses bras son Fils. Risquant le bûcher pour hérésie, l'artiste avait fait en sorte que le Christ se détache de la statue pour qu'on puisse la présenter simplement comme une œuvre représentant Dieu. Cette statue tout à fait originale n'est pas sans rappeler le séjour de **Calvin** au château en 1529.
La visite s'achève par la salle Louis XII et par la salle des gardes; au fond de la pièce, remarquez le gisant de François de Rochechouart-Mortemart.

Les jardins

Paisibles, ils invitent à la promenade. Certains arbres au port imposant sont centenaires. Dans les étangs et depuis le pont aux carpes, on peut apercevoir des poissons. Au fond du parc, la **glacière** est toujours en parfait état. Dans les bâtiments annexes, vous pouvez admirer une collection de **calèches** et de **voitures anciennes,** des **jouets anciens**, de jolies **maquettes** illustrant la vie d'autrefois et des **maisons de poupée**.

À proximité Carte de microrégion

Dun-sur-Auron

14 km au nord par la D 10.

Pl. Gustave-Vinadelle - 18130 Dun-sur-Auron - 02 48 59 85 26 - www.tourisme-dunsurauron.com - avr.-oct. : mar.-sam. 10h-12h30, 14h-18h30; reste de l'année : mar.-sam. 10h-12h, 14h-18h - fermé lun., dim. et j. fériés.

Bordée par l'Auron et le canal du Berry, la ville fortifiée de Dun a perdu son caractère militaire. Toutefois, un beau beffroi du 16e s. (flanqué de tourelles coiffées de hourds qui se terminent en clocher), des restes de remparts et de vieilles maisons, contribuent à remémorer ce riche passé.
Église St-Étienne – Cette collégiale, bâtie aux 12e et 13e s., a été remaniée au 15e s. Le chevet roman présente deux chapelles rayonnantes épaulées par des faisceaux de colonnettes, surmontées de chapiteaux décorés d'entrelacs, de feuillages ou de rinceaux. L'emploi de calcaire berrichon et de grès rouge ferrugineux apporte à l'édifice un élément décoratif supplémentaire.
Musée du canal du Berry – *Pl. du Châtelet - 02 48 59 85 26 - visite guidée (1h) - d'avr. à mi-oct. : tlj sf j. fériés 10h-12h, 14h-18h - fermé 15 oct.-31 mars - 4,50 € (-6 ans gratuit).* Installé dans l'ancienne prison royale (office de tourisme), il retrace l'historique de cette voie navigable de 261 km qui relie Montluçon à Vierzon. Inauguré en 1843 après vingt-et-un ans d'effort, le canal du Berry demeura un vecteur important pour l'économie locale jusqu'à son déclassement en 1955. Des salles évoquent le tracé du canal, les écluses, les bourricots des chemins de halage, la vie des mariniers sur leurs étroites péniches (voir notamment l'intérieur d'une cabine de péniche berrichonne).

Intérieur de l'abbaye de Noirlac
B. Barbier / Photononstop

Abbaye de Noirlac

★★

Cher (18)

NOS ADRESSES PAGE 488

SE REPÉRER

Carte de microrégion C1 (p. 439) – *carte Michelin Départements 323 K6.*
Située entre le Cher et la limite ouest du Grand Bois de Meillant, à 4 km au nord-ouest de St-Amand-Montrond, l'abbaye de Noirlac est une importante étape de la route Jacques-Cœur.

À NE PAS MANQUER

La pureté et l'austérité de l'église, en pierre blanche, dont le style traduit le passage du roman au gothique ; le cloître et ses annexes, aux galeries richement sculptées.

ORGANISER SON TEMPS

Prévoyez 2h pour vous imprégner de la sérénité du lieu.

Construite en belle pierre blanche du pays, pourvue de magnifiques dallages, ornée de vitraux modernes réalisés par l'artiste Jean-Pierre Raynaud dans l'esprit de l'ordre de Cîteaux, l'abbaye de Noirlac (12e-14e s.) constitue l'un des ensembles monastiques les mieux conservés et les plus complets de France. Nourri de l'histoire du monument et de son cadre exceptionnel, un Centre culturel de rencontre mène des actions culturelles et artistiques destinées à tous les publics.

Noirlac, abbaye cistercienne

LA FONDATION

En 1136, une douzaine de moines suivent l'abbé **Robert de Clairvaux**, proche parent de saint Bernard, et fondent une communauté à La Maison-Dieu-sur-Cher, au milieu des marécages. La construction de l'abbaye commence en 1150 grâce aux dons des seigneurs de Charenton. Réagissant contre un certain relâchement de l'Église, les moines, adeptes de la pauvreté, s'inspirent du modèle architectural cistercien particulièrement austère.

Les débuts sont difficiles, les moines endurent de nombreuses privations. En 1149, Bernard intervient auprès de Suger, conseiller de Louis VII, pour leur faire attribuer une dotation en blé. Ebbes V de Charenton consent l'année suivante une importante donation qui permet à la communauté d'assurer la pérennité de l'abbaye. Les moines ne tardent pas à mettre en valeur leur patrimoine en le faisant prospérer. En l'espace d'une cinquantaine d'années, le monastère possède un vaste domaine. En 1290, l'abbaye prend le nom de Noirlac.

LE FONCTIONNEMENT DE L'ABBAYE

Noirlac, comme toute abbaye cistercienne, regroupe des **moines** et des **convers** (laïcs qui mènent également une vie religieuse). Il s'agit souvent d'artisans et de paysans pauvres qui se vouent à Dieu. En échange du gîte et du couvert, ils assurent l'autosubsistance de l'abbaye, administrent les domaines agricoles et s'occupent des hôtes de passage. L'abbaye de Noirlac est dirigée par le **père abbé** secondé par le **prieur**. Le **sacristain** surveille l'entrée et veille aux aumônes et le **cellérier** dirige l'approvisionnement et la gestion économique des domaines. L'abbaye abrite également des **copistes**. L'oisiveté a peu de place chez les cisterciens qui maîtrisent les techniques de construction, l'hydraulique et la sidérurgie. Ils exploitent intensément les ressources qui sont à leur portée (bois, eau, terre). Les moines de Noirlac portent une tunique blanche et une chasuble noire, d'où leur nom de « moines blancs ».

DESTRUCTION ET RÉSURRECTION

Après l'élan des 12e et 13e s., Noirlac voit son recrutement se tarir au 14e s., tandis que l'exploitation directe du domaine est peu à peu abandonnée. En 1423, l'abbaye se fortifie avec un donjon et des douves (dans le prolongement du cellier) pour résister aux bandits qui dévastent la région.

Après les troubles de la guerre de Cent Ans, l'abbaye reçoit un mauvais coup en 1530 : elle est mise en **commende**. L'abbé, désormais nommé par le roi, n'est plus qu'un lointain percepteur. Puis les guerres de Religion amènent leur lot de destructions. Les bâtiments endommagés sont remis en état dès 1730. À la veille de la Révolution, il ne reste plus que six moines : ils étaient cinquante au 12e s. Déclarée Bien national, l'abbaye est vendue en 1791 et en 1820. Ses bâtiments sont modifiés pour abriter une manufacture de porcelaine.

Prosper Mérimée découvre l'abbaye en 1838, mais ce n'est qu'en 1909 que le département du Cher l'acquiert. En 1918, elle abrite le Corps expéditionnaire américain puis, en 1936, les réfugiés républicains espagnols. Sa restauration dure de 1950 à 1980. Depuis 2007, Noirlac accueille un **Centre culturel de rencontre** qui développe au sein de l'abbaye un projet artistique et culturel. Chaque mois, de mai à octobre, a lieu un événement dont le thème est en relation avec l'abbaye, associé à une exposition.

Se promener

L'ABBAYE

✆ 02 48 62 01 01 - www.abbayedenoirlac.com - fév.-mars : 14h-17h ; avr.-sept. : 10h-18h30 ; oct.-déc. : 14h-17h - 7 € (enf. 4,50 €).

Bâtiments conventuels

Ils sont rassemblés selon la disposition habituelle des abbayes cisterciennes : l'habitation des convers à l'ouest du cloître, le dortoir à l'étage, le cellier et le réfectoire au rez-de-chaussée. Ils ont été édifiés en plusieurs étapes : fin du 12ᵉ s. (aile orientale et bâtiment des convers), première moitié du 13ᵉ s. (réfectoire), seconde moitié du 13ᵉ et du 14ᵉ s. (galeries du cloître). Des aménagements sont intervenus au 18ᵉ s. : escalier à rampe de fer forgé du réfectoire, chambres du dortoir.

Cellier – Du 12ᵉ-début 13ᵉ s., il représentait le centre économique du monastère. Le cellier est une vaste salle divisée en deux nefs par une rangée de quatre piliers supportant les ogives de dix travées. Les murs sont très épais, et les fenêtres étroites étaient jadis fermées avec du papier huilé. À l'origine, le sol était en terre battue. Les convers conservaient, dans cette vaste salle, les denrées telles que le grain, les pois, les fèves, les fruits, le vin.

Cloître – *Voir l'ABC d'architecture p. 88.* De forme rectangulaire, il a sans doute remplacé un cloître carré plus ancien. Cœur de l'abbaye, il en dessert toutes les parties. Il était strictement réservé aux religieux qui n'en pouvaient sortir qu'avec l'autorisation de l'abbé. Il fut construit en plusieurs étapes. D'abord, les galeries nord et ouest avec des arcades surmontées d'oculi et des chapiteaux décorés de feuilles de vigne et de chêne. Sur certains chapiteaux, on remarque des petits moines sculptés. Les galeries les plus fouillées sont celles de l'est et du sud. Elles ont de belles voûtes d'ogives de style gothique épanoui et une riche ornementation qui tranche avec la sobriété de l'église : tympans évidés de roses, chapiteaux avec têtes humaines. Des culs-de-lampe décorent la retombée des arcs.

Dans la galerie sud, un *armarium* contenait les livres pieux. Dans la galerie est, une sépulture découverte au 19ᵉ s. renfermait le corps d'un moine, sans doute l'abbé Robert qui dirigea un temps l'abbaye.

Salle capitulaire ou salle du chapitre – C'est dans ce lieu que se réunissaient les moines de l'abbaye après les offices de primes. Ils venaient écouter la lecture d'un chapitre de la Règle et entendre le père abbé sanctionner ceux qui s'accusaient de leurs fautes devant la communauté réunie.

Cette salle du 13ᵉ s. a une architecture qui s'inspire du style bourguignon, avec son arcade centrale flanquée d'arcades géminées sur bahut. Les six travées de la salle capitulaire reposent sur des colonnes polygonales.

Salle des moines – Elle servait aux activités manuelles telles que la copie de manuscrits, recopier une Bible pouvant prendre un an. Le chauffoir est voûté d'arêtes surbaissées ; sur le mur est se trouve la grande cheminée : remarquez deux crosses d'abbé accolées, emblème de l'ordre des cisterciens.

Réfectoire – C'est une haute salle (9 m) couverte de huit voûtes ogivales dont les arcs retombent en palmier sur trois colonnes. Elle est éclairée par quatre fenêtres à large ébrasement, groupées deux par deux et surmontées de deux roses polylobées. Les repas étaient frugaux et pris en silence, ponctués par la lecture faite par un moine d'un extrait de la Bible ou de la Règle. Au 18ᵉ s., le réfectoire coupé à mi-hauteur servait d'appartement aux hôtes. La cuisine médiévale qui jouxtait le réfectoire fut rasée à cette époque.

Dortoir des moines – Il était vaste et communautaire. Les moines dormaient sur des paillasses. Au 18e s., les six religieux qui demeuraient seuls dans l'abbaye s'installèrent de confortables chambres avec lit en alcôve, table, chaises et coffre. Le prieur s'organisa un appartement côté sud.

Dortoir des convers – On y accède en passant par la terrasse qui jouxte le dortoir des moines et surplombe le cloître. Il est situé au-dessus du cellier. Vaste salle, il fut converti en grenier à grains dès le 13e s. Sa charpente magnifique est plus tardive. Le dortoir sert aujourd'hui de salle d'exposition.

Église

Bâtie à partir de 1150, achevée un siècle plus tard (il aura fallu trois campagnes de travaux), elle illustre le passage de l'art roman à l'art gothique. Les travaux commencèrent par le sanctuaire et se terminèrent par la nef et les collatéraux. L'ensemble est d'une grande austérité : la simplicité des lignes s'ajoute à la blancheur de la pierre pour mettre en valeur la beauté de l'architecture et la sérénité du lieu. Conformément à l'esprit de Cîteaux, tout décor sculpté est banni : les chapiteaux sont nus et les vitraux sont uniformément gris. Les arcs doubleaux retombent sur des colonnes engagées, terminées au-dessus du sol par un simple culot en pointe. Le chœur, bien moins élevé que le transept, est la partie la plus ancienne. Son plan en croix latine et son chevet plat sont caractéristiques des édifices cisterciens.

NOS ADRESSES À NOIRLAC

RESTAURATION

BUDGET MOYEN

À Noirlac

Auberge de l'Abbaye de Noirlac – *18200 Noirlac - ✆ 02 48 96 22 58 - www.aubergeabbayenoirlac.free.fr - fermé 1er déc.-19 fév., mar. soir et merc. soir (sf juil.-août) - 21/34 €.* Petite auberge sise dans une chapelle des voyageurs du 12e s. Salle à manger avec poutres et tomettes ; terrasse tournée vers l'abbaye cistercienne. Cuisine du terroir.

Apremont-sur-Allier

★

77 Apremontois – Cher (18)

NOS ADRESSES PAGE 493

SE REPÉRER
Carte de microrégion D1 (p. 439) – *carte Michelin Départements 323 O-5.*
Apremont-sur-Allier se trouve à 60 km à l'est de Bourges.

À NE PAS MANQUER
Une promenade inoubliable entre les étangs à nymphéas du Parc floral, parmi les arbustes à fleurs et les arbres d'ornement. Et admirez en passant les fresques en faïence de Nevers du joli belvédère.

ORGANISER SON TEMPS
Réservez une journée à la visite du Parc floral, du musée des Calèches et d'Apremont. C'est à l'heure où le soleil commence à décliner que vous verrez les maisons du village se parer de leurs plus belles couleurs.

AVEC LES ENFANTS
Après la visite du musée des Calèches qui les fera rêver, laissez-les s'ébattre dans le Parc floral !

Apremont, l'un des plus beaux villages de France, mérite sans conteste une halte ! La mise en valeur du site est due avant tout à un industriel, Eugène Schneider, maître de forges au Creusot en 1830. Dressé sur une butte dominant l'Allier, le château et son parc floral (classé Jardin remarquable) s'imposent aux regards. À leur pied s'étale le village dont les belles maisons en pierre, entourées de petits jardins aux haies soigneusement taillées, bordent les rives encore sauvages du fleuve.

Se promener

Le village

Tout droit sorti d'un vieux livre d'images, il se compose de maisons de pays soigneusement restaurées ou reconstruites sous l'impulsion d'Eugène Schneider. Blotties le long de l'unique rue principale, les maisons à colombages aux tons ocre rosé, coiffées de toits d'ardoises et de tuiles, révèlent à chaque détour des murs tapissés de verdure, des haies structurées, de charmantes terrasses florales. Les épaisses frondaisons qui parent les rives de l'Allier et le bruit de l'eau vive ajoutent au charme des vieilles pierres. En flânant, remarquez le puits fleuri près de l'église, la Brasserie du Lavoir, la Conciergerie et la **Maison des mariniers** (15e s.), devant l'ancien port d'embarquement d'Apremont.

★★ Parc floral

02 48 77 55 06 - www.apremont-sur-allier.com - ♿ - de déb. avr. à fin sept. : 10h30-12h30, 14h30-18h30 ; dim. et j. fériés : 10h30-18h30 - 8 € (7-12 ans 5 €) ; 9 € billet combiné avec le musée des Calèches et exposition.

Pour créer de toutes pièces ce merveilleux jardin de 5 ha, il a fallu barrer une vallée afin de constituer des plans d'eau, transformer une ancienne carrière de pierre en cascade, aménager d'anciens prés en pelouses et massifs arborés, et faire venir des bulldozers afin de planter de nombreux arbres et des arbustes… Le résultat est tout bonnement éblouissant.

Conçu dans l'esprit d'un jardin à l'anglaise du 18e s. teinté de quelques touches d'exotisme, le Parc floral d'Apremont offre un cadre serein aux différentes essences qu'il accueille : conifères (cèdres pleureurs, thuyas dorés, cryptomeria du Japon…) ; arbres caducs (hêtres pourpres, tulipiers, ginkgos biloba, pommiers d'ornement…) ; arbustes à fleurs (rhododendrons, azalées, lilas, rosiers arbustes…) ; plantes vivaces en tout genre (notamment celles à fleurs blanches et à feuillages argentés inspirées du « Jardin blanc » de Sissinghurst dans le Kent), qui s'étendent devant un groupe de maisons médiévales plein de charme.

Lors de votre promenade dans le parc, vous serez séduit par la **pergola,** composée de fleurs à grappes ; le **jardin d'eau** révélant des conifères rampants et des plantes de rocaille dans l'entassement des pierres de la cascade ; le petit **pont chinois** rouge vif (1985) qui enjambe gracieusement l'un des étangs du parc ; le **pavillon turc** (1994), construit sur pilotis, et dont les murs sont ornés de scènes représentant les quatre saisons et les âges de la vie ; enfin, le **belvédère** (1997), de style néoclassique russe, et sa superbe série de fresques en faïence de Nevers figurant des voyages imaginaires autour du monde.

Château

Au 14e s., le château d'Apremont est une formidable forteresse qui sert de prison d'État aux ducs de Bourgogne, alors alliés aux Anglais. Au cours des 16e et 17e s., il change plusieurs fois de propriétaires. En 1722, les Roffignac le vendent à Louis de Béthune. En 1894, la fille de la maîtresse des lieux épouse Eugène Schneider, maître de forges au Creusot. Il se prend de passion pour cette magnifique demeure qu'il ne cesse d'embellir. Sa famille perpétue son œuvre. Le château ne se visite plus, mais vous pouvez monter sur les remparts d'où la **vue** sur le village et la vallée de l'Allier est particulièrement belle. Par temps dégagé, vous apercevrez les contreforts du Morvan.

Musée des Calèches – *02 48 77 55 06 - www.apremont-sur-allier.com - de Pâques à fin sept. : 10h30-14h30, 15h30-18h30, dim. et j. fériés 10h30-18h30 - 8 € ; 9 € billet combiné avec le Parc floral.* Installé dans les écuries du château, le musée abrite une collection de calèches du 19e s. Les écuries, de la seconde moitié du 19e s., sont construites à l'emplacement d'une ancienne verrerie, les

L'ŒUVRE D'UNE VIE

En 1894, **Eugène Schneider** (1868-1942), maître de forges au Creusot, épouse Antoinette de Rafélis Saint-Sauveur, dont la famille possède le château d'Apremont depuis 1722. Ébloui par la beauté de ce domaine, Schneider le rachète à sa belle-famille. Aidé d'un architecte, **M. de Galéa**, il entreprend un minutieux travail de réhabilitation du château et du hameau, allant jusqu'à faire raser des maisons qui n'étaient pas en harmonie avec le site pour les reconstruire dans un style médiéval berrichon. Bien des années plus tard, en 1970, **Gilles de Brissac** poursuit l'œuvre d'Eugène Schneider en lançant les premiers travaux de création d'un parc floral. Ouvert au public en 1976, il apporte à l'ensemble comme une touche de perfection.

stalles en bois marquées aux noms des chevaux. Les calèches sont remarquablement conservées. Vous pouvez admirer un coupé de ville à huit ressorts, un poney-cart à deux places, un break de chasse très haut sur roues, un char à banc, une berline de voyage qui servait pour le transport de la paye des ouvriers du Creusot, une charrette anglaise, un omnibus de maître, un tonneau avec ses sièges de côté, un sociable ou vis-à-vis, deux bicyclettes et un landau conçu pour deux enfants ainsi que la calèche du prince impérial, fils de Napoléon III et de l'impératrice Eugénie. Le musée présente également la réplique de la statue d'Eugène Schneider qui se dresse au Creusot.
En sortant, on traverse la salle du four qui servait à préparer la nourriture des chevaux. Parmi les harnachements, remarquez la selle d'amazone. Les stalles et jardins attenant aux écuries accueillent des expositions temporaires.

Circuit conseillé Carte de microrégion

VALLÉE DE L'ALLIER ET DE L'AUBOIS

Circuit de 108 km tracé sur la carte de microrégion (p. 439) – Comptez environ 4h. Quittez Apremont par le nord en empruntant la D 45, en direction de Cuffy.

Écluse des Lorrains

Installée sur l'Allier, cette curieuse prise d'eau circulaire alimente le bief inférieur du pont-canal du Guétin.
Poursuivez sur la D 45, puis prenez, à droite, la D 976.

Pont-canal du Guétin

Ouvrage de 1838, permettant au canal latéral de la Loire de franchir l'Allier par un pont de 343 m (18 arches) muni d'un système d'écluses à sas.
Faites demi-tour, puis prenez à droite la D 45. À Cuffy, tournez à gauche dans la D 50^E, en direction de Torteron. Après Malnoue, prenez à gauche la D 920.

La Guerche-sur-l'Aubois

Office du tourisme du Val d'Aubois – *1 pl. Auguste-Fournier - 18150 La Guerche-sur-l'Aubois - 02 48 74 25 60 - 9h-12h, 14h-18h - fermé j. fériés.*
Un haut fourneau et d'autres vestiges d'usines métallurgiques rappellent le passé industriel de cette cité *(possibilité de visite guidée, se rens.)*. Pour la détente, faites un tour à l'**étang de Robinson** (baignade et loisirs sportifs).
Quittez La Guerche par le nord en empruntant la D 920, puis à gauche la D 50. À Torteron, prenez la D 26 puis à droite la D 189.

Abbaye de Fontmorigny

02 48 76 12 33 - www.abbayedefontmorigny.com - juil.-août : tlj sf lun. 14h-20h ; mai-oct. : w.-end et j. fériés 14h-20h - 5 € (-18 ans gratuit).
Située dans un site isolé, cette émouvante abbaye cistercienne connut un important essor au Moyen Âge, puis subit les vicissitudes de l'histoire. Elle se releva au 18e s. avant d'être vendue à la Révolution et de se voir transformée en ferme et habitat pour les ouvriers de la métallurgie jusqu'au début du 20e s. où elle tomba en ruine.
Depuis plusieurs années, les propriétaires font revivre et restaurent ce lieu au riche passé : église du 12e s., grand vivier, bâtiments des convers, jardin dans l'esprit du 17e s., concerts de musique ancienne, baroque et de piano.
Reprenez à gauche la D 189 puis la D 12 vers Menetou-Couture.

Château de Menetou-Couture

☎ 02 48 80 25 08 - visite guidée (45mn) juil.-août : tlj sf lun. et sam. 14h30-19h ; sept. : w.-end 14h30-18h - fermé 1er janv., 1er et 11 nov. et 25 déc. - 5 € (-12 ans gratuit).
Remarquable surtout par son donjon d'habitation de 30 m datant du 15e s.
Poursuivez sur la D 12.

Église de St-Hilaire-de-Gondilly

Très jolie église dont l'origine n'est pas clairement connue mais probablement romane. Elle forme un ensemble charmant sur un terre-plein herbeux planté de grands arbres, fort bien éclairé la nuit.

Mornay-Berry

Rare modèle militaire du 13e s. avec sa muraille polygonale sans tour à dix-sept pans, son fossé toujours en eau, le **château la Grand'Cour** était le berceau de la famille des Mornay. Trois petits **jardins** d'inspiration médiévale entourent le château : du jardin clos avec ses roses anciennes, son labyrinthe de charmes et sa grande mare, jolie vue sur le château. *☎ 02 48 80 24 45 - juil.-août : 15h-20h, w.-end et j. fériés 10h-12h, 15h-20h ; mai-oct. : w.-end et j. fériés 15h-19h - 6 € (-10 ans gratuit).*
À Mornay-Berry, prenez la D 6 jusqu'à Nérondes, puis la D 43.

Germigny-l'Exempt

Au pays de l'élevage de charolais, remarquez le beau clocher de l'église romane et le charmant lavoir à douze piliers qui invite à la promenade *(petit circuit balisé).*
À la sortie de Germigny, suivez la D 43, puis peu après Vereaux, prenez à droite la D 76.

Château de Sagonne

☎ 02 48 80 01 27 - www.chateausagonne.com - visite guidée juin-sept. : 10h-12h, 14h-18h ; reste de l'année : dim. 14h-18h - 7 € (enf. 5 €).
Cette imposante forteresse des 12e et 14e s., dont l'enceinte conserve une partie de ses défenses, fut la propriété de l'architecte Jules Hardouin-Mansart, qui devint comte de Sagonne. Un important donjon renferme notamment une chapelle décorée en trompe l'œil et une chambre à décors peints. Portraits, documents, armes et meubles anciens évoquent le souvenir de Gabrielle d'Estrées et de Mansart.
Rejoignez la D 34 à Givardon, puis 2 km après Nérondes, tournez à gauche sur la D 41 qui ramène à Sancoins en longeant le donjon de Jouy.

Sancoins

ℹ Pl. du Commerce - 18600 Sancoins - ☎ 02 48 74 65 85 - lun. 15h-18h, mar.-vend. 9h30-12h, 15h-18h, sam. 9h-12h.
Située aux confins du Bourbonnais, du Berry et du Nivernais, Sancoins est au cœur d'une région d'élevage des bœufs charolais. Très vite, la ville s'est imposée, devenant un centre européen du marché des bestiaux. Chaque **mercredi** à partir de **5h30** ont lieu, au **marché aux bestiaux**, des transactions entre petits éleveurs, coopératives et négociants. Ce marché, l'un des plus grands de France, réalise à lui seul environ 10 % des exportations françaises du marché « en vif ». Il occupe un terrain triangulaire de 17 ha, situé à 1,5 km de Sancoins. En forme d'étoile à trois branches, le marché se compose de trois pavillons couverts, entièrement équipés avec **parc de transit**, de **stockage**, de **présentation**, **barres d'attache** et **matériel de pesage**, capables de recevoir quelque

2 000 veaux, 5 000 « broutards », 3 000 bovins adultes et 7 000 moutons. Une importante infrastructure opérationnelle, composée de bureaux d'acheteurs, d'une centrale téléphonique, d'une salle de cotations et de services vétérinaires, vient compléter l'ensemble.
Sancoins est aussi une étape idéale pour visiter les nombreux châteaux et jardins environnants et se balader dans les vallées de l'Allier et de l'Aubois.

Halle de Grossouvre

✆ 02 48 77 06 38 - de Pâques à la Toussaint : 10h-18h30 (dernière entrée 17h30) ; reste de l'année : tlj sf lun. (hors vac. scol.) 9h30-12h30, 14h-17h30 (dernière entrée 16h30) - fermé janv. - 8 €.

Classée Monument historique, la halle construite en 1844 est désormais le seul témoin de ce que furent les grandes usines de métallurgie de Grossouvre. Destinée jadis à abriter le combustible nécessaire pour alimenter les fours des usines, elle est devenue un lieu d'accueil qui rend hommage à la métallurgie dans le Cher.
En sortant d'ici, vous saurez tout sur le fer, la fonte et l'acier, sur l'extraction du minerai et sa transformation, sur l'évolution du fer et son utilisation. En compagnie du maître de forges Georges Dufaud et de Jamy, journaliste scientifique, vous voyagerez de façon ludique au 19e et au 20e s. pour découvrir la fascinante révolution industrielle du fer. Et pour terminer, vous tenterez vous-même quelques expériences particulièrement instructives !
Prenez à droite (face au château) la D 76.

NOS ADRESSES À APREMONT-SUR-ALLIER

HÉBERGEMENT

PREMIER PRIX

À proximité

Chambre d'hôte Manoir Le Plaix – *Lurcy-Lévis - 03320 Pouzy-Mésangy - 1,5 km au nord de Pouzy-Mésangy par D 234 - ✆ 04 70 66 24 06 - http://manoirleplaix.blogspot.com/ - fermé 15 déc.-15 mars - P - ⊭ - 4 ch. 50 €* ☕. Cette maison forte du 16e s. est joliment restaurée. L'escalier d'origine dessert les chambres de style rustique.

BUDGET MOYEN

À proximité

Le St-Joseph – *Pl. de la Libération - 18600 Sancoins - ✆ 02 48 74 61 21 - hotel.stjoseph107@orange.fr - P - Wifi - 14 ch. 46/56 € - ☕ 7 € - ✕ formule déj. 12 € - 15/32 €.* Sur la place principale du village, cette grande maison propose des chambres confortables et rénovées. Au restaurant, choix entre cuisine traditionnelle et crêperie.

RESTAURATION

PREMIER PRIX

À proximité

Auberge du Pont-canal – *37 r. des Écluses - 18150 Le Guétin - ✆ 02 48 80 40 76 - fermé 2-10 janv., lun. - 13/36 €.* Auberge familiale jouxtant le pont de l'Allier. Rénovation de la salle principale et de la véranda, ouverte sur la campagne. Cuisine traditionnelle ; friture pêchée à l'ancienne.

AGENDA

Voir l'Agenda dans la partie Organiser son voyage, p. 26.

Notes

Notes

Notes

Notes

Notes

Notes

Notes

Notes

Notes

Notes

Notes

Notes

INDEX GÉNÉRAL

Limoges : villes, curiosités et régions touristiques.
Sand, George : noms historiques ou termes faisant l'objet d'une explication.
Les sites isolés (châteaux, abbayes, grottes...) sont répertoriés à leur propre nom.
Nous indiquons par son numéro, entre parenthèses, le département auquel appartient chaque ville ou site. Pour rappel :
18 : Cher
19 : Corrèze
23 : Creuse
36 : Indre
87 : Haute-Vienne

A

B

C

K – L

M

N

O

P

Q – R

INDEX CARTOGRAPHIQUE

CARTE GÉNÉRALE

CARTES DES MICRORÉGIONS

PLANS DE VILLE

PLANS DE MONUMENTS

CARTE THÉMATIQUE

CARTES DES CIRCUITS

LÉGENDE DES CARTES ET PLANS

Curiosités et repères

- Itinéraire décrit, départ de la visite
- Église
- Mosquée
- Synagogue
- Monastère - Phare
- Fontaine
- Point de vue
- Château - Ruine ou site archéologique
- Barrage - Grotte
- Monument mégalithique
- Tour génoise - Moulin
- Temple - Vestiges gréco - romains
- Temple : bouddhique - hindou
- Autre lieu d'intérêt, sommet
- Distillerie
- Palais, villa, habitation
- Cimetière : chrétien - musulman - israélite
- Oliveraie - Orangeraie
- Mangrove
- Auberge de jeunesse
- Gravure rupestre
- Pierre runique
- Église en bois
- Église en bois debout
- Parc ou réserve national
- Bastide

Sports et loisirs

- Piscine : de plein air - couverte
- Plage - Stade
- Port de plaisance - Voile
- Plongée - Surf
- Refuge - Promenade à pied
- Randonnée équestre
- Golf - Base de loisirs
- Parc d'attractions
- Parc animalier, zoo
- Parc floral, arboretum
- Parc ornithologique, réserve d'oiseaux
- Planche à voile, kitesurf
- Pêche en mer ou sportive
- Canyoning, rafting
- Aire de camping - Auberge
- Arènes
- Base de loisirs, base nautique ou canoë-kayak
- Canoë-kayak
- Promenade en bateau

Informations pratiques

- Information touristique
- Parking - Parking - relais
- Gare : ferroviaire - routière
- Voie ferrée
- Ligne de tramway
- Départ de fiacre
- Métro - RER
- Station de métro (Calgary, ...) (Montréal)
- Téléphérique, télécabine
- Funiculaire, voie à crémaillère
- Chemin de fer touristique
- Transport de voitures et passagers
- Transport de passagers
- File d'attente
- Observatoire
- Station service - Magasin
- Poste - Téléphone
- Internet
- Hôtel de ville - Banque, bureau de change
- Palais de justice - Police
- Gendarmerie
- Théâtre - Université - Musée
- Musée de plein air
- Hôpital
- Marché couvert
- Aéroport
- Parador, Pousada (Établissement hôtelier géré par l'État)
- Chambre d'agriculture
- Conseil provincial
- Gouvernement du district, Délégation du Gouvernement Police cantonale
- Gouvernement provincial (Landhaus)
- Chef lieu de province
- Station thermale
- Source thermale

Axes routiers, voirie

- Autoroute ou assimilée
- Échangeur : complet - partiel
- Route
- Rue piétonne
- Escalier - Sentier, piste

Topographie, limites

- Volcan actif - Récif corallien
- Marais - Désert
- Frontière - Parc naturel

Comprendre les symboles utilisés dans le guide

LES ÉTOILES

★★★ Vaut le voyage ★★ Mérite un détour ★ Intéressant

HÔTELS ET RESTAURANTS

9 ch.	Nombre de chambres		Piscine
7,5 €	Prix du petit-déjeuner en sus	CC	Paiement par cartes de crédit
50 €	Prix de la chambre double, petit-déjeuner compris		Carte de crédit non acceptée
bc	Menu boisson comprise	P	Parking réservé à la clientèle
	Air conditionné dans les chambres	Tram	Station de tramway la plus proche
	Restaurant dans l'hôte	M	Station de métro la plus proche
	Établissement servant de l'alcool (à l'étranger)		

SYMBOLES DANS LE TEXTE

	À faire en famille		Randonnée à vélo
	Pour aller au-delà		Facilité d'accès pour les handicapés
	Promenade à pied	A2 B	Repère sur le plan

Manufacture française des pneumatiques Michelin
Société en commandite par actions au capital de 304 000 000 EUR
Place des Carmes-Déchaux - 63000 Clermont-Ferrand (France)
R.C.S. Clermont-Fd B 855 200 507

Dépôt légal : 10 2010 – ISSN 0293-9436
Imprimeur : Book Partner, Shenzhen (Chine)
Imprimé en Chine : 10 2010